중국 도성 건설과 입지:
수당 장안성의 출현전야

중국 도성 건설과 입지: 수당 장안성의 출현전야

초판 1쇄 인쇄 2019년 8월 1일
초판 1쇄 발행 2019년 8월 5일

지은이 박한제
펴낸이 오세정
펴낸곳 서울대학교출판문화원

출판등록 제15-3호

주소 08826 서울 관악구 관악로 1
대표전화 02-880-5252 | **팩스** 02-889-0785
도서 주문 02-889-4424, 02-880-7995
이메일 snubook@snu.ac.kr
홈페이지 www.snupress.com

ISBN 978-89-521-2048-9 94910

중국 도성 건설과 입지

수당 장안성의 출현전야

박한제 지음

서울대학교출판문화원

The Building of Chinese Capital Cities and Their Location:

The Eve of the Establishment of Sui-Tang Chang'an

Park, Han-je

Seoul National University Press

머리말

필자가 도성문제에 대해서 관심을 가지게 된 것은 박사학위논문을 제출한 직후 우연히 북위 후기 도성 낙양성의 구조에 대해 관심을 갖고 글을 쓰기 시작하면서부터이다. 그 결과로 나온 논문이 「북위 낙양사회와 호한체제」(『태동고전연구』 6, 1990)라는 글이었다. 그 논문은 마침 연구차 일본에 체류 중에 있던 필자에게 외국어(일문)로 번역할 기회가 주어졌고, 그것이 연이어 다시 중문으로 번역되기에 이르렀다. 필자의 학문적인 성과가 외국의 학계에 소개되어 읽혀지는 계기가 되었던 것이다. 이후 '호한체제'와 더불어 '도성구조'라는 두 가지 단어가 필자의 연구 주제로서 자리 잡게 되었다. 이번에 이것들을 모아 두 권의 책으로 엮어 출판하게 되었는데, 어언 30년에 가까운 세월이 소요되었다. 필자의 학문 인생 대부분의 시기에 걸쳐 이 문제에 매달린 것이다.

호한체제는 필자의 글들에서 누차 밝혔듯이 중국 서북방에 거주 활동하던 유목민족(호족)이 중원지역으로 진입하게 된 것을 계기로 호(胡)의 문화가 중원의 한문화와 섞여 가는 과정과 그 정착결과를 말하는 것이다. 그런데 호한체제 가운데 도성은 어떤 면에서 호족과 관련성이 매우 적은 부분이라고 할 수 있다. 도성은 정주민들의 중심 집거지라 할 수 있고, 성곽도 유목민족과 별반 관련이 없는 것으로 여겨지기 때문이다.

중국 역대 도성 가운데 도성의 대명사라고 불릴 만큼 독특한 위치를 점하고 있는 수당 장안성은 도성구조에 있어서 호한체제적인 독특한 특징을 가지고 있는 도성이었다고 필자는 정리하고 있다. 수당 장안성은 중국 고대 도성의 유산을 물려받으면서 동시에 외래적인 호적인 요소를 받아들여 새로운 도성 양식을 완성시킨 것으로 여겨지기 때문이다.

필자는 이 책에서 중국의 도성을 호한체제적인 성격을 가진 것과 그렇지 않은 것을 분리하여 고찰하였다. 먼저 호족이 중원에 진입하기 이전, 즉 호한체제적인 도성이 출현하기 이전에 건설되었거나 사정상 그것과 관련이 없는 도성을 먼저 이 책에서 다루기로 하였다. 중국 역대왕조들이 건축한 도성들을 보면 그 입지에 있어서 몇 가지 유형으로 분류할 수 있음을 알 수 있다. 특히 중국 역사상 가장 큰 변혁기라고 할 수 있는 당송변혁기를 기점으로 도성이 들어선 입지의 유형이 완전히 변하고 있음을 알 수가 있다. 그에 따라 필자는 중국 역대 통일시대의 도성을 장안형과 개봉형 등 두 가지 유형으로 구분하였다. 천험, 즉 자연적인 조건을 배경으로 하여 도성이 그 왕조 흥망의 '근거지' 역할을 수행하는 것이 분지형인 장안형이라면, 천험보다는 평지에 수도를 두고 병력에 의지하여 수도를 방어하는 평원형의 도성을 개봉형이라 할 수 있다. 근거지란 국토의 일부 혹은 상당 부분이 반란에 의하여 일시 휩싸이더라도 그 도성이 가진 힘으로 반란지역을 진압하고 다시 원상으로 회복시킬 수 있는 힘을 발휘할 수 있는 일단의 지역을 지칭한다. 반면 평원형은 도성이 전 국토 가운데서 경제적 활동의 중심으로 기능할 수 있는 사통팔달의 교통 요지와 물산의 중심지에 위치하는 형태였다. 그런 점에서 도성의 방어가 자연적인 험요에 의존하는 분지형과 군사력에 의존하는 평원형으로 분류될 수가 있다. 이런 도성의 입지의 변화는 국가가 지향하는 통치이념의 변화인 동시에 통치방식의 변화이기도 하였다. 그 이념과 방식에 따라 도성형태도 달랐다. 장안형이 폐쇄적인 통제도시였다면 개봉형은 개방적인 유통도시였던 것이다.

중국의 역대 왕조에는 통일시대도 있었지만 분열시대도 존재하였다. 분열시대 도성 입지의 선택과정을 살펴볼 때 도성이 어떤 자연적인 조건을 갖추어야 하는가의 문제도 중요하다. 이 문제를 파악하기 위해 분열기인 위진남북조시대 도성 건설의 입지에 대해서 낙양과 업도를 중심으로 비교하여 고찰해 보았다. 낙양은 천하지중의 위치로 고대부터 중요한 도성 후보지였지만 업도는 분열시대인 위진남북조에 들어 비로소 도성후보지로서 부상한 도시였다. 업도는 통일시대 도성의 후보지로서는 낙양과 비견될 수 없는 지점인데도 불구하고 위진남북조 400여 년 간 도성후보지로서 낙양과 견줄 수 있었던 이유는 무엇이고, 그에 비해 낙양의 위상이 왜 그렇게 낮아질 수밖에 없었는가 하는 점을 살펴본 결과 분열시대의 도성 입지는 통일시대와는 다른 구비조건이 작용하고 있음을 알 수 있었다.

다음으로 중국고대 도성이 어떤 이론과 원칙에 의해 건설되었는가의 문제를 다루었다. 도성 건설의 이론으로서 『주례』 고공기 장인 영국조의 원칙이 최초로 제시되었으며 그것이 도성의 형식에 지대한 영향을 주었던 것으로 이해된다. 그러면 『주례』 고공기는 어떻게 만들어졌으며 구체적으로 어떤 도성이 그 모델이 되었는가를 살펴볼 필요가 있다. 먼저 『주례』 고공기의 규정이 세워지는 데 모델이 되었고, 또 그 원칙에 가장 접근하는 도성은 낙읍과 제나라 임치성 정도였다고 보았다. 그리고 전한의 장안성이 『주례』가 제시한 도성구조에 얼마나 영향을 받아 건설되었느냐의 문제가 제기될 수 있다. 전한 장안성의 성문 수와 도로의 배열 등 일부 성곽구조를 살펴보면 『주례』의 원칙을 따랐고, 그것들이 후세 도성 건설에 많은 영향을 준 것임을 알 수가 있었다. 그러나 전한 장안성의 구조를 검토할 때 그것이 계획도시가 아니고 자연도성이었기 때문에 건설의 대원칙이 먼저 세워져 있다 하더라도 그것이 일관되게 준수되기는 어려웠을 것으로 여겨졌다. 아울러 성곽이 복성구조를 취했던 수당 장안성과 비교할 때 전한 장안성은 단성

구조였다는 점이 양자 사이의 큰 차이였다고 보았다.

후한 낙양성의 포국이 이후의 도성 건축에 다대한 영향을 주었다는 최근 제시된 새로운 견해를 중심으로 이 문제를 검토하였다. 조위 낙양성의 정전인 태극전이 후한 정전 숭덕전의 터에 조성되었다는 것으로 알려져 있다. 숭덕전이 후한 남궁 혹은 북궁 어느 곳에 소재했던 것이냐의 문제는 후대 서진 궁성의 위치와 관련되기 때문에 매우 중요하다. 필자는 후한 낙양성의 숭덕전이 대부분의 문헌사료에서 명기하였듯이 '남궁'에 소재한 정전이었다고 논증하였다.

위왕국의 도성인 업성은 후대 수당 장안성의 이방처럼 방정한 모습을 띠고 수당 장안성의 궁궐형식처럼 북궐형으로서 시초가 되었다는 주장이 제시되고 있다는 점에서 매우 중요하다. 그런데 수도는 도성, 왕성, 제후성의 구별이 있는 것이 고래의 전통인데 이와 관련하여 위왕국이 천자지국이 아니었다는 점이 문제가 될 수밖에 없다. 그리고 조조의 군사적 거점[軍鎭]과 당시에 시행된 병호(사가)제도가 도성의 구조에 어떤 영향을 주었는가가 문제가 될 수 있다. 필자는 위왕국의 업성이 제후성의 기준에 입각하여 건설된 것임을 밝혔다.

조위 그리고 서진 북위의 도성이었던 낙양성의 주궁이 도성의 어느 곳에 위치하였느냐의 문제이다. 이것은 최근의 고고발굴과 연관되고 있는 문제이다. 즉 위진의 태극전이 북위 태극전과 같은 위치에 있었다는 것이 최근의 발굴결과이다. 고고발굴결과에 따라 북위의 태극전 터가 후한의 북궁지역, 그리고 위진의 태극전 터라고 한다면 그 터가 후한 궁전 유지의 지층이 발견되어야 하는데, 그 유지의 흔적이 보이지 않다는 점이 가장 문제이다. 따라서 북위 태극전은 위진시대에 처음으로 지어진 건시전의 터일 가능성도 있다. 또한 위진 낙양성과 북위 낙양성의 태극전은 같은 터에 건축된 것이라는 고고발굴 결과를 수용하더라도 위진 낙양성의 성북(궁성북)과 북위 낙양성의 성북의 경관이 달랐다는 점을 상기할 필요가 있다. 위진시대에는 성북에 시장이 존재하였는 데 비해 북위 낙양성은 성북에는 시장이 없고, 성벽 바로 앞에까지 궁관이 건축되어 있었던 점에 주목하였다. 따라서 궁성이 도성의 북쪽에 위차하게 된 것은 북위 낙양성부터라는 기왕의 학설을 유지 · 보완하였다.

오-동진-남조시대 여러 왕조의 도성이었던 건강성의 도성구조에 대해서 오호십육국-북조-수당 등 화북지역에 근거를 둔 왕조들의 도성구조와 비교하여 그 계승관계를 살펴볼 필요가 있었다. 당초 건강성의 구조와 경영방식에 가장 큰 영향을 미쳤던 부분은 한위의 구전통보다 장강이라는 '천험'이 갖는 방어상의 조건, 즉 그 입지의 문제였다고 할 수 있다. 그리고 건강성의 내부구조를 보면 '궁북시남'의 형태를 보이는 것 같지만 그것은 계획적인 구도에서 비롯된 것이 아니었다. 시장의 수는 화북왕조의 그것에 비해 훨씬 많았고, 거기다 진회하(秦淮河) 연변에 무질서하게 산재했다. 종래 장소유(蔣少游)의 강남 사행 목적과 관련하여 화북왕조의 도성, 그 가운데 북위 낙양성의 조영과정에서 건강성의 도성구조에게 영향을 받았다는 주장이 유력한 학설로 인정되었다. 그러나 장소유가 사행한 목적은 '오로지 궁궐을 모범으로 삼으려는 것'이었으며, 그가 그려 왔던 도화는 남제 도성 건강성 전체의 규획도가 아니라 태극전도이었던 것으로 정리하였다. 그가 만년에 낙양성 건설에 기여했다면 낙양성 전체 규획이 아니라 태극전 건축에 국한되었을 것이었다고 보았다.

이상의 내용이 이 책에서 다룬 글에서 밝히고자 한 것이다. 이 책은 중국 도성의 대명사인 수당 장안성이 출현하기 이전의 여러 도성을 주로 다루었다. 필자가 주장하는 호한체제상의 도성구조에 대해서는 제2권에서 상세하게 다룰 것이다. 서울대학교출판문화원 관계자 여러분의 노고에 심심한 사의를 표하는 바이다. 아울러 중문적요의 번역은 중국 혜주대학의 이춘호(李椿浩) 교수께서 수고해 주셨다. 그 노고에 사의를 표한다.

차례

그림 차례

| 제1장 |

중국 역대 수도의 유형과 사회변화

'당송변혁기'를 중심으로

Ⅰ 문제제기: 수도의 유형
Ⅱ 장안형: '근거지'로서의 경기경영
Ⅲ 개봉형: 경제수도
Ⅳ 도성구조의 변화: 통제도시에서 유통도시로
결론

Ⅰ. 문제제기: 수도의 유형

필자는 전통시대 중국의 도시가 시대에 따라 어떤 특징을 띠고 변화하여 왔는가 하는 문제에 대하여 관심을 가져왔다. 중국은 역사가 오래이고 '지대물박(地大物博)'한 나라이기 때문에, 중국 역대 도시는 시간적인 편차가 클 뿐만 아니라 지역적으로 그 형태가 다양하게 표현될 수밖에 없을 것이다. 이 수많은 도시를 하나하나 모두 이 글에서 다루는 것은 불가능하다. 필자는 각 시대의 수도가 그 시대에 존재했던 도시들의 형태상 특징을 어느 정도 표현하고 있다고 보아도 큰 무리가 없다고 생각하였다. 그런 측면에서 우선 중국 역대 '통일왕조시대'의 수도를 고찰의 대상으로 삼고자 하였다. 분열시대의 수도는 중국 강역 전체에서라기보다는 분열왕국의 영역 내에서 선지(選址)를 행하므로 수도의 선정 및 건설에 지역적 제약이 가해지기 때문에 여기서는 다루지 않고 따로 다루기로 하였다. 이 작업을 위하여 먼저 수도를 유형별로 나누어 보고, 그 유형에 따라 어떠한 정치 · 사회적 변화가 나타나고 있는가 하는 점을 규명하려 했다. 중국사에서 수도가 가지는 중요성은 여기서 재론할 필요도 없을 정도이지만, 수도 위치의 지역적 변동이 기존의 정치 · 사회의 형태를 크게 변화시켰다는 것은 이미 선학에 의해서도 지적된 바 있다.[1]

정치 · 사회적으로 격렬한 변화가 일어난 시기를 통상 지칭하여 '변혁기'라 하지만, 필자는 우선 중국 역사상 이러한 변혁기를 기점으로 그 전후 시기의 수도가 유형상에서 어떤 차이가 있는가를 살펴보기로 하였다. 중국 전통시대의 역사 가운데 가장 큰 변혁은 논자에 따라 주장이 약간 다르기

1 王國維는 殷(商)과 周의 首都의 位置變動에 따라 政治와 文化上의 變革이 일어났음을 강조한 바 있다. 「殷周制度論」, "中國政治與文化之變革, 莫劇於殷周之際. 都邑者政治與文化之標徵也. 自上古以來, 帝王之都皆在東方, … 故自五帝以來, 政治文物所自出之都邑, … 自五帝以來, 都邑之自東方而移於西方, 蓋自周始."(『觀堂集林』 卷10 史林2, 北京: 中華書局, 1959, pp.451-452)

는 하지만, 크게 보아 1) 춘추에서 전국으로, 2) 후한에서 위진남북조로, 3) 당에서 송으로의 변화가 아닌가 한다. 이 글은 수도유형과 사회변혁과의 연관성을 찾는 것이 목표이지만, 세 변혁기를 모두 검토 · 고찰하는 것은 그 내용이 너무 방대할 것 같고, 또 춘추나 전국시대는 모두 같은 분열시대이고, 후한-위진남북조의 경우도 후자가 분열시대이기 때문에 이 글의 주제와 어긋난다.[2] 따라서 이 글에서는 '당송변혁'과 수도의 유형상의 변화를 분석의 대상으로 잡기로 하였다. 학계에서는 이미 '당송변혁기'라는 개념이 널리 통용되고 있고,[3] 또 이 '당송변혁'의 특징의 하나로 '도시혁명' 혹은 '상업혁명'이라 규정하고 있다.[4] 그런 점에서 이 시기에 나타난 도시, 그 가운데 수도의 변화를 통시대 역사 속에서 위치지어 보는 것도 의미 있는 작업이라고 본다. 특히 당송변혁기는 중국 고대 이래 전개되어 온 정치지리적 대립의 국면이 한 번 크게 전환하는 시기로 이해되고 있다. 즉 송대 이전 동서의 대립의 국면이, 송대 이후에는 남북의 대립으로 변하였는데, 수도선정이 이것과 밀접하게 관련되었다고 보는 주장이 바로 그것이다.[5] 이런 점에서 당 · 송 사이의 수도 위치 및 구조 등에 나타난 다양한

2 물론 唐宋 사이에는 五代十國 54년간의 분열시대가 있지만, 앞선 두 분열시대와는 달리 시기상 짧은 소분열시기이고, 분열시기로서의 독자적 성격을 갖는 것이 아닌, 일종의 과도기적 성격이 강한 시대이기 때문에 같은 차원에서 비교할 수 없다고 보았다.

3 이 논의는 日本學界를 중심으로 전개되고 있다.(辛聖坤, 「唐宋變革期論」, 『講座中國史』 Ⅱ, 서울: 지식산업사, 1989 참조) 그러나 중국대륙학계에서는 당송변혁을 부정하는 학자도 있다. 그 대표적인 학자가 과거제를 연구주제로 삼은 北京大學의 吳宗國이다. 사실 과거제는 唐宋 사이의 斷絶性보다 連續性을 찾는 것이 더 바람직하다. 그러나 社會 · 經濟的 변화라는 면에서 볼 때 당과 송 사이에 역시 커다란 변혁이 일어난 것은 부정할 수는 없는 사실이다.

4 愛宕元, 『中國の城郭都市: 殷周から明清まで』, 東京: 中公新書, 1991, p.154; 한편 마크 엘빈은 '市場構造와 都市化의 中世革命'이라고 규정하였다.(Mark Elvin, *The Pattern of Chinese the Past*, Stanford U.P., 1979, pp.165-172)

5 侯甬堅은 五代와 十國, 金과 南宋, 蒙古와 南宋, 그리고 淸과 南明 등이 南北對立의

변화를 검토해 보는 것은 흥미 있는 일이라고 생각된다.

종래 수도의 위치 변화문제를 군사적인 측면에만 한정시켜 고찰하는 경향이 있었다.[6] 사실 중국의 역사의 전개를 북쪽 유목 이민족(통상 胡族이라 지칭한다)과 남쪽의 농경 한족 간의 투쟁사로 보는 학자도 있다는[7] 점에서 그런 고찰방법도 어느 정도 합리적인 면도 있다. 그 의견에 따르면 중국의 역사전개에 가장 큰 영향을 끼친 것이 북방 유목 이민족의 동향이라는 것이다. 이런 관점에 선다면 북방 이민족의 위치가 중국 중원왕조의 수도선정에 상당한 영향을 주었다고 할 수 있다. 잘 알다시피 중국 역사 속의 이른바 '외환(外患)'은 먼저 서북방에서부터 나타나기 시작했다. 진한시대의 강적은 북방의 흉노(匈奴)와 서방의 강족(羌族)이었다. 그런데 전한 창업시기 장안(長安)의 전도(奠都)를 주장한 유경(劉敬)도 지적했듯이 장안은 흉노와 지근의 거리에 위치해 있다.[8] 따라서 전한의 수도는 국방의 최전선에 정해졌다고 보아도 무방하다. 그러던 것이 후한 말 이후 위진남북조-수당을 거치면서 그 위치가 점차 동쪽으로 옮겨 간다. 북방 이민족인 선비(鮮卑)와 돌궐(突厥)이 전한시대의 흉노에 비해 동쪽에 위치했기 때문이다.

그 후 당말 혼란기를 틈타서 일어난 북방세력이 거란(契丹)이었다. 거란이 강대해지면서 중원왕조인 오대 석진(石晉: 後晋이라고도 한다)으로부터 연운(燕雲)지역을 강제 할양받는 사건 등에서 보듯이, 북방의 주적의 위치는 이제 동북으로 옮아가게 되었다. 오대 각 왕조의 수도가 낙양과 개봉 두 지역이었던 것은 그런 이유 때문이었다. 그러다가 송대에 결국 수도로

국면을 보였다는 것이다.(「中國古都選址的基本原則」, 『中國古都硏究』 4, 杭州: 浙江人民出版社, 1989, pp.43-44)

6 譚其驤, 「中國歷史上的七大首都」, 『長水集 續編』(北京: 人民出版社, 1994), p.40.

7 白鳥庫吉, 「東洋史に於ける南北の對立」, 『白鳥庫吉全集』 8(東京: 岩波書店, 1970).

8 『史記』(이하 中國 正史는 北京: 中華書局 간행의 標點校勘本에 의거함) 卷99 劉敬傳, p.2719, "(匈奴)去長安近者七百里, 輕騎一日一夜可以至秦中."

고정된 곳이 개봉이었다.

이처럼 수도가 주적의 위치에 따라 이동했다는 것은 그 대처에 적극적이었음을 의미한다. 사실 장안의 경우 관중이 갖고 있는 전략적 이점이 감안되었다는 점 외에, 대이민족 정책에 적극적으로 대처한 한 · 당의 왕조적 성격이 개재되어 있었다. 그와는 달리 항상 수세에 처하였던 송이 북방에 있는 적의 위치에 따라 수도가 정해졌다는 것은 납득하기 힘든 점이 있다.

하남에 위치한 개봉의 지리적 특성은 어떠한가? 평면적으로 비교하자면 당시의 하북은 한대의 하서와 비슷한 위치를 점하게 되었다. 하남은 당시 관중과 비슷한 위치에 놓이게 되었다. 따라서 하남을 보호하기 위해서는 하북을 굳건히 해야 하고, 하북을 굳건히 하려면 역시 동북지방의 이적을 잘 통제해야 하는 것이다. 오대시대에 개봉에 수도를 둔 것은 국가방위상에서 그런 이유에서이라는 것이다.[9] 이런 면에서 볼 때 중국의 수도 위치는 북방에 있는 최강 이민족의 위치와 밀접한 관련을 맺고 있는 것처럼 보인다. 사실 전통왕조의 수도는 군대의 최대주둔지인 동시에, 최대의 병참기지이었다는 점에서 이해가 가는 주장이기도 하다.

그러나 이런 주장에 문제가 없는 것이 아니다. 사실 한 왕조가 어느 지점에 수도를 정할 때에는 그 입지로서 내거는 조건들이 다양하다.[10] 군사적 동기는 물론 그 중요한 조건이기는 하지만 절대적 변수라고 보기는 힘들다. 똑같은 위치에 있는 적을 방어하는데도 전한의 수도는 장안인 데 비해, 후

9 薩孟武, 「中國歷史上的國都」, 『大陸雜誌史學叢書』 1-1(史學通論)(臺北: 大陸雜誌社, 1960), p.267.

10 史念海는 都城의 입지조건을 1) 統治를 위한 領土의 지리적 중심지(영토확장과 함께 周나 秦, 鮮卑의 遷都過程) 2) 交通의 요충(특히 宋의 開封), 3) 방어상의 險要地(關中平野의 漢唐의 수도 長安이나 長江南岸의 南京 등) 4) 國內外 敵對勢力의 소탕 내지 대항의 기지, 5) 政權수립자의 근거지(關隴集團의 長安이나 朱元璋의 南京, 遊牧地의 南限에 위치한 狩獵 遊牧民 통치자의 北京), 6) 經濟的 中心地(南京 · 杭州 및 穀倉지대로부터 보급이 가능한 지역 長安 · 北京) 등을 들고 있다.(史念海, 「我國古代都城建立的地理因素」, 『中國古都研究』 2, 杭州: 浙江人民出版社, 1986, pp.1-30)

한은 낙양이었기 때문이다. 이 두 수도의 위치 차이는 북방 이민족의 위치가 변한 것에 있었던 것만이 아니었다. 그 이유는 오히려 대이민족 정책에서의 '적극'과 '소극'책의 차이였다고 할 수 있다. 그 대책이 근본적으로 달랐기 때문이었다. 예컨대 내전에 급급한 조조(曹操)나 통일국가인 서진도 대이민족정책에서 소극책을 쓴 것은 역시 마찬가지였는데, 수도를 관중에 두지 않고 업이나 낙양에 두었다. 그 결과 비옥한 옥토이지만 유목민족에게는 거주에 적당하지 않았던 관중이[11] 융적의 반거(盤據)지역이 되었던 것이다. 그에 비해 남방에 적을 둔 선비족 출신의 북위 효문제는 남방정벌을 적극 추진하기 위해 그 강역의 최남단인 낙양에 수도를 두었다.[12] 중국을 재통일한 수당의 최대 적은 서북방의 돌궐이었다. 대외정책에 적극적인 당조는 역시 장안에 수도를 정하였다.[13] 따라서 군사적인 측면에서만 수도의 위치를 검토하는 것은 약간의 무리가 따른다. 후술할 터이지만, 송대의 수도인 개봉은 방어상 매우 불리한 지리적 지역조건을 안고 있었다. 또 북송시대는 서북부 전선의 서하(西夏)와 동북부 전선의 거란이라는 2개의 강력한 유목정권과 대치하는 특수한 조건에 놓여 있었다.

현대국가에서의 수도도 물론 중요하지만, 전통시대 중국 역대정권의 수도란 현재와 비교대상이 되지 않을 정도로 중요했다. 그러한 만큼 수도의 조건은 더 고려할 점들이 많았다는 설명이 가능하다. 따라서 왕조시대

11 『晉書』 卷56 江統傳, p.1531, "夫關中土沃物豐, 厥田上上 … 帝王之都每以爲居, 未聞戎狄宜在此土也."

12 朴漢濟, 「北魏對外政策과 胡漢體制」, 『中國中世胡漢體制硏究』, 서울: 一潮閣, 1988, p.233.

13 唐初의 突厥 위력은 漢初의 匈奴나 다름없었다. 그래서 高祖 李淵은 樊·鄧으로 遷都하자는 제의를 하였고 群臣의 찬성도 있었다. 그러나 太宗 李世民의 반대로 천도는 무산되었다.(『新唐書』 卷215上 突厥傳上, pp.6031-6032, "突厥旣歲盜邊, 或說帝曰: '虜數內寇者, 以府庫子女所在, 我能去長安, 則戎心止矣.' 帝使中書侍郞宇文士及踰南山, 按行樊·鄧, 將徙都焉. 羣臣贊遷. 秦王獨曰'夷狄自古爲中國患, 未聞周·漢爲遷也. 願假數年, 請取可汗以報.' 帝乃止.")

의 수도는 당시의 정치 · 사회 · 경제 · 문화 등 다양한 국면을 아우르는 종합적 시대성격을 나타내는 것이라 봐야 한다.

수도를 어떤 곳에 두느냐에 따라 그 왕조의 시대성격을 달리하게 된다. 즉 수도의 위치선정은 그 왕조나 시대의 성격을 총체적으로 규정하고 있다고 해도 틀린 말이 아니다. 따라서 수도의 유형을 통해서 역으로 시대성격을 규정해 보는 것도 하나의 연구방법이라고 생각된다. '당송변혁'이란 당과 송 사이에 정치적 · 사회적으로 커다란 변화가 일어났다는 것인데, 이 문제는 종래 시대구분의 문제와 결부되어 해석되고 있음은 잘 아는 사실이다. 그러나 송 이후가 중세사회냐, 아니면 근세사회냐 하는 해묵은 논쟁에 필자는 관심도, 흥미도 느끼지 않지만, '당송변혁'이 중국역사의 큰 흐름에서 볼 때, 매우 크게 일어났다는 것은 인정한다. 당송변혁의 구체적 사항에 대해서는 선학에 의해 대체적으로 정리되어 있다.[14] 그러나 중국역사상 왕조의 전개과정의 흐름(통일-분열-통일-분열)에 대해서는 별로 관심을 가져오지 않았다. 흔히 중국의 역사는 '일치일란(一治一亂)', 다시 말하면 통일과 분열이 순환적으로 전개되어 왔다는 시각이 있었다.[15] 당대까지의 중국의 역사전개과정을 보면, 일치일란으로 보는 맹자와 같은 순환사관은 나름으로 의미가 있어 보인다. 그러나 어찌된 일인지 이런 순환적 역사전개의 방식은 송 이후에는 완전히 달라진다. 즉 송 · 원 · 명 · 청 등 통일왕조가 계속 이어지는 것이다. 필자는 이것이 당 · 송 사이에 나타난 변화 가

14 內藤虎次郎, 「槪括的唐宋時代觀」(『歷史と地理』 9-5, 1922 原載), 『東洋文化史硏究』(東京: 弘文堂, 1936), pp.125-138. 특히 內藤虎次郎, 『支那近世史』(東京: 弘文堂, 1947), 第一章 「近世史の意義」에 '貴族政治의 頹廢와 君主獨裁政治의 代興' 등 8가지 변화를 상술하고 있다.

15 全海宗, 「中國人의 傳統的 歷史意識과 歷史敍述」, 『韓國과 中國: 東亞史論集』(서울: 知識産業社, 1979), pp.71-74. 羅貫中의 『三國志演義』의 첫머리에 天下大勢의 흐름을 표현하여 "分久必合, 合久必分"이라 한 것도 中國의 歷史의 循環的 사이클을 표현하는 문구이다.

운데 가장 큰 것이라고 생각한다. 그러면 이런 변화는 어떤 연유로 나타나게 되었는가? 필자는 이 변화가 수도 유형의 변화와도 밀접하게 연관되어 있다는 재미있는 사실을 발견하게 되었다.

수도의 유형을 구분하는 데는 무엇보다 그것이 어느 지점에 위치하였는가가 중요하다. 역대왕조의 수도가 간혹 남경 · 항주 등 남방에 두어진 경우도 있었지만, 중국 역대 통일왕조의 수도는 장안 · 낙양 · 개봉 · 북경 등으로 모두 북방에 두어졌다.[16] 이것들을 장안형과 북경형으로 구분하려는 시도가 있었던 것 같지만[17] 필자는 오히려 중국 전통시대의 수도를 장안형과 개봉형, 그리고 북경형 등 세 가지 유형으로 나누는 것이 합당하다고 생각한다. 낙양은 대국적으로 보아서 장안형에 넣어도 무방하다는[18] 생각이 든다.[19] 이 점에 대해서는 뒤에서 상술될 것이다.

16 中國의 近代以前 首都, 즉 都城이 모두 北方에 있었다는 점에 대해서 다음과 같이 설명한다. 都城의 立地條件은 '國境 内의 叛亂을 진압하기 편하고 國境 外 敵人의 侵入에 항거하기에 편해야 한다'. 다른 말로 표현하면 '制內御外'(譚其驤, 「中國歷史上的七大首都」, 『長水集 續編』, 北京: 人民出版社, 1994, p.30) 혹은 '內制外拓'(侯甬堅, 「中國古都選址的基本原則」, p.40)의 관건이 北方에 있었다고 주장한다. 그러나 기후조건이 좋아 낙천적인 남방보다는 삶의 조건이 각박한 북방인들이 政治性이 강하여 수도의 입지로 적당하다는 의견도 있다. 즉 毛澤東이 長征을 통해 북방(延安)으로 이동한 것도 그 이유에서였다고 볼 수 있다.

17 沙學浚(「西安時代與北平時代」, 『中國歷史地理』, 臺北: 臺灣世界書局)과 Steinhardt Nancy("Why Were Chang'an and Beijing So Different?," *Journal of the Society of Architectural Historians*, 1986, 12)는 長安과 北京을 兩大類型으로 대비하고 있지만, 두 논문 모두 참조하지 못했다.

18 曾我部靜雄도 長安地區와 洛陽地區는 地形 자체가 自然的 要害로서 攻擊하기 어렵고 防禦하기 쉬운 地勢라고 하였다.(「支那の政治形態の變遷と首都との關係」, 『支那政治習俗論攷』, 東京: 筑摩書房, 1943, p.178)

19 統一王朝인 明朝는 南京에 일시 수도를 두었다. 이 점에 대해 吳晗은 다음과 같이 설명한다. 東南은 經濟中心, 東北은 軍事中心인데, 만약 수도를 東南에 두면 北邊이 空虛해져 蒙古族을 방어하기 힘들고, 만약 수도를 北邊에 두면 國用은 동남에 있어 운반에 勞動과 經費가 들어가서 문제이다. 그래서 首都를 東南 財賦地區에 두고 동북 변방에 子弟를 分封하여 經濟的 軍事的 통치권을 유지하는 折衷方案을 채택했다

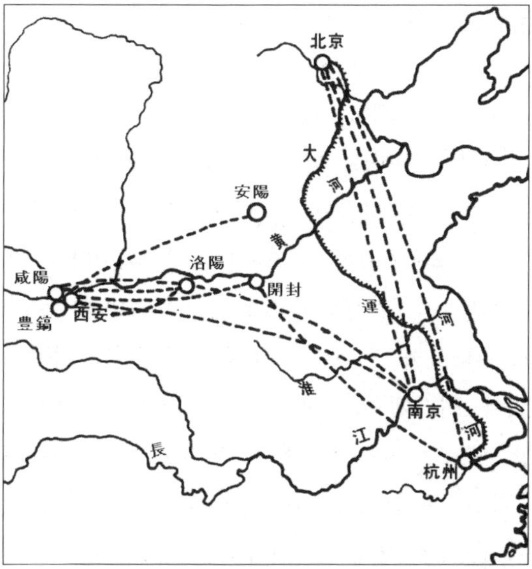

출처: 馮天瑜 等, 『中國七大古都』, 武漢: 武漢出版社, 1997, p.7 圖1 「中國七大古都變遷軌迹圖」.

〈그림 1〉 칠대고도 변천도

이들 세 지역을 다시 지형적으로 구분하자면 '분지형'과 '평원형'과 '반분반평형'이 될 수 있을 것이다. 잘 알다시피 서주시대 이후 당대까지는 장안에, 북송시대에는 개봉에, 원 · 명 · 청시대에는 북경에 수도가 두어졌다. 물론 남송의 수도였던 항주나 명대에 일시적 수도로 정해진 남경의 경우는(<그림 1> 참조) 예외에 속하므로 여기서는 다루지 않기로 한다. 그리고 북경형은 '당송변혁'과는 관계가 없으므로 이 글에서는 다루지 않기로 하고 여기서는 '장안형'과 '개봉형'을 비교 검토하도록 하겠다.

하였다.(「明代靖難之役與國都北遷」, 『吴晗文集1. 歷史』, 北京: 北京出版社, 1988, pp.236-237) 따라서 절충형의 수도로 볼 수도 있지만, 그 특징이 별로 두드러지지 않고 기간도 짧아 독립적인 유형으로 보기는 힘들다.

II. 장안형: '근거지'로서의 경기경영

중국 전통시대 수도, 즉 국도의 위치에 대한 가장 유력한 이론이라 한다면, 그것은 소위 '거중(居中)'이라는 원칙이다.[20] 이 '거중'의 원칙에서 본다면 대륙 서쪽에 치우쳐 위치한 관중의 일 지점인 장안은 국도로서 적당하지 않고 오히려 '천하지중(天下之中)'이라 일컬어지는 낙양이 제격이었다.[21] 그럼에도 불구하고 서주 이후 당대까지 대체로 이곳 관중의 일 지역, 즉 장안 근처를 국도로 삼았다. 왜 그랬을까? 적어도 송대 이전까지에는 이곳이 수도로 나름 적합했던 것이었다. 여기에 '장안형' 수도가 가지는 이점이 있었기 때문일 것이다. '장안형' 수도란 어떤 특징을 가진 수도인가? 장안은 잘 알다시피 사방에 관문을 가진, 즉 천혜의 '산하의 험요'를 구비한 관중 평야의[22] 일 지점에 위치하고 있다. 한마디로 말해서 '분지형'의 수도인 것이다. 이 문제와 관련하여 전한대 수도의 기능을 '근거지'라는 개념으로 파악한 고 민두기(閔斗基) 교수의 연구가[23] 주목된다. 이하에서 민 교수의 이론을 요약해 보자.

전한의 수도정책은 수도인 장안 한 도시만이 아니라 수도의 주변, 즉

20 중국 전통적인 國都의 조건은 '居中'이었다.(陳奇猷 校釋, 『呂氏春秋校釋』, 上海: 學林出版社, 1984, 卷17 審分覽 六曰 愼勢, p.1108, "古之王者, 擇天下之中而立國, 擇國之中而立宮, 擇宮之中而立廟") 그러나 '居中'이라는 면에서는 關中보다는 洛陽이 더 합당하다.

21 『史記』 卷4 周本紀, p.133, "此(洛邑)天下之中, 四方入貢道里均."

22 關中은 '關右' '關西'로 불리어지기도 하고, 일명 '四塞'라고도 지칭된다.(『史記』 卷7 項羽本紀, p.315, "人或說項王曰 '關中阻山河四塞 地肥饒 可都以覇'" <集解> 徐廣曰 '東函谷, 南武關, 西散關, 北蕭關.' 그리고 (淸) 顧祖禹 撰, 賀次君 · 施和金 點校, 『讀史方輿紀要』(北京: 中華書局, 2005) 卷52 陝西1 p.2452 "(秦)孝公 … 徙都之, 謂之秦川, 亦曰關中" <注>按 潘岳關中記: 東自函關, 西至隴關, 二關之間, 謂之關中, 東西千餘里 … 徐廣曰: 東函谷, 南武關, 西散關, 北蕭關, 秦地居四關之中. 亦曰'四塞'.)

23 閔斗基, 「前漢의 陵邑徙民策」, 『歷史學報』 9, 1957과 閔斗基, 「前漢의 京畿統治策」, 『東洋史學研究』 3, 1969을 참조하시오.

관중 전체를 시야에 넣었던 것이다. 다시 말하면 수도뿐만이 아니라 그곳을 포함한 경기지역을 중요시하였던 것이다. 그 정책의 기본 의도는 경기지역을 정치적 · 경제적인 면에서 여타 지방에 비해 월등한 힘을 가진 하나의 지역단위로 육성 · 강화시킴으로써 천하통제를 가능한 '근거지'로서의 역할을 기대한 것이었다. 근거지의 선정이 선도(選都)의 목적이므로 장안, 그 자체보다도 그것을 둘러싼 관중 전체의 경영이 중요시된 것은 당연하다. 관중지역 전체를 행정적으로 경영하는 체제인 삼보(三輔: 京兆尹, 左馮翊, 右扶風)체제가 나타난 것은 바로 그런 이유에서였다. 즉 전한의 경우, 장안령의 지위나 직능이 현저하게 약소하였으며, 삼보 그 자체가 수도로서의 역할을 하고 있었다. 다른 시대와 다른 이런 독특한 정책이 나타난 것은, 첫째, 전한이 전국을 통일하였지만 그 정권 자체는 아직 '대제후'라는 성격을 크게 벗어나지는 못하였던 데 있었다. 관동지역에는 통일과정에 협조했던 이성제후왕, 즉 지방세력이 건재하고 있어, 그들을 완전히 통제하지 못하였다. 따라서 이들을 북방에 있는 흉노 이상으로 통제에 힘써야 할 대상으로 여길 수밖에 없는 형편이었다. 즉 한제국은 외형적으로 보면 통일제국이지만, 그 체내는 여전히 분열적 인소를 내포하고 있었던 것이 당시의 현실이었다. 따라서 전한의 경기정책은 한마디로 관중 그 자체를 황제의 직할지로서 집중적으로 경영함으로써 그곳을 천하통제를 위한 '근거지'로 활용하려 하였던 것이다. 즉 관중을 개발하고 육성함과 동시에, 그 영역을 가능한 한 확장시켜 다른 지역에 비해 상대적인 힘의 우위를 확보함으로써 지방통제와 수도 방어를 위한 근거지로[24] 활용하고자 하는 것이 그 경

24 『漢書』 卷43 婁(劉)敬傳, p.2120, "且夫秦地被山帶河, 四塞以爲固, 卒然有急, 百萬之衆可具. 因秦地故, 資甚美膏腴之地, 此所謂天府. 陛下入關而都之, 山東雖亂, 秦故地可全而有也. 夫與人鬪, 不搤其亢, 拊其背, 未能全勝. 今陛下入關而都, 按秦之故, 此亦搤天下之亢 而拊其背也" 및 『漢書』 卷40 張良傳, pp.2032-2033, "夫關中左崤函, 右隴蜀, 沃野千里. 南有巴蜀之饒, 北有胡苑之利. 阻三面而固守, 獨以一面而東制諸侯. 諸侯安定, 河渭漕輓天下, 西給京師, 諸侯有變, 順流而下, 足以委輸. 此所謂金城千里,

기정책의 요체인 것이다. 이것을 다른 말로 바꾸면 '관중본위정책'에 의거한 '거중어경(居重馭輕)' 혹은 '강간약지(强幹弱枝)'라는 말로 요약할 수 있다. 후세 서위 · 북주시대 우문태(宇文泰)가 소위 '관중본위정책'[25]을 취하게 된 이유도 바로 이런 점을 십분 고려한 것이었다. 천혜 요새로서의 관중은 이런 점에서 더할 나위 없이 좋은 입지였던 것이다. 중국 고대에 관중지역이 수도지역으로 누차 선정되었던 이유가 바로 거기에 있었던 것이다.

관중이 제 몫을 하기 위해서는 배후에 있는 파촉(巴蜀)을 장악하여야 하고, 동쪽으로 삼하(三河: 河東 · 河南 · 河内)지역이 그 영역으로 들어와야 한다는 조건이 부수되어 있었다. 즉 옛 육국지역(관동)을 충분히 통제하기 위해서는 관중 자체만으로는 충분하지 못하므로, 관중의 지역적 확장이 필요했던 것이니, 이로써 나타난 것이 소위 '광관정책(廣關政策)'이고, 먼저 관중을 포함하여 삼하지역을 함께 통할하는 행정단위인 '사예교위(司隷校尉(部))'가 등장한 것도 그 때문이었다. 이상이 민 교수가 주장하는 대강의 요지이다. 사실 민 교수의 이런 주장은 1960년대 말에 이미 제기된 것이지만, 이후 국 · 내외에서 비슷한 주장이 나옴으로써 전한시대 '근거지'로서의 경기정책이란 민 교수의 주장은 설득력이 더해졌다.[26]

이상에서 소위 '장안형'의 수도가 갖고 있는 특징을 살펴보았는데, 그것을 구체적으로 설명하면 다음과 같다. 첫째, 관중이 갖고 있는 자연적

天府之國, 劉敬說是也."

25 陳寅恪, 『唐代政治史述論稿』, 上海: 上海古籍出版社, 1982, p.15.

26 崔在容의 연구(「西漢 三輔의 成立과 그 機能」, 『慶北史學』 8, 1985 및 「西漢 京畿制度的特徵」, 『歷史研究』 1996-4)와 大櫛敦弘의 연구(「前漢'畿輔'制度の展開」, 『出土文物による中國古代社會の地域的研究』, 平成2 · 3年度科學研究費補助金 一般研究(B)研究結果報告書<代表: 日本 愛媛大學 牧野修二教授>, 1993)가 있으나 「關中의 擴大(廣關)」, 「司隷校尉部의 出現」 등으로 나타나는 前漢代의 '地域的 層位性'의 존재와 關東經略을 위한 京畿强化라는 閔교수의 논지를 대체로 따르고 있다.

험고[天險]이다. 사실 전한 초 장안에 수도를 정하는 데 중요한 역할을 한 누경(婁敬: 劉敬)이 지적한 바 있듯이, 관중은 공수에 매우 유리한 지형이다. 둘째, 관중 자체가 갖는 경제력의 규모이다. 즉 관중 하나로 여타 지역을 통제하고 그곳에서 일어나는 반란을 진압·방어할 수 있는 힘의 원천[力源]이 될 수 있는 인적·물적 자원이 어느 정도 확보되었다는 점이 중요하다. 전한대의 관중은 전국 인구의 3/10을 넘어서지는 못하지만, 재부의 6/10이 집결되어 있었다고 한다.[27] 지방이 모두 반란에 휩싸였을 때, 관중 이곳만을 조용히 지키기만 해도, 언젠가 다시 이곳의 힘을 이용해서 사방을 다시 제압할 수 있다는 것이다.[28]

이와 같이 관중 그 자체로서 막강한 힘을 가지고 있지만, 광관정책이란 용어가 말해 주듯 관중이 제 구실을 수행하려면 동쪽의 낙양과 남쪽의 파촉이 필수적인 배후지로서의 역할을 수행하여야 한다. 그래야만 천하통제가 더욱 유리해진다. 관중과 파촉이 다 같이 '상류지세'로서 중원과 형양(荊揚: 형주荊州와 양주揚州, 즉 장강長江의 중하류 일대)을 제압할 수 있는 유리한 점을 가지고 있었던 것이다. 따라서 고래로 관중을 취한 자는 반드시 남쪽으로 파촉을 취하였고, 동쪽으로 낙양을 취하였다. 이들 두 지역은 그 자체의 힘뿐만 아니라 관중이 천하 통제를 수행하는 '출구(出口)'라는 전략적 위치에 있었다. 먼저 파촉을 장악하면 장강의 '상류지세'를 이용하여 장강 중하류 지역을 쉽게 통제할 수 있었다. 관중을 얻고 파촉을 얻지 못하거나, 파촉을 근거지로 하면서도 관중을 얻지 못하면 천하를 얻는 데에 문제가 발생할 수밖에 없었다.[29] 예컨대 공손술(公孫述)이 파촉을 얻었지만 광무제(光武帝) 유수(劉秀)가 관중을 차지하고 있음으로써 천하를 얻을 수

27 『史記』 卷129 貨殖列傳, p.3262, "故關中之地, 於天下三分之一, 而人衆不過什三, 然量其富什居其六."

28 『後漢書』 卷16 寇恂傳, p.625, "此(長安)從容一處, 可以制四方也."

29 『漢書』 卷39 蕭何傳, pp.2006-2007, "(項羽)乃曰: '蜀漢亦關中地也.' … 蕭何曰: '… 收用巴蜀, 還定三秦, 天下可圖也.'"

없었다. 조조가 관중을 얻었으나 파촉이 유비(劉備)에 의해 점거됨으로써 천하를 얻는 데 어려움을 겪었다. 이와 같이 관중에게 파촉은 뗄 수 없는 관계에 있는 것이다.

다음으로 '천하의 중심'이라 일컬어지는 낙양을 중심에 둔 하남이 함께 '정족지세(鼎足之勢)'를 이루고 있는 소위 삼하(하남·하내·하동)지역 전체를[30] 장악하는 것이 중요하였다. 그곳을 장악하면 하남 자체는 물론 호북·호남 등을 장악하는 것은 쉬운 일이었다. 당 고조 이연(李淵)이 관중을 장악한 후에 왕세충(王世忠)의 근거지인 낙양을 취하였고, 또 파촉을 함락시키고 난 후에 소선(蕭銑)의 근거지인 강릉을 취할 수 있었다. 낙양을 취한 후에는 호뇌(虎牢) 이동 지역은 쉽게 들어왔으며, 강릉을 함락시키자 장강은 이미 험요가 될 수 없었던 것이다.

관중에게 있어서 낙양은 파촉과는 다른 특수한 관계에 있었다. 관중과 낙양은 어떤 특수한 관계에 있었던가? 이에 대해 장안과 낙양이 분리되어 각각 다른 세력의 영역으로 갈라져서는 서로가 제 기능을 수행할 수 없는, 즉 '불가분의 관계'라는 지적이 있다.[31] 즉 낙양이 시종 장안의 보조적인 수도, 즉 배도(陪都) 정도의 위치에 있는 것만이 아니라는 점이다. 거의 등가(等價)의 위치에 있었다고 해도 큰 무리는 없다. 후한이 장안 대신 낙양을 수도로 정한 것만을 보아도 알 수 있는 사실이다. 장안이 갖고 있는 장점인 험고[阻險]에 대하여 낙양의 경우 이견이 존재했다.[32] 그러나 장안이

30 『史記』 卷129 貨殖列傳, pp.3262-3263, "夫三河在天下之中, 若鼎足, 王者所更居也."

31 長安이 洛陽을 확보하지 못했을 때 불완전하다는 점은 전술했지만, 특히 洛陽은 長安과 동반하지 못하였을 때도 더욱 그러하다. 洛陽이 天下之中이지만, 이곳에 建都했을 때 필수조건이 있으니 西邊 關中이 동일한 정권하에 있어야 한다는 것이다. 그렇지 않으면 洛陽은 관중세력에 견디기가 힘들다.(周一良, 「讀『鄴中記』」, 『魏晋南北朝史論集續編』, 北京: 北京大學出版社, 1991, p.155) 두 지역이 동일한 정권하에 있을 때, 어느 곳에 建都하느냐의 양자택일의 문제가 발생하는 것이다.

32 『史記』 卷99 劉敬傳, pp.2715-2716, "婁敬曰'… 成王卽位, 周公之屬傅相焉. 迺營成周洛邑, 以此爲天下之中也. 諸侯四方納貢職, 道里均矣. 有德則易以王, 無德則易以亡.

강역 가운데 한쪽으로 치우쳐 있어 지방경제의 흡수에 문제가 있는 것이 흠이다. 낙양의 가장 큰 이점은 역시 '천하지중(天下之中)'의 위치이다. 강역의 중심에 위치하여 '중국'이라는 호칭에 어울리는 데다 무엇보다 공직(貢職)의 '도균(道均)'이라는 경제적으로 유리한 이점이 많다. 낙양은 또 관동지역에서 굴기한 반란세력이 관중을 장악하기 위한 전초기지이기도 하다.[33] 여하튼 천하를 얻으려는 자, 천하를 지키려는 자는 반드시 낙양을 먼저 손아귀에 넣어야만 했다. 그것은 중국의 역사가 증명하고 있다. 서주(西周)가 호경(鎬京)에 도읍을 정하고 낙양을 경영하여서 호경이나 낙양을 모두 '왕기지지(王畿之地)'로 삼았고, 전한도 장안에 도읍을 두면서 삼보(三輔) 및 홍농(弘農)과 함께 낙양을 중심으로 하는 '삼하(三河)'를 사예교위(부)로 하여 하나의 행정단위로 만들어서 중앙이 낙양을 직접 통치했던 것이다. 또 당왕조가 장안을 국도로 하고 낙양을 동도(東都)로 한 것은 바로 진한의 도성제도를 계승한 측면이 있지만, 낙양이 장안과 불가분의 관계에 있음을 현실적으로 입증한 예인 것이다.

이와 같이 장안과 낙양이 주(主)-부(副), 주(主)-배(陪)의 관계가 아닌 까닭으로 유사 이래 국도를 장안으로 할 것인가, 아니면 낙양으로 할 것인가라는 양자택일의 문제가 자주 발생하기도 하였다. 그 가운데 전한 초 이

凡居此者, 欲令周務以德致人, 不欲依阻險. …'"(이상은 '天下之中'의 위치에 이점을 강조하고 있다. 그러나 婁敬의 경우는 洛陽의 險阻는 믿을 만한 것이 못 된다고 보고 있다.) 반면, 그 險阻를 강조하는 관점도 있다.(『晉書』 卷100 王彌傳, p.2611, "彌謂(劉)曜曰: '洛陽天下之中, 山河四險之固, 城池宮室無假營造, 可徙平陽都之.'")

33 洛陽의 利點은 地形的 險固와 貢道의 中心, 經濟的 有利한 位置 등이 복합되어 있기 때문에 소위 '天下必爭之地'가 된 것이다.(『讀史方輿紀要』<(淸)顧祖禹 撰, 賀次君·施和金 點校, 北京: 中華書局, 2005> 卷48 河南3 河南府, p.2216, "孔穎達曰: '洛陽處澗·瀍之中, 天地交會, 北有太行之險, 南有宛葉之饒, 東壓江·淮食湖海之利, 西馳崤·澠據關河之勝.' 李文叔曰: '洛陽處天下之中, 挾崤·澠之阻, 當秦·隴之襟喉而趙·魏走集, 蓋四方必爭之地也. 天下當無事則已, 有事則洛陽必先受兵.' 明太祖命徐達, 亦言: '先取山東, 次及河·洛.' 蓋英雄擧事, 類以洛陽爲標準矣.")

후 당대 무측천(武則天) 시기까지 그 논쟁이 격렬하게 전개되었다. 전한 초 국도 선정문제를 두고 한 조정 내에서 일어난 논쟁은 유명하다. 그 논쟁 시에 나타난 주장들을 살펴보면, 수도유형을 크게 장안형, 개봉형, 북경형의 세 가지로 분류할 때, 낙양은 장안형에 보다 근접한 유형의 수도라는 감을 느끼게 한다. 즉 낙양에로의 천도나 수도로 정해야 한다는 주장의 내면에는 낙양도 장안에 못지않은 험요를 가지고 있다는 내용이다. 전한 초에 거론된 후, 한동안 잠잠하던 낙양으로의 천도문제가 10대 원제(元帝) 때에 다시 재론되었다. 당시 익봉(翼奉)은 낙양이 국도로서의 조건으로 충분하다는 점을 다시 강조하고 나섰던 것이다.[34] 후한의 국도는 주지하듯이 낙양이었는데, 낙양에 대해서 『낙도부(洛都賦)』의 작자인 부의(傅毅)의 주장도 역시 우월한 지리조건을 말하고 있다.[35] 낙양의 경우 '팔관(八關)'과 '사관(四關)'이 있었다고 한다.[36] 사실 군사적인 면만을 따진다면, 낙양이 장안보다 유리한 점이 있다고 할 수는 없다.[37] 이들 논의에서 볼 때, 장안과 낙양의 수도로서 조건상의 우열문제는 주장하는 각자의 관점상 차이였다. 그들의 주장을 세밀히 분석하면, 양도 사이의 지리적인 면에서 성격상 큰 차이는 없어 보인다. 예컨대 전한 초 누경(婁敬)의 의견에 동조하여 장

34 『漢書』 卷75 翼奉傳, p.3176, "臣願陛下徙都於成周, 左據成皐, 右阻黽池, 前鄉崧高, 後介大河, 建滎陽, 扶河東, 南北千里以爲關, 而入敖倉. 地方百里者八九, 足以自娛. 東厭諸侯之權, 西遠羌胡之難, 陛下共己亡爲, 按成周之居, 兼盤庚之德, 萬歲之後, 長爲高宗."

35 『全後漢文』(『全上古三代秦漢六朝文』, 石家莊: 河北教育出版社, 1997) 卷43 傅毅 '洛都賦', p.404, "被崑崙之洪流, 據伊洛之雙川, 挾成皐之岩阻, 扶二崤之嵩山, 砥柱回波綴於後, 三涂太室結於前, 鎮以嵩高喬岳, 峻極於天."

36 『讀史方輿紀要』 卷48 河南3 河南府, p.2215, "八關者, 函谷・廣成・伊闕・大谷・轘轅・旋門・小平津・孟津是也. … 陸機洛陽記: 左成皐, 右函谷, 前有伊闕, 後背孟津(謂之洛陽四關)."

37 『史記』 卷55 留侯世家, p.2044, "(雒陽)四面受敵, 此非用武之國也"; 『史記』 卷99 劉敬傳, p.2716, "(洛陽)天下之中 … 有德則易以王, 無德則易以亡. 凡居此者, 欲令周務以德致人, 不欲依阻險, 令後世驕奢以虐民也." 및 『隋書』 卷46 趙煚傳, p.1250, "河南洛陽, 四面受敵, 縱得之, 不可以守."

안 건도(建都)에 크게 역할한 장양(張良)의 의견을 들어 보면, 낙양은 관중과 비슷한 이점이 있으되, 다만 지대가 협소한 것이 문제라고 말하고 있다.[38] 또 후한 초 두독(杜篤)이 관중의 자연적 조건을 볼 때 낙양과 유사하고, 장안은 선제(先帝)의 구경(舊京)인데 낙양에다 굳이 다시 도성으로 조영할 필요가 있는가 하는 의문을 제기하였다.[39] 그때 왕경(王景)은 낙양의 우수함이 장안에 뒤지지 않음을 역설하였다.[40] 사실 낙양에도 나름으로 사면에 산하의 험이 있다.[41] 그러므로 후대에 남북선의 일 지점이 된 개봉과 비교할 때,[42] 장안과 낙양은 동서선의 도성으로 동일 계열에 속한다고 보

38 『漢書』 卷40 張良傳, pp.2032-2033, "劉敬說上都關中, 上疑之. 左右大臣皆山東人, 多勸上都雒陽: '雒陽東有成皐, 西有殽黽, 背河鄉雒, 其固亦足恃.' 良曰'洛陽雖有此固, 其中小, 不過數百里, 田地薄, 四面受敵, 此非用武之國. 夫關中左殽函, 右隴蜀, 沃野千里, 南有巴蜀之饒, 北有胡苑之利, 阻三面而固守, 獨以一面東制諸侯, 諸侯安定, 河·渭漕輓天下, 西給京師; 諸侯有變, 順流而下, 足以委輸. 此所謂金城千里, 天府之國. 劉敬說是也' 於是上卽一駕, 西都關中."

39 『後漢書』 卷80上 文苑 杜篤傳, p.2595, "篤以關中表裏山河, 先帝舊京, 不宜改營洛邑, 乃上奏『論都賦』曰. …"

40 『後漢書』 卷76 循吏 王景傳, p.2466, "先是杜陵杜篤奏上『論都』(賦), 欲令車駕遷還長安. 耆老聞者, 皆動懷土之心, 莫不眷然佇立西望. 景以宮廟已立, 恐人情疑惑, 會時有神雀諸瑞, 乃作金人論, 頌洛邑之美, 天人之符, 文有可採."

41 『讀史方輿紀要』 卷48 河南3 河南府, p.2034, "漢高祖初定都, 羣臣謂洛陽東有成皐, 西有崤澠, 背河鄉伊洛, 其固足恃."

42 최근 妹尾達彦은 '中國의 都(城)의 立地패턴'은 中國史前期의 長安-洛陽 兩京制度(長安은 政治·軍事, 洛陽은 經濟·文化의 중심지)에서 中國史後期의 北京-南京 兩京制度(北京은 軍事·政治, 南京은 經濟·文化)로 변하였다고 보고, 이런 變化가 생긴 이유를 ① 外中國(Outer China)의 非漢人의 중요군사거점이 西北에서 東北으로 移動했다는 軍事的 要因, ② 內中國(Inner China)의 주요 穀倉地帶가 華北에서 華南으로 이동했다는 經濟的 要因이 동시에 진행된 결과라고 보았다. 開封은 前期에서 後期로 넘어가는 過渡期로 보았다.(「構造と展開: 中華の分裂と再生」, 『岩波講座世界歷史 9: 中華の分裂と再生』, 東京: 岩波書店, 1999, pp.12-14). 그리고 長安과 北京을 內中國의 統治와 外中國과의 外交라는 政治機能을 겸유할 수 있는 都城型이라고 보았다.(同上書, p.13) 매우 巨視的인 관점으로 설득력이 있다. 이 가설은 우선 長安型과 北京型을 中國 歷代 首都의 상반된 대표적 두 유형으로 보는 여러 학자들

아도 무방하다.[43]

관중과 지역적으로 밀접한 관계에 있는 지역이 바로 하동지역이다. 잘 알다시피 관중과 동방을 구분하는 경계선은 함곡관(函谷關)－임진관(臨晉關)－무관(武關) 및 북에서 남으로 흐르는 황하의 자연적 장벽이다. 그러나 관중이 하동을 수중에 두지 않으면 동방으로의 진출이나 동방세력의 방어에 중대한 결함이 생긴다. 따라서 하동도 역시 이른바 '축록자(逐鹿者)'들의 필쟁의 땅이었다. 그런 까닭으로 하동지역의 중요성은 이미 한대부터

의 견해와 큰 괴리가 있다는 점이 문제될 것이다. 둘째, 중국 내부적인 요인은 홀시한 측면이 있다. 內中國의 정치세력에 대응[統治]을 고려에 넣지 않았다. 셋째, 前漢時期 長安이 경제중심이 아니라는 것도 문제이고(물론 점차 關中의 경제력이 약화되지만 唐中期까지는 華北의 경제력이 江南에 비해 우세했다는 점도 감안해야 한다.), 洛陽과 南京은 경제중심인 것은 인정하더라도, 문화중심으로 보는 것은 문제가 있다. 따라서 필자는 妹尾氏의 假說에 이상과 같은 점들이 고려되어야 할 것이라 생각한다. 中國首都의 移動路는 당초 長安－洛陽으로의 東西線에서, 杭州－南京－開封－北京의 南北線으로 전환되었다고 본다. 中國 歷代王朝의 首都型을 지형상으로 볼 때, 東西線의 首都型과 南北線의 首都型으로 양분하되, 前者의 典型은 長安型이 분명하지만, 후자의 典型을 開封型으로 보아야 할지 北京型으로 보아야 할지는 고찰의 대상이다. 地形, 地方勢力의 統制, 經濟力, 對外關係, 王朝의 출신성격, 文化의 특징 등 다양한 요소를 다 고려해야 하기 때문이다. 거친 결론을 말하자면 세 가지 유형으로 보는 것이 합당하다.

43 曾我部靜雄, 「支那の政治形態の變遷と首都との關係」 참조. 宋代에도 '八面守敵' 혹은 '四戰之地'의 開封과 대비되는 都城으로 關中과 洛陽을 들고 있다.((南宋)李燾, 『續資治通鑑長編』<北京: 中華書局, 1979> 卷143 仁宗 慶歷 3年(1043) 9月 丁丑條, p.3452, "(樞密副使 富弼又言): '況今來不同漢唐都關中・洛陽, 關中・洛陽各有險固可恃, 緩急有變, 用兵守險, 亦未能便至危窘. … 今來都城並無險固, 所謂八面受敵, 乃自古一戰場耳. 若四方各有大盜, 朝廷力不能制, 漸逼都城, 不知何以爲計, 臣每念及此, 不寒而戰.'" 및 同書 卷118 仁宗 景祐 3年(1036) 5月 戊寅朔條, p.2783, "范仲淹言: '… 孔道輔曾言遷都西洛, 臣謂未可也. 國家太平, 豈可有遷都之議. 但西洛帝王之宅, 負關・河之固, 邊方不寧, 則可退守. … 急難則居西洛險固之宅, 以守中原. 易曰: 『天險不可升, 地險山川丘陵, 王公設險以守其國.』 此之謂也.'" 및 『宋史』 卷314 范仲淹傳, p.10269, "他日, 論建都之事, 仲淹曰: '洛陽險固, 而汴爲四戰之地, 太平宜居汴, 即有事必居洛陽. 當漸廣儲蓄, 繕宮室.'")

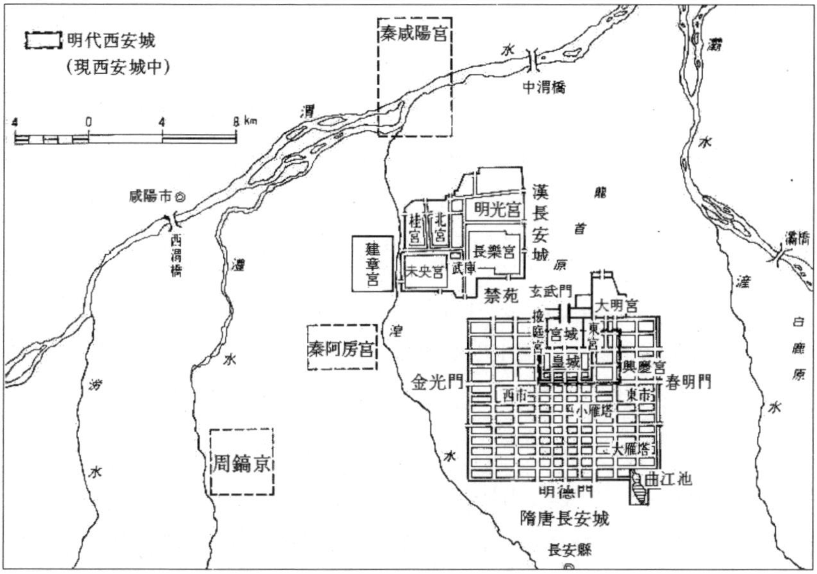

출처: 藤善眞澄, 『中國史 – 中世 –アジアの歷史と文化』, 京都同朋舍, 1995, p.105, 「現西安市周邊歷代城市位置圖」.

〈그림 2〉 장안지역 도성 연혁도

지적되었다. 따라서 한대에 태항산맥의 서록지대에다 북에서 남으로 오완관(五阮關)－상산관(常山關)－호구관(壺口關)－천정관(天井關)을 연결하는 선과, 다시 동남으로 신안(新安)으로 옮긴 신함곡관(新函谷關)[44]과 무관을 연결시켜 관중지역을 확대하는 소위 광관정책을 실시하였던 것이다.[45] 이 광관정책이 시행되자, 당초 하동에 있던 대왕(代王)의 봉지가 태항산맥 너머의 청하(淸河) 땅으로 이동하게 되었다.[46] 따라서 하동은 한대의 준경기

44 『漢書』 卷6 武帝紀 元鼎 3年冬條, p.183, "徙函谷關於新安, 以故關爲弘農縣."

45 『漢書』 卷6 武帝紀 元鼎 3年冬條 注, p.183, "應劭曰: '時樓船將軍楊僕數有大功, 恥爲關外民, 上書乞徙東關, 以家財給其用度. 武帝意亦好廣闊, 於是徙關於新安, 去弘農三百里.'"

46 『史記』 卷58 梁孝王世家, p.2081, "(文帝)十九年, 漢廣關, 以常山爲限, 而徙代王王淸

지역이라 할 수 있는 곳이다.[47] 즉 하남 · 하내 · 하동의 이른바 삼하(三河) 지역은 일찍이 한대부터 관중과 불가분의 관계에 있었던 것이다. 이런 광관정책은 당대까지 이어졌다. 당대에 하동에 본관을 둔 배(裵) · 유(柳) · 설씨(薛氏)를 경조(京兆) 위씨(韋氏), 홍농(弘農) 양씨(楊氏), 경조(京兆) 두씨(杜氏)와 같이 '관중군성'으로 분류하고 있고,[48] 하동염지에서 생산되는 염의 판매지역(公定販鹽圈: 行鹽區)을 장안지역과 낙양지역으로 한정시키고 있는 것도[49] 하동이 관중 · 삼하지역과 불가분의 관계에 있음을 나타내는 것이다. 즉 관중과 홍농, 그리고 삼하를 하나로 묶어 '경기(기내)'로 하여 이들 모두를 중점적으로 경영함으로써 그 외 지역에 비해 상대적인 힘의 우위를 차지하는 정책, 소위 '내중외경(內重外輕)' 혹은 '거중어경(居重馭輕)'이 바로 한대 수도경영의 기본틀이었던 것이다.

한대의 경기정책은 이런 구도하에 진행되었다. 특히 관중지역에는 왕국이나 열후를 분봉하지 않고 오로지 황제의 직할지로 삼았던 것도[50] 그런 목적이 내재된 것이었다. 관중의 삼보와 홍농군, 그리고 삼하 등 7군을 통할하는 '사예교위'라는 행정기구가 나타난 당위가 바로 여기에 있는 것이다. 뿐만 아니라 이런 정책에 상응하는 여러 후속 조치가 시행되었다. 장안 주변의 삼군을 삼보로 설정하여 그 장관에게 조정대신의 지위를 부여함으로써 황제 직할지로서의 성격을 강조하였다. 그리고 그 일대에 건립된 제릉(帝陵)을 봉사한다는 명목으로 '능읍(陵邑)'을 건설하여 지방의 부호나 호걸을 사민시켜 지방호족세력을 약화시킴과 동시에 경기지역을 충실히

河, 淸河王徙以元鼎三年也."

47 崔在容, 「西漢京畿制度的特徵」, p.26.

48 『新唐書』 卷199 儒學中 柳冲傳, p.5678, "關中亦號'郡姓' 韋 · 裵 · 柳 · 薛 · 楊 · 杜首之."

49 妹尾達彦, 「構造と展開: 中華の分裂と再生」, p.64.

50 三輔 · 弘農 · 三河지역에는 封王하지 않고 원칙적으로 列侯도 두지 않았다.(崔在容, 「西漢 京畿制度的特徵」, pp.33-35)

한 것[51]이라든지, 사실상 친위군인 남군과 북군을 비롯한 대규모 중앙군을 설치한 것[52] 등은 바로 한왕조의 국가 성격이 어떠하였으며, 무엇을 지향하였는가를 여실히 보여 준다.

이러한 것은 수당대에도 계속되고 있다. 수 양제가 낙양을 건설하고 천하의 부호 수만 가를 이주시키고,[53] 그 주변에 2,600만 석 이상의 저장능력을 가진 대규모의 창고를 건설한 것은[54] 황제권력을 위협할 지방세력의 성장을 억제하려는 의도임에 분명하다.[55] 수당대의 경기정책도 이처럼 그 방향에서 한대의 그것과 크게 다르지는 않았다. 당대인의 관중에 대한 인식 또한 한대인의 그것과 다를 바 없었다.[56] 즉 '거중어경'을 통해 사방과 대적할 수 있는 관중의 역할에 대한 믿음 또한 변하지 않았다. 그러나 관중이 제대로 힘을 발휘하기 위해서는 우선 그곳에 '중(重)'을 두어야 하는데 그 선결조건은 관중의 확대와 더불어 힘의 집중성이 중요했다. 이를 위해 두 가지 조치가 뒤따랐다. 첫째, 경조부와 더불어 하남부와 태원부가 정족의 형태로 광범위한 경기지역으로 설정되고, 이 경기지역에 식읍을 주지 않았다.[57] 이 세 지역을 행정적으로 통합하는 것이 바로 삼부체제의 출

51 閔斗基, 「前漢의 陵邑徙民策」.

52 濱口重國, 「前漢の南北軍に就いて」, 「兩漢の中央諸軍に就いて」, 『秦漢隋唐史の研究』 上, 東京: 東京大學出版會, 1966.

53 『隋書』 卷24 食貨志 p.686, "煬帝卽位 … 始建東都 … 徙洛州郭內人及天下諸州富商大賈數萬家 以實之."

54 礪波護, 「太倉と含嘉倉」, 『中國聚落史の研究』, 東京: 日本唐代史研究會, 1989.

55 高敏, 「關于隋煬帝遷都洛陽的原因」, 『魏晋隋唐史論集』 2, 北京: 中國社會科學出版社, 1983.

56 (唐)杜佑 撰, 『通典』(北京: 中華書局, 1988, 點校本) 卷174 州郡4, p.4565, "… 關中爲海內之雄也, 巨唐受命, 本在於玆, 若居之則勢大而威遠, 舍之則勢小而威近"; (唐)陸贄, 『陸宣公集』(杭州, 浙江古籍出版社, 1988, 劉澤民校點本) 卷11 「奏草」 「論關中事宜狀」, p.97, "王畿者, 四方之本也, 京邑者, 又王畿之本也, 其勢當令京邑如身, 王畿如臂, 四方如指."

57 (唐)李林甫 等 撰, 陳仲夫 點校, 『唐六典』(北京: 中華書局, 1992) 卷2 吏部 「司封郎中員

현이다.[58]

한대와 당대 사이에는 위에서 보듯이 비슷한 면도 있지만 다른 점도 있는 것 같다. 한대의 사예교위와 당대의 경기채방사 두 제도를 사서에서는 대개 유사한 것으로 서술하고 있다.[59] 그러나 사예교위가 관할하는 구역인 7군과 당대의 경기채방사가 관할하는 경기도가 규모 면에서 다르다.[60] 당대의 경기채방사가 한대의 사예교위처럼 세 지역을 하나의 행정단위로 묶는 것은 아니었다. 즉 경기채방사는 삼도지역 전체를 관할하는 것이 아니었으며, 각 도마다 채방사가 각각 설치되어 있었고, 경기도 외에 도기도와 하동도가 분리되어 있었다.[61] 잘 알다시피 전한 무제 정화(征和)

外郎」條, p.38, "凡名山・大川及畿內縣皆不得以封"; 賀昌群, 「漢唐間封建土地所有制和均田制」, 『賀昌群史學論著選』, 北京: 中國社會科學出版社, 1985, p.428, "關中京畿以外的土地, 自高宗以後多成了實封之地"; 礪波護, 「隋の貌閱と唐初の食實封」, 『唐代政治社會史硏究』, 京都: 同朋舍, 1986, p.273.

58 崔宰榮, 「唐前期 三府의 政策과 그 性格: 唐朝의 京畿强化策과 關聯하여」, 『東洋史學硏究』 77, 2002.

59 (唐)杜佑 撰, 『通典』 卷32 職官14 州郡上, 司隸校尉, p.883, "大唐無司隸校尉 而有京畿採訪使 亦其職也."; 『唐六典』 卷30 三府都護州縣官吏 '京兆・河南・太原三府官吏'條, p.740, "京兆・河南・太原府: 牧, 細注[(漢)武帝 … 又置司隸校尉, 部三輔・三河・弘農, 類今之京畿按察使也."

60 그래서 宋 程大昌은 關內道를 畿內라고 했던 것 같다.(『雍錄』<北京: 中華書局, 1990 『宋元方志叢刊』 1冊 所收> 卷1 '三輔郴置'條, p.381-下, "唐通以關內道爲畿內") 그러나 이 程氏說에 대해서 賀業鉅는 부당하다고 보고, 畿內를 京畿道와 都畿道 兩 地域으로 보고 있다.(『中國古代城市規劃史』, 北京: 中國建築工業出版社, 1996, p.398 주 3) 이처럼 唐代 京畿지역의 범위를 보는 관점이 다른 것은 漢代처럼 이 지역을 묶는 행정단위가 없기 때문이다.

61 唐初(貞觀元年)에 全國을 十道(關內道・河南道・河東道・河北道・山南道・隴右道・淮南道・江南道・劍南道・嶺南道<『舊唐書』 卷 38 地理志 1 p.1384>)로 나누었다가 玄宗 開元 21年에 十道를 十五道(京畿道・都畿道・關內道・河南道・河東道・河北道・隴右道・山南東道・山南西道・劍南道・淮南道・江南東道・江南西道・黔中道・嶺南道.)로 하였다. 이때 漢代의 刺史制를 모방하여 採訪使를 두었으니 地方監察을 담당하는 것이었다. 원래의 關內道 가운데 京兆府지역을 京畿道라 하여 特殊地域化하고, 河南道 가운데 河南府지역을 特殊地域化하여 都畿道로 하였

4년(B.C.89)에 설치된 사예교위는 장안 근방의 삼보와 낙양 근방의 삼하와 홍농 등 7군, 즉 '기내'를 감찰하는 관명이었다. 위진남북조시대에 와서는 이 사예교위가 통할하는 수도근방을 '사주(司州)'라 칭하였다.[62] 사주란 곧 기군(畿郡)들의 집합체였다. 위진남북조가 분열시대이기 때문에 한대와 같을 수는 없었다. 한대의 경기지역처럼 화북이 통일되었던 시기에도 사주가 한대의 사예교위와 같이 관중과 삼하지역을 포괄하는 것은 아니었다. 그럼에도 당대는 삼부 공히 성 안을 '경(적)현(京(赤)縣)'이라 하고 성 밖을 '기현(畿縣)'이라 부르는 제도를[63] 운용하여 여타 지역과 구별하고 있기 때문에[64] 세 지역의 관제상 운용의 일체성은 뚜렷하게 보인다.

당이 진한 이래 지방행정제도를 통하여 중앙집권을 훨씬 강화하였으며,[65] 당조 전기 중앙과 지방의 기본적인 관계는 '내중외경'이었다.[66] 당대 지방제도를 구성하는 주현(州·縣)과 부(府)·도독부(都督府: 都護府)·왕국(王國) 등 사이에 서열이 정해져 있었으며,[67] 그 각각의 내부에도 중요도

다.(『舊唐書』 卷 38 地理志 1, p.1385, "開元二十一年, 分天下爲十五道, 每道置採訪使, 檢察非法, 如漢刺史之職. 京畿採訪使<理京師城內> 都畿<理東都城內> 關內<以京官遙領> 河南<理汴州> 河東<理蒲州>")

62 (唐)杜佑 撰, 『通典』 卷32 職官14 州郡上, 司隷校尉, p.883, "及魏晉, 乃以京輔所部定名 置司州 以司隷校尉統之."; 『唐六典』 卷30 三府督護州縣官吏 「京兆·河南·太原三府官吏」條, p.74, "京兆·河南·太原府: 牧, 細注'晉武帝罷司隷校尉, 置司州牧.'"

63 『唐六典』 卷3 尙書戶部, 戶部郎中 員外郎, p.73, "凡三都之縣, 在城內曰京縣, 城外曰畿縣."

64 崔宰榮, 「唐前期 三府의 政策과 그 性格」, 서울대학교 동양사학과 석사학위논문, 1998.

65 李曉路, 「唐代中央集權之變化與方鎭的産生」, 『歷史硏究』 1989-3.

66 李治安 主編, 『唐宋元明淸中央與地方關係硏究』, 南京: 南京大學出版社, 1996, p.24.

67 『唐六典』에 서술된 唐의 地方制度상의 서열을 보면, 크게 三府－四輔(華·同·岐·蒲州)－六雄(鄭·陝·汴·絳·懷·魏州)－十望(宋·亳·滑·許·汝·晉·洺·虢·衛·相州)－十緊(秦·延·涇·邠·隴·汾·隰·慈·唐·鄧州)으로 되어 있는데, 이들의 高下의 차이는 대체로 京師와 近·遠에 따라 決定되었다. 그다음은 戶數의 多寡에 따라 上·中·中下로 나누어지는데, 모두 7등급으로 나누어져 있다. 그리고 縣 역시 赤縣(京都所理), 畿縣(京都所統), 望, 緊, (戶數의 多寡에 따른) 上·

에 따라 등급이 정해져 있었다.[68] 이 가운데 등급상 대도독부와 함께 최고의 위치에 있는 경조부 · 하남부 · 태원부는 똑같은 조직구성을 갖추고 있음을 확인할 수가 있다.[69] 기내주인 옹주(雍州: 京兆府)와 낙주(洛州: 河南府)는 도독부에 예속 편입되지 않는 채,[70] 독립적으로 운용되는 등 특별관리를 받았던 것이다. 따라서 진한시대와 당대의 직할지의 범위나 운용에 있어서 큰 변화가 없다고 보아도 큰 무리는 없다.[71]

둘째, 이 삼부지역, 특히 관중에 군사력을 집중적으로 배치하는 정책을 취하였다.[72] 잘 알다시피 부병제도하의 절충부가 역시 이 지역에 전국의 50% 이상 집중적으로 설치되었다.[73] 그리고 절충부병의 감소를 우려하여

中 · 中下의 7등이 있었다. 그 외에 '邊州'로서 豊 · 勝 · 靈 · 夏 · 朔 · 代의 '河曲六州'와 廣 · 桂 · 容 · 邕 · 安南의 '嶺南五管'이 있었다.(王育民, 『中國歷史地理概論(下)』, 北京: 人民教育出版社, 1990, pp.358-359)

68 張創新, 「唐朝地方政府行政編制論要」, 『史學集刊』 1994-2, p.7. 그런데 이들 州縣의 등급이 道의 소속과 반드시 일치하지 않는 것은(崔宰榮, 「唐 前期 三府의 政策과 그 性格」, p.9) 원래 道라는 지방단위가 唐初期 軍事區域이었던 것이 民政을 兼理하게 되었다가(『舊唐書』 卷42 職官志1, p.1809, "武德初, 以諸道軍務事繁, 分置行臺尙書省.") 監察區域으로 변하면서 山河의 形便에 따라 區劃한((唐)杜佑 撰, 『通典』 卷172 州郡2, p.4478, "貞觀初, 幷省州縣 始於山河形便, 分爲十道.") 때문인 것 같다.

69 『唐六典』 卷30, 「三府督護州縣官吏」 '京兆河南太原三府官吏', pp.740-742.

70 (宋)王溥 撰, 『唐會要』(上海: 上海古籍出版社, 1991) 卷68 都督府, p.1413.

71 西本昌弘, 「畿內制の基本的考察: 日本における禮制の受容」, 『史學雜誌』 93-1, 1984, p.42.

72 (唐)陸贄, 『陸宣公集』 卷11 「奏草」 「論關中事宜狀」, p.97, "太宗文皇帝旣定大業, … 列置府兵, 分隸禁衛, 大凡諸府八百餘所, 而在關中者殆五百焉. 擧天下不敵關中, 則居重馭輕之意, 明矣."

73 1折衝府에 평균 1,000명의 兵士가 있고, 전국에 약 600개의 折衝府가 있었다. 전국이 320個州이지만 折衝府가 설치된 곳은 90州에 불과하였다. 그것도 長安 · 洛陽 · 太原에 집중되어 있다. 특히 長安을 둘러싼 關內道에 260여 개, 長安을 중심으로 하는 京兆府에 131개가 두어졌다. 이것이 京師 주위에 주로 배치된 원인에 대해서는 다양한 의견이 있다.(菊池英夫, 「唐折衝府分布問題一解釋」, 『東洋史研究』 27-2, 1968, pp.130-133) 필자와 같은 京畿重視의 관점에 선 자는 岡崎文夫와 陳寅恪이다.(同上, pp.130-131)

삼부지역(협향)에서 관향으로의 이주를 불허하고, 생산을 특히 독려하고 있다.[74] 기내민을 다른 지방민에 비해 민정상 우대하는 것이 전통적인 정책 노선인데, 이는 유사시 기내민의 군사력화와 깊은 연관관계가 있기 때문이다.[75] 예컨대 수 문제 개황 15년, 천하의 병기를 거두어들이고, 사조(私造)를 일체 금지하는 조치를 취하였을 때도 관중연변민은 예외로 하였다.[76] 소위, '관중의 무리를 들어서 사방에 임하기 위함[擧關中之衆, 以臨四方]'[77]을 위한 조처인 것이다.

이와 같이 한과 당이 장안에 수도를 정한 이후 나타난 대지방정책은 당조 중반기의 인사인 육지(陸贄)가 지적했듯이 "강할 때는 밖으로 동하를 제압하고[彊(强)則外制東夏]", "약할 때는 안으로 하나의 지방[京畿]을 지키면서 … 힘을 길러 때를 기다린다[弱則內保一方 … 養力俟時]"는 말로 요약된다.[78] 다시 말하면 강할 때는 지방세력을 효과적으로 통제하여 통일을 지속시키지만, 약하면 관중 일방에 엎드려 지방세력의 난투를 지켜보면서

74 『舊唐書』 卷191 方伎 崔善爲傳, p.5089, "貞觀初, 拜陝州刺史. 時朝廷立議, 戶殷之處, 得徙寬鄉. 善爲上表稱'畿內之地, 是謂戶殷, 丁壯之人, 悉入軍府. 若聽移轉, 便出關外. 此則虛近實遠, 非經通之議.' 其事乃止." 賀昌群은 土地國有制(均田制)의 實施地域이 주로 京畿地域이었라고 주장한다.(賀昌群, 「漢唐間封建土地所有制和均田制」, p.429)

75 (明)丘濬, 『大學衍義補』(臺北: 臺灣商務印書館, 1983年刊 『景印文淵閣四庫全書』 第712冊) 卷15, p.217-上, "自古明王, 尤軫念畿田之民, 無事之時常加寬恤, 蓋以有事之時必賴其用故也."

76 『隋書』 卷2 高祖紀下 開皇 15年(595)條, p.39, "二月丙辰, 收天下兵器, 敢有私造者坐之. 關中緣邊, 不在其列."

77 (宋)王溥 撰, 『唐會要』 卷72 「府兵」條, pp.1537-1538, "關內置府三百六十一, 積兵士十六萬, 擧關中之衆, 以臨四方, 迺置十二軍, 分關中諸府以隷焉."

78 (唐)陸贄, 「論關中事宜狀」, p.100, "且今之關中, 卽古者邦畿千里之地也, 王業根本, 于於是在焉. 秦嘗用之以傾諸侯, 漢嘗因之以定四海. 蓋由憑山河之形勝, 宅田里之上腴, 弱則內保一方, 當天下之半, 可以養力俟時也. 强則外制東夏, 據域中之大, 可以蓄威昭德也. 豪勇之在關中者, 與籍于營衛不殊, 車乘之在關中者, 與列於廐牧不殊, 財用之在關中者, 與貯于帑藏不殊, 有急而須, 一朝可聚. 今執事者, 先拔其本, 棄重取輕, 所謂倒持太阿, 授人以柄, 議制置, 則强幹弱枝之術反."

재기를 노리는 것이 한당 경기정책의 요체인 것이다. 중앙권력이 지방권력에 비해 미약해지는 시기에 당도하면, 지방은 여러 갈래로 분열되고, 그 분열이 장기화되면 종국적으로 분열시대, 즉 '일란'의 시대가 열리는 것이다. 후한 말 군웅이 출현하였다가 결국 위진남북조라는 분열시대가 전개되었다. 다시 수당으로 통일되었다가 당대에는 번진이 출현하였고 종국에는 오대십국의 분열시대가 나타난 것이다.

이런 '관중본위정책'이라 지칭할 수 있는 것을 내용으로 하는 경기정책의 수행에 나타난 가장 큰 장애는 관중의 경제력이 날로 쇠약해져 간다는 점이었다. 즉 장안이 수도로서 현실적으로 부적당한 상황이 점차 전개되고 있었던 것이다. 이런 경제문제는 이미 한대부터 나타나고 있지만, 수당시대가 되면 더욱 심각한 과제로 등장한다. 중국의 경제중심이 관중에서 후한 시기에는 하내(河內) · 여남(汝南) · 진류(陳留) 등지로 점차 동쪽으로 이동하다가, 마침내는 당조 후반기에 이르게 되면 강회(江淮)지역에까지 미치게 된다. 강남지역의 개발이 집중적으로 개시된 것은 위진남북조시대라고 할 수 있지만,[79] 북방의 남방에 대한 경제의존이 결정적인 상황이 된 것은 안사의 난이 그 계기가 되었다. 안사의 난 이전에는 왕조의 중요 재원지였던 산동에 반정부군벌들이 할거함에 따라 당왕조는 새로운 재원지로서 장강하류를 필요로 했던 것이다. 8세기 말에는 수대에 개착된 대운하가 다시 개수되었고, 장강하류를 주대상으로 해서 염의 전매제도가 시행되었고, 그 성공과 함께 양세법이 시행된 것은 잘 아는 사실이다.[80]

79 童超는 經濟重心의 南移는 東晉南朝에 시작되어 唐 · 五代에 끝난다고 하였다.(「東晉南朝時期的移民浪潮與土地開發」, 『歷史研究』 1987-4), 이 문제에 대해서는 羅宗眞, 「六朝時期全國經濟重心的南移」, 『江海學刊』 1984-3를 참조하라.

80 妹尾達彦, 「構造と展開: 中華の分裂と再生」, 『岩波講座世界歷史 9: 中華の分裂と再生』, 東京: 岩波書店, 1999, p.62. 兩稅法 시행직전인 779년의 唐朝財政의 반 정도가 鹽專賣收入이었고, 9세기 前期 長江下流에서 鹽專賣機關의 收稅額이 全鹽收入의 7할에 미쳤다고 한다.(同上, p.65)

당대 장안은 나름으로 발달한 지역이었지만, 그 배후지인 관중지구의 양식 생산량은 진한시대에 비해서 오히려 400-500만 석 가량 하락하고 있다. 양식생산은 이와 같이 줄어드는데 소비인구는 부단히 늘어나서 관중지구의 양식공급과 소비량 사이의 모순은 날로 커져 갔다.[81] 그런 반면 강회지구, 특히 삼오(三吳)지역의 생산력은 날로 증가하여 '국용(國用)'의 반을 차지하는 정도에까지 이르렀다.[82] 이런 현상을 '경제중심의 남이'[83]라고 한다. 그러나 강회의 곡물을 장안으로 수송하기 위해서는 허다한 곤란이 있었다. 강회의 곡식은 대운하를 통하여 낙양, 다시 황하를 거치 후 하음(河陰)－태원창(太原倉)－동위교(東渭橋)를 지나 수도 장안으로 옮겨진다.[84] 그런데 낙양까지의 운송은 큰 문제가 없다. 낙양에서 장안까지의 수로에는 선박의 운행이 매우 어려운 삼문지협(三門之峽: 砥柱之險)이 가로놓여 있는 것이 문제였다.[85] 육로로 짐을 지고 나르는 경우, 운량의 반 이상이 운반

81 關中의 經濟力의 변화는 다음 統計에서도 분명하다. 秦의 鄭國渠와 漢의 白渠에 의해 灌漑되는 田이 44,500頃이었는데, 唐 永徽 중에는 兩渠의 灌漑田은 10,000頃에 불과하였고 大曆初에는 6,000頃으로 감소한다.(『新唐書』 卷215上 突厥傳上 序, p.6026) 및 『新唐書』 卷53 食貨志3, "關中號稱沃野, 然其土地狹, 所出不足以給京師, 備水旱, 故常轉漕東南之粟."

82 唐代 安史亂 이후의 江淮지역의 경제적 중요성은 (唐)杜牧의 「(天下以江淮爲國命)三吳者 國用半在焉」(『樊川文集』<上海: 上海古籍出版社, 1978>, 卷14 「唐故銀青光祿大夫檢校禮部尙書御史大夫充浙江西道都團練觀察處置等使上柱國淸河郡開國公食邑二千戶贈吏部尙書崔公行狀」, pp.209-210)이라는 말에서 단적으로 드러난다. 魏晋南北朝 이후 江南開發에 대해서는 1987년 11월 常州에서 열린 "長江下游3-9世紀社會經濟硏討會"의 論文集인 『古代長江下游的經濟開發』(西安: 三秦出版社, 1989)에 실린 제 논고를 참조하라.

83 經濟重心의 南移問題에 대해서는 鄭學檬, 『中國古代經濟重心南移和唐宋江南經濟硏究』, 長沙: 岳麓書社, 1996 및 張家駒, 『兩宋經濟重心的南移』, 武漢: 湖北人民出版社, 1956을 참조하라.

84 『陸宣公集』 卷18, 「請減京東來水運收脚價於緣邊州鎭儲蓄軍糧事宜狀」, p.194, "舊例從江淮諸道運米一百十萬石至河陰, … 舊例從河陰運米七十萬石至太原倉, … 舊例從太原倉運米四十萬石至東渭橋."

85 關東에서 關中으로 들어가는 水路에는 三門峽의 險阻를 통과하여야 한다. 이곳에는

도중 소모되었다.[86] 즉 중도에 소모된 양이 너무 많은 것이다. 관중으로의 운량은 당시 잡다한 사정으로 전한시대보다 더 어려운 조건에 처해 있었다.[87] 수왕조가 수도 대흥성과 낙양을 '양경'으로 삼아 거의 같은 비중을 두었고, 당왕조도 장안성과 동도 낙양성을 '병중(幷重)'의 위치에 두었던 주된 이유는 조운 때문이라 해도 과언이 아니었다. 개원 이전시기에는 장안을 중심으로 하는 '관보(關輔)'지구의 토지에서 생산된 것을 가지고는 군국지용의 공급에 부족했기 때문에,[88] 황제가 스스로 백관과 군대를 이끌고 가서 '취식(就食)'하거나,[89] 혹은 '분방취식(分房就食)'[90]시키는 지경에 이르렀다. 특히 고종과 무후 · 중종과 현종 등은 자주 동도 낙양으로 갔기 때문에 '축량천자(逐糧天子)'라는 좋지 못한 칭호를 얻기에 이르렀다.[91] 강회의

두 개의 大石島가 있다. 이것을 일러 '砥柱(일명 底柱)'라고 한다. 강이 세 갈래로 흘러 수세가 급하고 암초가 많아 물헤오리가 극히 많이 친다. 秦漢 이래 關中漕運의 最大 難코스였다.(『史記』 卷29 河渠書, p.1410, "漕從山東西, 歲百餘萬石, 更砥柱之限, 敗亡甚多, 而亦煩費.")

86 『新唐書』 卷53 食貨志3, p.1365, "初, 江淮漕租米至東都輸含嘉倉, 以車或馱運至陝. 而水行來遠, 多風波覆溺之患, 其失嘗十七八, 故其率一斛得八斗爲成勞. 而陸運至陝, 纔三百里率兩斛計傭錢千, 送租者, 皆有水陸之直, 而河有三門底柱之險."; 『文獻通考』(北京: 中華書局, 1986) 卷25 國用考3 漕運, p.考241-上, "初江淮漕租米, 至東都, 輸含嘉倉, 以車或馱, 陸運至陝, 而水行來遠, 多風波覆溺之患, 其失常十七八, 故率一斛得八斗, 爲成勞而陸運至陝, 纔三百里, 率其兩斛."

87 (元)馬端臨 撰, 『文獻通考』(北京: 中華書局, 1986) 卷25 國用考3 漕運, p.考243-下, "按西漢與唐俱都關中, 皆運東南之粟, 以餉京師. 自河渭泝流而上, 然漢武帝時, 運六百萬斛. 唐天寶極盛之時, … 僅一歲能致四百萬斛, 餘歲止二百五十萬斛, 而至德以後, 僅百餘萬而已. 俱未能如漢之數. … 運彌艱費彌重, 豈古今水道有險易之不同邪. 當考."

88 『文獻通考』 卷21 市糴考2 「常平義倉租稅」, p.考205-下, "按唐都關中, 而關輔土地所入不足以供軍國之用, 故常恃轉漕東南之粟. 而東南之粟必先至東都, 然後浮河渭, 泝流以入關, 是以其至也甚難, 故開元以前, 歲若不登, 天子嘗移蹕就食於東都."

89 『隋書』 卷2 高祖紀下, 開皇 14年, p.39, "八月, 辛未, 關中大旱, 人飢, 上率戶口就食於洛陽. 十五年三月己未至自東巡狩."

90 『舊唐書』 卷185上 良吏上 陳君賓傳, p.4783, "去年(貞觀元年), 關內六州及蒲 · 虞 · 陝 · 鼎等復遭亢旱, 禾稼不登, 糧儲既少, 遂令分房就食."

곡식이 도달하지 않아서 관중의 창고가 비게 되면 국가의 중추인 신책군 등 금군의 사기는 말이 아니게 되었다.[92] 당대 번진발호시기에 장안의 황제가 강남지역만은 지방세력에게 절대 양보하지 않으려 하였던 것도, 그 지역이 왕조의 생명선이었기 때문이었다. 따라서 중당 이후에는 조운이 정치의 중심과제가 되었고, 조운을 담당하는 전운사가 재상의 주된 직임이 되었다.[93]

위진남북조 이후 강남을 필두로 하는 경제개발은 전국적으로 진행되어 전국이 하나의 경제권으로 형성되어 갔다. 이제 교통이 불편한 편벽한 지역에 더 이상 수도를 둘 수 없는 시대가 도래한 것이다. 그러나 황제측으로 볼 때, 관중은 송대 이후에도 여전히 매력적인 수도의 입지였다. 송조의 창업자인 조광윤(趙匡胤)이 그렇게 여겼고,[94] 명의 시조 주원장(朱元璋) 역시 일시 장안으로의 천도를 고려했던 것은[95] 이곳이 왕조 조명(祚命)의

91 (宋)司馬光 撰, 宋遺民 胡三省 注, 『資治通鑑』(臺北: 世界書局, 『新校資治通鑑注』本 1977 第7版) 卷209 唐紀25 中宗 景龍 3年(709) 末, p.6639, "是歲, 關中饑, 米斗百錢. 運山東・江・淮穀輸京師, 牛死什八九. 羣臣多請車駕復行東都. 韋后家本杜陵, 不樂東遷, 乃使巫覡彭君卿等說上云: '今歲不利東行'. 後復有言者. 上怒曰: '豈有逐糧天子邪!' 乃止."

92 『資治通鑑』 卷232 唐紀48 德宗 貞元 2年 3月條, p.7469, "關中倉廩竭 禁軍或自脫巾呼於道曰. '拘吾於軍而不給糧 吾罪人也!' 上憂之甚."

93 劉晏이 固定된 職官의 轉運使를 맡은 때(寶應 元年 - 大歷 14年)에서 唐末까지 50여명의 轉運使 중에서 劉晏・韓滉・竇參・杜佑 등 26명이 宰相을 겸임하였다.(何汝泉, 『唐代轉運使初探』, 重慶: 西南師範大學出版社, 1987, p.48)

94 (南宋)王稱 撰, 『東都史略』(臺灣 國立中央圖書館 善本叢刊本, 1990) 卷28 李懷忠傳, pp.460-470, "太祖幸西京(洛陽), 有遷都意 (李)懷忠乘間言曰: '汴都歲漕江淮米四五百萬斛, 贍軍數十萬計, 帑藏重兵在焉. 陛下遽欲都洛, 臣實未見其利.' 會晉王亦以爲言太祖曰: '遷洛未久, 又將當遷雍'. 晉王扣其指太祖曰: '… 吾將西遷者, 無它, 據山河之勝而去冗兵, 循周漢之故事以安天下'. 晉王又言: '在德不在險.' 太祖不應. 晉王出. … 乃不果遷, 遂還京師."; 『讀史方輿紀要』 卷47 開封府, p.2137, "開寶九年太祖幸洛, 欲留都之. 群臣及晉王光義力諫. 太祖曰: '遷河南未已, 終當居長安耳'. 光義問故, 曰: '吾欲西遷, 據山河之勝以去冗兵, 循周・漢故事 以安天下也.' 光義等復力請還汴, 帝不得已從之. 歎曰: '不出百年, 天下民力殫矣.'"

장구를 확보해 주는 곳이었기 때문이었다. 특히 조광윤이 장안을 국도로 삼는 것이야말로 "산하의 경승에 근거함으로써 쓸데없는 병사를 없애고, … 천하를 안정시킬[據山河之勝以去冗兵. … 安天下]" 수 있고, 실제적으로 민력을 아낄 수 있는 '주(周) · 한(漢)'적 수도유형이므로 그를 따라야 한다는 천도의 변은 단지 그가 낙양에서 태어나, 그 토풍을 즐겼기 때문이 아니라, 장안이 가지는 정치지리적 의미를 명백하게 드러내 보여 준다. 사실 그의 말대로 백 년이 안 되어 민력이 고갈될 것이라는 그의 예견과 탄식은[96] 어느 정도 정확한 것이었다.

Ⅲ. 개봉형: 경제수도

약점을 노출하기 시작한 장안을 대신해서 나타난 또 하나의 수도 유형이 바로 '개봉형(開封型)'이었다. 개봉은[97] '산천지조(山川之阻)'가 없는 '평양천리(平壤千里)' 화북평원의 한 지점에 위치하여 '번한공지(蕃漢共之)'의 땅인 동시에,[98] 전국으로 뚫린 육로와 수로가 있어 사통팔달인 교통의 중심이

95 朱國禎, 『湧幢小品』(揚州: 江蘇廣陵古籍出版社, 1995, 『筆記小說大觀』 第六冊) 卷4 宮殿, p.556-下, "太祖集諸地師數萬人, 上築大內. … 雖決於劉基, 實上內斷, 基不敢盡言也. 二十五年後知其誤, 乃爲文祭光祿寺竈神云, '朕經營天下數十年, 事事按古有緖, 有宮城前昂中窪, 形勢不稱, 本欲遷都(西安). 今朕年老, 精力已倦, 又天下新定, 不欲勞民, 且廢與有數, 只得聽天. …'"

96 『續資治通鑑長編』 卷17 太祖 開寶 9年(976) 夏4月條, p.369, "上生於洛陽, 樂其土風, 嘗有遷都之意 … 上曰: '吾將西遷者無它, 欲去山河之勝而去冗兵, 循周漢故事, 以安天下也' … 上顧左右曰: '晉王之言固善, 今姑從之. 不出百年, 天下民力殫矣.'"

97 開封은 戰國시대 魏의 수도(大梁)가 된 이후, 五代시기 後梁 · 後晉 · 後漢 · 後周 4왕조의 수도(後唐시대는 낙양이 수도, 개봉은 魏州), 북송 및 金의 도성이 되어 '七朝古都'라는 지칭되기도 한다.

98 『續資治通鑑長編』 卷30, 太宗 端拱 2年(989) 春正月條, pp.666-667, "戶部郎中張洎奏議曰: '… 夫中國所恃者, 險阻而已. … 燕薊以南, 平壤千里, 無名山大川之阻, 蕃漢

다.[99] 특히 개봉성 안으로 조운이 가능한 4개의 하천(金水河・五丈河・惠民河・汴河)이 관통하고 있다.[100] 그리고 강남이 개발되었다고는 하나 아직 화북경제를 초과한 것은 아니었고,[101] 화북경제의 중심에 개봉이 자리하고 있었다. 개봉은 수륙교통의 중심인 덕분에, 당시 경제발전과 더불어 전국적인 물류의 중심이 되었을 뿐만 아니라[102] 당시 세계무역의 중심이 되었다.[103] 개봉은 '사전지지(四戰之地)'라 불리듯이 장안과는 달리 위급 시에 피난할 '산하지험'이 없는 곳이었다.[104] 따라서 방대한 금군을 설치하여 '병으로 험요로 하거나[以兵爲險]' 혹은 '험요를 설치하여 적을 제압하는[設險以制敵]' 방식으로 수도를 방어할 수밖에 없었다.[105] 이런 수도방위정책은 결국 경사 금군의 계속적인 증가를 통해 강간약지(强幹弱枝: 중앙을 강하게 하고 지방을

共之. 此所以失地利, 以困中國也.'"

99 『史記』 卷70 張儀傳, p.2285, "張儀復說魏王曰, '魏(開封) … 地四平, 諸侯四通輻湊, 無名山大川之限.'"; 『史記』 卷97 酈生傳, p.2693, "夫陳留(開封), 天下之衝, 四通五達之郊也."

100 『宋史』 卷175 食貨志上-3 漕運, p.4250, "宋都大梁, 有四河以通漕運: 曰汴河, 曰黃河, 曰惠民河, 曰廣濟河, 而汴河所漕爲多."; 『資治通鑑』 卷281 後晉紀 2 高祖 天福 3年(938) 冬10月條, p.9191, "帝以大梁舟車所會, 便於漕運, 丙辰, 建東都於汴州."; 全漢昇은 宋이 汴京에 首都로 한 것은 運河가 결정적인 역할을 하였다고 보았다.(「唐宋帝國與運河」, 『中國經濟史研究(上)』, 香港: 新亞書店, 1976, p.381)

101 程民生은 北宋시기에는 經濟重心이 여전히 북쪽에 있다고 하였다.(「宋代北方經濟及其地位新探」, 『中國經濟史研究』 1987-3, p.331)

102 宋代의 南糧北運은 이미 唐代와 다른 측면이 나타나고 있다. 唐代는 京師에서 필요한 糧食을 供給하던 것인데 비해 宋代에는 開封에 온 南糧이 開封을 거쳐 전국 각지로 팔려 가고 있다.(G.W. Skinner, "Presidential Address; The Structure of Chinese History," *Journal of Asian Studies* V.44-2, 1985, pp.271-274)

103 (宋)孟元老, 『東京夢華錄』<北京: 中華書局, 1982, 中國古代都城資料選刊本> '孟元老自序', p.4, "八荒爭湊, 萬國咸通, 集四海之珍奇, 皆歸市易, 會寰區之異味, 悉在庖廚."; 趙寶俊, 「試論開封之盛衰」, 『中國古都研究』 1, 杭州, 浙江人民出版社, 1985, p.247.

104 黃宗羲, 『明夷待訪錄』 卷8 「建都」, "安祿山之禍, 玄宗幸蜀, 吐蕃之難, 代宗幸陝, 朱泚之亂, 德宗幸奉天, 以汴京, 中原四達, 就使有急, 而行勢無所阻當."

105 『宋史』 卷324 石普傳, p.10473, "李沆等曰: '設險以制敵, 守邊之利也.'"

약하게 함)의 국면을 형성해야 함으로써[106] 태조 조광윤이 예견한 대로 용병(冗兵)의 폐단을 일으키게 되었다.[107] 개봉은 이와 같이 '산천지험'의 부재라는 약점을 제외하면, 당시 수도로서 충분한 조건을 가지고 있었다.[108] 이런 우수한 입지조건으로 송대 이전에도 개봉이 수도로 정해지거나, 혹은 수도의 후보지로 떠올랐다. 오대 가운데 후당을 제외하고 모든 왕조가 개봉에 수도를 두었다. 후당은 낙양에 정도하고 있었지만 기근으로 변주(汴州), 즉 개봉으로 우선 행행하자는 의견이 제시되었다.[109] 또 개봉으로의 천도를 주장하면서 조운의 이점을 강조한 석경당(石敬瑭)의 주장 속에도 황하를 반드시 이용해야 하는[110] 낙양보다 그럴 필요가 없고 또 곡창 산동으로부터의 물자수송이 한결 용이한[111] 개봉이 훨씬 우위에 있다는 것이었다.[112] 오대시기 수도의 기능 면을 비교해 보면, 당초 낙양이 개봉에 비해

106 『宋史』 卷175 食貨志上-3 漕運, p.4250, "太祖起兵間, 有天下, 懲唐季五代藩鎭之禍, 蓄兵京師, 以成彊幹弱枝之勢, 故於兵食爲重."

107 馬强, 「論北宋定都汴京」, 『中國史研究』 1988-2, p.39.

108 또 하나의 요인은 中原을 위협하는 少數民族이 西北에서 東北으로 이동했다는 점이다. 그런데다가 燕雲十六州의 割讓 이후 그 收復이라는 현실상의 과제가 가로놓여 있었다.(馬强, 「論北宋定都汴京」, p.37)

109 『舊五代史』 卷33 唐書9 莊宗紀 同光 3年, p.463, "是時, 兩河大水, 戶口流亡者十四五, 都下供饋不充, 軍士乏食, 乃有鬻子去妻, 老弱採拾於野, 殍踣於行路者. 州郡飛輓, 旋給京師, 租庸使孔謙日於上東門外佇望其來, 算而給之. 加以所在泥潦, 輦運艱難, 愁歎之聲, 盈於道路, 四方地震, 天象乖越. 帝深憂之, 問所司濟贍之術. … 中官李紹宏奏曰: '俟魏王旋軍之後, 若兵額漸多, 饋輓難給, 請且幸汴州, 以便漕輓.'"

110 漕運의 便利面에서 洛陽과 開封은 차이가 난다. 大運河와 黃河는 흐름이 다르기 때문에 그 船舶도 다르다. 여기에 개봉의 중요성이 증대된 것이다.(伊原弘, 『中國開封の生活と歲時』, 東京: 山川出版社, 1996, p.15)

111 久保田和男은 五代時期에 開封이 수도로 선정된 것은 江南經濟의 運河를 통한 吸收가 목적이 아니고, 山東으로부터의 物資輸送(강남물자의 해로를 통한)에 開封이 유리했다는 점을 들었다.(「五代國都新考」, 『史觀』 119, 1988, p.39)

112 『舊五代史』 卷77 晉書3 高祖紀 第3 天福 3年 10月條, p.1020, "庚辰 御札曰: '… 建都之法, 務要利民. 歷考前經, 朗然通論, 顧惟涼德, 獲啓丕基. 當數朝戰伐之餘, 是兆庶傷殘之後, 車徒旣廣, 帑廩咸虛. 經年之輓粟飛芻, 繼日而勞民動重, 常煩漕運, 不給供須.

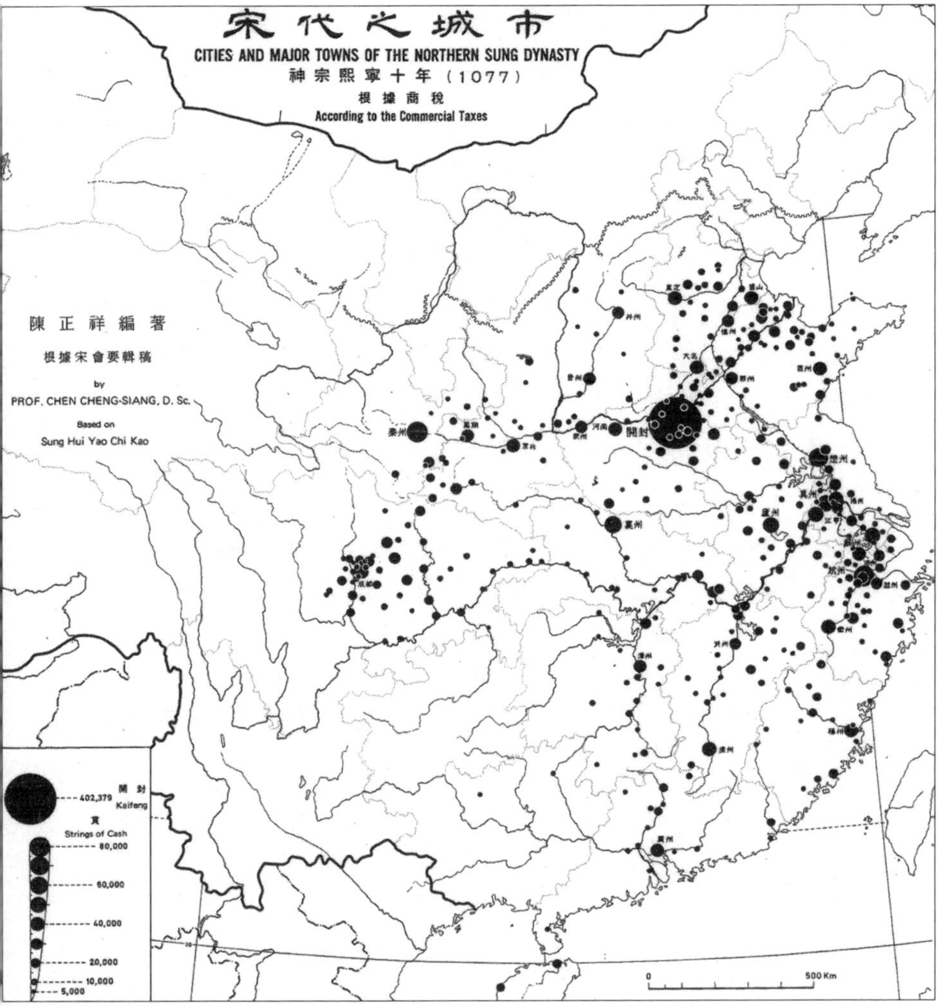

출처: 陳正祥, 『中國歷史 · 文化地理圖册』, 東京: 原書房, 1968, p.71, 「宋代之城市」.

〈그림 3〉 송대 성시분포도

....

今汴州水陸要衝, 山河形勝, 乃萬庾千箱之地, 是四通八達之郊. 爰自按巡, 益觀宜便, 俾升都邑, 以利兵民. 汴州宜升爲東京, 置開封府.'"; 全漢昇, 「唐宋帝國與運河」, p.363.

우세했으나 중앙집권화정책이 모색되는 가운데 조운의 편리함이 수도 기능의 제일과제로 되었고, 따라서 개봉이 낙양이나 장안을 제치고, 수도로 최종 선택될 수 있었던 것이다.

송조가 한 · 당의 고도 장안과 낙양을 버리고 개봉에 수도를 정한 것은 "땅(산하)으로 험요로 삼은[以地(山河)爲險]" 한 · 당과는 다른 "병으로 험요로 삼았다[以兵爲險]"라는 중요한 전략상의 변화였다.[113] 동시에 전국의 정치와 경제의 구조를 통제하는 국가적 전략의 일대변화인 것이다.[114] 전국의 군대를 한곳에 집중시킨 까닭에 군량공급을 위해서도 교통이 편리한, 특히 대규모 조운이 용이한 지역에 수도를 정할 수밖에 없게 되었다.[115] 그런 면에서 장안이 정치 · 군사수도였다고 한다면 개봉은 경제수도였다.[116]

개봉과 북경에 수도를 둔 왕조의 경기통치책은 장안의 그것과 비교할 때 판이하게 다른 점을 발견할 수 있다.[117] 여기서 송대 경기제도의 특색을

113 秦觀, 『淮海集』(臺北: 臺灣商務印書館, 1968年刊 『國學基本叢書』本 294) 卷13 進策 '安都', pp.81-82, "開封地平四出, 諸道輻湊, 南與楚境, 西與韓境, 北與趙境, 東與齊境, 無名山大川之限. 四通五達之郊也. 故其地利戰, 自古號爲戰場. … 夫雍爲天府, 梁爲戰場, 周爲天下之咽喉, 而臣以謂漢唐之都必于周雍, 本朝之都必于梁而後可者, 漢唐以地爲險, 本朝以兵爲險故也. … 本朝懲五季之弊, 擧天下之兵宿于京師, 名挂于籍者號百餘萬, 而衣食之給, 一毫已上, 皆仰縣官, 又非若府兵之制一寓于農也. 非都四通五達之郊, 則不足以養天下之兵, 此所謂以兵爲險者也. 夫以兵爲險者, 不可以都周雍, 猶以地爲險者, 不可都梁也."

114 傅筑夫, 『中國經濟史論叢』 上, 北京: 三聯書店, 1980, p.304.

115 太祖 開寶末年 洛陽에의 遷都論이 있었을 때, 晉王(太祖의 弟)은 開封이 汴渠를 이용해서 100만의 屯兵을 먹일 수 있다고 하였다. 그러나 洛陽은 水運이 곤란하여 軍儲가 缺乏하다고 본 것이다.(河上光一, 『宋代の經濟生活』, 東京: 吉川弘文館, 1966, p.190) 한편 妹尾達彦은 開封이 수도로 정해진 것은 東方의 契丹과 西方의 西夏와 대치하고 있는 軍事前線의 兵士에게 軍糧補給의 指揮에 유리했다는 점도 들고 있다.(「中華の分裂と再生」, p.64)

116 五代 後梁이 開封에 수도를 정한 것은 政治中心과 經濟中心의 分離를 開始한 것으로 보는 학자도 있다.(鄭學檬, 『中國古代經濟中心南移和唐宋江南經濟硏究』, p.30)

살펴볼 필요가 있다. 개봉부는 개봉(開封)·상부(祥符) 등 2 적현(赤縣)과 위씨(尉氏) 등 15 기현(畿縣), 도합 17현으로 구성되어 있다.[118] 형식상 경기의 형태를 취하였으나 내실은 별로 없었다. 그래서 기내제도를 만들고 개봉 주위의 8주를 개봉을 보조하는 '중기(中畿)'로 하여 왕실을 안정시키자는 송상(宋庠)의 제의가 있었다.[119] 그러나 그 제의는 별로 경청되지 않았던 것 같다. 인종(仁宗) 황우(皇祐)연간 재집(宰執) 가창조(賈昌朝)가 재차 같은 내용의 건의를 하게 되었다. 당시 경기제도는 한·당의 그것과 달리 경사 근방의 여러 군이 모두 다른 도에 속하고 있으니, '왕기(王畿)'라 할 수 없다는 것이다. 가창조의 건의에 따라 황우 5년(1053) 동경로(東京路)의 조주(曹州)와 경서로(京西路)의 진주(陳州)·허주(許州)·정주(鄭州)·활주(滑州) 및 개봉부에 속하는 총 42현을 합쳐서 경기로 하고, 경기전운사를[120] 두었다.[121] 다시 제점형옥(提點刑獄)을 두어 전운사와 함께 기내 여러 현의 업무

117 黃宗羲는 開封과 北京을 같은 類型의 首都으로 보고, 이곳에 建都하는 국가는 갑작스럽게 망할 수밖에 없고, 關中과 金陵(南京)을 같은 유형으로 보면서 당시 사정으로는 金陵이 더 國都로서 유리하다고 주장한다.(黃宗羲, 『明夷待訪錄』 卷8 '建都', "或問: 北都之亡忽焉, 其故何也. 曰: 亡之道不一, 而建都失算, 所以不可救也. … 或曰: 有王者起, 將復何都. 曰: 金陵. 或曰: 古之形勝者以關中爲上, 金陵不與焉, 何也. 曰: 時不同也. 秦漢之時, 關中風氣會聚, 田野開闢, 人物殷盛, 吳楚方脫蠻夷之號, 風氣樸略, 故金陵不能與之爭勝, 今關中人物不及吳會久矣.")

118 (宋) 王存 等 撰, 『元豊九域志』(北京: 中華書局, 1984) 卷1 「四京·東京」, pp.2-3.

119 (宋)宋庠, 『元憲集』(北京: 中華書局, 1985年刊, 『叢書集成初編』本 1871) 卷31 「封畿札子」, pp.328-329, "國家因循五代, 卽都于汴, 地非京邑之舊, 州無輔畿之實. … 萬方臣妾, 會于京師, 雖城闕雄尊, 閭里繁衍, 而諸縣之外, 便屬他州. 州雖密邇, 卽爲別路. 臣欲望略依周漢舊章, 以三京所環之州, 劃以畿內, 曹·濮·滕·單·陳·蔡·鄭·滑等八州, 輔開封爲中畿. … 如此則海內震服而王室安矣."

120 唐代에 漕運을 담당하던 轉運使는 宋代에 들어와 지방최고행정구역인 路의 漕運·財賦·司法·監察을 담당하는 지방장관이 되고(『文獻通考』 卷61 職官15 '轉運使'條 참조) 唐末에 출현한 發運使가 대신 남방 漕運을 담당하고 있었다.(同上書 卷62 職官16 '發運使'條 참조)

121 『續資治通鑑長編』 卷175 仁宗 皇祐 5年(1053), 12月條, p.4242, "初賈昌朝建議, '漢唐都雍, 置輔郡, 內翼京師. 國朝都汴, 而近京諸郡皆屬他道, 制度不稱王畿. 請析京東

를 관장하더니, 2년 후인 지화(至和) 2년(1055)에 경기전운사와 제점형옥은 폐지되고 진주 · 허주 · 정주 · 활주 등 4주는 각기 본로(本路)로 다시 예속시킨다.[122] 물론 송조의 경기제도는 여기서 끝나지 않았다. 이후 50년이 지난 숭령(崇寧) 4년(1105)에 개봉부의 경계를 경기로 하고, 경기 사면에 사보군(四輔郡)을 설치하였으니 영창(潁昌)을 남보(南輔), 정주(鄭州)를 서보(西輔), 단주(澶州)를 북보(北輔), 공주(拱州)를 동보(東輔)로 하여 경기에 속하게 한다. 그 후 희종(徽宗) 대관(大觀, 1107-1110), 정화(政和, 1111-1117), 선화(宣和, 1119-1125)연간에는 사보군의 설치와 폐지를 거듭하다가 최후에는 개봉부를 경기로 삼았다.[123] 이처럼 송대의 경기는 설치와 폐지를 거듭하였는데 실제로 개봉부가 장기간 직접 관할한 지역은 16-7현에 불과하였다.[124] 이것은 한과 당의 경조부에 해당하는 것이니, 따라서 경기의 명칭은 있었으나 실제는 한과 당의 그것과는 매우 다름을 알 수 있다.

이와 같이 '경기'라는 지역의 명칭은 당 이후에도 존속하지만 장안형의 수도가 갖는 의미의 경기라는 개념과 실체는 사라졌다. 송대 이후 경기를 하나로 통할하는 행정단위가 사라진다. 수도는 개봉부일 뿐이지 그 교구와는 행정적으로 별다른 관계가 없는 것이다. 수도와 일체적 관계를 가진 '경기' 대신, 수도에 봉사하는 그 주변으로서의 역할이 강조되는 '수도권'이라는 새로운 형태가 나타난 것이다. 송대에는 수도 동경 개봉을 포함해서 사경(四京)이 있었으니, 태조시기에 전략상 방어를 고려하여 설치한 서경(하

之曹州, 京西之陳 · 許 · 鄭 · 滑州幷開封府總四十二縣爲京畿.' 帝納之. 壬戌, 詔以曹 · 許 · 鄭 · 滑五州爲輔郡, 隸畿內, 置京畿轉運使."

122 『續資治通鑑長編』 卷181 仁宗 至和 2年(1055), 10月條, p.4378, "己丑, 罷京畿轉運使及提點刑獄, 其陳許鄭滑各隸本路, 爲輔郡如故. 初, 從賈昌朝議, 置五輔郡, 屬畿內, 號爲拱輔京師. 而論者宦官謀廣親事, 親從兵, 欲取京畿財賦贍之, 因以收事柄. 御史范師道力奏非便, 遂復舊制."

123 『皇宋通鑑長編紀事本末』(宛委別藏本, 南京: 江蘇古籍出版社, 1988) 卷128 「四輔」, pp.3974-3978.

124 周寶珠, 『宋代東京硏究』, 開封: 河南大學出版社, 1992, p.67.

남부), 일시 주필(駐蹕)한 북경[大名府], 인종 시에 설치한 조운의 중간거점인 남경[應天府] 등이 그것이다. 이들 삼경이 동경의 주위에서 국도를 보필하는 배도로서 근위기지(近衛基地) 역할을 하는 것이었다.[125] 개봉처럼 광활한 평원 위에 건립된 수도는 장안처럼 자연적 경계 자체가 없다. 따라서 채탄 공급지, 군사관계 등 후세 북경 주위에 일종의 거점도시, 위성보조도시로서 삼경이 역할을 하고 있는 것이다.[126]

이처럼 개봉형의 수도를 둔 정권의 특징은 강할 때는 전국을 통일하지만, 약해지면 지방이 분열되고, 그 분열 형태가 고착되기 전에 먼저 망해 버린다. 강력한 신세력에 의해 교체되는 것이다. 이래서 분열국가가 나타나지 않고 통일국가가 계속되는 것이다.[127] 다시 말하자면 '경기중점경영형'인 장안형의 왕조에서 '전국경영형'인 개봉형의 그것으로 변환한 데서 온 불가피한 결과였다. 그것이 당 · 송 간의 가장 큰 변혁인 것이다. 북경에 수도를 둔 원 · 명 · 청에 대해서는 여기서 상론할 겨를이 없지만, 필자가 제기한 통일왕조의 연속 출현 이유에 대해서는 여기서 짚고 넘어가야 할 문제이다. 왜 이들 왕조들이 수도를 북경에 정하게 되었는가 하는 문제는 논의가 분분하지만,[128] 북방 이민족들이 세운 국가 및 중원왕조[明]의

125 賀業鉅, 『中國古代城市規劃史』, p.401.

126 '首都圈'이란 首都周邊에 放射型으로 都市群이 성립되고, 이들 都市는 首都를 중심으로 한 求心力의 影響을 받고 그 需要에 의해 形成 · 發展되고, 또 機能의 變化가 결정되는 것이며, 반대로 이들 도시군이 수도의 발전에도 영향을 주는 관계를 가진 圈域을 말한다. 즉 수도를 중심으로 위성도시가 소위 각각 '分工'의 역할을 하는 것이다. 北京에 있어서의 天津(漕運 · 商業 · 交通) · 保定(文化補助 및 農副産物普及 · 戰略要衝) · 承德(피서지 · 별도의 정치중심) · 張家口(長城방위 · 西北貿易) · 唐山(北京供給을 위한 重工業) 등이 그것이다.(王玲, 『北京與周圍城市關係史』, 北京: 燕山出版社, 1988, p.6)

127 이 점은 首都의 類型뿐만이 아니라 宋代 이후 官僚制의 發達, 地方間의 交通의 發達, 社會 · 經濟의 全國的인 均衡發展 등도 함께 고려 대상이 되어야 할 것이다. 그러나 首都의 類型問題도 그 중요한 원인의 하나라고 본다.

128 首都가 계속 동쪽으로 移動하는 것은 北方 異民族의 位置와 相應한다는 주장도 있

북방문제와 깊이 연관되어 있다는 것만은 부정할 수 없다. 북경의 지형적인 특징은 북방 이민족의 침략에 대한 방어와 북방으로의 진출에는 유리하지만, 남방의 지방세력에는 개봉과 다름없는 취약점을 가지고 있는 것이다. 남방은 바로 광활한 화북평원으로 연결되기 때문이다. 따라서 명이 여진족의 청에 의해 교체되지 않았더라도 적어도 분열시대는 열리지 않았을 것이라는 가정을 할 수가 있다.

관중에 수도를 두고 중점적으로 개발하고 경영하는 소위 '관중본위정책'이 실질적으로 포기된 것이 바로 당 현종시기이다. 필자는 이 시기가 중국사에서의 대변국이 시작되는 시기라고 생각한다. 당 현종시기 내지번진의 설치가 바로 그것이다. 이 시대적 전환은 경기만을 중점적으로 통치함으로써 전국을 통제하기에는 곤란한 시대가 이미 도래한 데에서 생긴 것이라고 생각한다. 이런 전환의 결과는 국가상을 크게 변화시켰다. 혹자는 당·송 사이의 정치 변화를 '통치'국가에서 '행정'국가로, '무력'국가에서 '재정'국가로 전환하였다고 한다.[129] 혹은 초월적 통치자로서의 황제에서 행정국가의 일기관화된 황제로, '치(治)'하는 자에서 '이(理)'하는 자로 변하였다는 것이다.[130] 이러한 전환은 정치뿐만 아니라, 경제·사회·문화 여러 방면에 커다란 변화를 가져온 것이다. 특히 수도의 경관과 도시문화의 변화는 다대한 것이었다. '장안형'의 수도를 둔 국가는 통일국가였고 그 통치이념은 균질적 지배를 표방할지라도, 현실적으로는 경기지역의 주민만을 중점적으로 철저하게 통치할 수밖에 없는 것이었다. 한대 이후의 통치체제를 혹자는 '개별인신적 지배'라 지칭하지만, 전국을 한 사람 한 사람 개별적으로, 균등하게 통치하는 것은 이상이었을 뿐, 당시의 실정으로서는 불가능한 일이었

고, 首都가 北方에만 위치하고 南方에 위치하지 않는 점에 대해서도 다양한 견해가 있다.(薩孟武,「中國歷史上的國都」,『大陸雜誌史學叢書』 1-1, 1960)

129 宮崎市定,『大唐帝國: 中國の中世』, 東京: 中公新書, 1988, pp.385-386.

130 木下鐵矢,「'治'より'理'へ: 陸贄·王安石·朱熹」,『東洋史研究』 55-3, 1996, p.28.

다. 단지 경기지역만이라도 그 이상에 맞추려고 했던 것뿐이었다. 그러나 송대 이후가 되면 전국이 균형적으로 발전되어 지방 간의 격차가 줄어들게 되었고 전국적 교통망이 성립되어 사정은 달라지게 되었다. 사실 당대까지는 국가통합보다는 지방분할의 현상이 현저했다. 민두기 교수가 제기했던 '근거지'로서의 경기강화책도 당대 이전의 현실에서 나온 것이다.[131] 당대에는 대체로 지역을 기능별로 삼분하는 개원시대 승(僧: 浮圖) 일행(一行)의 간법이 있었으니 사천 · 감섬(甘陜) · 산서(山西)지방을 한 묶음으로 하는 용무의 지와 황하 하류 유역의 용문의 지, 장강 유역의 화식의 지로 나누는 것이 그것이다.[132] 그러나 송대에 들어서면 과거제에서 해액수(解額數)의 지방별 정수규정이 나타나는 것에서 보듯, 왕조의 통합적 기능이 현저히 증가된 것으로 이해되고 있다.[133] 즉 송대 이전에 정치주체가 지역별로는 특정지역(예컨대 關隴集團 · 山東貴族), 계층별로는 지주나 사인층이던 것이 전국의, 과거합격자로 이행해 간 것으로 이해하는 것이다.

131 日本學界에서도 이런 지적이 있었으니 '中國古代' 秦漢帝國이란 당초 가장 발달한 지역이 그 富裕한 經濟力을 이용하여 組織한 軍事力 · 行政力에 의해 다른 弱小地域을 壓倒한 産物이라는 설이 제기되어(仁井田陞 · 野原四郎 · 增井經夫 編, 『世界の歷史 Ⅲ 東洋』, 東京: 每日新聞社, 1949, p.7, p.134) 많은 지지를 받았다고 한다.(寺地 遵, 「宋代政治史硏究方法試論: 治亂興亡史論克服のために」, 『宋元時代史の基本問題』, 東京: 汲古書院, 1996, p.84)

132 『新唐書』 卷31 天文志1, pp.817-818, "初, 貞觀中, 太史)淳風撰法象志, 因漢書十二次度數, 始以唐之州縣配焉. 而(浮圖)一行以爲, 天下山河之象存乎兩戒. … 故於天象, 則弘農分陜爲兩河之會, 五服諸侯在焉. 自陜而西爲秦 · 涼, 北紀山河之曲爲晉 · 代, 南紀山河之曲爲巴 · 蜀, 皆負險用武之國也. 自陜而東, 三川 · 中岳爲成周, 西距外方 · 大伾, 北至于濟, 南至于淮, 東達鉅野, 爲宋 · 鄭 · 陳 · 蔡, 河內及濟水之陽爲鄁 · 衛, 漢東濱淮水之陰爲申 · 隨. 皆四戰用文之國也. 北紀之東, 至北河之北, 爲邢 · 趙, 南紀之東, 至南河之南, 爲荊 · 楚. 自北河下流, 南距岱山爲三齊, 夾右碣石爲北燕. 自南河下流, 北距岱山爲鄒 · 魯 南涉江 · 淮爲吳 · 越. 皆負海之國, 貨殖之所阜也. 自河源循塞垣北, 東及海, 爲戎狄. 自江源循嶺徼南, 東及海, 爲蠻越. 觀兩河之象, 與雲漢之所始終 而分野可知矣."

133 寺地 遵, 「宋代政治史硏究方法試論: 治亂興亡史論克服のために」, pp.77-78.

Ⅳ. 도성구조의 변화: 통제도시에서 유통도시로

한대 장안의 도성 모습에 대해서는 아직 많은 검토를 요하지만, 당대 장안의 도성구조에 있어 가장 큰 특징은 1) '궁북원후'와 2) '방장제'[134]였다. 이 두 가지 특징과 '경기중점경영형'의 수도와 어떤 연관이 있는가? 필자는 궁전이 도성 후면의 중앙으로 치우쳐 있고(궁북), 그 뒤에 황제의 친위병의 주둔 및 훈련을 위한 별도의 장소(후원)의 출현이 매우 중요하며,[135] 이는 황제의 비위(庇衛)를 위한 것이라고 설명하였다.[136] 이것은 궁정 뒤에는 시장이 두어진다는 이른바 '면조후시'를 기본으로 하는 『주례』류의 전통적 중국도성의 형태와는 다른 것이다. 또 잘 알다시피 당대 장안의 삼성 · 구시 · 오감 등 행정기관은 모두 궁정을 포함한 궁성의 남쪽에 위치한 황성에 집중 배치되어 있었다. 한마디로 황제가 남면하는 전형적인 구조이다. 장안형의 수도를 가진 왕조의 국가경영상의 가장 큰 특징은 남면보다 봉쇄 · 기반형의 도시구조인 방장제에서 드러나고 있다. 이런 도시구조는 통상 계획도시에 나타난다. 일정한 설계 위에 성곽과 방장을 먼저 만들어 놓고, 후에 주민들에게 그 속에 들어가 살게 하는 것이다. 주민이 성곽이나 방장 밖에 사는 것이 허용되지 않았다.[137] 인민은 특히 사방으로 외성벽에

134 흔히 漢代의 里制에 대비하여 坊制라는 용어를 사용한다. 그러나 이 용어는 명칭상의 변화만을 표현하는 것으로 여겨져, 坊制의 출현이 갖는 큰 변화를 놓칠 가능성이 많다. 그래서 그 형태를 표현하는 용어인 '坊牆制(혹은 坊墻制)'를 사용하는 것이 분명하다.

135 당대 長安의 後苑, 즉 三苑(西內苑 東內苑 禁苑)에 대해 그 특징으로 '地廣'과 '居要'를 들었다.(程大昌, 『雍錄』<中華書局, 1990刊 『宋元方志叢刊』本> 卷9 「唐三苑說」, p.492, "凡此三苑也者, 地廣而居要, 故唐世平定內外禍難, 多於苑中用兵也.") 후원에 해당하는 漢代의 것으로 上林苑이 있었다. 상림원은 '地廣'인 점은 비슷하지만, 宮城과 직접 연결되어 있지 않아 '居要'한 것은 아니었다. 또 기능에서 양자 사이에는 분명한 차이가 있다.

136 朴漢濟, 「北魏 洛陽社會와 胡漢體制: 都城區劃과 住民分布를 중심으로」, 『泰東古典研究』 6, 서울: 泰東古典研究所, 1990.

버금가는 두꺼운 방장에 둘러싸인 방내에서 살면서[138] 2개 혹은 4개의 방문을 통해서만 주간에만 출입할 수 있었다.[139] 교역행위도 '시'라고 불리는 특정의 방내(東市와 西市)에서 정오부터 일몰 때까지만 제한적으로 허용되었다. 한대 장안에도 교역행위를 위한 시구를 설정하였지만 장벽의 존재는 확인되지 않는다. 이런 봉폐식 도시구조 설정의 목적은 당연히 주민통제 그것에 있었다. 인민의 자유로운 활동은 통제되고, 인민은 국가가 지정한

137 漢代처럼 대부분의 住宅區가 城外에 있는 것(王仲殊, 『漢代考古學概說』, 北京: 中華書局, 1984, pp.9-21)과는 다르다. 특히 北朝에서 隋唐의 坊은 장벽에 둘러쳐져 출입이 제한되고 있다. 이러한 坊은 소수의 지배족인 유목민족이 다수의 피지배민인 농경민을 통치를 위한 장치이다. 따라서 한대의 里制와 근본적인 차이점이 있다고 본다. 劉淑芬(『六朝的城市與社會』, 臺北: 臺灣學生書局, 1992, p.423), 逯耀東(『從平城到洛陽: 拓跋魏文化轉變的歷程』, 臺北: 聯經出版事業公司, 1979, p.145), 妹尾達彦(「都市の生活と文化」, 『魏晋南北朝隋唐史の基本問題』, 東京: 汲古書院, 1997, p.402) 그리고 久保田和男(「宋都開封の治安制度と都市構造」, 『史學雜誌』 104-7, 1995, p.89)도 필자와 같은 입장을 견지하고 있다.

138 唐代 長安의 坊의 크기는 일률적으로 동일한 것은 아니었다. 최대인 興慶坊은 동서 1.125km 남북 0.838km로 면적이 0.94km²인 데 비해, 제일 작은 光祿坊은 동서 0.558km 남북 0.5km로 면적이 0.28km²에 불과하여 그 면적 차이는 3.35배나 된다.(傅熹年, 「隋唐長安洛陽城規劃手法的探討」, 『文物』 1995-3, p.49); 日野開三郎은 1坊 평균 호수는 2,000 전후가 들어갔다고 하였다.(「唐代大城邑の戶數規模について: 特に首都長安を中心とする」, 『日野開三郎 東洋史學論集』 13(農村と都市), 東京: 三一書房, 1993, p.272)

139 주민이 坊墻을 넘어 외출하면 그것을 파손한 중죄로 취급하여 笞杖 70회가 가해졌다.(『唐律疏議』<北京: 中華書局, 1983> 卷8 衛禁 '越官府廨垣'의 律文, p.170, "越官府廨垣, 及坊市垣籬者 杖七十. 侵壞者, 亦如之") 晝間에만 외출할 수 있고 '犯夜'의 禁을 범했을 때에는 笞打 20이 내려진다.(『唐律疏議』 卷26 雜律 '諸犯夜者'의 律文, p.489, "諸犯夜者, 笞二十, 有故者, 不坐.") 曉鼓와 暮鼓에 의해 城門과 坊門이 개폐되는데, 수도인민의 전 생활시간은 전적으로 황제의 지배를 받고 있다. 그러나 漢代의 里制에는 夜禁이 없었던 것으로 정리된다. 宮崎市定은 『史記』 卷 124 游俠傳, p.3187에 실린 "邑中少年及旁近縣賢豪, 夜半過門常十餘車."라는 문장을 두고 漢代에는 夜行의 禁이 행해지지 않았고, 里門도 닫지 않았다고 보고 있다.(「漢代の里制と唐代の坊制」, 『東洋史研究』 21-3, 1962, p.48 주6 참조)

일에만 몰두하여야 했다. 장안에 있는 108방과 외성의 명칭은 황제의 덕치를 나타내는 미려한 이름으로 분식되고 있다.[140]

당대 장안은 미리 계획된 설계에 의해 건축된 계획도시인 데 비해, 송조의 수도 개봉은 구성(舊城)을 기초로 개축한 것이었다. 따라서 개봉성의 포국은 무계획에다, 인구의 증가와 상업경제의 발전에 의해 경관이 크게 영향을 받아 변화된 것이었다.[141] 송대 개봉성의 특징을 정리하면 다음과 같다. 1) 삼중성이다. 2) 외성이 두껍다. 3) '중앙궁궐'이다. 4) 방장제가 붕괴되었다. 이런 특징을 가진 개봉성의 구조와 그것들이 갖는 의미를 살펴보자. 가장 내부는 '대내(大內)'로서 그것을 둘러싼 성벽을 자성(子城)이라 한다. 그다음을 구성(舊城) 혹은 내성(內城)이라 부른다. 가장 바깥에 있는 것을 신성(新城) 혹은 외성(外城)이라 한다.[142] 외성은 오대 후주시대 성 바깥에 있던 인가를 보호하기 위해 둘러싼 것이다. 즉 폭주하는 인구를 수용하기 위해 성을 다시 쌓았던 결과로 삼중성이 된 것이다. 이런 형태는 같은 '삼중'이라 하더라도 당대 장안성의 그것과는 다르다. 당대 장안성에서는 궁성과 황성(흔히 內城이라고도 한다)이 북-남으로 병렬되어 있기 때문이다. 뿐만 아니라 송대에 이르자 인가가 넘쳐 외성 밖으로 나가게 되었다. 외성 밖을 경찰관구(警察管區)로서 팔상(八廂)으로 나누었지만, 후에는 외성 내외를 통합하여 상제(廂制)를 시행하게 되었다. 성벽의 존재를 넘어서 이런 제도가 시행된 것은 중국도시사상 특필할 일이다.[143]

도성의 가장 기본이 되는 외성를 살펴보자. 당의 장안성은 황거인 궁성과 관청가인 황성을 합치면 주위가 약 17.5km에 달한다. 외성의 주위는 약 35.7km에 미친다. 송대 개봉의 궁성과 내성, 그리고 외성의 둘레는 각

140 崔振烈, 「隋唐 長安城과 坊名」, 『中國古代史硏究』 13, 2005.

141 程子良 等 主編, 『開封城市史』, 北京: 社會科學文獻出版社, 1993, p.55.

142 開封 즉 東京城을 宮 · 裏城 · 外城으로 부르기도 하고, 外城을 특히 國城 · 新城 · 羅城이라고 부르기도 한다.(程子良 等 主編, 『開封城市史』, p.49)

143 日比野丈夫, 「宋代都市生活の一面」, 『中國歷史地理研究』, 京都: 同朋舍, 1977, p.471.

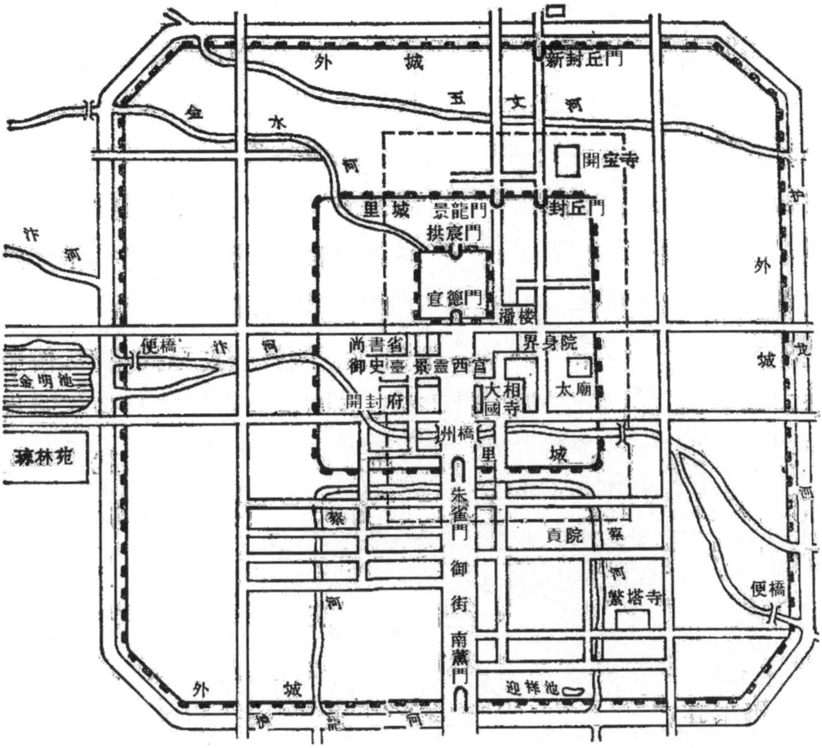

출처: 陳橋驛, 『中國七大古道』, 北京: 中國青年出版社, 1991, p.231, 「北宋都城開封示意圖」.

〈그림 4〉 북송 개봉도

각 2.5km, 10.8km, 26.7km였다. 궁성은 당의 장안성의 1/7에 불과하고, 외성은 장안성의 75% 정도에 불과하다. 흔히 송대를 '군주독재체제'의 확립시기라고 하지만, 궁성의 규모는 당대 장안에 비해 크게 축소되었다. 그러나 특이한 점은 외성의 성벽 높이가 당대 장안성에 비해 높고 견고하다는 점이다. 장안 외성의 높이가 5.3m였고, 너비는 3m였던 것에 비해, 개봉성 외성의 높이는 12.3m, 너비[基底]는 18m나 되었다. 이렇게 당대 장안성 외성보다 넓고 높게 쌓은 것은 평원 한가운데에 있었으므로 외성벽이 방어상 갖는 의미가 컸기 때문이기도 하지만, 인민 '통치'방식의 차이에서 온 것이기도 하다. 장안성은 외성벽보다 오히려 방장(기저 2.5-3m, 높이 3.5-5m)을 상대적으로 중시했던 것이었다. 그러나 송의 개봉성은 건조과정에 있어서 장안성의 도시구조를 염두에 두려는 생각이 처음부터 없었던 것이다. 당의 장안성은 조영의 최초단계부터 면밀하게 구상되어 성곽 · 가로 · 방시를 면적으로 계산하여 각각을 안배하는, 즉 지상(紙上)의 플랜을 대지 위에다 옮겨 만든 것이었지만, 개봉성은 반면 플랜보다도 현실적 상황이 선행하고 있었던 것이다.144

다음으로 '중앙궁궐'제가 채택된 점을 검토해 보자. 엄밀하게 말하자면 채택된 것이 아니라 인가가 주위를 둘러싸 버린 결과였다. 물론 이것은 당 후반기부터의 경제발전과 깊은 관계가 있다. 흔히 말하는 '당송변혁'은 당대 후반기부터 서서히 진행되어 송대에 이르러 완결되는 것으로 정리되고 있다. 송대에 나타난 '상업혁명'이 관중분지에 있던 수도를 평원 개봉으로 끌고 왔을 뿐만 아니라, 도시구조 자체도 이렇게 바꾸어 놓았던 것이다. 당대 후반기부터 유통경제의 활성화는 당조가 쳐 놓은 이러한 공간[市制]과 시간상[夜禁]의 이중 제약을 허물기 시작하였다. 방제와 야금제 등 규제를 피해서 먼저 성문 밖에 상인들이 모여들었고 그들을 위한 여관 · 음식점 · 창고를 겸한 '저점'이 생기기 시작하였다. 다시 운송업 · 금융업자의 점포도 생겼다. 이런 성 밖의 상업구는 성 안의 시에 필적하게 되었던 것이다. 성 안의 시에 있는 상인들이 장사가 잘되는 성 밖에다 지점을 내게 되었다. 성 밖의 시가지화가 진행되자 새로이 그 부분을 성벽으로 쌓지 않을 수가 없었다. 개봉의 궁성은 당대 선무절도사(宣武節度使)의 막부에서 오대의 궁성으로, 다시 송대의 궁성으로 바뀌어 왔다. 주민의 수가 늘어남에 따라 주위를 둘러쌓았던 결과였다. 이는 궁성 뒤에 사람이 사는 것을

144 이런 唐宋의 차이를 '精神的 權威主義'에서 '現實的 合理主義'라고 설명하기도 한다. (梅原郁, 「宋代の開封と都市制度」, 『鷹陵史學』 3 · 4, 1977, p.48)

허용하지 않았던 당대 수도 장안형과는 격단의 차이가 난다. 오대 후주 세종시기에 개봉의 외성을 일차 확장하였는데, 그것은 군영과 관서의 용지부족 해결과 방시 중의 '저점의 용지부족[邸店有限]', 그리고 인구증가로 인한 주택문제, 가도 협소 등의 문제를 해결하기 위한 목적이었다. 그리하여 정부에서는 먼저 가항(街巷)·군영(軍營)·창장(倉場)·관서(官署) 등의 공공용지를 설정한 이후에는 '백성들이 마음대로 주택을 짓도록[卽任百姓營造]' 맡겨 버렸다.[145] 성 밖에도 많은 주택과 상점, 수공업작방 등이 생겨, 성 밖의 방이 14개나 되었다(성 안 121방).[146] 이것은 방에는 주택만을 짓고 시에는 상점만을 짓도록 한 당대 장안성의 규정과는 차이가 나는 것이다. 개봉의 궁성은 방형으로 전체성의 중앙에서 약간 서북으로 기울어져 위치하고 있다. 장안성의 '궁북원후'에서 '중앙궁궐'의 구조로 바뀐 것이다. 이런 변화는 앞서 말했듯이 국가가 설정한 플랜에 의해 된 것이 아니라, 주민의 주거가 수도를 그런 식으로 만들어 버린 결과였다.

송대 개봉성의 도시사상에서 가장 큰 특징은 뭐니 해도 방장제의 파괴라[147] 할 수 있다.[148] 개봉성의 일반주거나 사관의 분포에도 어떤 인위적인 계획성이 보이지 않는 것이 특징이다. 당대 장안성에는 방장을 허물고 가로로 문을 낼 수가 없었다. 그것은 고급귀족이나 특정 사관만의 특권이

145 『資治通鑑』 卷292 後周紀3 世宗 顯德 2年(955) 夏4月 乙卯條, p.9525, "俟縣官分畫街衢·倉場·營廨之外, 聽民隨便築室."

146 吳濤, 『北宋都城東京』, 鄭州: 河南人民出版社, 1984, p.13.

147 宋初에는 坊墻制가 존재했었다고 보는 자는 加藤繁(「宋代に於ける都市の發達に就いて」, 『支那經濟史考證』 上, 東京: 東洋文庫, 1952, pp.312-313)과 本田知生(「宋代の都市研究をめぐる諸問題: 國都開封を中心として」, 『東洋史研究』 37-2, 1978, pp.282-283)이고, 梅原郁(「宋代の開封と都市制度」, pp.55-57), 周寶珠(『宋代東京研究』, p.251)는 宋初부터 이미 坊牆이 없다고 본다.

148 中國大陸에서 中國歷代 都市生活을 다룬 中國古代城市生活長卷叢書 시리즈가 출판되었지만, 宋代 부분의 주제를 바로 이 坊牆 破壞를 내세우고 있다.(李春棠, 『坊墻倒塌以後: 宋代城市生活卷』, 長沙: 湖南人民出版社, 1993)

었다. 개봉성 밖으로의 시가지화는 당연히 성 안에도 파급효과를 미쳤다. 방시제와 야금제가 점차 형해화하였다. 시장과 문화오락장인 와자구란(瓦子勾欄)이 성 안의 주요도로를 따라서 형성되었다. 당대 장안성의 대가는 최대의 폭이 150m였는데, 개봉성의 그것은 46m였고, 그것도 '침가(侵街)'와 '점하도(占河道)'현상으로 더욱 좁아졌다. 정부가 이러한 '침가'행위를 아무리 막으려 해도 뾰족한 방법을 찾지 못했다. 결국 궁정광장을 반개방하였고, 어가 양편에도 '상인이 그곳에서 장사하는 것을 허락[許市人買賣其間]'하도록 용인할 수밖에 없었다. 이렇게 하여 봉쇄적 방제는 완전 붕괴되고 거리는 자유롭게 출입할 수 있는, 이른바 개방형의 도시구조로 바뀐다. 이렇게 물리적으로 통제하고 있던 구조가 없어진 이후 이전보다 자유로운 분위기는 당연하지만 동시에 정부에게는 도시의 치안이 가장 큰 문제로 등장한다. 수도 개봉성을 직접 관장하는 개봉부는 그 업무가 많기로 유명하지만, 이 중에서도 특히 형옥과 관련된 업무가 가장 많았다고 한다.[149]

국도, 즉 수도는 국가권력의 상징이다. 권력의 기반이 불안정한 국가일수록 국도에다 위엄을 나타내는 상징적인 건축물로 분식하려 한다.[150] 이런 측면에서 위진남북조를 통일한 수왕조가 계획을 가지고 거대한 대흥성을 건설하였다. 송조도 수조와 마찬가지로 오대의 분열시기를 통일한 왕조지만 수조처럼 국도를 거대한 건축물로 분식하지 않았다. 대신 권력의 상징으로 국도에 나타난 것이 바로 거대하게 늘어선 금군의 군영이었다.[151] 수십만의 군대와 그 가족이 국도 개봉성에 모이게 하는 송조의 금군제도는 도시공간 자체를 재편성시켰을 뿐만 아니라[152] 도시문화와 상업도 변화

149 周寶珠, 『宋代東京研究』, pp.69-71; 鄭壽彭, 『宋代開封府研究』, 臺北: 國立編譯館中華叢書編輯委員會, 1980 第4編 3章; 曾我部靜雄, 「宋代の巡檢・縣尉と招安政策」, 『宋代財政史の研究』, 東京: 吉川弘文館, 1974 참조.

150 藤田弘夫, 『都市と權力』, 東京: 創文社, 1991, pp.207-213.

151 久保田和男, 「宋都開封府の治安制度と都市構造」, p.90.

시켰다.[153]

개봉성은 이렇게 당 장안성에 보이는 규칙 바른 도시계획에 기초한 도성 건설과는 크게 다른 양상을 보이고 있다. 당대에 완성되어 완비된 방시제는 사실상 붕괴하였고, 가로까지 거주구가 확대되었다. 따라서 당 장안성의 구조를 쉽게 복원시킬 수 있는 것과는 달리, 개봉성은 어가 등 2-3의 주요한 가로는 어느 정도 복원이 가능하지만 다른 성내의 가로는 거의 불명한 상태이다. 그리고 135개의 방도 정확하게 지도상에 위치를 지우는 것은 곤란하다. 이것은 송대에 이르러 주민통제용의 방장 그 자체가 무용해졌다는 것을 의미한다. 방은 단순한 행정관리를 위한 단순한 단위의 명칭으로 변하였다. 외성의 문은 황제의 덕치를 분식하는 명칭 대신, 정문(鄭門: 西), 조문(曹門: 東南), 혹은 봉구문(封邱門: 北), 송문(宋門: 東) 등으로, 그곳으로부터 출발하는 행선지를 나타내는 명칭으로 바뀌었다. 당의 장안성에서는 삼성 · 구시 · 삼감 등 행정관청이 황성 안에 집중되어 있었지만, 개봉성에서는 그 관서의 직무를 가장 유효하게 수행할 수 있는 장소로 나갔던 것이다. 송대에 들어서 급격하게 중요도를 더한 전매와 상세업무를 취급하는 각화무(権貨務)와 도상세원(都商稅院)은 반루가(潘樓街)의 남쪽 좌일상(左一廂)의 태평(太平) · 의화방(義和坊)에 두어지고, 왕안석의 시역법을 담당하는 시역무도 그곳에 있었다. 그곳이 바로 조운이 가장 번창한 변하의 통과지점이었기 때문이다. 한마디로 상징주의(Symbolism)에서 기능(Function)적인 도시로 그 형태가 바뀐 것이다. 이제까지 주민통제를 가

152 久保田和男는 神宗時代 禁軍改革 중의 軍營變化가 都市景觀의 變化에 어떤 영향을 미쳤던가를 고찰하고 있다.(「宋都開封府と禁軍軍營の變遷」, 『東洋學報』 74-3 · 4, 1993)

153 開封의 大衆文化의 發達과 軍隊의 集中이 밀접하게 연관되어 있다는 주장은 金文京에 의해 제기되었다. 즉 禁軍과 그 家族이 商業과 大衆文化를 育成시키는 작용을 했다는 것이다.(「Ⅶ. 宋元文化 2. 民間文藝の發達」, 竺沙雅章 編, 『アジアの歷史と文化』 3, 京都: 同朋舍, 1994)

장 중요시하였던 폐쇄적인 통제도시인 장안형의 수도에서 개방적인 유통도시인 개봉형의 수도로 변한 결과였다.

위에서 본 바와 같이 송대 개봉성의 시장은 당대 장안성의 그것과는 달리 특정지역에 한정되지 않았다. 도시의 경관이 바뀌어 개봉성의 대로변에는 상점이 즐비하게 이어졌으며, 기루, 주점, 그리고 다방 등 각종의 다양한 상점이 뒤섞여 있고, 오락시설이 집중되어 있는 와자(瓦子)가 등장하여 발전한 것이 개봉성의 특징으로 지적되어 왔다.[154] 특히 운하의 선착장과 사람의 출입이 빈번한, 소위 '연하근교(沿河近橋)'지역이 그 가운데 가장 번화가가 되었다. 변하의 홍교(虹橋) 상하의 번성된 모습은 장택단의 명화『청명상하도』에서 잘 묘사되고 있다. 시장도 일시(日市)·야시(夜市)·조시(早市)·계절시(季節市)·정기시(定期市)·전업시(專業市) 등으로 불리어지듯이 시간과[155] 공간의 제약에서 벗어났다. 개봉성 시내 가운데 수공업작방·약행(藥行)·의행(醫行) 등 행시와 주루·다방·음식점이 집중되어 있는 마행가(馬行街)는 동경(개봉) 어가 4개 중 가장 번화한 가로였는데, 특히 '야시주루가 가장 번성한 곳[夜市酒樓極繁盛處]'으로 불야성을 이루어, 이곳만은 모기가 없었다고 할 정도였다. 모기가 등불 기름 냄새를 싫어하여 나타나지 못할 정도였기 때문이다.[156] 뿐만 아니라 개봉성에는 조시(早市)의

154 이러한 점은 加藤繁(「宋代に於ける都市の發達に就いて」,『支那經濟史考證』上, 東京: 東洋文庫, 1952)를 비롯하여 E.A. Kracke, Jr. ("Sung K'ai-Feng: Pragmatic Metropolis and Metropolis and Formalistic Capital," J.W. Haeger, ed., *Crisis and Prosperity in Sung China*, Tucson, Ariona, 1975) 등의 연구에 강조되고 잇다.

155 唐代 中期 坊市제도 崩壞 이전에는 夜禁이 실행되고 있어서 夜市는 허락되지 않았을 뿐만 아니라 点燈마저도 시간적 제한을 받았다. 唐 중기 이후 소수의 城市에 단기의 夜市가 출현했다. 宋初에 이르러 夜市는 三更 以前까지만 허락되었다. 北宋中期 이후에는 開封의 상업발전으로 시간제한을 받지 않게 되었다.(『東京夢華錄』 卷2 潘樓東街巷 p.70, "每五更点燈, 博易賣買衣物圖畵花環領抹之類, 至曉卽散, 謂之鬼市子.")

156 (宋)蔡條, 『鐵圍山叢談』(北京: 中華書局, 1983年刊 『唐宋史料筆記叢刊』本) 卷4, p.70, "天下苦蚊蚋, 都城獨馬行街無蚊蚋. 馬行街者, 都城之夜市酒樓極繁盛處也. 蚊蚋惡油, 而馬行人物嘈雜, 燈火照天, 每至四鼓罷, 故永絶蚊蚋. 上元五夜, 馬行南北幾十

수가 많아서 시내 각처에 널리 퍼져 있다.[157]

당대 장안성의 인구가 극점에 달한 시기가 100만이라 하지만[158] 실제로는 60-70만 정도였다.[159] 송대는 태종시기에 개봉성의 인구가 이미 100만이라[160] 칭해지다가, 송말이 되면 170만 정도가 된다. 개봉성은 장안성보다 훨씬 번화하였다. 성당시기인 현종대에는 장안성 남쪽의 1/3은 인가가 없는 방('한방')이었다고 한다.[161] 그러나 개봉성에는 인구를 성 안에 다 수용할 수가 없어서 성 밖에도 방이 생겼다. 또 유동인구가 많았다. 『동경몽화록』에는 십수만이 보태어져도, 빠져도 전혀 느껴지지 않는다는 표현이 있듯이[162] 번화하고 생동하는 모습이었다. 장안성과는 달리, 전국의 물자가 개봉성에 모여 다시 전국 각지로 유통되기 때문에 각지에서 온 상인들로 붐볐다. 이런 유통 중개중심의 싹은 당대 강회(江淮)의 중심도시인 양주 등이 부분적으로 수행했지만, 수도 장안성은 결코 아니었다. 개봉성에 옹유한 대량 인구 중 대부분은 다른 도시와 마찬가지로 소비계층이었다.[163] 진종(眞宗) 대중상부(大中祥符) 초 각지에서 동경으로 조운되어 온 조량이 700

里, 夾道藥肆, 蓋多國醫, 咸巨富, 聲伎非常, 燒燈尤壯觀. 故詩人亦多道馬行街燈火."

157 『東京夢華錄』 卷3 「天曉諸人入市」條, p.117, "每日交五更, 諸寺院行者打鐵牌子, 或木魚循門報曉 …. 諸趨朝入市之人, 聞此而起. 諸門橋市井已開, … 酒店多点燈燭沽賣, 每分不過二十文, 幷粥飯点心. 亦間或有賣洗面水, 煎点湯茶藥者, 直至天明."

158 韓愈, 「論今年權停擧選狀」(『韓昌黎文集校注』, 上海: 上海古籍出版社, 1986, 卷8), p.587, "今京師之人, 不啻百萬."

159 李之勤은 60만으로(「西安古代戶口數目平議」, 『西北大學學報』 1984-2, p.48), 妹尾達彦은 70만으로 본다.(「唐長安人口論」, 『堀敏一先生古稀記念中國古代國家と民衆』, 東京: 汲古書院, 1995, p.586)

160 『續資治通鑑長編』 卷32 太宗 淳化 2年(991) 6月 乙酉條, p.716, "上謂曰: '東京養甲兵數十萬, 居人百萬, 轉漕仰給在此一渠水, 朕安得不顧!'"

161 黃煌, 「唐代的城市居民生活與城市經濟」, 『華東師範大學學報』 1992-3, p.32.

162 『東京夢華錄』 卷5 民俗, p.131, "添十數萬衆不加多, 減之不覺少."

163 軍隊 · 皇親國戚 · 豪門貴族 · 達官顯貴 · 一般官吏 · 大中地主 · 富商巨賈 및 中小商人 · 小手工業者 · 僧尼 · 道士 · 攤販 · 苦力 · 脚夫 · 藝人 등 절대부분이 물질생산에 종사하지 않는 消費階層이었다.

만 석이나 되었고,[164] 육류의 소비도 많았다.[165] 그리고 상공업자가 차지하는 비중이 높았다. 이 가운데 상공업자의 호수는 1만 5,000호로 그것이 개봉성 총인구 중에 차지하는 비율은 1/10로 추정되고 있다.[166] 장박(張泊)이 개봉성의 인구분포를 "한과 당의 경읍(수도)에 비해 서민이 열 배[比漢唐京邑 民庶十倍]"[167]나 되었다고 지적하고 있다. 그리고 송대 호적상에 도시민의 호적인 '방곽호(坊郭戶)'가 출현했던 것은 상공업 인구의 증가가 전대와는 격단의 차이가 있다는 말하는 것이며, 중국도시발전사에서 중요한 의미를 지니는 것으로 평가된다.[168] 개봉성의 상공업자들이 가로에 면해서 문을 내었을 뿐만이 아니라, 다른 주민, 예컨대 관료들과도 잡거하고 있었다. 이것은 당대 장안성이 인위적으로 주민들을 분포시킨 것과는[169] 다른 것이다.

송대는 이와 같이 정치보다 현실적인 논리에 의해 움직여 가게 된 것이다. 그런 결과는 단순히 황제를 중심으로 하는 위정자의 관념이나 작위에서 나온 것은 아니었다. 그것은 위정자의 관념과 작위를 뛰어넘은 상인들의 존재가 그런 변화를 가져왔다. 비유컨대 당대의 동아시아 교역을 담당하는 사람들은 오히려 외국인이었다. 아라비아 상인을 비롯하여, 장보고(張寶高: 保皐) 등 신라상인이 크게 활약하였던 것이다. 그러나 송대가 되면 반대로 송상이 고려에 더 많이 나타난다. 이런 경제적 환경 속에서 장안에 수도를 더 이상 둘 수는 없는 것이었다. 송대의 상업정책이 그러했다고 해서 정부규제가 없이 자율적으로 움직여 갔던 것은 아니었다. 도시상인들의

164 『宋史』 卷175 食貨志上 3 漕運, p.4251.

165 『東京夢華錄』 卷2 朱雀門外街巷, p.59, "唯民間所宰猪, 須從此(南薰門)入京. 每日至晩, 每羣萬數."

166 周寶珠, 「宋代東京城市經濟的發展及其在中外經濟文化交流中的地位」, 『中國史硏究』 1981-2, p.50.

167 『宋史』 卷93 河渠志3 汴河上, p.2321.

168 周寶珠, 「宋代東京城市經濟的發展及其在中外經濟文化交流中的地位」, p.55.

169 妹尾達彦, 「唐長安城の官人居住地」, 『東洋史硏究』 55-2, 1996.

동업조직[行 · 作]은 여전히 정부의 규제하에서 타율적으로 운용되었다.[170]

송대의 경제발전은 이와 같았지만, 원 · 명 · 청을 거치면서 이런 경제 발전은 지속되지 않았다. 이후의 수도 경영은 한 · 당과 같은 것은 아니었지만, 다시 정치논리로 복귀한다. 북경은 반분반평형의 '계획'도시인 것이 그것을 말해 준다. 그 모습이 이후의 정치 · 사회를 규정하고 있다고 할 수 있다. 여기다가 북경은 개봉과는 달리 정치 · 경제가 합일된 수도가 아니었다. 정치와 경제의 중심이 다시 분리된 것이다. 그러나 명대에는 해금정책이 시행된 것이 상징하듯이, 정치가 경제를 다시 규제하기 시작한 것이다.

결론

본고는 지금까지 수도의 지형에 따른 유형과 그 사회변화가 밀접한 관계에 있음을 밝혔다. 특히 중국사 가운데 가장 큰 변혁기 중의 하나인 당과 송 사이의 정치 사회적 변화는 장안과 개봉이라는 수도의 변화로 볼 수 있다고 필자는 본 것이다. 장안이 자연적인 험조를 가진 분지형이라고 한다면, 개봉은 장안과는 대조적으로 사전지지(四戰之地)로 평가되는 평원형의 수도였다. 장안형의 수도의 특색은 수도 한 도시(장안)만이 아니라, 경기지역 전체의 경영(경기중시형)이다. 국가정책의 최우선이 경기경영에 있기 때문에 자연 경기지역의 인민에 대한 지배방법도 개별인신적인 것을 지향한다. 따라서 도시구조는 철저히 통제도시의 형태를 띠고 있다. 물론 전국적으로 철저한 지배는 지향할지라도 지방의 통제는 느슨할 수밖에 없다. 장안형의 경기는 정치적 · 군사적인 거점인 동시에 지방 지배를 위한 '근거지'로서의 의미를 지닌다. 반면 개봉형은 수도 자체가 정치적 · 군사적 거

170 加藤繁, 「唐宋時代の商業組合'行'を論じて清代の會館に及び」, 『支那經濟史考證(上)』, 東京: 東洋文庫, 1952.

점이다. 따라서 경기란 존재의미가 크지 않다. 북송대 경기지역이 설정된 기간이 불과 2년에 그쳤던 것은 그 때문이었다. 그 대신 수도에 봉사하는 몇 개의 도시가 환상적으로 수도를 둘러싸는 수도권이 형성된다. 개봉형은 전국적인 유통망의 중심에 위치한 경제수도였다. 인민의 경제행위가 정부가 쳐 놓은 도시의 통제적 장치를 초월해 버린 것이다.

필자가 소위 당송변혁의 내용 가운데서 가장 주의했던 부분은 왕조교체의 방식이었다. '통일(일치)-분열(일란)'의 순환도식에서 '통일(일치)의 연속'으로의 변화이다. 중국사에서 분열의 종지부를 찍은 것은 오대였다. 중국의 전통적인 왕조변화의 형태를 일치일란, 즉 통일과 분열의 순환으로 본다면, 송대 이후에는 그 도식은 맞지를 않는다. 송·원·명·청은 모두 통일국가이기 때문이다.[171] 따라서 당·송 사이에는 중국사 전개의 도식이 달라진 것이다.

장안에 수도를 두었던 통일왕조였던 한과 당의 역사를 조망해 보자. 이 시대는 통일 속의 분열시대였다. 한의 황제는 제후였던 한왕인 유방의 후예이며, 통일 후에도 유방 자신뿐만 아니라 이후의 황제들도 그런 성격에서 크게 벗어나지 못하였다. 당도 그런 면에서 크게 벗어나지 못하였다. 장안에 수도를 둔 왕조는 강하면 천하를 통일한다[彊則外制東夏]. 그러나 동남지역의 세력의 굴기에 의해 약하게 되면 관중지역에 가만히 웅크려 기다린다[弱則內保一方. 養力俟時]. 그래서 나라의 조명은 오래가는 것이다. 관중에 반란이 일어나면 그 해가 크고 시간도 오래간다고 한 것은[172] 이

171 그러면 近代에 와서 軍閥時代(分裂時代)가 왜 다시 열리는가이다. 그것은 宋 이후 淸代까지의 전통시대와는 다른 경우이다. 전통시대는 내부적인 위협은 동남쪽의 지방세력과 북쪽의 異民族이었다. 그러나 근대에 와서는 西勢東漸의 영향으로 四方에서 帝國主義 국가들의 援助를 받은 지방세력이 그 지역에 세력을 장악한 뒤 세력적 平衡을 이루기 때문이라고 생각한다. 그런 면에서 이것은 중국역사에 나타난 새로운 變局이라 이전의 중국사 전개방향과는 다른 것이다.

172 『讀史方輿紀要』 卷52 陝西方輿紀要序, p.2449, "陝西據天下之上游, 制天下之命者也.

때문인 것이다. 그러나 기다리는 동안에 전국은 여러 개의 지방세력권으로 나누어진다. 결국 분열시대가 열리는 것이다.

그러나 개봉형의 수도를 가진 왕조는 한 강력한 지방세력에 의해 지방이 여러 개로 분열되기 전에 쉽게 멸망하기 때문에 통일왕조가 이어지는 것이다. 개봉의 사방에 산천지험이 없는 평원에 위치해 있으므로 장안처럼 웅크릴 곳이 못 된다. 그래서 송 태조 조광윤도 명 태조 주원장도 장안으로 천도하려고 했던 것이다. 그러니 새로운 강력한 세력이 나타나면 나라는 곧 망할 수밖에 도리가 없다. 새로운 세력이 나타나 통일을 이룬다. 송 이후에 통일국가가 나타나는 것은 그 때문이다. 북경이 수도로 정해진 것은 여러 요인이 있지만, 크게 보아 개봉형 수도의 유형에 속한다.

그러면 왜 장안에서 개봉으로 나올 수밖에 없었는가? 당초 한이 장안에 수도를 정하였을 때는 전국 인구의 거의 3/10이, 재부의 6/10이 관중에 집중되어 있었다. 그러나 장안을 둘러싼 관중의 경제력이 전국에서 차지하는 비중이 현저하게 작아지기 시작했다. 인구는 늘어나는데 생산력은 여러 가지 요인으로 줄어들었다. 이미 그곳에 거주하는 인구를 먹여 살릴 수도 없을 정도였다. 그 경제력을 가지고는 통일국가를 통치할 수는 힘, 즉 경제력이 되지 못할 뿐만이 아니라 웅크리고 있을 수도 없는 것이다. 전국이 고르게 개발이 되었고, 특히 강남의 경제 비중이 막중해져 갔다. 개봉은 운하교통의 중심에 위치했다. 전국의 경제력을 집합시킬 가장 적합한 장소였다. 개봉에 수도를 둔 송은 소위 '재정국가'답게 자연의 험[以山川爲險]에 의존하기보다, 경제력으로 병력을 증가시키는[以兵爲險] 방식으로 변화를 시도하였다.

장안형 수도와 개봉형 수도의 외형상 모습은 크게 달랐다. 장안형은 계획도시였고, 통제도시였지만, 개봉은 당말의 일 번진의 막부에서 시작된

....

是故以陝西而發難, 雖微必大, 雖弱必强, 雖不能爲天下雄, 亦必浸淫橫決, 釀成天下之大禍."

작은 지방도시가 인구가 폭주하여 만든 수도였다. 따라서 장안은 공간과 시간에 통제가 가해지는 수도였지만, 개봉은 그것이 불가능한 수도였다. 그래서 필자는 다소 무리가 있지만 그 유형을 다음과 정리하고자 한다. 장안형-분지형-경기중점경영형-정치형-통제형의 수도와 개봉형-평원형-전국경영형-경제형-개방형의 수도라는 것이다.

| 제2장 |

분열시대 각 왕조의 수도 선정과 그 의미

위진·남북조시대의 낙양과 업도

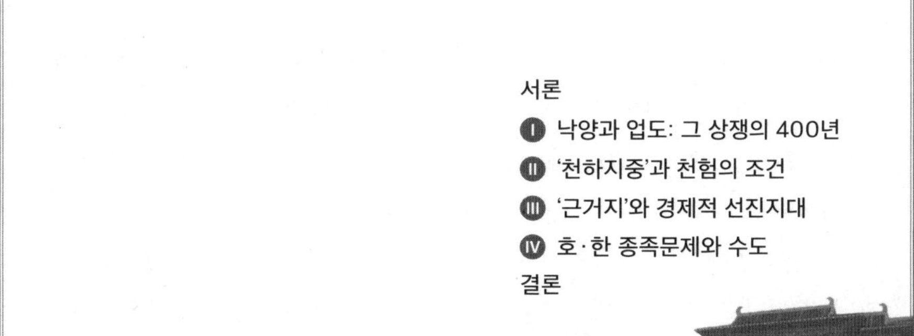

서론

중국 역사의 전개는 일정기간 '일치일란(一治一亂)'이 반복되는 형식이었다. 적어도 10세기 송나라가 성립하기 전에는 그러하였다. '일치일란'이란 달리 표현하면 통일시대와 분열시대가 반복해서 연이어 출현하는 형식을 말한다.

필자는 제1장에서 수도의 위치문제와 관련하여 중국 역사상 통일시기의 수도를 세 가지 유형으로 정리한 바 있다. 즉 장안형(분지형)과 개봉형(평원형) 그리고 북경형(반분반평형)이 그것인데, 그 수도의 유형에 따라 그 왕조의 전개 양상이 달랐음을 논증하였다.

제2장에서는 분열시대이고, 또 필자의 전공분야인 위진남북조시대 수도의 선정문제를 고찰해 보고자 한다. 제1장이 통일시대의 수도선정문제와 그 의미에 대한 규명작업이라면, 제2장은 중국 역사상 대표적인 분열시대의 하나인 위진남북조시대에 있어서의 수도선정을 둘러싼 문제에 대한 탐구이다. 분열시대 수도의 선정에는 통일시대와는 다른 측면에서 그 나름의 고려해야 할 요소들이 있었을 것이다. 통일시대에는 전 중국 안에서의 수도를 선정하는 문제라면, 분열시대인 위진남북조시대는 각 왕조의 강역 안에서의 선정의 문제라는 점에서 그 차이가 있다. 또 오호십육국-북조시대는 민족적으로 호족들이 세운 정권들이 이전의 통일시대 수도들이 위치했던 중원지역을 장악하고 통치 · 지배했던 시대였다. 지역은 유사하더라도 호족정권이라는 측면에서 수도 선정과 운영은 한족왕조의 그것과는 다른 면모를 보인 것으로 파악된다. 필자는 분열시대인 동시에 호족의 통치시대인 위진남북조시대, 특히 중원지역에서의 수도 선정문제를 두고 일어난 쟁론이 어떤 면에서는 중국인의 수도선정에 관한 기준을 더 적나라하게 드러낼 것이라고 믿고 있다. 잘 알다시피 위진남북조시대는 수많은 나라가 등장하였다가 사라졌다. 그 모든 왕조의 수도를 모두 본 연구에서 다룰 수

는 없는 형편이기 때문에 그 가운데 당시 이 수도선정문제를 두고 큰 쟁론이 벌어졌던 낙양과 업도(현재의 하북성 임장현)의 두 지점을 중심으로 이 문제에 접근하려 하였다.

사실 낙양과 업도는 중국 도성 건설사에서 보면 서로 다툴 만한 상대가 아니었다. 즉 도성의 입지로서는 낙양은 장안과 함께 압도적 우위를 차지하는 대표적인 고도였다. 그러나 분열시대인 위진남복조시대에는 도성의 입지로서 낙양에 뒤지지 않는 조건을 갖추고 있었던 곳이 업도였던 것이다. 이것은 통일과 분열시대라는 차이점 외에 한족정권이 아니라 호족정권이었던 면도 작용하고 있다고 본다. 그러면 이하에서 위진남북조시대 낙양과 업도를 두고 벌어진 도성의 입지에 대한 논쟁을 여러 측면에서 살펴봄으로써 중국 역대 도성이 갖는 의미를 살펴보도록 하겠다.

Ⅰ. 낙양과 업도: 그 상쟁의 400년

낙양과 업도가 한 왕조의 도성이라는 위치를 두고 경쟁하게 된 것은 후한말부터였다. 그러면 낙양과 업도가 도성의 위치를 두고 어떻게 경쟁하였는지 그 경과를 살펴보기로 하자.

도시, 특히 수도란 그 시대가 추구하는 현실적 사회질서인 동시에 그 왕조의 지향의 표현이기도 하다. 『한서』의 찬자인 반고는 「서도부(西都賦)」에서 장안이 주 · 진 · 한 3왕조의 수도로서 선정될 수 있었던 장점으로 생산을 확보할 비옥한 땅[上腴]과 방어를 위한 요새[隩區] 두 가지를 들고 있지만,[1] 이 두 가지가 도성이 갖추어야 할 요건임은 당연하다. 그러나 사실 수

1 (梁)蕭統 編, (唐)李善 注, 『文選』(上海: 上海古籍出版社, 1986) 卷1 賦甲 京都上 班孟堅 兩都賦 二首, 西都賦, p.6, "華實之毛, 則九州之上腴, 防禦之阻, 則天地之隩區焉. 是故橫被六合, 三成帝畿(高誘曰: … 三成帝畿, 謂周 · 秦 · 漢也)."

도를 선택하고 건설하기 전에 고려해야 할 사항은 이 밖에도 적지 않다. 물과 양식의 충분한 공급뿐만 아니라, 교통은 얼마나 편리한가 등 현실적인 고려가 가해지고, 여기다 그 건설자가 추구하는 우주관도 관련되지 않을 수 없다.[2]

그럼 낙양과 업도가 어떻게 출현하여 도성으로까지 성장해 왔으며 두 도시가 어떤 조건을 가지고 경쟁하였는가를 살펴보기로 하자. 낙양이 정치도시로서의 형태를 정비하기 시작한 것은 이미 서주시대부터였다. 제2대 성왕 대에 주공 단의 조력을 얻어 낙수 북측에 성곽을 지었다. B.C.770년 서주왕조가 동천하면서 수도를 호경에서 낙양으로 옮겼다.[3] 그 후 후한, 삼국의 (조)위, 서진, 북위의 4왕조가 이곳에 수도를 정하였고 수당시대에는 서쪽의 장안과 병립하여 배도['동경(東京)' 혹은 '동도(東都)'라는 이름으로]의 지위에 있었다.[4] 또 오대십국시대에는 후량 · 후당이 여기에 도읍을 두었다. 그래서 낙양은 9개 왕조의 수도라는 의미로 '구조도(九朝都)'라 칭해진다. 낙양은 이렇게 통일 · 분열시기를 막론하고 여러 왕조의 수도로 선택되었다. 낙양은 북경이 수도로서 등장하기 이전의 통일왕조시대에는 장안 혹은 개봉 등과 함께 대표적인 수도 후보지 중 하나였음을 알 수 있다. 이처럼 낙양이 중국의 대표적인 도성으로 취급되었지만 분열시대의 위진남북조는 통일시대와 같은 대접을 받지 못했다.

후한의 수도였던 낙양은 후한이 멸망하자 수도 입지로서의 지위가 흔

2 Arthur F. Wright, "Symbolism and Function: Reflections on Changan and Other Great Cities," *J.A.S.* 24-4, 1965, pp.667-668.

3 『史記』 卷4 周本紀, p.129, "營周居于雒邑而後去.(『正義』 括地志云: '故王城一名河南城, 本郟鄏, 周公新築, 在洛州河南縣北九里苑內東北隅. 自平王以下十二王皆都此城, 至敬王乃遷都成周, 至赧王又居王城也. …')."

4 『隋書』 卷3 煬帝紀上 大業 元年 3月條, p.63, "丁未, 詔尚書令楊素 · 納言楊達 · 將作大匠宇文愷營建東京, 徙豫州郭下居人以實之."; 『隋書』 卷3 煬帝紀 大業 5年 春正月條, p.72, "丙子, 改東京爲東都.": 『舊唐書』 卷4 高宗紀上 顯慶 2年 12月條, p.77, "丁卯, 手詔改洛陽宮爲東都."

들리기 시작했던 것이다. 낙양 대신 도성의 후보지로 등장한 곳이 업성 혹은 업도라 지칭되는 업이었다. 후한 말 새로운 실력자 조조는 낙양을 버리고 그 근거지로 허(현재의 하남성 허창시)와 그리고 업을 그 수도로 정하였다. 그러나 조조가 죽자 그의 아들 조비는 업에서 낙양으로 그 도읍을 옮겼다. 조위의 정식 수도는 낙양으로 낙착된 것이다. 그다음 낙양에 수도를 정한 나라는 서진과 북위였다. 즉 완전한 통일제국은 아니더라도(서진은 단시일이지만 통일제국) 화북(중원)지역을 통일한 왕조의 도성이었다. 그런 면에서 낙양은 화북만이라도 통일한 왕조의 도성이었다.

반면 업은 위진남북조시대 낙양과 같은 통일제국의 도성이 된 적이 없을 뿐만 아니라 그 도시로서의 비중도 낙양에 비할 수 없었다. 전국시대 위나라의 구도라고 하나 그 수도로서의 역사는 낙양만큼 화려하지는 않았기 때문이다. 제나라 환공이 업성을 세운 이후 군치 이상의 지위를 누려본 적이 없었다.[5] 업이 화려한 모습을 나타내기 시작한 것은 분열시대인 위진남북조시대 봉국으로서의 위나라였다.[6] 당시 업(기주)은 원래 조조의 숙적인 원소((袁紹, ?-202)의 근거지였다. 당시 원소는 유(幽) · 기(冀) · 청(靑) · 병(幷)의 4주를 장악하고 그 중심을 업에다 두었다. 후한의 마지막 황제 헌제를 명목적인 황제로서 받들면서 천자의 위세를 빌려 허[豫州]에서 연(兗) · 예(豫) 2주를 통령하고 있던 조조가 원소의 군대를 관도전투에서 격파하고 업에 도읍을 정한 후에야 업은 드디어 화려하게 무대에 등장

5 (北魏)酈道元 撰, 『水經注』(臺北: 世界書局, 1970) 卷10 濁漳水, p.137, "(鄴)本齊桓公之所置也. 故管子曰: '築五鹿 · 中牟 · 鄴以衛諸夏也. 後屬晉, 魏文侯七年, 始封此地, 故曰魏也. 漢高祖十二年, 置魏郡, 治鄴城. 王莽更名魏城. 後分魏郡, 置東西部都尉, 故曰三魏. 魏武又以郡國之舊.' …"

6 (淸)顧祖禹 撰, 『讀史方輿紀要』(北京: 中華書局, 2005) 卷49 河南4 彰德府, pp.2314-2315, "禹貢冀州之域, 殷河亶甲居相, 卽此. 春秋爲晉東陽地, 戰國爲魏之鄴地, 秦爲邯鄲郡地, 漢爲魏郡. 東漢末冀州徙治焉. 曹魏以受封於此, 稱爲鄴都. 晉仍爲魏郡, 屬冀州. 後趙石虎 · 前燕慕容儁並都鄴. 魏仍爲魏郡, 兼置相州, 東魏都此改司州, 北齊又都之."

하게 된 것이다. 이후 오호십육국시기의 후조 · 염위 · 전연과 북조시대의 동위 · 북제의 수도가 되었다. '육조고도'라 지칭되는 이유이다. 그러나 이들 왕조들은 통일왕조가 아니라 편패왕조(偏霸王朝)에 불과하였다.

업성을 대규모로 건축하여 경영한 자는 조조였다. 조조가 후한 헌제를 허에다 옹립하고 자기는 업성에 머물면서 위왕의 도성, 즉 '위도'로 지칭했다. 그래서 소위 '천자를 끼고 제후를 호령했다[挾天子令諸侯]'는 말이 나온 것이다. 조조는 그때 장수(漳水) 북안, 한대의 무성(武城)을 그 중심으로 하여 업성을 다시 수축하였던 것이다. 성내의 최고 높은 지역에다 동작(銅雀) · 금호(金虎) · 빙정(冰井) 삼대를 설치했다. 삼대 내에는 적지 않은 교혈(窖穴)을 구축하여 양식과 소금[鹽]과 연료를 저장했다. 그곳에서 멀지 않은 곳에 무고(武庫)와 마구(馬廐)가 설치되었다. 업성 성 밖에 무지(武池)를 만들어 수군대영으로 조성하였다. 후세 '삼대지고(三臺之固)'로[7] 지칭되는 요새가 바로 그것이다. 조조에 의하여 업성은 이와 같은 군사적 요새지로서뿐만 아니라, 당시 하북평원의 중심도시로서 다시 태어났던 것이다. 낙양의 지가(紙價)를 올렸다는 좌사(左思: 太沖)[8]의 「삼도부」의 하나인 「위도부」에서는 당시 업성의 아름다움뿐만 아니라, 지리형세의 우수함, 농업생산의 발달, 상공업의 번성 등에 대해서 설명하고 있으니,[9] 업성이 단순

7 『晉書』 卷104 石勒載記上, p.2716, "顧問張賓曰: … 鄴有三臺之固, 西接平陽, 四塞山河, 有喉衿之勢, 宜北徙據之. 伐叛懷服, 河朔既定, 莫有處將軍之右者. …"

8 左思(太沖)는 이곳에 최초로 도읍을 정한 曹操로부터 약 50년 후, 다시 도읍을 정한 後趙의 石勒으로부터 약 50년 전에 살았던 西晉시대의 文人이다.

9 左太沖의 「魏都賦」에서는 당시 鄴城에 대해, "爾其疆域, 則旁極齊秦, 結湊冀道. 開胸殷衛, 跨躡燕趙. 山林幽峡, 川澤迴繚."(『文選』 卷6 賦丙, 京都下, p.266)라 먼저 지리형세의 우수함을 말하였고, "西門溉其前, 史起灌其後. 墱流十二, 同源異口. 畜爲屯雲, 泄爲行雨. 水澍粳稌, 陸蒔稷黍. 黝黝桑柘, 油油麻苧. 均田畫疇, 蕃廬錯列. 薑芋充茂, 桃李蔭翳. 家安其所, 而服美自悅."(『文選』 卷6 賦丙, 京都下, p.276)라 농업발전상을, "廓三市而開廛, 籍平逵而九達, 班列肆而兼羅, 設闤闠以襟帶. 濟有無之常偏, 距日中而畢會. 抗旗亭之嶢嶭, 侈所覜之博大."(『文選』 卷6 賦丙, 京都下, p.279)라 상공업의 번성함을 읊었다.

히 군사 · 정치도시만이 아님이 표현되고 있다. 그러나 조비(曹丕)는 헌제로부터 선양을 받아 위를 세우면서 그 수도를 다시 낙양으로 정하였다. 조비가 화북을 거의 손아귀에 넣었기 때문에 낙양으로의 전도(奠都)는 당연한 일이었던 것이다.

물론 업성을 '왕업의 본래의 기틀[王業之本基]'이라 하여 허창 · 초 · 장안 · 낙양과 함께 오도(五都)의 하나로 지칭되는 대접을 받았지만,[10] 업성은 이제 위왕 조조시대의 영화에 견줄 바가 아니었다. 낙양과 업은 그 위치가 다시 전도된 것이다. 그 후 조위의 황제들은 낙양성의 건치에만 신경썼지 업성에 대해서는 별다른 관심을 쏟지 않았다. 특히 3대 명제(r.226-239)는 낭비가로서 유명한데, 그는 오와 촉의 연합군이 국경선으로 밀려오는데도 그 방어를 대장군 사마의에게 맡기고 오로지 수도 낙양 건치, 그 가운데 특히 궁전건설에 국가의 거의 모든 힘을 기울였다.[11] 화려하기로 유명한 태극전 · 소양전(昭陽殿) 등의 궁전이 바로 이때에 조영되었다. 이런 수도건설로 민중은 점차 불만을 가지게 되었고, 반면 사마의는 공손씨정권을 붕괴시키고 천하의 여망을 얻어 가고 있는데도, 명제는 여전히 낙양 꾸미기에 바빴던 것이다.

이런 과정에서 사마소는 263년 촉(한)을 멸한 공로로 봉읍 20군을 가진 진왕이 된다. 결국 그의 장자 사마염(무제)이 그가 잠시 세웠던 원제(元帝)에게서 제위를 선양받아 서진을 창업한다. 조위의 마지막 황제 원제는 선양 후에 진류왕으로 격하되어 낙양성 서북의 독립성곽인 금용성(金墉城)에 잠시 들었다가 드디어 조위정권의 발상지인 업성으로 이동하여 생애를 마감한다.

10 『水經注』 卷10 濁漳水, p.138, "魏因漢祚, 復都洛陽, 以譙爲先人本國, 許昌爲漢之所居, 長安爲西京之遺迹, 鄴爲王業之本基, 故號五都也."

11 『三國志』 卷25 魏書 高堂隆傳, p.712, "百役繁興, 作者萬數, 公卿以下至于學生, 莫不展力, 帝乃躬自掘土以率之."

서진시대에 들어서 업은 그리 주목받지 못하였던 것은 당연했다. 업은 서진 이전에는 기주의 관할이었다. 서진 말 동란으로 업성은 다시 완전히 파괴되었다. 업성을 다시 회복시킨 것은 오호십육국의 왕조들이었다. 갈족 석씨가 세운 후조가 바로 그것이었다. 업성이 다시 정식 도성으로 선택된 것은 후조의 석호시대이지만 이미 석륵이 동진에로의 진공보다 업성의 쟁취·확보가 더 중요하다는 당시 한인 모사 장빈(張賓)의 건의를 받아들여 업성을 기반으로 하여 하북으로 세력을 확대하는 데 있어 거점으로 삼으려 했다.[12] 석륵은 업성에 거점을 두고 유주(幽州)의 왕준(王浚)과 병주(幷州)의 유곤(劉琨)을 치려는 계획을 세웠으나 당시 업성에는 유곤의 형자(兄子)인 유연(劉演)이 '삼대지험(三臺之險)'에 의지하여 지키고 있었다. 장빈은 무리하게 업성의 쟁취에 집착하기보다 조국(趙國)의 구도인 양국(襄國)이나 한단(邯鄲) 가운데 하나를 택할 것을 건의하였다. 석륵은 마침내 312년 양국을 국도로 하였다.[13] 그러나 석륵은 업성을 국도로 정하려는 의지를 완전히 거두어들이지는 않았다.[14] 313년 석호가 업성의 삼대를 공격하여 붕괴시키고 스스로 업성을 경영하려 하자, 석륵은 업성에 자기가 궁전을 지으려고 세자 석홍(石弘)을 업성에 주둔시키고 금병 만인과 거기장군이 이끄는 54군영을 배치하였다.[15] 후에 업궁 경영을 잠시 중단하였지만

12 『讀史方輿紀要』 卷49 彰德府, pp.2315-2316, "晉永嘉末張賓謂石勒曰: '鄴有三臺之固, 西接平陽, 山河四塞, 宜北徙據之, 以經營河北.' 勒遂引兵渡河. 其後石虎自襄國徙都鄴."

13 『晉書』 卷104 石勒載記上, p.2717, "張賓進曰: '劉演衆猶數千, 三臺險固, 攻守未可卒下, 舍之則能自潰. … 邯鄲·襄國, 趙之舊都, 依山憑險, 形勝之國, 可擇此二邑而都之, 然後命將四出, 授以奇略, 推亡固存, 兼弱攻昧, 則羣凶可除, 王業可圖矣.' 勒曰: '右侯之計是也.' 於是進據襄國."

14 『晉書』 卷105 石勒載記下, p.2748, "時大雨霖, 中山西北暴水 … 勒大悅, 謂公卿曰: '諸卿知不? 此非爲災也, 天意欲吾營鄴都耳.'"

15 『晉書』 卷105 石勒載記下, p.2743, "勒旣將營鄴宮, 又欲以其世子弘爲鎭, 密與程遐謀之. 石季龍自以勳效之重, 仗鄴爲基, 雅無去意. 及修構三臺, 遷其家室, 季龍深恨遐, 遣左右數十人夜入遐宅, 姦其妻女, 掠衣物而去. 勒以弘鎭鄴, 配禁兵萬人, 車騎所統五十

다시 소부(少府) 임왕(任汪)과 도수사자(都水使者) 장점(張漸) 등에게 업궁을 감영시켰다.[16] 그러나 석륵의 경우에서 본 논고의 주제인 낙양과 업도의 도성으로서의 택일문제에 대해 상당한 시사점을 얻을 수가 있다. 즉 석륵이 업성 조영에 관심을 쓰면서도 얼마 있다가 또 성주(낙양)가 '토중'인데다 '한진구경'이므로 그곳에다 도읍을 옮기려고 하였으나[17] 죽음으로 실현하지 못하였다. 석륵 당시 정치지리적인 여건이 있었겠지만 업도보다는 낙양이 선호되었던 것이고, 그 이유가 바로 '토중'과 '한진구경'이라는 요소였던 것이다.

여하튼 석호가 들어서자 그가 장기간 진수한 곳이 업성이었고[18] 또 양국은 석륵의 아들 석홍(石弘)의 세력이 있는 곳이라 즉위 후 바로 업성으로 도읍을 옮기면서 업은 활기를 되찾는다. 그와 함께 낙양에 있던 종거(鍾虡)·구룡(九龍)·옹중(翁中)·동타(銅駝)·비렴(飛廉) 등을 업성으로 옮긴다.[19] 수도로서 업도의 권위를 고양시키기 위해 낙양을 희생시킨 것이다. 석호는 물론 업도와 함께 양국, 그리고 낙양·장안 등에도 신경을 쓰긴 했다.[20] 사실 이런 '다도(多都)'정책에 대한 비판도 있었다. 이렇게 여러 곳에 궁실을 짓는 이유는 사냥과 여색을 위한 장소로 사용하기 위해서라는 지적이었다.[21] 여하튼 석호는 업을 수도로 삼고 궁실과 대관을 일으켰

四營悉配之, 以驍騎領門臣祭酒王陽專統六夷以輔之."

16 『晉書』 卷105 石勒載記下, p.2748, "於是令少府任汪·都水使者張漸等監營鄴宮, 勒親授規模."

17 『晉書』 卷105 石勒載記下, pp.2748-2749, "勒以成周土中, 漢晉舊京, 復欲有移都之意. 乃命洛陽爲南都, 置行臺治書侍御史于洛陽."

18 『晉書』 卷104 石勒載記上, p.2720, "勒以石季龍爲魏郡太守, 鎭鄴三臺, 季龍簒奪之萌兆于此矣."

19 『晉書』 卷106 石季龍載記上, p.2764, "咸康二年, 使牙門將張彌徙洛陽鍾虡·九龍·翁中·銅駝·飛廉于鄴. … 運至鄴, 季龍大悅, 赦二歲刑. …"

20 『晉書』 卷106 石季龍載記上, p.2772, "(季龍)兼盛興宮室於鄴, 起臺觀四十餘所, 營長安·洛陽二宮, 作者四十餘萬人.", p.2777, "以石苞代鎭長安, 發雍·洛·秦·幷州十六萬人城長安未央宮.", p.2777, "又發諸州二十六萬人修洛陽宮."

다.[22] 석호는 업성의 동·서교에 금원을 수축하고 삼대를 더욱 잘 꾸미니 조위시대보다 더 화려하였다고 한다.[23] 업성에서 60-70리 떨어진 곳에서 바라보면 신선이 사는 곳처럼 보였다고 한다.[24] 그 화려함을 『업중기』에는 '진의 아방궁에 비견될 정도[擬秦之阿房]'[25]라 하였고 청초의 학자 고염무도 '사치와 학대[奢虐]'를 일삼은 곳으로 후세에 감계의 대상으로 삼을 만하다고 하였다.[26]

이후 업성은 전연의 수도가 되었다. 전연은 당초 극성(棘城: 현재의 遼寧省 義縣)을 근거지로 삼았지만, 341년 모용황이 용성(龍城: 현재의 요령성 朝陽)으로 천도하였다가 모용준이 350년 후조로부터 유주(현재의 북경을 중심으로 하는)를 탈취하자 계(현재의 북경 동북지역)로 천도한다. 그 후 염민(冉閔)을 멸망시키고 업성을 취하면서 357년 모용준은 계에서 업성으로 천도한다. 모용준은 다시 궁전을 수선하고 동작대를 회복하였다.[27] '육합을 섞어 한 집으로 만들려는[混六合一家]' 대지를 꿈꾸며 지배자의 사치를 극히 경계하던 전진의 부견도[28] 업성의 서산(西山)에서 수렵하면서 '순여(旬餘)'

21 『晉書』 卷106 石季龍載記上, p.2778, "冠軍苻洪諫曰: … 今襄國鄴宮足康帝宇, 長安·洛陽何爲者哉? 盤于游田, 耽於女德, 三代之亡恒必由此. 而忽爲獵車千乘, 養獸萬里, 奪人妻女, 十萬盈宮…' 季龍省之不悅, 憚其强, 但寢而不納, 弗之罪也. 乃停二京作役焉."

22 『晉書』 卷106 石季龍載記上, p.2772, "盛興宮室於鄴, 起臺觀四十餘所."

23 『鄴中記』(黃惠賢 輯校, 『鄴中記』(『鄴城暨北朝史硏究』, 石家莊: 河北人民出版社, 1991) 卷上 銅雀三臺條, p.395, "至後趙石虎, 三臺更加崇飾, 甚于魏初."

24 『水經注』 卷10 濁漳水, 「又出山過鄴縣西」條, p.138, "其城東西七里, 南北五里, 飾表以塼, 百步一樓. 凡諸宮殿門臺隅雉, 皆加觀榭, 層甍反宇, 飛檐拂云, 圖以丹靑, 色以輕素. 當其全盛之時, 去鄴六七十里, 遠望苕亭, 巍若仙居."

25 『鄴中記』 卷上 「太武殿」條, p.379.

26 (淸)顧炎武 撰, 『歷代宅京記』(北京: 中華書局, 1984) 卷12 鄴下, p.182, "石氏都鄴十九年, 其事無足道者, 特志其奢虐之跡, 嗚呼! 亦足垂後世鑒矣."

27 『晉書』 卷110 慕容儁載記, p.2838, "儁自薊遷于鄴, 赦其境內, 繕修宮殿, 復銅雀臺."

28 朴漢濟, 「苻堅政權의 性格」, 『中國中世胡漢體制硏究』, 서울: 一潮閣, 1988, p.61 및 82.

동안 '즐거워서 돌아갈 것을 잊었다[樂而忘返]'[29] 할 정도였다고 한다. 전진의 수도는 장안이었다. 전진이 수도로 장안을 정한 것은 왕조의 주력인 저족이 장기간 관중지구에 거주하며 활동해 왔기 때문이었다.[30] 전연과 전진이 화북을 양분하고 있을 당시(352-370) 낙양은 전연의 서부 변경에 위치해 있었기 때문에 전선도시 이상의 성장은 어려운 형편이었지만, 전진의 통일시기에도 낙양은 주목받지 못했다. 부견은 화북 통일 후 전연의 수도 업도에 거주하던 주민을 대거 장안 등 관중지역으로 사민시키는 대신 종친들을 땅이 넓고 사람이 많은[地廣人殷] 관동의 경영을 위해 요진(要鎭)에 파견하는 등의 정책을 썼기 때문에[31] 낙양에 크게 관심을 두지 않았다. 만약 부견이 화북을 통일한 후에 도성을 낙양으로 옮겼다면 그는 패망에 이르지도 않았을지도 모른다. 화북을 통일하고 낙양에 도성을 정하지 않는 유일한 왕조이기 때문이다. 그러나 그의 도성인 장안은 낙양과 비교하여 입지상 조금의 손색이 없는 곳이었다.

전진이 동진과 벌인 비수의 전쟁 후, 전진이 패하자 후연을 건립하려던 모용수는 전진의 부휘(苻暉)가 문을 잠그고 저항하면서 지키고 있는[閉門距守] 낙양의 공략에 집착하기보다 업성을 취하여 이를 근거로 천하를 도모하는 것이 좋다고 여겼다.[32] 그러나 모용수의 후연 왕조는 결국 업 대신

29 『晉書』 卷113 苻堅載記上, p.2894, "堅嘗如鄴, 狩于西山, 旬餘, 樂而忘返. 伶人王洛叩馬諫曰: '臣聞千金之子坐不垂堂, 萬乘之主行不履危. 故文帝馳車, 袁公止轡; 孝武好田, 相如獻規. 陛下爲百姓父母, 蒼生所繫, 何可盤于游田, 以玷聖德. 若禍起須臾, 變在不測者, 其如宗廟何! 其如太后何!' 堅曰: '善. 昔文公悟愆於虞人, 朕聞罪於王洛, 吕過也.' 自是遂不復獵."

30 周一良, 「讀『鄴都記』」, 『魏晋南北朝史論集 續編』, 北京: 北京大學出版社, 1991, pp.152-153.

31 『晉書』 卷113 苻堅載記上, p.2903, "(苻)洛既平, (苻)堅以關東地廣人殷, 思所以鎭靜之, 引其羣臣於東堂議曰: '凡我族類, 支胤彌繁, 今欲分三原・九嵕・武都・汧・雍十五萬戶於諸方要鎭, 不忘舊德, 爲磐石之宗, 於諸君之意如何?' 皆曰: '此有周所以祚隆八百, 社稷之利也.' 於是分四帥子弟三千戶, 以配苻丕鎭鄴, 如世封諸侯, 爲新券主."

32 『晉書』 卷123 慕容垂載記, p.3081, "(慕容)垂至洛陽, (苻)暉閉門距守, 不與垂通. …

중산(中山: 하북성 定縣)에 도읍을 정하였다. 중산을 택한 것이 모용수에게는 최선의 선지는 물론 아니었다. 그가 업성을 수도로 정하지 못한 데에는 나름의 이유가 있었다. 부견의 아들 부비(苻丕)가 업성을 굳게 지키고 있어서 쉽게 쟁취하지 못하다가 포위하기를 1년 반 만에야 겨우 빼앗았기 때문이다.[33] 업성은 오랜 공방전으로 인해 심하게 파괴된 데다가, 앞서 통치 10여 년 간의 부견의 선정으로 업성 주민의 인심이 부견 쪽으로 향하고 있었고, 반대로 그를 배반한 모용수에 대한 적개심이 팽배하고 있었기 때문이었을 것으로 짐작된다.

부견의 전진이 멸망한 후 후연과 후진이 화북을 반분하던 시기(386-397), 두 왕조의 국경선은 낙양의 서부를 달리고 있었다. 뿐만 아니라 이 시기에는 동진이 낙양 남부까지 바짝 국경선을 북상시키고 있다. 따라서 이 시기에도 낙양은 어느 왕조의 수도가 될 입지는 아니었다. 선비 탁발씨가 새내로 이동하여 북위를 세우기 이전 오호십육국시기 북방에서 진입한 호족왕조에 있어서 업도는 중요한 정치적 · 군사적 거점이었고 도성의 후보지였다.

다음은 북위시대로 눈을 돌려 보자. 당초 성락에 도읍을 정한 북위 태조 도무제 탁발규는 황시 원년(396) 6월 중원 경략에 나섰다. 병주(幷州)를 거쳐 기주(冀州)로 진출하여 마침내 신도(信都), 중산(中山), 업(鄴) 등 하북의 중진을 얻게 되었다. 이로써 후연을 남북으로 분할시키더니 천흥 원년(398) 정월 하북, 산서, 하남, 산동성 북부의 광대지역을 북위의 통제하에 두게 되었다. 같은 달 탁발규는 업성에 도달하여 이곳에 천도할 뜻을 표명하였다.[34] 드디어 업성이 도성의 후보지로 다시 등장한 것이다. 이때

(垂)謀于衆曰, '洛陽四面受敵, 北阻大河, 至於控御燕 · 趙, 非形勝之便, 不如北取鄴都, 據之而制天下.' 衆咸以爲然."

33 『晉書』 卷123 慕容垂載記, pp.3085-3086, "(慕容)垂攻拔鄴郛, 丕固守中城, 垂塹而圍之. … 垂將有北都中山之意. … 苻丕棄鄴城, 奔于幷州. … 垂定都中山, … 以太元十一年僭卽位."

탁발규에게 업성을 도성의 후보지로 건의한 자가 최굉(崔宏: 崔玄伯)이었다고 보는 견해도 있다.[35] 물론 당시 최굉은 태조의 정책 자문역에 있었고,[36] 또 당시 업성으로의 행차에도 수행하였으며,[37] '위'라는 국호를 채용하게 한 장본인이었지만,[38] 천도에 관한 그런 그의 활동 기록은 남아 있지 않기 때문에 예단할 수는 없다. 만약 당시 최굉이 천도를 건의하였다면, 후술할 바와 같이 명원제시기에 그의 아들 최호가 천업(遷鄴)의 반대파였다는 점이 걸리기 때문이다. 이런 정황의 전개에도 불구하고 탁발규는 업성 천도의 뜻을 거두어들이고 7월, 평성에 천도할 것을 결정한다.[39] 이후 평성은 80여 년 간 북위의 도성이 되었다. 탁발규는 형북(陘北)으로 돌아간 후 업성 외에 중산에도 행대를 설치하여,[40] 황제가 특별히 관리할 지역으로 삼았다.[41]

이 시기 낙양은 어떤 위치에 있었던가? 북위가 성립할 즈음 장안을 중

34 『魏書』 卷2 太祖紀, p.31, "帝至鄴, 巡登臺榭, 遍覽宮城, 將有定都之意. 乃置行臺, 以龍驤將軍日南公和跋爲尚書, 與左丞賈彝率郎吏及兵五千人鎭鄴."

35 曹文柱, 「論北魏初年都址的選擇」, 『北京師範大學學報』 1987-1, p.35.

36 李成珪, 「北朝前期門閥貴族의 性格: 淸河崔浩와 그 一門을 中心으로」, 『東洋史學研究』 11, 1977, p.13.

37 『魏書』 卷24 崔玄伯傳, p.621, "太祖幸鄴, 歷問故事於玄伯, 應對若流, 太祖善之."

38 『魏書』 卷24 崔玄伯傳, pp.620-621, "太祖征慕容寶, 次於常山, … 詔有司博議國號. 玄伯議曰: '三皇五帝之立號也, 或因所生之土, 或即封國之名. … 昔漢高祖以漢王定三秦, 滅強楚, 故遂以漢爲號. 國家雖統北方廣漠之土, 逮于陛下, 應運龍飛, 雖曰舊邦, 受命惟新, 是以登國之初, 改代曰魏. … 臣愚以爲宜號爲魏.' 太祖從之. 於是四方賓王之貢, 咸稱大魏矣."

39 『魏書』 卷2 太祖紀, p.33 "(天興元年) 秋七月 遷都平城 始營宮室 建宗廟 立社稷."

40 『魏書』 卷2 太祖紀, p.31, "天興元年春正月, … 車駕自鄴還中山, … 帝慮還後山東有變, 乃置行臺於中山, 詔左丞相·守尚書令·衛王儀鎭中山. …"

41 行臺는 '行尚書臺'의 약어로서 중앙정부의 파출기관이 설치된 것이다. 이것은 단순한 하부의 지방행정기관이 아니라 중앙정부와 병렬된 기관으로서의 의미를 지닌다. 흡사 원대의 行省에 해당한다는 점에서 胡漢雜糅의 官制로서의 의미를 지닌다.(文美貞, 「北魏 行臺의 運用과 그 의미」, 서울대학교 대학원 동양사학과 석사학위논문, 2012)

심으로 하는 관중에는 요씨(姚氏)의 후진이 있었다. 탁발규가 점차 세력을 중원으로 확대해 오면서 평천하의 뜻을 구체화시키자 후진의 주 요흥(姚興)은 불안해지기 시작한다. 그런 정황하에서 그는 숙부 요서(姚緖)로 하여금 황하를 건너 원래 서연(西燕)에 속하던 하동지구를 공점하도록 한다. 얼마 후 요흥은 중원의 고도 낙양을 탈취한다. 당시 낙양은 화북의 분열정권들뿐만 아니라 남방의 동진에게도 쟁취의 중요한 목표였다. 영가의 난으로 빼앗긴 도성이었기 때문이다. 이리하여 4차에 걸친 동진 환온(桓溫)의 북벌(354-371)이 감행되었고, 후에 선양을 앞둔 유유(劉裕)가 그 위세를 높이기 위해서 다시 북벌(416-417)을 감행한 것은[42] 그런 점을 대변한다. 동진도 탁발규의 동향에 대해 관심을 가질 수밖에 없었다. 동진과 요흥의 후진이 낙양을 두고 싸우고 있을 때, 동진의 옹주자사(雍州刺史) 양전기(楊佺期)는 북위와 연합하여 후진에 대항하자고 제의하였다. 이때 북위는 사신으로 장제(張濟)를 파견하였는데, 장제를 만난 양전기는 북위가 산동에다 도읍을 정하지 않기로 했다는 소식을 듣고는 매우 기뻐하는 모습이었다는 것이다. 양전기가 활약한 결과로 북위는 동진이 후진으로부터 낙양을 탈취하는 것을 허락하게 되었다.[43]

업성으로의 천도가 본격적으로 논의된 것은 2대 명원제 시기였다. 그 계기가 된 것은 평성지구에 한발이 들었기 때문이었다. 이로서 풍수(豐收)지구인 업성에로의 천도가 다시 거론된 것은 자연스런 일이었다. 당시 천

42 北伐의 경과와 의미에 대해서는 朴漢濟, 「南北朝時代의 南北關係: 交易과 交聘을 中心으로」, 『韓國學論叢』 4, 1982, pp.159-161을 참조하라.

43 『魏書』 卷33 張濟傳, pp.787-788, “(楊)佺期聞朝廷不都山東, 貌有喜色, 曰: ‘晉魏通和, 乃在往昔, 非唯今日. 羌寇狡猾, 頻侵河洛, 夙夜憂危. 今此寡弱, 倉庫空竭, 與君便爲一家, 義所無諱. 洛城救援, 仰恃於魏, 若獲保全, 當必厚報. 如其爲羌所乘, 寧使魏取.’ 臣等欲分向揚州. 佺期曰: ‘蠻賊互起, 水行甚難, 魏之軍馬, 已據滑臺, 於此而還, 從北道東下, 乃更便直. 晉之法制, 有異於魏. …’ 太祖嘉其辭順, 乃厚賞其使, 許救洛陽.”

도파는 태사령(太史令) 왕량(王亮)과 소탄(蘇坦) 그리고 화음공주(華陰公主) 등이었고, 반대파는 최호와 특진(特進) 주담(周澹) 등이었지만,[44] 최호의 반대에 부딪혀 천도는 시행되지 않았다.[45]

천도의 문제가 다시 거론된 것은 효문제시기였다. 당시 업이 낙양의 강력한 라이벌이었음은 주지의 사실인데, 업이냐 낙양이냐의 문제 외에, 천도 자체의 당부 문제를 두고 조정에서는 격론이 벌어졌다. 낙양 천도에 적극적이었던 효문제는 태화 17년(493) 8월 기축에 남조 소제(남제)를 정벌한다는 명분을 내걸고 100만 군을 이끌고 40여 일 만인 9월 경오에 낙양에 도착했다.[46] 그리고는 낙양 천도를 정식으로 공포하였던 것이다. 이로서 낙양은 40여 년 동안 북위 후기 수도로서의 지위를 점하면서 영화를 누리게 되었다. 그러나 북위가 분열되면서 그 도성으로서의 지위를 다시 업에 빼앗기게 된다.

유목민이 세운 북위가 중원국가로 변모를 시도했지만, 그 변모에는 여러 가지 해결해야 할 문제가 있었다. 북위가 낙양으로 천도한 것은 결국 북위왕조의 종말을 앞당기는 시발점이 되었던 것이다. 낙양 천도 이후 추진된 북위의 소위 '한화정책'은 탁발씨를 비롯한 북위 건국의 주체세력에게 대단한 희생을 강요하였고, 그 결과는 '육진의 난'으로 표현되

44 『魏書』 卷35 崔浩傳, p.808, "神瑞二年(415), 秋穀不登, 太史令王亮 · 蘇垣因華陰公主等言讖書國家當治鄴, 應大樂五十年, 勸太宗遷都. 浩與特進周澹言於太宗曰: '今國家遷都於鄴, 可救今年之飢, 非長久之策也. … 此是國家威制諸夏之長策也. …' 太宗深然之, 曰: '唯此二人, 與朕意同.' … 於是分民詣山東三州(冀 · 定 · 相)食, 出倉穀以稟之."

45 『魏書』 卷110 食貨志, p.2850, "太宗永興中(409-413), 頻有水旱. … 神瑞二年(415), 又不熟, 京畿之內, 路有行饉. 帝(明元帝)以饑將遷都於鄴, 用博士崔浩計乃止. 於是分簡國人尤貧者, 就食山東三州, 敕有司勸課留農者."

46 『魏書』 卷7下 高祖紀下, pp.172-173, "(太和十有七年)己丑, 車駕發京師, 南伐, 步騎百餘萬. … (九月)庚午, 幸洛陽, 周巡故宮基址. … 丁丑, 戎服執鞭, 御馬而出, 羣臣稽顙於馬前, 請停南伐, 帝乃止. 仍定遷都之計."

었다. 육진의 난이 계기가 되어 북위는 동서로 분열되었다. 분열 후 낙양과 업은 모두 동위-북제의 영역에 속하게 되었다. 반란의 와중에 북위 말 유력군벌로 부상한 고환은 스스로 효문제의 손자인 효무제를 옹립하였다(532). 곧 효무제는 곧 고환과 갈등을 빚자 우문태가 있는 관중으로 서분하게 되었다. 낙양을 접수한 고환은 황족인 열한 살의 효정제를 세웠다(534).[47] 이로써 동위가 성립된 것이다. 동위가 성립하자 곧 고환은 효정제에게 낙양에서 업으로 천도를 청하였으나 효정제는 찬동하지 않았다.[48] 효정제에게는 탁발씨의 구도 낙양이 갖는 명분상의 의미가 있었을 뿐만 아니라 북위의 신료들이 명목상의 황제에 불과하지만 자기를 보위하고 있었기 때문이다. 반면 내심 신왕조의 창건을 목표로 하는 고환에게는 구전통과 구세력에서 벗어나 자기를 위주로 하는 새로운 중심이 필요했기 때문이다. 또 낙양은 서위의 국경에 가까울 뿐만 아니라, 남조 양나라의 국경과 근접하였기 때문에 그대로 낙양에 도읍을 둔다는 것은 현실적으로 어려운 일이었다.[49] 이런 와중에 결국 534년 업으로의 천도가 단행되었다.[50] 효문제가 낙양에 천도한 지 41년 만의 일이었다. 이때 3일 만에 낙양을 떠나라는 명령을 받고 효정제를 따라 낙양에서 업성으

47 『資治通鑑』 卷156 梁紀12 武帝 中大通 6年(534) 冬10月條, p.4855, "遂立淸河王, 世子善見爲帝 … 丙寅, 孝靜帝卽位於城東北. 時年十一."

48 『北史』 卷6 齊本紀上 第6 齊高祖神武皇帝, p.222, "初, 神武自京師將北, 以爲洛陽久經喪亂, 王畿衰盡, 雖有山河之固, 土地褊狹, 不如鄴, 請遷都. 魏帝曰: '高祖定鼎河洛, 爲永永之基, 經營制度, 至世宗乃畢. 王旣功在社稷, 宜遵太和舊事.' 神武奉詔. 至是, 復謀焉. 遣兵千騎鎭建興, 益河東及濟州兵, 於白溝虜船, 不聽向洛, 諸州和糴粟, 運入鄴城."

49 『北史』 卷6 齊本紀上 第6 齊高祖神武皇帝, p.224, "神武以孝武旣西, 恐逼崤陜, 洛陽復在河外, 接近梁境, 如向晉陽, 形勢不能相接, 依議遷鄴. 護軍祖瑩贊焉."

50 『魏書』 卷12 孝靜帝紀, p.298, "詔從遷之戶, 百官給復三年, 安居人五年. (天平元年) 十有一月, … 庚寅, 車駕至鄴, 居北城相州之廨. 改相州刺史爲司州牧, 魏郡太守爲魏尹, 徙鄴舊人西徑百里以居新遷之人, 分鄴置臨漳縣, 以魏郡 · 林慮 · 廣平 · 陽丘 · 汲郡 · 黎陽 · 東濮陽 · 淸河 · 廣宗等郡爲皇畿."

로 이주한 사람은 40여 만 인이었다.[51] 업성으로의 천도는 다시 낙양을 참담한 몰락으로 밀어 넣었다. 업으로의 천도 후 13년 만인 547년, 한때 그렇게 화려했던 낙양을 돌아본 양현지(楊衒之)는 낙양의 참담함을 『낙양가람기』에 절실하게 묘사했던 것이다.[52] 그러나 당시의 업은 반쪽 수도에 불과하였다. 수도의 반쪽 역할은 진양(태원)이 수행했기 때문이다.[53]

북제의 역대 황제는 대개 암우(暗愚)한데다 포악하였을 뿐만 아니라 남북의 원정이나 궁전의 조영을 위해 국가의 재용을 낭비하여 국가는 급속하게 쇠락하게 되었다. 관중의 장안에 수도를 둔 북주 무제의 침략을 받아 업도는 유린되고 북제는 멸망했다.(576) 북제 멸망 후 업성은 다시 왕조 수도로서의 위치를 다시 되찾지는 못하였다. 북제가 망한 후 업도는 장수(漳水)로 인해 양분된 채 하나의 촌락으로 현재에 이르고 있다. 이상에서 낙양과 업 두 지역을 중심으로 도성의 입지에 대한 쟁론과 도성으로의 선택과정을 살펴보았다. 이하에서 구체적으로 그 쟁론을 분석해 보기로 하자.

51 『北史』 卷6 齊本紀上 第6 齊高祖神武皇帝, p.224, "詔下三日, 車駕便發, 戶四十萬, 狼狽就道."; 『資治通鑑』 卷156 梁紀12 武帝 中大通 6年(534) 冬10月條, p.4857, "丞相歡以洛陽西逼西魏, 南近梁境, 乃議遷都, 書下三日卽行. 丙子, 東魏主發洛陽, 四十萬戶狼狽就道 … 改司州爲洛州."

52 (北齊)楊衒之 撰, 『洛陽伽藍記』(上海: 上海古籍出版社, 1958/1978, 范祥雍 校注, 『洛陽伽藍記校注』本) (原)序, p.2, "余因行役, 重覽洛陽 … 麥秀之感, 非獨殷墟, 黍離之悲, 信哉周室."

53 朴漢濟, 「東魏-北齊時代의 胡漢體制의 전개: 胡漢 葛藤과 二重構造」, 『分裂과 統合: 中國 中世의 諸相』, 서울: 지식산업사, 1998, pp.157-174.

II. '천하지중'과 천험의 조건

중국 전통시대 수도의 입지 조건 가운데 가장 먼저 고려해야 할 점은 무엇이었을까? 중국의 역대왕조에서는 어디에 수도를 정할 것인가를 두고 상당한 고심을 한 것은 잘 아는 사실이다. 1) 교통의 요충, 2) 방어상의 험요지, 3) 국내외 적대세력의 소탕 내지 대항의 기지, 4) 정권수립자의 근거지, 5) 경제적 중심지 등 다양한 요소가 수도의 선지에 작용하고 있다.[54] 이 문제는 통일시대나 분열시대에 공히 적용될 상황이지만 약간의 차이를 보일 가능성이 있다. 중국고대에서 국도의 선택문제에 대해 가장 먼저 유력한 이론이 제시된 것은 『관자』가 최초가 아닌가 한다. 『관자』가 가장 강조한 내용은 국도는 사직이 장기 존속할 수 있는 '치우치지 않는 땅[不傾之地]'에 두어져야 한다는 것이었다.[55] 다시 『여씨춘추』에서는 국도뿐만 아니라 궁전과 종묘의 선택에까지도 '거중'의 원칙을 제시하였다.[56] 전통시대 중국인들이 세계의 의미로 흔히 말하는 '구주' 혹은 '천하'란 것도 오늘날 우리의 지리 지식으로 볼 때는 적절한 표현이 될 수 없는 것이지만, '천하지중'이란 단어는 중국인에게 '중국'이란 개념과 함께 강하게 의식화된 것이다.

54 史念海, 「我國古代都城建立的地理因素」, 『中國古都硏究』(杭州: 浙江人民出版社, 1986) 2, pp.1-23.

55 『管子』(南寧, 廣西人民出版社, 1987, 趙守正 撰, 『管子注釋』本) 卷5 乘馬編, p.39(上冊), "凡立國都, 非于大山下之下, 必于廣川之上. 高毋近旱而水用足, 下毋近水而溝防省. 因天材, 就地利, 故城郭不必中規矩, 道路不必中准繩." 및 同 卷57 度地篇, p.142(下冊), "故聖人之處國者, 必于不傾之地, 而擇地形之肥饒者. 鄕山, 左右經水若澤. 內爲落渠之寫, 因大川而注焉. 乃以其天材, 地之所生, 利養其人, 以育六畜. 天下之人, 皆爲其德而惠其義, 乃別制斷之."

56 『呂氏春秋』(上海: 學林出版社, 1984, 陳奇猶 校釋 『呂氏春秋校釋』本) 卷17 審分覽 第六曰 愼勢篇, p.1108, "古之王者, 擇天下之中而立國, 擇國之中而立宮, 擇宮之中而立廟."

전통적으로 천하지중은 낙양, 혹은 낙양을 중심으로 하는 삼하(河南・河內・河東)지역을 말한다. 사마천도 천하지중에 합당한 도시는 어느 지역보다 바로 낙양이라고 보았다.[57] 천하지중이란 관념의 문제에 국한되는 것은 물론 아니고 고대 중국의 강역과 연관된 것이었다. 낙양은 강역의 중심에 위치하여 공도(貢道)의 거리가 '균(均)'하여 경제적으로 유리한 이점이 많았기 때문이다.[58] 따라서 통일시대나 분열시대나 간에 (강역상의) 실제상의 '중'은 나름으로 의미를 가지지만 낙양이 천하지중의 '중'이 된 것은 통일왕조시대였지, 분열시대에는 낙양이 반드시 강역의 중인 것은 아니었다. 위진남북조시대에는 오히려 변경에 치우쳐진 경우가 적지 않았다.

그럼에도 낙양이 중요한 도성의 후보지로서 거론된 것은 첫째, '천하지중=낙양'이라는 등식이 중국인에게 하나의 관념으로 자리하고 있었기 때문이다. 낙양이 통일시대, 예컨대 한대에 장안과 수도의 후보지를 놓고 경쟁했던 것은 물론이고, 위진남북조시대라는 대분열시대에도 수도의 후보지로 자주 거론된 것은 이 관념으로서의 '중'이 작용한 것이었다. 그런데다 주・한의 옛 도읍이었다는 점에서 더욱 그러하다. 둘째, 분열시대라 하더라도 당시인들의 활동범위와 관련된 것으로, 낙양이 이미 한 왕조의 경계를 넘어 당시 세계의 중심으로 역할을 하였거나, 할 것이라는 기대가 있었다는 점이다. 관념은 반드시 실제와 병행하는 것은 아니지만, 대중의 마음을 흡인하여 그곳에 집중시키는 의미가 있다. 수도의 후보로서 가장 좋은 것은 관념과 실제가 함께하는 것이다.

'중'의 관념은 중국 한족 정통왕조에게만 작용하는 것이 아니었다. 이민족 왕조에게도 역시 중요한 문제였다. 석륵이 유요(劉曜)세력을 멸망시키고 만년에 낙양으로의 천도를 계획했으나 실현하지 못한 것은 전술했지

57 『史記』 卷129 貨殖列傳, pp.3262-3263, "夫三河在天下之中, 若鼎足, 王者所更居也."

58 『史記』 卷99 劉敬傳, pp.2715-2716, "婁敬曰: '… 成王卽位, 周公之屬傅相焉, 迺營成周洛邑, 以此爲天下之中也. 諸侯四方納貢職, 道里均矣. …'"

만, 그가 낙양으로의 천도를 생각했던 것은 낙양이 '성주로서 땅의 중간에 있고, 한진의 옛 서울[以成周土中, 漢晉舊京]'이라는 것이 주된 이유였다.[59] 그러나 위진남북조시대 이 '중'의 관념에 가장 구애된 것이 북위 효문제의 낙양 천도였다. 효문제의 낙양 천도의 표면적인 이유는 '낙양은 구정(九鼎)이 놓여진 옛터이고, 국운이 장구할 수 있는 기틀이었을 뿐만 아니라 땅은 국토의 중간에 있어 조공로가 실질적으로 균등하기[洛陽九鼎舊所, 七百攸基, 地則土中, 實均朝貢]' 때문이었다.[60] 효문제가 낙양 천도를 한 주된 요인에 대해서는 여러 가지 주장이 제시되어 있지만[61] 그 천도에 힘을 실어 주었던 것은 이 전통적인 '천하지중'관념인 것은 분명하다. 사실 한 나라의 천도란 지금이나 옛날이나 매우 어렵고 큰 문제이다. 따라서 당시 천도 자체를 반대하는 자들이 적지 않았음에도 효문제의 반대논리는 역시 천도가 북위의 선대에 다반사로 있었던 일일 뿐만 아니라,[62] 황제가 처음에는 탁록(涿鹿)에 있었지만, 천하를 얻고부터는 특히 '중원'으로 도읍을 옮겼다는 것을 그 명분으로 내걸고 있다.[63] 북위가 북토에서 발원하여 평성에 도읍

59 『晉書』 卷105 石勒載記下, pp.2748-2749, "(石)勒以成周土中, 漢晉舊京, 復欲有移都之意, 乃命洛陽爲南都, 置行臺治書侍御史于洛陽."

60 『魏書』 卷39 李韶傳, p.886, "高祖將創遷都之計, 詔引侍臣訪以古事. (李)韶對: '洛陽九鼎舊所, 七百攸基, 地則土中, 實均朝貢, 惟王建國, 莫尙於此.' 高祖稱善."

61 尙志邁 · 趙淑珍, 「也談魏孝文帝拓跋宏的遷都: 兼評王仲犖先生的遷都原因說」, 『內蒙古大學學報(哲社版)』 1994-4; 최근 孝文帝 낙양천도의 원인에 대해 새로운 견해가 나왔다. 이른바 文明太后 馮氏派가 장악하고 있는 平城에서는 황제로서 제대로 할 수 있는 일이 별로 없었기 때문에 이곳을 벗어나서 專制權을 확립하고자 하는 시도였다는 것이다.(李憑, 『北魏平城時代』, 北京: 社會科學文獻出版社, 2000, pp.268-274) 따라서 그의 漢化政策은 바로 中國的 專制皇帝로의 탈바꿈이었다고 할 수 있다. 그가 그렇게 서둘렀던 禮敎 정치의 복원도 따져 보면 이런 의도가 숨어 있는 것이다.

62 『魏書』 卷14 東陽王丕傳, pp.359-360, "尙書于果曰: '先皇建都於此, 無何欲移, 以爲不可. 中原其如是所由擬. 數有篡奪, … 高祖詔羣臣曰: '卿等或以朕無爲移徙也. 昔平文皇帝棄背率土, 昭成營居盛樂, 太祖道武皇帝神武應天, 遷居平城. …'"

63 『魏書』 卷14 東陽王丕傳, p.359, "(燕州刺史)(穆)羆曰: '臣聞黃帝都涿鹿. 以此言之,

을 정한 이후 나름으로 '부유사해(富有四海)'의 화북통일을 이룩하였지만, 평성은 '구주지외'의 땅으로[64] '용무지지(用武之地)'일 뿐이라는 것이다. 평성에 그대로 있어서는 이풍역속을 통해 다시 문치를 행하기 힘들다는 것이다.[65] 효문제는 천하를 얻기 위한 장소로서의 평성이 가지는 의미를 인정하지만, 천하를 안정시키는 데에는 평성이 부적합하다는 것도 이 관념의 작용이다.[66]

둘째, 낙양은 한 왕조의 경계를 넘어 이처럼 세계의 중심으로 역할을 하거나 기대되었던 것이다. 낙양은 작은 평원이지만 그 중요성은 동서 어느 방면에게도 요충이라는 데 있다. 중국 고대, 특히 위진남북조 이전에는 종족적으로나 문화적으로 동서가 대치하는 국면을 형성하고 있었다. 전국시대에는 진과 육국, 한대에는 관동(산동)과 관서(산서)로 구분하여 인식되었다. 동방과 서방의 경계선은 '도림지새(桃林之塞)'[67]로 춘추시대의 효(崤), 전국 · 진한 이래의 함곡(函谷)이 그것인데 이 부근의 가장 큰 도시가 바로 낙양이다. 혹자는 육상에서 관동과 관서를 연결하는 낙양의 위치를 해상에

古昔聖王不必悉居中原.' 高祖曰: '黃帝以天下未定, 居于涿鹿, 既定之後, 亦遷于河南.'"

64 『資治通鑑』 卷139 齊紀5 明帝 武建 元年(494) 3月條, pp.4351-4352, "使羣臣更論遷都利害, 各言其志. 燕州刺史穆羆曰: '今四方未定, 未宜遷都. 且征伐無馬, 將何以克?' 帝曰: '廐牧在代, 何患無馬! 今代在恒山之北, 九州之外, 非帝王之都也.'"

65 『魏書』 卷19中 景穆 12王 任城王澄傳, pp.464-465, "(高祖)獨謂澄曰: '今日之行, 誠知不易. 但國家興自北土, 徙居平城, 雖富有四海, 文軌未一, 此間用武之地, 非可文治, 移風易俗, 信以甚難. 崤函帝宅, 河洛王里, 因玆大擧, 光澤中原, 任城意以爲如何?' 澄曰: '伊洛中區, 均天下所據, 陛下制御華夏, 輯平九服, 蒼生聞此, 應當大慶.'"

66 北魏가 장차 洛陽으로 천도할 것이라는 예견을 50년 전에 한 자도 있었으니 北魏가 中原國家로 나아가면 洛陽으로의 遷都는 시간문제라고 생각하고 있었던 듯하다.(『魏書』 卷38 韓延之傳 p.880, "後奔姚興. 太常二年, 與司馬文思來入國. … 初延之曾來往栢谷塢, 省魯宗之墓, 有終焉之志. 因謂子孫云: '河洛三代所都, 必有治於此者. 我死不勞向北代葬也, 卽可就此.' 及卒, 子從其言, 遂葬於宗之墓次. 延之死後五十餘年而高祖徙都, 其孫卽居於墓北栢谷塢.")

67 『春秋左傳』(文公 13年條), "春, 晉侯使詹嘉處瑕. 以守桃林之塞. 晉人患秦之用士會也."

서 아시아 · 유럽 · 아프리카를 연결하는 이스탄불에 비유한다. 그래서 낙양의 지역적 의미는 군사적 · 경제적 자원을 얻을 수 있는 지구라기보다는 다른 곳에서 이미 얻은 군사적 · 경제적 자원을 통제하는 지구라는 데 있다는 것이다.[68] 이와 같은 면에서 낙양은 통일시대나 분열시대나 간에 타자에게 쉽게 양보할 수 있는 지점이 아니었다. 따라서 낙양의 쟁취는 중대한 문제였기 때문에, 낙양은 특히 분열시대 '사면에서 적의 침략을 받는[四面受敵]' 운명을 벗어날 수가 없는 것이었다.[69] 이 점이 분열시대 낙양이 도성 입지로서 갖는 약점이었다.

그런 데 비해 업은 낙양과 같은 '천하지중'이거나 구래의 도성이었다는 관념의 땅도 아니었을 뿐만 아니라 동 · 서 양 세력이 쟁취해야 할 요충도 아니었다. 동방의 한 요충이었다. 효문제가 낙양을 중원의 고도로 치켜세운 데 비해, 업성은 후조 석호나 연나라 모용씨의 도성으로서 '속패(速敗)' 한 나쁜 전통을 가진 지점임을 지적한 것은[70] 이 점을 말해 준다. 그러나 업이 낙양과 경쟁할 수 있었던 것은 낙양이 갖추고 있지 못한 것을 반대로 업이 가지고 있었기 때문이다.

다음은 천험의 문제로 돌아가 보자. 천험은 '지키기 쉽고 공격하기도 쉬운[易守易攻]' 혹은 '공격도 가능하고 수비도 가능한[可攻可守]' 즉 방어와

68 勞榦, 「北魏後期的重要都邑與北魏政治的關係」, 『勞榦學術論文集』(甲編-下冊), 臺北: 藝文印書館, 1976, p.923.

69 慕容垂도 洛陽이 '四面受敵'이라 했고(『晉書』 卷123 慕容垂載記, p.3081), 그리고 東·西魏와 北齊 · 北周가 동서로 대립할 시기에 洛陽은 역시 兵爭의 要地여서 뺏고 빼앗기는 지점이었다.(『隋書』 卷46 趙煚傳, p.1250, "(北周)武帝出兵鞏 · 洛, 欲收齊河南之地. (趙)煚諫曰: '河南洛陽, 四面受敵, 縱得之 不可以守. 請從河北, 直指太原, 傾其巢穴, 可一擧以定.' 帝不納, 師竟無功.")

70 『太平御覽』(臺北: 臺灣商務印書館, 1975) 卷156 州郡部2, 敍京都下, p.887, "後魏書 … 孝文曰: '君知其一, 未知其二, 鄴城非長久之地, 石虎傾於前, 慕容滅於後, 國富主奢, 暴成速敗. 且西有狂人山, 東有列人縣, 北有柏人城, 君子不飮盜泉, 惡其名也. 遂止. 乃都洛陽."

공격, 두 가지를 용이하게 할 수 있는 지리적 조건을 말한다. 사실 전통시대에는 수도가 이 두 가지 조건이 확보되지 못한다면 제대로 된 역할을 기대하기 어렵다. 첫째, 방어기지로서의 의미이다. 모용덕의 모신 반총(潘聰)이 도성의 입지로서 할대(滑臺)와 광고(廣固) 두 지역을 비교하면서, 할대는 "사통팔달이라 제왕의 도성의 입지가 아니다."라고 하였고, 반대로 광고에 대해서는 "산천이 험준하여 제왕의 도읍지로 족하며 이는 마치 이한(전·후한)에 있어서 관중과 하내와 같다."[71]라고 하였던 것은 수도가 갖추어야 할 조건으로 천험의 중요성을 말해 준다.[72] 먼저 낙양의 천험에 대한 문제이다. 낙양의 험고 자체에 대해서는 역대 논자에 따라 이견이 존재했다. 천험을 주장하는 쪽과 그렇지 못하다는 두 가지 의견이 동시에 존재했다. 이것은 항상 경쟁을 벌였던 장안과의 비교에서 그렇고, 다시 업과의 비교에서도 그렇다. 우선 장안과 비교하는 논조를 보자. 한초 낙양보다 장안으로의 전도(奠都)를 주장한 유경(劉敬: 婁敬)이 말했듯이 낙양에 도읍을 정하는 자는 그 조험(阻險)을 믿어서는 안 되며 덕으로 사람을 끌어모아야 한다고 했다. 즉 덕이 있으면 쉽게 왕이 될 수 있지만 덕이 없으면 쉽게 망하는 곳이 낙양이라는 것이다.[73] 그러나 낙양의 조험에 대해서 긍정적으로 평가는 사람도 많다. 전한 초 유경의 의견에 동조하여 장안 건도를 주장한 장양(張良)의 의견을 들어 보면, 낙양은 관중과 비슷한 이점이 있으

71 『晉書』 卷127 慕容德載記, pp.3165-3166, "時(慕容)德始都滑臺, … 張華進曰: '彭城阻帶山川, 楚之舊都, 地嶮人殷, 可攻而據之, 以爲基本.' 慕容鍾·慕輿護·封逞·韓等固勸攻滑臺, 潘聰曰: '滑臺四通八達, 非帝王之居. 且北通大魏, 西接強秦, 此二國者, 未可以高枕而待之. … 廣固者, 曹嶷之所營, 山川阻峻, 足爲帝王之都. … 此亦二漢之有關中·河內也.'"

72 중국 역대왕조의 都城 가운데 四通八達의 平原에 위치했던 것은 宋代의 開封이 유일한 것이다.

73 『史記』 卷99 劉敬傳, pp.2715-2716, "婁敬說曰: '陛下都洛陽, 豈欲與周室比隆哉?' 上曰: '然.' … 婁敬曰: '… 有德則易以王, 無德則易以亡. 凡居此者, 欲令周務以德致人, 不欲依阻險. …'"

되, 다만 지대가 협소한 것이 문제라고 말하고 있다.[74] 후한 초 두독(杜篤)이 관중의 자연적 조건과 선제의 구경임을 들어 굳이 낙양을 다시 수도로 조영할 필요가 있는가는 의문을 제기하였을 때,[75] 왕경(王景)은 낙양의 우수함이 장안에 빠지지 않다고 역설하였다.[76] 또 오호십육국 전조의 왕미(王彌)도 낙양이 천하의 중심에 있으면서도 사방에 산하의 험고가 있다는 것을 강조했다.[77] 사실 낙양에도 나름으로 사면에 산하의 험이 있다. 산하의 험을 거론할 때, 논자에 따라 표현이 약간 다른데, 한대에는 '왼쪽으로 성고에 의지하고 오른쪽으로 민지가 막고 앞에는 송고가 막고, 뒤쪽으로 대하가 끼여 있다[左據成皐, 右阻黽池, 前鄕崧高, 後介大河]'라 했고,[78] 청대에는 '(낙양) 동쪽에는 성고가 있고 서쪽에는 효민이 있으며 황하를 뒤에 두고 이수와 낙수를 바라본다[東有成皐, 西有崤澠, 背河鄕伊洛]'라고 했다.[79] 이를 종합하면 낙양의 동에는 성고, 서에는 민지 혹은 효민, 북에는 황하,

74 『漢書』 卷40 張良傳, pp.2032-2033, "劉敬說上都關中, 上疑之. 左右大臣皆山東人, 多勸上都雒陽, '雒陽東有成皐, 西有殽黽, 背河鄕雒, 其固亦足恃.' 良曰: '洛陽雖有此固, 其中小, 不過數百里, 田地薄, 四面受敵, 此非用武之國. …'"

75 『後漢書』 卷80上 文苑/杜篤傳, p.2595, "篤以關中表裏山河, 先帝舊京, 不宜改營洛邑, 乃上奏『論都賦』曰: …."

76 『後漢書』卷76 循吏/王景傳, p.2466, "先是杜陵杜篤奏上『論都(賦)』, 欲令車駕遷還長安. 耆老聞者, 皆動懷土之心, 莫不眷然佇立西望. 景以宮廟已立, 恐人情疑惑, 會時有神雀諸瑞, 乃作金人論, 頌洛邑之美, 天人之符, 文有可採."

77 『晉書』卷100 王彌傳, p.2611, "彌謂(劉)曜曰: '洛陽天下之中, 山河四險之固, 城池宮室無假營造, 可徙平陽都之.'"

78 『漢書』 卷75 翼奉傳, pp.3172-3176, "(翼)奉奏封事曰: '臣聞之於師曰, … 如令處於當今, 因此制度, 必不能成功名. 天道有常, 王道亡常, 亡常者所以應有常也. 必有非常之主, 然後能立非常之功. 臣願陛下徙都於成周, 左據成皋, [右]阻黽池, 前鄕崧高, 後介大河, 建滎陽, 扶河東, 南北千里以爲關, 而入敖倉; 地方百里者八九, 足以自娛; 東厭諸侯之權, 西遠羌胡之難, 陛下共己亡爲, 按成周之居, 兼盤庚之德, 萬歲之後, 長爲高宗. 漢家郊兆寢廟祭祀之禮多不應古, 臣奉誠難亶居而改作, 故願陛下遷都正本. 衆制皆定, 亡復繕治宮館不急之費, 歲可餘一年之畜.'"

79 『讀史方輿紀要』 卷48 河南3 河南府, p.2034, "漢高祖初定都, 羣臣謂洛陽東有成皐, 西有崤澠, 背河鄕伊洛, 其固足恃."

남에는 숭고 혹은 이락의 천험이 있다는 것이다.

낙양이 가지는 이상과 같은 천험은 그것만으로 수도 방어를 기대하기는 어려움이 있어 보인다. 특히 장안을 중심으로 하는 관중에 비해 부족한 점이 많다는 것은 의문의 여지가 없다. 앞서 보았듯이 모용수가 낙양 대신 업을 의중에 두면서 낙양을 포기한 이유는 지리적 문제였다. 즉 낙양이 사면으로 공격을 받기 쉽고, 특히 북에는 황하가 가로막고 있어서 연(燕)과 조(趙)지방을 통제하는 데는 업도에 비해 부족한 점이 많다는 것이다.[80] 즉 모용수도 말했듯이 낙양이 '형승의 편리함[形勝之便]'이 있다고 말하기는 어렵다. 이와 같이 천험의 조건에 대해 이견이 나오는 이유는 먼저 장안과 비교해 보면 사방을 둘러싼 산맥[진령(秦嶺)과 북산(北山)]이 낙양의 그것보다 훨씬 높아서 장안과 경쟁할 수 있는 천험은 아니라는 이야기이다. 다만 낙양이 강역의 '중'에 있을 때는 그 정도의 천험도 수도로서 작용할 수 있지만, 변경에 놓이게 될 때에는 그 정도의 천험을 가지고는 유용하지 못하기 때문일 것이다.

장안과 비교해서 낙양이 가지는 유리한 점은 오히려 출공(出攻)이 유리하다는 점이다. 이 낙양지역을 장악하면 하남 · 호북 · 호남 등을 장악하는 것은 쉬운 일이었다. 그래서 당 고조 이연(李淵)이 관중을 장악한 후 왕세충(王世忠)의 근거지인 낙양을 취하고 곧 이어서 파촉을 함락시키고 난 후에 소선(蕭銑)의 근거지인 강릉을 취하였던 것이다. 낙양을 취한 후에는 호뇌(虎牢) 이서의 지역은 쉽게 들어왔으며, 강릉을 함락시키자 장강하류는 이미 험이 될 수 없었던 것이다. 낙양의 이공(易攻)은 반대로 난수(難守)의 문제를 안고 있다는 말이다. 북위 시대 수도 낙양은 국도로서는 매우 돌출되어 있었던 것도 문제이지만, 남방으로는 수양(壽陽)을 제외하고

80 『晉書』 卷123 慕容垂載記, p.3081, "垂至洛陽, (苻)暉閉門距守, 不與垂通. … (垂)謀于衆曰: '洛陽四面受敵, 北阻大河, 至於控御燕 · 趙, 非形勝之便, 不如北取鄴都, 據之而制天下.' 衆咸以爲然."

는 천험의 중진이 없었다.[81] 북위 후기 북위의 종실 원호(元顥: ?-529)가 양조에 투항 후 강남 수천의 병을 데리고 수일 만에 낙양에 쳐들어올 수 있었던 것은[82] 이 점을 말해 준다. 즉 낙양에 도읍을 둔 왕조가 국내를 안정시키고 그 힘으로 강역을 넓혀 나가는 기세를 힘차게 발휘할 때 낙양은 도성으로 유리한 국면이 있다는 것이다. 그렇지 않고 국토의 변경에 위치하게 되었을 경우, '천하지중'도 '주 · 한의 고도'라는 이름이 가져다주는 이점은 발휘될 수가 없는 것이다. 우선 낙양 그 자체가 천험의 역할을 하지 못하기 때문이다.

그러면 업성은 어떠한가? 특히 군사지리에 대해 장점이 있는[83] 『독사방여기요』의 찬자 고조우(顧祖禹, 1631-1692)는 업성의 천험에 대해 평가가 매우 후한 편이었다. '산천이 웅험(雄險)'하여 '화북의 요해처[옷깃과 목구멍, 河北之襟喉]'이며 '천하의 허리와 등골[天下之腰膂]'[84]의 전략적 위치라는 것이다. 그는 업성 주위를 감안하여 지역적인 특징을 다음과 같이 정리하고 있다. 즉 "상주 즉 업은 앞에다 택(澤)(州) · 노(潞)(州)를 두고, 뒤에는 형(邢)(州) · 명(洺)(州)을 두고 있으며, 서로는 하양(河陽)과 연결되고, 동으로는 단(澶)(州) · 위(魏)(州)를 깃과 띠[襟帶]로 하고 있으며 그 자체도 험새를 두고 있기 때문에 관동지방에서는 으뜸[弁冕]"이라거나 "중원으로 달려가 (적)을 내쫓는 데는 업이 그 관곡지구(綰轂之口), 즉 통괄하는 입구가 된다."[85]라고 하였다. 십육국시기 모사 장빈(張賓)이 석륵에게 업으로의 천

81 逯耀東, 「北魏孝文帝遷都與家庭悲劇」, 『從平城到洛陽: 跖跋魏文化轉變的歷程』, 臺北: 聯經出版事業公司, 1979, p.105.

82 『魏書』 卷10 孝莊帝紀 永安 2年條, p.262, "夏四月癸未, … 顥, 攻陷考城, 執行臺元暉業 · 都督丘大千. 五月壬子朔, 元顥, 克梁國. … 癸酉, 元顥, 陷滎陽, 執楊昱. … 丙子, 元顥, 入洛."

83 張之洞은 『書目問答』에서 이 책을 兵家에 넣었고, 梁啓楚는 『中國近三百年學術史』에서 "極有別裁之軍事地理"라 하였다.(『讀史方輿紀要』, 前言, p.3)

84 『讀史方輿紀要』 卷49 河南4 彰德府, p.2315, "(彰德)府山川雄險, 原隰平曠, 據河北之襟喉, 爲天下之腰膂."

도를 권하면서 "업에는 삼대지고(三臺之固)가 있으며 (서쪽으로) 평양과 잇대어 있고, 사방이 산하로 막혀 있어 목과 옷깃의 형태[咽衿之勢]를 이루고 있으니 이곳에 근거하면 그대와 다툴 자가 없을 것"[86]이라 건의한 것도 이런 연유에서이다. 이후 모용수가 중원을 쟁탈할 때도 낙양에 비해 업은 연·조를 공어(控馭)할 수 있는 이른바 '형승지편(形勝之便)'의 땅으로 여겨졌다.[87] 잘 알다시피 업성은 서편의 태항산맥이 길게 뻗어 있고, 앞으로 장수가 흐르고 있다. 특히 태항산맥의 골짜기인 부구형(滏口陘)은 산서고원으로 연결되는 주요한 관문 역할을 하는데 지형으로 보면 후세 여러 왕조의 수도가 되었던 북경을 연상시킨다. 업성의 입지가 갖는 진정한 장점은 낙양과 비교해야 제대로 살필 수가 있다.

이 점과 관련하여 고조우의 언설은 매우 시사적이다. 그는 낙양과 업성를 비교하면서 다음과 같이 설명하고 있다.

> 하남은 옛부터 사전지지(四戰之地)라 칭하였다. 천하를 취하려고 하는 날에는 마땅히 하남은 반드시 다투어 빼앗아야 하는 곳이다. 천하가 이미 안정되고 하남을 지키고 있을 때에는 위태로움이 어찌 반드시 망하는 국세에 있다고 하겠는가? … 어깨와 등의 염려는 실로 하북에 있는 것이다. … 관중을 지키고, 하북을 지키는 것은 곧 하남을 지키는 것이니 옛부터 지금까지 하남의 화는 관중에서부터 시작된 것이 10의 7이요, 하북에서 시작된 것이 10의 9였다. … 또한 대저 하북이 하남을 충분히 제압할 수 있는 것은 옛부터 항상 그러했던 것이었다. … 하남 전체의 (지)세를 비교하면, 완(宛)은 낙양만 못하고 낙양은 업만 못한 것이 명백하다. … 자고로 용병함에 있어 업에 근거하면서 낙양을 제압하는 것은

85 『讀史方輿紀要』 卷49 河南4 彰德府, p.2316, "蓋馳逐中原, 鄴其綰轂之口矣. … 夫相州唇齒澤潞, 臂指邢洺, 聯絡河陽, 襟帶澶魏, 其爲險塞, 自關以東, 當爲弁冕."

86 『晉書』 卷104 石勒載記上, p.2716, "鄴有三臺之固, 而接平陽, 四塞山河, 有喉衿之勢. 宜北徙據之. 伐叛懷服, 河朔旣定, 莫有處將軍之右者."

87 『晉書』 卷123 慕容垂載記, p.3081, "(慕容垂)謀于衆曰: '洛陽四面受敵, 北阻大河, 至於控馭燕趙, 非形勝之便, 不如北取鄴都, 據之而制天下.' 衆咸以爲然."

항상 쉬운 일이었으나, 낙양에 근거하면서 업을 제압하기는 항상 어려웠다. 이것 역시 형세의 장애나 제한을 받는[形格勢禁] 이치인 것이다.[88]

이상에서 보았듯이 고조우의 분석 결과에 의하면 낙양은 천하통일을 위해서는 반드시 확보해야 할 땅이지만, 그곳에 수도를 두었을 때는 관중과 화북을 확보하여 그 지배하에 두지 않으면 안 된다는 것이다. 즉 통일시대에 관중과 하북의 제후 등 지방세력을 완벽하게 통제하고 있을 때는 낙양이 수도로서 전혀 손색이 없지만, 관중과 하북이 적대세력의 수중에 있을 때나 낙양을 근거지로 하는 정권과 업을 근거지로 하는 정권이 화북에서 양립하고 있었을 때는 업에 수도를 둔 정권이 용병에 있어서 훨씬 유리하다는 것이다.

후조와 전연 양조가 중원에 진출하면서 모두 천하지중이며 주·한의 고도인 낙양에 왜 국도를 정하지 않고, 대신 업성을 수도로 정하였던 것은 바로 고조우의 분석과 같은 이유에서였다. 낙양은 비록 '천하지중'이라고 하지만 이곳에 도읍을 정하려면 먼저 서변의 관중이 안정되어 동일정권하에 있어야 한다. 그렇지 않으면 낙양은 거점으로서의 의미가 없다.[89] 조조가 낙양을 방기하고 후한의 헌제를 허에 둔 것은 당시 낙양이 동탁의 난으로 황폐된 이유도 있지만 관중에 아직 마등(馬騰)·한수(韓遂) 등의 적대세력이 있었기 때문이었다. 조조는 업성에 있으면서 정치상으로 멀리서 헌제의 조정을 통제할 수 있고, 군사상으로 동방 서방을 공격하고 방어할 수[可攻可守] 있었기 때문이었다. 석륵이 낙양에서부터 전조 유요의 세력을

88 『讀史方輿紀要』卷46 河南方輿紀要序, pp.2083-2085, "河南古稱四戰之地也. 當取天下之日, 河南在所必爭. 及天下既定, 而守在河南, 則岌岌焉有必亡之勢矣. … 肩背之慮, 實在河北, … 守關中, 守河北, 乃所以守河南也, 自古及今, 河南之禍中於關中者什之七, 中於河北者什之九. … 夫河北之足以制河南也, 自昔爲然矣. … 以河南之全勢較之, 則宛不如洛, 洛不如鄴也明矣. … 且夫自古用兵, 以鄴而制洛也常易, 以洛而制鄴也常難, 此亦形格勢禁之理矣."

89 周一良, 「讀『鄴都記』」, p.155.

밀어내고서 한때 낙양으로 천도를 계획했으나 결국 낙양에 도읍을 정하지 않은 것은 관중에 유요세력이 상존하고 있었기 때문이었다.

이처럼 업성이 나름으로 지형적으로 유리한 측면이 있었지만 낙양과 경쟁할 수 있었던 진정한 이유는 당시가 분열왕조시대라는 시대적 특성에 있었다. 통일왕조시대라면 낙양과 업성은 결코 경쟁의 상대가 아닌 것이다. 이런 점은 동위의 실권자 고환이 낙양에서 업성으로 천도를 단행하면서, 그 조서에서 '정도'가 아닌 '변통', '기꺼이'가 아닌 '부득이'로 표현하고 있다는 점에서 잘 나타난다.[90] 종합적으로 볼 때 낙양의 이점은 어느 정도의 지형적 험고를 갖춘데다 공도의 중심, 경제적 유리한 위치 등이 복합되어 있어, 관중에 중심을 둔 왕조에게는 '목구멍[咽喉]', 동방세력에게는 '주집(走集: 邊界要塞)'의 의미를 가졌기 때문에 소위 '천하필쟁지지'가 된 것이다.[91]

III. '근거지'와 경제적 선진지대

수도의 입지로서 고려해야 할 사항은 수도 및 그 주위지역, 즉 경기지역이 다른 지방세력(예컨대 제후)을 압도하고, 또 외적(胡羌夷狄)을 충분히 방어할 만한 월등하고 충분한 힘을 확보할 수 있느냐는 것이다. 이런 능력을 갖고 기능하는 수도 및 경기지역을 일러 '근거지'[92]라 부를 수 있다. 사실 중국

90 『魏書』 卷12 孝靜帝紀, p.297, "事由於變通, 理出於不得已. … 今遠遵古式, 深驗時事, 考龜襲吉, 遷宅漳滏."

91 『讀史方輿紀要』 卷48 河南3 河南府, p.2216, "孔穎達曰: '洛陽處澗・瀍之中, 天地交會, 北有太行之險, 南有宛・葉之饒, 東壓江・淮食湖海之利, 西馳崤澠據關・河之勝.' 李文叔曰: '洛陽處天下之中, 挾崤・澠之阻, 當秦・隴之噤喉而趙・魏之走集, 蓋四方必爭之地也. 天下當無事則已, 有事則洛陽必先受兵.' 明太祖命徐達, 亦言: '先取山東, 次及河・洛', 蓋英雄擧事, 類以洛陽爲標準矣."

전통시대 수도란 국가의 상징인 제왕의 거주지로서 정치도시일 뿐만 아니라 최대의 병력주둔지인 동시에 병참기지이기 때문에 군사도시이기도 하다. 아울러 가장 왕성한 경제활동이 이루어지며 높은 소비인구를 옹유(擁有)한 경제도시이기도 하였다. 강한 중앙이 되어야 여러 지방이 쉽게 통제될 수 있는 것이고, 지방을 잘 통제할 수 있어야 지방의 자원을 중앙으로 순조롭게 거두어들일 수가 있는 것이다. 역대 왕조가 꾸준히 채용해 온 경기정책인 '강간약지(强幹弱枝)'책의 기본은 한마디로 중앙 집중이었다. 그 가운데 무엇보다 경제력의 집중이 중요하다. 이래야 외적에 대한 충분한 방어력을 갖출 수가 있게 된다.

이런 점과 관련하여 낙양과 업, 양 지역이 가진 경제적 잠재력을 살펴보자. 먼저 낙양이 갖는 경제력문제이다. 전한시대 익봉(翼奉)의 지적에 의하면 제후들은 그 땅이 사방 100리밖에 안 되는 것이 일반적인데 낙양은 남북 1,000리나 되기 때문에 이른바 '근거지'로서 충분한 조건을 갖추고 있다는 것이다.[93] 그러나 따져 보면 낙양 부근의 자원은 보잘것없다는 것이 일반적인 견해이다. 중형도시를 유지하는 데도 부족하다는 주장도 있다.[94] 낙양의 경제 지위는 그 대안(對岸)에 위치한 창덕(彰德)·위휘(衛輝)·회경(懷慶) 등 하내의 세 지역과 분리되어서는 공고하다 할 수는 없다. 그래서 후한 광무제가 하내를 먼저 장악한 후에야 하남을 얻을 수 있었던 것이니, 낙양은 삼하[95] 중에 하내와 하동에 의존하지 않고서는 수도

92 이 '根據地'개념에 대해서는 閔斗基, 「前漢의 陵邑徙民策」, 『歷史學報』 9, 1957 및 「前漢의 京畿政策」, 『東洋史學硏究』 3, 1969를 참조하라.

93 『漢書』 卷75 翼奉傳, p.3176, "臣願陛下徙都於成周, 左據成皐, 右阻黽池, 前鄕崧高, 後介大河, 建滎陽, 扶河東, 南北千里以爲關, 而入敖倉; 地方百里者八九, 足以自娛; 東厭諸侯之權, 西遠胡羌之難, 陛下共己亡爲, 按成周之居, 兼盤庚之德, 萬歲之後, 長爲高宗."

94 勞榦, 「北魏後期的重要都邑與北魏政治的關係」, p.923.

95 三河는 河南·河東·河內를 가리킨다.(『史記』 104 田叔列傳, p.2778, "數歲, 爲二千石丞相長史, 失官. 其後使刺擧三河.(案: 三河, 河南·河東·河內也.)"; 三河지구는 중

로서의 확고한 위치를 확보할 수가 없었다. 따라서 낙양지구는 그 자체가 하나의 완결성을 갖는 관중지구에 비해서 지역적 독자성은 질적인 면에서 크게 떨어지는 것이다. 특히 삼국시대 이후 하내에 속하는 업지구가 날로 중요해지기 시작하였다.[96] 업의 실질적인 부상이다.[97] 특히 남북조 말 동서 분열 시 동위-북제의 초기 병력이 서위-북주에 비해 10배나 달하였고, 북주 말 위지형(尉遲迥)의 반양견(反楊堅) 반란, 수말 군웅들의 반란 등이 업 지역의 풍부한 조건과 연관되어 있었던 것은[98] 이런 경제력과 무관하지 않다.

업의 장점은 당시 농업의 최선진지구라는 점이다. 북방에서의 농업 최적지는 황하하류 삼각주지역이었다. 넓은 평원에다 토양도 황하의 충적에 의해 비옥하고 강우량도 비교적 풍부하여 일찍부터 관개가 행해졌다. 그래서 이곳을 일러 '언덕은 낮고 평원은 넓다[原隰平曠]'[99]라고 한 것이다. 서쪽에는 태항산맥이 있고 남쪽에는 대하(황하)가 있다. 장수(漳水)와 항수(恒水)가 통과하여 농전의 수리가 발달된 곳이었다. 특히 장수를 빼고는 업의 풍요를 이야기할 수 없다.[100] 일찍이 전국시대에 위국의 업령(鄴令) 서문표(西門豹)가 12거(渠)를 개착하여 장수를 끌어들여 관전하여 위의 하내지역

국고대 三代의 舊都의 소재지로서 알려져 있다. 즉 '夏都河東, 商都河內, 周都河南'이 그것이다.

96 勞榦, 「北魏後期的重要都邑與北魏政治的關係」, p.923.

97 『讀史方輿紀要』 卷49 河南4 彰德府, p.2315, "兩漢以來, 魏郡稱爲雄固. 袁紹竊據於此, 旣而曹公擅有之, 訓兵積粟, 雄長中原. 左思魏都賦 · '爾其疆域, 則旁極齊 · 秦, 結湊冀道, 開胸殷 · 衛, 跨躡燕·趙, 山林幽映, 川澤回繚.'"

98 『讀史方輿紀要』 卷49 河南4 彰德府, p.2316, "及高歡自趙州入鄴, 一戰而覇業遂成, 旣篡魏權, 挾其主東遷, 是時兵力雄盛十倍於關西矣. 周末尉遲迥擧相州之衆問罪楊堅, 四方震動, 韋孝寬僅而克之. 及隋末, 群雄角逐, 起於河北者未嘗不起爭相 · 鄴, 蓋馳逐中原, 鄴其綰轂之口矣."

99 『讀史方輿紀要』 卷49 河南4 彰德府, p.2315, "府山川雄險, 原隰平曠, 據河北之襟喉, 爲天下之腰膂, 春秋之東陽地也."

100 『讀史方輿紀要』 卷49 河南4 彰德府, p.2316, "又漳水在鄴, 豊饒所資也."

을 부하게 하였고,[101] 사기(史起)가 서문표의 사업을 계승하여 수리공정을 정비하고 확대하여 업성 부근은 "모두가 옥토가 되어 백성들이 노래했다[咸成沃壤, 百姓歌之]"[102]고 하듯이, 토지의 비옥과 수원의 풍부로 중원의 '양창(糧倉)'으로 이름난 곳이었다. 전한의 무제도 12거의 구적을 다시 수리하였고, 조조도 장수의 물길을 변경시켜 '천정언(天井堰)'[103]이란 것을 만들었다. 오호십육국시기 전란에도 불구하고 업은 주요한 산량(産糧)지구의 위치를 잃지 않았다. 후연의 모용덕이 북위의 침략에도 1년여를 업성에서 버틸 수 있었던 것은 '양곡이 평소처럼 쌓여[糧儲素積]'[104] 있었던 덕분으로 보아야 한다. 후한대의 인도밀도가 가장 높은 지역이 바로 관동, 그중에서도 업이 속한 위군 지역이었던 사실은,[105] 이 지역이 경제적으로 월등한 조건을 갖추고 있었음을 말해 주는 것이다.

업성은 위진남북조시기 최고의 부서지역이었다. 양식뿐만 아니라 견포의 산지였고 염의 산지도 주위에 두고 있었다.[106] 북위 재정지출의 대부분

101 『史記』 卷29 河渠書, p.1408, "西門豹引漳水漑鄴, 以富魏之河內."; 『史記』 卷126 滑稽列傳/優旃傳, p.3213, "西門豹即發民鑿十二渠, 引河水灌民田."; 『漢書』 卷29 溝洫志, p.1677, "魏文侯時, 西門豹爲鄴令, 有令名. 至文侯曾孫襄王, 與羣臣飮, 祝曰: '令吾臣皆如西門豹之爲人臣也.' 史起進曰: '魏氏之行田也以百畝, 鄴獨二百畝, 是田惡也. 漳水在其傍, 西門不知用, 是不智; 知而不興, 是不仁. 仁智豹未之盡, 何足法也!' 於是史起爲鄴令, 遂引漳水漑鄴, 以富魏之河內. 民歌之曰: '鄴有賢令兮爲史公, 決漳水兮灌鄴旁, 終古舃鹵兮生稻粱."

102 『水經注』 卷10 濁漳水 「又東出山過鄴縣西」條, p.137, "其後至魏襄王, 以史起爲鄴令, 又堰漳水以灌鄴田, 咸成沃壤, 百姓歌之."

103 『水經注』 卷10 濁漳水 「又東出山過鄴縣西」條, p.137, "魏武王又堨漳水, 廻流東注, 號天井堰, 二十里中, 作十二墱."

104 『晉書』 卷127 慕容德載記, p.3163, "(慕容)德兄子麟自義臺奔鄴, 因說德曰: '中山旣沒, 魏必乘勝攻鄴, 雖糧儲素積, 而城大難固, 且人情沮動, 不可以戰. …'"

105 勞榦, 「漢代地理與戶籍的關係」, 『勞榦學術論文集』(甲編-上冊), 臺北: 藝文印書館, 1976, p.13.

106 『魏書』 卷110 食貨志, p.2863, "自遷鄴後, 於滄·瀛·幽·靑四州之境, 傍海煮鹽. 滄州置竈一千四百八十四, 瀛州置竈四百五十二, 幽州置竈一百八十, 靑州置竈五百四十

을 하북지역의 인민이 부담했다.[107] 기(冀)·정(定) 2주의 호조견(戶調絹)은 1년에 30만 필 이상이었다.[108] 이상에서 보듯이 업성은 경제 생산 면에서 낙양보다도 훨씬 우월한 위치에 있었던 것이다.

다음으로 교통의 편리함을 따져 보자. 수도를 비롯한 경기지역이 그 자체로 충분한 역할을 수행하지 못할 때에는 지방의 자원을 이용하여야 한다. 그러기 위해서는 조운의 편리함이 관건이다. 잘 알다시피 낙양은 후면에 황하를, 전면에 낙수를 두고 있다. 북위 효문제가 낙양으로 천도하는 이유의 하나로 든 것이 바로 조운의 편리함이었다. 즉

> 나는 평성에는 조운지로가 없기 때문에 경읍의 민이 가난하였다고 생각하여 이제 낙양에 천도하여 사방지운을 통하고자 한다.[109]

라고 말했다. 효문제가 이렇게 낙양이 갖는 조운의 편리함을 말했지만, 사실 당시 사정으로 낙양은 황하를 거슬러 올라가야 한다는 점에서 조운이 그렇게 편리한 곳은 아니었던 것 같다. 낙양이 지닌 문제는 '하류지험(河流之險)'의 우려였다. 효문제가 낙양으로의 천도에 대한 백성들의 의구심을 떨치기 위해, 황하의 조운로가 위험함에도 불구하고 그 스스로 서주(徐州)에서 사수(泗水)를 타고 황하에 진입하여 다시 거슬러 올라가 낙양으로 가는 위험한 운행을 자처했던 것을[110] 보면 알 수 있는 일이다.

六, 又於邯鄲置竈四, 計終歲合收鹽二十萬九千七百二斛四升. 軍國所資, 得以周贍矣."

107 『北史』 卷15 魏諸宗室 常山王 暉傳, p.572, "河北數州, 國之基本, … 國之資儲, 唯籍河北."

108 逯耀東, 「北魏孝文帝遷都與家庭悲劇」, p.105.

109 『資治通鑑』 卷140 齊紀6 明帝 建武 2年(495) 4月條, p.4384, "魏主如碻磝, 命謁者僕射成淹具舟楫, 欲自泗入河, 泝流還洛, 淹諫, 以爲: '河流悍猛, 非萬乘所宜乘.' (孝文)帝曰: '我以平城無漕運之路, 故京邑民貧. 今遷都洛陽, 欲通四方之運', 而民猶憚河流之險; 故朕有此行, 所以開百姓之心也."

110 『魏書』 卷79 成淹傳, p.1754, "高祖幸徐州, 將汎泗入河, 泝流還洛, … 淹以黃河浚急,

업성의 조운 문제를 좀 더 검토해 보자. 건안 18년(213) 조조가 조운을 통하게 하기 위하여 특별히 백구(白溝)를 개착하여 기수(淇水)를 끌어들여 북류시켜 항수에 유입시키고 이것을 수축하여 항수와 장수를 구통(溝通)하였다.[111] 그 후 이전 건안 10년(206)에 이미 개통된 평로거(平虜渠)가 고수(泒水), 호타수(滹沱水), 장수, 청하(淸河), 항수, 기수가 함께 연결됨으로써[112] 태항산맥 이동의 중요한 수로교통로가 개통되었다.[113]

업성은 육로교통의 면에서도 낙양보다 월등하다. 원래 화북평원의 중앙에 위치하여 육로교통의 중추역할을 해 왔을 뿐만 아니라,[114] 북위의 초기 수도 평성에서 하북으로 가는 길의 중요한 경과지점이었고 남방진출의 중요 거점이었다.[115] 이런 면에서 업성이 위진남북조시대 후기에 접어들면

....

慮有傾危, 乃上疏陳諫. 高祖敕(成)淹曰: '朕以恒代無運漕之路, 故京邑民貧. 今移都伊洛, 欲通運四方, 以黃河急浚, 人皆難涉. 我因有此行, 必須乘流, 所以開百姓之心. …'"

111 『三國志』 卷1 魏書1 武帝紀, p.42, "(建安十八年)九月, 作金虎臺, 鑿渠引漳水入, 白溝以通河."

112 『三國志』 卷1 魏書1 武帝紀, p.28, "(建安十年) 秋八月 … 袁紹皆立其酋豪爲單于, 以家人子爲己女, 妻焉. 遼西單于蹋頓尤彊, 爲紹所厚, 故尙兄弟歸之, 數入塞爲害. 公將征之, 鑿渠, 自呼沲入泒水, 名平虜渠; 又從泃河口. 鑿入潞河, 名泉州渠, 以通海."

113 馬植杰, 『三國史』, 北京: 人民出版社, 1993, p.264.

114 이 大路를 「幽州大道」(『太平御覽』 卷956 木部5 '檎'條, p.4375-下, "『趙書』曰 從幽州大道 …")라 한다. 그 중요성은 河北지역을 관통하는 陸路의 大動脈이라는 점뿐만 아니라 山西高原에 집중적으로 거주하면서 中原進出을 노리는 胡族들의 남하도로라는 데에 있다. 金聖熙, 「北魏의 河北支配와 그 志向」(이화여자대학교 박사학위논문, 2005), p.67.

115 道武帝가 慕容燕을 치면서 河北으로 가는 길은 平城에서 雁門關을 통과하여 太原에 도착하고 다음 娘子關을 거쳐 正定(眞定)에 이르고 다시 남행하여 鄴에 이르렀다. 回路는 鄴－正定－定州(中山)－望都－唐河를 따라서 靈(丘)－渾源－平城을 택하였다. 즉 河北으로 가는 길은 두 가지인데, 전자의 경우 雁門關과 娘子關의 두 산지를 넘어야 하지만 定州로 가는 길은 靈(丘)의 산지 하나만 넘으면 되었으므로 후자 쪽을 많이 택하였다. 明元帝는 劉宋과의 전투 시에 靈(丘)을 통해서 남하하여 鄴을 거쳐 洛陽에 갔다가 귀로에 河內－太行을 올라 晉陽(太原)－雁門關을 이용하였다. 당시 魏宋전투에서 北魏의 작전 근거지는 鄴이었고, 劉宋의 근거지는 滑臺와 虎牢였

서 점차 중요한 근거지로서 부상하고 있었던 것이다. 그렇기 때문에 효문제도 사실 업성에 대해서 나름으로 관심을 가졌던 것이고, 상당한 평가를 하고 있었다. 그래서 그곳에 궁전도 조영했던 것이다.[116] 낙양천도에 대해 종족적으로 볼 때 당연히 지지할 만한 한족 출신의 중신인 고려(高閭)마저 낙양천도에 대해 '천유십손(遷有十損)'을 열거하면서 업성으로의 천도를 주장하고 있는 것은,[117] 북위 당시 업과 낙양의 수도입지에 대한 객관적인 평가라 할 수 있다. 고려가 말한 '십손'의 내용이 무엇인지는 전하고 있지 않았지만 신하인 고려가 황제의 천도계획이 부당함을 10가지로 조목조목 따져서 비평할 때는 나름으로 상당한 근거가 있었다고 보아야 한다. 그리고 효문제가 낙양 대신 업으로 천도해야 한다는 고려의 주장을 듣고 '매우 그를 싫어했다는[頗嫌之]' 사실로도 그러하다.

그러나 효문제는 태화 17년(493) 8월 기축에 남조 소제(남제)를 정벌한다는 명분으로[118] 보기 100여 만 대군을 이끌고 40여 일 만인 9월에 낙양에 도착하여 서진의 고궁 터를 둘러보고 감회에 젖어 '서리지시(黍離之詩)'를 읊었다고 한다.[119] 당시 효문제가 낙양에 집착한 것은 통일군주는 중원, 그것도 천하지중에 수도를 두어야 한다는 일종의 강박관념이 낳은 결과였다. 즉 효문제는 당시 북위가 처한 사정보다는 북위의 중원왕조로서 당당

다.(勞榦, 「北魏後期的重要都邑與北魏政治的關係」, pp.942-943)

116 『魏書』 卷7下 高祖紀下, p.173, "(太和十有七年)初, 帝之南伐也, 起宮殿於鄴西. 十有一月癸亥, 徙御焉."

117 『魏書』 卷54 高閭傳, p.1206, "遷都洛陽, 閭表諫, 言遷有十損, 必不獲已, 請遷於鄴. 高祖頗嫌之."

118 『魏書』 卷53 李沖傳, p.1183, "高祖初謀南遷, 恐衆心戀舊, 乃示爲大擧, 因以脅定羣情, 外名南伐, 其實遷也. 舊人懷土, 多所不願, 内憚南征, 無敢言者, 於是定都洛陽."

119 『魏書』 卷7下 高祖紀下, pp.172-173, "(太和十有七年 八月)己丑, 車駕發京師, 南伐, 步騎百餘萬. … (九月)庚午, 幸洛陽, 周巡故宮基址. 帝顧謂侍臣曰: '晉德不修, 早傾宗祀, 荒毁至此, 用傷朕懷.' 遂詠黍離之詩, 爲之流涕. … 丁丑, 戎服執鞭, 御馬而出, 羣臣稽顙於馬前, 請停南伐, 帝乃止. 仍定遷都之計."

하게 정립시키고 남방(남조)으로의 진출이라는 웅지를 품고 천도를 감행한 것이었다.

Ⅳ. 호 · 한 종족문제와 수도

본고에서 다루고 있는 낙양과 업지역은 한족이 세운 조위와 서진왕조를 빼면 모두 호족이 세운, 즉 이민족왕조의 수도 후보지였다. 따라서 도성의 입지라는 본 주제와 관련하여 종족적 문제를 고려하지 않을 수 없다. 이민족왕조의 수도선지문제에 대한 배경적 이해를 얻기 위해 오호십육국시기 각 정권 건도의 선택의 기준을 살펴보아야 한다. 선학에 의하면 거기에는 대개 세 가지의 이유가 작용되었다고 한다. 1) 본족이 장기간 거주했거나 많이 모여 있는 곳을 택한다. 한(전조)의 유연(劉淵)이 분수(汾水)유역의 평양(平陽)을 택한 것은 흉노오부가 장기 거주한 곳이기 때문이었고, 전연이 용성을 택한 것은 선비 모용부가 오랫동안 거주한 지방이었기 때문이며, 저(氐) 부씨와 강(羌) 요씨는 장안이 장기간 활동했던 지방이기 때문이었고, 탁발씨의 성락도 역시 그러했다. 2) 창업자의 개인 근거지를 택한다. 3) 자기를 보존하기 쉽고 피침에 방어할 수 있고 대외발전 및 세력확대의 근거지를 택한다는 것 등이 그것이다.[120]

이상의 분석 가운데는 설득력이 있는 것도 있지만 그렇지 못한 것도 있다. 특히 이것은 건국초기 수도에 대한 분석이지, 중원국가로 발전해 가는 과정에서의 수도 선지문제는 고려되지 않았다. 후세 요 · 금 · 원 등, 소위 정복왕조에 있어서 선지의 경우를 볼 때 더욱 그러하다. 이 점은 특히 석씨의 후조, 북위, 동위-북제의 경우를 보면 더욱 그러하다.

요 · 금 · 원이 북경을 택한 것은 화북평원 가운데서 북경이 본거지로

120 周一良, 「讀『鄴都記』」, pp.152-153.

부터 가장 가까운 곳에 있었기 때문이다. 요 · 금 · 원조에게 있어서 북경은 북방에 있는 자기 원래의 부락을 돌볼 수 있는 지점이었다. 그런 점에서 효문제의 낙양천도는 당시 그들 본족의 근거지인 새외와의 관계로 볼 때 매우 파격적인 것이었다. 북방 초원과의 관계로 볼 때 농경지역으로 천도를 하더라도 당시 북경이 제일 근접하고 그다음이 진양이고, 그다음이 장안과 업이다.[121] 따라서 낙양은 새외 초원과는 완전히 격절되어 있다. 업과 북경을 비교할 때, 모두 산서고원 동록의 평탄한 화북평원에 위치하고 있지만, 화북평원을 하나의 단위로 할 때 지역적으로 북경보다 업이 더 중심에 가깝고, 토양 역시 업이 북경보다 비옥하다.[122] 업은 서쪽으로 태항산맥을 병장으로 삼을 수 있고, 태항의 여러 곡구(谷口: 陘) 및 장수의 하곡을 통해서 산서의 병주와 상통할 수 있었으며, 북방민족의 남하 시에 항상 사용하는 '유주대도(幽州大道)'[123]상에 위치해 있다.[124] 즉 하북평원 북단에 가깝고 북방민족이 중원에 손을 뻗칠 때의 거점이고, 또 중원의 중심인 낙양에 비교적 가까워 업을 취하는 자는 동시에 낙양을 손에 넣을 수 있고, 또 남북대립시대에는 남방으로부터 격절되어 적당한 위치에 있었다는 점도 중요하다.[125]

또 하나 고려해야 할 점은 군사적인 면이다. 북위 초 하북을 수도의 후보지로서 관심을 가지고 있었지만, 그 중심을 하북 중원지구로 옮기는 상황에는 도달하지는 않았던 것이다. 당시 북위는 중원지구를 점령한 후에 수도의 강력한 후보지로 업을 고려하였지만, 왜 금방 포기하였던가?

121 勞榦, 「北魏後期的重要都邑與北魏政治的關係」, p.926.

122 勞榦, 「北魏後期的重要都邑與北魏政治的關係」, p.925.

123 『太平御覽』 卷956 木部5 '榆'條, p.4375-下, 引「趙書」曰: "從幽州大道滹沱造浮橋, 植行榆五十里, 置行宮."

124 田余慶은 幽州大道를 '太行東麓之道'라 한다.(「田余慶同志討論函」, 周一良, 「讀『鄴都記』」, p.165)

125 村田治郎, 「鄴都攷略」, 『中國の帝都』, 京都: 綜藝舍, 1981, p.254.

최호의 말을 빌리면 이 지역은 유목민의 성격을 아직 크게 벗어나지 못한 선비 탁발족이 거주하기에는 부적당하다는 것이었고, 둘째, 외적 요인으로 사방 그 가운데 북방에 혁련하와 유연의 세력이 엄존하고 있기 때문이라는 것이다. 수재 · 한발 등 자연재해의 경우 백성들을 산동에 가 취식토록 조처하면 되기 때문에 그것을 이유로 천도를 단행하는 것은 장구지책이 될 수 없다는 주장이었다.[126] 물론 당시 중원지역에 모용씨 등의 강력한 반위세력이 상존하고 있었다는 점도[127] 역시 고려되었다고 할 것이다.

여기서 최호가 말한 유목적 성격이란 무엇인가? 첫째, 주력병의 문제이다. 북위 전기의 주력병은 탁발씨의 부락연맹민이 위주가 된 부락병이었고,[128] 그것도 기병이었다. 당시 북위 기병의 전투력은 남조의 유송[129]은 물론 유목지역에 살고 있는 유연과 비교해도 전혀 떨어지지 않았다.[130] 사

....

126 『魏書』 卷35 崔浩傳, p.808, "神瑞二年, 秋穀不登, 太史令王亮 · 蘇坦因華陰公主等言讖書國家當治鄴, 應大樂五十年, 勸太宗遷都. 浩與特進周澹言於太宗曰: '今國家遷都於鄴, 可救今年之飢, 非長久之策也. 東州之人, 常謂國家居廣漠之地, 民畜無算, 號稱牛毛之衆. 今留守舊都, 分家南徙, 恐不滿諸州之地. 參居郡縣, 處榛林之間, 不別水土, 疾疫死傷, 情見事露, 則百姓意沮. 四方聞之, 有輕侮之意, 屈丐(赫連勃勃) · 蠕蠕必提挈而來, 雲中 · 平城則有危殆之慮 阻隔恒 · 代千里之險, 雖欲救援, 赴之甚難, 如此, 則聲實俱損矣. 今居北方, 假令山東有變, 輕騎南出, 燿威桑梓之中, 誰知多少? 百姓見之, 望塵震服. 此是國家威制諸夏之長策也. 至春草生, 乳酪將出, 兼有菜果, 足接來秋, 若得中熟, 事則濟矣.' 太宗深然之, 曰: '唯此二人, 與朕意同.' 復使中貴人問浩 · 澹曰, '今既餬口無以至來秋, 來秋或復不熟, 將如之何?' 浩等對曰, '可簡窮下之戶, 詣諸州就穀, 若來秋無年, 願更圖也. 但不可遷都.' 太宗從之. 於是分民詣山東三州就食, 出倉穀以稟之. 來年遂大熟."

127 曹文柱, 「論北魏初年都址的選擇」, 『北京師範大學學報』 1987-1, p.37.

128 何兹全, 「府兵制前的北朝兵制」, 『讀史集』, 上海: 上海人民出版社, 1982, p.318.

129 『宋書』 卷74 臧質傳, p.1912, "(臧)質答書(拓跋燾)曰: '… 爾自恃四脚, 屢犯國疆. …'"이라 하여 北魏軍을 四脚(騎兵)으로 표현하고 있다.

130 『魏書』 卷35 崔浩傳, pp.816-817, "(崔)浩曰: '… 又高車號爲名騎 非不可臣而畜也. 夫以南人追之, 則患其輕疾, 於國兵則不然. 何者? 彼能遠走, 我亦能遠逐, 與之進退, 非

실 마필은 기병의 기본적인 물질조건이다. 평성에 도읍을 정하면 위군의 마원에는 별 문제가 없다. 형북(陘北)뿐만 아니라 새로 편입된 하서지역도 광활한 목장이었기 때문이다.[131] 북위의 주력병이 기병인 것은 효문제시기도 마찬가지였다. 효문제가 낙양으로 천도하려 할 때에 목비(穆羆)가 반대이유로서 낙양에 말이 없다는 점을 들었다.[132] 이 문제에 대한 효문제의 방안은 재미있다. 그는 평성에서 말을 사육하고 낙양으로 가져다 쓰면 된다는 것이다.[133] 실제 낙양 천도 후 효문제는 하양(河陽)지방에 대목장을 건설하였다.[134] 그러나 말의 공급이 중요한 것이 아니라 말의 사육조건도 중요하다. 말은 선선한 곳이 아니면 병이 잘 걸린다.[135] 따라서 낙양은 유목민출신뿐만 아니라 말도 생활하기 힘든 곳이었다. 따라서 천락(遷洛) 후에도 말의 주요 생산지는 그대로 하서였다.[136] 그 점에선 업도 낙양보다 크게 나을 것이 없다. 그렇지만 업은 탁발족의 근거지인 산서고원과의 연

難制也. …'"

131 『魏書』 卷110 食貨志, p.2857, "世祖之平統萬, 定秦隴, 以河西水草善, 乃以爲牧地. 畜産滋息 馬至二百餘萬匹, 橐駝將半之, 牛羊則無數. 高祖卽位之後, 復以河陽爲牧場, 恒置戎馬十萬匹, 以擬京師軍警之備. 每歲自河西徙牧於幷州, 以漸南轉, 欲其習水土而無死傷也, 而河西之牧彌滋矣."

132 『魏書』 卷14 東陽王 丕傳, p.359, "及高祖欲遷都, … (燕州刺史)(穆)羆進曰: '北有獫狁之寇, 南有荊揚未賓, 西有吐谷渾之阻, 東有高句麗之難. … 征伐之擧, 要須戎馬, 如其無馬, 事不可克.'"

133 『魏書』 卷14 東陽王 丕傳, p.359, "高祖曰: '卿無馬, 此理粗可, 馬常出北方, 廐在此置, 卿何慮無馬? 今代在恒山之北, 爲九州之外, 以是之故, 遷于中原. …'"

134 (唐)杜佑撰, 『通典』(北京: 中華書局, 1988, 點校本) 卷25 職官7 太僕卿, p.706, "太武帝平統萬赫連昌, … 河西水草善, 六畜滋息, … 孝文帝遷洛陽之後, 復以河陽爲牧場, 恒置戎馬十萬匹, 以擬京師軍警之備, 每歲自河西徙牧於幷州, 漸南: 欲其習水土而無死傷也, 而河南之牧滋甚."

135 寒冷지역에 살던 말이 中原에 들어오면 水土가 맞지 않아 발병률과 사망률이 높다. (馬俊民, 「唐與回紇的絹馬貿易: 唐代馬價絹新探」 『中國史硏究』 1984-1, pp.73-74 및 馬俊民 · 王世平, 『唐代馬政』, 西安: 西北大學出版社, 1995, p.139)

136 謝成俠, 『中國養馬史』, 北京: 科學出版社, 1959, p.112.

결관계는 훨씬 밀접하다.

두 번째로 생활여건의 문제이다. 선비인에게는 낙양 기후가 맞지 않고, 낙양이 갖고 있는 의관문물이 그들에게는 익숙한 것이 아니었다. 효문제의 태자 순(恂)도 하남의 지열에 견디지 못하였을 뿐만 아니라 한족의 복식에 익숙하지 않았다.[137] 결국 경기로 낙양을 탈출한 후 평성으로 돌아가 천도를 반대하고 일어난 태자태부(太子太傅) 목태(穆泰)의 반란에 가담하려 하였던 것은[138] 낙양의 생활조건이 그들에게 얼마나 부적당했는지를 알 수 있게 한다. 사실 선비인 대부분은 심정적으로 천락을 환영하지 않았다. 탁발 권귀 가운데 우열(于烈) 일종(一宗)만이 목태의 반란에 동조하지 않았다는 것은[139] 당시 선비인이 갖는 보편적인 심정을 대변하고 있다. 평성은 그들이 살기 좋은 기후에다 이제껏 지녀 왔던 그들 고유의 생활습관과 문화를 유지할 수 있는 곳이었다. 선비인들이 집착했던 생활터전이었다. 유력한 종실의 한 사람인 탁발비(拓跋丕)가 천락 때문에 나타난 제반 생활의 변화를 원하지 않는다고 했던 것은[140] 그런 의미이다. 이런 형편에서 천락 초기 효문제는 '겨울에는 남방에 살고 여름이 되면 북방에 살게[冬則居南, 夏便居北]'[141] 하는 소위 '기러기 신하[雁臣]'[142]살이를 허락하지 않으면 안

....

137 『資治通鑑』 卷140 齊紀7 明帝 建武 3年(497) 8月條, p.4400, "魏太子恂不好學, 體素肥大, 若河南地熱, 常思北歸. 魏主賜之衣冠, 恂常私著胡服. …"; 『魏書』 卷22 廢太子恂傳 p.588, "不好書學, 體貌肥大, 深忌河洛暑熱, 意每追樂北方."

138 『魏書』 卷22 廢太子恂傳, p.588, "高祖幸崧岳, 恂留守金墉, 於西掖門內與左右謀, 欲召牧馬輕騎奔代, … 高祖幸代 … 告恂復與左右謀逆 … 賜恂死, 時年十五."

139 『魏書』 卷31 于烈傳, p.738, "及穆泰 · 陸叡謀反舊京, 高祖幸代, 泰等伏法. 賜烈及李沖璽書, 述金策之意. 語在陸叡傳. 是逆也, 代鄉舊族, 同惡者多, 唯烈一宗, 無所染預. 高祖嘉其忠操, 益器重之."

140 『魏書』 卷14 拓跋丕傳, p.360, "雅愛本風, 不達新式, 至於變俗遷洛, 改官制服, 禁絶舊言, 皆所不願."

141 『北史』 卷15 魏諸宗室 常山王 暉傳, p.571, "初, 孝文遷洛, 舊貴皆難移, 時欲和衆情, 遂許冬則居南, 夏便居北."

142 『資治通鑑』 卷140 齊紀7 明帝 建武 4年(497) 2月條, p.4410, "是時, 代北舊族, 多與

되었다. 그러나 이것은 그렇게 유효한 대처방안은 되지 못하였다. 국가의 경영에 심대한 문제가 생기는 것은 당연했기 때문이다. 결국 효문제는 평성과의 관계를 단호히 단절시켜 새로운 도읍 낙양에 집중시키는 것이 최선의 방법이라 생각했다.[143] 결국 북위 말 육진의 난은 효문제의 낙양천도가 가져온 필연적인 결과였다.

이런 상황에서 부상하게 된 지역이 진양이다. 진양의 지리적 환경에 대해서 약간의 지면을 할애해서 살펴보자. 진양이 소재한 산서성은 해발 600-1,200m 황토고원의 동단에 위치하여 업성이 있는 하북성보다 지대가 훨씬 높다. 현 산서성 수도인 태원, 즉 진양은 유목민에 적합한 자연적 환경을 갖고 있다. 해발 800m의 고지이다. 따라서 낙양과 같은 서열이 별로 없는 곳이다. 즉 여름 한낮의 더위도 3-4시간에 불과하고 아침저녁은 매우 서늘한 북온대대륙성 기후이다. 그리고 유목민의 생산활동 즉, 목축이 가능한 최남단지역이며 이곳에 초지가 펼쳐져 있다.[144] 산서지역은 연 평균 강우량은 500mm, 연평균 온도는 섭씨 8도 정도이다.[145] 강우량 500mm는 대체로 농경과 목축의 접경지대라 할 수 있는데,[146] 그런 면에서 태원은 유목과 농업의 경계선상에 위치해 있다고 할 수 있다.[147] 다시 말하면

穆泰連謀 … 帝以北方酋長及侍子畏暑, 聽秋朝洛陽, 春還部落, 時人謂之'雁臣'(胡注曰: 以雁避寒而南來, 望暖而北還也.)"

143 『魏書』 卷7下 高祖紀下, p.178, "(太和十有九年 六月) 丙子, 詔遷洛之民, 死葬河南, 不得還北. 於是代人南遷者, 悉爲河南洛陽人. 戊午, 詔改長尺大斗, 依周禮制度, 班之天下."

144 『北齊書』 卷17 斛律金傳 附 子 光傳, p.225, "穆提婆求娶光庶女, 不許. 帝賜提婆晉陽之田, 光言於朝曰: '此田, 神武帝以來常種禾, 飼馬數千匹, 以擬寇難, 今賜提婆, 無乃闕軍務也?'"

145 楊純淵, 『山西歷史經濟地理』, 太原: 山西人民出版社, 1993, p.19.

146 金浩東, 「古代遊牧國家의 構造」, 서울대학교 동양사학과연구실 편, 『講座中國史』 Ⅱ, 서울: 지식산업사, 1989, p.259.

147 史念海, 「隋唐時期農牧地區的變遷及其對王朝盛衰的影響」, 『河山集(七集)』, 西安: 陝西師範大學出版社, 1999, pp.6-7.

호 · 한 두 민족이 함께 거주할 수 있는 중국의 몇 안 되는 지역 중의 하나이다.[148] 또 진양은 산서고원의 중심에 위치하여 고원 중에서도 하나의 분지를 이루고 있어[四塞] 방어에도 유리하다.

육진의 난 결과 막강한 권력자로 부상한 고환은 진양에 도성을 둘 수는 없지만 당시 육진선비의 이런 공통된 감정을 감안하지 않으면 안 되었다. 고환의 훈귀(勳貴) 중 한 사람인 사적간(厙狄干)은 원래 집이 한향(寒鄕)에 있던 터라 혹서를 견디지 못하여 겨울에는 경사에, 여름에는 향리로 돌아갔던 것처럼[149] 그들에게는 낙양이나 업성과는 다른, 그들이 생활하기에 편한 곳이 필요했던 것이다. 따라서 진양은 단순한 군사중심지가 아니라, 폐태자 순이 돌아가고자 했던 그들의 향리, 즉 또 다른 평성이었기 때문이다.[150]

위진남북조에 들어서 진양의 역할은 이미 서진 말 유곤(劉琨)의 시기에서 두드러지게 부각되기 시작했다. 유곤이 이곳에 근거를 둠으로써 유연과 석륵과 대적할 수 있었다. 북위 말의 경우 이주영(爾朱榮)이 '병 · 사지중(幷 · 肆之衆)'을 이용하여 북위왕실을 농단할 수 있었다. 고환이 이주조(爾朱兆)를 격파하고 나서는 진양의 지역적 우수성을 감안하여 대승상부를 두었고, 북주가 북제를 칠 때도 진양을 먼저 침으로써 일거에 북제를 멸망시킬 수가 있었다. 뿐만 아니라 이연(李淵)이 태원기의 후 분진(汾晉)을 따라 내려가 관중을 취하였고, 안사의 난을 수습하는 데 하동병이 가장 큰 역할을 하였으며, 이극용이 이 땅을 가지고 주온(朱溫)을 결국 멸망시켰다. 석경당(石敬瑭)이 진양에 유수함으로써 후당을 넘어뜨릴 수가 있었던 것은,[151] 바로 진양이 갖는 지역적 특징 때문이었다.

148 晉陽(太原)과 같은 類型의 도시로 北京: 瀋陽, 榆林, 蘭州, 張掖, 武威 등이다. 晉陽의 서남 소위 '河東'지역은 低平의 농업지역이고, 雁門關 이북지역은 유목에 적합한 지역이다.(勞榦, 「北魏後期的重要都邑與北魏政治的關係」, p.951 주1)

149 『北齊書』 卷15 厙狄干傳, p.197, "以家在寒鄕, 不宜毒暑, 冬得入京師, 夏歸鄕里."

150 朴漢濟, 「東魏-北齊時代의 胡漢體制의 전개: 胡漢 葛藤과 二重構造」, p.160.

진양이 수도의 후보지로 올랐던 것은 이주영 집권기인 북위 말이었다.[152] 그러나 실제 수도와 다름없는 역할을 한 시기는 동위-북제시기였다. 그렇다고 진양이 단독 수도가 될 수는 없었다. 북위 효무제가 서천한 후, 고환은 효정제를 옹립하고는 바로 업으로 천도를 단행했다. 그러면 왜 고씨세력 기반인 진양으로 옮기지 않고 업으로 옮겼느냐는 문제가 떠오른다. 진양 나름의 약점이 있었기 때문이다. 즉 진양은 유목민족에게는 평성과 큰 차이가 없는 곳이었다. 진양에 수도를 둘 국가단계는 이미 넘었다. 즉 진양은 당시 호인이 남하하여 거주할 수 있는 최남단 지역이었지, 그것이 중원국가로 변한 왕조의 수도가 될 수는 없는 것이었다. 효문제가 천도하려 할 때 진양과 업을 거쳤음에도 불구하고 도성의 선지과정에서 진양이 전혀 고려되지 않았던 것은 진양이 평성과 유사점을 가지고 있었기 때문이었다.[153] 그러나 동위-북제는 일면 유목정권으로서의 성격을 견지하고 있었다. 그런 관계로 양도체제가 등장한 것이다. 북제는 업에 도읍을 정하였지만, 그 군사상의 본거지는 진양에 두고 황제들이 항상

151 『讀史方輿紀要』 卷40 山西2 太原府, pp.1670-1672, "及晉室顚覆, 劉琨怙據於此, 猶足以中梗劉石. … 拓跋世衰, 爾朱榮用并肆之衆, 攘竊魏權, 芟滅羣盜, 及高歡破爾朱兆, 以晉陽四塞, 建大丞相府而居之. … 李淵以晉陽擧義, 遂下汾晉, 取關中 … 及安史之亂, 匡濟之功多出河東. 最後李克用有其地以與朱溫爲難, … 而梁亡於晉矣. 石敬瑭留守晉陽, 遂易唐祚. … 夫太原爲河東都會, 有事關河以北者, 此其用武之資也."

152 『資治通鑑』 卷152 梁紀8 武帝 大通 2年(528) 夏4月條, pp.4744-4745, "(爾朱)榮所從胡騎殺朝士旣多, 不敢入洛城, 卽欲向北爲遷都之計. … 榮奉帝入城. 洛中士民草草, 人懷異慮, 或云榮欲縱兵大掠, 或云欲遷都晉陽. … 榮猶執遷都之議, 帝亦不能違, 都官尙書元諶爭之, 以爲不可."

153 洛陽遷都에 반대하였던 元丕는 그들에게 氣候가 맞지 않는 낙양보다도 차라리 晉陽에 살겠다고 한 것은 이 점을 말해 준다.(『魏書』 卷14 神元平文子孫 元丕傳, pp.360-361, "丕雅愛本風, 不達新式, 至於變俗遷洛, … 皆所不願, … 高祖以丕年衰體重, 亦不强責, … 丕父子大意不樂遷洛, 高祖之發平城, 留太子恂於舊京, … 時丕以老居并州. 詔以丕應連坐, 但以先許不死之詔, 躬非染逆之身, 聽免死, 仍爲太原百姓, 其後妻二子聽隨.)"

업과 진양 사이를 오간 사실은 앞서 북위가 낙양에 천도한 후 그 본거지로부터 완전 절연되었던 전철을 밟지 않으려는 노력의 한 표현이었다.[154]

이상의 분석에서 볼 때 효문제의 낙양 천도는 한 이상주의자가 당시의 현실문제를 돌아보지 않고 단행한 것이었다.[155] 가공가수(可攻可守)의 천험의 조건이나 경제적인 잠재력이 낙양을 북위의 수도로 만든 것이 아니었다. 493년 한 권력자(효문제)에 봉사하기 위해 수도로 채택되었다가 41년 후(534) 다른 권력자(고환)에 의해 내팽개쳐진 도시가 바로 낙양이었다.[156] 낙양에 수도를 정할 때도 강제로 사민을 시켰듯이 그것을 비울 때도 강제로 3일 만에 200km 떨어진 업으로 옮기라고 명령했다. 이것이 분열시대인 위진남북조시대 낙양의 현주소였다. 업은 어떠한가? 업은 그 역사가 말하듯이 분열시대의 한 도읍지로서 한정된 의미를 가지는 지역이었다. 수당 통일 이후 어떤 왕조도 업을 다시 돌아보지 못한 것은 수도의 입지로서 한계를 분명히 드러낸 것임에 틀림없다.

결론

이상에서 필자는 위진남북조시대, 정확하게는 위진북조시대 각 왕조의 수도(도성) 선지과정에서 고려된 여러 사항들을 살펴보고 그것이 어떤 의미를 갖는가를 세 가지 측면에서 검토하였다. 이 시대에 수도의 후보로서 거론되었던 낙양과 업은 400년간 이 문제를 두고 경쟁을 벌였던 지역이다. 수도의 선택에는 통일시대인가 혹은 분열시대인가에 따라 그 기준이 달라

154 宮崎市定, 「東洋における素朴主義の民族と文明主義の社會」, 『宮崎市定アジア史論考(上卷・概論編)』(東京: 朝日新聞社, 1976), p.82.

155 勞榦, 「北魏後期的重要都邑與北魏政治的關係」, p.931.

156 W.J.F. Jenner, "Northern Wei Loyang: An Unnecessary Capital," *Papers on Far Eastern History* 23, 1981, pp.156-157.

질 수밖에 없지만, 선택의 가장 중요한 요인은 이수이공(易守易攻)의 천험을 가진 지형이 주요할 것이며, 또 지방을 통제하고 외적을 능히 막아 낼 수 있는 경제력을 옹유해야 할 것이다. 여기에 전통적 관념의 무게도 그 선택에 중요한 작용을 하게 된다.

필자의 분석결과에 의하면 이 시대의 수도는 각 왕조가 처한 상황과 위치, 그리고 당시 최고권력자의 개인적인 성향과 목표에 따라 선택이 달라졌음을 발견하였다. 낙양은 사실 수도의 입지 면에서 업과 비교될 정도의 지역은 결코 아니었지만, 당시가 분열시대이고, 또 이민족이 세운 왕조가 대부분을 차지하고 있어 업과 경쟁관계에 서게 되었다. 북위가 화북을 통일한 시대를 제외하고는 낙양은 대체로 각 왕조의 변경지대에 위치하게 되는 경우가 많았다. 그 때문에 낙양은 수도로서의 자격에 상당한 손상을 입었다. 그러나 항상 업과 함께 수도의 후보로 올랐던 것은 주와 한의 고도였다는 전통 덕분이었다.

이 시대에 들어 업이 크게 부상한 것은 수도로서 가져야 할 나름의 조건을 가지고 있을 뿐만 아니라 그 위치상 이민족정권의 주된 활동지와의 근접・연결성이 좋다는 장점이 있었기 때문이다. 또한 당시가 남북대립시기였다는 점에서 남방으로 돌출된 낙양보다는 우위에 설 수 있었던 점도 작용했다. 필자는 이 문제를 검토하는 과정에서 당시의 민족(종족)관계를 중요한 변수로 보았다. 사실 호한의 융합이 본궤도에 오르지 못한 당시, 인구수에서는 소수이지만 지배족으로서 군림한 호족들의 성향을 무시한 수도의 위치 선택은 북위 효문제가 낙양으로 천도한 결과가 보여 주듯이 많은 문제를 야기할 수밖에 없었다. 그 반동으로 나온 것이 동위-북제의 업-진양이라는 양도체제이다. 한쪽 발은 그들의 본거지였던 초원에, 한쪽 발은 하북평원에 둔 형세이다. 이런 양도체제의 출현은 이민족이 세운 왕조가 초원국가로서의 성격을 탈피하고 중원국가로의 변신을 완결시키지 못한 것을 의미한다. 효문제의 낙양 천도는 당시로서는 적합한 조처가 아니었다. 그가 오히려 업으로 천도를 하였더라면 북위왕조의 운명은 다른 방향으로 흘러갔을지도 모를 일이다.

| 제3장 |

『주례』 고공기의 '영국' 원칙과 전한 장안성의 구조

서론

'한당'이라 병칭되듯이 (진)한왕조와 (수)당왕조는 유사한 측면이 있다. 전자가 통일제국으로서 소위 제하(諸夏)의 문화를 통일 · 융합하여 그 완성을 보았다면, 후자는 이질적인 유목문화를 한문화에 통일 · 융합시켜 그 완성을 보인 시대이기 때문이다. 본고의 주제인 도성사에 있어서도 역시 그런 해석은 가능하리라고 본다.

그런 면에서 중국 고대 도성의 구조적 특징을 이해하기 위해서는 (진)한제국의 도성의 구조에 대한 이해가 전제되지 않으면 안 된다. 다만 진제국은 존속기간이 짧고, 도성은 도량형 등처럼 짧은 기간에 통일 · 융합시키기는 힘들기 때문에 한제국의 도성인 장안성을 분석하는 것이 훨씬 유효한 방법이라 여겨진다. 중국 고대 도성을 거론할 때 반드시 거론되는 서적이 『주례』 고공기임은 주지의 사실이다. 그러면 이 책은 어떤 이상을 가지고, 또 어떤 도성을 모델로 하여 성서된 것일까? 아울러 이 책에서 제시된 이론[원칙]이 한제국(이하 전한이라 지칭함) 도성 장안성 건설에 어느 정도 작용한 것인가?

일찍이 일본학자 나바토시 사다(那波利貞)는 중국고대 도성 건축의 이론서라고 할 수 있는 『주례』 고공기의 네 가지 원칙이 『주례』의 제작연대로 여겨지는 주(전국)말 · 한초에 확립되었지만 '수도건설계획의 금과옥조'로서 채용된 것은 조위의 업부터이며, 서진의 낙양을 거쳐 명대의 북경성까지 준수되어 왔다고 하였다. 다만 이 전통적 원칙에 배치되는 그 최초의 형태는 북위의 낙양성에서 보이기 시작하며, 그 형태는 이후 동위의 업도남성을 거쳐 수당의 장안성에서 완성된다고 하였다. 그는 수당 장안성이 중국 고래의 영국사상에 있어서 '파격'적 형태로서 도성의 중핵인 궁성이 도성의 최북단 중앙으로 치우침으로써 특히 고래의 '중앙궁궐'과 '후시'의 원칙에 배치되었던 점이라는 것을 강조한 바 있다.[1] 이러한 학설은 학계에 큰 파문을 던져 일본뿐만 아니라 중국학계에서도 대체로 수용되기에 이르렀다. 그러나 현금 이러한 학설이 그대로 유효한가는 의문이 아닐 수 없다.

여기에서는 먼저 나바토시 사다에 의해 후세 '수도건설계획의 금과옥조'라 평가된 『주례』 고공기의 원칙이란 구체적으로 어떤 것이며, 이 원칙은 어떤 도성을 모델로 하였던 것인가를 검토할 것이다. 그런데 중국 도성 건축사를 시대적으로 구분할 때 각 단계의 완성형은 어느 도성이었던가가 문제이다. 수당대 장안성을 전통적인 형식과는 다른 '파격적'인 위치에 넣을 때,[2] 도성형식을 최초로 완성한 것을 어느 시대 어느 도성으로 상정하느냐는 문제도 사실 합의된 것이 없다. 다만 진인각(陳寅恪)은 명확하게 단언하지는 않았지만 전한 장안성을 염두에 둔 듯하다.[3] 또 상당한 부분에 있어서 『주례』 원칙의 준수는 왕망(王莽)시기의 장안이라고 보는 자도 있다.[4] 따라서 전한 초기에 이미 확립된 『주례』의 이 원칙이 전한(왕망의 新시기 포함)의 도성 장안성에[5] 얼마나 적용되었던 것인가를 따져 보아야 할 문제이

1 那波利貞, 「支那首都計劃史により考察したる唐の長安城」, 『桑原騭臧還曆記念東洋史論叢』, 東京: 弘文堂書房, 1930, pp.1212-1216.

2 대표적으로 日本의 那波利貞과 中國의 陳寅恪이 이런 입장을 견지하고 있다고 할 수 있다.

3 예컨대 陳寅恪은 '其宮市之位置與前此之長安殊異'(『隋唐制度淵源略論稿』, 上海: 上海古籍出版社, 1982, p.62)라 하였는데, '前此'란 '이에 앞서' 혹은 '이보다 먼저'의 뜻이므로 여기서 '此'는 隋唐 大興城(長安城)이 분명하다. 다만 이에 앞선 장안성은 五胡十六國시대 群小政權의 都城이었던 長安이나 西魏 · 北周시대의 長安城은 아닌 것 같으니, 이는 분명 前漢의 長安城을 가리키는 것 또한 분명하다. 그러나 前漢 長安城을 전통시대 도성의 완성형으로 보거나, 『周禮』 考工記 · 匠人 · 營國條의 원칙과 이상을 표방하면서 건설된 도성으로 보기는 어렵다는 점이다.

4 周長山은 『주례』 考工記를 받들고 도성을 건설한 최초는 周公으로 스스로 위치시키며 『周禮』를 모든 규범으로 삼았던 王莽시기에 개시되었으나 장안성 내에 대체적인 구도가 이미 정해졌기 때문에 고치는 것이 어려워 王莽은 城外의 南郊에 九廟를 건설하고 辟雍을 세우고, 또 社稷을 세움으로써 城北의 東 · 西市와 결합시켜 '面朝後市'와 '左祖右社'라는 이상도성의 구도를 실현하려고 노력하였다고 보았다.(『漢代城市研究』, 北京: 人民出版社, 2001, p.80)

다. 따라서 전한 장안성의 구조에 대한 이해는 필요하다. 아울러 전한 장안성이 중국 도성사상 갖는 특징이 무엇이며, 이것이 후세 역대 왕조의 도성과 어떤 관련이 있는가를 살피는 것이 본고의 집필 목적이다.

Ⅰ. 『주례』 고공기 · 장인 · 영국조의 내용과 그 현장

중국 고대 도성을 구성하는 기본적인 요소란 무엇이며, 그 가운데 가장 중심이 되는 것은 어떤 것인가? 이런 초보적인 질문에 대한 명확한 해답이 있는가도 사실 의문이다. 혹자는 궁시(宮市), 즉 궁궐과 시장이 도성 가운데 어디에 위치해 있느냐가 가장 중요한 것으로 보는[6] 반면 국부적인 우연한 현상 정도로 보는 자도 있다.[7] 그렇다면 중국 고대에서 도성을 경영[영국]할 때 가장 중시했던 부분은 과연 어떤 것이었고, 또 거기에 원칙이나 방침이란 것이 있었다면 그것은 무엇이었던가? 아울러 전한 장안성은 그 원칙에 얼마나 부합하는 도성이었던가?

5 長安은 "長安, 本秦之鄕名."(『三輔黃圖』<何淸谷 校注, 『三輔黃圖校注』, 西安: 三秦出版社, 1995> 序注, p.3)으로 漢이 이곳에 建都함으로써 "因其縣有長安鄕, 以取之以名也." (宋)程大昌, 『雍錄』<北京: 中華書局, 1990年刊 『宋元方志叢刊』 1冊 소수> 卷2 長安宮及城 p.392-上)이 되었다. 唐代에 들어 武德 이래 '京城'으로, 혹은 '京師城'으로 칭해지기도 했다. 開元 원년(713) 12월 3일 '西京'이라 칭해지고, 至德 2년(757) 12월 5일 '中京'으로 개칭되었다. 上元 2년(761) 9월 21일 다시 '西京'으로, 寶應 원년(762)에 '上都'로 개칭되었다.((宋)王溥 撰, 『唐會要』<上海: 上海古籍出版社, 1991> 卷70 州縣改置上, 關內道, pp.1470-1471) 長安지역에 수도를 정한 왕조는 6개의 統一王朝(秦 · 西漢 · 新 · 隋 · 唐)와 11개의 分裂王朝로, 도합 1,991년이나 수도로 지정되었다.

6 陳寅恪은 隋의 大興城(후에 唐의 長安城)의 경우 宮市의 위치가 전대의 長安과 같지 아니한 점에 주목하였다.(『隋唐制度淵源略論稿』, p.62)

7 賀業鉅는 전한 장안성의 市가 宮北에 있다는 것은 '국부적 우연한 현상'이라 본다.(『考工記營國制度硏究』, 北京: 中國建築工業出版社, 1985, p.22)

잘 알다시피 중국 고대의 도성경영제도의 기본 원칙이 된 것은 『주례』 동관 · 고공기 · '장인'조에 표현된 내용이었다. 우선 그 원문을 통해 그 주된 원칙과 규정들을 알아보자.

① 장인이 영국함에[8] 있어 1변 9리의 정방형의 성을 쌓고, 1변마다 3개의 문을 열었다. 국중의 도로는 남북으로 달리는[經] 9가닥과 동서로 달리는[緯] 9가닥이 있었다.[9] 도로의 너비는 9궤(1軌=8尺; 9軌=7丈2尺)였다.[10] 왼쪽에는 조묘(祖廟: 宗廟)가 두어지고, 오른쪽에는 사묘(社廟: 社稷)이 두어진다. 전면에는 조(조정)가 두어지고,[11] 후면에는 시(시장)가 두어진다. (외)조와 시(장)의 규모는 모두 일부(一夫)[12]의 면적을 점한다. …[13] ② 왕궁의 문아(門阿)[14]는 5치(雉)[15]로 규

8 營國은 城邑을 營建함을 말한다. 城池 · 宮室 · 宗廟 등을 포괄함과 동시에 國城의 周圍區域까지도 규획하는 것을 말한다. 여기서 國은 王城을 의미한다.

9 '九經九緯'의 九經에 대해서 戴震이 그린 王城圖에서는 "九經涂, 一道三涂, 三道九涂"라 하였으며, 戴吾三은 "經九涂, 卽南北幹道三條, 每條三涂. …"라 해석하였다.(『考工記圖說』, 濟南: 山東畵報出版社, 2003, p.80) 즉 간선도로[道] 3조와 각 간선도로 사이에 준간선도로[涂]가 3조씩 있다는 것이다.

10 鄭玄의 注에 의하면 1輛의 乘車의 너비가 6尺6寸이고, 旁 7寸을 더하여 1輛이 지나가려면 모두 8尺의 너비가 필요하다. 따라서 9軌는 72尺이 된다.(『周禮』<(『十三經註疏』, 臺北: 藝文印書館, 1976; 이하 인용된 十三經은 모두 이 판본을 이용하였다.> 卷41 冬官 考工記下, pp.612, "鄭注云: '軌, 謂轍廣, 乘車六尺六寸, 旁加七寸, 凡八尺, 是爲轍廣. 九軌積七十二尺.'"); 賀業鉅에 의하면 軌는 車轍로서 二轍之間은 周制 8尺이고 一道三涂의 제도에 비추어 볼 때 九經九緯는 간선도로가 남북 및 동서 각 3條이며, 道寬은 周制로 7丈2尺이며, 環涂의 道寬은 周制로 5丈6尺이고, 野涂의 道寬은 周制로 4丈이라 하였다.(『中國古代城市規劃史』, 北京: 中國建築工業出版社, 1996, p.207)

11 '朝'자를 賀業鉅는 '外朝'라 풀이하였다.(『考工記營國制度研究』, p.24)

12 夫는 奴隷이고, 1夫는 한 사람의 노예가 받는 땅, 100畝로서 邊長 100步의 正方形으로 된 땅이다.

13 이 사이에 "… (a) 廟門容大扃七個, 闈門容小扃參個, 路門不容乘車之五個, 應門二轍參個. (b) 內有九室, 九嬪居之; 外有九室, 九卿朝焉. (c) 九分其國, 以爲九分, 九卿治之 …"(pp.644下-645上)라는 구절이 있다. 이는 (a) 궁성 내에 路門(路寢<正寢>之門 · 燕朝之門) – 應門(治朝 · 正朝>之門 · 宮城의 正南門)과 궁성 외에 廟門(宗廟區의 總門) – 闈門(廟中의 문; 廟直之門)의 존재로서 궁성 안의 內朝와 궁성 밖에 宗

제하였으며, 궁우(宮隅)[16]는 7치로 규제되었다. 성우(城隅)[17]는 9치로 규제되었다. 경도(經涂)의 너비는 9궤였으며, 환도(環涂)[18]의 너비는 7궤였으며, 야도(野涂)[19]는 5궤였다. ③ 문아의 제도는 도(都)[20]의 성 제도로 하였으며, 궁우(宮隅)의 제도는 제후국의 성 제도로 하였다. 환도(環涂)는 제후국의 성 경도(經涂)로 하였으며 야도(野涂)는 도(都)의 제도를 따랐다.[21]

이상에서 보듯이 『주례』 고공기 · 장인 · 영국조가 제시하는 규정은 크게 ① · ② · ③의 세 부분으로 나눌 수가 있다. ① 부분은 왕성의 형태와 규모, 도로(개수와 폭), 궁궐과 조정, 조묘와 사묘, 그리고 외조와 시장의 위치와 규모에 대한 규정이다. ②는 성문(궁성과 외곽)의 소루의 높이와 도로의 종류, 그 규격 등의 규정이다. ③은 (왕성과 제후성의) 문의 높이와 도로의 규격이 서술되어 있다. 그 내용을 후세 주석을 참고하여 좀 더 상세하게 풀이하면 다음과 같다.

廟가 있음을 암시하고 있는 부분과 (b) 前朝後寢제도와 路門(路寢之門)을 경계로 内의 (宮)寢, 外의 (治)朝구역이 분리되어 있고, 九卿九室이 應門内 路門外에, 九嬪九室은 路門内에 있음을 기술한 부분과 (c) 성내의 토지를 9등분하여 각종의 不同한 구역(먼저 中央의 1구역을 宮城으로 하고 나머지 8개의 구역은 宗廟 · 社稷 外朝 및 官署 · 市 · 里)으로 규정한 부분이 있으나(賀業鉅, 『中國古代城市規劃史』, p.207) 여기서 하나하나 거론하지 않는다.

14 門의 屋脊, 宮城 城門의 屋脊標高를 의미한다.

15 1雉는 1丈이었다.(『考工記營國制度硏究』, p.66)

16 宮隅는 宮城 城墻의 四角處를 말한다.

17 城隅는 城角으로 王城 城墻의 四角處를 말한다.

18 環涂에 대해 鄭玄의 注에서는 "環涂, 謂環城之道"라 하였으니 順城의 環道를 말한다.

19 野涂는 城郭外의 도로로서, 즉 王畿 内의 幹道(간선도로)이다.

20 都는 宗室과 卿 · 大夫의 采邑을 말하다.

21 『周禮』 卷41 冬官 考工記下, pp.642下-645下, ① "匠人營國, 方九里, 旁三門. 國中九經九緯. 經涂九軌, 左祖右社, 面朝後市. 市朝一夫", ② "王宮門阿之制五雉, 宮隅之制七雉, 城隅之制九雉. 經涂九軌, 環涂七軌, 野涂五軌". ③ "門阿之制, 以爲都城之制; 宮隅之制 以爲諸侯之城制; 環涂以爲諸侯經涂, 野涂以爲都之經涂."

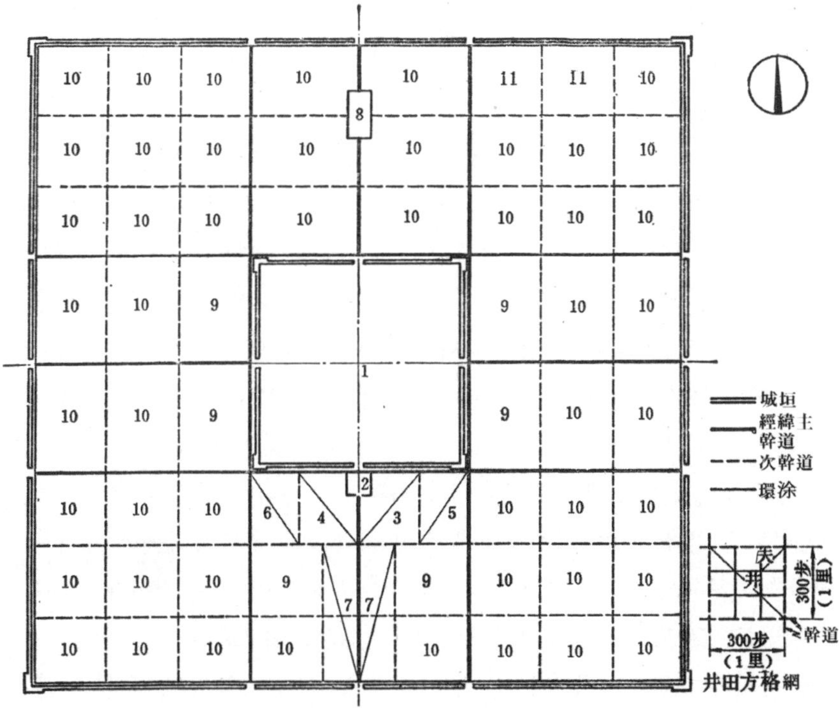

1. 宮城 2. 外朝 3. 宗廟 4. 社稷 5. 府庫 6. 廄 7. 官署 8. 市 9. 國宅 10. 閭里 11. 倉廩

출처: 賀業鉅, 『考工記營國制度硏究』, 北京: 中國建築工業出版社, 1985, p.51 圖2-1, 「王城基本規劃結構示意圖」.

〈그림 1〉 왕성 기본규획구조도

먼저 ①부분이다. 공목지공(攻木之工)의 하나인[22] 장인이 왕성을 영건함에 있어 1변이 9리인 면적에 정방형의 성을 쌓고 각 변마다 3개의 문을 내고[사방에 총 12門], (외)성[郭] 내부에는 이 12문을 연결해서 남북과 동서(각 3개씩) 총 6개의 간선도로(를) 만들고, 각 간선도로 사이에 다시 한 개

22 『周禮』 卷39 冬官 考工記, p.596上, "凡攻木之工七, 攻金之工六, … 攻木之工: 輪·輿·弓·廬·匠·車·梓. …"

의 준간선도로를 만듦으로써 도시는 질서정연한 바둑판식으로 구획된다. 따라서 국성은 남북[緯]으로 9개, 동서[經]로 9개의 도로가 달리게 된다. 매 도로는 9량(輛)의 수레가 나란히 달릴 수 있는 너비를 확보한다. 이 도로들이 서로 직각으로 만나게 됨으로써 64개의 소구역이 만들어진다. 그 중심부에 위치하는 4개의 구역(혹은 16개의 소구역)을 궁궐부지로 배당한다. 궁성 · 황성구역의 좌측, 즉 동남쪽 전방에 왕가의 조상을 제사하는 종묘[조묘]가, 우측, 즉 서남쪽 전방에 토지신을 제사하는 사직이 위치한다. 한편 궁궐부지의 남반부는 황성, 즉 제왕의 공제(公第)와 관청, 즉 조정이고, 궁성구역의 북쪽 도성 내에 한정된 한 구역에 매매 및 거래를 하는 장소인 시장이 설치된다.

이런 구조라면 후세학자들이 많이 거론하는 소위 '중축선'이 전적으로 작용하는 것처럼 보인다. 즉 궁성이 전체 성의 건축 규획상의 중심(성의 중앙)에 위치하고 궁성의 남북이 도시규획의 '(중)축선'이 되는 것이다. 이 축선은 남쪽으로 외조를 통과하여 왕성의 정남문에 이르고, 궁성을 뚫고 시장을 통과하여 왕성의 정북문에 이르게 된다. 즉 궁성의 전방에 외조, 후방에 시장이 되며, 종묘와 사직은 축선을 기준으로 외조의 좌우 양측에 대칭하여 설치된다. 궁성과 외조 · 종묘 · 사직[세 가지는 宮前區에 위치함]이 궁정구를 이루며, 이것이 도성규획의 핵심지위를 누린다. 궁 · 조 · 시 · 조 · 사 5개가 규획과 배치의 중점요소가 되는 것이다.

두 번째로 ②부문인데 왕성의 규격에 대한 규정이다. 왕국의 (궁원에 둘러싸인) 궁성 성문의 용마루[屋脊]의 표고는 5치(5丈)이며, 궁우(궁성 성장 네 모퉁이 위에 세워진 소루)의 높이는 7치이고, 성우(왕성 성장 네 모퉁이 위에 세워진 소루) 높이는 9치로 한다. 또 (왕성의) 동서와 남북으로 달리는 도로(經과 緯)의 너비는 9궤이고, (왕성을 따라 도는) 도로[환도]의 너비는 7궤이고, 성곽 밖의 간선도로의 너비는 5궤로 한다.

세 번째로 ③ 부분인데 제후국 도성과 경 · 대부의 채읍성['都'] 문의 높이와 도로의 폭에 대한 등급별 규정이다. (왕의 자제 · 경대부의 채읍의) 성우(城隅)의 높이는 (왕성)궁의 성문의 높이(5치)를 취하며, 제후국 국도의 성우의 높이는 왕궁 궁우(宮隅)의 높이(7치)를 취한다. 제후국 성 안의 남북과 동서로 달리는 도로[경도]의 너비는 (왕성을 따라 도는) 도로[환도]의 너비(7궤)를 취하며, 종실(왕의 자제) · 경 · 대부의 도내에 남북과 동서로 달리는 도로[경도]의 너비는 (왕성의) 성곽 밖의 도로[야도]의 너비(5궤)를 취하도록 한다.

이상이 『주례』 고공기 · 장인 · 영국조에 규제된 대강의 규정이다. 이 규정을 크게 보면 천하의 성(읍)에는 3단계의 등급이 있다는 것이다. 곧 (천자의) 왕성과 제후 봉국의 국도, 그리고 종실과 경 · 대부의 채읍인 도가 그것이다.[23] 이러한 등급은 주왕이 주나라의 종맹의 맹주로서 군림하고 그를 중심으로 전국이 종법혈연질서에 의해 조직된 예제적 질서를 취함과 동시에 단계적으로 정치적 통속관계가 형성되어 있는 것을 나타낸다. 이 질서에 의해 규정된 영국제도는 성우(궁우, 문아) 등의 높이가 "높을수록 귀하며[以高爲貴]", 도로의 폭[寬度] 등의 숫자가 "많을수록 귀한 것[以多爲貴]"이 된다.[24] 구체적인 사례를 보면 면적에서 왕성이 최고 등급으로 9를 사용하고, 제후성이 7을, 도가 5를 사용하는 것처럼,[25] 왕－제후－경 · 대부는 그 명위에 따라 그 취할 수 있는 수가 규정되어 있는 엄격한 예제적 질

23 賀業鉅, 『考工記營國制度研究』, p.26.

24 『禮記』 卷23, 禮器10, "有以高爲貴者, 天子之堂九尺, 諸侯七尺, 大夫五尺, 士三尺. 天子諸侯臺門此以高爲貴也.(p.455上)"; "禮有以多爲貴者, 天子七廟, 諸侯五, 大夫三, 士一. 天子之豆二十有六, 諸公十有六, 諸侯十有二, 上大夫八, 下大夫六, 諸侯七介七牢, 大夫五介五牢, 天子之席五重, 諸侯之席三重, 大夫再重. 天子崩七月而葬五重八翣, 諸侯五月而葬三重六翣, 大夫三月而葬再重四翣, 此以多爲貴也.(p.451下)"

25 『左傳』 卷2 隱公 元年條의 傳, p.36上, "先王之制, 大都, 不過參國之一; 中, 五之一; 小, 九之一, 今京不度, 非制也(不合法度, 非先王之制)"; "孔穎達疏曰; 正義曰: 定以王城方九里, 依此數計之, 則王城長五百四十雉 … 公城方七里, 長四百二十雉 … 侯伯城方五里, 長三百雉 … 子男 …"; 이처럼 위에서 아래로 2씩 삭감되는 것이 예의 규정이라고 보았다.(『漢書』 卷73 韋玄成傳, p.3127, "春秋左氏傳曰: '名位不同, 禮亦異數.' 自上以下, 降殺以兩, 禮也.")

서가 유지되고 있는 것이다.[26] 이것은 당연히 참월할 수 없는 규정이었다.

이상과 같은 규정 가운데 후세 학계에서 도성의 형태로서 가장 중시하여 새롭게 (규정이) 변화된 형태의 기준을 삼는 것이 바로 ①에 주로 서술되어 있는 ⓐ 궁궐의 위치, ⓑ 조정[外朝]과 시장의 위치, ⓒ 조묘와 사묘의 위치, ⓓ 민간 주택의 위치 등 네 가지였다. 『주례』 고공기 · 장인 · 영국조에 규정된 그 원칙을 구체적으로 보면, ⓐ 도성의 중앙에 궁궐을 둔다[中央宮闕], ⓑ 궁궐 앞에는 조정을 두고 궁궐 뒤에 시장을 둔다[前朝後市], ⓒ 궁궐의 왼쪽에는 종묘를, 오른쪽에는 사직을 둔다[左祖右社]는 원칙에다 『흠정예기의소(欽定禮記義疏)』에 표현된 ⓓ 궁궐의 좌우에는 민간의 주택을 둔다[左右民廛[27]]는 규정을 보탠 네 가지를 후세 중국 도성건설 시 따라야 할 규범으로 이해하게 되었다.[28] 다만 ⓓ의 규정에 대해서는 학자 사이에 약간의 차이가 있으니 '좌우민전'이 아니라 '사방민전'으로 보기도 한다.[29]

26 『左傳』 卷9 莊公 18年 春條의 傳, p.159上, "王命諸侯, 名位不同, 禮亦異數, 不以禮假人."

27 '左右民廛'이란 용어는 那波利貞 先生이 처음 쓴 것이다.(「支那首都計劃史上により考察したる唐の長安城」, p.1215) 사실 『周禮』 考工記에는 '左祖右社'와 '面朝後市'라는 용어만 나와 있다. '中央宮闕'은 左右面後의 주체가 되는 것이 宮闕이라는 의미이다. 즉 基盤式으로 도성을 9등분하여 中央에 있는 宮闕區域을 삼는다는 것이다. 다만 '左右民廛'은 『欽定禮記義疏』 附錄에 게재된 「禮記圖」 卷1 '朝市廛里'條의 기록("建國之法, 前朝後市. 左右三廛, 朝有三, 一曰外朝, 二曰治朝, 三曰內朝. … 古人立國都, 亦由井田之法, 劃爲九區, 中間一區爲王宮, 前一區爲朝, 而左宗廟, 右社稷, 在焉. 後一區爲市, 而商賈萬物聚焉. 左右各三區皆民所居, 爲民廛. 君立朝而後立市, 固以寓先義後利之權. 君主中而市廛皆居外. 又以見居重馭輕之勢也.")에서 차용한 것이다. 즉 바둑판식으로 구등분한 구획 가운데 궁궐구역 외의 도성 내 동서에 위치하는 東의 三區와 西의 三區, 합계 6區의 지역을 민가가 존재하는 구역으로 한다는 의미이다.

28 那波利貞은 東周末期부터 前漢初期에 걸쳐 匠人條의 기록된 것과 같은 수도건설에 관한 진통적인 계획(소위 '王國經緯涂軌')이 이미 존재하고 있었던 것은 부정할 수 없다고 하였다.(「支那首都計劃史上により考察したる唐の長安城」, p.1212)

29 중국학자 賀業鉅 등은 '閭里'의 지역이 東西南北으로 궁궐구역을 둘러싸고 있다고 보고 있다.(賀業鉅, 『考工記營國制度硏究』, p.51의 圖2-1 「王城基本規劃結構示意圖」; 聞人軍 譯注, 『考工記譯注』, 上海: 上海古籍出版社, 1993, p.86, 圖27-1 「王城基本規

도성구조의 요소로서 ②와 ③의 부분에 규정된 것들도 물론 따지고 확인해 보아야 하지만, 사실 그들 규정들이 현장에서 어떻게 적용되었는가의 기록은 ①부분보다 훨씬 적은데다 고고학적인 발견으로도 명확한 데이터를 얻기가 쉽지 않다. 따라서 ②와 ③의 규정을 가지고 전후 시대 간의 계승이나 변화의 단면을 서로 비교 · 추적해 보기는 쉽지 않다. 그렇기 때문에 종래 학계에서는 ①의 궁전, 조정, 조묘, 사직, 시장과 민가의 위치가 도성들 사이의 가장 중요한 비교의 대상이 되었던 것이다. 그러나 ①에서 보이는 도성을 구성하는 각 요소들의 위치만이 아니라, 그 규모, 문의 수 등도 꼼꼼히 따져 볼 수 있다면 더욱 현상적인 진실에 접근할 수 있을 것이다. 이런 점을 염두에 두고 다음과 같은 문제에 접근해 보자. 첫째, 『주례』 고공기 · 장인 · 영국조의 규정은 어느 시대, 어떤 도성을 모델로 하여 정리된 것인가? 둘째, 그것이 어느 시대의 어느 도성부터 건설의 지침으로 적용되었던 것인가의 문제이다.

이 두 가지 문제를 살피기 위해서는 『주례』, 특히 그 가운데 고공기의 성서시기부터 살펴보는 것이 순서인 것 같다. 유가의 기본경전인 십삼경의 하나인 『주례』는 '주관(周官)'이라 칭해지듯이 중국 삼대의 하나인 서주시대의 직관과 제도를 집대성한 책으로 알려져 있다. 그 가운데 「고공기」는 『천공개물(天工開物)』 등과 함께 중국고대과학기술사에서 가장 중요한 문헌의 하나로 여겨지며,[30] 특히 「고공기」 내의 장인 · 영국조는 서주시대의 성읍 건설제도에 대한 지침이었을 뿐만 아니라, 후세 역대왕조의 도성건설의 대전으로 여겨져 준수되었다고 본다.[31] 하지만 그런 해석을 그대로 받아

劃結構示意圖」)

30 Joseph Needam, *Sience and Civilisation in China*, Vol.4, Part Ⅱ, Cambridge University Press, 1965, p.11.

31 賀業鉅는 이런(井田方格網系統의) 규획방법은 일찍이 西周 初(B.C.11세기)에 이미 사용되었고, 늦어도 春秋晩年(약 B.C.5세기)에 정식으로 官方文獻인 「考工記」 가운데 기재되었고, 이 방법은 곧장 후세에 계승되었으며 저명한 曹魏 鄴城, 北魏 洛陽,

들이기에는 여러 가지 따져 보아야 할 점이 많다.

사실 『주례』의 성서 연대에 대해서 종래 일치된 견해가 있는 것도 아니었다.[32] 진대 분서갱유를 거치면서 산일되었던 『주례』를 전한시기에 이르러 하간헌왕(河間獻王) 유덕(劉德: 景帝의 子)이 처음으로 얻게 되었다고 하지만, 당시에 얻은 『주례』는 육관 중에 동관 부분이 일궐(佚闕)되었던 상태였다.[33] 후에 왕망시기 유향 · 유흠 부자의 교정을 거친 「고공기」가 한 편목으로 『주례』에 보충된 것이다.[34] 이런 과정에서 「고공기」의 판본도 여러 가지가 유행되었으니 남제시대에 와서 발견된 과두체(科斗體)의 고공기도 그 하나였다.[35] 다만 전국시대 고문인 과두체로 쓰여 있었다고 하니 통

隋唐 長安과 洛陽, 明의 北京城 등이 모두 이런 방법에 따라 규획되었다고 하였다. (『中國古代城市規劃史』, p.209)

32 聞人軍에 의하면 ① 春秋末年成書說(郭沫若) ② 戰國後期成書說(梁啓超 · 史景成) ③ 戰國時期成書說(夏緯瑛) ④ 戰國初期成書說(楊寬 · 王燮山), ⑤ (考工記의)漢代成書說(Joseph Needam) 등이 있다고 한다.(『考工記譯注』 附錄, 「考工記成書年代新考」, pp.144-145)

33 『周禮』에 대한 기록으로 가장 일찍은 것은 王莽시기이다.(『漢書』 卷99上 王莽傳上, p.4091, "攝皇帝遂開祕府, … 發得周禮, 以明因監, …"); 唐人 賈公彦은 「序周禮廢興」에서 劉歆이 이 책을 "周禮者乃周公致太平之迹"이라 하여 周公이 그 작자라고 하였지만(臺北: 藝文印書館 印行 『十三經注疏』 3 『周禮』, p.9) 그것을 뒷받침할 근거는 없다.(侯家駒, 『周禮硏究』, 臺北: 聯經出版事業公司, 1987, p.2) 오히려 『周禮』는 王莽과 劉歆이 이 책에 들어 있는 官制를 통하여 그들의 정치이상을 실천하려고 했던 것이며, 宋代에 이미 이 책은 劉歆의 僞作으로 王莽에게 준 책이라는 주장도 있었다. (徐復觀 『周官成立之時代及其思想性格』, 臺北: 臺灣學生書局, 1980, 自序, p. i) 설사 이 책이 焚書坑儒로 隱藏 백 년 후 "孝武帝除挾書之律, 開獻書之路 … 復入于秘府"(『十三經注疏』 3 『周禮』, p.7)한 것이라는 賈公彦의 주장을 수용하더라도 前漢 長安城의 축조에 그 이론이 적용되었을 리는 없다.

34 『漢書』 卷30 藝文志, pp.1709-1710, "周官經六篇. 王莽時劉歆置博士"(師古曰: '即今之周官禮也, 亡其冬官, 以考工記充之.')

35 『南齊書』 卷21 文惠太子傳, p.398, "時襄陽有盜發古冢者, 相傳云是楚王冢, 大獲寶物玉屐 · 玉屏風 · 竹簡書 · 青絲編. 簡廣數分, 長二尺, 皮節如新. 盜以把火自照, 後人有得十餘簡, 以示撫軍王僧虔, 僧虔云是科斗書考工記, 周官所闕文也."

일시대 진 이전의 서적임은 분명하다. 그러면 「고공기」는 어느 시대에 만들어진 책일까? 당인 가공언(賈公彦)과 청인 강영(江永)의 동주 제인(齊人) 작자설에 의거하여 최근에는 춘추 말 제나라에서 만든 관서라고 보는 학설과,[36] 그런 주장에 동조할 수 없다는 주장으로[37] 나누어져 있다. 현재 학계에서 앞의 주장이 비교적 광범한 지지를 받고 있다 한다.[38] 그런데 동주의 열국 도성의 유지들을 보면 대부분 「고공기」에서 말하는 도성규획사상과는 부합하지 않는다. 다만 노나라의 곡부 고성이 그것과 비교적 접근하고 있다고 보기도 한다.[39] 노나라의 도성이 『주례』(고공기)를 따르는 것은 나름 이유가 있겠고,[40] 그런 면에서 노나라뿐만 아니라 제나라도 그럴 가능성이 있다 할 것이다.[41]

그러나 춘추 말은 잘 알다시피 주 왕실의 권위가 쇠미하여 제후국들이 패권을 다투던 시기였고, 열국 도성의 각종 규격이 법도에 합치되지 않아 "나라의 해"가 되고 있었던 시기였다.[42] 따라서 이 시기 제나라 도성의 경

36 郭沫若, 「『考工記』的年代與國別」, (聞人軍 譯注) 『考工記譯注』本 附錄, p.144; 다만 聞人軍은 戰國 初라고 보고 있다.(「『考工記』成書年代新考」, 『文史』 23, 1984, p.37)

37 劉洪濤, 「『考工記』不是齊國官書」, 『自然科學硏究』 1984-4.

38 宣兆琦는 「考工記」의 成書시기를 齊國 桓管 개혁시기로 보고 이 시기 '工正'(百工을 관리하는 관직)을 맡았던 陳完(田完)이 주재한 것이라고 본다. 그 이유로서 먼저 「考工記」가 수공업의 공예기술관련 專著이기 때문에, 戰國시대 齊지역에서 수공업이 특히 발달했다는 점, 둘째, 「考工記」 가운데 몇 개의 諺語가 제나라에서 사용된 것과 「고공기」에 나오는 '輪幅三十', '鬴', '九夫爲井' 등의 기술이 제나라 제도와 부합한다는 점 등을 들고 있다.(「『考工記』的國別和成書年代」, 『自然科學史硏究』 12-4, 1993, pp.301-302)

39 曲阜故城은 城墻이 비록 不平直하나 윤곽상 대체로 方形이고, 성문이 11座가 있는데 그 가운데 東・西・北門이 각 3좌, 南門이 2좌가 있고, 宮殿과 城門, 그리고 祭壇 등으로 연결되는 中軸線을 이루고 있다는 점에서 유사하다고 본다.(山東省文物考古硏究所, 『曲阜魯國故城』 濟南, 齊魯書社, 1982; 周長山, 『漢代城市硏究』, p.79에서 재인용)

40 『左傳』 卷42 昭公 2年條의 傳, p.719上, "周禮盡在魯矣."

41 『論語』 雍也篇, "齊一變至於魯, 魯一變至於道."

우도 『주례』를 따랐다는 관점보다 위제(違制)의 가능성이 높다고 볼 수도 있을 것이다.

그렇다면 고공기 · 장인 · 영국조의 규정이 제나라의 도성 임치성의 건설과정에서 지침이 되었던 것인가? 아니라면 어느 시대, 어느 도성을 모델로 하여 정리된 것이었으며, 그 규정이 어느 시대, 어떤 도성에 구체적으로 적용 · 건설되었던 것인가? 아니면 단순히 도성 건설의 이상만을 제시한 것에 불과한 것인가? 그 점을 알아보기 위해 고공기 · 장인 · 영국조의 구체적인 내용을 하나하나 각국의 도성의 그것과 비교 · 검토해 보아야 할 것 같지만 그 규정에 딱 맞는 도성을 찾기란 쉽지 않다. 또 어떤 정치적 지배자가 새롭게 도성을 축조할 때 이미 건축된 기존의 성을 이용하는 경우에는 그 의지와는 달리 고공기의 원칙을 그대로 준수하기는 더욱 어려운 일이다. 그래서 가장 쉽게 접근할 수 있는 것이 성의 규격, 즉 면적이 될 수밖에 없다.

그러면 면적을 나타내는 '방구리'란 어떤 의미를 갖는 규격이며, 어느 정도의 규모이고, 이것은 어느 시대의 도성에서부터 시작된 것일까? 우선 『주례』에 기술된 것이기 때문에 '방구리'라는 규격이 주대의 도성에 적용되었던 것일까? 잘 알다시피 서주시대는 천도가 잦았다. 예컨대 공유(公劉)는 빈(豳), 고공단보(古公亶父)는 주원(周原), 문왕은 풍(豊), 무왕은 호(鎬)에 도성을 정하였으며, 이후 평왕은 낙읍으로 천도하였다. 그러면 이 가운데 어느 도성이 '방구리'의 규격에 맞는 것일까?

도성의 규모로서 '방삼리', '방오리', '방칠리', '방구리' 외에 '방십이리'의 규격도 있었다고 한다. 『주례』의 소를 저술한 가공언에 의하면 그 가운데 방십이리는 천자 도성의 규격이었으며, 방구리는 (상)공의 규격이었고,

42 『左傳』 卷2 隱公 元年條의 傳, p.35下-36上, "祭仲曰: 都城過百雉, 國之害也(鄭玄注: … 侯伯之城方五里徑三百雉, 故其大都不得過百雉 …). 先王之制, 大都, 不過參國之一; 中, 五之一; 小, 九之一, 今京不度, 非制也(鄭玄注: 不合法度, 非先王之制)."

방칠리는 후백의 규격이었으며, 방오리는 자남의 규격이었다고 한다.[43] 이 가운데 '공의 성은 대개 방구리였다[公之城蓋方九里]'라고 했으니, 이 방구리는 (상)공의 규격이라는 말이다. 상공은 주제에서는 팔명인 태사 · 태부 · 태보의 삼공이 출봉할 때에 가일명(加一命: 구명이 되어)하여 칭한 것으로, 대개 '분섬(分陝)'의 지위를 확보한 자를 가리킨다.[44] 즉 당시 예제의 규정에 의하면 "출봉-상공-구명-분섬"이라는 특수 위치에 있는 자의 도성 규격이 바로 '방구리'라고 본 것이다. 따라서 가공언의 설명에 따르면 『주례』 고공기 · 영국조에 규정된 '방구리'가 '천자지성'의 규격이라고 보는 것은 잘못이 된다.

이 외에 '방십리'라는 규격이 있었는데, 정현(鄭玄)과 공영달의 설명에 따르면 이는 문왕 풍읍의 규격이었다고 한다. 당시 이런 규격이 나오게 된 것은 은[상]의 주왕(紂王)이 당시 여전히 명목상 천자였고, 문왕은 제후 신분이었지만, 일반 제후와는 달리 당시 특수한 위치에 있었기 때문이라는 것이다.[45] 따라서 고공기의 '방구리'라는 도성의 규격은 서주 초기 천자, 즉

43 『周禮』 卷21 春官 · 典命, p.321上-下, "上公九命爲伯, 其國家 · 宮室 · 車旗 · 衣服 · 禮儀, 皆以九爲節, 侯伯七命, 其國家 · 宮室 · 車旗 · 衣服 · 禮儀, 皆以七爲節, 子男五節, 其國家 · 宮室 · 車旗 · 衣服 · 禮儀, 皆以五爲節(鄭玄 注: 上公, 謂王之三公有德者, 加命爲二伯, 二王之後亦爲上公. 國家國之所居, 謂城方也. 公之城蓋方九里, 宮方九百步, 侯伯之城蓋方七里, 宮方七百步, 子男之城蓋五里, 宮方五百步.)."

44 『周禮』 卷21 春官 · 典命, p.321上-下, "賈公彦疏: '案下文, 三公八命, 出封皆加一等. 謂若周公大公有德, 封於齊魯, 身雖在王朝, 使其子就國, 亦是出封, 加命爲上公九命者, 此上公, 則爲三伯分陝者也, 故大宗伯云, 九命作伯也云 … 國家宮室以九以七以五, 亦當爲九里七里五里爲節. 而天子城方十二里, 而言此九七五, 亦當爲九里七里五里爲差矣. … 『周禮』匠人營國方九里爲天子之城, 今大國與之同, 非也. 然大國七里, 次國五里, 小國三里之城爲近, 可也. … 若案匠人營國, 方九里, 據周天子而言, 則公宜七里, 侯伯宜五里, 子男宜三里爲差也. 若據此文, 九命者以九爲節, 七命者以七爲節, 五命者以五爲節.'"

45 『詩經』 卷16-5 大雅 文王有聲, 「築城伊淢, 作豊伊匹」의 鄭玄 注: "箋云: 方十里曰成, 淢其溝也, … 文王受命而猶不自足, 築豊邑之城, 大小適與成偶, 大於諸侯, 小於天子之制."(p.583上); 「王后烝哉」의 孔穎達 疏曰: "此述作豊之制. 言文王興築豊邑之城, 維

주왕조 국도의 규격은 아니었다는 결론에 도달한다.

여기에서 도성의 각종 규격을 현재의 도량형으로 환산해 보자. 먼저 '방구리'를 계산해 보면, 주대 1리가 300보이며, 1보는 6척이었으니, 1리는 1,800척이 된다. 주대에는 동척(銅尺)에 7종이 있어 그 길이는 22.5-23.1cm이고, 만주(晩周)의 1척은 23.1cm였다.[46] 따라서 『주례』가 주대의 도량형을 기준으로 했다면 9리는 3,742.2m이며, 사방은 14,968.8m가 된다.[47] 그러면 이런 규모는 어느 시대 도성의 규모인가? 그 규모에 있어서 동일한 것을 찾으면 가장 조기의 것으로 서주 평왕의 동천 후 도성이 되었던 낙읍이 떠오른다. 낙읍은 바로 서주 무왕이 은의 주왕을 멸망시키고 세운 도성인 성주 바로 그것이었다.[48] 성주의 규모에 대해서 『일주서』「작낙해(作雒解)」에서는 '성방천칠백이십장, 곽방칠십리(城方千七百二十丈, 郭方七十里)'[49]라고 기술하고 있다. 여기서 성은 1면이 1,720장이라고 하니, 이는 3,973.2m이고, 사면이면 15,892.8m가 된다. 이는 방십이리의 규격이다. 그런데 『예문유취』에는 '방천육백이십장'이라 했으니,[50] 1면이 2,742.2m이

如一成之減, 減內之地, 其方十里."라 하였다. 文王은 당시 諸侯의 신분으로, 그 도성의 규격을 10리로 한 것은 천자의 도성을 넘지 않는 규격을 취한 것이다.

46 梁方仲, 『中國歷代戶口·田地·田賦統計』, 附錄2 「中國歷代度量衡變遷表」, 上海: 上海人民出版社, 1980, p.540, 「中國歷代度量衡變遷表」)

47 史念海, 「『周禮·考工記·匠人營國』的撰著淵源」, 『傳統文化與現代化』 1998-3, p.48.

48 『史記』 卷4 周本紀4, pp.129-133, "(武)王曰: '定天保, 依天室, 悉求夫惡, 貶從殷王受. 日夜勞來, 我維顯服, 及德方明. 自洛汭延于伊汭, 居易毋固, 其有夏之居. 我南望三塗, 北望嶽鄙, 顧詹有河, 粵詹雒·伊, 毋遠天室.' 營周居于雒邑而後去. … 成王在豐, 使召公復營洛邑, 如武王之意. 周公復卜申視, 卒營築, 居九鼎焉. 曰: '此天下之中, 四方入貢道里均.'"

49 『逸周書』(臺北: 臺灣中華書局, 1966) 卷5 「作雒解」 第四十八, p.7-b, "周公敬念于后曰: '予畏同室克追, 俾中天下. 及將致政, 乃作大邑成周于土中. 城方千七百二十丈, 郭方七十里, 南繫于雒水, 北因于頬山, 以爲天下之大湊,'"

50 (唐)歐陽詢 撰, 『藝文類聚』(汪紹楹 校, 上海: 上海古籍出版社, 1985) 卷63 居處部3 城, p.1137, "周書曰: 周公作大邑成周于土中, 立城方千六百二十丈. …"

고, 사면은 총 14,968.8m가 된다. 한편 『진원강지도기(晉元康地道記)』에서는 낙읍의 규모를 “성내남북구리칠십보, 동서육리십보(城內南北九里七十步, 東西六里十步)”라 하였다.[51] 이상에서 기록상 각각 약간의 차이도 있고, 또 정방형이 아니라 장방형으로 표현되어 있기는 하지만, 그 규모에서는 고공기 · 장인 · 영국조의 ‘방구리’와 근접하고 있다고 할 수 있다. 이런 면에서 ‘방구리’라는 규정이 낙읍을 기준이 되어 출현했을 가능성이 크다. 따라서 방구리의 도성을 찾으려면 제일 먼저 춘추시대 (동)주 천자의 도성 낙읍의 규격이라고 할 수 있다.

그렇다면 방구리를 상공의 도성 규격이라고 하였던 것은[52] 어떤 사정에서 나온 것일까? 앞에서 고공기가 춘추 말 제나라의 관서라는 주장이 유력하다고 하였는데 그렇다면 당시 임치성의 규격은 어떠하였던가? 임치성은 대소 2개의 성이 있었는데, 대성의 둘레가 14,158m이었고, 소성의 둘레가 7,275m로, 총 길이가 21,433m였다. 소성은 대성의 서남쪽에 있었다. 소성은 남북이 긴 장방형이었다.[53] 제나라는 당시 제후국 중에서 최고였기 때문에 『주례』(春官 · 典命)의 규정에 따르면 상공구명에 해당한다. 따라서 제나라의 도성은 ‘방구리’여야 한다. 따라서 임치성이 방구리의 규격이었다고 볼 수 있다. 즉 방구리라는 면적만을 본다면 동주 낙읍의 규격인 동시에 제나라 도성 임치의 규격이었다고 해도 무방하다.

다음은 도로의 폭과 성문의 수를 가지고 당시 도성들의 규격을 검토해

51 『晉元康地道記』에는 “城內南北九里七十步, 東西六里十步”(『元河南志』<灊香零卷拾叢書(道光二十年 揚州阮氏摹刻)>本 「成周城闕宮殿古蹟」條, p.3-a, “『晉元康地道記』曰: ‘王城去洛城四十里, 城內南北九里七十步, 東西六里十步’, … 陸機『洛陽記』曰: ‘洛陽城周公所制, 東西四十里, 南北十三里’”)라고 되어 있다.

52 成周王城은 西周 초기에 건설된 것인데 그때 西周의 도성은 豊鎬였다. 鄭玄의 해석대로 하면 豊京은 方十里, 雒邑은 方九里여야 한다. 즉 上公의 도성과 동등하게 된다.

53 中國社會科學院考古研究所, 『新中國考古發現和研究』, 北京: 文物出版社, 1984, p.272.

보자. 먼저 고공기 · 장인 · 영국조에서 도로의 폭에 대해서 "남북과 동서로 달리는 도로의 너비는 9궤이다[國中九經九緯, 經涂九軌]"라는 규정에 대한 정현의 주석을 보면,[54] 소위 '9궤'는 72척이다. 6척이 1보이니, 당시의 도로의 너비는 12보, 지금으로 환산하면 16.632m이다. 그런데 제후국의 경도(經涂: 經緯의 도로)는 왕조의 환도의 규격이었다. 환도가 7궤였으니 1궤=8척으로 지금으로 환산하면 12.936m였다. 다음은 성문의 숫자에 대하여 살펴보자. 각 면 3문 총 12문의 형태를 취하고 있다. 낙읍의 성문도 같은 숫자이므로 그 규정에 합치된다고 할 것이다.[55]

다음으로 궁전 · 조정 · 시장 · 조묘 · 사묘의 위치를 살펴보자. 이것은 후세의 학자들이 가장 중요한 도성의 형제의 요소로 보았던 것이다. 「주왕성도」(『삼례도』 및 『원하남지』에 소수)를 보면 그 확실한 근거는 제시하지 않고 있지만 '면조후시'와 '좌조우사'의 형태를 표시하고 있으며, 또 궁전의 위치는 지도의 정중앙에 표시하고 있다는 점에서[56] 고공기 · 장인 · 영국조의 기록과 부합하고 있다.

이상에서 본 바와 같이 『주례』 고공기 · 장인 · 영국조의 규정은 동주 낙

54 『周禮』 卷41 冬官 考工記下, 匠人營國條, p.612-下, "鄭玄注曰: '國中, 城內也. 經緯謂涂也. 經緯之涂, 皆容方九軌, 軌謂轍廣. 乘車六尺六寸, 旁如(加)七寸, 凡八尺, 是謂轍廣九軌. 積七十二尺, 則此涂十一步也. 旁如七寸者, 輻內二寸半, 輻廣三寸半, 綆三分寸之二, 金轄之間三分寸之一.'"

55 『元河南志』, 卷2 成周城闕宮殿古蹟, p.2-a, "面有三門, 凡十二門, 南城門曰圉門, 東城門曰鼎門(『帝王世紀』曰東南門名鼎門, 蓋九鼎所從入), 北城門曰乾祭(『春秋左氏傳』昭二十四年, 晉侯使士景伯涖問周故, 士伯立于乾祭而問于介衆. 杜預曰: 乾祭王城北門, 介大也. 酈道元『水經注』曰: 子朝之亂, 晉所開也.), 餘名不傳. …" 史念海는 北城門인 乾祭가 子朝之亂을 계기로 晉이 열었다는 기사를 가지고, 北城門이 원래 2개이어도, 아니면 4개이어도 「고공기」의 기사와 맞지 않는다고 하였다.(p.48) 그러나 '面有三門, 凡十二門'이라고 전제했으니 그렇게 받아들이는 것도 무리가 아닌 것 같다.

56 考古研究所洛陽發掘隊, 「洛陽澗濱東周城址發掘報告」, 『考古學報』 1959-2, 「附: 永樂大典卷9561引元河南志的古代洛陽圖十四幅」 圖1 周王城圖, p.39, "王宮居中, 左祖右社, 面朝後市, 宮有五門, 內有六寢. …"

읍의 규격인 동시에 제나라 임치성의 규격에 가장 가깝다. 그리고 당시 전국시대 열강들의 도성도 이 규격이었을 가능성이 크다. 따라서 『주례』라는 책 이름에서 풍기듯이 서주 도성의 규격은 아니라는 결론에 이르게 된다.

그러면 이런 규격, 특히 후세 학자들이 중국 고대 도성 건설에 있어서 지침이 되었다고 보는 네 가지 원칙은 어느 시기 성립되어 역대 중국고대 도성 건설의 지침이 된 이후, 하나의 전통으로 작용해 왔다는 것인가? 『주례』 동관 · 고공기 · 장인 · 영국조의 기록은 낙읍의 규획이라고 보지만, 이후 그것이 넘을 수 없는 규정은 아니었다. 춘추시기부터 각국의 광범위한 위제 행위가 자행되었고, 이는 난(亂)과 변(變)의 형태로 나타났다. 난은 파구(破舊)로, 변은 창신(創新)의 형태로 표현되었다.[57] 이런 분위기는 구체적으로 "성을 쌓아 군주를 비위하고, 곽을 만들어 백성을 지킨다[築城以衛君, 造郭以守民]"[58]라거나 "천장이나 높은 성과 만가나 되는 읍이 서로 바라보는[千丈之城, 萬家之邑相望]"[59] 형태로 표현되었으며, 다른 한편으로는 구성의 개조, 신성의 대량 축조, 성시 유형의 다양한 변화로 표현되었다. 춘추시기 기록에 의하면 축성이 유행하여 노국이 27차례, 초국이 20차례 등 78차례의 축성이 있었다고 한다.[60] 이런 변화는 당시 봉건제도의 붕괴라는 정치적 변화 외에 경제적 요인도 작용한 결과였다. 특히 춘추말년 공자로 하여금 열국을 주유하도록 만든 노나라의 권력자 소위 '삼환(계손씨 · 맹손씨 · 숙손씨)'의 축성과 그 타파를 둘러싼 유명한 '휴삼도(隳三都)'사건은[61] 기존 질서의 붕괴를 상징적으로 보여 주고 있는 것이다.

57 賀業鉅, 『中國古代城市規劃史』, p.231과 p.241.

58 『太平御覽』(臺北: 臺灣商務印書館, 1975) 卷193 居處部 21 「城下」條, p.1062, "『吳越春秋』曰: '鯀築城以衛君, 造郭以居人, 此城郭之始也.'"

59 『戰國策』(臺北: 臺灣中華書局, 1972) 卷19 趙策3, p.1-b.

60 魯 27, 楚20, 晉 10, 鄭 4, 齊 3, 宋 2, 邾 · 陳 · 越 등이 각 한 차례 등 총 78차례의 축성이 있었다고 한다.(許倬雲, 「周代城市的發展與商業發達」, 『歷史語言研究所集刊』 48-2, p.311)

이처럼 『주례』 동관 · 고공기 · 장인 · 영국조의 규정은 '중앙궁궐' 등 몇 가지를 제외하면 시대 상황으로 그대로 지켜지지도 않았고, 지켜질 수도 없는 것이었다. 그런데다 왕조의 개창 시 공지에다 새로운 도성 건설을 계획한 후 그 설계에 의해서 건설된 이른바 '계획도시'도 아니었다. 따라서 후세 역대 도성 건설의 지침으로서 크게 작용할 수 없는 것이었다.

동아시아 도성 구조의 전설로 칭해지는 수당시대 장안성의 형제, 즉 그 구조면에 대해서도 중국 전통적인 도성형제를 계승했다고 주장하는 측도 있고, 전통에서 일탈한 면이 많다는 점에서 수당 장안성이야말로 파격적인 도성의 완성품이라는 주장도 있다. 전자측은 대체로 도성건설의 모범을 제시한 『주례』 고공기의 원칙에 따른 것이라고 보는 반면, 후자의 파격론을 주장하는 측은 『주례』의 원칙과 어긋나는 점이 많다는 것으로 그 파격의 기준을 삼고 있는 것이다. 이런 상반된 견해가 대립하고 있는 것은 첫째, 수당 도성으로서 장안성의 구조를 계승이냐 파격이냐 하는 양자택일의 입장으로 너무 단순화시킨 데 있다고 생각한다. 둘째, 『주례』만이 중국 고대 도성의 구조에 대한 불문율을 제시했다고 믿는 자세에 있는 것이다.

사실 수당제국이란 중국 고대로부터 내려오는 전통을 일부 계승함과 동시에, 위진남북조, 특히 오호십육국 · 북조시대 이민족의 지배기간 동안 전통문화와 매우 이질적인 요소를 흡수한 왕조였기 때문에 양자의 절충이 가능했던 시대적인 조건을 갖고 있었다. 수당문화의 다원성 · 복합성은 부정할 수 없는 사실이다. 그런 면에서 도성의 형제 역시 호와 한이라는 이

61 周나라에는 귀족제후의 城墻은 18尺을 초과하지 못하도록 규정이 되어 있었다. 그러나 春秋 末 魯나라의 '三桓'이 이 규정을 따르지 않았다. 季孫氏가 쌓은 費, 孟孫氏가 쌓은 郕, 叔孫氏가 쌓은 郈城을 말한다. 孔子가 魯國의 大司寇가 되어 魯 定公과 함께 '隳三都'의 행동을 개시했으나(魯 定公 13년: B.C.497) 三桓의 반대로 중도에 중단하게 되었다. 공자가 이를 계기로 三桓의 적이 되었고, 얼마 후 제자들과 함께 천하열국을 주유하게 된 계기가 되었다.(『左傳』 卷56 定公 13年 12月條, p.980上-下)

질적인 문화의 융합의 산물이라고 볼 수도 있을 것이다. 또한 중국 고래의 도성들의 구조가 『주례』에 제시한 가이드라인에 의해 축조되었을 가능성은 크지 않다. 다만 『주례』가 춘추-전국시대를 거치면서 출현한 다양한 도성의 구조에 대한 이론을 집대성했을 가능성은 배제할 수 없다.

II. 단성구조와 '자연'도성으로서의 전한 장안성

필자는 도성의 유형을 크게 두 가지로 나눌 수 있다고 본다. 자연도시(성)냐, 아니면 계획도시(성)냐의 구별이 그것이다. 전한 장안성이 수당 장안성과 비교할 때, 누구에게나 떠오르는 가장 다른 특징은 '계획도시'가 아니었다는 점이다.[62] 일반적으로 계획도시란 성벽과 궁전 · 시리의 구역을 계획에 따라 공지에 건설한 후 일시에 입주시킨 것을 말한다. 그럼에도 불구하고 전한 장안성이 과연 『주례』 고공기 · 영국조의 도성건설 이념을 어느 정도 수용한 것인가? 수용했다고 보는 관점도 있고, 그렇지 않다고 보는 관점도 있었다. 이 문제에 접근하기 위해서는 장안성 내의 도시규획이 과연 어떤 특징을 지녔는가를 먼저 검토해야 한다. 전한 장안성의 특징으로 ① 숭방(崇方), ② 택중(擇中: 東西居中), ③ 축선(軸線), ④ 면조후시(面朝後市), ⑤ 좌조우사(左祖右社) 등 다섯 가지를 들면서 이것들은 중국 고대로부터의 전통적 도성 건설원칙에 따른 것이라 보는 견해가 있다.[63] 다른 한편에서는 전한 장안성의 경우 주법(周法)이 아니라 진제(秦制)를 따랐으

62 那波利貞은 중국의 도성유형을 두 가지로 분류하였다. 첫째, 당초의 都市計劃에 따른 유형과, 둘째, 自然的 發達에 따라 市區를 정리하고 다시 주위에 城壁을 두르는 유형이 그것인데, 전자의 예로 隋의 大興城, 元의 大都, 明의 北京城을 들고, 후자의 예로 前漢 長安城을 들었다.(「支那首都計劃史上により考察したる唐の長安城」, pp.1206-1208)

63 劉慶柱 · 李毓芳, 『漢長安城』, 北京: 文物出版社, 2003, pp.214-225.

며,[64] 거기다 한가(漢家) 나름의 독자적인 제도가 삽입하였을 뿐만 아니라,[65] 또 시기적으로 『주례』 고공기가 영향을 미칠 수 없었기 때문에 전한 장안성은 『주례』 고공기 · 영국제도와는 합치되지 않는 것이라고 본다.[66] 이런 면에서 상당한 부분에 있어서 『주례』 원칙의 준수는 왕망시기의 장안[67] 혹은 조위의 업, 서진의 낙양시기부터라고 보고 있기도 하다.[68] 한편 중국의 전통적인 도성사상과 '배치'되는 형태를 띤 대표적인 도성이라 여겨지는[69] 수당 장안성도 『주례』를 따른 대표적인 도성의 하나라고 보는 자도 있다.[70] 이러니 전한 장안성 이후의 역대 도성 형제(型制)에 대한 정확한 파악은 전한 장안성의 그것이 정리되어야 가능한 것이다. 그러나 전한

64 張衡의 「西京賦」에서는 「量徑輪, 考廣袤. 經城洫, 營郭郛. 取殊裁於八都, 豈啓度於往舊? 乃覽秦制, 跨周法」(『文選』<上海: 上海古籍出版社, 1986> 卷2 賦甲 京都上 西京賦, pp.51-52)이라 하여 八方의 異制를 채용하였고, 往日의 故法을 따른 것만은 아니어서, 한마디로 '覽秦制, 跨周法'이라 요약하였다.

65 『漢書』 卷9 元帝紀, p.270, "宣帝作色曰: '漢家自有制度', 本以霸王道雜之. …"

66 賀業鉅, 『考工記營國制度研究』, p.22.

67 周長山, 『漢代城市研究』, p.80.

68 那波利貞은 前朝後市 · 左祖右社 · 中央宮闕 · 左右民廛을 『周禮』 考工記 · 營國條의 4대원칙으로 보고, 이런 원칙은 周末漢初에 이미 존재하였으나, 일찍이 周의 東都雒邑에 실시되었는지는 확증할 사료가 없고, 前漢 長安城은 자연적 발달해 온 것을 후에 정리한 것으로 전통적인 도성계획이 충분히 발휘할 수 없는 사정에 있었기 때문에, 다만 합계 十二門과 그에 수반된 도로 등은 전통적인 원칙에 합치한다고 하였다.(「支那首都計劃史上により考察したる唐の長安城」, p.1216) 따라서 전통적인 원칙에 합치하여 건설된 것은 曹魏의 鄴都北城, 西晉의 洛陽, 北宋의 東京開封府, 元의 大都燕京, 明의 金陵, 明 · 清의 北京 등이며, 단정할 수는 없지만 五胡시대의 前燕 · 後燕의 수도 薊城, 金의 海陵王 이후의 수도인 中都 大興府와 같은 것이 전통적인 수도건설 계획의 원칙적인 관례에 근거한 도성이라 보았다.(同, p.1241)

69 那波利貞은 支那(中國) 歷朝中의 首都 都市計劃에 비해 '異數'의 현상으로, 古來의 傳統的 首都建設計劃의 '一變態'로 看過할 수 없는 것이라 하였다.(「支那首都計劃史上により考察したる唐の長安城」, p.1242)

70 賀業鉅는 『주례』 고공기의 기재를 충실히 반영한 도성으로 曹魏의 鄴, 北魏의 洛陽, 隋唐의 長安城과 洛陽城, 明의 北京城을 들고 있다.(『中國古代城市規劃史』, p.209)

장안성 구조에 대해 다양한 주장이 현존하고 있다. 주지하듯이 전한은 그 이전 춘추 · 전국시대 동안 여러 방면에 걸쳐 전개된 사상들을 집대성한 후 후세에 많은 영향을 준 왕조이기 때문에, 그 도성 장안성의 구조가 갖는 의미는 특별하다 할 것이다. 따라서 그에 대한 정확한 이해는 이후 도성사를 이해 · 정리하는 시발점으로서 매우 중요하다.

중국 도성 건설사상 전한 장안성이 가지는 위치를 정확하게 파악하기 위해서는 장안성이 지니는 특징부터 적출하고 그것의 기원과 후세로의 영향을 분석해야 한다. 그런데 전한의 장안성은 그 건설과정에서 기존의 도시구조물을 이용했고, 필요에 따라 중요건축물이나 거리 등을 증축 · 증설하는 형식을 취하였다. 따라서 도시 경관이 방방정정한 규칙성을 유지하기보다 불규칙한 기형성을 띠는 것이[71] 외형상 금방 나타난다. 그런 점이 수당 장안성과의 가장 큰 차이이다. 다시 말하자면 계획도시냐 아니냐의 차이는 한-당 장안성의 가장 큰 차이인 것이다.

도시를 말함에 있어 '성'의 의미는 절대적이다. 중국에서는 '도시'라는 말 대신 '성시'라는 용어를 사용하는 것은 '성'과 '시' 두 요소가 도시 전체에서 갖는 의미를 잘 말해 주고 있다. 중국고대에서는 도읍을 원래 '성'이라고 불렀다. 성은 원래 정치적 권위[제왕]를 보위하기 위한 고장벽루(高墻

71 唐의 長安城은 計劃都市인 반면, 前漢의 長安城은 自然發達都市였다는 점에서 차이가 난다. 즉 高祖의 奠都 이래 자연히 발달한 도시를 惠帝時에 城壁을 둘러쌓았던 것이지만, 그것도 一面을 쌓는 데 불과하였다.(『漢書』 卷2 惠帝紀, p.89, "三年, 春, 發長安六百里內男女十四萬六千人城長安, 三十日罷." 鄭氏曰 '城一面, 故速罷') 이 점에 대해서는 古賀 登, 『漢長安城と阡陌 · 縣鄕亭里制度』, 東京: 雄山閣, 1980, p.41 주2를 참조하라. 필자는 이런 도성을 計劃都城에 대비되는 概念으로 '自然都城'이라 명명했다. 한편 唐의 長安城은 隋의 大興城이고 隋 文帝는 開皇 2年(582) 高熲 · 宇文愷 등에게 명하여 前漢 長安城 東南 龍首原에 新都를 건설하게 했다. 大興城은 완전한 도시계획을 세운 후 건설한 것으로 宮城을 먼저 건설하고 다음으로 皇城, 마지막으로 郭城을 건설했다.(楊寬, 『中國古代都城制度史研究』, 上海: 上海古籍出版社, 1993, p.169)

壁壘)라는 뜻이었다. '성을 쌓아 군주를 비위하고, 곽을 만들어 민을 지킨다[築城以衛君, 造郭以守民]'는 말에서[72] 알 수 있듯이 군주는 성의 본위였다. 곽이 출현하기 이전에는 민과 성은 별다른 관계가 없었다. 성과 시의 합성어인 '성시'로 변함으로써[73] 비로소 민은 도시의 중요한 구성원이 되었다. '시'는 무역 · 교환의 중심지이다. 다시 말하면 도시는 정치적 직능에다 경제적 직능을 보탠 것이다.[74] 이런 변화는 춘추 · 전국시대에 일어난 것인데, 『관자』, 『맹자』 등이 주장한 애민사상의 출현과 재부를 창조하는 주체인 민의 중요성이 인식되기 시작하였기 때문이며, 이로써 성과 곽의 구별 개념이 나타나게 되었다. 이에 따라 군주위주의 예제적 도시구조에다 점차 경제적 기능이 강조되기에 이르렀다. 이때가 되면 성은 얇아지고, 대신 곽이 두터워져 곽이 성의 의미를 띠게 되었다. 성의 형체를 정방형으로 흔히 생각하지만, 지형적인 제약 등 여러 가지 조건에 의해 반드시 그런 것만은 아니다. 사실 중국 고대 축조된 대다수 성의 형태도 그렇지 않았을 뿐만이 아니라 특히 본고에서 다룰 전한의 장안성은 정방형과는 거리가 멀다.

그러면 아래에서 전한 장안성의 건설과정과 그 특징을 본격적으로 살펴보자. 전한의 수도 장안성 유지는 현재 섬서성 서안시 서북 약 3km에, 북으로 위수 남안으로부터 2km 떨어진 지점에 남아 있다. 장안성의 건설은 대체로 3단계로 나눠진다. ① 고조시기(B.C.202)에 진대의 이궁인 흥락궁(興樂宮)을 장락궁(長樂宮)으로 개조하고, 장락궁 서면에 미앙궁(未央宮)

72 (唐)徐堅 等 輯, 『初學記』(韓放主 校點, 北京: 京華出版社, 2000) 卷24 居處部 城郭2 p.277, "『吳越春秋』 曰: … 築城以衛君, 造郭以守民, 此城郭之始也."

73 中國에서는 '有城而無市'의 시기가 있다가 '有城而有市'의 시기가 나타난다. 그러나 '有市而無城'의 경우는 진정한 城市(도시)라고 보기 힘들다. 그만큼 중국 도시발생사상 城이 갖는 의미는 중요한 것이다. 그러나 唐宋시기에 들어서면 '有城而無市'의 도시가 출현하게 된다.

74 西洋의 경우는 보통 貿易交換中心地('市')에서 도시로 발전되는 것이지만, 중국은 防禦('城')를 목적으로 도시가 성립하였던 것이니, 동서양의 도시 출현의 동기에 차이가 나타나고 있다.

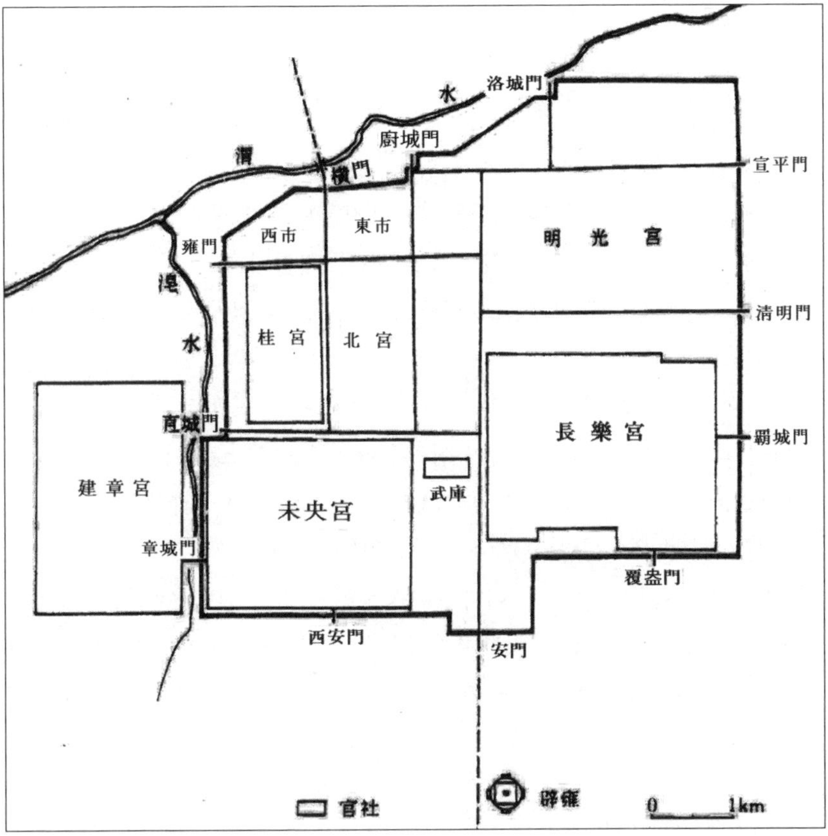

출처: 賀業鉅, 『中國古代城市規劃史』, 北京: 中國建築工業出版社, 1996, p.322, 도4-20, 「漢長安城市總體布局概貌圖」.

〈그림 2〉 전한 장안성도

을 세우고, 고조 7년(B.C.200)에 장락궁과 미앙궁 사이에 무고(武庫)를 세운 것이다. ② 혜제시기(B.C.194)에 사면에 성장을 축조한 것이다.[75] 아울

75 그 순서는 西墻을 가장 먼저, 다음은 南墻, 다시 東墻, 최후로 北墻을 건축했다.[『史記』 卷9 呂太后本紀, pp.398-399, "'三年, 方築長安城, 四年就半, 五年六年城就.'(司馬貞)『索隱』: 按: 『漢宮闕疏』, '四年築東面, 五年築北面.' 『漢舊儀』'城方六十三里, 經

러 동시와 서시를 건축하였다.[76] ③ 무제 시(B.C.101)에 경제발달로 국고가 충실해지자 대규모 궁전을 증건한다. 미앙궁 북에 계궁과 북궁을 짓고 장락궁 북에 명광궁(明光宮)을 지었다. 그리고 서성의 외면(즉 성외)에 광대한 건장궁(建章宮)을 짓고 아울러 상림원을 확대 건설하고, 이궁과 별관을 확장하였으며, 성교 서남에 곤명지를 개착함으로써 장안성의 건설계획이 대략 완료되고, 아울러 도성의 규모도 대강 결정되었다. 전한의 장안성이 수당의 장안성과 비교할 때 또 다른 큰 차이는 이처럼 오랜 시간을 두고 건설되었다는 점이다.

전한 장안성의 평면적인 모습은 기본적으로 방형으로 경과 위가 상등하다고 하지만,[77] 후세 수당대의 장안성과 비교하면 굴절이 매우 많다. 즉 남면도 굴곡이 있고, 북면에는 더 많은 굴절이 있다.[78] 그래서 이런 전한의 장안성의 모습을 '성남위남두형, 성북위북두형(城南爲南斗形, 城北爲北斗形)'[79]이라 기록하고 있는 것이다. 즉 성곽의 북벽과 남벽은 각각 북두칠성과 남두육성을 본뜬 것처럼 보여서 '두성'이라고 칭해지기도 했지만, 원래의 건축계획이 그랬던 것은 아니었다고 본다.[80] 여하튼 전한 장안성과 고

緯各十二里.'『三輔舊事』云'地形似北斗'也."]『漢書』의 기록을 보면 다음과 같다.[『漢書』卷2 惠帝紀, p.88, "(元年) 春正月, 城長安.";『漢書』卷2 惠帝紀, p.89, "三年春, 發長安六百里內男女十四萬六千人城長安, 三十日罷.";『漢書』卷2 惠帝紀, p.89, "(三年)六月, 發諸侯王·列侯徒隸二萬人城長安.";『漢書』卷2 惠帝紀, p.90, "(五年)春正月, 復發長安六百里內男女十四萬五千人城長安, 三十日罷.";『漢書』卷2 惠帝紀, p.91, "(五年)九月, 長安城成."]

76 『漢書』卷2 惠帝紀, p.91, "(六年, 夏六月)起長安西市, 修敖倉."

77 王仲殊,『漢代考古學概說』, 北京: 中華書局, 1984, p.3.

78 남쪽은 長樂宮과 未央宮을 건설한 후에 성장을 만들었기 때문에 생긴 굴곡이고, 北面의 성장은 지세관계(河道) 굴절이 많고 기울어져 있다고 한다.(楊寬,『中國古代都城制度史硏究』, p.114)

79 『三輔黃圖校注』卷1「漢長安故城」, p.58, "城南爲南斗形, 北爲北斗形, 至今人呼漢京城爲斗城是也."

80 P. Wheatley, *The Pivot of the Four Quarters: A Preliminary Enquiry into the*

공기 · 영국조의 규정을 비교하면 과연 장안성이 방형의 도성을 추구했느냐에 대한 의문을 갖게 한다. 굴곡된 북면은 하도라는 지세에 의해서 변형되었다고 하더라도 미앙궁과 장락궁에 의해 굴곡된 남면은 방형의 일부라고 설명할 방법이 없다. 따라서 정방형은 고사하고 방형으로 보는 것도 무리라고 본다.

1957년과 1962년의 실측 결과에 따르면,[81] 전한 장안성의 동면 성장은 약 6,000m, 남면은 약 7,600m, 서면은 4,900m, 북면은 7,200m로 총연장은 25,700m였다. 이 길이는 한대의 62여 리로 "성방육십삼리(城方六十三里)"라는 사서의 기재와 부합한다.[82] 즉 장안성의 총면적은 약 36km^{2}이다.[83] 성장은 모두 황토 항축(夯築)으로 건설되었으며 동쪽 성장의 보존상태가 가장 좋다. 그 높이는 12m 이상, 하부의 너비는 12-16m였다.[84] 성장의 외측에는 호구(壕溝)로 둘러싸여 있는데 너비가 8m, 깊이가 3m였다.[85]

다음으로 성문의 수를 가지고 『주례』 고공기 · 영국조와 비교해 보자.

Origins and Character of the Ancient Chinese City, Chicago: Aldine Pub. Co. 1971, p.443 및 中野美代子, 「北斗の城」, 『仙界とポルノグラフィ-』, 東京: 靑土社, 1989, p.117. 그러나 古賀 登은 그것이 河川과 地勢, 宮殿의 위치로부터 不整形이 될 수밖에 없었다고 하여 그 견해를 반대하고 있다.(『漢長安城と阡陌 · 縣鄕里制度』, 東京: 雄山閣, 1980, p.91)

81 中國社會科學院 考古硏究所에서 파견된 考古工作隊에 의해 현재까지의 진행된 漢代 長安城의 발굴은 4개 단계로 진행되었다. 1) 50년대 후반기 - 60년대 초기의 城墻 城門 街道 宮殿 및 南郊禮制建築物 發掘, 2) 70년대 후기의 武庫유지발굴, 3) 80년대의 未央宮遺址발굴, 4) 90년대 초기의 東西市遺址, 西市陶俑의 官穴窖址, 錢幣作坊遺址 鑄造遺址의 발굴 등이다.(李遇春, 「漢長安城的發掘與硏究」, 『漢唐與邊疆考古硏究』 1, 北京: 科學出版社, 1994)

82 『史記』 卷9 呂太后本紀, p.399, "(司馬貞)『索隱』按 … 『漢舊儀』'城方六十三里, 經緯各十二里.'"

83 李遇春, 「漢長安城的發掘與硏究」, p.32.

84 『三輔黃圖校注』 卷1 「漢長安故城」, p.58, "(城)高三丈五尺, 下闊一丈五尺, 上闊九尺, 雉高三坂, 周廻六十五里."라고 되어 있으나 실제와는 차이가 난다.

85 王仲殊, 『漢代考古學槪說』, p.5.

1변(면) 3개의 성문을 규정한 고공기 · 영국조의 규정처럼 전한 장안성에는 매면 3개씩, 총 12개의 성문이 있었는데,[86] 그 명칭은 동장의 경우 남에서부터 북으로 패성문(覇城門) · 청명문(淸明門) · 선평문(宣平門), 남장의 경우 동에서부터 서로 복앙문(覆盎門) · 안문(安門) · 서안문(西安門), 서장의 경우 남에서 북으로 장성문(章城門) · 직성문(直城門) · 옹문(雍門), 북장의 경우 동에서 서로 낙성문(洛城門) · 주성문(廚城門) · 횡문(橫門)으로 불리고 있다.[87] 따라서 성문의 수는 고공기 · 영국조의 규정을 따르고 있다고 할 수 있다.

1957년 발굴의 결과 직성문 · 패성문 · 선평문 등의 경우, 매 성문에는 모두 3개의 문도가 있었고 매 문도의 너비는 8m인데 양측에 서 있는 기둥의 너비인 2m를 빼면 6m가 되었다. 패성문의 발굴 결과, 당시의 거궤 흔적이 확인되었는데 그 너비가 1.5m였다. 따라서 매 문도마다 4개의 거궤가 들어설 수 있으므로, 3개의 문도에 12개의 거궤가 있는 셈이니[88] 소위 '삼도동벽(三涂洞辟)' 혹은 '삼도이정(參塗夷庭), 방궤십이(方軌十二)'[89]라는

86 『三輔黃圖校注』 卷1 「都城十二門」, p.83, "『三輔決錄』曰: '長安城, 面三門, 四面十二門. …'"

87 『三輔黃圖校注』 卷1 「都城十二門」, pp.68-82, "長安城東出南頭第一門曰覇城門 … 長安城東第二門曰淸明門) … 長安城東出北頭第一門曰宣平門 … 長安城南出東頭第一門曰覆盎門 … 長安城南出第二門曰安門 … 長安城南出第三門曰西安門, 長安城西出南頭第一門曰章城門 … 長安城西出第二門曰直城門 … 長安城西出北頭第一門曰雍門 … 長安城北出東頭第一門曰洛城門 … 長安城北第二門曰廚城門 … 安城北出西頭第一門曰橫門. …"

88 王仲殊, 「漢長安城考古工作的收穫續記」, 『考古通訊』 1957-5.(『三輔黃圖校注』 卷1 「都城十二門」, p.84 주7에서 재인용)

89 『三輔黃圖校注』 卷1 「都城十二門」, p.83, "『三輔決錄』曰: '長安城 … 十二門三涂洞辟, …' 班固『西都賦』云'披三條之廣路, 立十二之通門'. 又張衡『西京賦』云: '城郭之制, 則旁開三門, 參塗夷庭, 方軌十二, 街衢相經.'是也."; 同 p.84 주7에 의하면 "參塗, 三道, 卽一門三道. 夷, 平也, 庭, 猶正也. 言三條道路平而且直. 方軌; 車輛並行"이라 하였다. 즉 각 門道가 4개의 車軌가 들어설 수 있으니 3개 門道에는 총 12개의 車軌가 들어설 수 있다.

기록과도 부합하는 것이다. 그러니 고공기 · 영국조의 '경도구궤(經涂九軌)'와는 차이가 난다.

전한 장안성에는 전술한 바와 같이 12개의 성문이 있지만 성 안의 주요 대가는 8조였다. 『한구의』에 나오는 소위 '팔가구맥(八街九陌)'[90] 가운데 '팔가'가 바로 그것이다. 서안문, 장성문, 복앙문과 패성문은 장락궁과 미앙궁에 바로 붙어 있으므로 그곳에서 출발하는 대가가 없지만 나머지의 성문에는 대가가 있었다.[91] 이 가운데 성내의 중축선이라 할 수 있는 안문대가가 가장 길어 5,500m였고, 선평문대가가 그다음으로 3,800m였고, 낙성문대가는 가장 짧아 850m였고 그 나머지 대가는 대부분 3,000m좌우였다. 8조의 대가의 길이는 각각 다르지만 그 너비는 45m로 동일하였다. 대가에는 모두 3조의 도로가 있는데 그 사이에 너비 90cm, 깊이 50cm의 2개의 배수구가 있다. 중간도로는 너비 20m로 이것을 '치도'라 하여 황제의 전용도로였다. 양측의 2조의 도로는 너비 12m 좌우로 황제를 제외한 평민과 관리 등이 다니는 도로였다.[92] 이것을 고공기 · 영국조와 비교하면 도로의 장단이 복잡한 것을 알 수 있는데, 이는 전한 장안성의 경우 영국조의 '중앙궁궐'구조와는 달리 미앙궁 · 장락궁 · 계궁 등 궁이 난립되어 있기 때문에 생긴 현상인 것으로 보인다.

그러면 '구맥(九陌)'은 무엇인가? 이것에 대해서는 이설이 많지만,[93] 역

90 『三輔黃圖校注』 卷1 「漢長安城」, pp.61-62, "『漢舊儀』曰: '長安城中, 經緯各長三十二里八十步, 地九百七十三頃, 八街九陌, 三宮九府, 三廟, 十二門, 九市, 十六橋.'"

91 香室街(淸明門大街), 華陽街(橫門大街), 夕陽街(宣平門大街), 章臺街(安門大街), 稾街(直城門大街), 尙冠街(洛城門大街), 城門街(廚城門大街), 太常街(雍門大街)가 그것인데, 史籍에는 앞의 명칭으로 기재되어 있으나 대체로 괄호 속의 것으로 추측된다.(李遇春, 「漢長安城的發掘與研究」, p.33)

92 12개의 성문에 3조의 도로를 내는데 중간은 황제의 전용도로(馳道)로서 황태자도 예외가 아니었고, '左右出入'(『水經注』 渭水條)하는데 出城時에는 좌변을, 入城時에는 우변을 사용한다.(『三輔黃圖校注』 卷1 都城十二門, pp.83-84의 주3)

93 九陌에 대해서 혹자는 東西大路를 陌, 南北大路를 街로 칭하기도 하고, 혹자는 東西南

시 맥이란 '전간지로(田間之路)'라는 당시의 용례에 따른다면, 성내의 대도인 가와 연결되는 성외의 대도로 보아야 할 것이다. 따라서 구맥은 북면의 횡문 · 주성문 · 낙성문과 동면의 선평문 · 청명문 남면의 복앙문 · 안문, 서면의 옹문 · 직성문 등과 통하는 성외로 나가는 대도로 보아야 한다.[94] 즉 고공기 · 영국조의 야도(野涂)에 해당하는 것이다. 이상에서 전한 장안성의 외형적인 구조를 『주례』 고공기 · 영국조와 비교해 보면 성문과 도로 등 일부에서 그 규정을 따랐음을 확인할 수 있다.

다음으로 성내의 주요한 구조물인 궁전, 그리고 시장 등을 살펴보자. 안문대가를 사이에 두고 성의 남부에 동서로 장락궁과 미앙궁이 있다. 실측 결과 미앙궁이 차지하는 면적은 6km^{2}로 장안성 전 면적의 1/7을 차지했다. 계궁의 면적은 약 1.6km^2, 무고는 0.25km^2, 북궁은 계궁에 비해 적고 명광궁은 더욱더 적었던 것 같다.[95] 장락궁은 고조시기에는 제후의 조배(朝拜)를 받고 등극하는 천자의 정궁이었는데, 혜제 이후에는 태후의 거처인 태후궁이 되었다. 면적은 6km^{2}로 총면적의 1/6을 차지한다. 미앙궁은 고조시기에 건축되었으나, 혜제 및 그 이후 각 대 황제의 황궁이 되었다. 전한시기 조정의 중심인 미앙궁의 전전에서 거행되는 (대)조회에 참가하기 위해서는 동쪽문인 동궐을 이용하였고, 상서 혹은 알현을 요구할 때는 북쪽문인 북궐을 이용하였다. 계궁은 미앙궁의 북에 있는 궁전으로 무제시기에 건축된 것으로 1.6km^{2}의 면적이며 후비의 거주지로 제공되었다. 북궁은 미앙궁의 북편, 계궁의 동쪽에 위치하는데 고조시기에 창건되었다가 무제시기에 증수되었다. 이것도 후비의 거주지이다. 간혹 폐출된 후비

北 사면에 있는 3門에 3개의 門道가 있어 총 9道를 말한다고 보고, 또 혹자는 『周禮』 考工記 · 匠人營國에 '九經九緯'의 뜻으로 보고 있다. (孟凡人, 「漢長安城形制布局中的幾個問題」, 『漢唐與邊疆考古研究』<北京: 科學出版社> 1, 1994. p.48)

94 孟凡人, 「漢長安城形制布局中的幾個問題」, p.48. 章城門은 안으로 未央宮과 통하고 밖으로는 建章宮과 통하므로 성 밖으로 통하는 大道가 없는 듯하다.

95 孟凡人, 「漢長安城形制布局中的幾個問題」, p.57.

의 궁으로 쓰이기도 하였다. 명광궁은 무제시기에 창건된 장락궁의 북편에 위치한 궁전으로 역시 후비의 거주지였다. 이외에 무제 태초 원년(B.C. 101) 창건된 건장궁이 있으니, 이것은 전한 장안성 서남부에 위치하며 그 규모가 미앙궁보다 큰 이궁이었다. 따라서 장안성 내에서 미앙궁과 장락궁 양궁이 차지하는 면적이 총 면적의 1/3이고, 여기에 계궁 · 북궁 · 명광궁이 점하는 면적을 더하면 1/2 이상이나 된다. 궁전이 남부와 중부에 집중되어 있고 종묘와 중앙관서, 그리고 삼보의 관서 및 창고 등은 궁전 사이에 있었던 것 같으며, 또 성의 북부에도 적지 않은 관서가 있었다.[96] 귀족 저택은 미앙궁의 북궐 부근에[97] 위치한 것을 제외하면 관리를 포함한 일반민은 장안성의 북부, 특히 성의 동북부 선평문 근처에 거주할 수밖에 없게 된다. 미앙궁과 장락궁 등 궁전의 존재로 인해 패성문 · 복앙문 · 안문 · 서안문 · 장성문 · 직성문 등의 성문은 실제상 궁정의 전용문이 되었고, 서북의 횡문과 동북의 선평문만이 성 안의 이민(吏民)이 빈번하게 드나드는 성문이 되었다. 횡문은 서북의 교통로의 기점인데, 멀지 않는 곳에 위치한 유명한 중위교(中渭橋: 혹은 横橋)를 통해 위수(위하)를 건너 함양으로 나가게 되고, 선평문(혹은 東都門 · 都門)은 동남의 교통로의 기점이어서 위수 남안을 따라 동행하여 함곡관을 나가 관동지역으로 향하려면 이 문을 통과해야 한다.

이상에서 서술된 궁전을 중심으로 전한 장안성이 가지는 특징을 살펴보자. 앞에서 보았듯이 궁전지역이 너무 많은 면적을 차지하고 있다. 그래서 후대의 도성(특히 북위 낙양성, 혹은 수당 장안성)과 비교할 때, 내성(궁성과 황성지역)에 해당하는 것처럼 보인다. 그런 까닭으로 장안성 외성의 존재를

96 楊寬, 『中國古代都城制度史硏究』, p.115.

97 張衡(平子)의 「西京賦」(『文選』 卷2 賦甲 京都上) p.61에 "北闕甲第, 當道直啓 …"라 하였으니, 당시 일반주택은 대부분 里閭 이내에 건조되었으나, 貴人甲第는 道路에 문을 낼 수 있었음을 알 수 있다.

상정해 볼 수 있다. 그러나 10좌의 성문 외에 외곽문에 대한 어떤 기재도 없으며, 고고조사와 그 발굴결과에서도 장안성 밖에 곽의 장원의 유적이 발견되지 않는다는 점에서[98] 역시 당초부터 단성구조였다고 보는 것이 옳다. 전한 장안성의 궁전은 후대의 도성의 그것과는 달리 고조시기에서 무제시기까지 하나씩 축조해 간 것으로 처음부터 계획안이 있었던 것으로 보이지 않는다. 동(남)서(북)의 교통로의 기점으로, 후대 수당 장안성의 개원문(開遠門)과 춘명문(春明門)이 황성의 남문 앞을 동서로 가로지르는 대로로 연결되는 것이나, 황성 남문인 주작문과 장안성의 남문인 명덕문을 연결하는 남북대로가 있던 것과는 사뭇 다르다.

다음은 시장의 문제이다. 전한 장안성에는 구시가 있었다고 한다.[99] 그러나 그 지역이 구체적으로 어디에 있었는지는 확실하지 않지만 성내에 위치한 시장들은 성 서북부에 위치한 것이 아닌가 정도로 추측될 뿐이다.[100] 이 가운데 횡문대가를 사이로 하고 가동을 동시, 가서를 서시라 하는데 제일 유명한 시장이다. 동 · 서시의 사방에 시장(市墻)이 있고 2시 내에는 동서와 남북으로 각각 도로 2조가 시를 관통하며 '정(井)'자형을 이룬다.[101] 일반적으로 사료에 빈출하는 '장안시' 혹은 '장안대시'는 바로 서시

98 王社教, 『漢長安城』, 西安: 西安出版社, 2009, p.58.

99 『三輔黃圖校注』 卷2 「長安九市」條, pp.85-87, "『廟記』云: '長安市有九, 各方二百六十六步. 六市在道西, 三市在道東. 凡四里爲一市. 致九州之人在突門(『水經渭水注』: 雍門一曰突門). 夾橫橋大道, 市樓皆重屋.' 又曰: '旗亭樓, 在杜門大道南'. 又有柳市 · 東市 · 西市, 當市樓有令署, 以察商賈貨財買賣貿易之事, 三輔都尉掌之."

100 九市에 대해서는 3종의 설이 있다. ① 王仲殊의 설로 三市는 街道의 동편에 있어 東市라 하고, 六市는 街道 서편에 있어 西市라 한다. ② 宋敏求의 설로 長安城 내외에 9개 시장(四市 · 柳市 · 東市 · 西市 · 直市 · 交門市 · 孝里市 · 交道亭市 등 8개가 확인되고 여기에 高市가 있었던 듯하며 그 가운데 孝里市 · 直市 · 交道亭市 · 交門市는 長安城外에 있다)이 있다는 설, ③ 九市란 단지 사장이 많다는 것이고 구체적인 시장의 숫자는 아니라는 설이 그것이다.(『三輔黃圖校注』 卷2 「長安九市」조의 何淸谷校注, pp.85-86) 여하튼 前漢 長安城의 九市란 각각이 하나의 市로서 몇 개의 市가 조합된 것은 아니다.

를 말하는 것이다.[102] 여하튼 장안성 내에 위치한 시장은 대체로 궁북에 위치한 것은 틀림없는 사실이고 이 지역이 주민거주지역이라는 점이다. 상업구, 즉 시장과 밀접한 관계의 수공업 작방구도 장안성 서북부의 서시 부근에 위치한 것은[103] 당연하다 할 것이다. 그리고 성 밖에도 분명 시장이 있었는데, 특히 전한대의 시장은 주요한 교통의 중심지대, 특히 다리[교]부근 및 인구 조밀구에 세워졌다. 함양으로 향하는 곳인 횡문대가 북쪽 '협횡교대도남(夾橫橋大道南)'이 그 하나이고, 또 하나는 장안성 남면의 복앙문 남측 주변이었다.

최근 혹자는 복성문 남측지역에 세워진 시장이 바로 '동시'라고 주장하고 있다.[104] 우선 『삼보황도』의 기재를 보면 두문대도 남쪽에 시장이 있다는 것을 알 수 있는데,[105] 두문을 통상 알려져 있듯이 낙성문이라고[106] 보지 않고 복앙문으로 보는 것이다. 사실 '두문'이 어느 것이냐에 대해서는 사료상 약간의 혼란이 있는 것이 사실이다.[107] 여하튼 복앙문[108] 밖 5리 좌

101 劉志遠, 「漢代市井考: 說東漢市井畵像磚」, 『文物』 1973-3.

102 劉慶柱, 「漢長安城布局結構辨析: 與楊寬先生商榷」, 『考古』 1987-10, p.942.

103 劉慶柱, 「再論漢長安城布局結構及其相關問題: 答楊寬先生」, 『考古』 1992-7, p.636.

104 孟凡人은 독특하게 長安의 시장을 다음과 같이 배열되었다고 주장하고 있다. 東市는 長安城의 南北中軸線인 安門大街의 동남부에 연한 杜門(覆盎門)大道 南에 위치하고, 西市는 安門大街의 서북부에 연한 橫門大橋의 南에 위치하였다고 하였다. 東西 2市는 모두 城外에 있는 것으로 본다. 대신 長安市(長安大市)는 城內 서북부인 北宮 북에 위치하고, 四市(4개의 시장이라는 뜻이 아니라 하나의 시장이름임)는 長安城內 동반부 長樂宮 북편의 여러 閭里구 내에 위치했다고 본다. 따라서 일반적으로 東市와 西市지역으로 추정하는 곳을 長安市라고 보는 것이다.(「漢長安城形制布局中的幾個問題」, pp.52-56)

105 『三輔黃圖校注』 卷2 「長安九市」條, pp.85-87, "又曰: '旗亭樓, 在杜門大道南. 又有柳市·東市·西市 當市樓有令署, 以察商賈貨財買賣貿易之事, 三輔都尉掌之."

106 楊寬은 『水經注』 卷19 渭水, 「又東過長安縣北」條의 "(北出)第三門本名杜門, … 其外有客舍, 故民曰客舍門, 又曰洛門也."(p.241)라는 기재에 근거하여 洛城門이 杜門이라고 보고 南墻의 覆盎門은 「下杜門」으로 본다. 따라서 '東市'의 소재는 長安城의 동북방인 杜門大道南으로 본다.(『中國古代都城制度史硏究』, pp.120-121)

우의 조구(漕溝) 노반교(魯班橋)에 이르는 지역의 양편이 인구조밀지역이었고 여기에 시장이 들어설 조건이 갖추어져 있어 그 가능성이 크다. 왜냐하면 노반교는 장안성과 조구 이남 지역을 연결하는 교통중추였고, 또 예제와 태학에 관계하는 인구, 그리고 조운과 태창에 유관한 인구, 두릉읍(杜陵邑) 등에서 경사로 내왕하는 인구 등으로 유동인구가 많은 지역이었기 때문이다. 이로 볼 때 장안성 외의 시장구역은 '협횡교대도남(夾橫橋大道南)'과 '(하)두문(복앙문)대도남[(下)杜門(覆盎門)大道南]' 두 지역인데, 그렇다고 이것을 혹자의 주장처럼 서시 그리고 동시라고 단정하는 것은 무리다.

장안성의 도시구조상 기본은 역시 여리였는데 그 수가 160개였다고 하며 그 형태는 장방형 또는 정방형이었다고 한다. 현재 이름이 남아 있는 것이 15개 정도이다.[109] 그 크기는 후대 북위 낙양성의 이방과 비교하여[110] 매우 좁다.[111] 여리의 구조가 어떠했는가에 대해서는 아직 이설이 많다. 가

107 『三輔黃圖校注』 卷1 「都城十二門」條, p.73, "長安城南出東頭第一門曰'覆盎門', 一號'杜門'. 『廟記』曰: '… (杜)門外有魯班輸所造橋, 工巧絶世.'"

108 그래서 覆盎門을 학자들은 '下杜門'이라 칭하기도 한다.

109 『三輔黃圖校注』 卷2 「長安城中閭里」條, p.99, "長安閭里一百六十, 室居櫛比, 門巷脩直. 有宣明·建陽·昌陰·尙冠·修城·黃棘·北煥·南平·大昌·戚里. 『漢書』: '萬石君石奮徙家長安戚里. 宣帝在民間時, 常在尙冠里.' 劉向列女傳: '節女, 長安大昌里人也.'"; 이 외에도 函里, 宜里, 梁陵里, 發利里, 杜里 등이 여러 문헌에서 확인되고 있다. (孟凡人, 「漢長安城形制布局中的幾個問題」, p.58).

110 (北齊)楊衒之 撰, 『洛陽伽藍記』(上海: 上海古籍出版社, 1958/1978, 范祥雍校注本) 卷5 城北, p.349, "方三百步爲一里, 里開四門"이라고 되어 있는데, 秦 이래 6尺=1步 300步=1里라는 것은 큰 변화가 없다. 北魏의 1尺은 0.27m이었으니 1里는 486m이다. "方三百步爲一里"의 면적은 236,196m^2 즉 0.236196km^{2}이다. 北魏 洛陽城은 東西 20里(9,720m) 南北 15里(7,290m)이어서(동상, p.349, "京師東西二十里, 南北十五里") 총 면적은 70.8588km^{2}였다. 그러나 北魏 洛陽城의 경우 方300步를 1坊里의 표준으로 삼았지만, 그 크기 일정하지는 않았다. 예컨대 壽丘里는 東西 2里, 南北 15里였다. 『魏書』 卷68 甄琛傳 p.1514의 기재에 의하면 "京邑諸坊, 大者或千戶, 五百戶."라 하였으니 그 크기와 호구수도 균등하지 않았음을 알 수 있다.

111 『三輔黃圖校注』 卷2 「長安九市」條, p.85에서 "長安市有九, 各方二百六十六步. … 凡四里爲一市."라 하였기 때문에 漢代의 1步는 6尺이고, 1尺은 0.23m이다. 1步는

장 큰 문제는 위장이 있었느냐, 있었다면 어느 정도였는가가 문제 된다. 한대의 경우 이벽이 존재했다는 것도, 그리고 거민은 이문이나 여문(里의 中門)을 통해서 출입하고 있는 것도 인정된다.112 문제는 그것이 경계 정도의 의미를 갖는 것인가 아니면, 실제로 장벽으로서의 의미를 갖는가이다. 사실 월장에 대한 벌칙은 한대 이전에도 있었으니, 유명한 양거(梁車)의 고사가 바로 그것이다.113 사실 이것은 후대(당대)의 규정114보다 더 무거웠다는 평가를 받기도 한다.115 그런 면에서 한·당 사이에 별반 차이를 발견할 수 없는 것처럼 보인다. 그러나 차이는 분명하게 있다. 첫째, 한대의 외성벽은 부녀자도 넘을 수 있을 정도로 낮았다는 점도 상기할 필요가 있다. 이렇게 쉽게 범할 수 있는 죄에 대해서 중형을 가하는 것은 장원이라는 것이 일종의 '신성불가침의 것'으로 여겨졌기 때문이라는 해석도 있다.116 문제는 그 처벌규정이 성벽이었지 이벽이 아니었다는 점이다. 따라

1.38m이다. 266步는 약 367.08m가 되므로 方266步이면 134,747.72m^2 즉 0.134772km^{2}이다. 4里가 1市이므로 1(閭)里의 면적은 0.0336869km^{2}이다. 160里이면 총 5.389904km^{2}가 된다. 1(閭)里와 총 (閭)里의 面積이 너무 좁으므로, 『三輔黃圖』의 기록을 "長安市有九 '凡四里爲一市. … 里各方二百六十六步."라고 고쳐야 맞다는 주장도 있다.(孟凡人, 「漢長安城形制布局中的幾個問題」, pp.56-57) 孟氏의 경우 北魏의 洛陽城의 그것과 모든 면을 同一視하려는 점이 걸리는 부분이다.

112 『三輔黃圖校注』 卷2 「長安城中閭里」條, p.99의 何清谷의 注에 "外有圍墻, 里的大門叫閭, 中門叫閻, 住宅皆在里巷內, 個別貴族可以當街辟門."이라 하고 있다.

113 『韓非子』(臺北: 商務印書館, 1982年刊 今註今譯本) 卷5 外儲說 左下. p.642, "梁車新爲鄴令, 其姊往看之, 暮而後門, 因踰郭而入, 車遂刖其足. 趙成侯以爲不慈, 奪之璽而免之令."

114 (唐)長孫無忌 等 撰, 劉俊文 點校, 『唐律疏議』(北京: 中華書局, 1983) 卷8 「衛禁」, p.170, "諸越州·鎭·戍城及武庫垣, 徒一年; 縣城, 杖九十. (疏)越官府廨垣及坊市垣籬者, 杖七十. 侵壞者, 亦如之. (議)從溝瀆內出入者, 與越罪同."

115 宮崎市定, 「漢代の里制と唐代の坊制」, 『東洋史硏究』 21-3, 1962, p.275.

116 宮崎市定은 이런 벌칙규정은 "단순히 專制政治의 彈壓策으로만으로 볼 수 없고, 市民相互의 權利尊重, 治安維持의 목적에다, 일종의 宗敎的 觀念이 가미되어, 소위 Sitte로서의 墻垣은 神聖不可侵이라는 규칙이 성립한 것 같다"고 하였다.(「漢代の里制と唐代の坊制」, p.276)

서 성벽보다는 이벽은 훨씬 낮았다는 것을 고려할 때, 그것이 당대의 방장과 같은 것이라고 말할 수는 없다. 한대에 이에는 이장(이벽)이 있었던 것은 확실하지만, 북위-당대의 그것처럼 실제로 월장하기 힘든 구조물은 아니었다. 물론 특수한 계층(귀족)의 제택의 경우 거리로 문을 낼 수 있었던 것도[117] 당대에 '삼품이상(관)(三品以上(官))이거나 방내삼절(坊內三絶)인 경우에만' 주는 예외규정과[118] 유사한 것이라고 할 수 있다. 그러나 이런 예외규정은 방장제가 붕괴되는 중당 이후에나 나타난 것이며,[119] 실제 이런 특권을 실제로 행사했느냐는 다른 문제라는 해석도 있다.[120] 또 전한 중기에 이르면 이런 이제가 유명무실하게 되었다는 점인데,[121] 그것은 당대 후기 장안성에서 일어난 현상과 유사한 측면이 있는 것도 사실이다. 그러나 당대의 침가현상이 상업의 폭발적인 발달과 연관된 점이라는 점에서 전한과는 다른 동기에서 일어난 문제이다. 이와 같은 차이는 북위 이후에 채용된 방장제가 전한대의 이제와 다른 점은 두 제도가 갖고 있는 기능상의 차이에서 연유한 것으로 보인다.

여기서 주민의 분포상황을 살펴볼 필요가 있겠지만, 이것은 사료의 제약상 매우 어려운 문제이다. 상관리(尙冠里)와 척리(戚里)가 북위 낙양성의 건양리(建陽里) · 귀정리(歸正里) · 수구리(壽丘里)가 그랬던 것처럼 다른 여리보다 그 규모가 크고 특히 상관리의 경우 관서, 권귀, 소리 등이 잡거하였고, 척리의 경우 권력자의 인척들이 같이 모여 산 흔적을 그 이름에서

117 (唐)徐堅 撰, 『初學記』(臺北: 新興書局, 1972) 卷24 居處部, 宅八, pp.1293-1294, "宅亦曰第, 言有甲乙之次第也. 一曰, 出不由里門, 面大道者名曰第. 爵雖列侯, 食邑不滿萬戶, 不得作第. 其舍在里中, 皆不稱第. 此第宅之事也."

118 (宋)王溥 撰, 『唐會要』 卷86 「街巷」, p.1867, "太和五年七月, 左右巡使奏: "伏准令式及至德, 長慶年中前後敕文, 非三品以上, 及坊內三絶, 不合輒向街開門, 各逐便宜, 無所拘限, 因循旣久, 約勒甚難."

119 傅熹年, 『中國古代建築史』, p.321.

120 鄭衛 · 丁康樂, 「"坊內三絶"考辨」, 『城市與設計學報』 19-3, 2008, p.8 주17.

121 宮崎市定, 「漢代の里制と唐代の坊制」, p.276.

짐작할 수 있으나, 그 외의 별다른 특징을 찾을 수가 없다. 다만 여리 이외 지역에 권귀들의 저택이 오히려 많다는 것이 전한 장안성의 특색이라고 한다면,[122] 후세의 북위 낙양에서와 같은 국가의 주도하에 주민들을 인위적 · 물리적으로 배치했던 것과 같은 조처는 없었던 것으로 정리할 수 있다.

상림원은 진이 함양에 도성을 정했을 때에 만든 것인데 전한대에도 그대로 사용하다가 전한 무제시기에 확건한 것이었다. 상림원의 범위는 동남쪽으로 남전(藍田)에 이르고, 남쪽으로는 현재의 서안시 남부와 장안현에 미치고, 서남쪽으로는 주지현(周至縣)에 이르며, 북쪽으로는 흥평(興平) · 함양(咸陽) 일대의 이궁 · 별관을 포괄하여 사방 약 300(혹은 340)리나 되었다고 한다.[123] 상림원은 전한 황실의 금원으로 원내에는 각종 금수를 길러 황제의 사렵과 습무(習武)의 장소를 제공하고 그를 위해 이궁과 별관 수십처를 지었다. 특히 "이궁 70소, 모두가 천승만기를 수용하였다[離宮七十所, 皆容千乘萬騎]"[124]였다는 기록에서 보듯이 둔병과 주군의 장소였던 것은 사

122 '當道直啓'의 특권을 가진 '北闕甲第'는 閭里에 속하지 않았으며, 長樂宮과 明光宮 사이에 있는 것으로 알려진 '東第'의 상황도 비슷한 것이며, 宣平貴里는 閭里 속에 있었지만 一般閭里와 격절되었을 가능성이 있고, 일반주민은 동북부 宣平門內地區 및 長樂宮 未央宮 북편의 空地에, 手工業者의 주요 거주지역은 성북 手工業作坊區內에, 일반상인은 성서북 長安 市地域에 살고 있을 것이라는 추측되고 있다.(孟凡人, 「漢長安城形制布局中的幾個問題」, pp.58-59) 그러나 인위적인 분포를 한 기록은 전혀 없다.

123 上林苑의 면적을 司馬相如의 上林賦에서 長安의 八水가 그 苑中에 모두 들어 있었다고 했으니(『史記』 卷117 司馬相如傳, p.3017, "終始霸 · 滻, 出入涇 · 渭; 酆 · 鄗 · 潦 · 潏, 紆餘委蛇, 經營乎其內. 蕩蕩兮八川分流, 相背而異態.") 후대 수당대의 長安城에 부속된 三苑과 비교하면 그 규모는 비교할 수 없을 정도로 크다.

124 『三輔黃圖校注』 卷4 「苑囿」條, p.216, "漢上林苑, 卽秦之舊苑也. 漢書云: '武帝建元三年開上林苑, 東南至藍田宜春 · 鼎湖 · 御宿 · 昆吾, 旁南山而西, 至長楊 · 五柞, 北繞黃山, 瀕渭水而東. 周袤三百里.' 離宮七十所, 皆容千乘萬騎. 『漢宮殿疏』云: '方三百四十里.' 『漢舊儀』云: '上林苑方三百里, 苑中養百獸, 天子秋冬射獵取之.'"

실이다. 그 옆에 있던 곤명지에서는 수전을 연습하기도 하였던 점에서 군사적[水陸講武] 용도와 "고기를 길러 제릉의 제사용으로 공급[養魚以給諸陵之祭祀]"하는 곳이기도 하였다.[125] 무제 원수 3년(B.C.120) 장안성 서남면 휼수(潏水) 사이에 총면적 10km^{2}의 곤명지를 개착하였다. 목적은 서남이 곤명국을 치기 위해 양성하고 있던 수군의 군사훈련장으로, 그리고 도성의 수원부족을 해결하기 위한 것이었다. 다만 상림원이 금원이기는 하지만 당대의 삼원처럼 도성과 연이어 건설된 것도, 금군의 주둔처도 아니었다는 점에서 수당 장안성의 금원과 다른 점이다.

장안성의 남쪽 교외에 예제를 위한 건축물이 지어졌다. 이 건축물은 대부분 전한 말년에 건축된 것인데 그 가운데 중요한 것은 벽옹과 왕망의 구묘(九廟) 등이다. 벽옹은 장안성 안문 남서쪽에 위치했다.[126] 왕망의 구묘는 장안성의 안문과 서안문 중간에서 남쪽 방향에 건축되었다. 이 가운데 명당은 안문 밖의 (하)두문 서편에 위치했다.[127] 청대(淸臺)도 (하)두문의 남쪽에 위치했고, 남교는 '천교(天郊)' 혹은 '환구(圜丘)'라고 지칭되었지만, 이것도 장안성 남쪽에 위치했다. 『장안지』에 인용된 『관중지』에 의하면 "한의 태학과 명당은 모두 장안 남 안문의 동쪽에 있었다[漢太學明堂, 皆在長安南安門之東, (下)杜門之西]"라 하고 있기 때문에 이로 볼 때 여러 예제 건물과 태학 등 건축군이 장안성의 남쪽 지역에 위치하고 있음을 알 수가 있다.[128] 즉 장락궁에서 남으로 뻗어 나가고 있는 (하)두문대도 주위에 예

125 『三輔黃圖校注』 卷4 「池沼」條, pp.235-238, "漢昆明池, 武帝元狩三年穿, 在長安西南, 周回四十里. … 『三輔舊事』曰: '昆明池地三百三十二頃, 中有戈船各數十, 樓船百艘, 船上建戈矛, …' 『廟記』曰: '池中復作豫章大船, 可載萬人, 上起宮室, 因欲游戲, 養魚以給諸陵祭祀, 餘付長安廚.'"

126 이 辟雍의 遺址는 이미 발굴되었다.

127 『史記』 卷12 孝武本紀, p.452, "元年 … 欲議立明堂城南." "『索隱』: … 案: 『關中記』云明堂在長安城門外, 杜門之西也." 여기서 '長安城門外'는 '安門外'를 의미한다.

128 劉敦楨, 『中國古代建築史』, 北京: 中國建築工業出版社, 1996, p.43.

제건축물이 집중하고 있다고 하겠다.

이상에서 전한 장안성의 구조에 대해서 대강 살펴보았다. 그렇다면 전한 장안성의 설계사상이 어디에 근거했으며 그것이 앞선 시대를 계승한 점은 무엇이고 후대에 영향을 준 것은 무엇인가? 이 점에 대해서는 종래 두 가지 관점이 있었다. 1) 전국과 진대의 도성모식에 근거했다는 주장이다.[129] 2) 『주례』 고공기의 영향이 크다는 것이다.

첫째를 주장하는 근거는 전한 장안성의 구조적 특징은 서변에 소성이 있고 동변에 대곽이 있는 형식인데, 이것은 전국시대에 유행한 형식으로 진의 함양성과 전한의 장안성에서 그런 형식을 연용하였다는 주장이다.[130] 그러나 전국시대 각국의 도성에서 궁전구(궁성; 소성)의 위치는 동일하지 않다는 주장이 있는 만큼[131] 그대로 받아들이기는 곤란하다. 또 이 점에 대해서는 전한 장안성이 곽성인가 아니면 내성[132]인가가 문제가 된다. 중국고대왕조의 도성은 성과 곽을 나누는 것이 일반적이었다. 즉 통치자의 거주지인 성과 일반백성의 거주지인 곽이 분리되어 있는 것이다.[133] 앞서

129 楊寬, 「西漢長安布局結構的再探討」, 『考古』 1989-4, p.354; 張衡의 『西京賦』 pp.51-52에 "於是量經輪, 考廣袤, 經城洫, 營郭郛. 取殊裁於八都, 豈啓度于往舊? 乃覽秦制, 跨周法."이라 했으니 '越周法, 因秦制'했다는 것이다.

130 楊寬은 前漢 長安城은 秦 咸陽城의 西部의 城에 해당하는데, 이것은 또한 戰國 齊都의 臨淄, 韓都의 新鄭, 趙都 邯鄲의 경우 大郭이 서쪽의 小城에 연결되어 있는 형태를 연용한 것이어서, 前漢 長安城의 동부에 大郭이 있다고 보는 것이다.(『中國古代都城制度史研究』, p.114)

131 劉慶柱, 「漢長安城布局結構辨析: 與楊寬先生商榷」, p.937에 의하면 燕下都는 都城의 北部, 楚國紀南城은 東南部, 秦都 櫟陽城은 中部偏北, 三晉의 魏國 安邑城 侯馬 平望城 牛村城 및 曲阜 魯國故城은 都城 中部에 宮殿區가 설치되어 있어 戰國時代 中原各國의 都城의 共同點은 찾을 수 없다고 한다.

132 內城과 皇城 그리고 宮城과는 구별되는 개념이다. 內城이란 宮殿區를 포함하여 官署區와 官僚貴族의 宅第와 일부 民居를 포함하는 것이라면, 皇城은 宮城과 官署區를 포함하는 것이고, 宮城은 순수한 宮殿區를 지칭하는 것이다.

133 楊寬은 城과 郭의 양 관계문제에 대해서 先秦에서 唐代까지 세 단계가 있다고 하였다. 즉 商代는 '有城無郭'의 시기였다. 西周에서 西漢까지는 西城이 東郭에 연결되는

살펴본 결과로는 장안성이 일견 곽성이 아니라 내성처럼 보인다. 그것은 거대한 황궁이나 종묘 · 관서, 부속기구 및 달관귀인 · 제후왕 · 열후 · 군주의 거주지가 장안성의 절대부분을 차지하기 때문에 민거구인 여리 160개가 들어가기에는 매우 좁고 또 그 경계가 뚜렷한 궁전구를 제외하고는 어디가 관청구인가 민거구인가의 구별이 없어 보이기 때문이다. 그래서 곽성이 따로 있고, 장안성을 내성이라 본 것이다.[134]

사실 전한 장안성에 곽이 있느냐 없느냐를 두고 몇 차례 논쟁이 오고 갔지만, 대체로 곽이 없었던, 즉 '단성'구조였던 것으로 정리되고 있다. 그 이유를 열거하면 다음과 같다. 첫째, 전국시대 성과 곽의 분리형제가 진나라 함양에 와서 파괴되어 여리 · 시장 · 작방 등이 궁전 사이에 끼여 있는 형식을 취하게 되는데, 전한 장안성도 바로 그것을 답습했다는 주장이 설득력이 있어 보이기 때문이다.[135] 둘째, 장안의 성교(城郊)와 장안현의 사지(四至)가 기본적으로 서로 같으므로 장안성은 장안현 경내에 위치했고, 장안성 밖의 장안현 관할구역은 바로 장안 성교이기 때문에 이런 내외 긴밀한 연관관계에서 볼 때 장안성에 곽이 존재했다는 것은 불가능하기 때문이다.[136] 셋째, 장안성의 문을 '도문(都門)'이라 부르고 있는데[137] 만약 외

시기였으며, 東漢에서 唐代는 東西南 三面의 郭이 中央北部의 城區를 둘러싸는 시기였다고 한다. 다음으로 唐宋 사이에 또 한 차례 중대변화가 나타난다는 것인데, 이것은 封鎖式 都城制度에서 開放式都城制度로 변한 것이라고 본다.(『中國古代都城制度史硏究』, 序言, p.3) 그러나 그의 관점은 일부는 맞지만, 일부는 옳지 않다.

134 楊寬, 『中國古代都城制度史硏究』, p.116.

135 이러한 城과 郭의 구별이 없어진 秦의 咸陽城과 漢의 長安城의 形制는 그 以前시대의 城과 郭과의 관계 및 그것들의 機能과 완전히 다를 뿐만 아니라 北魏 洛陽城에 內城과 郭城(外城)의 관계와 그 기능과도 명확히 구별된다. 앞서 보았듯이 前漢 長安城內의 大路를 '街'라고 칭하고, 城外의 大路를 '道' 혹은 '陌'이라 칭했지만 北魏 洛陽城의 경우는 內城과 郭城의 주요대로를 일률적으로 '道'라 칭한 것이다.(孟凡人, 「漢長安城形制布局中的幾個問題」, p.50)

136 孟凡人, 「漢長安城形制布局中的幾個問題」, pp.49-50.

137 『漢書』 卷 99下 王莽傳下, p.4190, "兵從宣平門入, 民間所謂都門也."

곽성을 수축했다면 거대한 건축공정일 것인데 그에 대한 기사가 전혀 보이지 않고 있기 때문이다. 넷째, 고고학적으로도 장원이나 그 유지가 발견되지 않았다. 이상의 여러 상황을 고려할 때 곽이 존재했다는 주장은 수긍하기 힘들다. 따라서 장안성은 대부분의 학자들이 주장하듯이 곽성이 아니라 내성인 것으로 정리해야 할 것이다. 이런 결과가 나온 것은 근본적으로 기존의 시설물을 가능한 이용한 전한 장안성의 축조과정에서 비롯된 것이었다.

도성모식을 구성하는 요소는 여러 가지가 있겠지만, 그 특징을 나타내는 가장 중요한 첫째 기준이 되는 것은 통상 궁성(소성)의 위치가 도성 가운데 어디에 위치하는가 하는 점일 것이다. 전한 장안성은 같은 성 안에 궁전구와 관서, 무고, 귀족저택 그리고 민거인 여리가 혼재되어 있다. 전한 장안성의 주궁은 개국 초기 장락궁이었다가 곧 미앙궁이 되었다. 동주 이후 도성의 발달과정을 정리하면 곽성(대성)과 궁성(소성)의 양성이 한 쌍으로 되는 건축형태가 발전된 것으로 보는데, 전한 장안성은 이 발전과정에서 일탈된 것이 사실이고, 이것이 전국과 진대의 도성 모식에 근거했는지 어떤지는 필자가 확언할 수 없지만, 성 안 궁전의 위치가 분명 성의 서남방에 있다는 것은 부정할 수 없는 사실이고 그 계승관계 또한 불분명하다.

둘째, 『주례』 고공기의 영국사상과 연관된 것이라는 주장이다. 이런 주장에 동조하는 자는 상당히 많다.[138] 『주례』의 네 가지 원칙은 『주례』의 제작연대로 여겨지는 전국 말-전한 초에 확립되어 전한의 장안성, 후한의 낙양성, 조위의 업성, 서진의 낙양성까지 준수되어 왔다는 것이다.[139] 그러면 전한의 장안성은 『주례』의 그것에 얼마나 부합하는가? 우선 전한 장안

138 王仲殊, 「中國古代都城概說」, 『考古』 1982-5, p.507; 劉慶柱, 「漢長安城布局結構辨析: 與楊寬先生商榷」, p.938.

139 那波利貞, 「支那首都計劃史上により考察したる唐の長安城」, p.1241.

성을 곽성이 없는 단성이라고 했을 때, 외형적으로 보면, 『주례』의 원칙과 부합하는 면도 있지만 그렇지 않는 것도 있다.[140] 그런데 궁전의 위치를 보면 '중앙궁궐'의 원칙과는 거리가 멀다. 그러면 '전조후시'의 원칙에 합당한가? 궁전이 성의 남부에 위치하고 있으니 '전조'의 원칙과 부합되지 않는다.

이 점과 관련하여 전한 장안성의 궁궐구조를 '좌서조동(坐西朝東)'의 형체를 가졌다고 보는 학자가 있다.[141] 장락궁의 경우 사면에 문이 있지만 단지 동문과 서문에만 궐이 있으니 장락궁의 궁전은 모두 남향하고 있다 해도 좌서조동의 형국이라는 것이다. 미앙궁도 동문과 북문을 정문으로 삼고 거기에 동궐과 북궐을 설치한 것이니[142] 이것도 장락궁과 같이 좌서조동의 형국이라는 것이다. 이런 구조는 진대에 이미 나타나 전한은 그것을 그대로 이은 것이라는 것이다. 그러나 미앙궁이나 장락궁의 경우 그 위치가 성의 (서)남부에 위치하고, 관서 등이 모두 그 북쪽에 있었기 때문에 자연히 궁정의 정문이 북문이 될 수밖에 없고, 또 궁전 자체가 남향하고 있다는 점에서[143] 전한 장안성을 좌서조동의 형제라고 딱히 보기는 힘들 것 같다.

그러면 '후시'의 원칙에 부합되는가? 미앙궁과 장락궁이 성의 남부에

140 戰國시대 이래의 都城의 形制를 계승했다는 楊寬도 『周禮』의 「旁三門」, 「國中九經九緯 經涂九軌」, 그리고 「面朝後市」의 원칙은 漢 長安城 形制와 부합한다고 하고, 단 『周禮』의 王城體制는 外郭을 포괄하지 않기 때문에 『周禮』를 가지고 外郭城문제를 다루어서는 안 된다는 점을 강조하고 있다.(「西漢長安布局結構的再探討」, p.350)

141 楊寬, 『中國古代都城制度史硏究』, pp.109-113.

142 『三輔黃圖校注』 卷2 漢宮, 未央宮 間注, p.105, "闕, 門觀也. 劉熙『釋名』曰: 闕在兩門旁, 中央闕然爲道也. 門闕, 天子號令賞罰所由出也. 是則以北闕爲正門, 而又有東闕東門. 至於西南兩面, 無門闕矣."

143 『漢書』 卷1下 高祖紀1下 7年 2月條, p.64, "(顔)師古曰: '未央宮雖南嚮, 而上書奏事謁見之徒皆詣北闕, 公車司馬亦在北焉. 是則以北闕爲正門, 而又有東門東闕. 至於西南兩面, 無門闕矣.'"

있고, 동시와 서시가 성 북부에 있기 때문에 『주례』의 영국사상을 그대로 준수했다는 주장도 있다.[144] 장안성에는 구시가 있었지만, 가장 중요한 시장은 역시 동 · 서시일 것이니 '후시'의 원칙과 그런대로 합치된다고 볼 수 있다. 그러면 '좌우민전'의 원칙에는 합당한가? 성 동북부에 서민거주지가 있었다. 따라서 궁전 좌우에 민거가 있는 것도 아니었다.

따라서 『주례』의 4원칙 가운데 '후시'의 원칙을 제외하면 거기에 부합하는 것이 별로 없다. 그러나 전한 장안성의 성곽구조(성문의 숫자 및 배열 도로의 배열)에서는 『주례』의 원칙에 부합했고, 후세에 많은 영향을 준 것은 사실이다. 평면적으로 방형이고 경위가 상등하며 12개 성문이 사면에 골고루 분포되어 있고, 1면마다 3개의 성문이 있고, 성문마다 3조의 문도가 있고, 그 너비가 거궤로 계산된 것도 『주례』의 영향이라 할 수 있다.[145] 결론적으로 전한 장안성은 『주례』의 영향이 어느 정도 있었던 것은 인정할 수 있다. 그러나 우리가 전한 장안성의 구조를 검토할 때 가장 먼저 감안해야 할 점은 그것이 계획도시가 아니었기 때문에 건설의 대원칙을 먼저 세웠다 하더라도 그것이 일관되게 준수되기는 어렵다는 점이다.

결론

필자는 본고에서 두 가지 관점에서 정리하였다. 첫째, 『주례』 고공기 영국조의 규정이 어느 시대 어느 도성을 모델로 하여 형성된 것이며, 둘째, 중국의 실질적인 첫 통일제국이었던 전한의 도성 장안성이 『주례』의 영향을 어느 정도 받고 건설된 것이냐 하는 것이었다.

먼저 『주례』 고공기의 규정이 세워지는 데에 모델이 되었고, 또 그 원

144 王仲殊, 「中國古代都城概說」, p.507; 『漢代考古學概說』, p.8.

145 李遇春, 「漢長安城的發掘與研究」, 『漢唐與邊疆考古研究』 1, pp.45-46.

칙에 가장 접근하는 도성은 낙읍과 제국 임치성 정도였다고 보았다.

다음으로 전한 장안성의 구조를 보면 『주례』의 4원칙 가운데 '후시'의 원칙을 제외하면 거기에 부합하는 것이 별로 없다는 점을 확인하였다. 그러나 전한 장안성의 성문의 숫자 및 배열 도로의 배열 등 성곽구조에서는 『주례』의 원칙에 부합했고, 후세에 많은 영향을 준 것은 확실하다. 평면적으로 방형이고 경위가 상등하며 12개 성문이 사면에 골고루 분포되어 있고, 각 면마다 3개의 성문이 있고, 성문마다 3조의 문도가 있고, 그 너비가 거궤로 계산된 것도 『주례』의 영향이라 할 수 있다. 즉 전한 장안성은 『주례』의 원칙이 어느 정도 작용한 것도 인정할 수 있다. 그러나 우리가 전한 장안성의 구조를 검토할 때 가장 먼저 감안해야 할 점은 그것이 계획도시가 아니고 자연도성이었기 때문에 건설의 대원칙을 먼저 세웠다 하더라도 그것이 일관되게 준수되기는 어려웠을 것으로 여겨졌다. 아울러 성곽 복성구조를 취했던 수당 장안성과 비교할 때 전한 장안성은 단성구조였다는 점이 양자 사이의 큰 차이였다.

| 제4장 |

후한 낙양성의 구조와 도성 포국

정전 숭덕전(崇德殿)의 위치를 중심으로

서론

낙양은 중국 대표적인 고도의 하나이다. 그 가운데 소위 '한위 낙양성'은 서력 초부터 6세기까지 후한 · 조위 · 서진 · 북위 왕조 등 약 300여 년 동안 도성[국도]의 지위를 지킨 곳이다. 필자는 1990년에 북위 낙양성의 도성구조를 논하는 글을 발표한 적이 있다. 그 글은 발표된 이후 필자로 하여금 지금까지 도성사에 매달리게 한 논문이었다. 그 글에서 궁성이 도성의 북쪽 중앙에 위치하게 된 것은 북위시대부터라는 기존의 학설을[1] 수용하고, 이런 도성의 형태가 나타나게 된 원인을 나름으로 밝히려 하였다.[2] 그 이후 이런 시각에서 위진남북조-수당시대 여러 도성의 형태들과 필자의 작업가설인 호한체제를 결합시키는 작업들을 진행해 왔다. 주지하듯이 수당 장안성이 한대 이후 각가지 도성 형태들을 종합하여 만들어진 도성구조라는 점은 누구나 인정한다. 도성구조 가운데 가장 중요한 것은 바로 궁성, 그 가운데 정전이 도성 가운데 어디에 위치하느냐의 문제이다. 수당 장안성의 정전을 포함한 궁성은 도성 북쪽 중앙에 위치해 있다. 최근 이런 도성형태가 북위 낙양성이 아니라 북위 이전의 낙양성에서 이미 보인다는 주장이 나타났다. 특히 고고발굴 결과도 이런 주장에 힘을 보탰다. 잘 알다시피 후한 낙양성 이후 북위 낙양성까지 동일한 대지 위에 도성이 건설되었다. 후한 낙양성은 남궁과 북궁 양궁체제를 유지하고 있었고, 정전인 숭덕전(崇德殿)이 남궁에 있었다는 명백한 기술도 있다. 이들 사료에 입각하여 후한의 정전이 도성의 남쪽에 있었다는 것이 그동안 거의 확고부동하게 인식되어 왔다.

그러나 최근 후한 낙양성의 궁성[구체적으로 정전 숭덕전]이 위진[태극전],

1 那波利貞, 陳寅恪, 何炳棣 등의 학설이다.

2 朴漢濟, 「北魏 洛陽社會와 胡漢體制: 都城區劃과 住民分布를 중심으로」, 『泰東古典研究』 6, 1990.

그리고 북위[태극전]에 이르기까지 동일한 위치, 즉 도성의 북방에 건설되었다는 주장이 등장하여 상당한 지지를 받고 있는 실정이다. 이러한 주장은 특히 고고발굴로 확인되고 있다. 이런 주장을 받아들인다면 기존의 필자의 주장을 크게 수정하지 않으면 안 되는 상황이 된 것이다. 이런 고고발굴은 이미 1970년대 초부터 시작되었는데, 그 결과보고에 의하면 위진 낙양성[대성]의 형태가 남북 장방형의 형태를 띠는데, 궁성이 대성의 북중부에 위치하여 '중앙에 위치하면서 약간 서쪽으로 기울어진[居中略偏西]' 단일궁성이라는 것이다.[3] 즉 위진 낙양성은 후한 낙양성과 전체 형태는 같지만 대성 내의 남·북궁은 하나로 합쳐져 단일 궁성이 되었다는 것이다.

당시 천공(穿孔) 등의 방법을 동원한 지표조사(Boring: 초보감사)에 의거한 보고서는 사실 학계에 별로 큰 반향을 일으키지 못하였다. 그러나 2000년대에 들어 본격적인 발굴작업이 이루어져 그 보고서가 학계에 보고됨으로써,[4] 문헌에 대한 재검토 작업이 진행되기에 이르렀다.[5] 그 결과 다양한 주장이 제기되었지만 이들 주장의 공통적인 점은 궁성이 북방중앙에 위치하는 포국이었다는 것이었다. 그리고 그 포국이 후한에서 시작되어 위왕국의 업성, 위진(조위·서진)의 낙양성 등으로 전개되었다는 것이다.

이들 개진된 주장들은 다기하지만, 이로 인해 중국 역대 도성사상 후한 낙양성의 축조가 갖는 의미를 강조하는 주장이 강력하게 대두된 것이다. 그래서 후한에서 당대까지 중국 도성 형제의 발달과정의 종결 형태로 ① 궁성의 집중화·단일화와 ② 궁성 위치가 북쪽 그리고 중앙에[居北·居中] 있었다고 본다. 즉 후한 낙양성의 중·만기부터 북궁의 기능과 지위가 중

3 中國科學院考古研究所洛陽工作隊, 「漢魏洛陽城初步勘查」, 『考古』 1973-4.

4 中國社會科學院考古研究所漢魏洛陽故城隊, 「河南洛陽漢魏故城北魏宮城閶闔門遺址」, 『考古』 2003-7.

5 錢國祥, 「由閶闔門談漢魏洛陽城宮城形制」, 『考古』 2003-7.

요해짐에 따라 궁성이 북쪽으로 이동하는 현상을 보였으며, 조위 낙양성과 서진 낙양성의 태극전이 건설됨으로써 궁성이 도성의 북쪽 그리고 중앙에 두어진[居北 · 居中] 형제(型制)가 고착되었다는 것이다. 아울러 이런 형제는 북위왕조가 평성에다 도읍을 정하기 이전에 이미 완성되었기 때문에 북위 낙양성은 그에 따라 위진 낙양성의 원지 위에 그대로 궁전이나 궁문 등을 영건한 것으로 본다. 따라서 궁성이 집중화되고, 또 궁전이 북방으로 밀리게 된 것은 후한 이후 일종의 도성 형제의 변화 추세의 결과물이며,[6] 북위 낙양성은 이런 두 가지 특징을 갖춘 도성이지만, 그 시작은 아니라는 것이다. 이런 시각은 도성형제 혹은 포국의 변화 요인을 외부(특히 호족정권의 출현)에서 찾기보다 내재적(한적인 전통에 따른) 발달과정에서 찾으려는 중국학자들의 일반적인 견해와 입장이라 할 수 있다.

이런 면에서 사실 후한 낙양성 구조의 해명은 중국도성 발달사를 이해하는 데 매우 중요한 과제가 되었음이 틀림이 없다.[7] 그러나 후한 · 위진 낙양성에 관한 종래의 연구는 극히 소홀한 편이었다. 이런 이유는 전한의 장안성에 대한 『삼보황도』나 북위 낙양성에 대한 『낙양가람기』와 같은 전저가 남아 있지 않기 때문일 것이다.

최근 연구동향을 그대로 받아들인다면 필자가 그동안 써 온 도성관련 논문의 상당한 부분에 대한 수정이 불가피하게 되었다. 연구 결과로 나온 필자의 입론 가운데 폐기할 것은 폐기하고 보강할 것은 보강해야 한다. 결론부터 이야기하자면 필자의 주장에 대해 보완의 필요성은 느끼지만, 폐기나 대폭적인 수정의 필요는 느끼지 않는다는 점이다. 북위 낙양성이 '궁북(궁성이 대성의 북쪽에 위치한다)'의 시작임을 재확인하려는 전초작업으로서 후한과 위진의 낙양성 포국에 대한 글을 준비하게 된 것이다. 이 문제를

6 杜金鵬 · 錢國祥, 『漢魏洛陽城遺址硏究』, 北京: 科學出版社, 2007, 劉慶柱, 序 iv.

7 日本學界에서도 최근 소위 '北闕型 都城'의 발생이 後漢 洛陽城에서 기원한다는 주장도 있다.(應地利明, 『都城の系譜』, 京都: 京都大學學術出版會, 2011, p.254)

해결하는 관건은 숭덕전이 후한 낙양성의 남궁에 소재했느냐, 아니면 북궁에 소재했느냐에 달려 있는 것이기 때문에 본고는 그 점에 초점을 맞추려 한다. 필자는 최근 학계의 여러 흐름을 검토 · 감안하면서 본인의 보완된 입장을 이하에서 제시하겠다.

Ⅰ. 후한 낙양성의 축조와 구조적 특징

1. 낙양 대성의 축조

낙양성은 주(周)의 하도(下都)로서 진대(秦代)에 확대 · 건설되었고, 전한 초 국도, 즉 도성의 유력한 후보지로 거론되었지만, 당시 관중의 지리적 우월성을 강조한 누경(婁敬)과 장양(張良) 등이 주장한 관중 전도론이 수용됨에 따라 탈락되었다.[8] 대신 낙양은 관동 제일의 상업도시로서 역할을 수행하였고, 왕망시기에는 전국 오도의 하나로 지정되기도 했다.[9] 후한의 낙양성은 전한의 낙양성을 그대로 이용한 것이었다. 성의 면적은 장안성에 비해 작고 이로 인해 부득불 성 밖으로 확장하지 않을 수 없었다. 따라서 낙양성 역시 전한 장안성과 마찬가지로 도성의 규모를 이야기할 때, 성내

8 『史記』 卷99 劉敬傳, pp.2515-2717, "漢五年, 戍隴西, 過洛陽, 高帝在焉. … 已而問婁敬, 婁敬說曰: '陛下都洛陽, 豈欲與周室比隆哉?' 上曰: '然' 婁敬曰: '陛下取天下與周室異. … 且夫秦地被山帶河, 四塞以爲固, 卒然有急, 百萬之眾可具也. 因秦之故, 資甚美膏腴之地, 此所謂天府者也. 陛下入關而都之, 山東雖亂, 秦之故地可全而有也. … 今陛下入關而都, 案秦之故地, 此亦搤天下之亢而拊其背也.' 高帝問羣臣, 羣臣皆山東人, 爭言周王數百年, 秦二世即亡, 不如都周. 上疑未能決. 及留侯明言入關便, 即日車駕西都關中."

9 『後漢書』 卷40上 班固傳上 『兩都賦』, p.1338, "與乎州郡之豪桀, 五都之貨殖, 三選七遷, 充奉陵邑, 蓋以彊幹弱枝, 隆上都而觀萬國." 章懷太子 注: "前書音義曰: '五都謂洛陽 · 邯鄲 · 臨淄 · 宛 · 成都也.'"

에 그칠 것이 아니라 성외에까지 그 시야를 넓혀야 한다. 다만 후한 낙양성도 전한 장안성과 마찬가지로 '곽'이란 글자가[10] 사서에 여러 차례 보이고 있지만,[11] 외곽 자체를 축조했다는 기록은 보이지 않는다.[12] 여기서 '곽'이란 도성의 경계를 나타내는 지점들일 가능성이 크다. 아울러 흔히 '낙양성'이라고 부르는 성(흔히 '대성'이라 부르기도 한다. 필자도 본고에서 대성이라 할 때는 이런 의미이다.)의 규모로 볼 때 모든 주민을 모두 수용할 수는 없는 것이기 때문에 대성 밖에도 주민이 살았을 것이고, 낙양성의 경계는 대성으로 규정되지는 않았을 것이다. 이런 상황은 전한 장안성과 큰 차이가 없으며, 후세의 위진 낙양성도 그 점에선 유사하다고 할 수 있다.[13] 그러나 그 점에서 방(장)제를 채용한 북위 낙양성은 다르다.

후한 낙양성은 불규칙한 장방형이다. 당시 거리로서 남북 9리여이고, 동서는 6리여이어서 '구육성(九六城)'이라 칭한다.[14] 도성 유지의 남벽(학자

10 『漢書』 卷63 昌邑哀王髆傳, p.2765, "(劉)賀到霸上, 大鴻臚郊迎, 騶奉乘輿車. 王使僕壽成御, 郎中令遂參乘. 旦至廣明東都門, (郎中令龔)遂曰: '禮, 奔喪望見國都哭. 此長安東郭門也.' 賀曰: '我嗌痛, 不能哭.' 至城門, 遂復言, 賀曰: '城門與郭門等耳.' 且至未央宮東闕."

11 '東郭'(『後漢書』 卷58 虞詡傳, p.1869, "明日悉陳其兵眾, 令從東郭門出, 北郭門入, 貿易衣服, 回轉數周.")과 '大陽郭'(『後漢書』 卷56 種暠傳, p.1826, "明日, 謀送客於大陽郭, 遙見暠, 異之.") 등의 명칭이 보인다.

12 賀業鉅는 "東漢 洛陽이 西漢 洛陽舊城을 계승함과 아울러 外郭을 加建하지 않았으며 … 西漢 長安城이 발전시킨 城郊를 계승하여 外郭을 건설하지 않는 傳統을 …"이라 하였다.(『中國古代城市規劃史』, 北京: 中國建築工業出版社, 1996, p.433)

13 秦漢 이후 都城에 '郭'이 등장하게 된 것은 北魏시대 洛陽城에서부터라고 할 수 있다. 宣武帝시기 '東西二十里 南北十五里'의 外郭城이 건설되었다.((北齊)楊衒之 撰, 『洛陽伽藍記』<范祥雍 校注, 『洛陽伽藍記』校注本, 上海: 上海古籍出版社, 1958/1978> 卷5 城北 凝圓寺條, p.349) 이전 '郭'이라는 용어는 간혹 쓰이기도 하지만, 郊 내외를 구분하는 경계의 의미였던 것으로 보인다.

14 『後漢書』 卷19 志第19 郡國1, p.3390, 「周時號成周」注引 『帝王世記』曰: '城東西六里十一步, 南北九里一百步.' 『晉元康地道記』曰: '城內南北九里七十步, 東西六里十步, 爲地三百頃一十二畝有三十六步. …'; 그리고 『元河南志』(藕香零拾叢書本(道光二十年 揚州阮氏摹刻)) 卷2 「成周城闕宮殿古蹟, 杜預曰近東城」條, p.3-a, "華延儁『洛陽記』曰:

에 따라서는 '남장' 식으로 표현하기도 한다. 이하 성벽은 '남벽' 식으로 표기함)과 그 인근은 이미 낙수의 개도에 의해 파괴되었고, 서벽으로 남아 있는 것은 4,290m, 북벽은 3,700m, 동벽으로 남아 있는 것이 3,895m다. 남벽은 계산상 2,460m 정도일 것이니, 모두를 합하여 전성의 둘레는 약 14km로서 서진의 33리에 해당하는데, 서북우의 3소성의 길이를 빼면 30리이니[15] 문헌의 기재와 대체로 부합한다.[16] 대성의 총면적은 약 9.5km^{2}이다.

잘 알다시피 후한 낙양성에는 남 · 북 양궁이 있었다. 이런 양궁체제는 그 유래가 오래되었으니 전국-진과 전한시기에도 이미 낙양에는 남궁과 북궁이 있었다.[17] 낙양성의 전신인 성주(成周)에도 태묘와 왕궁이 있었는데, 왕궁은 성의 남부에 있었으며, 이것이 (후)한 · 위시대 낙양 남궁의 전신이라고 본다. 북궁이 생긴 것은 확건과 관련이 있으며, 대략 동주 말부터 남 · 북 양궁이 대치하는 형식이 이뤄졌다고 본다.[18]

洛陽蓋周敬王所都之地, 所謂東周也. 後漢 · 魏 · 晉 · 隋並都於此城. 東西七里, 南北九里. … 今故洛陽城卽成周之城, 舊址尙存. 俗傳東西六里南北九里, 亦曰'九六城'." 및 (淸)徐松 輯, 高敏 點校, 『河南志』(北京: 中華書局, 1994) 「周城古蹟」條, p.38(이하 『河南志』는 본서에 의거함)

15 中國科學院考古硏究所洛陽工作隊, 「漢魏洛陽城初步勘査」, 『考古』 1973-4, p.198.

16 後漢 洛陽城의 東面 西面과 北面의 城墻은 지면상에 아직 남아 있다. 그러나 南墻의 위치는 현재 洛水 河道의 중앙에 있었던 것으로 추정된다. 城墻은 前漢의 長安城과 같이 黃土를 夯築하여 만들어진 것이므로 매우 堅固하다. 城墻의 두께는 東墻이 약 14m, 西墻이 20m, 北牆이 25m로 각각 다르다. 이것은 魏晉시대 防禦를 목적으로 西墻과 北墻의 두께를 더한 까닭이다.(王仲殊, 『漢代考古學槪說』<北京: 中華書局, 1984>, p.18)

17 (淸)顧炎武, 『歷代宅京記』(北京: 中華書局, 1984) 卷7 雒陽上, p.116, "『大事記』註 『輿地志』云: '秦時已有南 · 北宮, 更始自洛陽而西, 馬奔觸北宮鐵柱門.'"; 이 가운데 南宮은 유명하여 前漢 高祖가 처음 洛陽에 도읍을 정하려 했을 때 南宮에 '置酒'했다.(『史記』 卷8 高祖紀, p.380, "高帝五年(B.C.202), 高祖置酒雒陽南宮(『正義』括地志云: '南宮在雒州雒陽縣東北二十六里洛陽故城中. 『輿地志』云秦時已有南北宮.')."

18 段鵬琦, 「漢魏洛陽城的幾個問題」, 『漢魏洛陽故城硏究』(原載: 『中國考古學硏究: 夏鼐先生考古五十年紀念論文集』, 1986), 洛陽市文物局 · 洛陽白馬寺漢魏故城文物保管所 編, 北京: 科學出版社, 2000, pp.464-465.

후한 낙양성은 기존의 낙양궁을 대국적으로 이용하면서 수축한 것이다. 그 수축은 건무(建武) 원년(A.D.25) 10월 광무제 유수가 낙양에 도읍을 정하면서 시작되었다. 먼저 남·북 양궁 가운데 남궁의 각비전(却非殿)을[19] 대조정전(大朝正殿)으로 삼고, 그곳에 일단 거주하면서 증축을 거듭하여 도성의 면모를 갖추어 갔다. 그 과정을 보면 건무 14년(38) 정월, "남궁전전을 일으켰다[起南宮前殿]"고 기록되어 있는데,[20] 전전(前殿)은 '정전', '법궁' 등으로도 지칭된다.[21] 그 용도는 주대의 노침[22]과 같은 것으로 구체적으로 천자가 군신과 제후를 만나고, 군신이 임명되고 각종 의례를 행하는 장소이다.[23] 그러니 진시황 이후 도성에 소재하는 여러 궁전 중 주전의 명칭이 바로 전전인 것이다.[24]

19 『後漢書』 卷1 光武帝紀上, p.25, "(建武元年)冬十月癸丑, 車駕入洛陽, 幸南宮却非殿, 遂定都焉.(章懷太子注曰: "蔡質漢典職儀曰: '南宮至北宮, 中央作大屋, 複道, 三道行, 天子從中道, 從官夾左右, 十步一衞. 兩宮相去七里.' 又洛陽宮閣名有却非殿. 臣賢案:俗本或作「御北殿」者, 誤.")"

20 『後漢書』 卷1下 光武帝紀, p.63, "(建武)十四年春正月, 起南宮前殿."; 아울러 建武 14年(38) 前後에 城墻과 城門 등이 대략 완성되었다고 한다.(王仲殊, 『漢代考古學概說』, p.17)

21 『文選』(上海: 上海古籍出版社, 1986) 卷7 郊祀 揚子雲(雄) 「甘泉賦」, p.327, "前殿崔巍兮, 和氏靈瓏" 李善 注曰: "前殿, 正殿也. 諸宮皆有之. 『漢書』曰: 未央宮前殿"; 『漢書』 卷49 鼂錯傳, p.2293, "處于法宮之中, 明堂之上 如淳曰: '法宮, 路寢正殿也.'"

22 路寢에 대해 『禮記』(臺北: 臺灣藝文印書館, 1976, 『十三經註疏』本; 本注 이하 동) 卷29 玉藻, p.545-下, "君, 日出而視之, 退適路寢聽政. 使人視大夫, 大夫退, 然後適小寢釋服" 鄭玄 注曰: "小寢, 燕寢也."라 하였고, 『詩經』 卷22 魯頌/閟宮, p.783-上, 「路寢孔碩」 鄭玄 注曰: "路寢, 正寢也."라 하였으니 帝王 正殿의 所在地로서 天子·諸侯의 政廳을 의미한다. 『周禮』 卷6 天官/宮人條, p.91-下, "宮人掌王之六寢之修", 鄭玄 注曰: "六寢者, 路寢一, 小寢五. … 路寢以治事, 小寢以時燕息焉." 賈公彦疏曰: "天子六寢, 則諸侯當三寢, 亦路寢一, 燕寢一, 側室一, 『內則』所云者是也."라 하였다.

23 『玉海』(臺北: 大化書局, 1977) 卷155 宮1 前殿, p.2947-下, "前殿曰路寢, 見羣臣諸侯處也"; 『漢書』 卷97下 外戚傳下 孝平王皇后傳, p.4010, "使時上林延壽門, 入未央宮前殿. 羣臣就位行禮, 大赦天下."

24 『史記』 卷6 秦始皇本紀, 始皇 35年, p.256, "乃營作朝宮渭南上林苑中, 先作前殿阿

후한 낙양성에서 전전이란 통상 숭덕전을 가리키는 것으로 이해되고 있다.[25] 이 궁전은 각비전보다 조금 남쪽에 위치하여 남궁의 중앙에 위치함으로써 '거중'의식이 명확하게 표현되었다고 보기도 한다.[26] 같은 해 9월, 낙양성문 12개 가운데 가장 중요한 문인 평성문(平城門)이 만들어져 궁문과 마주보게 되었다. 평성문은 '정양지문(正陽之門)'으로 불리기도 했지만, 남궁과 연결되어 교사를 거행할 때 법가가 출발하는 문으로 '문 가운데 가장 존귀한 것[門之最尊者]'이라는 평가를 들었다.[27] 이로 볼 때 후한 낙양성은 당초 남궁을 중심으로 영건되었음을 알 수 있다.

북궁은 명제(57-75)시기에 들어 영건되기 시작하였다. 명제 영평 3년(60)에 "북궁 및 여러 궁부를 일으켰다[起北宮及諸宮府]" 하고, "8년(65) 10월에는 북궁이 완성되었다[北宮成]"고 기록되어 있다.[28] 북궁의 대전이 덕양전(德陽殿)인데, 그 규모는 동서 37장 4척, 남북 7장의 건물이었다. 진대의 아방궁이나 전한의 미앙궁에 비해 궁전 자체의 면적은 넓지 않았지만, 그 정(庭)의 너비는 대단히 넓어 1만 인을 수용할 수가 있었을 정도이었으

房.";『文選』卷7 郊祀 揚子雲(雄)「甘泉賦」, p.327, "前殿崔巍兮, 和氏靈瓏" 李善 注曰: "前殿, 正殿也. 諸宮皆有之.『漢書』曰: 未央宮前殿"; (唐)王維,『王右丞集箋注』, 上海: 上海古籍出版社, 1992,「四庫唐人文集叢刊」本) 卷3 古詩三十首,「扶南曲歌詞」五首", p.20-下, "拂曙朝前殿, 玉墀多珮聲." (淸)趙殿成箋注曰: "前殿(… 漢時長樂 · 未央 · 建章 · 甘泉諸宮皆有前殿, 即正殿也.『玉海』'周曰路寢, 漢曰前殿')"

25 楊寬,『中國古代都城制度史研究』, 上海: 上海古籍出版社, 1993, p.134.

26 李久昌,『國家 · 空間與社會: 古代洛陽都城空間演變研究』, 西安: 三秦出版社, 2007, p.239

27 『後漢書』志30 五行1, 屋自壞, p.3274, "靈帝光和元年(178), 南宮平城門內屋, 武庫屋及外東垣屋前後頓壞. 蔡邕對曰: '平城門, 正陽之門, 與宮連, 郊祀法駕所由從出, 門之最尊者也. 武庫, 禁兵所藏. 東垣, 庫之外障.'";『後漢書』卷8 孝靈帝紀, p.339, "(熹平六年: 177)二月, 南宮平城門及武庫東垣屋自壞."의 章懷太子 注曰: "平城門, 洛陽城南門也. 蔡邕曰: '平城門, 正陽之門, 與宮連, 郊祀法駕所從出, 門之最尊者.' 武庫, 禁兵所藏. 東垣, 庫之外障. …"

28 『後漢書』卷2 明帝紀 永平 3年(60)條, p.107, "是歲, 起北宮及諸官府.";『後漢書』卷2 明帝紀 永平 8年(65)條, p.111, "冬十月, 北宮成."

며, 당연히 북궁에서 가장 존귀한 궁전이었다고 한다.[29] 『한관의』에는 "정월 원단에는 천자가 덕양전에 가서 임헌하면 공경백관이 배위하며 조화했다"고 기록되어 있다.[30]

후한 낙양성은 이처럼 남 · 북 양궁이 대치하는 모습을 보이고 있다.[31] 후한 낙양성 체제를 일러 남북 '양궁제', 혹은 '쌍궁제'라 하는데, 그런 면에서 전한의 미앙궁 · 장락궁 · 계궁 · 북궁의 '다궁제' 전통을 계승한 것이며, 양궁이었던 사실에서 후세의 단궁체제로 옮아가는 과도기적인 형태였다고 보는 것도 어느 정도 합당한 지적이라 할 수 있다.

남 · 북궁의 크기 · 면적은 다음과 같다. 남궁은 남북 약 1,300m, 동서 약 1,000m의 장방형 구역을 차지하고 있는데, 대략 중동문대가(中東門大街) 이남, 모문(秏門)-광양문대가(廣陽門大街) 이북, 개양문대가(開陽門大街) 이서, 소원문대가(小苑門大街) 이동에 위치해 있다고 본다. 북궁은 남북 약 1,500m, 동서 약 1,200m로서 남궁보다 서쪽으로 약간 치우쳐 있으며, 중동문대가(中東門大街) 이북, 진문대가(津門大街) 이동, 곡문대가(穀門大街) 이서 지역에 위치하며 낙양성 북벽에 접근하고 있다. 즉 남 · 북궁은 거꾸로 된 '여(呂)'자형을 이루고 있다고 본다.[32]

29 『後漢書』 志5 禮儀中, p.3131, "百官受賜饗宴, 大作樂"에 대한 章懷太子 注曰: "蔡質『漢儀』曰: '… 德陽殿周旋容萬人, 陛高二丈, 皆文石作壇. … 激沼水於殿下 … 天子正旦節會朝百僚於此. 自到偃師, 去宮四十三里, 望朱雀五闕 · 德陽, 其上鬱律與天連. 『洛陽宮閣簿』曰: '德陽宮殿南北行七丈, 東西行三十七丈四尺.'"; 『河南志』「後漢城闕古蹟」, p.48, 「德陽殿」條에 대한 注, "『漢官典職』曰: '德陽殿, … 周旋容萬人' 應劭 『漢官儀』曰: 在崇賢門內. … 大漢體天, 承二德陽. 崇高弘麗, 包受萬方, 內綜朝貢, 外侯遐荒. 蓋北宮, 殿之最尊者."

30 (唐)歐陽詢 撰, 『藝文類聚』(上海: 上海古籍出版社, 1985) 卷39 禮部中 朝會條, p.711, "『漢官儀』曰: "正月旦, 天子幸德陽殿, 臨軒, 公卿百官, 皆陪位朝賀, 蠻貊胡羌朝貢畢, 見屬郡計吏, 皆陪勤. …"

31 『文選』 卷29 詩巳 雜詩上 古詩十九首, p.1344, "青青陵上栢, … 洛中何鬱鬱 … 兩宮遙相望, 雙闕百餘尺(李善注曰: "蔡質『漢官典職』曰: '南宮北宮, 相去七里.'")…"

32 王仲殊, 『漢代考古學概說』, p.20.

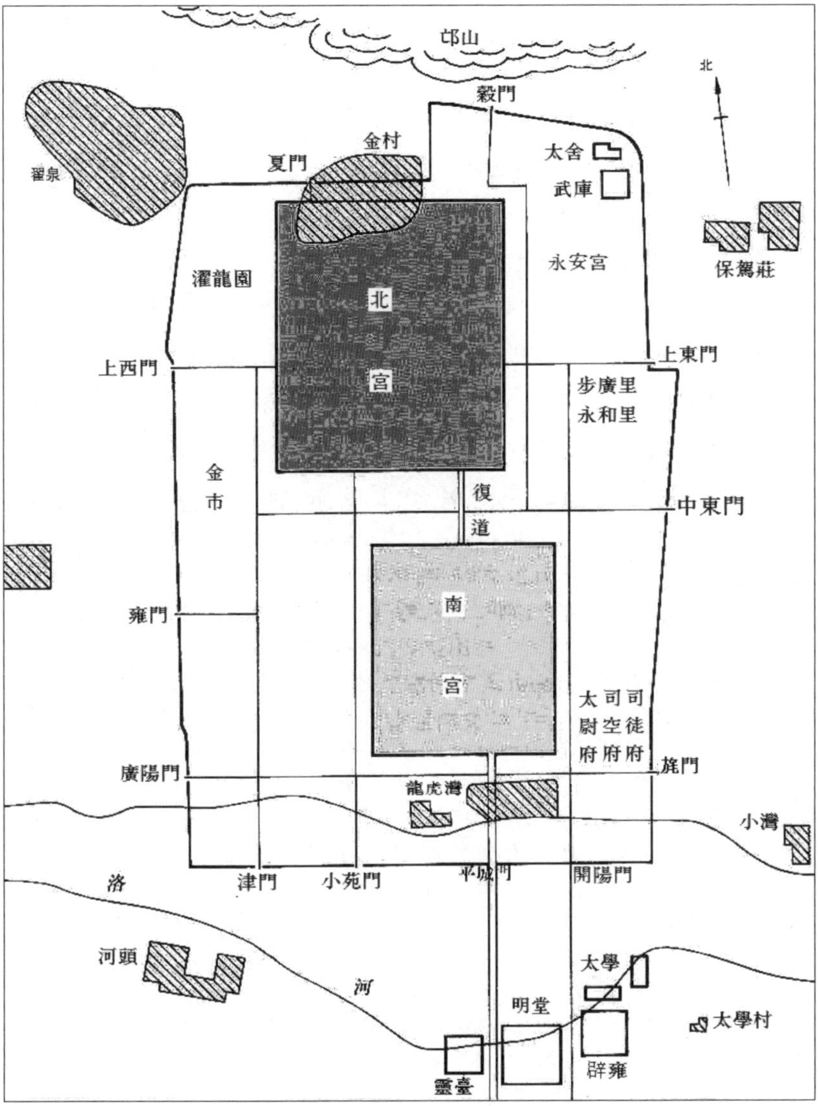

출처: 『秦漢文化』, 上海: 學林出版社, 2001, p.28, 「東漢雒陽城平面示意圖」.

〈그림 1〉 후한 낙양성 평면도

도성 가운데 궁성이 차지하는 면적은 전한 장안성과 마찬가지로 약 반을, 혹자는 1/3을 차지한다고 한다.[33] 논자에 따라 그런 차이가 나는 것은 북궁의 동쪽에 있는 영안궁(永安宮)을 궁전 면적에 넣느냐 아니냐에 따른 차이가 아닐까 한다. 영안궁은 당초 황태후의 궁이었는데, 그 둘레가 698장으로[34] 그 차지하는 면적이 상당히 컸기 때문이다.

성문을 보면, 동벽과 서벽에 각 3문, 북벽에 2문, 남벽에 4문 등[35] 도합 12문이 있었다.[36] 서벽에는 북에서부터 남으로 상서문(上西門), 옹문(雍門), 광양문(廣陽門)이 있고, 남벽은 서에서부터 동으로 진문(津門), 소원문(小苑門), 평성문(平城門), 개양문(開陽門), 동벽은 남에서부터 북으로 모문(耗門), 중동문(中東門), 상동문(上東門), 북벽은 동에서부터 서로 곡문(穀門), 하문(夏門) 등이 그것이다. 성문의 수만 따진다면 12개는 전한 장안성의 개수와 같지만, 북위의 낙양성의 13과는 약간의 차이가 있다.[37] 다만 전한

33 王仲殊, 『漢代考古學概說』, p.21. 그러나 賀業鉅(『中國古代城市規劃史』, p.434)와 李久昌(李久昌, 『國家・空間與社會: 古代洛陽都城空間演變研究』, p.241)은 宮廷區가 차지하는 면적이 全城의 거의 1/3을 차지한다고 하였다.

34 『後漢書』 卷9 孝獻帝紀, 中平 元年條, p.392, "九月甲戌, 即皇帝位, 年九歲. 遷皇太后於永安宮.(章懷太子注曰: "董卓遷也. 洛陽宮殿名曰: '永安宮周迴六百九十八丈, 故基在洛陽故城中.'")"

35 1962년 발굴에 의하면 東・西壁과 北壁의 8개 城門 遺址가 분명하게 드러났다.(中國科學院考古研究所洛陽工作隊, 「漢魏洛陽城初步勘查」, 『考古』 1973-4, pp.198-201)

36 『後漢書』 志27 百官志4, pp.3610-3611, "城門校尉一人, 比二千石, 本注曰: 掌雒陽城門十二所. 司馬一人, 千石. 本注曰: 主兵. 城門每門候一人, 本注曰: 雒陽城十二門, 其正南一門曰平城門, 北宮門, 屬衛尉. 其餘上西門, 雍門, 廣陽門, 津門, 小苑門, 開陽門, 耗門, 中東門, 上東門, 穀門, 夏門, 凡十二門."

37 (北齊)楊衒之 撰, 『洛陽伽藍記』 序, pp.2-4. "東面有三門, 北頭第一門曰'建春門', 漢曰'上東門' … 次南曰'東陽門', 漢曰'中東門' … 次南曰'青陽門', 漢曰'望京門'(旄門: 宣平門: 望門). … 南面有三(四인 듯), 東頭第一門曰'開陽門'. … 次西曰'平昌門', 漢曰'平門'(一作'平城門'). … 次西曰'宣陽門', 漢曰'津門'. … 西面有四門, 南頭第一門曰'西明門', 漢曰'廣陽門'. … 次北曰'西陽門', 漢曰'雍門'. … 次北曰'閶闔門', 漢曰'上西門'. … 次北曰'承明門', 承明者, 高祖所立, 當金墉城前東西大道. 遷京之始, 宮闕未就, 高祖住在金墉城. … 北面有二門, 西頭曰'大夏門', 漢曰'夏門' … 東頭曰'廣莫門', 漢曰'穀

장안성은 각 벽에 3개씩, 네 벽 모두 12개이지만, 후한 낙양성은 각 벽의 수가 동일하지 않다는 차이가 있다. 성문과 성문은 가로로써 연결되어 도성 내의 특정구역을 획정하는 기능을 하는 것이 통상의 예이기 때문에, 이런 차이는 당연히 대성 내의 구조상에도 많은 차이를 야기할 수가 있게 된다. 따라서 후한의 낙양성은 대성 안을 아무리 규칙적으로 정비하려 해도 한계가 있을 수밖에 없게 된다.

도성을 건설할 때 통상 그러하듯이 낙양성도 궁성부터 먼저 축조한 후에 (대)성을 축조했다. 후한 낙양성은 동주시대 이후의 낙양성 유지에, 전한의 동도성을 기준으로 건축한 것이기 때문에[38] 당초 '계획도시'와도 거리가 멀다. 그러나 낙양성 동벽의 상동문(上東門) · 모문(耗門)은 서벽의 상서문(上西門) · 광양문(廣陽門)과 대칭하여 있고, 남벽의 개양문(開陽門) · 평성문(平城門) · 소원문(小苑門), 그리고 진문(津門) 등의 위치가 상당히 균등하게 배열됨으로써 축성할 당시 전한 장안성에 비해 '계획성'이 비교적 강했다는 인상을 준다.[39]

성문과 관련된 것으로, 후한 낙양성의 남궁과 북궁은 대성 내 어느 부분에 위치하게 되었느냐는 후세왕조의 궁성(특히 정전) 위치와 밀접하게 관련되기 때문에 매우 중요한 문제이다. 그럼에도 논문이나 각종 도면 등에 표현된 것을 보면 학자마다 상당한 차이를 보이고 있다. 이 차이는 첫째, 남궁과 북궁이, 둘째, 낙양성 남벽과 북벽이 남궁 · 북궁과 얼마나 떨어져 있는가 하는 문제

門.' …" 위 사료에서 약간의 착오가 있다. 여러 판본에서는 남 벽면에 4문이 있는 것으로 보고 '宣陽門'(後漢시대는 '津門'이 아니라 '小苑門') 다음에 '津陽門'(後漢시대의 '津門')이 있는 것으로 정리하고 있다. 後漢의 洛陽城과 北魏 洛陽城의 城門은 명칭의 변경 외에 北魏 孝文帝가 洛陽建都後 漢晉의 舊門을 수선하고 改建하여 大城 西北에 새로운 '承明門'을 열게 됨에 따라 12門이 13門으로 된 것이 차이이다.

38 『歷代宅京記』 卷7 雒陽上, p.116, "『大事記』註『輿地志』云: '… 蓋秦雖都關中, 猶倣周東都之制, 建宮闕于洛陽.'"

39 남 벽면은 城門은 파괴되었으나 城內의 南北向의 4조 大街가 배열로 볼 때 그 성문의 위치를 추측할 수 있다.(王仲殊, 『漢代考古學概說』, p.19)

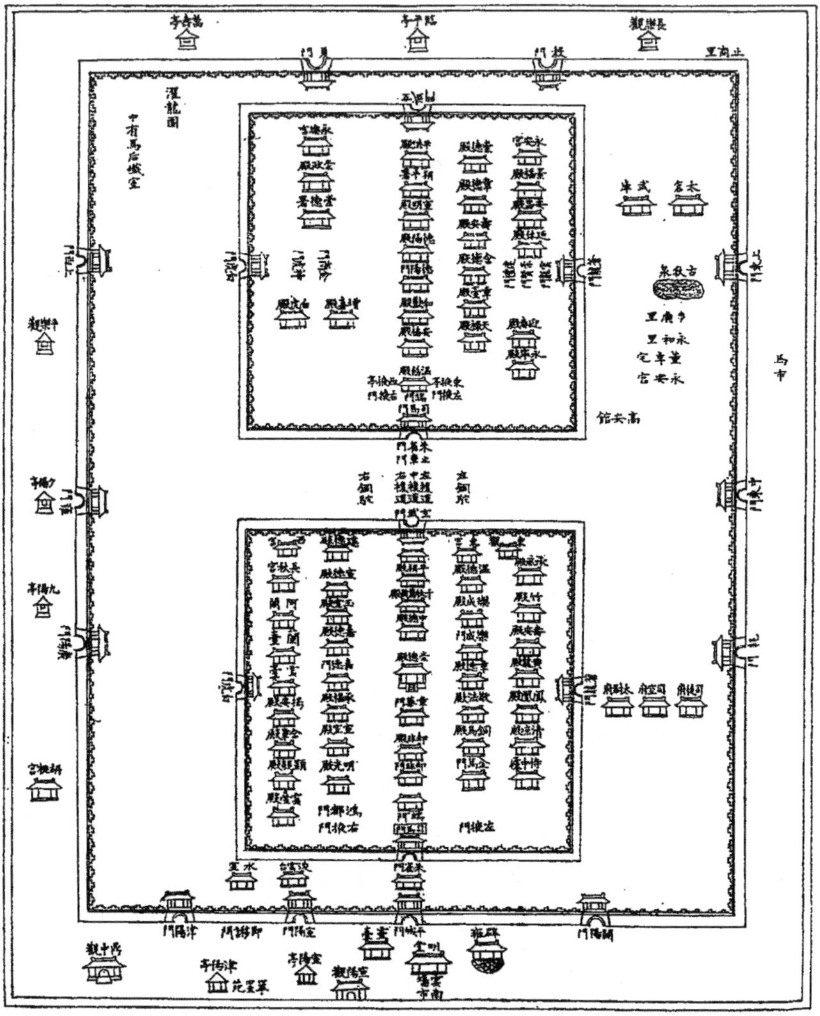

출처: (淸)徐松 輯, 高敏點 校本, 『河南志』, 北京: 中華書局, 1994, p.192, 「後漢京城圖」; 『藕香零拾叢書本』 수록 『河南志三卷』 道光 20年 揚州阮氏摹刻本, p.1, 「後漢東都城圖」.

〈그림 2〉 『하남지(河南志)』 「후한경성도(後漢京城圖)」

로 요약된다. 가장 고전적인 낙양성도는 『(원)하남지』 「후한경성도」(<그림 2>)

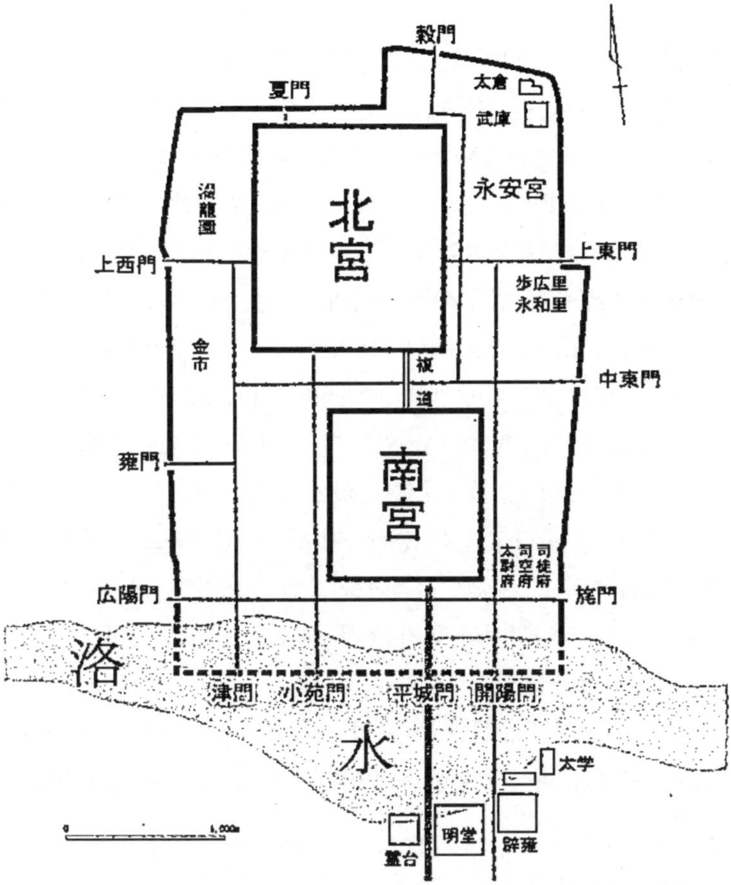

출처: 王仲殊, 『漢代考古學概說』, 北京: 中華書局, 1984, p.18. 圖十八「東漢雒陽城平面圖示意圖」.

〈그림 3〉 왕중수의 「동한낙양성도」

이다.[40] 그러나 현재 가장 많이 인용되는 후한 낙양성의 도면은 왕중수의 「동한낙양성도」(<그림 3>)이다.[41] 이 도면에 의하면 북궁은 낙양성 북벽(특히

40 『藕香零拾叢書本』에 수록된 『河南志三卷』의 「漢晉洛陽宮城圖四紙」(道光二十年 揚州阮氏摸刻)에서는 「後漢東都城圖」라 하고 있다.

夏門 쪽)에 거의 붙어 있다. 그리고 남궁과 북궁의 거리도 길지 않는 복도로 연결되어 있으며, 남궁도 낙양성 남벽과 많이 떨어져 있다.

위치 파악에 중요한 단서를 제공하는 『후한서』 이현[장회태자]의 주에 인용된 채질(蔡質)의 『한전직의(漢典職儀)』를 보면 "남 · 북 양궁 사이의 거리는 7리"라고 기록되어 있다.[42] 그런데 7리라는 원래의 기록도 후한 낙양성의 전체 규모, 즉 '남북구리일백보'라는 기록에[43] 비추어 볼 때 어울리지 않는 숫자다. 왕중수는 남 · 북궁 사이의 7리는 '1리'의 오기로 보았으며,[44] 이에 대해 1리라고 보기도 어렵다는 주장도 있다.[45] 여하튼 남 · 북궁 사이의 거리를 어떻게 보느냐에 따라 낙양성의 전체 포국이 판이한 형태를 보일 수밖에 없다. 양수경(楊守敬)은 그가 그린 「낙양성도」[46]에서 진에서 북위까지 변화가 없이 동일한 장소, 동일한 형태를 보이고 있기도 하다.

『(원)하남지』의 「후한경성도」는 당시까지 남아 있는 사료를 기초로 하여 작성한 것이기 때문에 대강의 윤곽만을 보인 것이지만, 왕중수의 복원도(<그림 3>)는 한위 낙양고성의 현지 조사 성과를 기초로 작성한 최초의 그림이므로 남 · 북궁의 거리 문제를 두고 가장 선도적이며, 유력한 견해라 할 수 있다. 그가 특히 주목한 것은 성내의 도로이고, 도로의 부자연스러운 굴곡은 남북궁을 피하기 위한 목적이었다고 보았다. 이 왕중수의 그

41 王仲殊, 『漢代考古學概說』, p.18. "圖十八 東漢雒陽城平面圖示意圖"; 王仲殊는 南宮의 所在地를 中東門과 雍門 사이 城區의 中部라고 보았다.

42 『後漢書』 卷1 光武帝紀, p.25, "(建武元年)冬十月癸丑, 車駕入洛陽, 幸南宮却非殿, 遂定都焉." 章懷太子 注曰: "蔡質『漢典職儀』曰: 南宮至北宮, 中央作大屋, 複道, 三道行, 天子從中道, 從官夾左右, 十步一衞. 兩宮相去七里."

43 『後漢書』 志19 郡國1 司隸/河南尹, p.3389, "雒陽. 周時號成周"의 인용; "『帝王世記』曰: '城東西六里十一步, 南北九里一百步.' 『晉元康地道記』曰: '城內南北九里七十步, 東西六里十步, 爲地三百(里)[頃]爲地三百(里)[頃].'"

44 王仲殊, 『漢代考古學概說』, p.21.

45 錢國祥은 南宮 主殿에서 北宮의 主殿까지의 複道의 거리를 보면 반드시 1里의 誤記로 볼 수 없다고 하였다.(「由閶闔門談漢魏洛陽城宮城形制」, p.57)

46 洛陽城圖 穀水篇.

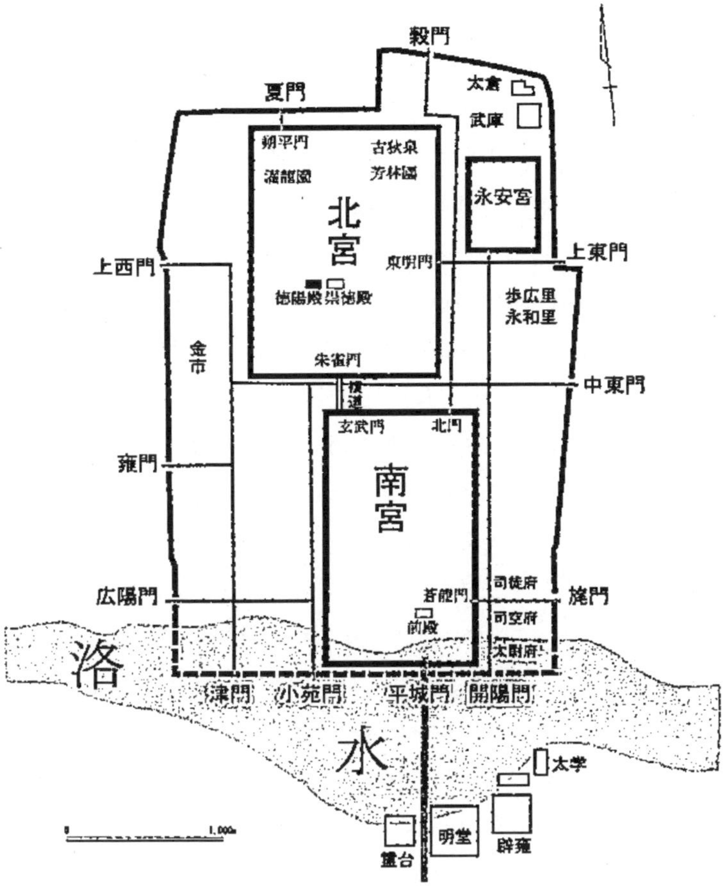

출처: 「由闔閭門談漢魏洛陽城宮城形制」, 『考古』 2003-7, p.55.

〈그림 4〉 전국상의 「후한낙양성도」

림이 한동안 통설로 인정되었다. 왕중수의 복원도를 약간 수정하여 그려 최근 가장 유력한 것으로 받아들여지는 것이 전국상(錢國祥)의 복원도이다(<그림 4>). 이 그림에 나타난 가장 중요한 차이는 낙양 남궁 남면 벽의 위치를 남벽 가까이로 이동시켜 수정한 것이다. 이는 낙양 남벽의 정문인 평성문이 남궁의 문이었다는 『속한서』 백관지(본고에서는 중화서국판 『후한서』 재록본을 이용함)의 기록을 감안해서 작성한 것으로 후한 궁성 유구가 발견되었기 때문에 그렇게 그린 것은 아니다. 한편 남북의 거리가 7리라는 『한전직의』의 기록에 근거하여 북궁은 북벽에, 남궁은 남벽에 붙은 형태로 만든 복원도가 빌렌스타인(Bielenstein)의 것과(<그림 6>),[47] 마선성(馬先醒)의 것이다(<그림 5>).[48] 한편 장명화(張明華)의 그림(<그림 7>)은[49] 후한 낙양성의 남궁 숭덕전의 자리에 조위의 태극전이 지어졌고, 그 터에 북위 태극전이 세워졌다는 전제하에, 후한 남궁이나 위진의 남궁이 전체 궁성 가운데 북부의 남반에 위치했다는 입장에서 그려진 것이다.

관건은 남 · 북궁 사이의 거리인 셈인데, '낙양남궁'의 황제가 복도를 통해 반대편에 있는 여러 장수들과 대화를 나누었다는 기록을[50] 볼 때, 그리 멀리 떨어져 있었던 것은 아닐 것이다. 남 · 북궁 사이에 건설된 복도는 황제가 왕래할 때 안전을 도모하기 위한 것이었다. 가장 최근에 나왔기 때문에 나름 신뢰성이 있는 그림이 전국상의 것이라 할 수 있지만, 이 그림을 따를 경우 남 · 북궁이 낙양성 전체에서 차지하는 면적이 과도하게 많이 차지하게 되는 흠이 있는 것이다. 이렇게 다양한 후한 낙양성도가 출현한 것 자체가 이에 대한 다기한 이설이 존재하는 현실을 반영하고 있고, 또 앞으로도 수정의 가능성이 있다는 점이다.

이런 남 · 북궁의 위치 그리고 면적 문제와 관련하여 중요한 단서를 제공하는 것이 남쪽 성문인 평성문이다. 평성문은 전술한 바와 같이 대성 12문 가운데 정남문으로[51] 가장 중요한 문이었다. 그런데 이 문은 동시에 남

47 Hans Bielenstein, "Lo-yang in Later Han Times," *The Museum of Far Eastern Antiquities Stockholm Bulletin*, NO48, 1976.

48 馬先醒, 「後漢京師南北宮之位置與其門闕」, 『中國古代城市論集』, 簡牘學會編輯部, 1980.

49 張鳴華, 「東漢南宮考」, 『中國史硏究』 2004-2.

50 『河南志』 「後漢城闕古蹟」條, p.42, "南宮南臨洛水, 去北宮七里(在平城門內. 高祖居洛陽南宮, 從複道望見諸將偶語. …)"

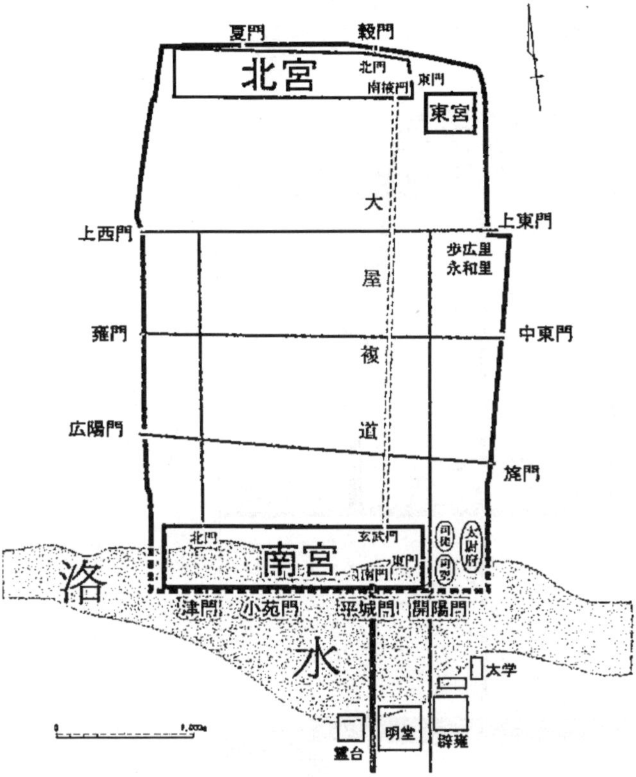

출처: 馬先醒, 「後漢京師南北宮之位置與其門闕」, 『中國古代城市論集』, 北京:簡牘學會編輯部, 1980.

〈그림 5〉 마선성의 「후한낙양성도」

궁의 남문(역대 남쪽의 궁문을 통상 '주작문'으로 불렀다)이었다.[52] 이런 성문은

51 『後漢書』 志27 百官志4 城門校尉, p.3610, "城門每門候一人, 六百石. 本注曰: 雒陽城十二門, 其正南一門曰平城門."

52 '平城門 … 與宮連'(『後漢書』 五行志1, p.3274); '平城門爲宮門'(『後漢書』 志27 百官志4 城門校尉, p.3610); '南宮平城門內屋'(『後漢書』 志13 五行志1, p.3274); 『河南志』, 「後漢城闕古蹟」條, pp.39-40, 門十二. "南面四門, 正南曰平門(… 按, 靈帝紀曰: 南宮平城門當是宮在門之內, 所以連言也. … 外臨僚侍, 內達帝宮. 正陽南面, 炎署赫融.)"

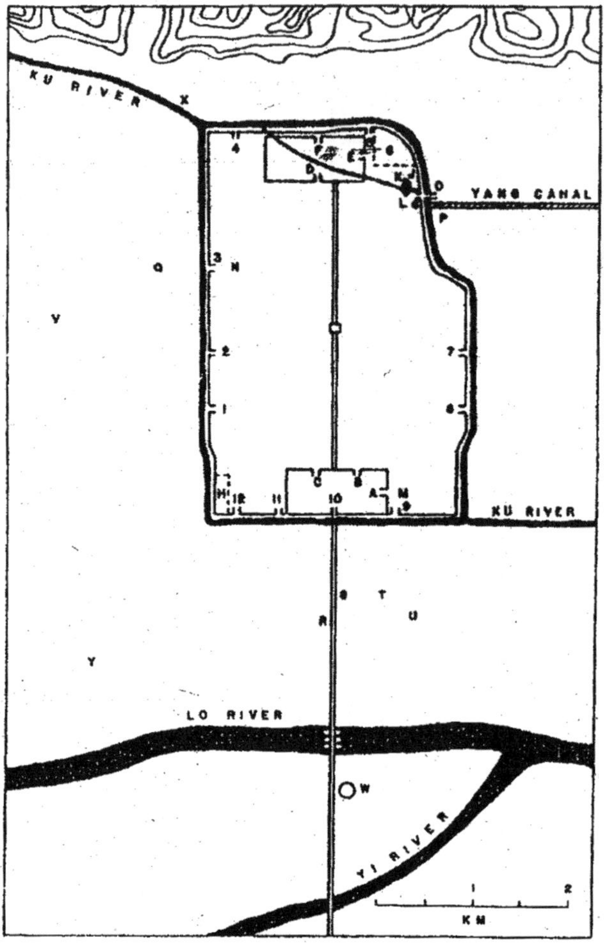

출처: Hans Bielenstein, "Lo-yang in Later Han Times," *The Museum of Far Eastern Antiquities Stockholm Bulletin*, NO48, 1976.

〈그림 6〉 빌렌스타인의 「후한낙양성도」

낙양성 사방 성벽에 열린 12문 가운데 유일한 것이다.[53] 이는 남궁이 남벽

53 王仲殊의 「東漢洛陽城圖」<그림 3>에는 平城門과 南宮이 상당거리로 떨어져 있는데

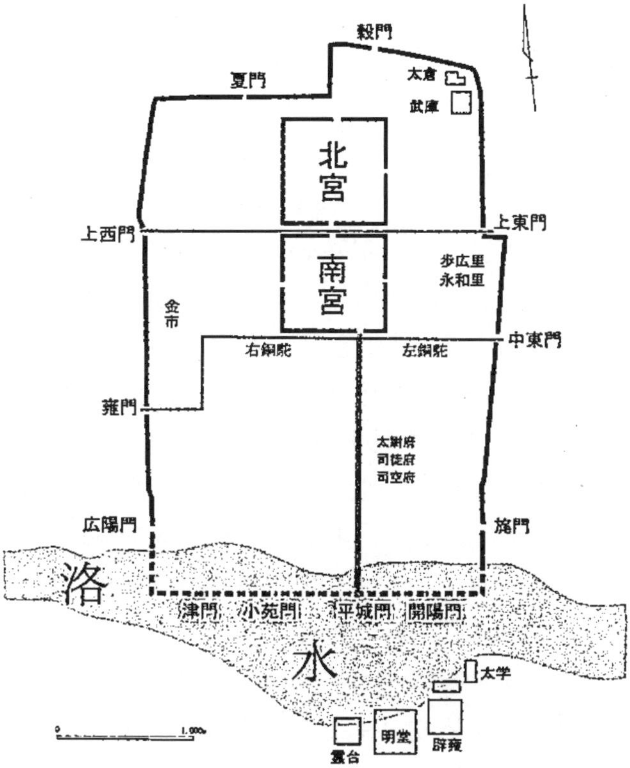

출처: 張鳴華, 「東漢南宮考」, 『中國史硏究』 2004-2.

〈그림 7〉 장명화의 「후한낙양성도」

과 붙어 있었다는 것을 의미한다.[54] 그런 까닭으로 대성의 성문에는 각각 후(侯) 1인이 두어졌지만, 평성문만은 후를 두지 않고, 대신 질 천석의 둔사마(屯司馬)를 두었다고 하니,[55] 어느 성문보다 특별하게 취급되었음을 알

이는 잘못된 것이어서 錢國祥<그림 4>에 의해 이 부분만이 수정된 것이다.

54 段鵬琦는 平城門과 宮門이 여전히 일단 거리가 있었다고 보기도 한다.(段鵬琦, 「漢魏洛陽城的幾個問題」, p.465)

55 平城門만이 衛尉가 관리하였고, 여타 11문은 城門校尉의 관할이었는데 이는 평성문

수 있다.

이 평성문은 남궁의 위치를 결정할 뿐만 아니라 궁문 앞으로 연결되는 대가와 축선을 이루기 때문에 중요하다. 잘 알다시피 궁문 앞은 후세 도성의 경우를 보면 '동타가(銅駝街)', 혹은 '주작문대가'라는 명칭을 띤 대가가 왕조의 가장 중요한 관청가를 이루거나 의례공간이 되기 때문이다. 후한 낙양성의 평성문도 황제의 남문교사를 위해 통과하는 문으로 사용될 뿐만 아니라 군신들이 남궁 숭덕전 전전의 조회에 참가할 때도 이곳을 통과하였다.

그러면 이 시대 낙양성에도 후세와 같은 '동타가' 혹은 '주작대가'에 해당되는 대가가 성립되어 존재하고 있었던 것일까? 사료에는 '성내 24가'의 하나로서 '동타가'라는 명칭은 일단 보인다. 사료에는 두 마리의 동타(고 구척)가 궁의 남가 사회도두(四會道頭)에 있다고 되어 있으니, 어느 궁인지 알 수는 없으나 남쪽으로 뻗은 도로이며, 대가와 동서를 달리는 협로가 만나는 지점 일대를 '동타가'로 지칭하는 것 같다. 동타가는 이후 위진남북조 각 왕조 도성의 중심가 명칭으로 자리 잡았지만, 후한 낙양성의 경우 그 위치나 용도는 확실하지 않다. 다만 금마문 밖에는 중현(衆賢)이 모이고, 동타가 거리에는 소년이 모인다는 당시 속언으로 볼 때,[56] 남궁 앞으로 추정되는데 이 경우 대성 밖에 있는 거리가 된다. 따라서 남궁이 남쪽으로 낙수를 바라보는 곳에 위치하며 평성문이 궁문인 동시에 성문이라면 남궁 자체가 남벽에 붙어 있기 때문에 동타가는 후세 도성처럼 대성 내에 있을

이 '宮門'으로 취급받았기 때문일 것이다. 平城門은 원래 없던 것인데 建武 14년 南宮이 건설되고부터 열린 것이다.(『後漢書』 志27 百官志4 「城門校尉」條, "其正南一門曰平城門"에 대한 章懷太子 注, pp.3610-3611, "『漢官秩』曰: 平城門爲宮門, 不置候, 置屯司馬, 秩千石. 李尤銘曰: 平城司午, 闕位處中. 『古今注』曰: 建武四年九月開平城門.")

56 『河南志』 「後漢城闕古蹟」條, pp.50-51, "城內二十四街(『漢官典職』曰: 洛陽二十四街), 長壽街, 萬歲街, 土馬街, 銅駝街(華延儁『洛陽記』曰: 漢有兩銅駝, 在宮之南街四會道頭, 夾路東西相對, 高九尺. 漢時所謂銅駝街. 又曰: 洛陽又有香街. 陸機『洛陽記』曰: 俗語曰: 金馬門外聚衆賢, 銅駝陌上集少年. 『風土記』曰: 石季龍後取銅駝向鄴.), 香街."

수는 없는 것이 된다.

동타가가 그런 형식이라면 후세와 같이 남북의 긴 대가로서 도성의 축선이 되는 동시에 관청가나 의례공간을 이루기에는 너무 짧다. 따라서 대성 내에는 관청가라든지 혹은 의례공간이 성립될 수가 없다. 더구나 사도부 · 사공부 · 태위부 등이 위치하는 광양문과 모문을 연결하는 동서 대가가 따로 있으니, 이 대가가 오히려 후세의 동타가처럼 관청가일 가능성이 높다. 다만 전한시기 미앙궁의 조회에 참가하기 위해 동궐을 이용하고 상서를 올리거나 혹은 알현을 요구할 때는 북문 · 북궐을 이용하여 북문이 정문이었지만,[57] 후한시대는 정문이 남문인 평성문과 남궐로 바뀐 것은 남-북의 축선이 생겼기 때문일 수 있다. 또한 남궁의 전전이 낙양성의 정문인 동시에 12성문 가운데 가장 중요한 평성문을 남쪽으로 향하고 있다는 점에서 '좌북조남(坐北朝南)'의 구조로, 북을 상위로 삼는 포국으로 볼 수도 있다.[58] 그러나 북궁이 남궁에 압도적으로 우위에 있다는 증거가 없기 때문에, 후한 낙양성에서 남북의 중앙축선(즉 중축선)은 물론, 축선이라고 할 수 있는 것이 있었을까 의문스럽다.

한편 북벽의 성문인 하문[북장의 서문]은 송상통도(送喪通道)로 사용되었으며, 곡문[북장의 동문]은 범죄자들이 성 밖에서 처형할 때 나가는 문으로 주로 이용되었다.[59] 따라서 북방에 있는 문은 남방에 비해 그 중요성은 크게 떨어졌다고 해도 무방하다. 그런 면에서 북문이 특히 중요한 역할을 하는 유목계열의 왕조, 특히 당 장안성의 현무문과는 그 역할이 크게 다르다.

다음으로 성문의 형제와 구조가 어떠했는가 하는 문제이다. 확실하지

57 『漢書』 卷1下 高帝紀下 7年條, p.64, "二月, 至長安. 蕭何治未央宮, 立東闕 · 北闕 · 前殿 · 武庫 · 大倉.(師古曰: 未央殿雖南嚮, 而上書奏事謁見之徒皆詣北闕, 公車司馬亦在北焉. 是則以北闕爲正門, 而又有東門 · 東闕. 至於西南兩面, 無門闕矣. 蓋蕭何初立未央宮, 以厭勝之術, 理宜然乎?)"

58 李久昌, 『國家 · 空間與社會: 古代洛陽都城空間演變研究』, p.239.

59 楊寬, 『中國古代都城制度史研究』, p.137.

않지만, 유적의 보존상태가 좋은 북벽의 하문을 조사한 결과, 문도가 발견되었는데, 전한 장안성의 성문처럼 3개의 문도가 있었다.[60] 후한 낙양성 문도의 용도는 각각 달랐다. 특히 궁문과 성중의 대도[대가]는 3개로 나누어 중앙을 '어도'라 하여 양변에 높이 4척의 토장을 쌓아 공경과 상서로 장복(章服: 문식으로 등급을 나타내는 예복)을 입은 자만이 이 가운데 길로 다니게 했다.[61]

그럼 대성 내의 도로를 살펴보자. 남북 종도가 5조, 동서 횡도가 5조로 되어 있다. 남북 종행의 대가를 보면, 1조가 개양문대가[가칭, 이하 동]로 전장 약 2,800m였다. 2조는 평성문대가로 남궁의 남문까지 약 700m였다. 3조는 소원문대가로 북궁의 남문까지 약 2,000m였다. 4조는 진문대가로 2,800m였다. 5조는 곡문대가로 북벽 곡문에서 내려오다가 북궁의 북장에서 잠시 동으로 꺾어진 후 다시 남향하는 대가로 2,400m였다. 하문에서 남향하는 가도는 100m 미만이라 대가의 범주에 넣지 않는다. 동-서향 횡행의 대가는 모두 5조였다. 제1조는 상동문대가로 상동문에서 북궁의 동장까지 약 600m이다. 제2조는 중동문대가로 중동문에서 북궁과 남궁 사이를 지나 대성의 서벽까지 약 2,200m이다. 제3조는 상서문대가로 상서문에서 북궁의 서장까지 약 500m이다. 제4조는 옹문대가로서 옹문에서 동쪽으로 향하다 진문대가와 교차하는 지점까지 약 500m이다. 제5조는 모문-광양문대가로 모문에서 광양문까지 전성을 횡관하는 대로로 2,460m이다. 이들 각 조의 대가는 서로 교차 · 결합하여 십자로 혹은 정자로(丁字路)를 이루어 24개의 대가를 이룬다.[62] 대가의 너비는 두 가지 종류가 있으니, 약

60 中國科學院考古硏究所洛陽工作隊, 「漢魏洛陽城初步勘查」, p.200.

61 『元河南志』 卷2 「晉城闕宮殿古蹟」條, p.22-a, "晉都城亦在成周門十二"의 注, "陸機『洛陽記』曰: '洛陽城十二門, 門有閣, 閉中, 開左右出入. 城內大道三; 中央御道, 兩邊築土牆, 高四尺, 公卿尙書章服從中道; 凡人行左 · 右道. 左入右出, 不得相逢. 夾道種槐 · 柳樹.'"

62 『後漢書』 志27 百官志4 「凡十二門」條의 注引, p.3611, "蔡質『漢儀』曰: '雒陽二十四

20m의 것과 40m의 것으로 나누어진다.[63] 성내는 24가로 이루고 있다고 하였지만 그 명칭이 남아 있는 것은 전술한 동타가를 비롯하여 장수가(長壽街), 만세가(萬歲街), 토마가(土馬街), 향가(香街) 정도이다. 궁성의 방위는 위위(衛尉)의 담당으로 그는 궁문의 위사(衛士)를 관장하고 궁중 출입을 통제하였다.[64] 남 · 북궁 각각에 위사령(衛士令)이 있어 위사를 분담 통령하였다.[65]

다음으로 예제 건축물의 건축과 축선의 문제이다. 도성 포국 가운데 축선, 혹은 중축선이란 황제의 거소인 궁성[정전]에서 예제건축, 특히 남교단, 혹은 환구를 연결하는 직선로를 말한다. 후한시대 중시했던 예제는 남교. 북교, 명당, 고묘, 세조묘 등 소위 '오공(五供)'이었다.[66] 이 가운데 가장 중요한 건축물은 남교단인데, 이것은 광무제 건무 2년(26), 성남 7리 지점에 건립되었다.[67] 남교의 유지는 현재 낙양 한위고성 남교의 대교촌(大橋村)에 남아 있다.[68] 이때 사직단도 건립되었다.[69] 한편 북교단은 광무제 건무 32

街, 街一亭, 十二城門, 門一亭.'"

63 이상에서 數로 표시된 距離나 幅 등은 모두 王仲殊, 『漢代考古學槪說』, pp.19-20에 의거하였다.

64 『後漢書』 志25 百官2, p.3579, "衛尉, 卿一人, 中二千石. 本注曰: 掌宮門衛士, 宮中徼循事."의 注引 "胡廣曰: 諸門部各陳屯夾道, 其旁當兵, 以示威武, 交戟, 以遮妄出入者."

65 『後漢書』 志25 百官2, p.3579, "南宮衛士令一人, 六百石. 本注曰: 掌南宮衛士. 丞一人. 北宮衛士令一人, 六百石. 本注曰: 掌北宮衛士, 丞一人."

66 『後漢書』 志4 禮儀, p.3102, "正月上丁, 祠南郊. 禮畢, 次北郊, 明堂, 高廟, 世祖廟, 謂之五供. 五供畢, 以次上陵 …"; 『南齊書』 卷11 禮志上, pp.122-123, "永明二年, 祠部郎中蔡履議: "… 『漢東京禮儀志』南郊禮畢, 次北郊 · 明堂 · 高廟 · 世祖廟, 謂之五供』. 蔡邕所據亦然."

67 『後漢書』 志7 祭祀上 郊, p.3159, "(建武)二年正月, 初制郊兆於雒陽城南七里, 依鄗. 采元始中故事. 爲圓壇八陛, 中又爲重壇, 天地位其上, 皆南鄕, 西上. 其外壇上爲五帝位. 靑帝位在甲寅之地, 赤帝位在丙巳之地, 黃帝位在丁未之地, 白帝位在庚申之地, 黑帝位在壬亥之地."

68 姜波, 『漢唐都城禮制建築硏究』, 北京: 文物出版社, 2003, p.76.

년(56) 성북 4리, 혹은 성 서북각 1리 지점에 건축했다.[70]

주지하듯이 남 · 북교는 전한 성제시기에 등장하여 평제 원시연간에 왕망에 의해 정비된 것['元始中故事']으로[71] 그것이 후세에 계승되었다.[72] 다만 후한시대에는 남교와 북교만이 있었다. 그러던 것이 조위시대에는 정현(鄭玄)의 설을[73] 따라 원형의 원구와 정방형의 방구[방택=澤中方丘也]에다 다시 천교와 지교가 따로 있게 되었다.[74] 그러던 것이 서진시대가 되면 무제 태시 2년(266) 왕숙(王肅)의 설을 채용해서 원구를 남교에, 방구를 북교에다 병합시킴으로써[75] 원구 · 방구를 남교 · 북교와 따로 세우는 조위 제도를 고치고 재차 후한과 같이 남 · 북교로만 했다.[76]

69 『後漢書』 卷1上 光武帝紀上, p.27, "(建武二年) 壬子, 起高廟, 建社稷於洛陽, 立郊兆于城南, 始正火德, 色尙赤.(章懷太子注曰: '…『續漢志』曰: 立社稷於洛陽, 在宗廟之右, 皆方壇, 四面及中各依方色, 無屋, 有牆門而已.' …『續漢書』曰: '制郊兆於洛陽城南七里, 爲壇, 八陛, … 北郊在洛陽城北四里, 方壇, 四陛. 地祇位南面, 西上…'"; 『後漢書』 志8 祭祀中, pp.3177-3181, "是年(建武三十二)初營北郊, 明堂 · 辟雍 · 靈臺未用事. … 北郊在雒陽城北四里, 爲方壇四陛.")

70 『後漢書』 卷1下 光武帝紀, p.84, "是歲(中元元年), 初起明堂 · 靈臺 · 辟雍, 及北郊兆域"(章懷太子注曰: 『漢官儀』曰: "… 明堂去平城門二里所, 天子出, 從平城門, 先歷明堂, 乃至郊祀." 又曰: "辟雍去明堂三百步. 車駕臨辟雍, 從北門入." …『漢宮閣疏』曰: "靈臺高三丈, 十二門. 天子曰靈臺, 諸侯曰觀臺."『漢官儀』: "北郊壇在城西北角, 去城一里所. 方壇四陛.")

71 『後漢書』 志7 祭祀上, p.3159, "(建武)二年正月, 初制郊兆於雒陽城南七里, 依鄗. 采元始中故事. …"

72 金子修一, 『中國古代皇帝祭祀の研究』, 東京: 岩波書店, 2006, pp.165-166.

73 前漢末 이래의 郊祀制度는 天은 國都의 南郊에서 圓丘에 제사하고, 地는 國都의 北郊에서 方丘에 제사하는 것이지만, 鄭玄說의 특징은 南郊와 圓丘, 北郊와 方丘가 각각 다른 祭場으로 하는 것에 있다.(金子修一, 『中國古代皇帝祭祀の研究』, p.41)

74 金子修一, 『中國古代皇帝祭祀の研究』, p.45.

75 『宋書』 卷16 禮志3, p.423, "是年(泰始二年)十一月, 有司又議奏: '古者丘郊不異, 宜并圓丘方澤於南北郊, 更修治壇兆. 其二至之祀, 合於二郊.' 帝又從之. 一如宣帝所用王肅議也. 是月庚寅冬至, 帝親祠圓丘於南郊. 自是後, 圓丘 方澤不別 立至今矣."; 『晉書』 卷3 武帝紀 泰始 2年條, p.55, "十一月己卯, … 并圜丘 · 方丘於南 · 北郊, 二至之祀合於二郊."

한편 북위에서는 효문제 태화 12년(488)에 국도 평성에 원구를 건립하였다.[77] 태화 18년(494) 3월에는 북족(北族) 전통의 의례인 서교제천을 폐지하고,[78] 19년(495) 11월에는 낙양 위속산(委粟山)에 원구를 정했다.[79] 태화 20년(496) 5월에는 방택을 하음에다 세웠다.[80] 원구는 선무제 경명 2년(501) 11월에 이수 북으로 옮겼다.[81] 즉 남조가 왕숙의 설을 따른 것이라면, 북조의 경우 정현의 설을 따랐던 것이다. 다시 말하면 북조에서는 원구·방구 이외에 남·북교를 다시 세웠다는 뜻이 된다.[82] 정현의 설에 의거한 북위의 교사제도는 이후 당까지 계승되었는데, 그 기점은 북위시대이다.[83] 여기서 주의할 점은 예제 가운데 가장 중요한 남·북교의 예제 건축의 방식이 남조계열과 북조가 다르고, 북위 이전과 이후가 다르다는 점이다. 그런 면에서 북위 낙양성이 큰 의미에서 수당 장안성 포국의 기원이 되었다고 보는 관점과도 연결된다.

그리고 명당·벽옹·영대도 광무제 중원 원년(56)에 건립되었는데, 명당은 평성문에서 남쪽으로 2리 지점에 위치하며, 명당의 서쪽에 영대가,

76 金子修一, 『中國古代皇帝祭祀の研究』, p.49.

77 『魏書』 卷7下 孝文帝紀下, pp.164-165, "(太和十二年) 閏月甲子, 帝觀築圓丘於南郊. … 十有三年春正月辛亥, 車駕有事於圓丘. 於是初備大駕. … 五月庚戌, 車駕有事於方澤."

78 『魏書』 卷7下 孝文帝紀下, p.174, "(太和十八年) 三月庚辰, 罷西郊祭天."

79 『魏書』 卷7下 孝文帝紀下, p.178, "(太和十九年) 十有一月, 行幸委粟山. 議定圓丘. 甲申, 有事於圓丘."

80 『魏書』 卷7下 孝文帝紀下, p.179, "(太和二十年 五月) 丙戌, 初營方澤於河陰. … 丁亥, 車駕有事於方澤."

81 『魏書』 卷8 宣武帝紀, p.194, "(景明二年, 十有一月) 壬寅, 改築圓丘於伊水之陽."

82 『魏書』 卷84 李業興傳, pp.1862-1863, "(東魏 孝明帝 天平)四年(537), 與兼散騎常侍李諧·兼吏部郎盧元明使蕭衍. 衍散騎常侍朱問(李)業興曰: '魏洛中委粟山是南郊邪?' 業興曰: '委粟是圓丘, 非南郊.' 曰: '北間郊·丘異所, 是用鄭義. 我此中用王義.' (李)業興曰: '然, 洛京郊·丘之處專用鄭解.'"

83 金子修一, 『中國古代皇帝祭祀の研究』, p.52.

그 동쪽 300보 지점에 벽옹이 위치하고 있다.[84] 천자는 (남)궁을 나와 평성문을 거쳐 먼저 명당을 들리고, 다음으로 남교로 향하는 형식이었다.[85] 평성문에서 남교까지의 7리의 도로는 남북교로와 연결되어 그 노면은 항상 청결을 유지했다.[86] 그래서 이를 낙양성의 중축선으로 보기도 한다.[87] 그러나 '축선'은 될지라도 '중축선'은 아니다. 도성 내에 축선은 여러 개가 있을 수 있지만, 중축선은 복수로 존재할 수도 없고, 실제 존재한 사례도 그리 많지 않기 때문이다.[88]

그런데 이 지점은 조위에 들어 이동된 것으로 보이는데 영대가 성남 3리라는 기록이 나오며, 북위시대는 다시 이동하였다.[89] 이동된 지점은 선양문 외 1리의 이민리(利民里) 내였다.[90] 그런데 『하남지』「진성궐고적」조에 명당 · 영대 · 벽옹에 대한 특별한 기사가 없는 것으로 볼 때 영대의 위치는 서진과 조위가 같은 곳일 가능성이 높다. 여하튼 후한시대 가장 중요

84 『後漢書』 卷1下 光武帝紀下, 中元元年條, p.84, "是歲, 初起明堂 · 靈臺 · 辟雍, 及北郊兆域.(章懷太子注曰: … 『漢官儀』曰: '… 明堂去平城門二里所, 天子出, 從平城門, 先歷明堂, 乃至郊祀.' 又曰: '辟雍去明堂三百步. 車駕臨辟雍, 從北門入. …' 『漢宮閣疏』曰: '靈臺高三丈, 十二門. 天子曰靈臺, 諸侯曰觀臺.' 『漢官儀』: '北郊壇在城西北角, 去城一里所.')"

85 『河南志』「後漢城闕古蹟」條, p.56, "明堂 · 靈臺 · 辟雍(光武中元元年建 … 張衡「東京賦」曰: 左制辟雍, 右立靈臺. 薛綜注曰: 德陽殿東西. 非也.)"

86 『後漢書』 卷78 宦者列傳 · 張讓傳, p.2537, "又鑄天祿蝦蟇, 吐水於平門外橋東, 轉水入宮. 又作翻車渴烏, 施於橋西, 用灑南北郊路, 以省百姓灑道之費.": 張衡, 『東京賦』(『文選』 卷3 京都中) p.114, "淸道案列. 天行星陳. 肅肅習習, 隱隱轔轔. 殿未出乎城闕, 旆已反乎郊畛."

87 楊寬, 『中國古代都城制度史硏究』, p.137.

88 中軸線의 출현을 佐川英治는 北魏 洛陽城에서 찾고 있지만(「北魏洛陽の形成と空間配置」, 『大阪市立大學東洋史學論叢特集號(中國都市の時空世界)』, 2005), 진정한 의미의 中軸線의 출현은 隋唐 長安城이다.

89 『河南志』「魏城闕古蹟」條, p.66, "靈臺 · 辟雍(陸機『洛陽記』曰: 靈臺在洛陽南, 去城三里; 又曰: 辟雍在靈臺東, 相去一里. 俱魏所徙."

90 『河南志』「後魏城闕古蹟」條, p.90, "宣陽門外一里, 御道東曰利民里(里內有靈臺舊基, 漢光武建者. 東有辟雍, 魏武建者.)"

한 예제행사는 남교였으며, 명당 · 영대 · 벽옹은 삼조지례(三朝之禮)로서 남교보다는 덜 중요한 것이었다.[91]

다음으로 종묘와 사직을 보자. 광무제 건무 2년에 종묘와 사직이 건설되었다고는 하나 그 구체적 위치가 명확하지 않다. 다만 사직의 위치를 '종묘지우'라 하니 『주례』의 좌조우사 원칙을 나름으로 따른 것으로 볼 수 있지만, 후한시대에 아직 '좌조우사' 원칙이 아직 성립되지 않았다고 보는 자도 있다.[92] 건무 21년에 사직의 위치가 북궁 상동문 안으로 변경되었다는 기록이 있지만,[93] 사직의 원래 장소에 대해서는 기록이 없다. 다만 혹자는 남궁 전, 평성문 후 좌우에 위치한 것으로 추정하고 있다.[94] 사직이 이동할 때, 종묘도 같이 이동하였는지 확실하지 않다.

후한시대 여러 가지 예제건축이 이처럼 도성에 등장하나 이들이 도성 포국에 어떤 영향을 끼친 것이냐의 문제는 그리 명확하지 않다. 혹자는 교사가 천자가 주재하는 제사 중에 대단히 중요한 위치를 차지하는 조위시대부터 제사 장소의 선택문제가 도성설계에 거대한 영향을 미치게 되었다고 본다.[95] 따라서 후한 낙양성부터 '좌서조동'에서 '좌북조남'하는 예제의

91 『後漢書』 卷2 孝明帝紀 永平 2年條, p.102, "冬十月壬子, 幸辟雍, … 詔曰: '光武皇帝建三朝之禮, …'(章懷太子注曰: 三朝之禮謂中元元年初起明堂 · 辟雍 · 靈臺也.)."

92 姜波, 『漢唐都城禮制建築研究』, p.88.

93 『後漢書』 卷1上 光武帝紀 建武 2年條, p.27, "壬子, 起高廟, 建社稷於洛陽, 立郊兆于城南, 始正火德, 色尙赤.(章懷太子注曰: "『漢禮制度』曰: '… 光武都洛陽, 乃合高祖以下至平帝爲一廟, 藏十一帝主於其中. 元帝次當第八, 光武第九, 故立元帝爲祖廟, 故立元帝爲祖廟.' 『續漢志』曰: '立社稷於洛陽, 在宗廟之右, 皆方壇, …'")"; 『後漢書』 志9 祭祀下, 社稷, p.3200, "建武二年, 立太社稷于雒陽, 在宗廟之右.(章懷太子注曰: "『古今注』曰: '建武二十一年二月乙酉, 徙立社稷上東門內. …'")"

94 姜波, 『漢唐都城禮制建築研究』, p.73에 실린 「東漢洛陽城禮制建築分布示意圖」 참조.

95 佐川英治, 「漢六朝的郊祀與城市規劃」, 『中古時代的禮儀 · 宗教與制度』(余欣 主編, 中古中國知識 · 信仰 · 制度研究書系), 上海: 上海世紀出版社股份有限公司 · 上海古籍出版社, 2012, p.223.

변화에 따라 도성포국이 변경되었다는 주장은 약간 성급한 것이라 느껴진다.

2. 남 · 북 양궁체계의 성립과 그 우열문제

후한 낙양성의 성문, (남 · 북)궁문(殿門과 掖門) 등의 문과 궁전 등의 구조와 배치에 대한 파악은 낙양성의 구조를 정확하게 이해하는 데 필수적이다. 먼저 문의 배치에 대해 알아보자. 『한궁전명(漢宮殿名)』,[96] 채질(蔡質)의 『한관의(漢官儀)』[97] 그리고 『낙양고궁명(洛陽故宮名)』에 각종 문들의 명칭이 나오고 있다.[98] (대)성 · 궁(성) · (궁)전의 단계가 있듯이 문도 차등적 구별이 있을 것이지만, 크게 성문, 전문과 액문으로 분류하는 정도이다.[99] 성문은 전술하였고, 먼저 액문은 『후한서』의 기록에 의하면 남 · 북궁 모두 7개가 있었다.

96 『太平御覽』(臺北: 臺灣商務印書館, 1975) 卷183 居處部11 門下, p.1018上, "『漢宮殿名』又曰: 洛陽有泰夏門 · 閶闔門 · 西華門 · 萬春門 · 倉龍門 · 長秋門 · 景福門 · 永巷門 · 內舍門 · 鴻都門 · 金牙門 · 不老門 · 章臺門 · 濯龍門 · 定鼎門."

97 『太平御覽』 卷183 居處部11 門下, p.1018上, "蔡質『漢官儀』曰: 宮北朱雀門至止車門, 內崇賢門, 內建禮門."

98 『太平御覽』 卷183 居處部11 門下, p.1018上, "『洛陽故宮名』曰: 洛陽有飛兎門 · 含章門 · 又有建禮門 · 廣懷門 · 有明禮門 · 泰夏門 · 司馬門 · 閶闔門 · 南止車門 · 東西止車門 · 西華門 · 神虎門 · 雲龍門 · 東掖門 · 西掖門 · 千秋門 · 南端門 · 笙鏞門 · 神仙門 · 敬法門 · 却非門 · 含德門 · 上東門 · 廣陽門 · 津門 · 小苑門 · 開陽(門) · 中東門 · 司馬門 · 北闕門 · 玄武門 · 南掖門 · 北掖門 · 南端門 · 金門 · 九龍門 · 白虎門 · 春興門 · 青瑣門 · 金商門 · 宜秋門."

99 『太平御覽』 卷182 居處部10 門上, p.1013上, "(爾雅)又曰: 正門謂之應門, 宮中之門謂之闈. …『禮記』注云: 天子五門: 皐門 · 雉門 · 庫門 · 應門 · 路門. 魯有庫 · 雉 · 路三門, 則諸侯三門也. 漢制, 內至禁省爲殿門, 外出大道爲掖門."; 액문은 宮殿의 正門이 아니고 正門 兩旁에 있는 邊門이다.(『漢書』 卷3 高后紀, p.102, "乃謂朱虛侯章曰: '急入宮衛帝.' 章從勃請卒千人, 入未央宮掖門.(師古曰: '非正門而在兩旁, 若人之臂掖也.') 見産廷中.")

남궁에는 남쪽 대성의 문인 동시에 액문이기도 한 평성문, 그 외에 창룡문(蒼龍門), 현무문(玄武門), 북문(北門) 등 총 4개가 있었다. 한편 북궁에는 남액문, 동문, 북문 등 3개가 있었다. 남궁에서는 평성문이 중시되었듯이, 북궁에서는 원리(員吏)·위사(衛士)의 수를 통해 보면 동문이 가장 중시되었던 것으로 보인다.[100]

그럼 액문들을 구체적으로 살펴보자. 남궁의 남문인 평성문에 대해서는 위에서 상술한 바이지만, 동문은 창룡사마(蒼龍司馬)가 관할하기 때문에 창룡궐문이라고도 한다. 궐[門觀]이 있어[101] 이를 동궐이라고도 한다.[102] 창룡문은 사도부와 마주 보고 있다.[103] 아울러 태위·사도·사공 삼부는 성문 개양문 안에 있었다.[104] 남궁의 북쪽 궁문은 현무사마(玄武司馬)와 북둔사마(北屯司馬)가 관할하는 현무문과 북문이 있다.[105] 남궁 북장의 서쪽에 있는 현무문을 통해 북궁으로 통하는 복도가 있고, 거기에 궐이 있으므로, '현무궐' 혹은 '북궐'이라 한다. 남·북궁을 잇는 복도는 남궁에서 관리한다.[106] 따라서 남궁의 북궁에 대한 우위를 추측할 수가 있다. 그런데 『하

100 『後漢書』 志25 百官2 「衛尉」條, p.3580, "宮掖門, 每門司馬一人, 比千石. 本注曰: 南宮南屯司馬, 主平城門(『漢官』曰: 員吏九人, 衛士百二人); 宮門蒼龍司馬, 主東門(『漢官』曰: 員吏六人, 衛士四十人); 玄武司馬, 主玄武門(『漢官』曰: 員吏二人, 衛士三十八人); 北屯司馬, 主北門(『漢官』曰: 員吏二人, 衛士三十八人); 北宮朱雀司馬, 主南掖門(『漢官』曰: 員吏四人, 衛士百二十四人); 東明司馬, 主東門(漢官』曰: 員吏十三人, 衛士百八十人); 朔平司馬, 主北門(『漢官』曰: 員吏五人, 衛士百一十七人), 凡七門."

101 『後漢書』 卷40上 班固傳上, p.1340, "樹中天之華闕"의 章懷太子注曰: "『說文』曰: '闕, 門觀也.'"

102 『後漢書』 卷78 宦者 張讓傳, p.2537, "明年, 遂使鉤盾令宋典繕修南宮玉堂. 又使掖庭令畢嵐鑄銅人四列於倉龍·玄武闕."의 章懷太子 注曰: "倉龍, 東闕. 玄武, 北闕."

103 後漢書』 志24 百官1, 司徒, p.3560, "凡國有大疑大事, 與太尉同. 世祖即位, 爲大司徒"의 注引 蔡質『漢儀』曰: "司徒府與蒼龍闕對, 厭於尊者, 不敢號府."

104 『後漢書』 志24 百官1, 太尉, p.3557, "建武二十七年, 改爲太尉"의 注引 『古今注』曰: "永平十五年, 更作太尉·司徒·司空府開陽城門內."

105 後漢書』 卷33 虞延傳, p.1153, "旣到, 拜郎中, 遷玄武司馬."의 注引: "玄武, 宮之北門也. 每宮城門皆有司馬一人, 秩千石, 見續漢志."

남지』「후한성궐고적」조에 의하면 남궁에 주작 · 창룡 · 백호 · 현무궐 · 북궐 등 5궐을 들면서,[107] 주작(평성) · 창룡 · 현무궐 · 북궐 외에 백호궐[서궐]을 거론하고 「후한동경도」에다 그려 놓고 있다.

북궁의 궁문을 보면 남쪽은 주작사마(朱雀司馬)가 관장하는 남액문이 있는데 이는 '주작남사마문', '주작문', '주작액문', '주작궐' 등으로 불린다. 이것은 북궁의 정문인 동시에 남궁으로 통하는 복도와 연결된다. 북궁의 동쪽에는 동명사마(東明司馬)가 관장하는 동명문이, 북쪽에는 삭평사마(朔平司馬)가 관장하는 삭평문이 있는데, 동명문은 대성의 상동문, 삭평문은 대성의 하문과 마주하고 있다.

그런데 『하남지』에는 북궁의 액문으로 주작 · 창룡 · 백호 · 현무궐 4궐을 들고 「후한동경도」에도 북궁의 서문으로 (남궁과 마찬가지로) 백호문을 그려 놓고 있다. 남궁 · 북궁 모두 『후한서』에서 4개와 3개의 액문을 드는 것과 차이가 난다. 또 북궁의 경우 『한관전직(漢官典職)』에서 '주작오궐'을 거론하면서 북궁의 덕양전과 연결시켜 기술되고 있다.[108] '주작오궐'은 덕양전 남쪽 문들의 상황인 것 같다. 남 · 북궁 모두 액문의 수가 기록에 따라 차이가 나는데, 이는 시대에 따른 변화에 따른 기술 때문이거나 작은 문의 경우 기록했느냐, 아니냐에 따른 차이가 아닐까 한다.

다음으로 남 · 북궁 각각의 전문을 포함한 궁내의 문(궁문)들을 살펴보면 남궁과 북궁의 구조에 약간의 차이가 있다. 먼저 남궁의 여러 문들이다. 남궁의 문은 사마문(司馬門)[109] – 액문(掖門)[110] – <남>단문(<南>端門)[111]의

106 『後漢書』 卷33 馮魴傳, p.1149, "(永平)十四年, 詔復爵土. 明年, 東巡郡國, 留魴宿衞南宮."의 章懷太子 注曰: 『東觀記』曰: "敕魴車駕發後將緹騎宿玄武門複道上, 領南宮吏士, 保給牀席."

107 『河南志』「後漢城闕古蹟」條, p.42, "朱雀 · 蒼龍 · 白虎 · 玄武闕 · 北闕(『洛陽故宮名』曰: 北闕, 南宮; 闕, 曰武闕.)"

108 『河南志』「後漢城闕古蹟」條, p.47, "朱雀 · 蒼龍 · 白虎 · 玄武闕(『漢官典職』曰: 偃師去宮三十五里, 望朱雀五闕 · 德陽殿, 其上鬱律與天連.)"

형식으로 구성되어 있다. 그 외에 궁전 안에 건설되는 전문(殿門)으로 각비문(卻非門), 구룡문(九龍門), 장대문(章臺門), 낙성문(樂成門), 경법문(敬法門), 함장문(含章門), 가덕문(嘉德門), 성덕문(盛德門), 회복문(會福門), 위흥문(威興門), 의추문(宜秋門), 승명문(承明門), 금마문(金馬門), 홍도문(鴻都門), 등현문(登賢門), 청쇄문(青瑣門), 춘흥문(春興門) 등 여러 문들이 있다.[112] 장대전 앞의 장대문이나 남궁의 중문이라 명기된 낙성문을 제외하고는 구체적인 기록이 없기 때문에 그 위치는 각종 「낙양성도」에 의존할 수밖에 없다.

북궁의 문들을 살펴보자. 남쪽에서 북쪽으로 지거문(止車門)[113]－주작문(朱雀門)－사마문(司馬門)－액문(掖門)[114]－단문(端門)으로 이어지는 여러 문들이 있다. 그 외에 광의문(廣義門), 운룡문(雲龍門), 신호문(神虎門), 삭평문(朔平門), 동명문(東明門), 덕양문(德陽門), 숭현문(崇賢門), 금상문(金商門), 철주문(鐵柱門), 성찬문(盛饌門), 건례문(建禮門), 함덕문(含德門), 장대문(章臺門) 등이 있다.[115] 이 가운데 기술로 봐서 북궁의 동액문인 운룡

109 『河南志』「後漢城闕宮闕古迹」條, p.42, "司馬門(『史記』注曰: 凡言司馬門者, 宮垣之內, 兵衛所在, 四面皆有. … 外門爲司馬門也. 賈誼書曰: 天子宮門曰司馬門.)"

110 『河南志』「後漢城闕宮闕古迹」條, pp.42-43, "掖門(漢制: 內至禁者爲殿門, 外出大道爲掖門. 應劭曰: 掖者言在司馬門之旁掖也.)"

111 『河南志』「後漢城闕宮闕古迹」條, p.43, "南端門(薛綜曰: 南方正門也.)"

112 『河南志』「後漢城闕宮闕古迹」條, pp.43-44에 재록된 이들 문을 보면 다음과 같다. 卻非門, 九龍門, 章臺門(章臺殿前), 樂成門(南宮中門), 敬法門, 含章門, 嘉德門, 盛德門, 會福門, 威興門, 宜秋門, 承明門, 金馬門, 鴻都門, 登賢門, 青瑣門, 春興門 등이다.

113 『河南志』「後漢城闕宮闕古迹」條, p.47, "止車門(有南門 · 東西門. 『漢官典職』曰: 朱雀門在止車門內.)"

114 『河南志』「後漢城闕宮闕古迹」條, p.47, "掖門(又有南掖 · 北掖 · 東掖 · 西掖 · 左掖 · 虎賁掖門)."

115 『河南志』「後漢城闕宮闕古迹」條, pp.47-48, "廣義門, 雲龍門(宮東門), 神虎門, 朔平門, 東明門, 德陽門, 崇賢門(在雲龍門內), 金商門(在神虎門內), 鐵柱門(李松奉引, 更始馬驚奔, 觸北宮鐵柱門), 盛饌門, 建禮門, 含德門, 章臺門."

문에서 숭현문－건례문의 3문은 서에서 동쪽으로 북궁의 동문인 창룡문(蒼龍門)과 연결되는 문이고, 금상문(金商門)－신호문(神虎門)은 동에서 서쪽으로 북궁의 서문인 백호문(白虎門)으로 연결되는 문임을 알 수 있다.

다음으로 궁내의 가장 중요한 시설물인 궁전을 살펴보자. 『하남지』「후한성궐(궁궐)고적」조에[116] 수록된 궁전들을 보자면, 먼저 남궁에는 정전인 숭덕전(崇德殿) 외에, 각비전(却非殿), 장덕전(章德殿), 옥당전(玉堂殿), 선덕전(宣德殿), 낙성전(樂成殿), 승복전(承福殿), 선실전(宣室殿), 명광전(明光殿), 현친전(顯親殿), 건시전(建始殿), 함장전(含章殿), 경법전(敬法殿), 동마전(銅馬殿), 청량전(淸涼殿), 봉황전(鳳凰殿), 황룡전(黃龍殿), 수안전(壽安殿), 죽전(竹殿), 중덕전(中德殿), 평삭전(平朔殿), 천추만세전(千秋萬歲殿), 온덕전(溫德殿), 영대전(靈臺殿), 양안전(楊安殿) 등이 있다. 아울러 운대(雲臺),[117] 난대(蘭臺), 아각(阿閣), 장추궁(長秋宮; 內有和驩殿), 동·서궁(東·西宮), 동관(東觀), 승풍관(承風觀), 승선달(承善闥), 인수달(仁壽闥), 승명당(承明堂), 만금당(萬金堂), 가덕서(嘉德署), 남서(南署), 무고(武庫), 시중려(侍中廬), 태창(太倉), 서원(西園) 등이 있었다.[118] 한편 『예문유취』에 인용된 「낙

....

116 高敏點校本은 "後漢城闕古蹟"이라 되어 있고, 『宋元方志叢刊』「河南志」(第8冊)에는 "後漢城闕宮殿古蹟"이라 되어 있다.

117 後漢 明帝는 永平初 南宮 雲臺에 28將軍의 畵像을 그리게 하였다(『後漢書』 卷22 馬武傳, pp.789-790, "永平中, 顯宗追感前世功臣, 乃圖畫二十八將於南宮雲臺, 其外又有王常·李通·竇融·卓茂, 合三十二人. 故依其本弟係之篇末, 以志功臣之次云爾. 太傅高密侯鄧禹, 中山太守全椒侯馬成 …"; 『後漢書』 卷24 馬援傳, p.851, "永平初, (馬)援女立爲皇后. 顯宗圖畫建武中名臣·列將於雲臺(雲臺在南宮也), …") 이는 전대 공신을 포창하는 방식을 계승한 것인 동시에 唐太宗이 24功臣의 畵像을 凌煙閣에 그린 것의 선구가 되었다.((宋)王溥 撰, 『唐會要』 卷45 「功臣」條, p.937, "(貞觀)十七年二月二十八日詔曰: '自古皇王, 褒崇勳德, 旣勒名於鐘鼎, 又圖形於丹青. 是以甘露良佐, 麟閣著其美, 建武功臣, 雲臺紀其跡.'")

118 『河南志』「後漢城闕古蹟」條, pp.44-47, "崇德殿(宮之正殿), 卻非殿(光武入洛陽, 幸南宮卻非殿, 遂定都), 章德殿(前殿), 玉堂殿(前有後殿. 中平三年, 復修玉堂殿). 宣德殿, 樂成殿, 承福殿, 宣室殿, 明光殿(尙書郎奏事此殿), 顯親殿, 建始殿(東有太倉·武

양고제궁명」을 보면 숭덕전은 보이지 않는다.[119] 숭덕전을 들지 않았다면 그 대신 당연히 거론되어야 할 남궁의 '전전'도 없고, 또 옥당전 등도 보이지 않으니 남궁의 모든 궁전을 망라한 것인지는 의문이다. 『하남지』에 남궁에 25개의 궁전을 열거한 데 비해, 『예문유취』에는 단지 8개 궁전만 들고 있기 때문이다.

한편 북궁에는 덕양전 외에 숭덕전(崇德殿), 화환전(龢驩殿), 안복전(安福殿), 선명전(宣明殿), 온명전(溫明殿), 장덕전(章德殿), 수안전(壽安殿), 함덕전(含德殿), 장대전(章臺殿), 천록전(天祿殿), 온방전(溫飾殿), 영춘전(迎春殿), 영녕전(永寧殿), 숭정전(崇政殿) 등이 있다. 아울러 영락궁(永樂宮), 증희관(增喜觀), 백호관(白虎觀), 구자방(九子坊), 동·서액정(東·西掖庭), 숭덕서(崇德署), 구순서(鉤楯署), 액정서(掖庭署), 삭평서(削平署) 등이 있었다.[120] 그런데 『예문유취』에 인용된 「한관전직」을 보면 덕양전이 낙수 옆에 있는 것처럼 서술되어 있으니,[121] 그 기록대로라면 덕양전이 남궁에 있

....

庫), 含章殿, 敬法殿(明德馬皇后以疾坐殿之東廂), 銅馬殿, 淸涼殿, 鳳凰殿, 黃龍殿, 壽安殿, 竹殿(自敬法以下, 見『洛陽宮殿名』, 在南宮中), 中德殿, 平朔殿, 千秋萬歲殿, 溫德殿, 靈臺殿(靈帝中平二年, 南宮火. 『續漢志』曰: 時燒靈臺殿、樂成殿, 延及西燒嘉德·和驩殿), 楊安殿, 雲臺(內有廣室殿), 蘭臺(蘭臺·石室·宣明·鴻都, 皆藏典策之所), 阿閣, 長秋宮(內有和驩殿), 東·西宮(衛宏『漢舊儀』曰: 帝爲東宮, 皇后爲西宮), 東觀, 承風觀, 承善闥, 仁壽闥, 承明堂, 萬金堂, 嘉德署, 南署, 武庫, 侍中廬, 太倉, 西園."

119 『藝文類聚』 卷62 居處部2 「殿」條, p.1122, "『洛陽故諸宮名』曰: 洛陽南宮, 有却非殿·銅馬殿·敬法殿·淸涼殿·鳳凰殿·嘉德殿·黃龍殿·竹殿."

120 『河南志』「後漢城闕古蹟」條, pp.47-50, "德陽殿(… 應劭『漢官儀』曰: 在崇賢門內. …蓋北宮, 殿之最尊貴者), 崇德殿(亦明帝造. 薛綜曰: 崇德在東, 德陽在西, 相去五十步), 龢驩殿, 安福殿(薛綜曰: 和驩·安福二殿, 在德陽殿南), 宣明殿(德陽殿後), 溫明殿, 章德殿, 壽安殿(或作德陽, 宮內殿名), 含德殿, 章臺殿, 天祿殿, 溫飾殿, 迎春殿, 永寧殿, 崇政殿(金商門內), 永樂宮(『續漢志』曰: 德陽前殿西北入門, 內永樂太后宮, 卽桓帝母也), 增喜觀(和喜鄧后御此閱門宮人), 白虎觀(白虎門名. 於門立觀, 因名之. 內有殿, 章帝會羣儒, 講五經同異), 九子坊(『漢宮閣名』曰: 洛陽北宮有九子坊), 東·西掖庭, 崇德署(在金商門內), 鉤楯署, 掖庭署, 削平署."

는 궁전이라야 합당하다. 특히 『예문유취』에서의 기록상 오류가 상당수 보인다.

낙양성이 크게 남궁 · 북궁 두 구역으로 되어 있는 것은 사실이지만, 영안궁은 명백하게 남 · 북 양궁에 속하지 않는 단독의 영역을 확보한 궁전지구이고, 아울러 동궁 · 서궁 · 장추궁(長秋宮) · 영락궁(永樂宮) 등은 독립적인 궁인지, 아니면 남 · 북궁에 속하는 것인지 명백하지 않다. 다만 동궁, 서궁, 장추궁, 영락궁은 남 · 북궁에 부속하는 소궁원일 가능성이 많다.[122] 그런 면에서 후한 낙양성은 전한 장안성의 다궁체제의 연속선상에서 이해해야 할 것이다. 그러나 후한시대에 들어 남 · 북궁 양궁체제로 이행해 가고 있음은 분명하다.

다음으로 원유에 대해서 보면, 성내 서북부 북궁의 서북에 탁룡원(濯龍園)이라는[123] 궁원[어원]이 있으며, 북궁의 동편에도 태후궁인 영안궁에도 원관(園觀)이 있었다. 또 보광리(步廣里)에 방림원(芳林園)이 있었으며,[124] 수명원(修明苑)이라는 이름도 보인다.[125] 이상은 모두 성 안에 소재하면서 남북 양궁 이외의 터에 있는 것이다.[126] 그리고 대성의 서북각에 직리(直里)라는 지명이 있는데 이곳도 어원이었다.[127] 이들 성 안에 있는 원들은

121 『藝文類聚』 卷62 居處部2 「殿」條, p.1122, “『漢官典職』曰: 德陽殿周旋容萬人, 激洛水於殿下.”

122 錢國祥, 「由閶闔門談漢魏洛陽城宮城形制」, p.56.

123 『河南志』 「後漢城闕古蹟」條, pp.54-55, “濯龍園(司馬彪『續漢書』曰: 在洛陽西北角. 『俗漢志』曰: 近北宮, 明德馬后置織室於園中.)”

124 『河南志』 「後漢城闕古蹟」條, p.55, “芳林園(在步廣里. 明帝詔, 先帝時, 靈芝生芳林園, … 有崇光 · 華光二殿.)”

125 『河南志』 「後漢城闕古蹟」條, p.55, “修明苑(內有華陽殿 · 興嘉殿.)”

126 『河南志』 「後漢城闕古蹟」條, p.55에서는 “右城內兩宮之外”로 설명하고 있다.

127 『後漢書』 志26 百官3 少府, pp.3595-3596, “丞 · 永安丞各一人, 三百石. 本注曰: 宦者. 永安, 北宮東北別小宮名, 有園觀. … 苑中丞 · 果丞 · 鴻池丞 · 南園丞各一人, 二百石. 本注曰: 苑中丞主苑中離宮. 果丞主果園. 鴻池, 池名, 在雒陽東二十里. 南園在雒水南. 濯龍監 · 直里監各一人, 四百石. 本注曰: 濯龍亦園名, 近北宮. 直里亦園名也, 在

수명원(修明苑)을 제외하고 모두 '원(園)'이라는 명칭을 띠고 있어 성 밖에 있는 원(苑)과 구별된다.

낙양성 밖의 서부에 황가의 원원구가 있다. 그 가운데 서원(西苑),[128] 홍덕원(鴻德苑),[129] 현양원(顯陽苑), 필규원(畢圭苑),[130] 평락원(平樂苑), 상림원(上林苑)[131] 등의 이름이 보인다. 이들 원들은 낙수를 따라 서쪽으로 뻗어 있었는데 규모가 자못 컸다고 한다. 이들 가운데 상림원은 제왕의 교렵이나 임행유락(臨幸遊樂)의 장소이기도 하지만 둔병의 장소였다.[132] 또 상림원령의 관리하에 있었던 상림원[133] 일부를 화제시기에 빈민에게 빌려준 것으로 볼 때,[134] 후한 낙양성의 상림원도 전한의 그것과 유형이나 그 기능 면에서 유사했던 것으로 보인다.[135]

다음은 관서지구를 살펴보자. 남궁의 동남에 사도부, 사공부, 태위부, 즉 최고의 행정기구인 삼공부가 있었다. 남궁 정전인 숭덕전-궁문인 창룡문-삼공부-모문으로 연결되는 축선이 형성되어 있다. 그 밖의 관서들은

....

雒陽城西南角."

128 『河南志』「後漢城闕古蹟」條, p.58, "西苑(順帝陽嘉元年起. 又有西園. 『續漢志』曰: 中平二年, 造萬金堂於西園.)"

129 『河南志』「後漢城闕古蹟」條, p.58, "鴻德苑(桓帝延熹元年置. 在津城門外.)"

130 『河南志』「後漢城闕古蹟」條, p.58, "畢圭苑(靈帝光和三年, 作二苑: 東苑, 周一千五百步, 中有漁梁臺. 西苑, 周三千三百步. 並在宣平門外.)"

131 『河南志』「後漢城闕古蹟」條, p.59, "平樂苑 · 上林苑"; 西苑 이하 上林苑까지를 "右城外"라고 설명하였다.

132 『後漢書』卷8 孝靈帝紀, 光和 5年 冬10月條, p.347, "校獵上林苑, 歷函谷關, 遂巡狩于廣成苑. 十二月, 還, 幸太學."; 『後漢書』卷」17 馮異傳, p.647, "(馮)異且戰且行, 屯軍上林苑中."

133 『後漢書』志百26 百官志3「上林苑令一人」條, p.3593, "上林苑 令一人. 本注曰: 主苑中禽獸. 頗有民居, 皆主之. 捕得其獸送太官."

134 『後漢書』卷4 和帝紀 永元 5年 2月 戊戌條, p.175, "自京師離宮果園上林廣成囿悉以假貧民, 恣得采捕, 不收其稅."

135 賀業鉅, 『中國古代城市規劃史』, pp.435-436; 그것이 궁성과 바로 연이어 있는 것은 아니어서 隋唐 長安城의 三苑지구와 구별된다.

어디에 소재하고 있었는지 명확하지 않다. 다만 명제 영평 2년에 북궁과 '제관부'를 일으켜 영평 8년(65)에 북궁이 완성되었다고 하니[136] 북궁이 완성된 후 북궁에서도 여러 관부가 들어섰음을 알 수 있다. 다만 삼공의 삼부는 그대로 남궁에 있었다. 삼공의 명칭으로 태위 · 사도 · 사공이 확정된 된 것은 광무제 건무 27년(51)이었고, 명제 영평 15년(72)에 개양문 부근, 즉 남궁의 동남부에 사공부가 지어졌다.[137] 명제시기 북궁이 건설된 후에는 당시 권력이 대각[상서]에 귀속되었는데, 이들 삼공부가 원래대로 있었던 것은 삼공이란 직책이 '비원(備員)'에 불과하였던 때문인지는 잘 알 수가 없다.[138]

북궁의 동북방 성장 근처에 태창과 무고가 있었다. 달관 귀족의 거주구, 예컨대 보광리, 영화리[139] 등은 성내 상동문 · 중동문 근방에 있었다.[140] 일반서민들은 성외에 거주한 것으로 보이며,[141] 특히 성문 근처에 집중적으로 거주한 것으로 추정한다. 이것도 전한 장안성과 유사한 측면이다.

136 『後漢書』 卷2 明帝紀 永平 3年條, p.107, "是歲, 起北宮及諸官府."; 同 明帝紀 永平 8年條, p.111, "冬十月, 北宮成."

137 『後漢書』 志24 百官1, p.3557, "建武二十七年, 改爲太尉」 注引 『古今注』曰: '永平十五年, 更作太尉 · 司徒 · 司空府開陽城門內.'"; 陳仲安 · 王素, 『漢唐職官制度硏究』, 北京: 中華書局, 1993, p.6.

138 『後漢書』 卷49 仲長統傳, p.1657, "法誡篇曰: … 光武皇帝愠數世之失權, 忿彊臣之竊命, 矯枉過直, 政不任下, 雖置三公, 事歸臺閣(臺閣謂尙書也), 自此以來, 三公之職, 備員而已, 然政有不理, 猶加譴責."

139 永和里는 董卓의 저택이 있는 것이 유명하다.

140 王仲殊는 達官貴族의 거주구는 步廣里[『河南志』 「後漢城闕古蹟」條, p.52, "步廣里(在上東門內, 有翟泉)"] · 永和里[『河南志』 「後漢城闕古蹟」條, p.52, "永和里(有董卓宅)"] 등은 성의 동부의 上東門과 中東門 근처이고, 일반 평민은 대부분 城外에 거주하였다고 본다.(「中國古代都城概說」(原載 『考古』 1982-5; 『漢魏洛陽故城硏究』, p.428 및 p.435 주58)

141 上東門外에 上商里, 馬市 부근의 白社里, 樂里 등 일반서민의 閭里의 명칭이 보이고 서민은 거의 城外에 살았다.(賀業鉅, 『中國古代城市規劃史』, p.435)

시장은 주지하듯이 도성구조의 성격을 가늠하는 중요한 요소다. 낙양의 시장으로서는 남시, 마시, 금시 등의 명칭이 보이는데, 남시와 마시는 성 밖에 있었다. 남시는 남교에, 마시는 동교에 있었다.[142] 금시만이 성 안의 북궁 서남, 남궁의 서북에 있었다. 금시를 '대시'라고 하였으니, 낙양성의 가장 중요한 시장이라 할 것이다. 금시는 남궁을 기준으로 할 때 '후시'의 포국으로 볼 수도 있다. 따라서 『주례』의 '면조후시' 원칙과 부합하는 것으로 해석할 수 있지만, 문제는 '면조'인데 남궁의 동남쪽에 사도부 등 삼부가 있으니 맞지 않다. 혹자는 후한 낙양성의 구조를 '남교를 앞에 두고 시장을 뒤에 두고 있다[面郊後市]'고 설명하지만[143] 합리적인 해석이라 볼 수 없다.[144]

이상에서 후한 낙양성의 구조를 건축물을 중심으로 살펴보았다. 그러면 이런 건축물의 위치가 어떤 의미를 가지며, 그들이 추구하는 방향은 무엇인가? 후한 낙양성은 위로 중국 고대 도성 구조의 종결점인 동시에 전환점으로 인식하고 있다.[145] 과연 그러한 의미를 띤 성시 포국이었던 것인가? 시대적으로 보아서 전한 장안성의 구조를 계승한 면도 있을 것이며, 이후 위진남북조시대 도성들의 선구가 된 점도 당연히 있을 것이다. 우선 전한 장안성과 어떤 관련이 있는가? 후한 낙양성이 내성이냐, 아니면 곽성이냐도 문제가 된다.[146] 전한 장안성도 이 문제에 대한 이론이 존재하고 있고,

142 『河南志』「後漢城闕古蹟」條, p.51, "三市(華延儁『洛陽記』曰: 大市名金市, 在城中. 南市在城之南. 馬市在大城之東.)"

143 王仲殊, 『漢代考古學概說』, p.21, "金市在城內, 其位置在北宮之西南, 南宮之西北. 潘岳『閑居賦』所說的'面郊後市', 應是指金市的位置在南宮之北而言的."

144 潘岳이 『閑居賦』에서 '面郊後市'라 한 것(『文選』 卷16 志下, 潘安仁 『閑居賦』, p.701, "於是退而閑居, 于洛之涘. 身齊逸民, 名綴下士, 陪京泝伊, 面郊後市"의 張載注: "陸機『洛陽記』曰: '洛陽凡三市, 大市名曰金市, 公觀之西, 城中馬市, 在大城之東, 洛陽縣市在大城南.'")은 자기가 은거한 곳의 위치를 묘사한 것일 뿐이고 여기서 시는 洛陽縣에 있는 南市를 지칭한다.

145 楊寬, 『中國古代都城制度史研究』, p.137.

아직 뚜렷한 결론에 이르지 못하고 있다. 후한의 낙양성은 궁전이나 태창, 무고 등의 위치를 제외하고는 전한 장안성과 유사한 점이 많다. 따라서 장안성이 내성이 아니라면 낙양성의 구조도 역시 마찬가지일 것이다.[147] 그런 면에서 성과 곽은 그 형식면에서 전 · 후한이 유사한 것이라 보아도 큰 무리가 없다.

다만 내성['대성'이라 지칭하기도 한다] 내의 구조를 보면 후한 낙양성의 포국은 전한 장안성과는 많이 다르다. 가장 두드러진 차이는 전한의 궁전은 장락궁과 미앙궁이 동서로 배열되어 있지만, 후한 낙양성은 남북으로 배열되어 있다는 점이다.[148] 전한은 미앙궁이 주궁이고, 장락궁은 후궁으로 주종이 분명하다. 그런데 후한 낙양성의 경우는 그것이 불분명하다.[149]

후한 낙양성의 도성구조 특징을 찾고, 또 후세 도성으로의 계승 · 발전을 살펴보기 위해서 먼저 해결해야 문제가 남 · 북궁이 여하한 기능적 차이가 있으며, 그 주부[주채]의 등차문제가 어떻게 되었느냐를 밝히는 일이다. 현재 학계에서는 남궁우세론,[150] 주부난분론,[151] (만기)북궁우세론[152] 등

146 楊寬은 前漢 長安城과 마찬가지로 後漢 洛陽城도 內城이라고 본다.(『中國古代都城制度史硏究』, p.138)

147 賀業鉅는 後漢 洛陽城도 前漢의 長安城이 城郊로 發達해 갔으나 外郭을 따로 세우지 않는 傳統을 그대로 따라 '城市擴展'의 問題를 해결했다고 하였다.(賀業鉅, 『中國古代城市規劃史』, p.433)

148 楊寬은 南 · 北宮의 배열과 九六城的 形制가 後漢 洛陽城의 특징으로 보고 이것을 前漢의 '坐西朝東'에서 '坐北朝南'布局으로 바뀐 것이라 설명한다. 그 이유를 後漢 禮制 변화에 따라 나타난 것이라고 설명한다.(『中國古代都城制度史硏究』, pp.133-138) 그러나 洛陽城의 대체적인 모습과 南 · 北宮제도는 이미 前漢 洛陽城을 그대로 계승한 것이므로 그렇게 볼 근거는 없다.

149 後漢 洛陽城의 南 · 北宮의 위치에 대해서 南宮을 正宮(主宮)으로 보는 자와 北宮의 正宮으로 보는 자로 나누어져 있다. 傅熹年은 北宮 德陽殿(『中國古代建築史』 第二卷(兩晉 · 南北朝 · 隋唐 · 五代建築), 北京: 中國建築工業出版社, 2001, p.5)을 正宮으로 보는 반면 賀業鉅는 南宮을 主宮으로 본다. 그러나 黃建軍은 '對峙'상황이라고 본다.(中國古都選址與規劃布局的本土思想硏究』, p.141)

150 段鵬琦, 「漢魏洛陽城的幾個問題」, 『中國考古學硏究: 夏鼐先生考古五十年紀念論文集』

으로 주장이 나누어져 있다. 북궁우세론의 근거는 명제시기 북궁이 건축되면서 그 규모가 남궁보다 크기[153] 때문이라는 설명이다.[154] 과연 그럴까? 그러나 북궁의 면적이 남궁보다 넓다고 한 것도 문제이지만 그 크기만으로 주부를 판가름하는 것은 뭔가 께름직한 게 사실이다.

전술한 궁전명을 대강 봐도 남궁 쪽이 북궁 쪽보다 궁전 등 시설물이 훨씬 많다. 혹자는 남궁에 22개, 북궁에 15개의 궁전이 있었으며, 이런 관계로 최근에는 남궁의 면적이 북궁보다 더 넓다는 지적도 나온다.[155] 다만 그 구조를 보면 남 · 북궁 모두 '전조후침'제도와 합치되는 형식을 취하고 있기 때문에,[156] 양자 모두 주궁의 형태를 보이고 있다. 따라서 후한의 남 · 북궁제도는 여타 시대와는 달리 그 주부를 따지기가 쉽지 않다. 광무제 시기에는 북궁이 유명무실했기 때문에 남궁의 절대적 우세시기인 것은 당연한데, 북궁이 건조된 이후에는 반드시 그렇게 보기가 쉽지 않다.

주궁으로 기능을 하려면 다른 시대의 사례를 볼 때, 황제가 상거하는 곳이 어디냐가 중요하고, 특히 즉위식이 어디서 열리느냐가 중요하다. 즉위식이 열리는 곳은 전제의 붕어 장소와 밀접한 관련성이 있기 때문이다. 후한 황제 13명 가운데 낙양성 내에서 붕어한 황제는 10명이다. 이 가운데 7명이 남궁에서, 3명이 북궁에서 붕어하였다.[157] 특히 후한 말기 대부분의

(北京: 文物出版社, 1986); 南宮을 主宮으로 하고, 北宮을 輔宮으로 본다. 따라서 南宮의 前殿인 崇德殿이 正殿이 된다.(賀業鉅, 『中國古代城市規劃史』, p.434)

151 周長山, 『漢代城市硏究』, p.86.

152 傅熹年 主編, 『中國古代建築史』 第二卷, p.9.

153 王仲殊, 『漢代考古學概說』, p.21.

154 傅熹年 主編, 『中國古代建築史』 第二卷, p.9.

155 李久昌, 『國家 · 空間與社會: 古代洛陽都城空間演變硏究』, p.245. 『後漢書』 郡國志에 근거한 통계라고 한다.

156 李久昌, 『國家 · 空間與社會: 古代洛陽都城空間演變硏究』, p.244.

157 李久昌, 『國家 · 空間與社會: 古代洛陽都城空間演變硏究』, p.246; 安帝는 순행도중에 사망, 少帝는 폐해졌고, 獻帝는 禪位되었다.

황제들은 대부분 남궁에서 붕어했다.[158] 그 점에서 남궁이 주궁일 가능성이 크다.

다음으로 즉위사례를 보자. 타 시대도 그러하지만 후한시대 황제가 붕어하면 당일에 선제의 구(柩) 앞에서 즉위식을 거행한 후, 대장(大葬)을 거행하고, 다시 알묘하는 것이 관례였다. 따라서 즉위식도 당연히 남궁에 많이 열렸을 것임은 자명한 사실이다. 또 고려해야 할 상황은 당시 권력의 소재이다. 후한시대는 태후 전횡과 환관과 외척 간의 정치투쟁이 얽혀 있어 비정상적인 궁전 이용사례도 발생할 수가 있었다. 후한시대에 황통이 여러 차례 끊어지고 권세가 여주에게 돌아갔으며, 방계에서 옹립된 황제가 넷이었고, 임조한 태후가 여섯이었다.[159] 황후궁은 어디 있었던 것일까? 두태후(竇太后)는 그 아버지인 두무(竇武)가 환관에게 죽자 북궁에서 남궁으로 거처를 옮겼다.[160] 그렇다면 북궁이 황후의 상거지일 가능성이 있다. 또 북궁의 영락궁은 태후궁이었다.[161] 그러나 후한 중 · 말기에는 태후와 외척의 근거지가 남궁이었고, 반면 황제와 환관의 근거지가 북궁이었던 측면도

158 후한 황제들의 기록된 붕어 장소를 보면 다음과 같다. ① 光武(帝崩於南宮前殿), ② 明帝(帝崩於東宮前殿), ③ 章帝(帝崩於章德前殿; 帝崩于嘉德殿), ④ 和帝(帝崩于章德前殿), ⑤ 殤帝(帝崩. 癸丑, 殯于崇德前殿.), ⑥ 安帝(帝崩于乘輿: 北巡中), ⑦ 順帝(帝崩于玉堂前殿), ⑧ 沖帝(帝崩于玉堂前殿), ⑨ 質帝(帝崩于玉堂前殿), ⑩ 桓帝(帝崩于德陽前殿), ⑪ 靈帝(帝崩于南宮嘉德殿), ⑫ 少帝(董卓廢帝爲弘農王), ⑬ 獻帝(皇帝遜位); 이 가운데 崇德殿 · 嘉德殿 · 玉堂 · 東宮은 南宮에, 德陽殿 · 章德殿은 北宮에 소재한 궁전이다.

159 『後漢書』 卷10上 皇后紀, p.401, “東京皇統屢絶, 權歸女主, 外立者四帝(章懷太子注曰: 謂安 · 質 · 桓 · 靈.), 臨朝者六后(章懷太子注曰: 章帝竇太后 · 和熹鄧太后 · 安思閻太后 · 順烈梁太后 · 桓思竇太后 · 靈思何太后也.), 莫不定策帷帟, 委事父兄, 貪孩童以久其政, 抑明賢以專其威.”

160 『後漢書』 卷10下 皇后紀 桓思竇皇后, p.446, “時太后父大將軍武謀誅宦官, 而中常侍曹節等矯詔殺武, 遷太后於南宮雲臺, 家屬徙比景.”; 『後漢書』 卷56 陳球傳, p.1832, “熹平元年, 竇太后崩. 太后本遷南宮雲臺. …”

161 『後漢書』 志14 五行2, p.3296, “(靈帝 光和)五年五月庚申, 德陽前殿西北入門內永樂太后宮署火.”(章懷太子注曰: ‘永樂太后宮署火.’)

있다.[162] 그렇기 때문에 남궁의 반드시 우세라고[163] 보기는 힘들지만, 그렇다 하더라도, 북궁의 우세라고 보기도 더 힘들다. 더구나 동타가가 그 이름과 실질이 상부하지는 않았지만 동타가라는 상징성을 생각한다면 남궁에 무게가 느껴진다.

전한은 미앙궁이 조정의 중심이고 장락궁은 태후의 궁인 데 비해, 후한의 낙양성의 경우 북궁의 중요한 것은 태후 · 비빈의 거처이고,[164] 종왕들의 거처도 그곳에 있었다.[165] 북궁과 남궁이 모두 조정으로 쓰였으나 주로 남궁이 조정으로 쓰인 기간이 길고, 원단의 대조회는 북궁의 덕양전에서 거행되었을 뿐이었다.[166] 따라서 북궁이 주궁이었다고 하거나, 초기에 남 · 북궁제도를 운영했지만, 점차 북궁의 기능이 강해지고 후대의 도성제도에 영향을 끼쳐 이것이 위진 이후 북궁 위주로 변했다고 보는 주장은[167] 명쾌하지 못하고 무리가 따른다.

II. 숭덕전의 위치와 당시상황

숭덕전이 남궁의 주궁, 즉 정전이라는 것은 여러 사료에 나온다. 그런데 최

162 李久昌, 『國家 · 空間與社會: 古代洛陽都城空間演變研究』, p.248.

163 段鵬琦는 "東漢南宮 … 其地位遠遠高于北宮, 終東漢之世而不衰."(「漢魏洛陽城的幾個問題」, p.465)라 하였다.

164 李久昌, 『國家 · 空間與社會: 古代洛陽都城空間演變研究』, p.241.

165 『後漢書』 卷83 逸民 井丹傳, p.2765, "建武末, 沛王輔等五王居北宮, 皆好賓客, 更遣請丹, 不能致."

166 德陽殿 외에 建始殿에서도 朝會가 열렸다는 기사도 있다. 그러나 『後漢書』에 建始殿의 궁전명은 나오지 않고, 曹魏시대 北宮에 있던 명칭이다. 여하튼 元旦의 大朝會가 德陽殿에서 열린 것은 나름 의미가 있다. 西晉시대에는 정전인 太極殿에서 열렸기 때문이다.(歐陽詢 撰, 『藝文類聚』 卷39 禮部中 「朝會」條, p.710, "所引摯虞『決疑要注』曰: '漢制. 會於建始殿. 晉制, 大會於太極殿, 小會於東堂.'")

167 傅熹年 主編, 『中國古代建築史』 第二卷, p.9.

근 숭덕전이 남궁에 있는 궁전이 아니라 북궁에 위치했다는 주장도 나오고 있다.[168] 사실 숭덕전의 위치는 중국 도성의 변천사에 대단히 중요한 단서를 제공하는 것으로 후한 낙양성의 구조 가운데 빠뜨릴 수 없는 문제이다. 왜냐하면 숭덕전의 위치는 바로 후대 위진왕조 도성 낙양성의 정전인 태극전의 위치를 결정하는 문제이기도 하기 때문이다. 정전의 명칭으로 태극전이 출현한 것은 중국 도성사상 매우 중요한 일로 본다.[169] 하지만 명칭 자체는 조위 이전 한대 혹은 그 이전에도 이미 존재했으며,[170] 성좌를 모방한 궁전의 건축 사실은 『사기』나[171] 『삼보황도』에도[172] 나오고 있기 때문에 새삼스러운 것은 아니다. 다만 조위 명제시기에 '(후한 낙양성의) 남궁 숭덕전' 터에 태극전이 지어졌다는 기록이 있기 때문에 그 위치가 매우 중요한 것이다. 이는 『삼국지』 주로 유명한 배송지,[173] 『수경주』의 찬자 역도원(酈道元),[174] 『역대택경기』의 고염무[175] 등이 주장한 것이다. 뿐만 아니라 후한시

168 근래 錢國祥(「由閶闔門談漢魏洛陽城宮城形制」, p.56)부터 이런 주장이 나온 이후 村元健一(「後漢洛陽城の南宮と北宮の役割について」, 『大阪歷史博物館硏究紀要』 8, 2010, p.7)도 이런 입장을 따르고 있다.

169 『玉海』 卷159 宮室 殿上, 晉太極殿, p.3013-下, "武帝受禪, 卽洛陽宮, 幸太極前殿, 太康元年五月臨軒, 大會於太極殿(注引山謙之『丹陽記』: 太極殿, 周制, 路寢也. 秦漢曰前殿, 魏號正殿爲太極.)"; 『太平御覽』 卷175, "注引山謙之(『丹陽記』曰: 太極殿周制路寢也. 秦漢曰前殿, 今稱太極曰前殿. 洛宮之號始自魏.)"; 『河南志』 「魏城闕古蹟」 p.60, "歷代正殿皆以太極名之, 自始于此."

170 駒井和愛, 「中國都城 · 渤海硏究』, 東京: 雄山閣, 1972, p.13.

171 『史記』 卷6 始皇本紀 始皇 27年條, p.241, "焉作信宮渭南, 已更命信宮爲極廟, 象天極"; 35年條, p.256, "爲復道, 自阿房渡渭, 屬之咸陽, 以象天極閣道絶漢抵營室也."

172 『三輔黃圖』(陳直校證, 西安: 陝西人民出版社, 1980) 卷1 咸陽故城, p.6, "始皇 … 築咸陽宮, 以則紫宮, 象帝居. 渭水灌都, 以象天漢; 橫橋南渡."

173 『三國志』 卷2 魏書2 文帝紀, p.76, "(黃初)元年, 十二月, 初營洛陽宮, 戊午幸洛陽"의 裴松之注曰: "臣松之案: 諸書記是時帝居北宮, 以建始殿朝羣臣, 門曰承明, 陳思王植詩曰'謁帝承明廬'是也. 至明帝時, 始於漢南宮崇德殿處起太極 · 昭陽諸殿.'"

174 (北魏)酈道元 撰, 『水經注』(臺北: 世界書局, 1970) 卷16 穀水, 「又東過河南縣北, 東南入於洛」條, p.215, "魏明帝上法太極, 於洛陽南宮, 起太極殿於漢崇德殿之故處. 改雉門爲閶闔門."

대 정사인 『후한서』의 여러 주에서도 '남궁 숭덕전'이라는 기술이 어김없이 나와 있다.[176] 그래서 숭덕전이 남궁에 위치한다는 기술은 거의 2,000년 동안 부동의 사실로 인식되어 왔다. 그러나 최근 중국학계에서는 숭덕전이 남궁이 아니라 북궁에 있었던 궁전으로 정리하여 후한 도성에서부터 궁성이 도성의 (중)북반부로 밀리게 되었다는 주장을 하고 있는 것이다. 이런 주장은 위진의 도성 낙양성의 구조 이해에도 그대로 영향을 미쳤다. 즉 조위시대에 들어 (후한의) 남궁은 폐쇄되고 북궁지역만 궁성으로 남게 됨으로써 전통적인 다궁제가 폐지되고 단궁제로 이행했다는 식으로 정리하고 있는 것이다.

그러나 남궁의 정전 명칭인 '숭덕전'을 북궁에서 궁전 이름으로 그대로 쓴다는 것은 납득하기 힘든 면이 있다. 그렇게 주장할 납득할 만한 이유가 제시되어야 한다. 이 문제를 보다 심도 있게 검토하기 위해서는 남궁에서의 숭덕전 존재 여부, 그리고 존재했다면 숭덕전의 기능이 어떤 것이었던가를 살펴볼 필요가 있다. 최근에 나온 중국학자들이 그린 「후한낙양도」를 보면 『하남지』 등의 숭덕전 자리에다 '전전'이라 표기하고 있다.[177] 즉 숭덕전은 남궁에 있었던 것이 아니고 북궁에만 있었던 것으로 보는 것이다.

....

175 (淸)顧炎武 撰, 『歷代宅京記』(北京: 中華書局, 1984) 卷8 雒陽中, p.134, "魏明帝上法太極於洛陽南宮, 起太極殿于漢崇德殿之故處. 改雉門爲閶闔門."

176 ① 『後漢書』 卷5 孝安帝紀, 延平 元年條, p.203, "八月, 殤帝崩, 八月殤帝崩 … 皇太后御崇德殿, 百官皆吉服(章懷太子注曰: '洛陽南宮有崇德殿 …') 羣臣陪位, 引拜帝爲長安侯."; ② 『後漢書』 卷54 孫賜傳, p.1779, "光和元年, 有虹蜺晝降於嘉德殿前, 帝惡之, 引賜及議郞蔡邕等入金商門崇德署(章懷太子注曰: '戴延之『西征記』曰: <太極殿西有金商門.>'"; ③ 『後漢書』 卷60下 蔡邕傳 釋誨, p.1998, "時妖異數見, 人相驚擾. 其年七月, 詔召邕與光祿大夫楊賜 · 諫議大夫馬日磾 · 議郞張華 · 太史令單颺詣金商門, 引入崇德殿(章懷太子注曰: '洛陽記曰: <南宮有崇德殿 · 太極殿, 西有金商門>也')."

177 최근 중국에서 출판된 책의 後漢洛陽城圖를 보면, 崇德殿은 北宮의 德陽殿 동쪽에 그려 넣고 있으며, 『河南志』의 「後漢京城圖」에 崇德殿으로 표기되어 있는 곳에는 '前殿'이라 그려 넣고 있다.

여하튼 후한시대 숭덕전 터에 대한 정확한 위치 파악이 매우 중요해졌다. 아래에서 각종 지도를 참조하면서 후한 낙양성의 숭덕전 기사를 축조 검토해 보자.

낙양의 남·북궁 양궁체제는 후한 이전인 진대부터 존재했다.[178] 후한 광무제가 남궁의 각비전에 도착한 후, 건무 14년(38) 정월 남궁 '전전'을 세웠다고 하는데[179] 이 전전이 바로 숭덕전이었다.[180] 그런데 북궁은 후한 명제 영평 3년(60) 시작하여 8년(65) 겨울 10월에 완성되었다.[181] 북궁의 대전은 덕양전이었다. 덕양전이 완성된 후 이곳에서 정단절 조회가 열렸으며, 정(庭)은 1만 인을 수용할 정도로 넓었다.[182] 따라서 덕양전이 북궁에 속하고 있었다는 것은 의심의 여지가 없고, 쟁론도 없다. 다만 숭덕전이 남궁의 정전 이름인데도 불구하고, 북궁의 가장 큰 궁전인 덕양전의 동쪽 바로 옆에 있다는 기사는 사가들에게 많은 혼란을 일으켰다.

즉 장형(78-139)의 『동경부』의 기술이 그것인데, 그 문장을 인용하면 아래와 같다.

> (후)한 명제시기에 이르러 천하 사방이 태평창성하여 이에 숭덕(전?)을 다시 새롭게 고치고, 덕양을 마침내 지었다[乃新崇德, 遂作德陽].[183] 남단문을 열고, 응

178 『史記』 卷8 高祖本紀, 5年(B.C.202)條, p.380, "高祖置酒雒陽南宮(『正義』『括地志』云: '南宮在雒州雒陽縣東北二十六里洛陽故城中.' 『輿地志』云'秦時已有南北宮.'"

179 『後漢書』 卷1下 光武帝本紀, p.63, "(建武)十四年春正月, 起南宮前殿."

180 楊寬, 『中國古代都城制度史硏究』, p.134.

181 『後漢書』 卷2 孝明帝紀, 永平 4年條 p.107, "是歲, 起北宮及諸官府"; 同, 永平八年條, p.111, "冬十月, 北宮成."

182 『後漢書』 志5 禮儀中 「朝會」條, p.3130, "劉昭注引: '德陽殿周旋容萬人. 陛高二丈, 陛高二丈, 皆文石作壇. 激沼水於殿下. 激沼水於殿下. 畫屋朱梁, 玉階金柱, 玉階金柱, 刻鏤作宮掖之好, 廁以青翡翠, 一柱三帶, 韜以赤緹. 天子正旦節, 會朝百僚於此. 自到偃師, 去宮四十三里, 望朱雀五闕·德陽, 其上鬱律與天連.'; 『雒陽宮閣簿』云: '德陽宮殿南北行七丈, 東西行三十七丈四尺.'"

183 『玉海』에서는 "逮至顯宗, 旣新崇德, 遂作德陽"이라 하고 있다.(『玉海』 卷159 宮室·

문을 엄정하게 하였다. 숭현동문에서 천자의 인혜를 드러내고, 금상문에서 군주의 덕의의 성망을 높이 올렸다. 운룡문의 나르는 서까래가 동쪽 길로 뻗어 있고, 신호문이 서쪽을 향해 앉아 있다. … 궁내에는 함덕 · 장대 · 천록 · 선명 · 온칙 · 영춘 · 수안 · 영령 8개의 궁전이 있고, …[184]

그런데 이 『동경부』의 구절에 대해 설종(薛綜: ?-243)은 주에서 "숭덕과 덕양은 모두 궁전의 이름이다. 숭덕전은 동쪽에, 덕양전은 서쪽에 위치했는데, 서로 떨어진 거리가 50보였다"고 했다.[185] 『동경부』의 구절을 보면 단문(端門)과 응문(應門)은 남 · 북궁에 모두 공히 있는 문이지만, 『하남지』에 의하면 숭현문(崇賢門) · 금상문(金商門) · 운룡문(雲龍門) · 신호문(神虎門) 등은 북궁에만 있는 문이다. 그리고 그 궁내에 있다고 한 8개 궁전을 보면 모두 북궁에 있는 것이다. 따라서 이 구절은 북궁 내에 있는 건축물과 그 언저리의 모습을 기술한 것임은 분명한 것처럼 보인다. 그러나 사실 장형의 『동경부』 서술만을 보면 숭덕전이 북궁에 있다는 것만으로 볼 수는 없다. 광무제시기 남궁에다 이미 지어 놓은 (남궁의) 숭덕전을 새롭게 고치고[新], 북궁지역에다 덕양전을 건축하였다[作]고 볼 수 있기 때문이다.[186] 남궁의 숭덕전, 북궁의 덕양전을 병렬시키는 것이 당시 남 · 북 양궁체제(남궁우세, 남북균형 상황)에서 낙양성의 실태를 더 적절하게 그린 것이라 볼 수 있다. 그런 균형 상황을 먼저 전제하고 북궁의 상황을 중점적으로 서술했다고 보

殿上, p.3010-下)

184 『文選』 卷3 京都中, 張衡 · 東京賦, p.103, "逮至顯宗, 六合殷昌. 乃新崇德, 遂作德陽, 啓南端之特闈, 立應門之將將. 昭仁惠於崇賢, 抗義聲於金商. 飛雲龍於春路, 屯神虎於秋方. 建象魏之兩觀, 旌六典之舊章. 其內則含德 · 章臺 · 天祿 · 宣明 · 溫飭 · 迎春 · 壽安 · 永寧, 飛閣神行, 莫我能形."

185 『文選』 卷3 京都中, 張衡 · 東京賦, p.103, "崇德 · 德陽, 皆殿名也. 崇德在東, 德陽在西, 相去五十步."

186 (淸)姚鼐도 "德陽殿在南宮, 見「蔡邕傳」注, 光武時本有, 故曰新. 德陽殿在北宮, 見『靈紀』, 明帝始立, 故曰作."(高步瀛, 『文選李注義疏』 2, 北京: 中華書局, 1985, p.533)라 하였다. 다만 앞의 '德陽殿在南宮'의 德陽殿은 당연히 崇德殿의 잘못이다.

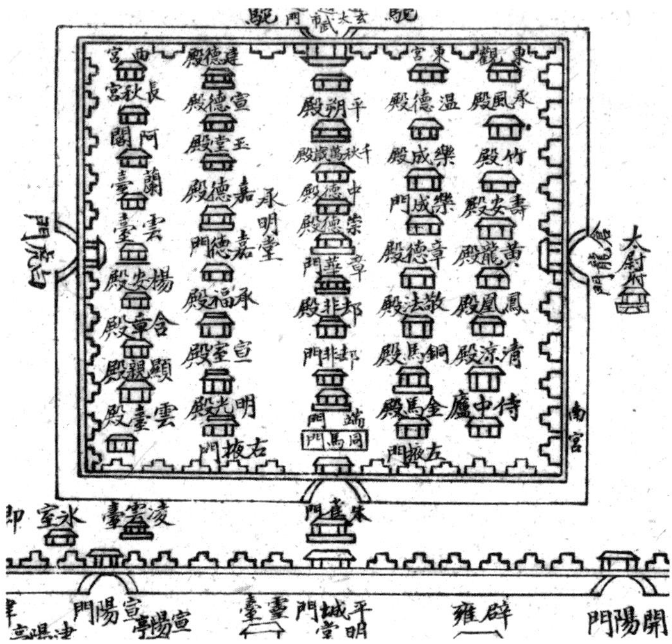

출처: 『河南志』, p.192; 「後漢京城圖」.

〈그림 8〉 후한 낙양성 남궁도

아도 전혀 문제가 없기 때문이다. 다만 설종의 주가 문제일 뿐이다.

그런데 『하남지』의 「후한동도성도」[187]를 보면 남 · 북궁 두 곳에 숭덕전이 그려져 있다. 위의 <그림 8> 「후한 낙양성 남궁도」(「후한동도성도」를 반분한)에서 보듯이 남궁에는 5열의 궁전이 남북으로 열 지어 있는데 중앙의 단문 바로 북쪽에 각비문이 있고, 그 후면에 각비전이, 그리고 그 후면에 장화문이 있고, 그 후면에 숭덕전이 있다. 그 위치상 남궁의 정중앙에 해당한다. 따라서 이 숭덕전은 남궁에서도 거중의 위치에 있다고 할 수 있다.

187 藕香零拾叢書本의 『河南志三卷』(道光二十年 揚州阮氏摹刻)에서는 「後漢東都城圖」라 되어 있다.

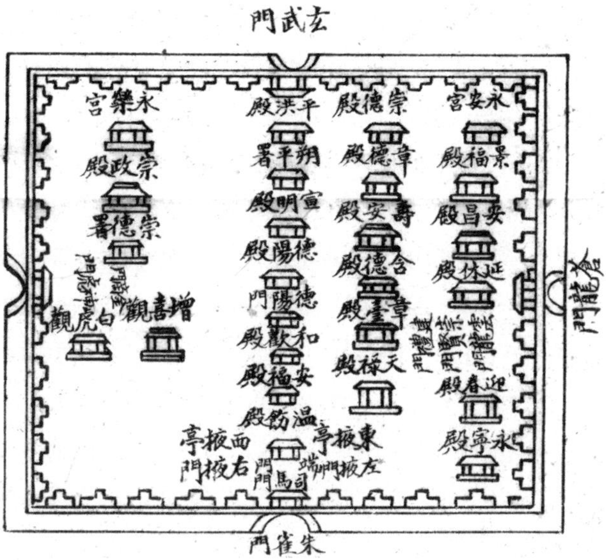

출처: 『河南志』, p.192; 「後漢京城圖」.

〈그림 9〉 후한 낙양성 북궁도

그런데 북궁 숭덕전의 기술도 나온다. 『하남지』의 「후한동도성도」를 반분한 <그림 9> 「후한 낙양성 북궁도」를 보면, 궁전들이 남북으로 4열로 열지어 있는데, 그중 동쪽에서 제2열 제일 북쪽에 숭덕전이 위치해 있다.[188] 이와 관련하여 후한 말 정국을 농락했던 동탁이 북망(산)에서 혼란한 낙양성에서 도망해 온 소제(少帝)와 진류왕(陳留王)을 만나 다시 낙양성에 입성한 후 소제의 폐위와 헌제의 등극을 도모한 무대가 바로 '숭덕전전'이었다는 것이다.[189] 북망산에서 제일 직선거리에다 숭덕전을 그린 것은 나름 이유가

188 『河南志』(北京: 中華書局, 1994)에는 「後漢京城圖」라 하고 있다. 그러나 藕香零卷拾叢書本, 『河南志』에는 「後漢東都城圖」로 되어 있다. 楊寬, 『中國古代都城制度史研究』, p.135의 「後漢京城圖」 참조.

189 『後漢書』 卷72 董卓傳, pp.2323-2324, "虎賁中郎將袁術乃燒南宮, 欲討宦官, 而中常侍段珪中常侍段珪等劫少帝及陳留王夜走小平津. 卓遠見火起, 引兵急進, 未明到城西,

그럴 듯하지만 어디에 근거했는지는 확실하지 않다. 다만 당시 원술이 남궁을 불태웠다고 기록하고 있으니 '숭덕전전'은 남궁에 있던 것이 아니라 북궁에 있었던 것으로도 볼 수도 있다. 그러나 원술이 불태운 것은『후한서』영제기에서는 '동서궁'이라 기록하였다.[190] 또『후한서』하진전에는 남궁 구룡문이라 하였으니,[191] 동서궁이 어디인지는 구체적으로 알 수가 없지만, 구룡문의 옆에 있던 것이 확실하다. 여하튼 남궁 동서궁의 화재를 피해 남-북궁을 연결하는 복도를 통해 북궁으로 들어간 것이었다. 그런데 북궁에 도달한 곳을 영제본기에서는 숭덕전전이 아니라 '덕양전'이라고 기술하였다. 그러니 북궁에 숭덕전이 있다는 것도 확증할 수 없는 것이다.

한편『하남지』「후한성궐고적」조에서는 숭덕전을 남궁의 전사(殿舍) 부분에서 들면서 '궁지정전'으로 서술했다.[192] 또다시 북궁의 궁전들을 열거하면서 숭덕전도 다시 들고 있다. 그리고 그 주에 "역시 명제가 만들었다"고 쓰고, "숭덕전은 동쪽에, 덕양전은 서쪽에 위치했는데, 서로 떨어진 거리가 50보였다"[193]는 설종의 주를 인용하고 있다. 다시 말하면 후한 낙양성에 대한 가장 잘 정리된 기록인『하남지』에는 숭덕전이 남 · 북궁 모두에 존재하는 것으로 서술되고, 또 그려 놓고 있는 것이다.

聞少帝在北芒, 因往奉迎. … 初, 卓之入也, … 卓大怒, 罷坐. 明日復集羣僚於崇德前殿, 遂脅太后, 策廢少帝. … 乃立陳留王, 是爲獻帝."

190 『後漢書』卷9 靈帝 中平 5年(188), p.358. "八月戊辰, 中常侍張讓 · 段珪等殺大將軍何進, 於是虎賁中郎將袁術燒東西宮, 攻諸宦者. 庚午, 張讓 · 段珪等劫少帝及陳留王幸北宮德陽殿. 何進部曲將吳匡與車騎將軍何苗戰於朱雀闕下, 苗敗斬之."

191 『後漢書』卷69 何進傳, p.2252, "(何)進部曲將吳匡 · 張璋, 素所親幸, 在外聞進被害, 欲將兵入宮, 宮閤閉. 袁術與匡共斫攻之, 中黃門持兵守閤. 會日暮, 術因燒南宮九龍門(章懷太子注曰: 術因燒南宮九龍門. 按:『集解』引惠棟說, 謂袁宏紀'九龍門'作'靑瑣門'. 又引王補說, 謂通鑑從袁紀)及東西宮, 欲以脅出讓等. 讓等入白太后, 言大將軍兵反, 燒宮, 攻尙書闥, 因將太后 · 天子及陳留王, 又劫省內官屬, 從複道走北宮."

192 『河南志』「後漢城闕古蹟」條, p.44, "崇德殿(宮之正殿)."

193 『河南志』「後漢城闕古蹟」條, p.49, "崇德殿(亦明帝造. 薛綜曰: 崇德在東, 德陽在西. 相去五十步.)"

그런데 '숭덕'이 바로 숭덕전이냐도 문제가 된다. 「후한동도성도」에는 신호문－금상문의 바로 옆(약간 북쪽)에 '숭덕서(崇德署)'가 있기 때문이다. 물론 숭덕서는 방향으로 볼 때 덕양전과 동서로 일직선상에 있지 않다는 점이 약간 문제가 되기는 하지만, 50보라는 주가 정확한 상황의 기록이라면 '숭덕전'이라기보다는 '숭덕서' 쪽이 더 신빙성이 있다. 또 설종의 주를 따르면 덕양전 바로 동쪽 50보라는 지근의 거리에 숭덕전이 위치하고 있다고 하였는데, 「후한동도성도」(<그림 9> 참조)에는 덕양전 동쪽 바로 옆에다 함덕전이 그려져 있기 때문에, 그 거리가 50보인지는 확실하지 않지만 '함덕전'을 '숭덕전'이라 했을 가능성도 있다.

이 점을 보완하는 또 다른 기술을 보자. 먼저 『후한서』 채옹전의 기술이다. 즉 광화 원년(178) 요이(妖異)가 자주 발생하자 황제[영제]가 채옹 등을 불렀을 때, 그들이 "(먼저) 금상문을 도착했다가 숭덕전에 들어갔다"는 기사가 있다. 이 기사에 대해서 장회태자는 "남궁에는 숭덕전 · 태극전이 있고, 그 서쪽에 금상문이 있다"는 서진 육기(261-303)의 『낙양기』의 기재를 인용하여 주를 달고 있다.[194]

그런데 『하남지』에서는 금상문에 대해서 신호문 안에 있다고 하였으니,[195] 금상문은 북궁에 있는 문이 명확하니[196] 육기가 착오했을 가능성이 많다. 또 같은 사실을 다룬 『후한서』 손사전(孫賜傳)의 기사는 "채옹 등을 금상문 숭덕서로 들어오도록 하였다."라고 하였고, 이 기사에 대해 장회태

194 『後漢書』 卷60 蔡邕傳, p.1998, "時妖異數見, 人相驚擾. 其年(光和元年)七月, 詔召邕與光祿大夫楊賜 · 諫議大夫馬日磾 · 議郎張華 · 太史令單颺詣金商門, 引入崇德殿(章懷太子注曰: '『洛陽記』曰: 南宮有崇德殿 · 太極殿, 西有金商門也.') 使中常侍曹節 · 王甫就問災異及消改變故所宜施行. 邕悉心以對, 事在五行 · 天文志."

195 『河南志』 「後漢城闕古蹟」條, p.48, "金商門(在神虎門內)."

196 『後漢書』 卷7 孝桓帝紀, p.316, "(延熹八年) … 十一月壬子, 德陽殿西閤 · 黃門北寺火, 延及廣義 · 神虎門, 燒殺人.(章懷太子注曰: '廣義 · 神虎, 洛陽宮西門也, 在金商門外.'"

자는 대연지의 『서정기』를 인용하여 “태극전 서쪽에 금상문이 있다.”라고 주기하였다.[197]

같은 사실을 다룬 『후한서』의 양사전(楊賜傳)에서도 양사와 채옹이 “금상문 ‘숭덕서’에 들어갔다”라 하여 ‘전’ 대신 ‘서’를 썼다. 이 기술에 대해 장회태자는 대연지의 『서정기』를 인용하여 “태극전 서쪽에 금상문이 있다.”라고 하였다.[198] 이 서술대로라면 후한 명제시기에 축조한 숭덕은 ‘숭덕전’이 아니라 ‘숭덕서’일 가능성을 배제할 수는 없다. 그런데다 태극전은 주지하듯이 후한시대에 존재하지 않았고 조위시대부터 출현한 궁전의 이름이다.

또 『서정기』를 쓴 대연지도 동진 말 유유를 따라 종군했기 때문에 후한시대가 아닌 위진시대, 그 가운데 서진 도성 낙양성의 상황을 직접 보고 서술했을 가능성이 크다. 이들의 숭덕전에 관련된 기술이 이처럼 혼란스러운 것은 위진, 혹은 북위시대 낙양성의 상황을 가지고 후한의 상황으로 설명하는 경우가 많았기 때문일 것이다.

그런데 『하남지』에서 남궁의 문들을 열거하면서 장대문을 숭덕전 앞이라 서술했는데,[199] 「후한동도성도」(<그림 9> 참조)를 보면 공교롭게도 북궁의 덕양전 동쪽, 함덕전 앞, 덕양전의 앞문인 덕양문과 동서로 나란한 위치에 장대전이 있다.[200] 따라서 ‘장대문’을 ‘장대전’이라 잘못 썼을 가능성

197 『後漢書』 卷54 孫賜傳, p.1779, “光和元年, 有虹蜺晝降於嘉德殿前(章懷太子注曰: ‘『洛陽記』, 殿在九龍門內.’), 帝惡之, 引賜及議郎蔡邕等入金商門崇德署(章懷太子注曰: ‘戴延之『西征記』曰: 太極殿西有金商門.’”; 戴延之가 太極殿이라 한 것은 後漢 洛陽城에는 太極殿이 없기 때문에 명백한 잘못이다.

198 『後漢書』 卷54 楊賜傳, p.1779, “後坐辟黨人免. 復拜光祿大夫. 光和元年, 有虹蜺晝降於嘉德殿前(章懷太子注曰: ‘『洛陽記』, 殿在九龍門內. …’), 帝惡之, 引賜及議郎蔡邕等入金商門崇德署(章懷太子注曰: ‘戴延之『西征記』曰: 太極殿西有金商門.’), 使中常侍曹節 · 王甫問以祥異禍福所在.”

199 『河南志』 「後漢城闕古蹟」條, p.43, “章臺門(崇德殿前).”

200 『河南志』 「後漢京城圖」條, p.192 참조.

도 있기 때문이다. 그렇다면 북궁에 있다는 숭덕전은 함덕전일 가능성이 더욱 크다.

낙양성의 포국에 대한 나름 신빙성이 있는 저작의 하나인 『하남지』의 「후한성궐고적」조의 기술에 따르면 남·북 양궁 모두에 숭덕전이 있는 것이 된다. 과연 그랬을까? 물론 남북 양궁에 같은 이름의 궁전도 있다. 장덕전과 수안전이 그러하다.[201] 따라서 숭덕전이 남궁이나 북궁 모두에 존재할 가능성을 완전 배제할 수는 없다. 다만 남궁의 정전의 명칭이 다시 북궁 궁전의 명칭에도 쓰이고 있다는 것은 정상적인 것이 아니고, 뭔가 잘못되었다고 볼 수밖에 없다. 만약 정전인 숭덕전이 북궁에 있는 것이라면, 남궁에 존재하지 않는 것이고, 남궁에 있는 것이라면 북궁에 존재할 수 없는 것이 상식적인 인식이다. 또 숭덕전이 『하남지』의 기술대로 남궁의 '궁지정전'이 사실이라면, 덕양전이 '북궁에 있고, 궁전 가운데 가장 존귀한 것[蓋北宮, 殿之最存者]'이라면 숭덕전과 덕양전이 동서로 나란히 있다는 것은 뭔가 납득하기 힘들다. 따라서 만약 북궁에 숭덕전이라는 남궁의 정전과 같은 이름의 건축물이 있다면 그 지위가 덕양전과는 비교될 수 없이 작은 전사일 가능성이 있고, 남궁이 북궁에 비해 종속된 위치밖에 되지 않는다는 결론에 이르게 된다. 그렇다면 남·북 양궁체제의 후한 낙양성의 상황과 맞지 않다. 따라서 만약 북궁에 이런 전사가 존재했다면 '숭덕서'이거나 북면 곡문 근처에 있는 작은 숭덕전일 가능성이 크다.

또 이 문제와 관련하여 안제 연광 4년(125)에 일어난 환관 손정의 난이 진행된 동선이 참조가 될 것이다. 제음왕을 순제로 옹립하려는 당시 반란은 서종하→숭덕전→장대문→성문→남궁운대의 방향으로 진행되었다.[202] 여기서 숭덕전의 위치와 관련된 것은 장대문과 남궁운대이다. 장대

201 南北 양궁에 모두 있는 궁전으로는 章德殿과 壽安殿이 있다.

202 『後漢書』 卷78 (宦者)孫程傳, p.2514-2516, "(永平十八年: 75)十一月二日, (孫)程遂與王康等十八人聚謀於西鍾下, 皆單衣爲誓. 四日夜, 程等共會崇德殿上, 因入章臺門.

문은 『하남지』에 보면 남궁의 문의 하나로 숭덕전 앞[숭덕전전]이라 되어 있지만, 북궁의 성문에도 장대문이 있다.[203] 서종하의 서종은 후세 사례로 볼 때 정전 앞에 두어지는 것이고,[204] 『후한서』 순제기에서는 '덕양전서종하'라 하였으니 덕양전 앞에 있던 것은 틀림이 없다. 문제는 『후한서』 손정전에는 이것을 '서종하 … 숭덕전상'이라 하여 덕양전 대신 숭덕전이라 쓰고 있다. 이런 동선에서 볼 때, 이것도 숭덕전을 숭덕서로 보아도 잘 통한다. 북궁에서 시작된 정변이 남궁('到南宮')으로 이동한 것이다.

중국고대에는 왕조의 가장 중심적인 궁전을 지칭할 때 여러 가지 명칭을 사용한다. 궁전의 중심건축을 말할 때 '전전'이라 한다. 전전에 대해서는 앞에서 잠시 언급했지만, 진한~수당의 문헌을 찾아보면 전전은 궁전 중에서 전방에 두는 대표적인 건물을 대개 가리킨다. 즉, 정전 · 대전을 말하는 것으로 이해한다.[205] 예를 들면, 진의 감천전전은 감천궁의 정전,[206] 전

時江京 · 劉安及李閏 · 陳達等俱坐省門下, 程與王康共就斬京 · 安 · 達, 以李閏權埶積爲省內所服, 欲引爲主, 因擧刃脅閏曰: '今當立濟陰王, 無得搖動.' 閏曰: '諾.' 於是扶閏起, 俱於西鍾下迎濟陰王立之, 是爲順帝. 召尙書令 · 僕射以下, 從輦幸南宮雲臺, 程等留守省門, 遮扞內外."; 『後漢書』 卷6 孝順帝紀, pp.249-250, "十一月丁巳, … 是夜, 中黃門孫程等十九人, 共斬江京 · 劉安 · 陳達等, 迎濟陰王於德陽殿西鍾下(章懷太子注曰: 『漢官儀』曰: '崇賢門內德陽殿'也). 即皇帝位, 年十一. 近臣尙書以下, 從輦到南宮, 登雲臺, 召百官."

203 『河南志』 「後漢城闕古蹟」條, p.43, 南宮城門에 '章臺門(崇德殿前)'라 하였고, p.48, 北宮城門에 章臺門이 있다. 다만 「後漢京城圖」에는 南宮 崇德殿 前門을 章華門이라 하였고, 北宮에는 章臺殿은 있으나 章臺門은 그려져 있지 않다.

204 西鍾은 후세의 사례(太極殿前)로 봐서 正殿 앞에 세워진 두 鍾樓 가운데 서쪽의 것이 아닌가 한다.(『隋書』 卷16 律曆志上 和聲, p.390, "宋武平中原, 使將軍陳傾致三鍾, 小大中各一. 則今之太極殿前二鍾, 端門外一鍾是也.")

205 『後漢書』 卷40上 班固傳上, 兩都賦, p.1342, "爾乃正殿崔巍"에 대한 章懷太子注曰: "正殿即前殿也."

206 前殿을 건축한 것은 秦代부터인 것 같다.(『史記』 卷8 高祖紀 八年, p.385, "蕭丞相營作未央宮(顏師古云: … 按: 北闕爲正者, 蓋象秦作前殿, …), 而立東闕 · 北闕 · 前殿 · 武庫 · 太倉."

전아방은 아방궁의 정전, 전한의 미앙전전 · 건장전전, 후한의 덕양전전 · 동궁전전 · 장덕전전 · 숭덕전전 · 옥당전전, 위진남북조의 태극전전, 수의 대흥전전과 당의 수공전전 등 모든 궁전의 정전을 뜻한다. 그런데 전전이 있다면 후전이 있어야 하는 것이 당연한 이치인 것 같은데 후전이 용어가 나타난 것은 후한시대부터로 보인다.[207] 다만 후한시대 전전의 용례를 보면 '남궁전전', '동궁전전', '장덕전전', '숭덕전전', '옥당전전', '덕양전전' 등이 보이며, 단지 '전전'이라 한 것도 보이지만,[208] 모두 '□□전전(前殿)'의 약어일 가능성이 크다. 따라서 전전은 반드시 정전을 나타내는 것도, 독립된 명칭으로 불린 것도 아니다. 따라서 최근 중국학자들이 숭덕전 자리에다 남궁의 정전을 표시하고 이를 '전전'이라고만 표기한 것은 잘못이다. 더구나 후한시대는 남북균형 혹은 남궁우세였다는 사실을 감안하다면 더욱 그렇다. 또 남궁 숭덕전을 '궁지정전'[209]이라 표기한 것을 염두에 둘 필요가 있다. 사실 숭덕전이 북궁 덕양전에 딱 붙어 위치했다면 정전으로서의 풍모를 보일 여지가 없다. 따라서 필자는 숭덕전이 남궁의 정전이었다는 종래의 주장이 옳다고 본다. 이 점에 관해서는 위진의 낙양성과 북위의 낙양성을 다루면서 상세하게 재론할 예정이다. 아울러 북궁이 위주였다는 주장도 신빙하기 어려운 것임을 밝혀 둔다. 오히려 남 · 북궁이 병립하면서

207 '後殿'이라는 용어가 中國 正史 본문에 나온 것 가운데 가장 이른 것이 『後漢書』이다. 이후 『陳書』, 『南史』, 『北史』, 『隋書』, 『舊唐書』, 『宋史』, 『明史』 그리고 『淸史稿』 등이다. 『後漢書』 卷8 孝靈帝紀 光和 元年條, p.341, "五月壬午, 有白衣人入德陽殿門, 亡去不獲. 六月丁丑, 有黑氣墯所御溫德殿庭中. 秋七月壬子, 靑虹見御坐玉堂後殿庭中."의 章懷太子 注曰: "『洛陽宮殿名』, 南宮有玉堂前 · 後殿. 據楊賜傳, 云墯嘉德殿前."

208 『後漢書』 卷10上 和熹鄧皇后傳, p.429, "永寧二年二月, 寢病漸篤, 乃乘輦於前殿, 見侍中 · 尙書, 因北至太子新所繕宮."; 『後漢書』 卷10上 安思閻皇后傳 p.436, "皇太后臨朝"에 대한 章懷太子 注曰: "蔡邕『獨斷』曰: 少帝卽位, 太后卽代攝政, 臨前殿, 朝羣臣. 太后東面, 少帝西面. 羣臣奏事上書, 皆爲兩通, 一詣后, 一詣少帝."

209 『河南志』 「後漢城闕古蹟」 條, p.44, "崇德殿(宮之正殿)."

어느 쪽에 기울었다고 반드시 단정지울 수가 없다.

후한 낙양성은 여러 면에서 전한 장안성과 외형적인 면에서 유사한 면이 많다. 또 후세의 북위 낙양성의 기본적인 형태를 유산으로 남겼지만, 북위의 그것이 계획도시였던 것에 비해 자연발생적인 도성의 형태를 띠었고, 외곽성이 없는 점에서 유사점과 동시에 차이점도 있다. 특히 후한 낙양성에서 궁전이 남북으로 되어 있어 이것이 후세 북위 낙양성이나 수당 장안성에서 보이듯이 도성의 중심인 궁이 북쪽으로 치우친 것으로 보아, 이는 전한의 '좌서조동'에서 후한의 '좌북조남'으로의 예제 변화에서 근원된 것으로, 예제변화가 도성의 포국에 발생시킨 대변화라고 해석하였다. 즉 북위시대부터 뚜렷하게 보이는 '궁북의 현상이 이미 후한시대부터 시작되었으며, 그 원인은 예제 변화의 결과라고 보는 것인데,[210] 문제는 전술한 바대로 북궁이 주궁이 아니라 남궁이 오히려 주궁이었다는 점이 문제다.

다음으로 포국과 예제의 축선 문제이다. 주궁인 남궁에서 예제건물인 영대 · 명당 · 벽옹 · 태학 등이 모두 주궁의 남방에 위치하고 있는 점에서 예제의 축선은 남북 종렬로 달리고 있다고 할 수 있고, 남 · 북궁이 남북으로 이어져 있다는 점에서 언뜻 보면 남북을 축선으로 하는 포국의 형식을 취하는 것처럼 보인다. 그러나 예제 축선을 보면 전한의 장안성도 남-북선이니 전한에서 후한 사이에 예제의 변화가 나타났다고 보기도 어렵다. 또 축선의 중요한 표지가 될 수 있는 관청구인 사도부 · 사공부 · 태위부가 주궁인 남궁의 동쪽에 위치하여 동서 횡렬로 축선을 이루고 있으니 이런 도성 포국을 남북으로 보기도 힘들다.

그러면 후한의 도성 포국의 특징을 어떻게 보아야 할 것인가? 후한 낙양성도 전한의 장안성과 마찬가지로 자연도성이다. 이전에 있던 건물을 이용하거나 그 포국을 그대로 유지하면서 도성을 증축한 것이었다. 그런 면에서 후한 낙양성도 '계획도시'라고 할 수는 없다. 그렇기 때문에 여기에

210 楊寬, 『中國古代都城制度史硏究』, p.137.

출처: 洛陽市文物管理局 編 『古都洛陽』, 朝華出版社, 1999, p.96.

〈그림 10〉 한위 낙양성 유지

예제 변화를 포국에 그대로 반영할 여지가 크지 않다고 할 것이다. 또 북위 낙양성의 경우 외성이 뚜렷하게 있고 (내)성외 곽내가 방방정정한 방으로 되어 있는 것과 포국상 근본적으로 다르다고 하겠다.

결론

후한 낙양성은 최근 여러 측면에서 주목을 받고 있다. 중국고대 도성의 형제가 획기적으로 바뀌는 기점이 되었다는 이유에서였다. 그러나 전후시기의 『삼보황도』나 『낙양가람기』와 같은 전저(專著)가 후한 낙양성에는 존재하지 않는다. 따라서 그 형제에 대해 많은 혼란을 야기하였다. 따라서 각종 낙양성도를 보면 다른 시대 도성에서 볼 수 없는 심한 차이를 보이고 있다. 심지어 본고가 주안점을 둔 정전 숭덕전의 위치마저 남궁에 있었던 것인지, 북궁에 있었던 것인지에 대해 정설이 없었다.

필자는 본고를 통해 후한 도성 낙양성의 구조 특히 후세 도성 구조 해명에 관건이 되는 숭덕전의 위치에 대해 나름으로 문헌적인 자료를 가능한 동원하여 결론을 이끌어 내었다. 잘 알다시피 후한 숭덕전 옛터는 위진 낙양성뿐만 아니라 북위 낙양성까지의 정전인 태극전이 자리했다는 주장이 최근 제기되었기 때문이다. 특히 이런 주장의 한 가닥은 후한 낙양성의 전통적인 기술과는 달리 숭덕전이 남궁이 아니라 북궁에 소재했다는 것이다.

필자는 후한 낙양성의 숭덕전이 대부분의 문헌에서 명기하였듯이 '남궁'에 소재한 정전이라고 본다. 아울러 후한 낙양성이 남 · 북궁 양궁체제를 유지하였지만 후한 멸망시기까지 여전히 남궁 위주로 운영되어 왔다는 점을 밝혔다. 또한 전한 장안성이 동-서선을 축선으로 하는 도성구조에서 후한 낙양성부터 남-북선을 축선으로 하는 구조로 바뀌어 후세 남북 축선을 기본구조로 하는 도성의 시발점이 되었다는 주장도 무리가 있음을 밝혔다.

물론 이런 필자의 주장은 앞으로의 상밀한 연구에 의해 고쳐질 수 있지만, 현재까지의 문헌과 고고 발견의 결과로 볼 때, 필자의 주장이 가장 합리적이라는 생각에는 변함이 없다는 점을 명백히 한다.

| 제5장 |

위왕국(魏王國)의 업성(鄴城)과 그 성시구조

'궁북(宮北) 도성'구조의 개시론에 대한 검토

서론

조조 위왕국의 중심 업성은 중국 도성 규획 사상 독특한 특징을 가진 도성으로 도성발전사상 중요한 위치를 점하고 있다는 주장이 근년 자주 거론되고 있다. 즉 업성의 여리(閭里)가 그 외형적인 면에서 수당 장안성 내부의 이방(里坊)처럼 방정한 모습을 띠어, 기반식의 가도포국 추형이 형성되었으며,[1] 궁전구와 거민구가 엄격하게 구분되어 있고,[2] 궁전이 성 안의 북반부에 위치하여[3] 궁문을 지나 장가(長街)가 뻗어 있으며 궁전 장가 양측에 아서(衙署)가 포치되어 있다는 점 등 몇 가지 특징이 후세 도성, 특히 수당 장안성 포국과 유사하며, 따라서 그런 포국의 출현에 영향을 주었다는 지적이 바로 그것이다.[4]

이런 포국은 큰 윤곽에서 볼 때, 궁전구가 도성의 북반부에 위치한다는 점이고, 이런 업성의 포국(궁북宮北, 즉 북궐형北闕型)이 출현하는 것을 기점으로 조위의 낙양성에서 '태극전(太極殿)'이라는 명칭을 띤 궁전이 출현하

1 兪偉超, 「中國古代都城規劃的發展階段性」, 『文物』 1985-2; 한편 林立平은 整齊方正하고 規劃縝密함은 北魏 洛陽城과 曹魏 鄴城이 一脈相承한 것이어서, 曹魏 鄴城에서부터 이후 都城規劃이 棋盤式 方正格局으로 발전한 것이라고 하였다.(『封閉結構的終結』, 南寧: 廣西人民出版社, 1989, p.56)

2 黃建軍는 曹魏 鄴城은 『周禮』 考工記의 傳統都城模式을 타파하고 東西幹道를 이용하여 全城을 기능이 확연히 다른 南北으로 양분하고, '官民有別'을 체현하였고, 苑囿와 宮殿區를 이웃하게 하였으며, 宮城을 城北中部에 두어 軸線을 채용하여 對稱 · 對比 등 布局手法을 채용하여 후세 도성에 深遠한 영향을 주었다고 하였다.(『中國古都選址與規劃布局的本土思想研究』, 厦門: 厦門大學出版社, 2005, pp.138-139)

3 村田治郎은 "『水經注』 卷10 濁漳水條에 '魏武封于鄴, 爲北宮, 宮有文昌殿'이라는 구절에 의거하여 城內의 北部 中央區에 宮城이 있는 것으로 추측되며, 이런 위치에는 隋 · 唐 長安城에 있어서도 宮城이 점하고 있기 때문에 鄴城의 北宮은 그 先驅였다고 해도 大過가 없을 것"이라고 하였다.(『中國の帝都』, 京都: 綜藝舍, 1981, pp.205-206)

4 傅憙年 主編, 『中國古代建築史』(北京: 中國建築工業出版社, 2001) 第二卷(兩晉 · 南北朝 · 隋唐 · 五代建築), p.5.

게 되었고[5] 그것은 당시 유행한 태극사상(太極思想)에 영향 받았다는 것이다. 잘 알다시피 '태극'은 『장자』에 처음 나타나는 용어로서 그 개념이 우주의 궁극적 존재 근원으로 구체화된 것은 『역전(易傳)』이지만,[6] 태극의 위치는 송나라의 주돈이(周敦頤)의 「태극도설(太極圖說)」에서 보듯이 북방에 자리한다. 그런데 이 태극전은 업성에서 출현한 것이 아니고, 조위의 제도인 낙양성에서 건축된 것이었다. 따라서 태극사상은 업성의 궁성포국에 영향을 끼친 것은 아니었다.

그런데 조조의 위왕국에서 건설된 "업(북)성은 중국역사상 먼저 계획을 세운 후에 건설한 도성으로 단일궁성제와 중축선에 의해 대칭하는 구조, 기능에 의해서 구역이 명확하게 나눠진 포국을 가진 도성이라는 주장까지 나왔다. 특히 성시의 중심건축물(궁성)이 북방에 분명하게 위치하게 된 업성이야말로 '중국고대도성건설의 전범'이라는 주장까지 출현하게 되었다.[7]

그러나 하나의 새로운 포국이 출현하였다고 해서 그것이 바로 후세 도성 건설에 영향을 주었느냐의 문제는 곧바로 확인될 수 있는 문제는 아니다. 그 계승관계의 명확한 기술이나 그것을 채용할 합당한 이유가 있어야 하는 것이다. 유사하다는 것만 가지고 그 계승성이 확인되는 것은 아니다.

5 『三國志』 卷3 魏書3 明帝 青龍 3年(235) 3月條, p.104, "是時, 大治洛陽宮, 起昭陽·太極殿, 築總章觀. 百姓失農時, 直臣楊阜·高堂隆等各數切諫, 雖不能聽, 常優容之."

6 '太極'이란 용어가 初出한 것은 『莊子』(大宗師)이다.("在太極之先而不爲高, 在六極之下而不爲深, 先天地生而不爲久, 長於上古而不爲老") 그다음은 『易傳』(繫辭上)으로 "易有太極, 始生兩儀, 兩儀生四象, 四象生八卦."라고 되어 있다.

7 河北省文物研究所 副研究員·鄴城考古隊副隊長 郭濟橋의 주장에 의하면 이런 구조는 隋唐의 長安城과 洛陽城, 그리고 元·明·清의 北京城. 6-7세기 朝鮮(高麗)의 開城, 日本의 藤原京·平城京 등의 도시 규획에도 영향을 주었다고 하였다.(百度: ①「鄴城被命名爲'中國古代都城建設之典範'」: 新華網河北頻道(2011-12-08, 稿件來源: 新華網河北頻道; ②「專家認爲, 鄴城遺址爲東亞地區早期都城'祖型'」; 2014年08月08日 來源: 新華網)

사실 업성의 성시구조가 하나의 도성 규획사상으로 확립되기 위해서는 조씨 권력의 중심지인 동시에 근거지로서의 역할과 기능에 밀접한 관련이 있어야 한다. 근거지란 군진이냐, 혹은 왕국의 도성이냐, 아니면 제국의 도성이냐의 위상 문제인 동시에, 그 위상에 따른 역할과 기능의 문제를 함께 포괄하는 것이다. 사실 군진과 왕국의 도성이 같은 구조일 수가 없고, 왕국의 도성이 제국의 도성과 같은 포국 형태를 가질 수 없기 때문이다. 더구나 우주의 근원으로서의 '태극'이라는 사상이 이 성시포국에 영향을 미쳤다고 한다면 더욱 그러할 것이다. 아무리 조씨의 권력이 황제의 그것과 버금갈 정도로 참람하였다 하더라도 기본적인 규범의 틀을 벗어날 수는 없을 것이기 때문이다.

필자는 본고에서 업성이 건축되는 당시의 상황에서 요청된 그 역할과 기능을 따져 그 포국의 특징을 살피려 한다. 소위 최근 유행하고 있는 '궁북(북궐형) 도성'구조의 개시로서의 업성의 구조론에 대해 검토하고자 한다.

Ⅰ. 업의 성시로서의 성장과 왕도(王都) · 제도(帝都)문제

1. 성시로서의 업의 역사

먼저 검토해야 할 것은 조조의 업성이 당시 어떤 위상의 성시였던가이다. 다시 말하면 '제도'였던가 아니면 '왕도'였던가, 그것도 아니면 군진'이었던가의 문제이다. 성시로서의 업의 역사는 오래되었다. 최초로 은왕(殷王) 하단갑(河亶甲)이 이곳을 근거지로 했고, 그 지명을 '상(相)'이라 칭하였다.[8] 전국시대에 들어 '업'이라 개칭된 이후[9] 업, 업성, 업도 등의 명칭으로 불리

8 『史記』 卷3 殷本紀, p.100, "河亶甲居相.(『集解』孔安國曰: '地名, 在河北'. 『正義』括地志云: '故殷城在相州內黃縣東南十三里, 即河亶甲所築都之, 故名殷城也.')"

게 되었다.[10] 전한 고조 유방이 위군(魏郡)을 두고 그 치소를 업에다 두었다.[11] 그 후 업을 포괄하는 현재의 하북 남단 지역인 위군의 치소이긴 했다.[12] 당시 업은 군국급 성시에 불과하였다 할 수 있다.

후한시대까지 이 지역의 중심은 업이라기보다는 전국시대 조의 도성이었던 한단(邯鄲)이었다.[13] 한단은 전국성의 성시로 오도(洛陽・邯鄲・臨淄・

9 『水經注』(臺北: 世界書局, 1970) 卷10 濁漳水, 「又東出山, 過鄴縣西」, p.137, "本齊桓公所置也. 故管子曰, 築五鹿・中牟・鄴以衛諸夏也. 後屬晉, 魏文侯七年, 始封此地, 故曰魏也."

10 鄴城에 대한 문헌적인 사료는 『陸氏<晉 陸翽> 鄴中記』, 『鄴都記』 三種<① 北齊・楊愣伽, ② 唐初・裴矩 ③ 中唐・馬溫> 『鄴都故事』, 無名氏 『鄴中記』, 『鄴城新記』, 『鄴城舊事』, 『鄴城記』, 『鄴城故事』, 『鄴中故事』, 『鄴縣記』, 『相州圖經』, 『鄴縣圖經』 등이 있다. 그 밖에 『相台志』(宋代 편찬된 지방지), 『續相台志』, 『鄴都宮室志』(明代에 편찬된 『嘉靖彰德府志』에 수록) 등이 있다. 이러한 史料들의 逸文은 劉心長・馬忠理 主編, 『鄴城暨北朝史硏究』(石家莊: 河北人民出版社, 1991)와 許作民 校注, 『鄴都佚志輯校注』(鄭州: 中州古籍出版社, 1996)에 수록되어 있다. 圖版으로는 劉尙峰・黃浩 整理・點校, 『臨漳縣漳水圖經・臨漳縣志略備考』(河北省臨漳縣地方志編纂委員會, 2003)가 도움이 된다. 鄴에 대한 가장 오래된 전문서적인 『鄴中記』(『隋書』 卷33 經籍志2 史/地理記, p.983, "鄴中記二卷晉國子助教陸翽撰")은 西晉・東晉 교체기 사람으로 추정되는 陸翽의 저작이다.

11 『水經注』 卷10 濁漳水, 「又東出山, 過鄴縣西」, p.137, "漢高帝十二年, 置魏郡治鄴縣. 王莽更名魏城. 後分魏郡, 置東西部都尉. 故曰'三魏.'"

12 前漢 高祖 12年(B.C.195) 관할 18縣인 魏郡이 두어졌다.(『漢書』 卷28上 地理志8上, p.1573, "魏郡, 高帝置. 莽曰魏城. 屬冀州. 戶二十一萬二千八百四十九, 口九十萬九千六百五十五. 縣十八: 鄴") 後漢시기에는 15현으로, 郡治는 鄴이었으며 冀州에 소속되었다.(『後漢書』 郡國志2 冀州/魏郡條, p.3431, "魏郡 高帝置. 雒陽東北七百里. 十五城, 戶十二萬九千三百一十, 口六十九萬五千六百六.") 曹魏 黃初 2年(221)에는 魏郡 東部를 陽平郡으로, 魏郡 西部를 廣平郡으로 하였다.(『三國志』 卷 2 魏書2 文帝 黃初 2年條, p.77, "以魏郡東部爲陽平郡, 西部爲廣平郡.") 西晋시기는 8현을 아래에 두었으며 治所는 역시 鄴이었다.(『晉書』 卷14 地理志上 司州 魏郡條, p.418, "魏郡漢置. 統縣八, 戶四萬七百.")

13 邯鄲은 前漢시대 洛陽・臨淄・宛・成都와 함께 長安을 제외한 전국 五大 도시의 하나였다. 반면 鄴은 漢代 冀州의 州治(信都: 현재 冀州市 舊城)도 아닌 지방 도시의 하나에 불과하였다.

宛·成都)의 하나였기 때문이었다.[14] 그러나 위진남북조시대에 들어 업성은 비약적으로 발전·번성하여, 30여 km밖에 떨어져 있지 않아 단일 권역에 속한다 할 한단을 압도하는 이 지역의 대표 성시로 부상하게 되었다.

한마디로 업성은 위진남북조시대 전개와 더불어 부상하여 명과 분에서까지 제도의 위치에까지 올랐지만 위진남북조 시대의 소멸과 더불어 성시로서의 운명을 같이했던 것이고, 그런 데에는 업성만이 갖는 여러 가지 요인이 있었고, 업성 자체도 같은 위진남북조시대의 다른 도성(예컨대 建康城)과는 달리 통일시대인 수당에 이르러서는 부흥되지 않았던 것도 나름 이유가 있었을 것이다.[15] 여하튼 위진남북조시기까지 이 지역의 지역단위의 명칭으로는 상주(相州) 혹은 위군으로 불렸지만, 어떤 명칭을 띠든지 간에 황하 하유역(현재의 하북성 남부)의 중심적인 성시는 역시 업이었다. 그리고 업이 왕조의 수도, 즉 도성이 된 것도 이 위진남북조시대에 한정되었다.

업이 이 시대, 이처럼 하북 남부의 중심도시가 된 것은 후한 말 군웅의 한 사람인 원소(袁紹)가 그 본거지를 이 땅에 둔 것이 계기였고,[16] 업의 지위를 도성급으로 격상시킨 자는 바로 조조였다. 이처럼 업성은 처음부터 원소와 조조라는 군사적 지도자와 밀접한 관련을 맺어 왔던 것이다. 잘 알

14 『後漢書』 卷40上 班固傳上, 兩都賦, p.1338, "與乎州郡之豪桀, 五都之貨殖, 三選七遷, 充奉陵邑, 蓋以彊幹弱枝, 隆上都而觀萬國(夾註: 前書音義曰: '五都謂洛陽·邯鄲·臨淄·宛·成都也.')"

15 鹽澤裕仁은 邯鄲이 종래 풍부한 광산자원과 공업에 유리한 지역인 데 비해, 업성은 滏口陘 밖 漳水에 의해 형성된 扇狀地(농업생산지)로서 만성적인 戰時體制하에서 戰時物資의 조달과 集散에 유리하였다고 본다.(『後漢魏晋南北朝都城境域研究』, 東京: 雄山閣, 2013, pp.250-253)

16 鄴이 두각을 나타낸 것은 후한 말 冀州牧이었던 韓馥을 이어 袁紹가 스스로 牧이 되어 鄴에 鎭하게 되면서(初平 2년: 191) 鄴이 권력자의 실질적인 근거지 역할을 하게 되었으며, 曹操가 鄴을 공략하여 冀州牧이 되면서 경영을 시작하여 魏公, 魏王 曹操의 '王都'가 되었다.

다시피 조조가 원소를 멸망시키고 건안 9년(204) 업성을 점령하여 대대적으로 개축하여 근거지[覇府]로 삼은 이후,[17] 후조(後趙)·염위(冉魏)·전연(前燕)·후연(後燕)·동위(東魏)·북제(北齊) 등 각 왕조의 도성이 되어 위진남북조시대 '육조고도'로 지칭된다는 점에서 중국 역대 도성의 하나로서 나름 위치를 차지하고 있다.[18]

군사적 성시로서 등장한 업성이 조위의 성립 후 도성적 지위는 낙양으로 옮겨 갔지만, 황초 2년(221) 오도(五都: 洛陽·長安·許昌·鄴·譙)가 정해진 바와 같이[19] 업은 조위 왕업의 기초를 쌓았던 곳이었기 때문에 일단은 중시된 바가 되었다.[20] 뿐만 아니라 업의 지위는 서진시기에도 사도(四都: 洛陽·長安·許昌·鄴)의 하나였던 바와 같이[21] 역시 중시되었다. 이는 조조 위왕국의 중심이었던 점이 인정된 것이 아닌가 한다.

업성이 원소와 조조의 군사적 근거지로서 위치를 점하게 된 것은 위진남북조시대 가장 인구변동이 심한 지역인 동시에 영화와 쇠락이 빈번

17 顧炎武는 曹操의 鄴城 건설을 "作都"라고 표현하였지만(『歷代宅京記』<北京: 中華書局, 1984> 卷12 鄴下, "鄴都北城(… 作都始于曹操)"라 하였지만 도읍의 규격이라 보기 힘들고, "諸侯王的封國都城"으로 본다.(傅熹年, p.5; 李久昌, 『國家·空間與社會: 古代洛陽都城空間演變硏究』, 西安: 三秦出版社, 2007, pp.250-251)

18 鄴에 都城을 둔 왕조를 열거하면 ① 後趙(335-350), ② 冉魏(350-352), ③ 前燕(349-370), ④ 後燕(384-408). ⑤ 東魏(534-550), ⑥ 北齊(550-577)이다. 鄴에 도성을 둔 것은 魏王國(204-220)을 포함한 7朝 125年이었으니, 이는 같은 시기의 洛陽(3朝 132年), 長安(5朝 123年)과 비슷하지만, 또 鄴에 도성을 둔 왕조는 華北 統一에도 이르지 못하였기 때문에 華北 全土의 도성으로서 군림한 것도 아니었다.

19 『三國志』 卷2 魏書2 文帝紀, 黃初 2年(221) 2月條, p.77, "改許縣爲許昌縣. 以魏郡東部爲陽平郡, 西部爲廣平郡.(裴松之注曰: 魏略曰: '改長安·譙·許昌·鄴·洛陽爲五都…')"

20 『水經注』 卷10 濁漳水, '又東出山 過鄴縣西', p.138, "魏因漢祚, 復都洛陽, 以譙爲先人本國, 許昌爲漢之所居, 長安爲西京之遺迹. 鄴爲王業之本基, 故號五都也."

21 市來弘之, 「魏晉南北朝時代における鄴城周邊の牧畜と民族分布」, 鶴間和幸 編, 『黃河下流域の歷史と環境: 東アジア海文明への道』(<學習院大學東洋文化硏究叢書>, 東京: 東方書店, 2007, p.38); 그러나 '四都'란 용어가 쓰인 논거를 찾기 어렵다.

한 지역이었고, 또 호족(胡族) 인구가 많이 분포한 지역이었기 때문이라 할 수 있다. 하북 자체가 격렬한 인구이동지역이지만 업 주변은 특히 그러하였다. 업이 조조의 본거지가 된 이후 위-서진시기에도 수도에 준하는 요지였다. 서진 말 '팔왕의 난'에 의해 소실되어 이 지역에서 생긴 난민이 산동, 강남지역으로 이동했다. 그러나 곧 후조시대 업 주변은 급속히 부흥한다. 후조는 위진남북조시대 왕조 가운데 가장 많은 사민정책을 취한 왕조였고 35년간에 30회 이상이고, 사주(司州)·기주(冀州), 즉 하북지방에 모인 인구는 70만에서 100만이 넘는다.[22] 이후 염민(冉閔)의 난으로 인한 인구이동이 있었지만 전연이 업성에다 도성을 정하면서 선비 모용부의 이주, 전진이 전연을 멸망시켰을 때 그 영내 인구는 245만 8,969호(二百四十五萬八千九百六十九), 998만 7,935인이었는데,[23] 서진시대 이 지역의 호구 통계가 112만여 호였다는 것과 비교하면 2배로 증가된 것을 알 수 있으니[24] 사민에 의한 인구 증가를 쉽게 알 수가 있다. 전진은 업 근처의 선비 4만여 호를 장안에, '관동호걸급제잡이(關東豪傑及諸雜夷)' 10만 호를 관중에 이주시켰다.[25] 대신 380년 저족 15만 호를 업을 비롯한 관동의 요지에 이주시켰다.[26] 하북을 동서로 나누었을 때 서쪽의 관중(장

22 市來弘之, 「魏晉南北朝時代における鄴城周邊の牧畜と民族分布」, p.42.

23 史念海, 「十六國時期各割據霸主的人口遷徙」, 『河山集』 7, 西安: 陝西師範大學出版社, 1999, p.398.

24 史念海, 「十六國時期各割據霸主的人口遷徙」, p.398.

25 『晉書』 卷113 苻堅載記上, p.2893, "徙關東豪傑及諸雜夷十萬戶於關中, 關東豪傑及諸雜夷十萬戶於關中, 處烏丸雜類於馮翊·北地·丁零翟斌于新安, 徙陳留·東阿萬戶以實青州. 諸因亂流移."

26 『晉書』 卷113 苻堅載記上, p.2903, "洛既平, (苻)堅以關東地廣人殷, 思所以鎮靜之, 引其羣臣於東堂議曰: '凡我族類, 支胤彌繁, 今欲分三原·九嵕·武都·汧·雍十五萬戶於諸方要鎮, 不忘舊德, 爲磐石之宗, 於諸君之意如何?' 皆曰: '此有周所以祚隆八百, 社稷之利也.' 於是分四帥子弟三千戶, 以配苻丕鎮鄴, 如世封諸侯, 爲新券主. 堅送丕於灞上, 流涕而別. 諸戎子弟離其父兄者, 皆悲號哀慟, 酸感行人, 識者以爲喪亂流離之象."

안이 중심)과 동쪽의 관동(업이 중심)이 서로 대립적인 형세를 취할 수 있게 된 것이다.

하북지역에 그 근거지를 확보하려는 정권은 다시 큰 세력으로 등장한 선비 등 호족세력의 집결지로서의 업성을 무시할 수 없었을 것이다. 그래서 북위가 398년 하북이 그의 지배하에 들자 바로 업성에 행대(行臺)를 두어 선비 탁발부의 군단을 업 · 중산 등지에 주둔시켰다.[27] 아울러 '산동 6주의 백성과 관리, 도하(선비) · 고려 등 여러 오랑캐민족 36만 명을 수도 평성으로 옮겼다.'[28] 이는 업성이 갖고 있는 전략적인 중요성을 주목한 것이고 하북에 정권의 기반을 둔 정권이 강남, 특히 건강성에 중심을 두고 있는 정권과 대립하기 위해서는 업성의 확보가 무엇보다 중요한 일이 되었던 것이다. 그런 업성의 전략적 위치의 중요성에도 불구하고 업성이 조위의 도성이 된 것은 아니었다. 본 논고의 주제 가운데서 가장 중요한 것은 과연 조조의 업성이 어떤 성읍(성시)이었는가의 문제이다.

2. 조조(曹操)의 정치적 지위와 업성의 건축물

전통시대 중국의 성읍(성시)은 세 단계로 나눠지고 있었다. 즉 『주례』 고공기 · 장인 · 영국조에서 성읍을 제1급 '왕성', 제2급인 제후봉국의 국도, 즉 '제후성', 재3급인 종실과 경대부의 채읍인 '도'의 3단계로 되어 있으며, 영국조의 규정은 바로 왕성의 규획이라고 본다.[29] 그러면 업성은 어떤 단계

27 『魏書』 卷2 太祖 道武帝紀 天興 元年, p.31, "帝至鄴, 巡登臺榭, 遍覽宮城, 將有定都之意. 乃置行臺, 以龍驤將軍日南公和跋爲尙書, 與左丞賈彝率郎吏及兵五千人鎭鄴. … 乃置行臺於中山, 詔左丞相 · 守尙書令 · 衞王儀鎭中山, 撫軍大將軍 · 略陽公元遵鎭勃海之合口."

28 『魏書』 卷2 太祖 道武帝紀 天興 元年, p.32, "徙山東六州民吏及徒何 · 高麗雜夷三十六萬, 百工伎巧十萬餘口, 以充京師."

29 賀業鉅, 『考工記營國制度硏究』, 中國建築工業出版社, 北京: 1985, p.26, p.39.

의 성읍이었던가?

조조가 이 업성과 인연을 맺은 것은 건안 5년(200) 관도전투를 통해 원소를 넘어뜨린 이후 여세를 몰아 건안 9년(204) 원소의 본거지인 업성을 장악하면서부터였다. 이후 조위의 문제(文帝) 조비가 220년 낙양에 정도하기까지 조씨의 업성 경영기간은 17년 동안이었다. 그러면 아래에서 조조의 활동과 그 지위, 그리고 그동안에 지어진 업성 내 · 외의 건축물을 살펴보자.

건안 원년(196) 8월 조조가 (헌)제를 하남 허로 옮기면서 대장군이 되고, 무평후(武平侯)로 봉해진다. 종묘사직을 허에다 건립하다.[30] 10월 원소는 태위, 조조는 사공이 되다.[31]

건안 5년(200) 10월 원소 조조를 관도에서 공격하다.[32]

건안 6년(201) 4월 조조 원소 군을 격파하다.[33]

건안 7년(202) 원소가 분사하고 아들 원상이 계승하다.[34]

건안 9년(204) 8월 조조가 업성을 평정하자 9월 기주목으로 임명되었으나 사양하고 연주(兗州)로 돌아오다.[35]

30 『三國志』는 9월의 일로 되어 있으나(『三國志』 卷1 魏書1 武帝紀, p.13, "(建安元年)秋七月, … 太祖遂至洛陽, 衛京都, … 天子假太祖節鉞, 錄尙書事. 洛陽殘破, 董昭等勸太祖都許. 九月, 車駕出轘轅而東, 以太祖爲大將軍, 封武平侯. 自天子西遷, 朝廷日亂, 至是宗廟社稷制度始立."; 『三國志』 卷10 荀彧傳, p.310, "建安元年, 太祖擊破黃巾. 漢獻帝自河東還洛陽. 太祖議奉迎都許, … 太祖遂至洛陽, 奉迎天子都許. 天子拜太祖大將軍, …"), 『資治通鑑』은 8월의 일로 기록하고 있다.(『資治通鑑』 卷62 漢紀54 獻帝 建安 元年(196) 8月條, p.1985, "庚申, 車駕出轘轅而東, 遂遷都許. 己巳, 幸曹操營, 以操爲大將軍, 封武平侯, 始立宗廟社稷於許.")

31 『三國志』 卷1 魏書1 武帝紀, p.14, "(建安元年)冬十月, … 於是以袁紹爲太尉, 紹恥班在公下, 不肯受. 公乃固辭, 以大將軍讓紹. 天子拜公司空, 行車騎將軍."

32 『三國志』 卷1 魏書1 武帝紀, p.21, "袁紹運穀車數千乘至 … (建安)五年冬十月, 紹遣軍運穀 … 公與紹相拒連月."

33 『三國志』 卷1 魏書1 武帝紀, p.22, "(建安)六年夏四月 … 擊紹倉亭軍, 破之."

34 『三國志』 卷1 魏書1 武帝紀, p.23, "紹自軍破後, 發病歐血, (建安六年)夏五月死. 小子尙代, 譚自號車騎將軍, 屯黎陽. 秋九月, 公征之, 連戰. 譚 · 尙數敗退, 固守."

건안 10년(205) 정월 조조가 원담(袁譚)을 참하고 기주를 평정하니 원상(袁尙) 등이 오환으로 도망가다.[36]

건안 12년(207) 2월 조조, 그 부하들을 열후 등 공신으로 봉하다.[37]

건안 13년(208) 춘정월 현무지(玄武池)를 만들어 주사(舟師)를 연습시켰다.[38] 6월 조조 승상이 되다.[39]

건안 15년(210) 동 동작대를 만들다.[40]

건안 16년(211) 정월 조조의 자 조비 승상부(丞相副)가 되다.[41]

건안 17년(212) 조조 '소하고사'에 따라 특권이 주어지고 위군의 영역이 확대되다.[42] 열후 · 제장이 조조에게 국공과 구석을 가할 것을 논의하자 순욱이 반대하고 자살하다.[43]

35 『三國志』 卷1 魏書1 武帝紀, pp.25-26, "(建安)九年 … 八月 … 鄴定. … 九月 … 天子以公領冀州牧, 公讓還兗州."

36 『三國志』 卷1 魏書1 武帝紀, p.27, "(建安)十年春正月, 攻譚, 破之, 斬譚, 誅其妻子, 冀州平. … 是月, 袁熙大將焦觸 · 張南等叛攻熙 · 尙, 熙 · 尙奔三郡烏丸."

37 『三國志』 卷1 魏書1 武帝紀, pp.28-29, "(建安)十二年春二月, 公自淳于還鄴. 丁酉, 令曰: '吾起義兵誅暴亂, 於今十九年, 所征必克, 豈吾功哉? 乃賢士大夫之力也. 天下雖未悉定, 吾當要與賢士大夫共定之; 而專饗其勞, 吾何以安焉! 其促定功行封.' 於是大封功臣二十餘人, 皆爲列侯, 其餘各以次受封. 及復死事之孤, 輕重各有差."

38 『三國志』 卷1 魏書1 武帝紀, p.30, "(建安)十三年春正月, 公還鄴, 作玄武池以肄舟師(裴松之注曰: '肄, 習也.')"

39 『三國志』 卷1 魏書1 武帝紀, p.30, "漢罷三公官, 置丞相 · 御史大夫. 夏六月, 以公爲丞相.(裴松之注曰: 『獻帝起居注』曰: 使太常徐璆即授印綬. 御史大夫不領中丞, 置長史一人. …)"

40 『三國志』 卷1 魏書1 武帝紀, p.32, "(建安)十五年 … 冬, 作銅雀臺."

41 『三國志』 卷1 魏書1 武帝紀, p.34, "(建安)十六年 春正月, 天子命公世子丕爲五官中郎將, 置官屬, 爲丞相副."

42 『三國志』 卷1 魏書1 武帝紀, p.36, "(建安)十七年春正月, 公還鄴. 天子命公贊拜不名, 入朝不趨, 劍履上殿, 如蕭何故事. … 割河內之蕩陰 · 朝歌 · 林慮 · 東郡之衛國 · 頓丘 · 東武陽 · 發干 · 鉅鹿之廮陶 · 曲周 · 南和 · 廣平之任城 · 趙之襄國 · 邯鄲 · 易陽以益魏郡."

43 『資治通鑑』 卷66 漢紀58 獻帝 建安 17年(212) 冬10月條, p.2115, "乃與列侯諸將議, 以丞相宜進爵國公, 九錫備物, 以彰殊勳. 荀彧以爲'曹公本興義兵以匡朝寧國, … 不宜如此.' 操由是不悅. 及擊孫權, … 曹軍向濡須, 彧以疾留壽春, 飮藥而卒."

건안 18년(213) 5월 조조를 하동 · 하내 등 10군을 봉지로 하는 '위공'으로 봉하고 구석을 더하다.[44] 7월에 업에다 위의 종묘 사직을 처음으로 건축하다.[45] 9월에 금호대를 만들고 거를 개착하여 장수를 끌어 백구(白溝)를 통해 황하와 통하게 하다. 10월에 위군을 동 · 서부로 나누고 각각 도위(都尉)를 두다. 11월 처음으로 상서 · 시중 · 육경을 두다.[46]

건안 19년(214) 11월 조조, 황후 및 2황자를 시해하다.[47]

건안 20년(215) 정월 조씨(曹操의 中女)를 황후라 하다.[48]

건안 21년(216) 하5월 조조가 위왕이 되다.[49]

건안 22년(217) 4월 조조가 천자의 거복을 사용하고. 5월에 반궁(泮宮)을 짓다. 10월 천자가 조조에게 12면류관(冕旒冠)을 쓰도록 하고 금근거(金根車: 황금으로 분식한 수레)를 타도록 하되 육필의 마가 끌도록 하며 오시부거(五時副車: 제왕의 수레를 따르는 오색의 부거)를 배치하였다. 오관중랑장 조비를 위 태자로 임명하였다.[50]

44 『三國志』 卷1 魏書1 武帝紀, pp.37-39, "(建安十八年) 五月丙申, 天子使御史大夫郗慮持節策命公爲魏公曰: '朕以不德, 少遭愍凶, … 今以冀州之河東 · 河內 · 魏郡 · 趙國 · 中山 · 常山 · 鉅鹿 · 安平 · 甘陵 · 平原凡十郡, 封君爲魏公. 錫君玄土, 苴以白茅; 爰契爾龜, 用建冢社. 昔在周室, 畢公 · 毛公入爲卿佐, 周 · 邵師保出爲二伯, 外內之任, 君實宜之, 其以丞相領冀州牧如故. 又加君九錫, 其敬聽朕命. …'"

45 『三國志』 卷1 魏書1 武帝紀, p.42, "(建安十八年) 秋七月, 始建魏社稷宗廟. 天子聘公三女爲貴人, 少者待年于國.(裴松之注曰: 『獻帝起居注』曰: 使使持節行太常大司農安陽亭侯王邑, 齎璧 · 帛 · 玄纁 · 絹五萬匹之鄴納聘, 介者五人, 皆以議郎行大夫事, 副介一人.)"

46 『三國志』 卷1 魏書1 武帝紀, p.42, "(建安十八年)九月, 作金虎臺, 鑿渠引漳水入白溝以通河. 冬十月, 分魏郡爲東西部, 置都尉. 十一月, 初置尙書 · 侍中 · 六卿.(裴松之注曰: 『魏氏春秋』曰: 以荀攸爲尙書令, 涼茂爲僕射, 毛玠 · 崔琰 · 常林 · 徐奕 · 何夔爲尙書, 王粲 · 杜襲 · 衛覬 · 和洽爲侍中.)"

47 『三國志』 卷1 魏書1 武帝紀, p.44, "(建安十八年)十一月, 漢皇后伏氏坐昔與父故屯騎校尉完書, 云帝以董承被誅怨恨公, 辭甚醜惡, 發聞, 后廢黜死, 兄弟皆伏法."

48 『三國志』 卷1 魏書1 武帝紀, p.45, "(建安二十年)春正月, 天子立公中女爲皇后."

49 『三國志』 卷1 魏書1 武帝紀, p.47, "(建安二十一年)夏五月, 天子進公爵爲魏王."

50 『三國志』 卷1 魏書1 武帝紀, p.49, "(建安二十一年)夏四月, 天子命王設天子旌旗, 出入稱警蹕. 五月, 作泮宮. 六月, 以軍師華歆爲御史大夫. 冬十月, 天子命王冕十有二旒, 乘金根車, 駕六馬, 設五時副車, 以五官中郞將丕爲魏太子."

건안 25년(220) 정월 조조 사망.[51] 10월 조비 (헌)제를 폐하고 자립하다.[52]

잘 알다시피 조조가 권력자로 부상한 것은 건안 원년(196) 8월 그가 (헌)제를 하남 허로 옮긴 후부터였다. 이후 천자의 명의로 발호시령(發號施令)하는, 소위 "천자를 옆에 끼고 제후를 호령하는[挾天子以令諸侯]"[53] 국면을 주도하기 시작했기 때문이다.[54] 헌제가 허로 옮겨진 후에 조조는 대장군으로 임명되고 무평후(武平侯)로 봉해진 반면 원소는 태위로 임명되었다. 이렇게 됨으로써 원소가 자연히 조조의 아래에 있게 되었고, 이것을 원소가 기꺼이 여기지 않자, 조조는 대장군을 원소에게 양보하고 사공 행거기장군(行車騎將軍)으로 취임하였다. 조조가 실권을 완전히 장악한 것은 하북의 쟁패를 두고 다투던 원소가 조조를 공격한 관도전투 이후였다. 조조는 원소를 격파하였을 뿐만 아니라 그 근거지인 업성을 차지한 이후부터 확고한 지위를 차지했다고 할 수 있다. 특히 원소가 후한 말 군웅 가운데 차지하는 비중은 다른 자들과 달랐기 때문이다. 조조가 원소의 근거지였던 업성을 차지한 이후 그 경영에 진력하니, 업성은 점차 정치 · 경제 · 군사 · 문화 중심으로 변해 갔다.

조조의 본격적인 활동은 건안 12년(207) 2월 조조가 그 부하들을 열후

51 『三國志』 卷1 魏書1 武帝紀, p.53, "(建安)二十五年春正月, 至洛陽. … 庚子, 王崩于洛陽, 年六十六(裴松之注曰: 『世語』曰: 太祖自漢中至洛陽, 起建始殿, 伐濯龍祠而樹血出. 『曹瞞傳』曰: 王使工蘇越徙美梨, 掘之, 根傷盡出血. 越白狀, 王躬自視而惡之, 以爲不祥, 還遂寢疾.) … 諡曰武王. 二月丁卯, 葬高陵."

52 후한은 13帝 196년 만에 망함. 魏文帝 黃初 원년의 일이다.

53 『三國志』 卷1 魏書1 武帝紀, p.15, "(建安)三年 … 夏五月, 劉表遣兵救繡, 以絕軍後. 『獻帝春秋』曰: 袁紹叛卒詣公云: '田豐使紹早襲許, 若挾天子以令諸侯, 四海可指麾而定.' 公乃解繡圍."

54 『資治通鑑』(卷65 漢紀57 獻帝 建安 12年(207) 11月條, pp.2074-2075, "初. 琅邪諸葛亮寓居襄陽隆中, … 亮曰: '今曹操已擁百萬之衆, 挾天子而令諸侯, … 則霸業可成, 漢室可興矣.'"

등 공신으로 봉한 데서 시작한다. 일종의 패부의 구성이다. 그리고 건안 13년(208) 춘정월 현무지를 만들어 주사를 연습시켰다.[55] 6월 조조는 승상이 되었다.

건안 9년(204) 8월 조조가 기주목에 임명되었으나 사양하고 연주(兗州)로 돌아갔다고 되어 있지만 실상은 그렇지 않았다는 것은 당시 '정치는 (조)조로부터 나왔다[政自(曹)操出]'의 현실인 때문이었기 때문에, 사실은 기주목이었다.[56] 그러나 업성이 명분상으로까지 제도로서 규격을 갖추는 문제와는 차원이 다른 것이다.

건안 17년(212) 소위 '소하고사와 같이 했다[如蕭何故事]', 즉 유방이 소하에게 부여했던 대우로, 신하가 천자에게 '절을 하면서 자신의 이름을 밝히지 않고[贊拜不名]', '조정에 들 때 종종걸음으로 걷지 않고[入朝不趨]' 그리고 '칼을 차고 신을 신은 채 궁전에 들어가는[劍履上殿]' 등 세 가지 특권이 주어졌다.[57] 그런데 '찬배불명(贊拜不名)'은 소하의 예우가 아니었고, 190년 헌제를 옹립한 동탁에서 비로소 시작된다.[58] 이것들은 소위 '진제(秦制)'로서 모두 신하가 천자를 조현할 때의 일반신료와는 다른 특권이다.[59] 이런 특수 예우를 누린 자는 '한 사람 밑 만인의 위[一人之下, 萬人之

55 『三國志』 卷1 魏書1 武帝紀, p.30, "(建安)十三年春正月, 公還鄴, 作玄武池以肄舟師.(裴松之注曰: '肄, 習也.')"

56 『資治通鑑』 卷64 漢紀56 獻帝 建安 9年(204) 9月條, p.2056, "詔以操領冀州牧, 操讓還兗州.(胡注曰: 當時政自操出, 領則眞領, 而讓非眞讓也.)"

57 『史起』 卷53 蕭相國世家, p.2016, "關內侯鄂君進曰: '羣臣議皆誤. … 蕭何第一, 曹參次之.' 高祖曰: '善.' 於是乃令蕭何(第一), 賜帶劍履上殿, 入朝不趨."

58 『三國志』 卷6 魏書6 董卓傳, p.174, "(董卓)俄遷太尉, 假節鉞虎賁. 遂廢帝爲弘農王. 尋又殺王及何太后. 立靈帝少子陳留王, 是爲獻帝. 卓遷相國, 封郿侯, 贊拜不名, 劍履上殿."; 『三國演義』(第四回; 廢漢帝陳留爲皇, 謀董賊孟德獻刀), p.21, "董卓爲相國, 赞拜不名, 入朝不趨, 劍履上殿."; 『梁書』 卷1 武帝紀上, p.15, "(天監二年) 戊戌, 宣德皇后臨朝, 入居內殿. 拜帝大司馬, 解承制, 百僚致敬如前. 詔進高祖都督中外諸軍事, 劍履上殿, 入朝不趨, 贊拜不名."

59 '贊拜不名'이란 侍臣(司儀官)이 그 官銜만을 보고하고 이름을 부르지 않는 것이고

上]'의 권력자로서 한대에는 곽광(霍光) · 왕망(王莽) · 양기(梁冀) · 조조(曹操), 위조(魏朝)의 사마씨(司馬氏) 부자(司馬懿 · 司馬師 · 司馬昭), 동진조(東晉朝)의 왕도(王導) · 환온(桓溫) · 유유(劉裕), 북위와 동서 양위의 이주영(爾朱榮) · 고환(高歡) · 우문태(宇文泰), 당조(唐朝)의 이연(李淵) · 이세민(李世民) · 주온(朱溫) 등 정권교체기에 새로운 권력자에게 대체로 주어지고 있었다. 그해에 바로 봉토를 받은 것은 아니었지만 세 가지의 특권과 봉토 그리고 구석은 거의 동시에 이뤄지는 것이 후세의 경우 일반적인 형태이기 때문에,[60] 이 해에 순욱이 한조를 위해 자살한 것은 조조가 한조의 신하로서의 한계를 벗어나려 했다고 여긴 때문이었다. 그러나 역대 이런 지위에 올랐던 자들이 독자적으로 왕성[제성]을 건축한 사례는 찾을 수 없다. 그 이듬해인 건안 18년(213), 정월 조조가 손권의 병을 격파한 후 그 14주를 9주로 하였다. 4월에 위공이 되면서 구석이 가해졌고,[61] 7월에 업에다 위[조씨]의 종묘 · 사직을 처음으로 건축하게 되었다. 10월에 위군을 동 · 서부로 나누고 각각 도위를 두고, 11월 처음으로 상서 · 시중 · 육경을 둔 것이었다. 조조가 조정 신료의 범위를 넘어서 '제후'로서 대우를 받은 것은 위공이 되면서부터이고, 당시 업은 위공국의 수부가 됨으로써 조조의 명실상부한 봉읍지 겸 근거지가 되었던 것이다.[62] 여기서 조선과(종

(혹은 自報하지 않는 것), '入朝不趨'는 천자에 대한 恭敬의 표시로 빨리 걷는데 이를 하지 않고(不趨步而行), 작은 걸음으로 가도 되는 것이고(不用快步走) '劍履上殿'은 병기 등을 착용하고(鎧甲, 佩劍, 특히 席地而坐이므로 入室시 반드시 신을 벗어야<脫鞋> 하는데, 신발을 신은 채로) 殿堂으로 올라갈 수 있는 것이다.

60 『舊五代史』 卷2 梁書2 太祖(朱溫)紀, p.38, "(哀帝 天佑二年<905> 十一月)辛巳, 天子命帝爲相國, 總百揆. 以宣武 · 宣義 · 天平 · 護國 · 天雄 · 武順 · 佑國 · 河陽 · 義武 · 昭義 · 保義 · 武昭 · 武定 · 泰寧 · 平盧 · 匡國 · 武寧 · 忠義 · 荊南等二十一道爲魏國, 進封帝爲魏王, 入朝不趨, 劍履上殿, 讚拜不名, 兼備九錫之命."

61 『後漢書』 卷9 孝獻帝紀, p.387, "(建安十八年)夏五月丙申, 曹操自立爲魏公, 加九錫."

62 '魏'라는 국명의 근거와 鄴과의 관련은 깊다.(『水經注』 卷10 濁漳水, 「又東出山, 過鄴縣西」, p.137, "魏文侯七年始封此地, 故曰魏也. 漢高帝十二年, 置魏郡治鄴縣, 王莽更名魏城, 後分魏郡, 置東西部都尉, 故曰三魏.") 三魏는 魏郡을 중심으로 東部를 陽

묘) 토신과 곡신에 대한(사직) 제사장소인 종묘 · 사직의 건축이 의미 있어 보이지만 종묘의 경우, “천자는 칠묘, 제후는 오, 대부는 삼, 사는 이[天子七廟, 諸侯五, 大夫三, 士二]”라는 규정이 있듯이[63] 묘의 수만 달랐지, 천자의 특권만은 아니었다.[64] 사직 역시 제후도 세울 수 있었던 예제 건축물이었다.[65]

이들 공국과 왕국 그리고 제국 사이에는 분명한 차등은 있었다. ‘공국’은 서주 천자가 제후를 공 · 후 · 백 · 자 · 남 등 오등으로 나누고 공 작위를 받은 제후를 받은 나라를 ‘공국’이라 지칭한 데서 시작된다.[66] 조조의 아들 조비가 220년 ‘한제국’을 붕괴시키고 ‘위제국’을 건설하기 전에는 이상의 여러 특권이 주어졌지만, 이런 특권들이 왕도 건설할 때에 반영된 것은 아니었다.

특히 건안 22년 10월 조조와 그 아들 조비에게 특혜가 주어졌다. 천자급의 12면류관(冕旒冠)을 쓰도록 하고 황금으로 분식한 수레인 금근거(金根車)를 타도록 하되 육필의 말이 끌도록 하며 제왕의 수레를 따르는 오시

平, 西部를 廣平으로 하여 분리된 것을 말한다.

63 『禮記』(臺北: 臺灣藝文印書館, 1976, 『十三經註疏』本) 禮記註疏 卷13 王制篇, p.241, “天子七廟, 三昭三穆, 與大祖之廟而七. 諸侯五廟, 二昭二穆, 與大祖之廟而五. 大夫三廟, 一昭一穆, 與大祖之廟而三. 士一廟, 庶人祭於寢.”; 『春秋穀梁傳』(臺北: 臺灣藝文印書館, 1976, 『十三經註疏』本) 僖公 15年 9月 己卯條, p.83, “天子七廟, 諸侯五, 大夫三, 士二.”

64 『漢書』 卷73 韋賢傳, pp.3126-3127, “太僕王舜 · 中壘校尉劉歆議曰: ‘… 禮記王制及春秋穀梁傳, 天子七廟, 諸侯五, 大夫三, 士二. …’”

65 『漢書』 卷1下 高帝紀下, p.52, “(五年春正月)楚王韓信 · 韓王信 … 於是諸侯上疏曰: ‘…又加惠於諸侯王有功者, 使得立社稷. …’”

66 (西)周 考王 元年(B.C.440) 考王이 그 동생 揭를 王畿(河南 洛陽 王城)에 봉건하여 이를 ‘西周桓公’이라 지칭하고, 小國을 형성한 것에서 시작한다.(『史起』 卷4 周本紀 4, p.158, “考王封其弟于河南, 是爲桓公, 以續周公之官職. 桓公卒, 子威公代立. 威公卒, 子惠公代立, 乃封其少子於鞏以奉王, 號東周惠公.[『索隱』考王封其弟于河南, 爲桓公. 卒. 子威公立. 卒, 子惠公立. 長子曰西周公. 又封少子於鞏, 乃襲父號曰東周惠公. 於是有東西二周也.]”)

부거(五時副車)를 배치하였고, 오관중랑장 조비를 위 태자로 임명하였던 것은 제왕급의 대우를 한 것으로 보인다. 그러나 그해 5월 반궁(泮宮)을 지은 것에서 보듯 업성의 조형물은 제후급에서 벗어나지 못하였던 것이다.

조조가 위공이 된 후에 기주 10군을 묶어 '위(공)국'이라 하고[67] 업성을 그 수부로 삼음과 동시에 제도를 정비하였다. 당시 위공의 궁전 건축에 대한 기술은 비교적 간단하다. 조조가 기초를 잡고 양습(梁習) 등 군신이 주체가 되었지만, 단지 기주의 민력을 사용하고, 산서 상당(上黨)의 산림지재를 사용하였으며, 제도의 장려함이 문창(文昌)·청정(聽政) 등의 궁전에 드러난다고만 하였을 뿐 그 밖에 상세한 기술이 없다.[68] 또한 평소 조조의 검소함은 유명하니[69] 실용을 벗어난 보여 주기 식의 웅장한 건축물을 지었을 리도 사실 없다. 또 당시에 승상 이하 군경 백료를 두었다고 하지만 이것은 '모두 한초의 제후왕의 제도와 같았다[皆如漢初諸侯王之制]'는 간단한 기술이 있고, 실제 봉지의 인구 규모 자체도 그리 크지 않았다는 것이다.[70] 영역에 비해 인구 등 실질은 그렇지 못했다는 것이다.

67 『三國志』 卷1 魏書1 武帝紀, pp.38-39, "建安 18年 五月丙申, 天子使御史大夫郗慮持節策命公爲魏公曰: '… 今以冀州之河東·河內·魏郡·趙國·中山·常山·鉅鹿·安平·甘陵·平原凡十郡, 封君爲魏公. 錫君玄土, 苴以白茅; 爰契爾龜, 用建冢社. …'"

68 (淸)顧炎武 撰, 『歷代宅京記』(北京: 中華書局, 1984) 卷12 鄴下 城門條, p.181, "右鄴都北城. 自曹操基搆, 羣臣梁習等, 止用冀州民力, 取上黨山林之材, 制度壯麗見於文昌·聽政等殿. …"

69 『三國志』 卷1 魏書1 武帝紀, p.53, "(建安)二十五年春正月, … 庚子, 王崩于洛陽, … 遺令曰: '天下尙未安定, 未得遵古也. 葬畢, 皆除服. 其將兵屯戍者, 皆不得離屯部. 有司各率乃職. 斂以時服, 無藏金玉珍寶. … 二月丁卯, 葬高陵.'(裴松之注曰: 魏書曰: '… 及造作宮室, 繕治器械, 無不爲之法則, 皆盡其意. 雅性節儉, 不好華麗, 後宮衣不錦繡, 侍御履不二采, 帷帳屛風, 壞則補納, 茵蓐取溫, 無有緣飾. …')"

70 『三國志』 卷1 魏書1 武帝紀, p.39, "建安十八年 五月丙申, 天子使御史大夫郗慮持節策命公爲魏公曰: '… 魏國置丞相已下羣卿百寮, 皆如漢初諸侯王之制. …'[裴松之注曰: (陸樹亭侯荀)攸等復曰: '伏見魏國初封, … 今魏國雖有十郡之名, 猶減于曲阜, 計其戶數, 不能參半, 以藩衛王室, 立垣樹屛, 猶未足也. 且聖上覽亡秦無輔之禍, 懲曩日震蕩之艱, 託建忠賢, 廢墜是爲, 願明公恭承帝命, 無或拒違.' 公乃受命.]"

특히 조조는 선양혁명과정에서 특히 한중에서 낙양으로 돌아온 후 그곳에 남아 건시전(建始殿) 등 궁전을 창건 · 수선하였다고 하니[71] 그가 선양 후 영구적 도성으로 업성보다 낙양을 정하려는 의도가 숨어 있었던 것이다. 즉 업성은 그 건설주역인 조조에게마저도 임시성적인 근거지로 여겨졌을 뿐인 것이었다. 또 건안 25년(220) 10월 조비가 한제를 대신해서 위조를 건립하고 황제로 등극한 후에는 업이 낙양 · 초 · 허창 · 장안과 함께 5도 가운데 하나였으니,[72] 조위의 중요한 배도였다고 볼 수 있다.[73] 조조가 업성을 장악한 204년부터 그 아들 조비가 220년 낙양에 정도하기까지 조씨의 업성 경영 17년 동안의 건설 과정은 지방 주군의 수부를 고쳐서 왕국의 수도로 만든 것이었고, 조조나 조비 모두 당초 나라를 세운 후 도성으로 삼으려는 생각도 하지 않았으며,[74] 더구나 그 전부를 '제도'의 규격으로 고치려 했던 것도 아니었다는 주장이[75] 설득력을 갖는다. 후술할 것이지만 그 규모 자체도 제도였던 낙양성의 '구육성'보다도 작았던 '칠오성'이었다.

....

71 『三國志』 卷1 魏書1 武帝紀, p.53, "(建安)二十五年春正月, … 庚子, 王崩于洛陽, 年六十六.(裴松之注曰: 『世語』曰: '太祖自漢中至洛陽, 起建始殿, …')"

72 『水經注』 卷10 濁漳水, 又東出山 過鄴縣西, p.138, "魏因漢祚, 復都洛陽, 以譙爲先人本國, 許昌爲漢之所居, 長安爲西京之遺迹, 鄴爲王業之本基, 故號五都也."

73 傅熹年 主編, 『中國古代建築史』 第二卷, p.2.

74 鄴城에는 황제(당시는 曹操)의 전용도로라고 할 수 있는 '馳道'가 있었다.(『資治通鑑』 卷68 漢紀60, 獻帝 建安 23년, p.2152, "久之, 臨菑侯植乘車行馳道中, 開司馬門出, 操大怒, 公車令坐死") 그런 면에서 권력자 曹操가 皇帝와 같은 권력을 휘둘렀음을 보여주지만, 그렇다고 鄴城을 영원한 帝都로 만들려고 한 것은 아니었다. 鄴城의 幹道는 상당히 넓어 東西大道와 中陽門大道는 17m, 그 나머지 3條의 南北幹道는 13m로 추정한다.(傅熹年 主編, 『中國古代建築史』 第二卷, p.3)

75 傅熹年 主編, 『中國古代建築史』 第二卷, p.2; 賀業鉅도 "曹魏 鄴城은 帝都가 아니며, 東漢 晩年 漢相 曹操가 영건한 魏王城이다. 漢代의 政治體制로 볼 때, 이 城의 政治等級은 마땅히 諸侯王의 封國 國都城에 속한다"라 하였다.(『中國古代城市規劃史』, p.439) 명목상 '帝都'는 아니었다는 점은 村田治郎도 뜻을 같이한다.(村田治郎, 『中國の帝都』, p.183)

『역대택경기』에 기재된 조조시대의 공사를 보면 매우 간단하여 현무지 · 동작대 · 금호대 · 종묘 정도로, 종묘를 제외하고는 주로 군사적인 건축이 주류를 이루고 있다.[76] 이 책에 기록된 것은 아니지만 특이 유의할 점은 반궁(泮宮)의 건축 기사이다. 이 건축 연대에 대해서는 『삼국지』의 기록으로 건안 21년(216) 4월 조조가 천자의 거복을 사용하고, 5월에 반궁을 지었다고 기록하였지만,[77] 『송서』의 기록 사이에 약간의 차이가 있다. 『송서』는 건안 22년(217)이라 되어 있다.[78] 반궁이 당초 제후의 제도임은 『예기』 왕제편의 "대학은 교에 있는데 천자의 대학은 벽옹이라 하고 제후의 대학은 반궁이라 한다.[大學在郊, 天子曰辟雍, 諸侯曰泮宮.]"라는 기록에도 분명히 알 수가 있으며, 반궁은 제도상 천자의 대학인 벽옹의 반 규모로 후대에도 역시 제후의 제도였다.[79] 조조가 천자급의 대우를 받았던 건안 21-22년까지도 조조가 업성에 건축한 예제 건물들은 제후급을 계속 유지하였던 것이 분명한 것이다. 업도의 지역적 한계는 통일 도성의 땅이라기보다 군사적으로 유리한 할거의 땅으로 여겨졌다는 점이다.[80]

76 『歷代宅京記』 卷11 鄴上 魏, p.166, "宋書禮志曰, 建安二十二年, 魏國作泮宮于鄴城南."

77 『三國志』 卷1 魏書1 武帝紀, p.49, "(建安二十一年)夏四月, 天子命王設天子旌旗, 出入稱警蹕. 五月, 作泮宮. 六月, 以軍師華歆爲御史大夫. 冬十月, 天子命王冕十有二旒, 乘金根車, 駕六馬, 設五時副車. …"

78 『宋書』 卷14 禮志1, p.356, "漢獻帝建安二十二年, 魏國作泮宮于鄴城南."

79 『漢書』 卷25上 郊祀志5上, p.1193, "周公相成王, 王道大洽, 制禮作樂, 天子曰明堂辟雍, 諸侯曰泮宮.(師古曰: '泮之言半也. 制度半於天子之辟雍也.')"

80 『資治通鑑』 卷64 漢紀56 獻帝 建安 9年(204) 8月條, p.2056, "初, 袁紹與操共起兵, 紹問操曰: '若事不輯, 則方面何所可據?(胡注曰: … 觀紹此言, 則起兵之時, 固無勤王之心而有割據之地矣.)' 操曰: '足下意以爲何如?' 紹曰: '吾南據河, 北阻燕 · 代, 兼戎狄之眾, 南向以爭天下, 庶可以濟乎!' 操曰: '吾任天下之智力, 以道禦之, 無所不可.'"

II. 업성의 규획과 구조

1. 규획상의 구조

업성의 성시규획 의미는 '전통계승'과 '후세영향'의 두 가지 측면에서 살펴보아야 한다. 특히 그것이 '천자의 성'의 의미인 '왕성'이라면 말이다. 전통계승이란 두 가지다. 하나는 원칙과 전범이라 지칭되는 『주례』 고공기이고, 또 하나는 직전 왕조들의 도성인 전한의 장안성과 특히 같은 지역에 건설된 후한의 낙양성이다.

종래 조조의 업성은 동위-북제시대 증축된 남성과 대조하여 '북성'이라 부른다. 즉 본고의 고찰의 대상은 당연히 북성이다. 종래 이 북성의 구조가 가지는 규획상의 의의로서는, 대개 도성의 '중축선'의 설정, 금원구와 척리(戚里)의 설정, 그리고 관료지구의 설정 등을 들기도 한다. 이들 몇 가지는 후대 수당 장안성의 도성구조가 가지는 주요 특성과 연관된 내용이기 때문이다. 그러면 금원구 척리 등의 설정, 그리고 관료기구의 설정이 후대의 도성 규획과 포국상의 남상이 과연 될 수 있는가를 먼저 살펴보자.

이를 논증하려면 먼저 성장의 문제부터 검토하여야 한다. 좌사(左思: 太沖)의 「삼도부」 가운데 업성을 노래한 「위도부」의 기술에 의하면 조조가 성장과 성황(城隍)을 수선할 때 한대의 장안(雍)과 낙양(豫)의 규획제도를 참고했음을 암시하고 있다.[81] 곽의 존재에 대해서 「위도부」에서 '부곽(郛郭)'이라는 단어를 사용함으로써 외곽의 존재를 암시하고 있고, 모용수가 부비가 지키고 있는 업성을 빼앗을 때 '외곽'과 '중성'이란 용어가 나오기 때문에[82] 외곽의 존재를 상정할 수는 있으나 고고발굴이나 그 외의 문헌상

81 『文選』 卷6 左太沖 魏都賦, p.268, "爰初自臻, 言占其良, 謀龜謀筮, 亦旣允臧. 修其郛郭, 繕其城隍. 經始之制, 牢籠百王. 畫雍豫之居, 寫八都之宇, 鑒茅茨於陶唐, 察卑宮於夏禹."

의 기록에는 그것을 보증할 내용이 없다. 따라서 업성은 외형은 전한 장안성이나 후한의 낙양성과 마찬가지로 외곽이 존재하지 않았을 가능성이 더 커 보이며 궁성 등 정치활동이 행해지는 곳을 '성' 혹은 '중성'이라 하고 주민이 살면서 경제 활동이 행해지는 구역을 '곽'이라 한 것이 아닐까 한다.[83] 이런 형태의 업성은 기존의 후한시대 주군(州郡)의 자성(子城)이나 부해(府廨)를 개건하였던 것이라고 볼 수가 있다.[84] 따라서 내외 이중성의 구조는 아니었던 것으로 본다.

업성의 규모는 『수경주』의 기록에 의하면 동서 7리, 남북 5리의 장방형 형태를 취하고 있다고 한다.[85] 즉 동서는 2,400-2,600m, 남북은 약 1,700m이므로[86] 이것은 '구육성(남북 9리, 동서 6리)'이었던 낙양의 규모와는 다른 단계의 규격으로 그다음에 해당하는 것이었다.[87] 이런 규모는 조조가 원소의 근거지를 개조하고 새로운 도성을 건설하면서 '구육성'이라 불리는 낙양의 규격과 같게 하거나 그것을 상회하는 것을 꺼렸던 때문이라는 것이다.[88] 즉 '구육성'에 약간 그 규모를 줄인 '칠오성'이 된 것이다. 그런 지적을 받아들인다면 그 규격부터 의도적으로 줄었다는 것이다.

도로는 해당 성시의 외형적인 특징을 나타내는 중요한 지표가 된다. 도로에 의해 시가의 구역이 나누어지고 또 성문의 위치, 그리고 그 수가 대

82 『資治通鑑』 卷105 晉紀27 孝武帝 太元 9年(384) 春正月條, p.3325, "壬子, 燕王垂攻鄴, 拔其外郭, 長樂公丕退守中城."

83 賀業鉅는 建春門-金明門으로 연결된 東西大道를 기준선으로 大道北은 정치활동구, 大道南은 경제활동구였는데, 규획개념상 道北지역은 '城', 道南지역은 '廓'이라 하였다.(『中國古代城市規劃史』, p.440)

84 傅熹年 主編, 『中國古代建築史』 第二卷, p.2.

85 『水經注』 卷10 濁漳水, 「又東出山, 過鄴縣西」, p.138, "其城東西七里, 南北五里."

86 中國社會科學院考古研究所・河北省文物研究所鄴城考古工作隊, 「河北臨漳鄴北城遺址勘探發掘簡報」, 『考古』 1990-7.

87 賀業鉅, 『考工記營國制度硏究』, p.16.

88 市來弘之, 「魏晉南北朝時代における鄴城周邊の牧畜と民族分布」, p.39.

개 정해지기 때문이다. 업성의 성장은 토축이며 기관(基寬)은 15-18m 정도였다. 성문을 보면 모두 7개로, 남면에는 서쪽에 봉양문(鳳陽門), 중간에 중양문(中陽門), 동쪽에 광양문(廣陽門) 등 3개의 문이 있다. 다음으로 동면에 건춘문(建春門)이 있다. 북면에는 2개의 문이 있으니 서쪽에 있는 것이 구문(廐門)으로, 이것은 동작원(銅雀園)에서 성 밖으로 나가는 유일한 문이다. 동쪽에는 광덕문(廣德門)이 있으니 궁전구와 척리 중간의 종렬 대도의 북쪽 문에 해당한다.[89] 서면에 금명문(金明門)이 있다.[90] 즉 동 · 서에 각각 1문밖에 없어 금명문과 건춘문을 연결하는 동-서향(횡렬)의 대도 하나가 달리고 있다. 성문은 도로와 밀접한 관련을 갖고 있다. 『주례』 고공기 · 영국조에 규정된 도로제도에 의하면 도로는 경 · 위도(經 · 緯涂: 9궤), 환도(還涂: 7궤), 야도(野涂: 5궤) 등 세 가지가 있고, 그 규격 또한 차등이 있으며, 왕성과 제후성에 따라 그 궤가 순차적으로 차등 적용된다. 왕도의 환도가 제후의 경도의 규격에 해당된다.[91] 이상에서 본 업성의 성문과 도로 구조는 전통적인 왕성의 구조와 규격을 정리한 『주례』 고공기 · 영국조의 성문 규정과 부합하지 않는 것이다. 즉 고공기 · 영국조에서는 전성의 1면 9리의 장방형으로, 매 면마다 3개의 성문, 주요도로는 3조의 남북간도(經)로 매조 3도(涂: 道有三涂; 중앙은 車道, 좌 · 우는 각각 人道)이고, 3조의 동서간도도 역시 매조 3도였다. 경 · 위의 도도(涂道)의 너비는 9궤(합쳐서 주척으로 72척)였다. 즉 정상적인 왕성이라면 12개의 성문이 있어야 하는 것이

89 남면 3문은 陽數, 북면 2문은 陰數를 표방하였다고 본다.(黃建軍, 『中國古都選址與規劃布局的本土思想研究』, p.136)

90 『水經注』 卷10 濁漳水, 「又東出山, 過鄴縣西」, p.138, "城有七門, 南曰鳳陽門, 中曰中陽門, 次曰廣陽門, 東曰建春門, 北曰廣德門, 次曰廐門, 西曰金明門, 一曰白門鳳陽門."

91 『周禮』(臺北: 藝文印書館, 1976, 『十三經註疏』本, 『周禮註疏』 卷41 冬官考工記下, p.p.612-615, "匠人營國, 方九里, 旁三門. 國中九經 · 九緯, 經涂九軌. … 經涂九軌, 環涂七軌, 野涂五軌. … 環涂以爲諸侯經涂, 野涂以爲都經涂."

다.[92] 따라서 업성의 7문(남3, 북2, 동·서 각 1문)은 고공기의 12문(동·서·남·북 각 3문)과도 어긋나지만, 후한의 도성 낙양성의 12문(남면 4문, 북면 2문, 동서 각 3문)[93]과도 크게 어긋난다. 그러면 후세 도성은 어떠한가? 조위의 낙양성은 12문이고,[94] 서진의 낙양성은 12문이고,[95] 북위의 도성 낙양성은 12문이고,[96] 동진 남조 건강성은 12문이고,[97] 수당의 도성 장안성은 12문이다.[98] 즉 업성의 규격과 성문 수 등은 왕성의 그것과는 다르다.

업성의 외형상 특징은 횡렬의 대도에 의해서 성 전체가 남북 두 구역으로 양분되고 있다는 점일 것이다. 특히 남반부의 경우 소로에 의해 방정한 소구역으로 구분되고 있는 것이다. 북쪽 구역의 성격에 대해서도 고찰하여야 하지만, 남쪽 구역도 면밀한 검토가 필요하다. 먼저 북쪽 구역을 살펴보자.

업성의 북쪽 구역은 서쪽의 동작원, 중앙의 궁전구, 동쪽의 척리로 크게 구분되고 있다.[99] 어원과 궁전구가 동서로 병렬된 것은 후세 도성에서

92 聶崇義의 「三禮圖」·「王城圖」와 戴震의 「考工記圖」·「王城圖」(賀業鉅, p.54 참조).

93 後漢 洛陽城은 남면(津門－小苑門－平城門－開陽門), 북면(夏門－穀門), 서면(上西門－雍門－廣陽門), 동면(上東門－中東門－旄門)이 그것으로 총 12문이다.

94 曹魏 洛陽城은 남면(津門－宣陽門－平昌門－開陽門) 북면(大夏門－廣莫門), 서면(承明門－閶闔門－西陽門－西明門), 동면(上東門－中東門－旄門)이 그것이다.

95 西晉 洛陽城은 남면(津門－宣陽門－平城門－開陽門), 북면(夏門－穀門), 서면(承明門－閶闔門－西陽門－西明門), 동면(建春門－東陽門－靑陽門)이 그것이다.

96 北魏 洛陽城은 남면(津門－宣陽門－平昌門－開陽門), 북면(大夏門－廣莫門), 서면(承明門－閶闔門－西陽門－西明門), 동면(建春門－東陽門－靑陽門)이 그것으로 이다.

97 東晉-南朝의 建康城은 남면(津門－宣陽門－平城門－開陽門) 북면(大夏門－廣莫門), 서면(承明門－閶闔門－西陽門-西明門), 동면(建春門－東陽門－靑陽門)이 그것이다.

98 隋唐 長安城은 남면(安化門－明德門－啓夏門) 북면(光化門－景曜門－芳林門－玄武門－興安門－丹鳳門), 서면(開遠門－金光門－延平門), 동면(通化門－春明門－延興門)이 그것이다. 북면에는 6문으로 그 수가 많지만 남면의 문과 일직선상에 있는 것은 芳林門↔安化門, 玄武門↔明德門, 興安門↔啓夏門 정도이니 북면 3문이라 하는 것이 옳다. 따라서 東－西－南－北面 각 3문씩, 총 12문이다.

찾아보기 힘들다. 그리고 삼대와 척리의 구분한 것도 큰 의미가 있는 것 같지 않다. 업성의 관속들은 거의가 조조의 막료들이기 때문에 대개 군인들이어서 척리라 하나 딱히 귀족관료의 거주지로 보기도 힘들기 때문이다. 특히 문제는 중앙에 위치한 궁전구이다. 업성 궁전구의 특징은 궁전이 동·서로 나누어져 있다는 점이다. 서부는 주궁[正宮]인 동시에 전조(前朝)인[100] 문창전(文昌殿)으로 조회의 장소이고, 동부는 '내조'[101] 혹은 중조인[102] 청정전(聽政殿)으로 군주가 일상 청정하는 곳이다. 이런 구조는 후세 수당 장안성의 남북으로 정렬되어 있는 궁전구와는 다르다.[103] 청정전이 주궁인 문창전 후면(북쪽)에 있지 않고 동쪽에 있는 것이며, 청정전뿐만 아니라 그 후면의 후궁[내궁]이 문창전 후면(북쪽)에 있는 것이 아니라 동쪽[좌측]에 있는 것이다. 좌사의 「위도부」에서 '청정작침(聽政作寢)'이라 하였으니,[104] 이는 청정전이 전통적인 조침제도상의 노침에[105] 상당함을 의미하

99 黃建軍는 궁전의 西部는 三臺가, 동부는 貴族 거주의 戚里가 布置되어 있는데 이는 '左文右武'의 원칙에 따른 것이라 본다.(『中國古都選址與規劃布局的本土思想研究』, p.137)

100 통상 '三朝'가 있는데 ① 外朝-內朝(② 治朝와 ③ 燕朝)가 그것이다. ① 外朝는 儀式, 獄訟, 法令公布 등이 행해지며 宗廟와 나란히 있다. ② 治朝는 日常朝臣의 治事, 賓射를 거행하는 장소로 應門 內 路門 外에 있다. ③ 燕朝는 冊命, 群臣接見, 群臣燕飮, 燕射 등 日常行政과 禮賓活動의 장소로 路門 內에 있다.(『考工記營國制度研究』, pp.83-84)

101 內朝에 대해서 『禮記』 卷29 玉藻, p.545-下, "朝服以日視朝於內朝"의 鄭玄의 주에 "此內朝, 路寢門外之正殿也. 天子諸侯皆三朝."라 하였다.

102 前朝는 前殿·正殿 혹은 中朝라 한다. 『續資治通鑑』 宋太宗 淳化 2年條에 "今之文德殿, 即唐之宣政殿也, 周爲中朝, 漢爲前朝, 在唐爲正衙."라 하였다.

103 隋唐 長安城의 宮殿區는 南에서 北으로 太極殿(外朝)－兩儀殿(內朝)－甘露殿－延嘉殿－承香殿으로 되어 있다. 그리고 大明宮을 보면 含元殿(外朝)－宣政殿(內朝)－紫宸殿의 순으로 남북으로 배치되어 있다.

104 『文選』 卷6 左太沖 魏都賦, p.270, "左則中朝有絶, 聽政作寢"의 張載 注: "中朝, 內朝也. 漢氏大司馬·侍中·散騎諸吏爲中朝, 丞相六百石以下爲外朝也. 文昌殿東有聽政殿, 內朝所在也."

105 路寢에 대해 『禮記』 卷29 玉藻, p.545-下, "君, 日出而視之, 退適路寢聽政. 使人視大

는 것이다.[106] 그런데도 전조와 중조가 남북으로 동일 축선상에 있지 않는 포국이다. 그러니 전통적인 '전조후침'[107]제도와 부합하지 않고 있으니 전대의 전통을 계승한 것도 아니다. 또 후대, 즉 수당 궁전구조의 시원이 된 것도 아니다.

다음으로 아서지구의 위치를 살펴보자. 문창전 (남)정문은 단문이며, 청정전의 (남)정문을 청정전문(聽政殿門)이라 한다. 문창전의 전면에 동서대도 상에 열린 문을 남지거문(南止車門)이라 하고, 청정전 전면 동서대도 상에 열린 문을 사마문(司馬門)이라 한다. 문창전의 전면 단문 밖 좌측에 종루, 우측에 고루가 있다.[108] 종루 동쪽, 즉 청정전 전면의 청정전문 밖 사

夫, 大夫退, 然後適小寢釋服(鄭玄注: 小寢, 燕寢也)."이라 하였으니 帝王 正殿의 所在地로서 天子·諸侯의 政廳을 의미한다. 또 '路寢'이라는 용어는 『詩經』 魯頌·閟宮에 처음 나오는데 「毛傳」에 "路寢, 正寢也."라 하였다. 다시 말하면 寢宮은 2개의 小區로 구분되는데, 王寢區와 后寢區가 그것이다. 王寢區는 朝區와 相接하고 있는데, 이 路寢은 곧 路門內에 있고 그 廷은 三朝中의 燕朝이다. 后寢區는 北宮(后之六宮)이다. 寢은 路寢(大寢)과 燕寢(小寢)의 구별이 있는데, 路寢(正寢)은 群臣을 접견하여 議事하고 日常治事와 齋戒 및 疾病休息의 공간이다. 燕寢은 일상휴식의 공간이다. 路門內에 路寢이(中軸線上에), 燕寢은 그 후방에 中軸線을 두고 東西 양측에 對稱으로 두어졌다. 王寢 북에 있는 后寢도 王寢의 형식과 위치가 같다.(『考工記營國制度研究』, pp.85-86) 궁성의 남에서 북으로 (皐門)－應門－治朝－路門－燕朝－路寢－王燕寢 －寢門－北宮之朝－后正寢－后小寢의 순서로 배치되어 있는데, 이는 ① 治朝區(應門－治朝) ② 王寢區(路門－燕朝－路寢－燕寢 등) ③ 后寢區(寢門－正寢과 朝－燕寢)으로 삼분된다.(『考工記營國制度研究』, pp.93-97)

106 賀業鉅는 '聽政殿實卽路寢'이라 하였다.(『考工記營國制度研究』, p.18)

107 전통적인 宮室(宮殿)의 布局에는 대체로 전후의 두 부분으로 나눠진다. 그 사이에 장벽이 있으니 이를 "前堂後室", 혹은 "前朝後寢"이라 한다. "前朝"는 帝王의 上朝治政·擧行大典之處이고, "後寢"은 帝王과 后妃들의 생활거주하는 공간이다. 前朝에는 벽 중앙에 御座가 설치되어 있어 帝王이 上朝時 앉는 자리이고, 後寢에는 휴식을 위해 床具가 있게 되어 있다.(『周禮·考工記』 中"前朝后寢, 左祖右社"的帝都營建原則建造.)

108 (淸)顧炎武 撰, 『歷代宅京記』 卷12 鄴下 「宮內」條, p.175. "鍾樓·鼓樓(二樓在文昌殿東西)"; 그러나 傅喜年은 曹植의 「槐賦」에 나오는 "文昌殿中槐樹"라는 표현과 左思(太冲)의 「魏都賦」에 나오는 "長庭砥平, 鍾簴夾陳"(張載 注曰: "文昌殿前有鍾簴

마문 안은 아서지구로서 내조계열의 상서대, 어사대각, 낭중령부 내의서 등이 있고, 사마문 밖, 즉 남반부에 종렬의 대도[司馬門外大道] 양측에는 외조계열의 관서인 상국부, 어사대부, 봉상시(奉常寺), 대농시(大農寺) 등이 배열되어 있다.[109] 이 구조의 특징은 내조와 외조계열의 아서가 구분되어 있고, 내조계열은 내부에, 외조계열은 외부에 설정되어 있다는 점이 특징이다. 후세 수당 장안성을 보면 궁성의 정문인 승천문(承天門) 앞 횡가 남면에 외조가, 그 북면 궁성 안에 내조가 구별되어 배치되어 있다는 점에서 유사하니 수당 장안성의 아서 배치의 선구가 되었다고 할 수 있다.

2. 중축선과 종묘 · 원구

다음으로 축선의 문제이다. 이것과 관련하여 '중축선'이라는 단어가 통상 쓰이고 있지만 적당한 말은 아니다. 전형적인 축선은 수당 장안성의 그것처럼 남북-동서 두 선이어야 하고,[110] '(도시)계획기준선'으로 작용한다.[111] 기존학계에서 중축선에 대한 논의는 전한 장안성부터 나오고,[112] 북위 낙양성에서 시작되었다는 설 등[113] 다양한 견해가 나오기 때문에 위왕국 업

… 建安二十一年七月, 始設鍾簴于文昌殿前")이라는 표현을 들어 당시는 殿庭中에 槐樹를 심고, 鍾簴를 설치할 뿐(南北朝末期까지), 殿庭前 양측에 鍾 · 鼓樓를 설치한 것은 唐代에 비로소 된다고 하였다.(『中國古代建築史』 第二卷, p.22)

109 『文選』 卷6 左太沖 魏都賦, p.277, "其府寺則位副三事"의 張載 注: "當司馬門南出, 道西最北東向相國府, 第二南行御史大夫府, 第三少府卿寺. 道東最北奉常寺, 次南大農寺. 出東掖門正東, 道南西頭太僕卿寺, 次中尉寺. 出東掖門, 宮東北行北城下, 東入大理寺. 宮內大社西郎中令府."

110 唐長安城의 경우 明德門－朱雀大路－朱雀門－太極殿－玄武門으로 연결되는 南北 방향의 基準線과 春明門－皇城前大路－金光門으로 연결되는 東西 방향의 기준선이다.

111 陳力, 「漢唐時代の都市計劃における「中樞線」について」, 『阪南論集 人文 · 自然科學篇』 34-1, 1998, p.91.

112 陳力, 「漢唐時代の都市計劃における「中樞線」について」.

성에서 그 기원을 찾는 것은 큰 의미가 없어 보인다.

축선은 동서의 횡축보다는 남북의 종축이 더 중요하다고 할 수 있다. 횡축은 종축을 측정할 때 보조적 수단에 불과하였기 때문이다. 북위 낙양성처럼 그 선이 기준이 되어 그 양측에 태사 · 태묘 등의 의례공간과 태위부 · 사도부 등 관청시설이 배치되는 등 좌우 균등한 배치가 이루어지지만 동-서선은 수당 장안성에서 보듯이 도성의 중심부를 통과하는 것이 아니라 북쪽으로 치우친[偏北] 선이기 때문이다.

그런데 업성의 경우 어떤 남북선이 축선인지 논자에 따라 다르다. 청정전 정남 궁성 성장에 열린 문을 사마문이라 하는데, 청정전－사마문 간에 남북의 축선이 형성되어 업성 남장의 중(앙)문인 중양문(中陽門)으로 연결되는 대도를 중축선이라 보기도 한다.[114] 또 정전인 문창전[115]－단문－남지거문으로 연결되는[116] 축선을 중축선이라 하기도 한다.[117] 양자 모두 남장의 중(앙)문인 중양문을 업성의 남쪽 기점으로 삼는 것은 동일한데 북쪽의 출발기점이 문창전인지, 아니면 청정전인지가 다르다. '중축선' 혹은 '축선'이라 할 때 정궁, 즉 문창전을 기점으로 하는 것이 전통적인 방법이다. 그러지 않고 위왕의 행정판사기구인 청정전을 기점으로 삼고 남으로 난 문을 연결하여[118] 축선으로 삼은 것은 다분히 남장에 열린 중(앙)문인 중양

113 佐川英治, 『中國古代都城の設計と思想: 圓丘祭祀の歷史的展開』, 東京: 勉誠出版, 2016.

114 傅熹年은 東西大道와 中軸線上의 中陽門內大道는 너비 17m이고, 그 나머지 南北幹道는 13m라고 한다.(『中國古代建築史』 第二卷, p.3); 한편 賀業鉅는 宮門前 南北 主幹道를 '主軸線'이라 하고, 東西 主幹道를 '輔軸線'이라 하였다.(考工記營國制度研究』, p.17)

115 『文選』 卷6 左太沖 魏都賦, p.269, "造文昌之廣殿, 極棟宇之弘規"의 張載 注: "文昌, 正殿名也."

116 『文選』 卷6 左太沖 魏都賦, p.270, "巖巖北闕, 南端逌遵"의 張載 注: "昌殿前値端門. 端門之前南當南止車門. 又有東西止車門. 端門之外, 東有長春門, 西有延秋門, 文昌殿所以朝會賓客, 享四方."

117 黃建軍, 『中國古都選址與規劃布局的本土思想研究』, p.137.

118 『文選』 卷6 左太沖 魏都賦, p.271, "於前則宣明顯陽順德崇禮"의 張載 注: "聽政殿聽

문 때문이라 생각되지만, 이런 해석으로 축선의 존재를 인정하기는 힘들다. 따라서 업성의 경우 건춘문-금명문의 대도가 동서 축선은 분명하지만, 남북으로 달리는 축선을 상정하기는 어렵다.[119] 그렇다고 남북을 가르는 동서축선을 기준으로 하여 업성의 포국을 '좌북조남(坐北朝南)'이라고 보는 것도[120] 무리이다. 업성의 남 · 북부를 노성구(老城區)와 신성구(新城區)로 보기도 하는데,[121] 그 견해에 따른다면 궁전구 · 원유구 등 조조시대 새롭게 축조한 구역들을 신성구인 북부에다 두게 된 것이다. 이렇게 되면 궁성 등 도성의 중심이 되는 지역이 구 도시규획에 첨가하여 건설했다는 결론에 이를 수밖에 없게 된다. 따라서 당초부터 궁성을 중심으로 방정한 계획도시로서의 업도를 계획한 것이 아닌 것이다.

여기서 축선과 관련하여 관심의 대상으로 떠오르는 것이 바로 원구의 존재이다. 이 원구가 도성의 형태를 규정하는 존재로서 등장한 것은 도성이 황제와 천의 접점이라는 관념에서[122] 천을 제사하는 남 · 북교가 설치된 것이고, 이는 전한 말 성제시기의 장안성에서 최초의 일이었다.[123] 그러나 이것은 중국 고대 관념적인 도성사상을 제시한다고 여겨지는 『주례』 고공

政殿門, 聽政門前升賢門, 升賢門左崇禮門, 崇禮門右順德門, 三門並南向. 升賢門前宣明門, 宣明門前顯陽門, 顯陽門前有司馬門."

119 陳力은 縱軸의 (中)軸線은 後漢 洛陽城과 마찬가지로 2개로 본다. 하나는 聽政前－廣陽門線이고, 다른 하나는 文昌殿－中陽門線이다. 魏晉시대 도성의 (中)軸線의 특징은 橫軸이 명확하게 되었다는 점이라 한다.(「漢唐時代の都市計劃における「中樞線」について」, p.7)

120 楊寬, 『中國古代都城制度史硏究』, pp.191-203.

121 黃建軍, 『中國古都選址與規劃布局的本土思想硏究』, p.137.

122 『漢書』 卷25下 郊祀志, pp.1253-1255, "成帝初卽位, 丞相衡 · 御史大夫譚奏言: '帝王之事莫大乎承天之序, 承天之序莫重於郊祀, … 言天以文王之都爲居也. 宜於長安定南北郊, 爲萬世基.'天子從之."; 陳力, 「漢長安城の建設プランの変遷とその思想的背景」, 『阪南論集(人文 · 自然科學編)』 31-3, 1996, p.7.

123 『漢書』 卷10 成帝紀, p.304, "(建始元年)十二月, 作長安南北郊, …"; 『漢書』 卷10 成帝紀, p.305, "(建始)二年春正月, 罷雍五畤. 辛巳, 上始郊祀長安南郊."

기에는 나타나지 않고 있다. 도성 전체의 플랜이 도성 북쪽의 궁전에서 뻗어 나와 남쪽의 원구에 이르는 (중)축선에서 파생된 것으로서 이런 플랜이 시작된 것은 북위 낙양성이고 그 후 동위·북제 업성을 거쳐 수의 대흥성에서 완성되었다는 주장을[124] 받아들인다면 위국의 도성 업성에 원구의 존재 여부가 관심이 될 수밖에 없다. 그러나 위왕국 업성에는 남교 혹은 원구의 존재가 확인되지 않고 있다. 도성 플랜에 영향을 끼친 남북축선이 중국고래 전통의 계승, 혹은 외래의 영향, 어느 것이든 간에[125] 그 축선이 제대로 적용된 도성이 북위 낙양성부터라고 한다면 위왕국의 도읍 업성의 축선은 그 면에서 후세 도성의 원류로 삼을 수도 없는 것이다.

3. 이방(里坊)의 문제

다음으로 여리(閭里)의 문제이다. 「위도부」에 '장수(長壽)'·'길양(吉陽)' 등 척리에 대한 서술이 있다.[126] 또 영평(永平)·사충(思忠) 등 여리의 명칭이 보인다.[127] 그리고 여리의 구분에 대해서도 성내에다 "관청을 설치하고 관직을 나누어 군영과 관서를 두고 그 부시(府寺)를 끼어 넣어 여리를 규획했다"[128]고 하였다. 이 기술만을 보면 계획도시와 같이 규획된 것과 같은

124 佐川英治, 『中國古代都城の設計と思想: 圓丘祭祀の歷史的展開』.

125 佐川英治는 南郊를 중시하는 중국 전통문화의 발전의 도상에서 파악한다.(『中國古代都城の設計と思想: 圓丘祭祀の歷史的展開』, pp.275-276)

126 『文選』 卷6 左太沖 魏都賦, p.278, "其閭閻則長壽·吉陽·永平·思忠亦有戚里, 寘宮之東"의 張載 注: "長壽·吉陽·永平·思忠四里名也. 長壽·吉陽二里在宮東, 中當石竇, 吉陽南入, 長壽北入, 皆貴里."; 黃建軍은 4리 가운데 永平·思忠 2리는, 그 위치에 대한 기재는 없으나 中陽門大街의 동쪽에 위치하는 것으로 추측하였다.(『中國古都選址與規劃布局的本土思想研究』, p.138)

127 (淸)顧炎武, 『歷代宅京記』 卷12 鄴下, 「城內」條, p.178, "長壽里·吉陽里·永平里·思忠里·戚里(魏都賦曰: 其閭閻則長壽·吉陽·永平·思忠.)"

128 『文選』 卷6 左太沖 魏都賦, p.277, "設官分職, 營處署居, 夾之以府寺, 班之以里閭"의 張載 注: "鄴城內諸街, 有赤闕黑闕正當東西南北城門, 最是其通街也. 石竇橋在宮東,

인상을 강하게 받는다. 사실 여리의 구분문제는 북위 낙양성-수당 장안성의 특징의 하나인 방장제와 관련된 것이기 때문에 매우 중요하다. 이 문제와 관련하여 여리의 규획문제를 살펴보자. 업성에 '방(坊)'이라는 구역명칭을 갖는 것으로 '목란방(木蘭坊)'과 '추재방(楸梓坊)' 2개와 객관(客館)의 주변에 약간의 방들이 있었던 듯한 표현이 「위도부」 중에 보인다.[129] 즉 이들 모두가 업성의 청정전 후면에 있는 후궁지역에 서쪽과 동쪽에 각각 설치된 건물군이다. 그런데 후한 초기의 문헌에서 '방'이란 용어가 보이는데 '태자방(太子坊)' 혹은 '구자방(九子坊)'이[130] 그것이다. 즉 이들은 궁정 내에 있는 특정한 건물의 명칭을 나타내는 것이었다. 이런 '방'의 용례는 위·진시대 이후 이어졌고, 그 사용빈도가 점차 많아졌다.[131] 그러나 방의 의미는 변하지 않았다. 예컨대 조조시기 업성에 사방이 장벽으로 둘러싸인 후궁이 거처하는 곳을 '방'이라고 칭했다든지,[132] 가영(歌詠)의 강습소, 관청의 건물 등 구분된 작은 특수구역을 '방'으로 불렀던[133] 사례에서도 알 수 있는 것이다.[134] 이런 방의 용례는 조위 도성 낙양성에서도 보인다.[135] 따라서 이는 일반민가의 구역단위인 여리와는 상관이 없는 것이며,[136] 북

其水流入南北里."

129 『文選』 卷6 左太沖 魏都賦, p. 272, "楸梓木蘭, 次舍甲乙." ; p.278, "營客館以周坊."

130 『太平御覽』(臺北: 臺灣商務印書館印行本) 卷157 州郡部3 「坊」條, p.895-上, "漢宮閣名曰: 洛陽故北宮有九子坊."

131 『太平御覽』 卷157 州郡部3 「坊」條, p.895-上, "「晉宮閣名」曰: '洛陽宮有顯昌坊·脩成坊·綏福坊·延祿坊·休徵坊·承慶坊·桂芬坊·椒房坊·舒蘭坊·藝文坊.'"

132 『文選』 卷6 左太沖 魏都賦, p.272, "於後則椒鶴文石, 永巷壺術, 楸梓木蘭, 次舍甲乙"의 張載 注: "聽政殿後有鳴鶴堂·楸梓坊·木蘭坊·文石室, 後宮所止也. 壺, 宮中巷也. 術, 道也. 鳴鶴堂之前, 次聽政殿之後, 東西二坊之中央有溫室. …"

133 王士點, 『禁扁』(楝亭十二種本) 甲, 「坊」條, p.17-上, "注曰: '內居區分曰坊.'"

134 宮崎市定, 「漢代の里制と唐代の坊制」, 『東洋史研究』 21-3, 1962, p.33.

135 『三國志』 卷3 魏書3 明帝紀 青龍 3年(235)條, pp.104-105, "是時, 大治洛陽宮, 起昭陽·太極殿, 築總章觀."(魏略曰: "… 又於列殿之北, 立八坊, 諸才人以次序處其中, 貴人夫人以上, 轉南附焉. …")

위 전기 도성 평성에서 드디어 나타나는 방장제와도 관련이 없는 것이다.

다음으로 시장에 대해서이다. 「위도부」에 "곽(내 혹은 외)에 3개의 시장에는 점포를 열었으며 시장은 교통이 편리한 지역, 즉 사통팔달의 지점에 있고, 시문과 위장이 있으며 시장 내에 가게가 줄지어 있고, 중간에 높은 정자가 있어 시장 내를 훤히 내려다볼 수 있고 가게 사이에 통도가 넓어 수레가 교차해서 다닐 수 있다."[137]라는 구절이 있다. 그러나 시장이 구체적으로 어디에 위치하였는가에 대한 기록은 없다. 다만 성남지역을 '시리구'라 보는 자도 있고,[138] 성남 서부를 평민거주구 · 시 · 수공업작방의 집중지대라고 하는 자도 있으나[139] 그렇게 단정할 근거는 없다. 여기서 '곽'의 의미에 대해서 고찰할 필요가 있다. 전술한 대로 업성의 '곽'이란 기술이 있었던 것은 사실이었다. 그러나 사실상 곽이라는 물리적인 건축물은 존재하지 않았다. '무곽'은 전한 장안성 이후의 전통이었다.

이상에서 살펴본 바를 토대로 조조 업성의 구조적 특징을 정리해 보자. 이런 구조를 단순하게 보면, 외형상 후세 북위 낙양성을 거쳐 궁전구역과 황성구역의 엄격한 구분을 특징으로 하는 수당 장안성 포국의 원류가 된 것처럼 보인다. 그러나 당시 왜 이런 구조가 돌출적으로 나타났느냐에 대한 정확한 해답은 기존학계에서 거의 나오지 않고 있다. 이런 돌출적인 구조의 출현에 대해 해답을 구하려면 조조 업성이 과연 한왕조의 도성이었느냐의 문제가 이 문제를 푸는 데 중요하다. 즉 조조 업성은 외형적으로

136 傅熹年은 "漢魏時期稱房屋一區爲一坊, 近于院落之意 … 和唐以後里坊的坊概念不同."(『中國古代建築史』 第二卷, p.6 주28)이라 하였다.

137 『文選』 卷6 左太沖, 魏都賦, p.279, "廓三市而開廛, 籍平逵而九達. 班列肆以兼羅, 設闤闠以襟帶. … 抗旗亭之嶢薛, 侈所覜之博大. 百隧轂擊, 連軫萬貫."

138 賀業鉅, 『考工記營國制度研究』, p.17.

139 黃建軍은 中陽門大街를 중심으로 東西로 나누어지며, 西部는 이전부터 있던 老城區로서 平民居住區 · 市 · 手工業作坊集中지대라고 보고, 東部는 신개척지성구로서 內朝에 비교적 가깝지 때문에 貴族 · 官吏集中居住閭里라고 하였다.(『中國古都選址與規劃布局的本土思想研究』, p.137)

나름으로 당시의 권력자이고 업성에 대한 남다른 애착을 가진 조조가[140] 건설 당시에는 '위공'의 위치에 있었다는 사실에 주목할 필요가 있다. 업성은 조위라는 왕조가 정식으로 성립하기 이전, 조조의 군사전략적인 거점에 불과한 것이었다. 때문에 조조가 아무리 무소불위의 권력을 행사했다 하더라도 선양을 통해 제위를 정식으로 받기 이전에 그의 근거지를 천자의 도성 규모에 맞춘다는 것은 사실 상상하기 어렵다. 따라서 업성은 군사적인 요새였다고 보는 것이 타당하다.

또한 조조의 업성이 단순한 기반식 도시였었지, 북위 이후 수당까지의 도성에 보이는 장벽으로 둘러싸인, 즉 방장제가 실시된 도시도 아니었다. 그러면 조조시기에 왜 이런 기반식 도시가 나타났는가? 우선 생각할 수 있는 것이 군사와 행정 중심도시로서의 특징이다. 군인과 관료의 거주지로 확정하기 위한 것으로 여겨진다. 북반부 동부의 척리는 청정전 동쪽에 있는 아서에 근무하는 고급관료의 거주지라면, 청정전 남쪽에 있는 아서에 근무하는 관리들은 광양문 대가 동쪽 지역에 집주하였을 가능성이 크다. 그리고 그곳은 군영이 있는 곳이기 때문에 '사가(士家)'의 집중지역일 가능성이 크다. 이런 상황에 비추어 볼 때, 그 면적상 일반 서민들의 주거구역은 업성 내부에는 거의 없었다고 보는 것이 합당하다. 혹자는 길양·영평·사충리를 남반부 동부에 있는 일반인의 여리로 추정하고 있지만,[141] 그럴 근거도 딱히 없다. 반면 군사와 행정에 종사하거나 그의 가족들은 일반인과 달리 신분적인 상하관계가 분명하기 때문에 비교적 용이하게 분류할 수가 있었을 것이고, 분류에 따라 군사·행정 요원 내지 그 가속들의 거주 공간을 배정했을 것으로 보아야 한다. 그러한 분류의 용이함을 위해

140 『晋書』 卷1 宣帝紀, p.3, "及魏武薨于洛陽, 朝野危懼. 帝綱紀喪事, 內外肅然. 乃奉梓宮還鄴."

141 黃建軍, 『中國古都選址與規劃布局的本土思想研究』, p.136, "曹魏鄴城復原示意圖"(이것은 徐光冀, 「曹魏鄴城的平面復原研究」, 『中國考古學論叢』, 北京: 科學出版社, 1993 所收를 改繪한 것이다.)

기반식으로 도시경계를 나누었을 가능성이 크다.

Ⅲ. 군진(軍鎭)으로서의 업성

1. 삼대(三臺)와 전군동(轉軍洞)

업성이 군사도시의 성격을 농후하게 보이고 있는데, 군사적인 면을 잘 나타내는 것으로 삼대와 현무지 등의 시설이다. 이 가운데 삼대는 남에서 북으로 각각 60보 거리의,[142] 금호대－동작대－빙정대를 말한다.[143] 잘 알다시피 현재 뚜렷하게 남아 있는 삼대 유적은 금호대, 즉 금봉대(金鳳臺)이다.[144] 210년에는 동작대의 건설을 시작하여 212년에 완공되었고, 213년에는 금호대가 완성되었으며, 이듬해 214년 빙정대가 완성되었으니,[145] 약 5년간의 공정이었다. 삼대가 동작원이라는 원유 가장자리에 위치하였지만 단순한 유락시설이 아니라 명백한 군사시설이며, 업성의 성곽구조상 중요부분을 차지하고 있음은 물론이다.

142 『河朔訪古記』 卷中 引『鄴中記』: “(三臺)相去各六十步.”

143 『水經注』 卷10 濁漳水, p.138, “(鄴)城之西北有三臺, 皆因城爲之基, … 中曰銅雀臺, … 南則曰金虎臺, … 北曰冰井臺, … (注曰: 魏武所起)”; 『文選』 魏都賦, p.273, 李善注, “銅雀園西有三臺, 中央有銅雀臺, 南卽金虎臺, 北則冰井臺.”

144 金虎臺는 ‘金獸臺’(『初學記』 卷8 所引 陸翙『鄴中記』: “魏武于鄴城西北立三臺; 中臺名銅雀, 南名金獸臺, 北名冰井臺)”라 하기도 하는데 이는 唐人이 ‘諱虎爲獸’한 데서 연유한다. 또 金鳳臺라 한 것은 後趙 石虎가 鳳을 중시한 데서 근원한다고 본다.(黃惠賢, 「魏晋南北朝時期鄴都銅雀三臺雜考」, 『鄴城暨北朝史研究』. p.36) 元代에 金鳳臺에 洞淸觀이라는 全眞敎 사묘가 건립되어 있었다.(「鄴鎭金鳳臺洞淸觀首創之碑」, <兪偉超, 「鄴城調査記」, 『鄴城暨北朝史研究』, pp.20-22.>)

145 『太平御覽』 卷177 引『魏書』(魏王 沈 撰), “武帝建安十五年作銅雀臺, 十八年作金虎臺, 又作冰井臺.”; 紀昀輯『鄴中記』: “建安十五年銅雀臺成, 金虎·冰井皆建安十八年也”; 北齊楊楞伽, 『鄴都故事』: “建安十五年築銅雀臺, 十八年作金虎臺, 十九年造冰井臺.”

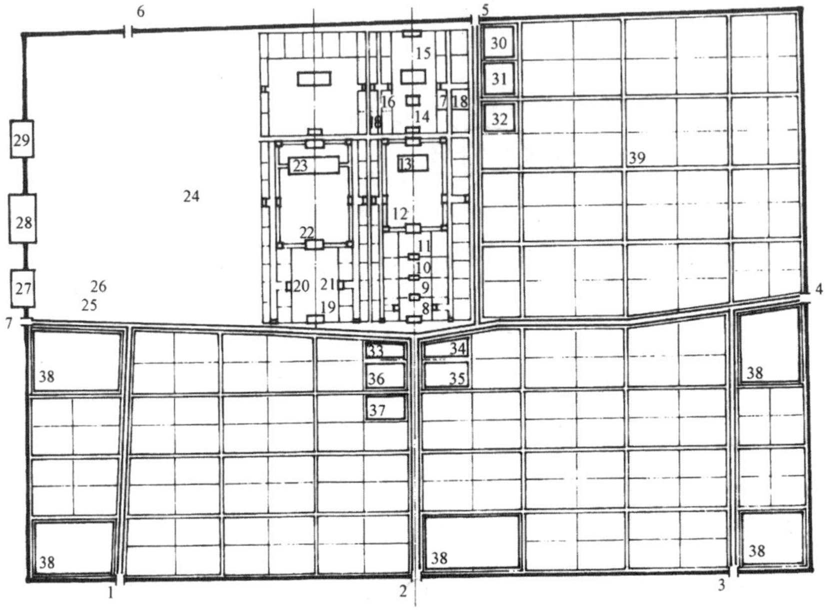

1. 風陽門, 2. 中陽門, 3. 廣陽門, 4. 建春門, 5. 廣德門, 6. 厩門, 7. 金明門, 8. 司馬門, 9. 顯陽門, 10. 宣明門, 11. 昇賢門, 12. 听政殿門, 13. 听政殿, 14. 溫室, 15. 鳴鶴堂, 16. 木蘭坊, 17. 楸梓坊, 18. 次舍, 19. 南止車門, 20. 延秋門, 21. 長春門, 22. 端門, 23. 文昌殿, 24. 銅爵園, 25. 乘黃厩, 26. 白藏庫, 27. 金虎臺, 28. 銅雀臺, 29. 氷井臺, 30. 大理寺, 31. 宮内大社, 32. 郎中令府, 33. 相國府, 34. 奉常寺, 35. 大農社, 36. 御史大夫府, 37. 小府卿寺, 38. 軍營, 39. 戚里.

출처: 傅熹年, 中國古代建築史』 第二卷(兩晉 · 南北朝 · 隋唐 · 五代建築), 北京: 中國建築工業出版社, 2001, p.2 圖1-1-1, 曹魏鄴城平面復原圖.

〈그림 1〉 위왕국 업성 복원도

삼대를 포함한 동작원은 말할 것이 없이 궁성에 부속된 원유이지만, 그 대의 높이와 부속된 시설의 내용을 보면 통상적인 황실의 원유와는 크게 다르다. 즉 삼대는 명의상으로 유상(游賞)건축이지만 실제상은 긴급 상황 발생 시의 최후 수비거점이었다. 삼대의 높이는 대개 8장인데, 금호대(109칸), 빙정대(145칸)의 방[屋]이 부속되어 있었다. 특히 빙정대의 경우 위에는 빙실이 있고,[146] 그 아래 우물 몇 개를 팠는데, 그 우물의 깊이는 15장(약 35m)이었다. 빙정대에는 빙과 석탄을 저장하는 것 외에 속교(粟窖) · 염교(鹽窖)가 있었으니 군량미와 소금을 저장하고 있었다. 삼대의 남쪽에 무고, 승황구(乘黃廐: 養馬場), 백장고(白藏庫) 등이 부속되어 있었다.

또 『업중기』에는 "삼대는 모두 벽돌로 축조되었으며 상호간 거리는 60보인데 위로 각도(閣道)를 구름다리처럼 만들어서 이것을 펴면 상통하게 되어 있고, 이것을 거두면 중앙에서 단절되게 되어 있다."라고 하였다.[147] 삼대가 이처럼 서로 기능적으로 구분되어 있으면서도 서로 연결되어 각각의 역할을 수행하고 궁전지역과 연계하여 궁금구라는 유기체를 이루었다.

이상의 시설 외에 창고와 마구(馬廐) 등이 삼대 부근에 포치되어 있다. 이런 설비를 두고 『수경주』에서 "예상하지 못한 것에 대한 대비[以備不虞]"라 한 것은[148] 업도의 도시로서의 주 기능이 어디에 있느냐를 총체적으로 설명한 것이다. 즉 방어용의 누대(樓臺)는 물론이거니와 무기 · 물자 · 양식 · 숯 · 물 등이 충분히 저장되어 있었고, 마구(馬廐)도 있었으며[149] 따로 전용 성문인 구문(廐門)이 있어 밖으로 왕래할 수 있었다. 조조가 208년에 만든 현무지 역시 중요한 군사시설이니, 이곳에서 수군을 조련하였다.[150]

146 『太平御覽』 卷21 時序部6 夏上, 引 陸翽 『鄴中記』, p.232-上右, "石季龍於冰井臺, 藏氷, 三伏之月, 以氷賜大臣."

147 『(輯校)鄴中記』(晉 陸翽, 黃惠賢 輯校, 『鄴城暨北朝史硏究』, 石家莊: 河北人民出版社, 1991) 「銅雀三臺」, p.395, "三臺磚甃, 相去各六十步, 上作閣道, 如浮橋, 連以金屈戌, 劃以雲氣龍虎之勢, 視則三臺相通, 廢則中央懸絶矣."

148 『水經注』 卷10 濁漳水, 「又東出山, 過鄴縣西」條, p.138, "城之西北有三臺, 皆因城爲之基, 巍然崇擧, 其高若山, 建安十五年, 魏武所起 … 又作銅雀於樓巓, 舒翼若飛. 南則金虎臺, 高八丈, 有屋百九間. 北曰冰井臺, 亦高八丈, 有屋百四十五間. 上有冰室, 室有數井, 井深十五丈, 藏冰及石墨焉. 石墨可書. 又然之難盡, 亦謂之石炭. 又有粟窖及鹽窖, 以備不虞. … 左思『魏都賦』曰: 三臺列峙而崢嶸者也."

149 『文選』 卷6 賦丙, 京都下, 左太沖 魏都賦, p.280, "冀馬塡廐而駔駿"의 張載 注: "鄴城西下有乘黃廐."

150 『三國志』 卷1 魏書1 武帝紀, p.30, "(建安)十三年春正月, 公還鄴, 作玄武池以肄舟師.

업성 북서부를 차지하는 동작원 지역은 바로 후대 위진시대 낙양성의 금용성(金墉城)을 연상시킨다. 삼대는 업성의 심벌이고 이후 낙양성의 금용성의 모델이 되었다고 본다.[151] 필자는 이 구조가 당시 업성이 가지는 최대 특징이라고 생각한다.

그런데 유의할 점은 금봉대(金虎臺)와 강무성(講武城)까지의 지하로 전군동(轉軍洞)이 파져 있다는 사실이다. 2002년 초에 하북 업성유지 부근에서 고고전문가들이 1,700여 년 전 조위에서 십육국시기 업성 남성문(南城門)과 북성문(北城門)을 발굴함과 동시에 민간 전설 중의 조조의 "전군동"을 발견해 내었다. 이것은 민간에서 말하는 '조조의 병력의 수를 확실하게 파악할 수 없다[曹操的兵數不淸]'던 바로 그 실물인 것이다. 전군동이 건설된 후에 조조는 업성에서 성대한 열병식을 열어 당시 기류(羈留)되어 그의 군중에 있는 유비(劉備)의 결의형제인 관우(關羽)로 하여금 검열하게 하였다. 열병 개시 후에 관우는 비로소 조조 병력의 진용이 강대하고 병마가 웅장하였음을 알게 되었다는 것이다. 당시의 "전군동"은 업성에서 성외로 통하는 비밀통로로 서쪽으로 현재의 자현(磁縣) 강무성촌(講武城村)에까지 길이 약 6km였다.[152]

이런 시설물들을 종합해 볼 때 업성은 통상의 성시라고 볼 수 없다. 군사적 색채가 더욱 강하게 투영된 군사도시라고 보아야 한다. 업성이 이렇게 군사적 요새로 만들어진 것은 그 위치 자체가 천험한 곳이라, 그 전략적 가치는 관동에서 으뜸가는 곳이라고 할 정도의 지리적 특성에서 기인하기도 하였다.

조조 역시 이 지역의 경제적 중요성에 주목하여 수리시설을 정비하기

漢罷三公官, 置丞相・御史大夫. 夏六月, 以公爲丞相."

151 市來弘志, 「魏晉南北朝時代における鄴城周邊の牧畜と民族分布」, p.39.

152 「河北臨漳: 傳說中的曹操"轉軍洞"完成整修」 2012-12-10 14:41 來源: 新華網 石家莊 12月9日電(記者馬天雲).

도 하였다.[153] 이 가운데 조조가 주도한 것이 '십이등(十二墱)'과 원수신수(洹水新水: 新河)[154] · 장명구(張明溝: 張鳴溝)[155]의 개착 등이었다. 이 가운데 십이등'은 서문표나 사기가 만든 것을 개수한 것이 아니라 장수(漳水)를 끌어들임에 의해서 수량이 증가한 감수(邯水)에 12등 · 거(磴 · 渠)를 만들어 선상지를 이용하여 업성 일대의 광범한 지역[大扇狀地]에 관개를 가능하게 한 것이었다.[156] 현무지는 주즙(舟楫: 배의 노)을 이(肄)하는(익히는) 곳이었다. 장명구는 문창전 등 궁전과 궁성과 가리(街里)에 물을 제공하는 것이었다.

2. 사가(士家)제도와 업성

업성이 '도성'이라기보다 '군사적인 성시'라고 할 수 있는 것은 무엇보다 먼저 업성이 원소의 군사기지라는 점이었고, 다음으로 이것을 인수받은 조조 역시 현실적인 권력의 장악 여부에 불문하고 제왕의 지위가 아니었다는 점에 있다. 다시 말하면 업은 '업도'라고 하지만 명실상부한 제국의 도성은 아니었다는 것이다. 명분상으로는 최고 지위에 있었을 때에도 '왕도'에 불과하였고. 실질적인 기능 면에서는 '군진'이었다는 것이 필자의 생각이다.

그 점을 확인하기 위해 무엇보다 위왕국의 군사, 특히 중앙군제도, 즉

153 『水經注』 卷10 濁漳水, 「又東出山, 過鄴縣西」條, p.137, "魏武王又堨漳水, 迴流東注, 號天井堰, 二十里中作十二墱, 墱相去三百步, 令互相灌注, 一源分爲十二流, 皆懸水門. … 故左思之賦魏都, 謂墱流十二, 同源異口者也. 魏武之攻鄴也, 引漳水以圍之."

154 『水經注』 卷9 洹水, p.133, "洹水出山 … 逕鄴城南, 謂之新河. 又東, 分爲二水, … 又北逕建春門. … 其水西逕魏武玄武故苑. 苑舊有玄武池, 以肄舟楫. …其水西流注于漳."

155 『水經注』 卷10 濁漳水, 「又東出山, 過鄴縣西」條, p.137-138, "魏武又以郡國之舊, 引漳流自城西東入, 逕銅雀臺下, 伏流入城東注. 謂之張明溝也. 渠水又南逕止車門下. 魏武封於鄴, 爲北宮, 宮有文昌殿. 溝水南北夾道, 枝流引灌, 所在通溉, 東出石竇堰下, 注之洹水, 故魏武登臺賦曰: 引長明灌街里, 謂此渠也."

156 鹽澤裕仁, 『後漢魏晋南北朝都城境域研究』, p.224.

그에 관련된 군사시설과 병사의 주둔 형태 등의 특징을 살펴보는 것이 순서일 것 같다. 위진시기의 중앙군인 '중군(中軍)'이 양한의 그것인 남북군과 질적으로 다른 점은 남북군이 궁전 숙위와 경사를 보위하는 데 집중하고 출정사례는 대단히 희소한 데 비해,[157] 위진의 중군은 궁전의 숙위와 경사를 호위할 뿐만 아니라 사방정벌에도 종사한다는 점이다.[158]

조조 위왕국의 군제도 양한의 전통적인 군제에다 조조집단이 건안시대에 발전시킨 결과이다. 조위의 군제도 양한의 영향을 받은 바가 있지만 조조집단이 특히 자체적으로 발전시킨 것이기도 하다. 조조 시기 가장 친근한 장하병(帳下兵)은 '호표기(虎豹騎)'라 칭했는데 정선되어 조직된 것으로 유명하다.[159] 이 호표기는 조휴(曹休),[160] 조진(曹眞),[161] 조순(曹純)[162]이 영도하였을 뿐만 아니라 이 호표기의 직무는 나가서는 정복전에 임하고[出任征戰], 들어와서는 숙위를 담당하는[入供宿衛] 것이었다.

조조의 사가제도는 후한 말이라는 특수한 군사환경에서 출현한 특수한 군사제도였다. 유적(流賊)의 초무(招撫), 예컨대 청주(青州)의 황건적을 평정하고 항졸 30여 만과 남녀 백여 만 구를 획득하여 자기의 병사(青州兵)로 한 것 등이 그 배경이었다.[163] 그 외 모인 항졸 · 항민 · 신료의 사병들이

157 前漢初의 경우 衛尉 지휘하의 南軍은 궁전 내의 宿衛兵이고, 中尉 지휘하의 北軍은 京城의 拱衛兵이다. 光武帝시기에 와서 北軍八校가 五營(北軍中候가 掌監하는 '北軍五營')으로 축소되고 그것이 宿衛와 京城 내외의 拱衛를 담당한다.(何玆全, 「魏晉的中軍」, 『讀史集』(上海: 上海人民出版社, 1982), pp.242-244.)

158 何玆全, 「魏晉的中軍」, p.242.

159 『三國志』 卷9 魏志9 曹仁傳附弟純傳, p.277, "注引魏書曰'(曹)純所督虎豹騎, 皆天下驍鋭.'"

160 『三國志』 卷9 魏志9 曹休傳, p.279, "曹休, … 太祖族子也. … 太祖謂左右曰: '此吾家千里駒也.' 使與文帝同止, 見待如子. 常從征伐, 使領虎豹騎宿衛."

161 『三國志』 卷9 魏志9 曹眞傳, p.280, "曹眞 … 太祖族子也. … 太祖壯其鷙勇, 使將虎豹騎. 討靈丘賊, 拔之, 封靈壽亭侯."

162 『三國志』 卷9 魏志9 曹仁傳附弟純傳, p.276, "仁弟純, 初以議郎參司空軍事, 督虎豹騎, 從圍南皮."

조조의 중앙군 병사로서 전환된 것이다. 이는 서민을 상비군으로 하는 전국시대와 서민층이 모병의 대상이 된 진한시대와는 다른 것이다. 서민 전체가 상비군의 모체로•하는 제도는 한 무제의 외정 이래 붕괴되었다. 후한시대 임시적인 징발제도는 일반적으로 더욱 기피 경시되었던 것이다. 조조시대가 되자 병사는 병호(문헌에 따라서는 '사가(士家)', '병가(兵家)', '군호(軍戶)'라 불리어진다.)라는 특별한 사람들로부터 나오고 일반 서민은 징병의 대상이 되지 않고 병과 민이 분리되었던 것이다. 병사의 사회적 지위는 낮아졌고, 모인 유민 · 유적 · 항민 및 부장의 사병들이 중앙군의 대부분을 차지하게 되었다. 이들은 병호로서 자손 대대로 병역의 의무를 지기 때문에 보통의 자유민보다는 한층 천시되었던 것이다.

사가제도는 직업병사(항복 혹은 개편을 통해)를 일반민적에서 분리하여 따로 호적에 편입하고 그 가족을 집중 거주시켜 인질로 삼고 또한 그 병사의 신분을 대대로 세습하도록 하는 것을 말한다.[164] 즉 조위 병제의 특징은 병사의 직업성과 복역의 종신제 출현이라는 두 가지인데, 이것을 흔히 '사가'제도라 지칭하며, 이 제도는 병사의 가속이 고정된 지점(대개 군영에 따라)에 집중 거주하는 형태를 취한다.[165] 사가제도는 헌제 초평 3년(192) 후 얼마 되지 않아 초보적인 형태로 형성되었는데, 조조가 청주병을 편성한 후 병사들은 둔전[兵皆出取麥]에 종사시키고, 그 가속은 군영에 거주하는[婦人守陴] 형식이었다.[166] 즉 이들 사가제도의 가장 큰 특색은 군인이 가속을 동반해서 거주한다는 것이다. 당시 병사의 가속은 병사의 도망이나

163 『三國志』 卷1 魏志1 武帝紀, pp.9-10, "初平三年 …, 追黃巾至濟北. 乞降. 冬, 受降卒三十餘萬, 男女百餘萬口, 收其精銳者, 號爲青州兵."

164 高敏, 『魏晋南北朝兵制研究』, 鄭州: 大象出版社, 1998, p.52.

165 高敏, 『魏晋南北朝兵制研究』, p.55.

166 「三國志」 卷1 魏書1 武帝紀, p.12, "(興平)二年(195), … 夏… (呂)布復從東緡與陳宮將萬餘人來戰, 時太祖兵少, 設伏, 縱奇兵擊, 大破之.(魏書曰: 於是兵皆出取麥, 在者不能千人, 屯營不固. 太祖乃令婦人守陴, 悉兵拒之. …)"

반기(反叛)를 방지하기 위한 '인질'의 성격이 강하였다. 조조가 업에 도읍을 정한 것은 건안 9년(204) 원소를 격파한 후이고 그 당시 사가를 업에 집중 거주하도록 하여 인질로 하였고 입업 이후 그 장령들에게도 자제를 업성에 입시하도록 하였다.[167]

그러면 당시 사가들은 업성 어디에 살았을까? 그 거주지역으로 가장 가능성이 높은 업성의 남반부이지만 그에 대해서는 상세한 기록이 없다. 그런데 업성 남쪽 구역의 용도가 무엇인지 제대로 확인되지 않는다. 그런 점에서 업성 남반부 구역들이 어떤 용도로 쓰였는지가 우선적으로 확인되어야 한다. 어떤 도판 혹은 기록에서는 업성 남반부를 '여리(민가지역)'로 지칭하고 있다. 그러나 그곳을 여리라고 단정할 구체적인 근거 기록이 없다. 다만 도성 남쪽 5개 구역(업성 남반부의 네 귀퉁이와 중앙문 옆)에 5개의 군영(병영)이 자리하고 있다는 기록이 있다.[168](<그림 1> 위왕국 업성 복원도 참조) 이는 대단히 중요한 기록인데, 만약 이 기록이 확실하다면 그 위치로 볼 때, 이 군영들은 성문을 지키는 일과 관련된 것임이 분명하다. 그런데 이 군영이 차지하는 면적이 매우 넓고, 그 수가 많다는 점이 눈에 띈다.[169] 그런데 중국 역대 도성을 비롯한 도시에 군영이 공식적으로 설정된 사례는 업성의 경우가 전무후무한 사례이지 않나 여겨진다.

167 『三國志』 卷18 魏書18 臧霸傳, p.537, "太祖破袁譚於南皮, 霸等會賀. 霸因求遣子弟及諸將父兄家屬詣鄴, …"; 『三國志』 卷18 魏書18 李典傳, p.534, "(李)典宗族部曲三千餘家, 居乘氏, 自請願徙詣魏郡. … 遂徙部曲宗族萬三千餘口居鄴."; 『三國志』 卷11 魏書11 田疇傳, p.343, "(田)疇盡將其家屬及宗人三百餘家居鄴."; 『三國志』 卷36 蜀書6 馬超傳 注引 『魏略』, p.945, "及(馬)騰之入, 因詔拜爲偏將軍, 使領騰營. 又拜超弟休奉車都尉, 休弟鐵騎都尉, 徙其家屬皆詣鄴, 惟超獨留."

168 『文選』 卷6 左太沖 魏都賦, pp.277-278, "其府寺則位副三事"의 張載 注: "城南有五營."

169 傅熹年(主編, 『中國古代建築史』)은 五營에 대해서는 p.2 그림 曹魏鄴城平面復原圖에 그리고 있다. 五營은 남쪽 민가지역에 4쪽 귀퉁이와 축선 끝 우측을 보태어 5개이다.

그럼 전후시대 성시 내 군영의 위치에 대해서 알아보자. 사실 전한 장안성이나 후한의 낙양성에서, 그리고 북위의 낙양성과 수당의 장안성에 군영이나 군대의 주둔지가 명확하게 규정되어 않다. 잘 알다시피 전한에는 남·북군이 있어 위위(衛尉)의 위궁지군(衛宮之軍)과 중위(中尉)의 위성지군(衛城之軍)으로서 그 역할을 담당했지만, 그 주둔지역이 명확하게 표시되어 있지 않다.[170] 그리고 북위 낙양성에 북위의 숙위지사를 6개의 방에 나누어 주둔시켰는데 이를 '육방지중(六坊之衆)'이라 불렀다.[171] 이들은 북위후기 낙양 부근 육군방(六軍坊)에 나누어 주둔하던 대천지사(代遷之士)로 이루어진 우림·호분의 선비숙위병으로 나중 효정제가 업으로 천도할 때, 그 대부분이 업도로 옮겨 간 것이다.[172] 금려우림호분을 '육방(六坊)'이라 지칭한다는 것은 도성의 특정구역에 이들의 주둔지가 따로 있었다는 것을 의미한다. 그러나 그 지역이 확실하지 않다. 이후 동위-북제시대 업도에 주둔하는 금위군[京畿軍]은 고환이 획득한 북위 도성 낙양의 소위 '육방지중' 혹은 '육방지인(六坊之人)'이라 지칭되는 병사가 주축이 된 것인데, 이것이 문선제시기에는 일당백의 유명한 '백보선비(百保鮮卑)'라는 정예부대로 변한다.[173] 이처럼 북위 낙양성에 숙위지사를 '육방'에 나누어 주둔시킨 것이

170 南軍은 주둔지역으로 長安城의 서남부 宮城 內에, 北軍은 북부에 集屯했다고 보기도 한다.(濱口重國, 「前漢の南北軍について」, 『秦漢隋唐史の研究』 上, 東京: 東京大學出版會, 1966, p.258)

171 『資治通鑑』 卷156 梁紀12 武帝 中大通 6年(534) 11月條, p.4857, "是時, 六坊之衆從孝武帝西行者不及萬人(胡注曰: 魏蓋以宿衛之士分爲六坊), 餘皆北徙, 並給常廩, 春秋賜帛以供衣服(胡注曰: 養兵之害始此), 及於常調之外, 隨豊稔之處, 折絹糴粟以供國用."

172 毛漢光, 「北魏東魏北齊之核心集團與核心區」, 『中國中古政治史論』, 臺北: 聯經出版公司, 1990, p.91.

173 『資治通鑑』 卷163 梁紀19 簡文帝 大寶 元年(550) 8月條, p.5051, "齊主簡練六坊之人 …(胡注曰: 魏·齊之間, 六軍宿衛之士, 分爲六坊), 然後取之, 謂之'百保鮮卑'(胡注曰: 百保, 言其勇可保以當百人也. 高氏以鮮卑創業, 當時號爲健鬪, 故衛士皆用鮮卑, 猶今北人謂勇士爲覇都魯也)"

확실하지만 그 명확한 구역은 알 수가 없다.

그리고 당대 장안의 경우도 북아금군과 남아금군의 제도가 정비되어 있었지만 그 주둔지가 그리 명확하지 않다. 그것은 어쩌면 도성 전체에서 군영이 차지하는 면적이 업성의 그것보다 적었다는 의미로 볼 수는 없을까? 따라서 약간의 억단을 무릅쓴다면 북반부의 민가지역이 귀족의 척리라고 한다면 남반부의 여리는 병사와 그 가족들의 거주지가 아닐까 한다. 조위는 가속을 대동하는 병제를 채용하였다는 특색을 가지고 있기 때문이다. 그런데 조조의 도업(都鄴)시기에 바로 이 사가들이 업성 일대에 집중하고 있었다는 점이다.

조조가 건안 9년 원소를 격파하고 기주 위군 업성을 점령한 후에 기주목에 임명되어 이제 그의 패부를 이동하게 되었다. 건안 18년(213) 위국공에 봉해지고, 동 21년(216)에 위왕에 이르게 되어 위국의 도가 업성에 두어지게 된 것이다. 그의 봉지는 기주의 대부분에 걸치게 되었기 때문에 위국의 군대, 즉 조조 휘하 중앙군 병사들의 가족들은 업성을 중심으로 하는 기주방면에 대부분 안치되었을 것이 틀림이 없다.[174] 당시 '사가 10만 호'라는 기록은[175] 이 점을 말해 준다.

따라서 '사가 10만 호'라는 것은 정상적인 도성의 인구구성을 나타내는 것은 아닌 것이다. 그러나 업성에 거주하는 인구가 고작 1만 호를 넘기가 쉽지 않을 상황임을 고려할 때 업성에 거주하는 사가들의 숫자를 감안한다면 업성이 '군사도시'였다 해도 과언이 아닐 것이다. 역대 전후시대의 도성에 거주한 군대를 감안하면 더욱 그렇다. 그 수많은 사가들이 거주하기

174 濱口重國, 「後漢末・曹操時代に於ける兵民の分離に就いて」, 『秦漢隋唐史の研究』上, 東京: 東京大學出版會, 1966, p.331.

175 曹丕가 등극하면서 '冀州士家十萬戶'를 河南 즉 洛陽으로 옮기려고 했고 결국 그 반을 옮겼다는 기사(『三國志』 25 魏書25 辛毗傳, p.696, "文帝踐阼, … 帝欲徙冀州士家十萬戶實河南. … 毗曰: '今徙, 既失民心, 又無以食也.' 帝遂徙其半.")는 당시 鄴城에 그만한 士家가 있었다는 점을 나타낸다.

에는 사실 업성 자체가 좁다. 문제 조비가 낙양으로 천도하였을 때, 기주의 사가 10만 호를 옮겨 하남을 채우고자 했다는 기록에서 볼 때,[176] 적어도 그 반인 5만 호는 업성에 있었던 것으로 추측해도 좋을 것이다.

결론

왕성이나 제왕의 도성의 규획이 후세에 영향을 주었다고 할 때 단순히 같은 곳에 위치했다는 단순한 사실만을 가지고 그 선구가 되었다고 주장할 수가 없다. 위왕국의 수부인 업성에서 궁성인 문창전이 그 성시의 북방에 위치했다는 단순한 사실이 몇백 년 후에 건설된 수당의 도성 장안에 선구가 되었다고 단정할 수는 없다. 그 구조가 출현한 합당한 이유가 전제되어야 하고 그 사이의 연속관계가 설명되어야 의미가 있는 것이다.

성시의 영향은 무엇보다 도성 왕성 제후성 등 같은 등급(위치)에 있는 것끼리 이어져야 확인되는 것이다. 이상에서 보았듯이 조조의 업성은 도성의 규모를 갖추려고 하지도 않았을뿐더러 갖추지도 않았다. 업성은 조조의 단순한 군사적 근거지였을 뿐이었다.

태극전의 출현도 업성에서가 아니었고 조위의 제도였던 낙양성에서 출현한 궁전명이었다. 아울러 흔히 후세 도성에 지적되듯 중축선이라는 것도 제대로 된 것이 아니었다. 중축선이 성립하려면 도성의 중심 건물 건물에 대칭적으로 위치하는 원구가 전제되어야 하는데 원구의 존재가 전제되지 않았으니 중축선이 있을 수가 없었던 것이다.

그리고 조조가 왕공, 위왕 등으로 등극하였지만, 어디까지나 제후로서의 지위를 넘어서지 않았던 것이다. 특이 유의할 점은 반궁(泮宮)의 건축

176 『三國志』 卷25 魏書25 辛毗傳, pp.696-697, "(文)帝欲徙冀州士家十萬戶實河南. 時連蝗民饑, 羣司以爲不可, 而帝意甚盛. 毗與朝臣俱求見, 帝知其欲諫, … 帝遂徙其半."

기사이다. 이 건축 연대에 대해서는 『삼국지』와 『송서』 사이에 약간의 차이가 있어 건안 21년 5월로, 혹은 건안 22년(217)이라 되어 있다.[177] 반궁이란 당초 제후의 제도임은 『예기』 왕제편의 "대학은 교에 있는데 천자의 대학은 벽옹이라 하고 제후의 대학은 반궁이라 한다.[大學在郊, 天子曰辟雍, 諸侯曰泮宮.]"라는 기록에도 분명히 알 수가 있으며, 후대에도 역시 제후의 제도였다. 어쨌든 건안 21-22년까지도 조조가 업성에 건축한 예제 건물들은 제후급을 계속 유지하였던 것이 분명하다.

업도의 지역적 한계는 통일 도성의 땅이라기보다 군사적으로 유리한 할거의 땅으로 여겨졌다는 점이다.[178] 그리고 조조는 군사기지로서 업성을 유지하였을 뿐이었다. 그래서 업성은 군사도시였다. 후한 말 당시 조조 등에 의해 시작된 일종의 병호제도인 사가(士家)제도가 실시되었던 현장이 업성이었다. 사가제도는 직업적인 특수성격을 갖는 병호제도로 병역을 세습하고 있을 뿐만 아니라 가족과 동거하는 형태를 특징으로 한다. 조비가 낙양으로 도성을 옮기려 할 때 당시 사가의 수를 '100만' 운운하고 있고, 그중에서 반을 옮겼다는 것이다. 이런 막대한 수의 병사가족을 옹유하는 업성에 다른 도읍과 마찬가지로 일반인이 얼마나 살 수 있느냐는 실로 의문이 아닐 수 없는 것이다.

업성은 조조가 몸소 가꾸었지만 아들 조비가 낙양으로 도성으로 정하기까지 도성으로 여기지는 않았던 것이다. 실제로 조조는 죽음 직전 낙양성에로의 입성을 얼마 두지 않았던 시점까지도 업성에 대한 관심을 그렇게 갖지 않았던 것이다.

업성은 국가 지향의 방향을 추구하는 근거지로서 적당한 곳이었지 도

177 『宋書』 卷14 禮志1, p.356, "漢獻帝建安二十二年, 魏國作泮宮于鄴城南."

178 『資治通鑑』 卷64 漢紀56 獻帝 建安 9年(204) 8月條, p.2056, "初, 袁紹與操共起兵, 紹問操曰: '若事不輯, 則方面何所可據?(胡注曰: … 觀紹此言, 則起兵之時, 固無勤王之心而有割據之地矣.)' 操曰: '足下意以爲何如?' 紹曰: '吾南據河, 北阻燕·代, 兼戎狄之眾, 南向以爭天下, 庶可以濟乎!' 操曰: '吾任天下之智力, 以道禦之, 無所不可.'"

성의 입지는 아니었다. '관곡지구(綰轂之口)'로서 사방을 향해서 또 이곳을 향하여 사방에서 들어오는 있는 지점이었지, 제국의 중심에 있는 지점이 아니었음을 당시 위정자는 잘 알고 있었던 것이다. 그래서 삼대를 비롯한 군사시설 근년 발굴된 전군동의 존재, 이런 것들은 통상적인 도성의 경관과는 다른 것이었다.

따라서 업성 모델이 후세 도성의 선구가 되었다는 식의 주장은 사실에 맞지가 않다.

| 제6장 |

위진·북위 낙양성의 궁성 위치와 도성 포국

서론

조위(曹魏)의 도성 낙양성은 후한의 낙양성 옛터에다 성곽과 성내 주요시설물을 축조하였다. 그 축조과정은 조위 문제(文帝) 조비(曹丕)시기(220-226)에 일시 진행되다가 그 후 명제(明帝) 조예(曹叡)시기(226-239)에 들어 그 축조가 본격적으로 행해졌다. 이 과정에서 태극전(太極殿)이라는 이름을 띤 궁전이 최초로 건축되었다. 이 태극전이란 명칭이 한동안 도성 정전의 대명사가 된 것은 주지의 사실이지만, 조위 태극전의 위치는 도성의 어느 구역에 위치하였느냐 하는, 다시 말하면 후한의 어느 궁전 터에 건축되었느냐 하는 점은 역대 도성 내의 궁성의 위치 변화과정을 설명하는 데 중요한 관건이 된다. 더 구체적으로 말하면 위진 낙양성이 후한의 남·북궁체제를 그대로 유지하였느냐, 아니면 남·북궁이 일체화되어 단일궁체제로 전환하였느냐는 문제는 후세 북위 낙양성 혹은 그 이후의 도성구조와의 연관관계를 고려할 때 매우 중요하다. 즉 이 문제는 최근 학계의 중요한 현안으로 등장하였다. 이 문제는 궁성이 도성 북방중앙으로 밀린 수당 장안성 구조의 기원을 찾는 문제와 연관된 것이기도 하기 때문이다.

후한 낙양성과 위진 낙양성은 오랫동안 동일한 형태를 유지하고 있었다는 주장이 문헌적으로 증명되어 왔다. 그런데 근자의 고고학적 발굴에 의해 그 주장이 크게 흔들리게 되었다. 즉 후한과 위진 사이에는 궁성 구조상에 변화가 있었으며, 특히 북위 낙양성의 궁성은 위진 낙양성의 궁성 자리에 세워졌다는 것이 고고학적인 발굴의 결과로서 확인되었다. 따라서 본 장에서는 고고학적인 발굴성과를 감안하면서 여기에 기존의 문헌에 기반한 연구결과를 상호 절충 보완하면서 위진-북위 낙양성의 궁성 포국을 새롭게 정리하려 한다.

아울러 북위 낙양성이 위진 낙양성과 어떤 점이 달라졌으며 그것이 수당 장안성의 선구가 된 점이 어떤 것이었는가를 논술하려 한다.

Ⅰ. 조위 낙양성과 남·북궁문제

후한에서 북위시대까지 도성이었던 낙양성 일대를 '한위 낙양고성(漢魏洛陽故城)'이라 지칭한다. 경시(更始) 3년(A.D.25) 6월 후한 광무제(光武帝) 유수(劉秀)가 칭제(稱帝)하고(建武 원년), 이어 10월 낙양에 도읍을 정한 이후 헌제(獻帝) 건안(建安) 25년(220)까지 196년간에다 그 후 조위시기 46년간, 서진 52년간, 이후 북위 효문제(孝文帝) 태화(太和) 17년(493)부터 42년간, 즉 후한-조위-서진-북위 4왕조가 이 낙양성에 도읍한 기간을 합치면 도합 330년간이었다.[1] 이 330년 동안 낙양성은 건설과 파괴를 거듭해 왔고, 그 구조상의 변화도 수차례 거쳤던 것으로 짐작된다. 우선 후한 말 동탁(董卓)에 의해,[2] 서진 말 영가(永嘉)의 난으로,[3] 그리고 북위 말 업으로의 천도[4]

1 (淸)徐松 輯, 高敏 點校, 『河南志』(北京: 中華書局, 1994) 「後魏城闕古蹟」條, p.80, "後魏京城亦在成周, 門十二"에 "按, 後趙石虎建武十一年, 司·豫·荊·兗二十六萬人城洛陽宮"이라 하였으니 後趙 石虎시기에 洛陽宮을 건축하였다는 것을 알 수가 있다.

2 『後漢書』 卷9 孝獻帝紀 建安 元年 8月條, p.379, "是時, 宮室燒盡, 百官披荊棘, 依牆壁閒. 州郡各擁彊兵, 而委輸不至, 羣僚飢乏, 尙書郎以下自出採稆, 或飢死牆壁閒, 或爲兵士所殺."; 『後漢書』 卷72 董卓傳, pp.2327-2328, "初, 長安遭赤眉之亂, 宮室營寺焚滅無餘, 是時唯有高廟·京兆府舍·遂便時幸焉. 後移未央宮. 於是盡徙洛陽人數百萬口於長安, 步騎驅蹙, 更相蹈藉, 飢餓寇掠, 積尸盈路. 卓自屯留畢圭苑中, 悉燒宮廟官府居家, 二百里內無復孑遺. 又使呂布發諸帝陵, 及公卿已下冢墓, 收其珍寶."

3 『晉書』 卷100 王彌傳, p.2811, "(王)彌後與(劉)曜寇襄城, 遂逼京師. 時京邑大饑, 人相食, 百姓流亡, 公卿奔河陰. 曜·彌等遂陷宮城, 至太極前殿, 縱兵大掠. 幽帝於端門, 逼辱羊皇后, 殺皇太子詮, 發掘陵墓, 焚燒宮廟, 城府蕩盡, 百官及男女遇害者三萬餘人, 遂遷帝於平陽."; 『晉書』 卷56 孫綽傳, p.1545, "綽上疏曰: '… 自喪亂已來六十餘年, 蒼生殄滅, 百不遺一, 河洛丘虛, 函夏蕭條, 井堙木刊, 阡陌夷滅, 生理茫茫, 永無依歸. …'"

4 (北齊)楊衒之 撰, 『洛陽伽藍記』(上海: 上海古籍出版社, 1958/1978, 范祥雍校注本) 原序, p.2, "余因行役, 重覽洛陽, 城郭崩毁, 宮室傾覆, 寺觀灰燼, 廟塔邱墟, 牆被蒿艾,

등 모두 3차례의 반란 · 천도 등으로 인해 파괴를 겪은 후 폐허나 다름없게 되었다. 수당시기 소위 동도(東都) 낙양성지는 낙양의 다른 지역으로 이동되었기 때문에 북위 말 업으로의 천도 이후에는 말 그대로 '한위낙양고성'의 유지로만 남게 되었다. 본 장은 후한 말 이후 폐허가 된 그 터에 다시 건축된 위진과 북위 낙양성의 포국을 다시 검토해 보는 연구이다.

잘 알다시피 한위 낙양고성은 후한 이전 동주(東周)시대에 도성으로 정해진 이후 오랫동안 도성의 역사를 써 온 고성이다. 흔히 '구육성(九六城)'으로 지칭되듯이[5] 내성(大城이라 지칭됨)의 규격은 시대의 흐름에도 불구하고 대체로 그 규격대로 유지되어 온 것으로 알려져 있다.[6] 이와는 달리 성 내외의 건축물 등은 많은 변화가 있었음은 두말할 필요가 없다. 그 가운데 특히 위진-북위시기에 어떤 변화가 일어났던 것일까?

먼저 서진의 낙양성이다. 조위와 서진의 낙양성 구조가 대체적으로 동일하다고 보는 데 이의를 다는 사람은 없다. 즉 서진은 전화(戰火)의 피해를 입지 않고 선양(禪讓)이라는 평화적인 형식으로 비교적 조용하게 정권을 물려받아 서진 낙양성은 조위의 도성 그대로를 이어받았으며, 태묘 · 명당 등을 약간 고쳐 짓고,[7] 3개의 성문을 신축한 것 외에 서진시대에 들어 성내 건물 등을 특별히 신축하거나 변경했다는 기사가 없기 때문이다.[8] 따라서 이를 '위진(조위 · 서진) 낙양성'이라 지칭해도 무방하다.

그러면 후한 낙양성과 위진 낙양성은 동일한 위치에 그대로 건축된 것인가 아니면 어떤 변모가 있었던 것인가? 혹자는 ① 위진 낙양성이 후한

巷羅荊棘."

5 『後漢書』 志19 郡國1 「河南尹」條, p.3389, "周時號成周(『公羊傳』曰: '成周者何? 東周也.' … 『帝王世記』曰: '城東西六里十一步, 南北九里一百步.' 『晉元康地道記』曰: '城內南北九里七十步, 東西六里十步, 爲地三百頃爲地三百頃一十二畝有三十六步. …)"

6 洛陽市漢魏故城保護工作委員會 編, 『漢魏洛陽故城』(出版年代未詳), p.20.

7 『晉書』 卷3 武帝紀, p.17, "(太康八年) 九月, 改營太廟."

8 段鵬琦, 『漢魏洛陽故城』, 北京: 文物出版社, 2009, p.26.

낙양성보다 성외 거주구가 점유하는 면적이 확대되었다. ② 여러 성문을 그대로 연습(沿襲)했고, 그 가운데 성내 주간선도로가 넓어졌다. ③ 성 내외에 배치된 금시(金市)·마시(馬市) 등 상업지구와 영대·명당·벽옹·태학[9] 등은 모두 후한의 것들을 대체로 연습했다. ④ 다만 위진시대에 새롭게 건립되거나 이동하여 건립된 것이 있으니 성 안 서북쪽 모퉁이[隅]에 금용성(金墉城) 및 대성 서북 두 성원(城垣) 외측에 설치한 마면(馬面), 그리고 성 밖 멀리 위속산(委粟山)에 설치한 환구(圜丘)로[10] 명확히 달라진 것이라 보았다.[11] 조위가 새롭게 환구를 설치한 위속산은 음향(陰鄕)에 있었는데,[12] 현재 웅이산(熊耳山) 북록(偃師市 李村鄕 南宋溝村 北 200m)이다.[13] 후한, 서진시대의 것을 비교하면, 후한시대에는 성남 7리 즉 평성문 가까운 지점에 있던 것인 데[14] 비해, 조위시대는 대성으로부터 25km나 떨어진 곳에 위치했다. 그런데 서진시대에 와서 약간의 변화가 있는 듯하다. 서진 무제 태시(泰始) 2년(266) 11월에 남교에 원구가 있었던 것으로 기록되고[15] 있기 때문이다. 이는 원구와 남교가 합쳐진 것임과 동시에 후한 낙양

9 『三國志』 卷13 魏書13 王朗傳, pp.408-410, "鍾繇明察當法, 俱以治獄見稱"에 대한 裴松之 注曰: "『魏略』曰: … 明堂所以祀上帝, 靈臺所以觀天文, 辟雍所以脩禮樂, 太學所以集儒林, 高禖所以祈休祥, 又所以察時務, 揚敎化."

10 『三國志』 卷3 魏書3 明帝紀, p.110, "景初元年(237) 冬十月 … 乙卯, 始營洛陽南委粟山爲圜丘."; 『晉書』 卷19 禮志上, p.583, "景初元年十月乙卯, 始營洛陽南委粟山爲圜丘."

11 段鵬琦, 『漢魏洛陽故城』, pp.62-63.

12 『後漢書』 志19 郡國1 「河南尹」條, p.3389, 「雒陽」의 裴松之 注曰: "『魏氏春秋』曰: '有委粟山, 在陰鄕, 魏時營爲圓丘.'"

13 段鵬琦, 『漢魏洛陽故城』, p.63.

14 『後漢書』 卷1上 光武帝本紀 建武 2年 春正月 壬子條, "… 起高廟, 建社稷於洛陽, 立郊兆于城南."(李賢注曰: 『續漢書』曰: '制郊兆於洛陽城南七里, 爲壇…')

15 『晉書』 卷19 禮志上 吉禮, pp.583-584, "(泰始二年)二月丁丑, 郊祀宣皇帝以配天, 宗祀文皇帝於明堂以配上帝. 是年十一月, 有司又議奏, 古者丘郊不異, 宜并圓丘方丘於南北郊, 更修立壇兆, 其二至之祀合於二郊. 帝又從之, 一如宣帝所用王肅議也. 是月庚寅冬至, 帝親祠圓丘於南郊. 自是後, 圓丘·方澤不別立."

성의 원구 지점으로 회귀한 것을 의미한다.

다음은 북위 낙양성이다. 궁전과 궁문, 그리고 성문도 위진 낙양성의 구기(舊基) 위에다 그대로 건설했다는 주장이 근래 거의 굳어져 가고 있다. 그런 측면에서 후한 낙양성부터 위진 낙양성, 그리고 북위 낙양성을 합쳐서 '한위 낙양성'이라고 부르는 것이 통상화되어 있는 것은 동일 대지를 사용한 측면도 있지만, 또한 도성 포국의 유사성을 시사하고 있는 것이기도 하다. 과연 그렇게 보아도 좋은가? 이 문제에 대한 보다 세밀한 검토가 필요하다고 본다. 이 문제는 후한-위진의 계승성, 위진-북위의 계승성으로 크게 나눌 수 있다.

사실 이 문제를 검토하기 위해서는 먼저 위진 낙양성의 구조상 특징은 무엇인지를 정리해야 한다. 위진의 도성 낙양성의 구역 범위와 그 궁궐의 위치에 대해서 알아보기 위해서는 우선 『진서(晉書)』의 기록을 보는 것이 순서이지만,[16] 세부적인 문제의 해명에 있어서는 그것만으로는 부족하다.

문제의 핵심은 위진 태극전의 위치이다. 위진의 태극전이 후한 남궁지역의 숭덕전 터에 지어졌기 때문에 후한 낙양성의 남궁과 위진시대 낙양성의 '남궁'이 동일한 위치에 있었다고 보아야 한다는 주장이 있다.[17] 이런 주장은 사료를 있는 그대로 보아야 한다는 입장에서 나온 것이다. 유관사료를 살펴보자.

a. 『삼국지』의 배송지 주에 "명제 시에 이르러 태극전과 소양전 등 궁전이 (후)한 남궁 숭덕전 고지에 수복되었다[至明帝時, 始於漢南宮崇德殿處起太極 · 昭陽諸殿]"고 기록되어 있다.[18] 그리고 『자치통감』의 음주를 쓴

16 『晉書』 卷14 地理志1 「司州, 河南郡, 洛陽」條, p.415, "洛陽置尉(五部 · 三市. 東西七里, 南北九里. 東有建春 · 東陽 · 淸明三門, 南有開陽 · 平昌 · 宣陽 · 建陽四門, 西有廣陽 · 西明 · 閶闔三門, 北有大夏 · 廣莫二門. 司隸校尉 · 河南尹及百官列城內也."

17 최근의 대표적인 저작이 佐川英治, 『中國古代都城の設計と思想: 圓丘祭祀の歷史的展開』, 東京: 勉誠出版, 2016, p.126.

18 三國志』 卷2 魏書2 文帝紀 黃初 元年(220)條, p.76, "十二月, 初營洛陽宮, 戊午幸洛

호삼성(胡三省)의 주도 "명제는 태극을 본떠 낙양 남궁에다 태극전을 지었으니 곧 (후)한 숭덕전 옛터[明帝上法太極, 於洛陽南宮起太極殿, 卽漢崇德殿之故處]"라고 되어 있다.[19]

b. 역도원(酈道元)의 『수경주』에도 "조위 명제시기에 낙양(성) 남궁에다 태극전을 건축하였으며, 그 터는 (후)한 숭덕전(崇德殿)의 옛터[魏明帝上法太極, 於洛陽南宮, 起太極殿於漢崇德殿之故處]"라고 기록하고 있다.[20] 아울러 『역대택경기』에서도 "태극전이 (후)한 숭덕전 옛터에 세워졌다[起太極殿于漢崇德殿之故處]"고 하였다.[21]

c. 『후한서』의 장회태자 이현(李賢)의 주에도 "숭덕전이 남궁에 있던 궁전[洛陽南宮有崇德殿]"이라고 본다.[22]

陽."(裴松之注曰: "臣松之案: '諸書記是時帝居北宮, 以建始殿朝羣臣, 門曰承明, 陳思王植詩曰「謁帝承明廬」是也.' 至明帝時, 始於漢南宮崇德殿處起太極・昭陽諸殿. …") 즉 裴松之에 의하면 曹魏 성립 직후에는 皇帝가 北宮에 기거하면서 특히 앞에 承明門을 둔 建始殿에서 羣臣의 朝會를 보았지만, 明帝시기에 이르러서는 後漢 南宮 崇德殿이 있던 곳에 太極殿과 昭陽殿을 비로소 지었다고 본 것이다. 『資治通鑑』 卷69 魏紀1 文帝 黃初元年(220) 十二月條, p.2183, "初營洛陽宮, 戊午, 帝如洛陽."(胡三省 注曰: "… 至明帝時, 始於漢南宮崇德殿處起太極・昭陽諸殿. …")

19 『資治通鑑』 卷73 魏紀5 明帝 青龍 3年(235) 夏4月條, p.2304, "帝好土功, 旣作許昌宮, 又治洛陽宮(胡三省 注曰: '諸葛亮死, 帝乃大興宮室, …') 起昭陽太極殿(胡三省 注曰: '『水經注』: 明帝上法太極, 於洛陽南宮起太極殿, 卽漢崇德殿之故處.') 築總章觀, 高十餘章(胡三省 注曰: '… 總章觀蓋在太極殿前 …')."

20 (北魏)酈道元 撰, 『水經注』(臺北: 世界書局, 1970) 卷16 穀水, 「又東過河南縣北, 東南入於洛」條, p.215, "魏明帝上法太極, 於洛陽南宮, 起太極殿於漢崇德殿之故處. 改雉門爲閶闔門."

21 (清)顧炎武, 『歷代宅京記』(北京: 中華書局, 1984) 卷8 雒陽中, p.134, "魏明帝上法太極於洛陽南宮, 起太極殿于漢崇德殿之故處. 改雉門爲閶闔門."

22 『後漢書』 卷5 孝安帝紀 延平 元年(106) 8月條, p.203, "皇太后御崇德殿, 百官皆吉服."의 章懷太子 注曰: "洛陽南宮有崇德殿"; 『後漢書』 卷60下 蔡邕傳, p.1998, "時妖異數見, 人相驚擾. 其年七月, 詔召邕與光祿大夫楊賜・諫議大夫馬日磾・議郎張華・太史令單颺詣金商門, 引入崇德殿"의 章懷太子 注曰: "洛陽記曰: '南宮有崇德殿・太極殿, 西有金商門'也."

d. 『하남지』에서 태극전은 소양전과 함께 위 명제 청룡 3년에 축조되었는데 "(후)한 남궁 숭덕궁 구지[是漢南宮, 崇德之基]"에 지어졌다.[23]

숭덕전이 후한 북궁에 위치했다는 주장을 담은 기록도 있기는 하지만,[24] 이상 여러 가지의 사료는 후한 낙양성과 위진 낙양성의 계승관계를 보증하는 기록들이다. 즉 후한 남궁 숭덕전 터에 위진의 태극전이 건설되었다는 것이다. 즉 a에서 d까지의 이들 기술을 그대로 믿고 명제 청룡 3년에 이르러 후한 남궁 숭덕전의 구기 위에다 태극·소양전을 건설했다고 보아 왔던 것이다.[25] 이상은 위진시대에도 후한 남궁지역이 정전인 태극전이 소재했다고 보는 것이다.

그러나 현재의 학계는 이상의 사료에 의한 주장을 고수하는 자도 있지만 그 사료를 달리 해석하는 자도 있다. 즉 고고학적 발굴과 함께 위진 낙양성의 구조를 다음과 같이 재정리한다. 위진시대 들어 궁전지역이 후한 낙양성과는 달리 변조되었다는 것이다. 즉 위진시대에는 후한 낙양성의 북궁지역을 기초로 하여 궁전을 건축하기 시작한 후 북궁의 남단에다 일정 부분을 연장하여 단궁제계로 이행하였다는 신설(新說)이 제출된 것이다. 다시 말하면 위진시대 낙양성은 기존의 후한의 북궁과 그것에 연장·확대된 부분을 합쳐 단일궁전지구를 이루면서 이것이 횡가(橫街)에 의해 양분되어 북쪽 부분을 북궁, 남쪽 부분을 '남궁'으로 불렀을 뿐이라는 것이다. 즉 위진 낙양성은 후한 낙양성과 같은 격리된 양궁체계는 아

23 『河南志』「魏城闕古蹟」條, p.60, "太極殿(明帝青龍三年, 大治洛陽宮, 起昭陽殿·太極殿, 築總章觀. … 按此殿, 『水經注』曰: '是漢南宮, 崇德之基.' 歷代正殿皆以太極名之, 自此始也.)"

24 『文選』卷3 東京賦의 "旣新崇德, 遂作德陽"의 吳 薛綜 注: "崇德德陽皆殿名也, 崇德在東, 德陽在西, 相去五十步."; 『後漢紀』卷25 孝靈帝紀, 中平 6年(189) 8月條, "虎賁中郎將袁術燒南宮靑瑣門, 欲以迫出(段)珪等, 珪等不出, 持太后天子陳留王, 幸北宮崇德殿."

25 王仲殊가 대표적인 학자이다.(『漢代考古學概說』, 北京: 中華書局, 1984, p.21)

니었다고 보는 것이다. 이것에 대해서는 다음 Ⅱ절과 Ⅲ절에서 상술할 것이다.

그런데 이런 새로운 주장에 대해 동의하지는 않는 자도 있다. 즉 위진의 궁성도 후한처럼 여전히 격리된 양궁체제였다고 보는 것이다. 즉 조위시대에도 후한 남궁이 여전히 기능하고 있다고 보는 학자도 있고,[26] 또 남궁이 완전히 기능을 상실하게 됨으로써 양궁제에서 단궁제로 완전히 이행한 것은 북위시대이었다고 보고, 그런 점에서 북위의 궁성배치를 곧바로 위진으로 소급하는 것에 신중을 기해야 한다고 학자도 있다.[27]

II. 고고발굴과 그 결과: 위진·북위 태극전의 유지 발굴과 위진 태극전 위치의 문제

문헌을 통한 해석이 다를 때 그 문제를 확실하게 해결하는 방법으로는 발굴조사가 유효한 방법일 것이다. 그래서 1962년 여름 중국사회과학원 고고연구소 낙양공작대가 한위 낙양성에 대한 대규모 조사를 행했다. 그 결과 명확하게 된 것은 낙양성 북측에 종장(縱長)의 궁성구와 건축군의 기단이 배치되어 있다는 것이었다. 이 조사보고는 발굴에 의한 것이 아니고, 천공(穿孔) 등의 방법에 의한 지표 탐측(Boring)조사[勘査]의 결과에 의한 것이었다. 이 탐측조사에 의한 보고서에서 주의할 사항은 두 가지이다. 첫째, 궁성의 면적은 남북 1,398m, 동서 약 660m의 너비로 대성(낙양성 전체)의 약 10/1이었다. 둘째, 대성의 Ⅳ호 성문(북위의 창합문)과 Ⅷ호 성문(북위의 건춘문)을 관통하는 횡가(橫街)가 북측과 남측으로 궁성을 양분하고

26 段鵬琦, 『漢魏洛陽故城』, p.64.

27 佐川英治, 「曹魏太極殿の所在について」, 『岡山大學文學部プロジェクト研究報告書』 15, 2010, p.35.

있다. 남측에 동서 약 100m, 남북 약 60m의 궁성의 전당(殿堂) 대기(臺基)가 있고[당시 '금란전(金鑾殿)'이라 불리던 곳을 중심으로], 그 남쪽에 '왈(曰)'자 형태 판축의 궁문 기지(基址)가 있었다. 아울러 궁성 남문에서 남쪽으로 직선으로 뻗은 도로 유구는 서쪽에서부터 두 번째 대가인데 남면의 선양문(宣陽門)으로 도달하는 소위 '동타가(銅駝街)'라는 것도 밝혀졌다.[28] 이 초보적인 탐측조사로써 북위의 태극전과 그 남쪽 궁문인 창합문(閶闔門), 그리고 동타가라는 것이 대체로 드러나게 된 것이다.

그 후 2001년 11월에서 2002년 6월에 걸쳐서 전국상(錢國祥) 씨의 지휘 아래 궁성 남문 발굴조사가 행해졌다. 이 발굴에 의해서 명확하게 된 것은 첫째, 남문의 규모인데, 남북 110m, 동서 120m이고, 동서로 3개의 문도와 2개의 궐(闕)을 가지고 있으며, 각각의 궐은 궁성의 남장(南墻)에 접속하고 있는 것으로 파악되었다. 둘째, 그 지층 퇴적으로부터 이 문은 북위시대에 건설되어 북주시대에 약간 수축한 창합문으로 추정되었다.[29] 따라서 이 발굴의 결과로 1962년 조사에 의해서 밝혀진 궁성구가 북위의 궁성구이고, 아울러 1980년대의 시굴에 의해서 문지의 북쪽에 위치한 대형의 전당의 대기도 위진시기에도 이미 존재하고 있었다는 것으로 정리되었다.[30]

낙양성 발굴은 진행되어 북위궁성의 2호 궁성유지,[31] 3호 궁성유지[32] 그리고 5호의 궁성유지와 궁성서남각 발굴성과가 차례로 공포되고, 특히

28 中國科學院考古研究所洛陽工作隊, 「漢魏洛陽城初步勘查」, (杜金鵬 · 錢國祥 主編) 『漢魏洛陽城遺址研究』, 北京: 科學出版社, 2007, pp.506-509(原載: 『考古』 1973-4).

29 中國社會科學院考古研究所洛陽漢魏故城隊, 「河南洛陽漢魏故城北魏宮城閶闔門遺址」, 『考古』 2003-7, pp.22-32.

30 中國社會科學院考古研究所洛陽漢魏故城隊, 「河南洛陽漢魏故城北魏宮城閶闔門遺址」, p.40.

31 中國社會科學院考古研究所 · 日本獨立行政法人國立文化財機構奈良文化財研究所聯合考古隊, 「河南洛陽市漢魏故城新發現北魏宮城二號建築遺址」, 『考古』 2009-5.

32 中國社會科學院考古研究所 · 日本獨立行政法人國立文化財機構奈良文化財研究所聯合考古隊, 「河南洛陽市漢魏故城發現北魏宮城三號建築遺址」, 『考古』 2010-6.

궁성 서남각의 발굴에 의해 북위의 이 부분이 위진기의 궁원(宮垣)을 계승했다는 것이 확인되었다.[33] 그리고 그 외부의 대형 거(渠)가 발견되어 한대 이래의 양거(陽渠)로 결론지어졌다. 즉 발굴의 성과로 적어도 북위 궁성의 남반부는 위진의 궁전 배치를 거의 그대로 이용해서 만들어진 것이라는 것도 명확하다. 이들 위진시대의 유구는 현재 한위 고성 내에서 발굴되는 유일한 대규모 궁전건축유구였다.

이상 탐측과 발굴과정을 통하여 얻어진 결과는 무엇인가? 북위 낙양성의 도성구조는 위진기에는 태극전 · 창합문(閶闔門)의 배치대로 그 위에 완성되기에 이르렀다는 것을 추정하게 되었다.[34] 북위의 문궐 유구 아래에 위진시기의 유구가 발견되었기 때문이다. 즉 창합문의 문 · 궐 · 원장 · 궁장 등의 기초부분 모두가 이미 위진시기에 축조되었다는 것으로 추정되었던 것이다. 이런 발굴결과에 따라 창합문뿐만 아니라 북위의 태극전도 위진시기의 태극전을 계승한 것으로 추정하게 된 것은[35] 어쩌면 당연한 것이다. 아울러 후한의 양궁체제가 위진의 단궁체제로 이행한 후, 북궁의 중심으로 궁성이 축조되어 북궁의 남방으로 확장됨과 동시에 궁성이 양분되어 북궁과 남궁으로 불렸을 뿐이라는 최근 중국학자들의 주장에[36] 힘을 실어주는 발굴 결과이기도 하다. 그래서 이 발굴 결과를 통해서 많은 학자들이 후한의 '남궁'터에 위진 태극전이 들어섰다는 기존의 견해를 수정 · 변경하기에 이르렀다.

그러면 이런 발굴로써 위진-북위의 계승설이 완전히 증명된 것인가?

33 中國社會科學院考古研究所 · 日本獨立行政法人國立文化財機構奈良文化財研究所聯合考古隊, 「河南洛陽市漢魏故城發現北魏宮城五號建築遺址」, 『考古』 2012-1.

34 中國社會科學院考古研究所洛陽漢魏故城隊, 「河南洛陽市漢魏故城發現北魏宮城四號建築遺址」, 『考古』 2014-8.

35 錢國祥, 「由閶闔門談漢魏洛陽城宮城形制」, 『考古』 2003-7, p.60.

36 錢國祥, 「漢魏洛陽故城沿革與形制演變初探」, 『21世紀中國考古學與世界考古學論文集』, 北京: 文物出版社, 2002; 錢國祥, 「由閶闔門談漢魏洛陽城宮城形制」, p.58.

반드시 그런 것은 아닐 수도 있다. 특히 북위 태극전과 위진 태극전의 전지(殿址)가 서로 관계가 있는지 여부가 명확하지 않다는 점에서 이런 결론에 신중한 태도를 취해야 한다는 학자도 있다.[37] 계승설을 주장하는 학자들은 도성의 중심인 북위 태극전이 위진 태극전 터를 그대로 이용하고, 나아가 위진 태극전은 후한 북궁의 덕양전(혹은 숭덕전이 후한 북궁에 있었다는 전제 아래 숭덕전) 터를[38] 이용하였다는 논리이다. 그러나 여기에 문제가 있다. 이 전지를 발굴한 결과 위진의 유구 아래에 후한의 그것이 발견되지 않는다는 점이다. 만약 후한의 덕양전(혹은 후한 북궁의 숭덕전)의 터에다 후세의 위진 태극전이 재건설되었다면 후한 덕양전의 규모나 그 중요성의 면에서 그 유구가 발견되어야 함은 너무도 당연한 일이기 때문이다. 그런 면에서 북위 태극전은 위진 태극전의 전지를 그대로 이용하지 않았을 가능성도 충분히 제기될 수 있는 것이다.[39] 그리고 후한의 유구가 발견되지 않았던 것은 후한의 궁전 터가 아니고 위진의 또 다른 궁전 터(건시전)일 가능성이 있기 때문이다. 그럼 아래에서 그 문제를 상세하게 검토해 보자.

37 段鵬琦, 『漢魏洛陽故城』, pp.82-83, "北魏太極殿同魏晉太極殿的殿址有無關係, 因未解剖, 目前尚不清楚."

38 錢國祥은 崇德殿은 德陽殿이 建造되기 전의 北宮의 主殿이라 보았다.(「由閶闔門談漢魏洛陽城宮城形制」, p.56)

39 楊寬은 "魏明帝(227-239)가 東漢南宮 崇德殿 터를 基礎로 하여 그 위에 太極殿을 건축했다. 이것이 이후 皇宮 正殿을 太極殿이라고 칭한 開始였다. 그리고 이전 北宮이 있던 곳 以北은 다시 芳林苑으로 증설하였다."라고 하였다.(『中國古代都城制度史研究』, 上海: 上海古籍出版社, 1993, p.139) 즉 後漢 北宮지역이 芳林苑으로 변하였다고 보았다.

Ⅲ. 조위 낙양궁 건설과정에서의 건시전의 존재형태

먼저 이 문제에 접근하기 위해 후한과 위진의 남궁문제를 다루어 보자. 위진-북위의 계승을 주장하는 논자들의 최근 주장은 다음과 같다. "(후)한 남궁에 태극전 · 소양전을 지었다"[40]는 사료를 그대로 인정하고 여기서 남궁이란 후한의 남궁이 아니라 조위 문제(文帝)가 조영했던 북궁에다 남쪽으로 다시 확장한 것을 당시 '남궁'으로 불렀다고 본다.[41] 이렇게 됨으로써 ① 궁성[太極殿]이 도성의 중북부에 위치하고, ② 동시에 황가 어원의 원유구와 궁성과 관련된 건조물이 조성되는 형태로 변했다고 본다.[42] 따라서 위진의 남궁은 후한의 남궁 그것이 아니고, 북위의 궁성처럼 남북으로 이어져 북위와 동일한 위치에 있었다는 것이다.[43] 다시 말하면 위진시대에는 후한(남궁)과는 다른 남궁(북궁에 이어져 만들어진)이 북궁에 연결되었고, 이후 위진-북위는 단일궁전으로 계승된 것이라고 정리한 것이다. 이런 주장을 유의하면서 발굴조사의 결과와 문헌자료를 엄밀하게 서로 연계시켜 위진 낙양성의 구조적 특징을 재검토해 볼 필요가 있다.

40 『三國志』 卷2 魏書2 文帝紀, p.76, "(黃初)元年, 十二月, 初營洛陽宮, 戊午幸洛陽"의 裴松之 注曰: "… 至明帝時, 始於漢南宮崇德殿處起太極 · 昭陽諸殿."; 『水經注』(臺北: 世界書局, 1970) 卷16 穀水, 「又東過河南縣北, 東南入於洛」條, p.215, "魏明帝上法太極, 於洛陽南宮, 起太極殿於漢崇德殿之故處. 改雉門爲閶闔門."

41 賀業鉅는 後漢시기 南 · 北 兩宮 사이의 1里 거리는 없어져, 2宮은 실제상 1宮으로 집중되고, 그것이 南北 두 부분으로 나누어져 南宮 · 北宮으로 불릴 뿐이라는 것이다. 이렇게 됨으로써 南 · 北宮 분리로 인해 나타나는 폐해를 극복함과 동시에, 宮城 앞에 큰 空地가 생겨 城의 中軸線-銅駝街를 따라서 官署나 廟社 등의 시설이 配置될 수 있게 되었다고 하였다.(『中國古代城市規劃史』, 北京: 中國建築工業出版社, 1996, pp.451-452)

42 李久昌, 『國家 · 空間與社會: 古代洛陽都城空間演變研究』, 西安: 三秦出版社, 2007, p.253.

43 郭湖生, 「魏晋南北朝至隋唐宮室制度沿革兼論日本平城宮的宮室制度」, 山田慶兒 編, 『中國古代科學史論: 續篇』, 京都: 京都大學人文科學研究所, 1981, pp.753-805.

조조의 아들 조비는 후한의 헌제를 궁박하여 양위시켜 조위의 제1대 황제 세조 문제(世祖 文<皇>帝)로 등극한 후 황초(黃初) 원년(220) 12월에,[44] 조조시기의 왕성 업성(鄴城)을 떠나 낙양으로 도읍을 옮겼다. 제2대 황제 열조 명제(烈祖 明<皇>帝)는 낙양에 종묘를 경영하고는 업도에 있던 신주(神主)를 모셔 왔기 때문에(明帝 太和 3년: 229)[45] 낙양은 제1 수도, 즉 도성이 되고 대신 업성은 5도의 하나가 됨과[46] 동시에 위군(魏郡)의 군치(郡治)가 되기에 이르렀다.

업도에서 낙양으로 도성을 옮긴 결정의 배경에는 조위가 한조(漢朝)의 계승왕조라는 명분적 이유와 낙양이 중원의 중심에 위치해 있기 때문에 남쪽으로 오와 촉나라를 평정하는 데 유리하다는 현실적인 이유가 작용했던 것으로 보인다. 앞서 초평(初平) 원년(190) 동탁(董卓)이 후한 헌제를 데리고 장안으로 천도하면서 후한 도성으로 165년간 위치를 지켰던 낙양성은 크게 파괴된 바 있다.[47] 건안 원년(196) 헌제가 낙양으로 돌아올 때의 정황은 "궁실은 불타 없어지고, 백관(의 관사)들은 가시덤불이 덮이고 장벽 사이에 서 있어 헌제가 중상시(中常侍) 조충(趙忠)의 집에 기거해야 하는"[48] 형편이었기 때문에 조조는 그것을 명분으로 삼아 허(許)에다 헌제

44 『三國志』 卷2 魏書2 文帝本紀, 黃初 元年條, p.76, "十二月, 初營洛陽宮, 戊午幸洛陽."

45 『三國志』 卷3 魏書3 明帝本紀, 太和 3年(229)條, p.96, "初, 洛陽宗廟未成, 神主在鄴廟. 十一月, 廟始成, 使太常韓曁持節迎高皇帝 · 太皇帝 · 武帝 · 文帝神主于鄴, 十二月己丑至, 奉安神主于廟."

46 『三國志』 卷2 魏書2 文帝 黃初 2年(221) 春正月 壬午條, p.77, "改許縣爲許昌縣. 以魏郡東部爲陽平郡, 西部爲廣平郡."의 裴松之 注曰: "『魏略』曰: '改長安 · 譙 · 許昌 · 鄴 · 洛陽爲五都. …'"

47 『後漢書』 志14 五行2 「災火」條, p.3297, "(靈帝)中平二年(185)二月己酉, 南宮雲臺災. 庚戌, 樂城門災, 延及北闕, (度)道西燒嘉德 · 和歡殿. 案雲臺之災自上起, 榱題數百, 同時並然, 若就縣華鐙, 其日燒盡, 延及白虎 · 威興門 · 尙書 · 符節 · 蘭臺. 夫雲臺者, 乃周家之所造也, 圖書 · 術籍 · 珍玩 · 寶怪皆所藏在也. … 其後三年, 靈帝暴崩, 續以董卓之亂, 火三日不絕, 京都爲丘墟矣."

를 안치시키게 되었다. 20년 후인 건안 24년(219), 조조는 한중에서 낙양으로 와 머물면서 낙양궁전을 수복하는 사업을 시작하였다. 먼저 북궁의 서북부 탁룡사(濯龍祠) 땅에다 건시전(建始殿)을 건조하였다.[49] 특히 이 건시전은 그 위치와 역할과 기능이 중요한 대목이다.

220년 봄 조조가 죽고, 그해(黃初 원년) 10월이 되자, 조비(曹丕: 文帝)는 허(창)의 번양(繁陽)에서 후한 헌제의 선양을 받아 후한을 정식으로 멸망시키고, 12월 낙양을 도성으로 정하면서 낙양궁의 수치(修治)를 하명한다. 우선 기주(冀州) 사졸가 10만 호를 하남으로 옮겨서 조영토록 한다.[50] 이때 북궁지역에서부터 중건을 개시하게 되었는데, 이미 조조시기에 건설하기 시작한 건시전이 여전히 주전 역할을 하였으며 그 전문(殿門)이 바로 승명문(承明門)이었다.[51] 문제는 재위 중에 북궁지역에다 다시 가복전(嘉福殿)과[52]

48 『後漢書』 卷9 孝獻帝 建安 元年(196)條, pp.379-380, "秋七月甲子, 車駕至洛陽, 幸故中常侍趙忠宅. … 八月辛丑, 幸南宮楊安殿. … 是時, 宮室燒盡, 百官披荊棘, 依牆壁閒. … 羣僚飢乏, 尙書郎以下自出採稆, 或爲兵士所殺. … 庚申, 遷都許. 己巳, 幸曹操營."

49 『三國志』 卷1 魏書1 武帝紀, p.53, "(建安)二十五年(220)春正月, 至洛陽. … 庚子, 王崩于洛陽, 年六十六."의 裴松之 注引 『世語』曰: "太祖自漢中至洛陽, 起建始殿, 伐濯龍祠而樹血出. …"; (晉)干寶, 『搜神記』(欽定四庫全書』 子部) 卷6, p.18上左, "建安二十五年正月, 魏武在洛陽, 起建始殿, 伐濯龍樹而血出. … 是月崩, 是歲爲魏文黃初元年."

50 『資治通鑑』 卷69 魏紀1 文帝 黃初 元年(220) 12月條, p.2183, "初營洛陽宮. 戊午, 帝如洛陽"의 胡三省 注曰: "裴松之注: 案諸書記, 是時帝居北宮, 以建始殿朝羣臣, 門曰承明. 陳思王植詩「謁帝承明廬」是也. 至明帝時, 始於漢南宮崇德殿處起太極 · 昭陽諸殿."; 『資治通鑑』 卷69 魏紀1 文帝 黃初 元年(220) 12月條, p.2184, "帝欲徙冀州士卒家十萬戶實河南"의 胡三省 注曰: "時營洛陽, 故欲徙冀州士卒家以實之."

51 『三國志』 卷2 魏書2 文帝紀, p.76, "(黃初)元年(220), 十二月, 初營洛陽宮, 戊午幸洛陽"의 裴松之 注曰: "臣松之案: 諸書記是時帝居北宮, 以建始殿朝羣臣, 門曰承明, 陳思王植詩曰: 謁帝承明廬'是也. 至明帝時, 始於漢南宮崇德殿處起太極 · 昭陽諸殿."; 『河南志』 魏城闕古蹟條, p.60, "承明門(陸機『洛陽記』曰: 承明門, 後宮出入之門 … 魏明帝作建始殿, 朝會皆由承明門.)"

52 『河南志』 「魏城闕古蹟」條, p.61, "嘉福殿(文帝 · 明帝並崩於嘉福殿."

숭화전(崇華殿)을 건설하였다.[53] 이들은 곧 구룡전전(九龍前殿)·숭화전전(崇華前殿) 등의 명칭으로 변한 것 같다.[54] 또 문제시기 건설된 궁전으로 문창전(文昌殿)이 있다.[55] 이 시기 건설된 궁전을 통틀어 '낙양궁(洛陽宮)'이라 하였다. 그런데 서진 지우(摯虞)는 "(후)한왕조 시대에는 건시전에서[56] 조회를 했는데, (서)신대에는 태극전에서 대조회가, 동당에서 소조회가 행해졌다"고 하였다.[57] 그런데 후한 낙양성에는 건시전이란 궁전이 『후한서』 등에는 전혀 나오지 않기 때문에 이 건시전은 조조에 의해 (명목상 후한시기에) 건설되기 시작한 건시전을 말하는 것일 가능성이 크다. 이 건시전은 명제시기 태극전이 건축되기 전 15년 동안(220-235) (대)조회가 열렸던 전전(前殿)인 동시에 정전(正殿)이었다.

건시전 축조와 동시에 관부와 제택도 건조하기 시작하였으니, 문제 말년(226)에 이르러서야 궁전, 종묘,[58] 관부, 고구(庫廏), 제택 등의 건축 작업이 대체로 완료된 듯하다. 아울러 원유인 방림원과[59] 궁중 서부에다 업

53 『河南志』「魏城闕古蹟」條, pp.60-61, "九龍殿(青龍二年, 崇華殿災<… 魏文帝時已有崇華殿, 則該殿非建於明帝時甚明 …>改名九龍."

54 『三國志』 卷2 魏書2 文帝 黃初 7年(226) 夏5月條, p.86, "丁巳, 帝崩于嘉福殿"의 裴松之 注曰: "『魏書』曰: 殯於崇華前殿."; 『三國志』 卷3 魏書3 明帝 景初 三年(239), 正月 丁亥條, p.114, "即日, 帝崩于嘉福殿"의 裴松之 注曰: "『魏書』曰: 殯于九龍前殿."

55 『河南志』「魏城闕古蹟」條, p.62, "文昌殿(文帝黃龍元年冬至日, 黃雀集于文昌殿.)"

56 사실 『後漢書』에는 建始殿이란 궁전명이 없고, 조위시대에 北宮에 있던 궁전명이다. 建始殿은 『洛陽記』에 나온다.(『後漢書』 卷22 堅鐔傳, p.783, "鐔與建義大將軍朱祐乘朝而入, 與鮪大戰武庫下."의 章懷太子 注曰: "『洛陽記』曰: 建始殿東有太倉, 倉東有武庫, 藏兵之所.")

57 (唐)歐陽詢 撰, 『藝文類聚』(上海: 上海古籍出版社, 1985) 卷39 禮部中 朝會條, p.710, "所引摯虞『決疑要注』曰: '漢制. 會於建始殿. 晉制, 大會於太極殿, 小會於東堂.'"

58 『三國志』 卷2 魏書2 文帝紀, 黃初 2年 6月條, p.78, "六月庚子, 初祀五嶽四瀆, 咸秩羣祀"의 裴松之 注曰: "『魏書』: '甲辰, 以京師宗廟未成, 帝親祠武皇帝于建始殿, 躬執饋奠, 如家人之禮.'"라 하였으니 黃初 2년 6월 당시 아직 宗廟가 완비되지 않았다.

59 『三國志』 卷2 魏書2 文帝紀, p.83, "(黃初)四年(223) 九月甲辰, 行幸許昌宮"의 裴松

성의 삼대를 모방한 능운대(凌雲臺)도 건설되었다.[60] 따라서 건시전은 나름으로 정전으로서의 규격과 규모를 갖추었음을 짐작할 수 있다.

Ⅳ. 조위 명제 때의 태극전 건축 위치와 남·북궁문제

문제 조비가 죽은 후 명제 조예가 등극하면서 재위 12년 동안(227-239) 낙양성의 궁전·원유·단묘(壇廟)·성지와 도로가 본격적으로 건축되었다. 이 시기는 제1기(227-235)인 궁전건축기와 제2기(235-239)인 종묘·사직과 도로의 수축기로 나눌 수 있다.[61] 이 가운데 제1기에 전전인[62] 태극전,[63] 후궁의 정전인 소양전이[64] 후한 남궁 숭덕전 터에 건축되었다고 기록되고 있다.[65] 그리고 총장관(總章觀)을 짓고 방림원 중에 피지(陂池)를

之 注: "『魏書』曰: … 是冬, 甘露降芳林園. 臣松之按: 芳林園即今華林園, 齊王芳即位, 改爲華林."

60 『三國志』 卷2 魏書2 文帝紀, p.78, "(黃初二年: 221) 是歲築陵雲臺."

61 傳喜年 主編, 『中國古代建築史』(北京: 中國建築工業出版社, 2001) 第二卷(兩晉·南北朝·隋唐·五代建築), p.8.

62 『太平御覽』(臺北: 臺灣商務印書館) 卷175 居處部3 殿, pp.983下-984上, "山謙之『丹陽記』曰: 太極殿, 周制路寢也. 秦漢曰前殿, 今稱太極. 曰前殿洛宮之號始自魏. 案『史記』, 秦皇改命宮爲廟, 以擬太極. 魏號正殿爲太極, 蓋採其義而加以太, 亦猶漢夏門魏加曰大夏耳. 咸康中, 散騎侍郎庾闡議求改太爲泰, 蓋謬矣. 東西堂亦魏制, 於周小寢也. 皇后正殿曰顯陽, 東曰含章, 西曰徽音, 又洛宮之舊也. 含章名起後漢, 顯陽·徽音亦起魏, 曰明陽, 晉避文帝諱改爲此. 『周禮』亦有路寢·小寢, 又其制度也."

63 『河南志』「魏城闕古蹟」條, p.60, "太極殿(明帝青龍三年, 大治洛陽宮, 起昭陽·太極殿, 築總章觀. … 按此殿, 『水經注』曰: 是漢南宮·崇德之基. 歷代正殿皆以太極名之, 自此始也.)"

64 『太平御覽』 卷175 居處部3 「殿」條, pp.984下, "又云: 洛陽有顯陽殿, 皇后正殿也. 魏明帝所建."; 『河南志』「魏城闕古蹟」條, p.61, "昭陽殿(在太極之北, 明帝所治, … 又『魏志』曰: 明帝建昭陽殿, 公卿以下至於學生, 莫不展力, 帝乃躬自握土以率之.)" "顯陽殿(明帝景初間造, 皇后正殿也. 按, 晉文帝諱昭, 遂改曰顯陽.)"

65 『太平御覽』 卷175 居處部3 「殿」條, p.983下, "『魏略』曰: 青龍三年, 起太極殿. 洛陽

파서 곡수(穀水)의 물을 끌어들여 구룡전(九龍殿) 앞을 지나도록 하였다.[66] 또 방림원 서북각에 경양산(景陽山)을 지었다. 그 공사가 엄청난 규모라 노동력이 부족한 나머지 황제도 몸소 땅을 파면서 독려할 정도였다고 한다.[67] 이때 건설사업 가운데 가장 중요한 것은 태극 · 소양 등의 궁전이며, 이 가운데 태극전의 건축은 후세 궁성의 중심 궁전 명칭으로[68] 의미가 크기도 하지만, 그 위치는 위진 낙양성의 도시포국 특징을 가늠하는 것이기 때문에 대단히 중요하다.[69]

일련의 이러한 조위의 낙양궁 건설은 처음부터 순조로웠던 것은 아니다. 특히 명제시기에 신비(辛毗)와[70] 고당륭(高堂隆)[71] · 진군(陳羣)[72] 등이

故諸宮有却非殿 · 銅馬殿 · 敬法殿 · 淸凉殿 · 鳳凰殿 · 嘉德殿 · 黃龍殿 · 壽安殿 · 竹殿";『三國志』卷2 魏書2 文帝紀 黃初 元年(220)條, p.76, "十二月, 初營洛陽宮, 戊午幸洛陽."(裴松之 注曰: "臣松之案: '…至明帝時, 始於漢南宮崇德殿處起太極 · 昭陽諸殿. …"); 傳喜年 主編,『中國古代建築史』第二卷, p.23.

66 『三國志』卷3 魏書3 明帝紀 靑龍 3年(235)條, pp.104-106, "是時, 大治洛陽宮, 起昭陽 · 太極殿, 築總章觀. 百姓失農時, 直臣楊阜 · 高堂隆等各數切諫, 雖不能聽, 常優容之.(裴松之 注引『魏略』曰: '是年起太極諸殿, 築總章觀, 高十餘丈, 建翔鳳於其上; 又於芳林園中起陂池, 楫櫂越歌 …') 八月… 丁巳, 行還洛陽宮. 命有司復崇華, 改名九龍殿."

67 『三國志』卷25 魏書25 高堂隆傳, p.712, "帝愈增崇宮殿, 彫飾觀閣, 鑿太行之石英, 采穀城之文石, 起景陽山於芳林之園, 建昭陽殿於太極之北, 鑄作黃龍鳳皇奇偉之獸, 飾金墉 · 陵雲臺 · 陵霄闕. 百役繁興, 作者萬數, 公卿以下至于學生, 莫不展力, 帝乃躬自掘土以率之."

68 『河南志』「魏城闕古蹟」條, p.60, "太極殿(明帝靑龍三年, 大治洛陽宮, 起昭陽 · 太極殿, 築總章觀. … 按此殿,『水經注』曰: 是漢南宮 · 崇德之基. 歷代正殿皆以太極名之, 自此始也.)"

69 太極殿과 東堂 · 西堂의 구조는 魏晋南北朝시대 太極殿의 기본구조라고 한다.(渡邊信一郎,『天空の玉座－中國古代帝國の朝政と儀禮』, 東京: 柏書房, 1996, p.65); 이런 布局은 秦漢代의 前殿 内에다 東西廂을 설치하는 방법을 따르는 것이 아니고 大朝인 太極殿 左右에 日常政務를 처리하는 東西堂을 두는 布局인데, 이런 布局方式은 東西廂을 확충해서 완성한 것으로 후에 兩晉 · 南北朝 약 300년간 沿用되었다가 隋朝에 이르러 폐지되었다고 한다.(劉敦楨 主編,『中國古代建築史(第二版)』, 北京: 中國建築工業出版社, 1984, p.50)

촉과 오와의 전쟁문제와 백성노역문제 등을 들며 격렬하게 반대하였기 때문이다. 그러나 왕조를 위한 장기적인 계책, 즉 '사직계(社稷計)'라는 명분으로 명제는 그 건설을 강행하였다.[73] 명제 청룡 3년, 촉의 재상 제갈량의 죽음은 '토목공사를 좋아하는[好土功]' 명제에겐 난국 돌파의 기회를 마련해 주었다. 그 사건을 계기로 '궁실공사를 크게 일으키는[大興宮室]' 대토목공사가 단행되었기 때문이다.[74] 명제는 북망산 쪽으로 확장하여 건축하려

70 『三國志』 卷25 魏書25 辛毗傳, pp.696-697, "帝欲徙冀州士家十萬戶實河南. 時連蝗民饑, 羣司以爲不可, 而帝意甚盛. 毗與朝臣俱求見, 帝知其欲諫, 作色以見之, 皆莫敢言. 毗曰: '陛下欲徙士家, 其計安出' 帝曰: '卿謂我徙之非邪?' 毗曰: '誠以爲非也.' …"

71 『三國志』 卷25 魏書25 高堂隆傳, p.711, "是歲, 有星孛于大辰. 隆上疏曰: '凡帝王徙都立邑, 皆先定天地社稷之位, 敬恭以奉之. 將營宮室, 則宗廟爲先, 廐庫爲次, 居室爲後. 今圜丘・方澤・南北郊・明堂・社稷, 神位未定, 宗廟之制又未如禮, 而崇飾居室, 士民失業. 外人咸云宮人之用, 與興戎軍國之費, 所盡略齊. 民不堪命, 皆有怨怒. … 今之宮室, 實違禮度, 乃更建立九龍, 華飾過前. 天彗章灼, 始起於房心, 犯帝坐而干紫微, 此乃皇天子愛陛下, 是以發教戒之象, 始卒皆於尊位, 殷勤鄭重, 欲必覺寤陛下; 斯乃慈父懇切之訓, 宜崇孝子祇聳之禮, 以率先先下, 以昭示後昆, 不宜有忽, 以重天怒.'"

72 『三國志』 卷22 魏書22 陳羣傳, pp.636-637, "青龍中, 營治宮室, 百姓失農時. 羣上疏曰: '禹承唐・虞之盛, 猶卑宮室而惡衣服, 況今喪亂之後, 人民至少, 比漢文・景之時, 不過一大郡. 加邊境有事, 將士勞苦, 若有水旱之患, 國家之深憂也. 且吳・蜀未滅, 社稷不安. 宜及其未動, 講武勸農, 有以待之. 今舍此急而先宮室, 臣懼百姓遂困, 將何以應敵? … 今中國勞力, 亦吳・蜀之所願. 此安危之機也, 惟陛下慮之.' … 帝於是有所減省."

73 『三國志』 卷25 魏書25 辛毗傳, p.698, "帝方脩殿舍, 百姓勞役, 毗上疏曰: '竊聞諸葛亮講武治兵, 而孫權市馬遼東, 量其意指, 似欲相左右. 備豫不虞, 古之善政, 而今者宮室大興, 加連年穀麥不收. … 唯陛下爲社稷計.' 帝報曰: '二虜未滅而治宮室, 直諫者立名之時也. 夫王者之都, 當及民勞兼辦, 使後世無所復增, 是蕭何爲漢規摹之略也. 今卿爲魏重臣, 亦宜解其大歸.' 帝又欲平北芒, 令於其上作臺觀, 則見孟津. 毗諫曰: '天地之性, 高高下下, 今而反之, 既非其理; 加以損費人功, 民不堪役. 且若九河盈溢, 洪水爲害, 而丘陵皆夷, 將何以禦之?' 帝乃止."

74 『資治通鑑』 卷73 魏紀5 明帝 青龍 3年(235) 夏4月條, p.2183, "帝好土功, 既作許昌宮, 又治洛陽宮(胡三省 注曰: '諸葛亮死, 帝乃大興宮室…'), 起昭陽太極殿(胡三省 注曰: '『水經注』: 明帝上法太極, 於洛陽南宮起太極殿, 卽漢崇德殿之故處'), 築總章觀, 高十餘丈(胡三省 注曰: '… 總章觀蓋在太極殿前 …')."

던 원래의 계획에서 후퇴하였기 때문에 조위 낙양성의 성지(城址) 규모는 후한의 그것에서 크게 변화한 것은 없었다고 보아야 한다. 다만 명제 청룡(青龍) 3년(235) 토목공사 때에 낙양성 서북우에 업성의 삼대를 모방하여 금용성(金墉城)을 건축하였던 것이[75] 약간 다른 점이라 할 수 있다.

265년 선양방식을 통해 조위를 대신하여 들어선 서진왕조는 태묘를 선양문(宣陽門) 내에 중건한 것을 제외하고는,[76] 조위가 사용하던 궁전 · 관서 등을 그대로 이용했다. 그런데 서진 말기인 311년 전조(前趙)의 장군 유요(劉曜)와 왕미(王彌)의 군대가 낙양성에 들어와 궁묘(宮廟) · 관부(官府)를 불태움으로써 폐허로 돌아가게 되었다.[77] 이상이 위진의 도성 낙양성의 축조와 파괴에 대한 대강의 줄거리이다.

이상에서 보았듯이 조위의 낙양성은 조조-조비-조예 3대에 걸쳐 건설된 것이고, 대성의 위치나 규모 등은 후한의 그것과 동일하다. 다만 대성 내의 궁전 · 관부 등의 위치가 후한의 그것과 동일하냐 아니면 달라졌느냐의 문제인 것이다.

이 문제를 명확하게 하기 위해서 반드시 해결해야 할 문제는 위진 낙양성에 남 · 북궁이 존재하였느냐, 다시 말하면 남궁이 실재하였느냐의 문제로 연결된다. 먼저 남궁의 실재 여부에 대해 검토해 보자. 그런데 사료상으로 보면 조위시대에 '남궁'이라는 명칭은 『진서』에서 나오고 있지만,[78]

75 傳喜年 主編, 『中國古代建築史』 第二卷, p.9.

76 『晉書』 卷19 禮志上 吉禮, p.603, "至(太康)十年, 乃更改築於宣陽門內, 窮極壯麗, 然坎位之制猶如初爾."; 『全晉文』(『全上古三代秦漢三國六朝文』, 石家莊: 河北教育出版社, 1997) 卷6 武帝 太康 10年(289) 「改建宗廟詔」, p.66, "往者乃魏氏舊廟處立廟, … 今當修立, 不宜在故處. 太僕寺南臨甬道, 地形顯敞, 更于此營之, 主者依典禮施行."; 『太平御覽』 卷531 禮儀部10 廟, p.2538-下右, "王隱『晉書』曰: '太康十年, 太廟成, 遷神主于新廟.'"

77 『資治通鑑』 卷87 晉紀9 懷帝 永嘉 5年(311) 6月條, p.2763, "遂發掘諸陵, 焚宮廟 · 官府皆盡. (劉)曜納惠帝羊皇后, 遷帝及六璽於平陽."

78 『晉書』 卷25 輿服志, p.751, "史臣曰: 昔者乘雲效駕, 卷領垂衣, 則黃帝皂衣纁裳, 放

'(위진의)남궁'이라는 용어는 『삼국지』나 『진서』에 그리 많이 보이지 않는다는 점이다. 대신 위진 낙양성의 궁전을 지칭할 때 '낙양궁'이라는 명칭으로 빈번하게 사용하고 있는데, 이것은 남·북궁으로 나누지 않았기 때문에서라는 주장이다.[79]

또 성벽 남문의 비중이 크게 약화되었다는 점이 눈에 띈다. 즉 조위 말 정시연간(240-248)의 사료를 보면 남면 평창문(平昌門)에 문후(門候)를 둔 기사가 보이는데,[80] 이는 후한시대에 일반문에 육백석인 문후를 둘 때 남문인 평성문(平城門)에는 천석인 둔사마(屯司馬)를 둔 것과[81] 비교하면 격이 낮아진 것을 확인할 수 있기 때문이다. 이런 사실들은 위진의 궁전지구가 후한시대처럼 남·북 양궁이 병존하지 않았으며, 또 후한시대의 남궁이 소재했던 지점에 남궁이 소재하지 않았다는 주장을 뒷받침하고 있는 것이다. 그렇다면 위진시대 남·북궁의 분립된 양궁체제가 무너지고 단궁체제로 이행한 것이라고 정리해도 좋은가?

위와 같은 사실에도 불구하고 조위나 서진이 건축한 궁전들이 모두 후

勳彤車白馬, 叶三微之序, 舍寅丑之建, 玄戈玉刃, 作會相暉. 若乃參旗分景, 帝車含曜, 又所以營衞南宮, 增華北極."

79 『三國志』에 16차례 나온다. 대표적인 것으로 『三國志』 卷2 魏書2 文帝紀, p.76, "(黃初元年)十二月, 初營洛陽宮, 戊午幸洛陽(裴松之 注曰: 臣松之案: 諸書記是時帝居北宮, 以建始殿朝羣臣, 門曰承明, 陳思王植詩曰: '謁帝承明廬' 是也. 至明帝時, 始於漢南宮崇德殿處起太極·昭陽諸殿.)"이다. 『晉書』에서 5차례가 나온다. 대표적인 것으로 『晉書』 卷3 武帝紀, pp.50-51, "泰始元年冬十二月丙寅, 設壇于南郊, 百僚在位及匈奴南單于四夷會者數萬人, … 禮畢, 即洛陽宮幸太極前殿."이다.

80 『三國志』 卷9 魏書9 曹爽傳, pp.286-288, "(正始)十年正月, 車駕朝高平陵, … 於是收爽·羲 … 當等, 皆伏誅, 夷三族"의 裴松之 注曰: "『魏略』曰: … (曹)爽兄弟皆從. … 于時曹爽輔政… 及宣王起兵, 閉城門, … (桓)範不從, 乃突出至平昌城門, 城門已閉. 門候司蕃, 故範舉吏也, … 乃開之."

81 『後漢書』 志27 百官志4 「城門校尉」條, p.3610, "城門每門候一人, 六百石. 本注曰: 雒陽城十二門, 其正南一門曰平城門(章懷太子注曰: 『漢官秩』曰: '平城門爲宮門, 不置候, 置屯司馬, 秩千石.')."

한 북궁지역의 범위 내에 있었다고 말할 수는 없다. 그래서 혹자는 조위시대에는 남궁이 후한의 남궁 소재지에 그대로 있었고, 다만 후한의 남궁과 같은 비중은 아니어서, 후한 북궁지역을 중심으로 일부 황궁을 영건했다고 말할 수는 있다고[82] 보기도 한다. 즉 남궁의 존재 자체를 부정하지는 않는 견해인 것이다.

이 문제를 확실하게 파악하기 위해서는 조위-서진시대의 궁전 영건과정을 검토하면서 전후 관계를 파악하는 수밖에 다른 도리가 없다. 그러면 조위의 궁전 영견과정을 검토해 보자.

후한 말 동탁이 천자를 장안으로 옮긴 후 남·북궁의 궁실뿐만 아니라 종묘·부고(府庫)·민가 등 성내를 소제하듯이 모두 불태워 버렸다.[83] 이후 조위시대에는 이런 공터 위에 두 차례 큰 토목공사를 통하여 소위 '낙양궁'을 영건하였던 것이다. 그런데 이 '낙양궁'은 어느 지점을 중심으로 건축되기 시작하였을까? 즉 1·2차 모두 남·북궁 어느 한 지점에 집중하여 건축한 것인가? 아니면 각각 다른 지점에 건축된 것인가? 아울러 가장 중요한 건축물인 태극전이 남궁, 혹은 북궁 터 어디에 조영되었는가 등이 특히 문제가 된다.

조위의 도성 낙양성은 북궁을 중심으로 궁전들을 영건하기 시작했다. 즉 조조가 북궁 서부에 건시전(建始殿)과 승명문(承明門)을 수복한 이후 문제·명제시기까지의 낙양성 건설과정에서 남궁의 수복에 대해서는 명확한 기록이 없다. 그런 점에서 조위시대에 들어 북궁지역이 중점적으로 수치되는 한편, 남궁은 폐기됨으로써 후한의 낙양성에 있어서 남·북궁이 대치하

82 段鵬琦, 「漢魏洛陽城的幾個問題」, 『漢魏洛陽故城研究』(原載: 『中國考古學研究: 夏鼐先生考古五十年紀念論文集』, 1986), 洛陽市文物局·洛陽白馬寺漢魏故城文物保管所 編, 北京: 科學出版社, 2000, p.467.

83 『三國志』 卷6 魏書6 董卓傳, p.176, "初平元年二月, 乃徙天子都長安. 焚燒洛陽宮室, 悉發掘陵墓, 取寶物."의 裴松之 注曰: "『續漢書』曰: … 卓部兵燒洛陽城外面百里. 又自將兵燒南北宮及宗廟·府庫·民家, 城內掃地殄盡."

는 포국이 비로소 종료된 것으로 해석하기도 한다. 즉 궁실이 북쪽에 두어지고, 관서와 시리(市里)는 남쪽에 배치되는 새로운 포국이 형성된 것으로 해석하는 것이다. 즉 북궁이 중건된 후 다시 그 남쪽으로 궁정구역을 확장하였는데, 그 확장된 부분이 '남궁'이라 지칭되었기 때문에 위진 낙양성의 남궁은 후한의 남궁과 그 위치가 다르다는 것이다. 이런 추론은 최근 중국학자들에게서 주로 주장되는 내용이다. 일찍이 곽호생(郭湖生)이[84] 이후 하업거(賀業鉅),[85] 부희년(傅熹年),[86] 다시 최근 발굴을 주도한 전국상이[87] 이런 관점을 견지하고 있다.

이런 관점에 따라 현재 학계에서의 흐름을 보면 다음과 같이 정리된다. 위진 낙양성은 북부는 궁금구(宮禁區), 남부는 시리구(市里區)의 형태로 나누어졌으며, 이런 포국구조는 조조 위왕국의 업성 구조를 본뜬 형태라고 본다.[88] 즉 조조의 업성에서 궁성이 도성의 북부로 올라간 포국이 위진 낙양성에도 계승된 것이라고 보는 관점이다. 또 그런 포국 변화와 더불어 후한 북궁지역인 동시에 위진의 북궁지역(북궁에 이어져 건축된 남궁)에 태극전이 들어섰다는 관점이다. 그리고 북위의 낙도(洛都) 건설에서도 도성 외곽이 동·서·남의 세 방향에서 내성을 둘러싸고 거주구와 시구(市區)는

84 郭湖生, 「魏晋南北朝至隋唐宮室制度沿革兼論日本平城宮的宮室制度」.

85 太極殿이 '南宮'에 건설되었다는 것은 賀業鉅도 인정하는데, 문제는 南宮이 後漢의 南宮, 그대로의 위치가 아니라 北宮을 남쪽으로 확장한 부분이라 본다. 즉 曹魏 明帝는 後漢 南·北宮制의 舊觀을 회복한 것이 아니라 宮址를 조정하였을 뿐만 아니라, 宮廷區의 占地面積도 壓縮되었다고 본다.(『中國古代城市規劃史』, pp.450-451) 그러나 王仲殊는 "東漢南宮崇德殿的舊基上建太極·昭陽諸殿"(『漢代考古學概說』, p.21)이라 하였다.

86 傅熹年은 曹魏는 北宮을 重建하고 南宮의 廢棄하였다고 본다.(『中國古代建築史』第二卷, p.9) 그리고 渡邊信一郎도 "제2대 明帝 靑龍 3년(225)에 後漢 洛陽城 北宮의 德陽殿跡에 太極殿, 朱雀闕跡에 閶闔門을 건설하고…"라 하였다.(『中國古代王權天下秩序: 日中比較史視點』, 東京: 校房書房, 2003, p.155 및 p.176 주2.)

87 錢國祥, 「由閶闔門談漢魏洛陽城宮城形制」, p.58.

88 賀業鉅, 『考工記營國制度硏究』, p.14.

동 · 서 · 남의 곽구(郭區)에 분포하는 좌북조남(坐北朝南)의 형태를 이어받았다고 보았다.89

그러나 『수경주』에서 후한의 숭덕전 옛터에 태극전을 건설하였고, 그 궁문인 치문(雉門)을 창합문(閶闔門)으로 고쳤다고 하는 명백한 기록이 있는 것을90 부정할 수는 없는 것이다. 그리고 양수경(楊守敬)도 낙양의 남 · 북궁체제는 진(秦) 이후 후한과 조위까지 이어졌다고 하였다.91 그리고 북궁의 궁전을 새로 건설되자 양곡(梁鵠: 졸연대미상; 한말-위초인)의 서법을92 채용한 편액을 써 붙였고, 명제시기에 '남궁이 건축된 후[南宮旣建]' 궁문에 서법가 위탄(韋誕)이 고전(古篆)으로 쓴 방제(牓題)를 달았다고 한다.93 그러니 위진시대 남궁의 존재를 무시하기도 어려운 일이다.

V. 덕양전 터의 태극전 건축설과 그 문제점

태극전이 후한의 남궁 숭덕전 자리에 지어진 것이 아니라 위진시대 새롭게

89 楊寬, 『中國古代都城制度史研究』, pp.188-189.

90 『水經注』 卷16 穀水 「又東過河南縣北, 東南入於洛」條, p.215, "魏明帝上法太極於洛陽南宮. 起太極殿於漢崇德殿之故處. 改雉門爲閶闔門."

91 楊守敬은 이 구절의 '洛陽南宮'에 대해 "按『後漢書 · 光武帝紀』: 帝幸南宮却非殿. 此及下言南 · 北宮, 皆曹魏事. 蓋自秦建南 · 北宮而漢 · 魏因之."라 하여(『水經注疏』<武漢: 湖北人民出版社, 1988, 『楊守敬集』 3>, p.1081 주114) 魏國 도성 洛陽城에도 秦代 이후의 南 · 北宮체제를 유지하고 있었다고 한다.

92 梁鵠에 대해서는 (宋)洪適 撰, 『隷釋』(中華書局, 1985) 卷19 「魏修孔子廟碑」, p.191, "右魯孔子廟之碑篆額, 嘉祐中, 郡守張稚圭, 按圖經題曰: '魏陳思王曹植詞, 梁鵠書. …'"라 하였으니 曹植과 같은 시대 사람으로 보인다.

93 『水經注』 卷16 穀水 「又東過河南縣北, 東南入於洛」條, p.215, "昔在漢世, 洛陽宮門題, 多是大篆, … (師)宜官北宮牓題, 咸是(梁)鵠筆, 南宮旣建, 明帝令侍中京兆韋誕, 以古篆書之.": 『河南志』 「魏城闕古蹟」條, p.59, "宮室(… 其宮榜, 多梁鵠八分體. 南宮旣建. 明帝令侍中韋誕以古篆書之.)."

조성된 '남궁'지역에 지어졌다고 보는 측은 구체적으로 조위의 명제가 후한의 북궁 덕양전 자리에 태극전을 지었다고 본다. 다시 말하면 위진 낙양성에서의 남궁의 건설 자체를 부정하는 자는 후한의 덕양전뿐만 아니라 숭덕전도 북궁에 속하던 궁전이었다고 보는 것이다. 이를 문헌적으로 뒷받침하는 글이 장형(張衡)의 「동경부(東京賦)」와 그 주이다. 즉 "이에 숭덕(전)을 새롭게 하고 마침내 덕양(전)을 지었다[乃新崇德, 遂作德陽]"는 「동경부」의 문구와 그에 대한 오인(吳人) 설종(薛綜: ?-243)의 주가 그것이다. 특히 "숭덕전은 동쪽에, 덕양전은 서쪽에 있는데 서로 떨어진 거리가 50보였다[崇德在東, 德陽在西, 相去五十步]"[94]라는 설종의 주는 숭덕전의 북궁 소재를 뒷받침하는 가장 중요한 근거였다. 필자는 졸고에서 이 '숭덕'은 숭덕전이 아니라 후한 북궁에 있는 '숭덕서(崇德署)'라고 논증한 바 있다.[95] 따라서 숭덕전은 후한 남궁의 정전이었으며 거기에 위진 태극전이 건립되었다는 여러 문헌적 주장을 지지했던 것이다.

후한 북궁 덕양전 터에 태극전이 건립되었다고 보는 하나의 중요한 근거로 내세우는 것이 바로 조식(曹植)의 「훼견성고전령(毁鄄城故殿令)」이다. 이 문장이 써진 당시 상황은 다음과 같다. 조위 문제 황초 3년(222) 조식이 견성(왕)에 봉해진[96] 후 노후화한 전한 무제의 옛 전당[故殿]을 허물고 관사를 정비하려 하였다. 그런데 마침 조식 자신이 중병에 걸리게 되었는데, 무의(巫醫)가 중병의 원인에 대해 무제의 밀미[祟] 때문이라고 하였다. 조식이 그것은 미신에 불과하다며 물리치고 옛 전당을 파괴하고 건축할

94 『文選』 卷3 京都中, 張衡 · 東京賦, p.103, "逮至顯宗, 六合殷昌. 乃新崇德, 遂作德陽"의 薛綜 注曰: "崇德 · 德陽, 皆殿名也. 崇德在東, 德陽在西, 相去五十步."

95 朴漢濟, 「後漢洛陽城의 構造와 都城 布局: 正殿 崇德殿의 위치를 중심으로」, 『東洋史學研究』 129, 2014.

96 『三國志』 卷19 魏書19 陳思王植傳, pp.561-562, "文帝即王位, 誅丁儀 · 丁廙并其男口. (曹)植與諸侯並就國. 黃初二年, … 其年改封鄄城 侯. 三年, 立爲鄄城王, 邑二千五百戶. 四年, 徙封雍丘王. 其年, 朝京都."

것을 명하는 내용을 담은 글이 바로 그것이다. 그 문장 가운데 "주작(문)을 부수고는 창합문을 지었으며, 덕양(전)을 부수고는 태극(전)을 건축했다[夷朱雀而樹閶闔, 平德陽而建泰極]"라는 구절이 특히 문제가 된다.[97] 이 구절에 의하면 후한 낙양성의 주작문(朱雀門) 터에다 창합문을 세웠으며, 덕양전 터에다[98] 태극전을 지었다는 것으로 해석되기 때문이다. 그런데 덕양전은 후한 '북궁'에 있었던 궁전이었다.

위진시대부터 주궁이 북방으로 이동되었다고 보는 학자들의 주장은 덕양전 터에다 태극전을 지었다고 서술한 조식(192-232)이나 「동경부」의 주를 단 설종이 살았던 시대가 남궁 숭덕전에 태극전이 건립되었다고 보는 배송지(372-452)나 역도원(?470-527)보다 해당시대에 더 가깝기 때문에 더 정확하다고 보는 것이다.[99] 그런 이해라면 그들보다 더 후세 사람인 당대의 장회태자 이현(655-684)이나 남송 말-원초 사람인 호삼성(胡三省: 1230-1302)의 서술은 신빙성이 더 떨어진다고 보아야 한다. 시대적으로 근접하여 그 실물을 직접 보고 서술했다면 전해 오는 소문이나 기록에 의거하는 것보다 신빙성이 높은 것은 당연하다. 그러나 시대적 접근이 중요한 단서가 될 수 있지만 그것에만 모든 결정을 맡길 수는 없다.

배송지나 역도원이 시대적으로 떨어져 있다 해도 신빙성이 결코 낮은 것은 아니기 때문이다. 먼저 동진 말 사람인 배송지의 경우 417년 유유(劉

97 (唐)許敬宗 撰, 『文館詞林』(北京: 中華書局, 2001, 『文館詞林考證』本) 卷695 令下, 曹植, 「毁鄴城故殿令」 p.425, "況漢氏絶業, 大魏龍興, 隻人尺土, 非復漢有. 是以咸陽則魏之西都, 伊洛爲魏之東京. 故夷朱雀而樹閶闔, 平德陽而建泰極."; 『全三國文』(石家莊: 河北教育出版社, 1997, 제3冊) 卷14 魏, 陳王植, 「毁鄴城故殿令」, p.154.

98 『後漢書』 卷6 孝質帝紀, 永寧 2年(146) 11月條, p.249, "是夜, 中黃門孫程等十九人共斬江京·劉安·陳達等, 迎濟陰王於德陽殿西鍾下."의 章懷太子 注曰: "『漢官儀』曰: 崇賢門內德陽殿'也."; 『後漢書』 卷7 孝桓帝紀 建和 2年(148) 5月條, p.322, "癸丑, 北宮掖廷中德陽殿及左掖門火, 車駕移幸南宮."; 『後漢書』 卷41 鍾離意傳, p.1410, "後德陽殿成"의 章懷太子 注曰: "『漢宮殿名』曰: 北宮中有德陽殿."

99 傅喜年 主編, 『中國古代建築史』 第二卷, p.9.

裕)가 낙양을 일시 회복하는 전투에 종군하였다. 그는 임시 주주부(州主簿) 직을 수행하면서 낙양성 고도 유적을 편람한 후 태학 태묘 등 하나하나를 점검한 후에 그 사실을 기록했다는 점에서[100] 그의 서술은 매우 신빙성이 높다고 보아야 한다. 서진의 궁전 유지는 북위 효문제시기에도 여전히 남아 있었기 때문에[101] 생존시기의 선후 그것만을 가지고 단정하는 것은 위험하다. 배송지는 눈으로 직접 보고 여러 문헌에 기초하여 명제의 태극전이 (후)한의 남궁에 분명하게 위치했다는 것을 기록했던 것이다.[102]

또 『수경주』의 찬자 역도원도 북위 낙양 천도 후 도성 낙양을 배하에 둔 '하남윤(河南尹)'으로 재임했던 당사자일 뿐만 아니라, 그 자신이 야외고찰을 통해 직접 눈으로 확인한 후의 성과를 남겼던 것이다.[103] 그러기 때문에 사실을 혼동하거나 오기할 가능성은 극히 낮아 보인다. 물론 『수경주』의 경우 '낙양남궁'이라 하였고, 배송지는 '한남궁'이라 하여 표현상에 약간의 차이가 있기는 하다. '낙양남궁'이라는 『수경주』의 기술을 위진시대 변형된 남궁일 가능성도 있지만, 『수경주』 낙수조에 대성 남면의 평성문이

100 『三國志』 卷4 魏書4 三少帝紀 齊王芳 景初 3年(239) 2月條, p.117, "二月, 西域重譯獻火浣布, 詔大將軍 · 太尉臨試以示百寮.(… 臣松之昔從征西至洛陽, 歷觀舊物, 見典論石在太學者尙存, 而廟門外無之, 問諸長老, 云晉初受禪, 即用魏廟, 移此石于太學, 非兩處立也. 竊謂此言爲不然.)"; 『宋書』 卷64 裵松之傳, p.1699, "高祖北伐, 領司州刺史, 以松之爲州主簿, 轉治中從事史. …"; 伍野春, 『裵松之評傳』, 南京: 南京大學出版社, 1998, p.215.

101 『魏書』 卷91 蔣少游傳, p.1971, "後於平城將營太廟 · 太極殿, 遣少游乘傳詣洛, 量準魏晉基趾."

102 佐川英治, 「曹魏太極殿の所在について」, 『岡山大學文學部プロジエクト研究報告書』 15, 2010, p.31.

103 『魏書』 卷89, 酷吏 酈道元傳, p.1925, "酈道元, … 太和中, 爲尙書主客郎. 御史中尉李彪以道元秉法淸勤, 引爲治書侍御史. 累遷輔國將軍 · 東荊州刺史. 威猛爲治, 蠻民詣闕訟其刻峻, 坐免官. 久之, 行河南尹, 尋即眞."; 『水經注』 原序, "訪瀆搜渠, 緝而綴之, 經有謬誤者, 考以附正"; 일본 저명한 지리학자 米倉二郎(廣島大學)은 "중세시대 세계에서 가장 위대한 지리학자"라고 평가했다.(陳橋驛, 『酈道元評傳』, 南京: 南京大學出版社, 1994, p.22)

'낙양남궁'과 마주 보고 있다는 기사가 있으니,[104] 따라서 후한의 위치와 달라질 수가 없기 때문에 그럴 여지는 없다. 또 배송지의 주나 역도원의 『수경주』는 그 자체가 문학작품이나 필기소설류도 아닌 신빙성이 있는 역사기록물들이다. 따라서 역사기록을 제쳐 두고 필기류 등에 의거해서 입론을 전개하는 것은 문제가 있을 수 있다.

조식 · 설종 등과 큰 차이가 없는 시대의 사람인 『낙양기』의 찬자 서진 육기(陸機: 260-303)의 기록도 문제가 있다. 즉 그는 "남궁에 숭덕전과 태극전이 있다[南宮有崇德殿 · 太極殿]라고 기술하고 있는데,[105] 이 가운데 '남궁'을 후한, 혹은 위진 중 어느 시대 것으로 보아도 '숭덕전', '태극전' 가운데 하나는 명백한 오기일 수밖에 없다. 숭덕전과 태극전은 같은 시대에 병존한 적이 없기 때문이다. 이런 까닭으로 후한시대 낙양성 포국에 대한 설종의 주장이 그 시대와 가깝게 살았던 사람의 것이기 때문에 반드시 그 주장이 신빙성이 높다는 근거가 될 수는 없는 것이다.

이 문제와 관련하여 특히 조식의 문장을 다시 검토해 볼 필요를 느끼게 된다. 조식이 사망한 것은 태화 6년(232)이고, 명제가 태극전을 건축한 것은 청룡 3년(235)의 일이었으니 최소한 3년이라는 시간적 격차가 난다. 그 문장은 아직 시공도 하지 않은 상태에서 궁전의 위치에 대해 읊었다는

104 『水經注』 卷16 穀水 「又東過河南縣北, 東南入於洛」條, p.217, "穀水又東逕宣陽門南(案南城西頭次門曰宣陽門) … 門左, 卽洛陽池處也. 池東, 舊平城門所在矣. 今塞, 北對洛陽南宮. 故蔡邕曰平城門正陽之門, 與宮連屬. …"

105 『後漢書』 卷60 蔡邕列傳, p.1998, "時妖異數見, 人相驚擾. 其年七月, 詔召邕與光祿大夫楊賜 · 諫議大夫馬日磾 · 議郎張華 · 太史令單颺詣金商門, 引入崇德殿."의 章懷太子 注曰: "『洛陽記』曰: 南宮有崇德殿 · 太極殿, 西有金商門也." 그런데 『洛陽記』의 後漢 洛陽城 南宮에 太極殿이 있었다는 기술은 명백한 잘못이다. 또한 『後漢書』 卷54 楊賜傳, p.1779, "引賜及議郎蔡邕等入金商門崇德署"의 章懷太子 注曰: "戴延之『西征記』曰: '太極殿西有金商門.'"의 太極殿 기사도 잘못된 것이다. 太極殿은 魏 明帝 靑龍 3년에 처음 건축된 것이기 때문이다.(『三國志』 卷3 魏書3 明帝紀, 靑龍三年條, p.104, "是時, 大治洛陽宮, 起昭陽 · 太極殿, 築總章觀.") 대체로 三國 魏國 洛陽城의 실정을 後漢의 것이라 생각한 데서 온 오류라고 할 것이다.

것이 된다. 물론 그 건설 계획이 이미 성안되어 그 위치도 확정되었을 가능성을 완전 배제할 수는 없지만 조식의 서술만을 가지고 전체 입론을 결정하는 위험하다.

조식의 문장을 가지고 태극전이 후한 북궁에 소재했다는 학설을 최초로 전개한 학자가 중국의 전국상이었고,[106] 이후 중·일의 많은 학자들이 동조하고 나섰다. 이들은 후한의 북궁 터에다 위진의 남·북궁이 건설되었다고 보는 소위 '남북궁단궁(南北宮單宮)'론자들이다. 그러나 이런 주장을 정설화하기에는 아직 풀어야 할 문제들이 여전히 있다. 『조식집』을 교주한 조유문(趙幼文)은 앞에서 제기한 시간적 격차에 대해 강하게 의문을 제기하였기 때문이다. 즉, 조비(문제)의 낙양궁 정전의 축조와 조예(조위 명제) 청룡 3년의 낙양궁 확건은 전혀 다른 일인데 하나로 잘못 합쳐져 이해하고 있다고 본 것이다. 즉 조식이 이 문장을 쓴 것은 견성에 봉해진 황초 3년(222)의 일이니 태극전이 건설되기 13년 전의 일이라 그 격차는 3년이 아니라는 것이다. 조유문은 조식의 영문에서 말하는 '태극'은 문제(조비)가 건설한 낙양의 정전을 말하는 것으로 조예가 확건한 낙양궁과는 다른 것이다. 또 조예가 건축한 낙양궁전에 대해서는 역사기재가 결핍했기 때문에 김조풍(金兆豊)은 『교보삼국강역지(校補三國疆域志)』에서 이 두 가지 사건을 억지로 하나로 합친 것이라고 보았다.[107] 영문의 작성시기로 조유문이 추정한 연대는 약간의 잘못이 있는 듯하지만,[108] 명제의 태극전 건축보다

106 錢國祥, 「漢魏洛陽城沿革與形制演變初探」, 『漢魏洛陽城遺址研究』(原載 2002, 『21世紀中國考古學與世界考古學』), pp.396-412.

107 趙幼文, "案『魏志』與『水經注』俱謂太極建修於曹叡之靑龍三年, 而曹植死於太和六年. 靑龍三年, 曹植已死逾三年, 何能預知? 況令文云平德陽已建泰極, 與『水經注』於崇德殿之故基, 地址復有不同. 曹植此令作於封鄄城時, 在黃初三年則早十三年. 竊謂令文所述之泰極, 是指曹丕建修洛陽之正殿, 與曹叡擴建洛陽宮當屬兩事. 由於曹丕修建洛陽宮殿, 缺乏歷史紀載, 金兆豊『校補三國疆域志』, 竟將二事牽合爲一, 疑不足據."(『曹植集校注』, 北京: 人民文學出版社, 1984, p.250)

108 曹植은 文帝 黃初 2년(221)에 鄄城에 始封되고, 3년(222)에 鄄城王이 되면서 2,500

10년 전 이상의 격차가 있는 일임에는 틀림이 없다.

이런 조유문의 주장에 대해 야스다 지로(安田二郎)가 반론을 펴기도 했지만,[109] 사가와 에이치(佐川英治)는 조유문의 주장을 찬성하고 나섰다.[110] 사가와의 주장은 상당히 중요한 문제제기이기 때문에 약간의 검토가 필요하다. 즉 그는 이런 시간적 차이로 볼 때 조식의 영문은 10여 년 후 명제시기에 일어난 일을 기록한 것이 아니라, 그보다 앞선 조조와 조비 집권 때의 일을 기록한 것으로 보아야 한다고 보았다. 즉 조식의 영문에 나오는 '창합'과 '태극'이란 건축물도 명제시기의 것과는 다른 어떤 건축물이어야 한다고 본 것이다. 사가와는 조식의 영문에서 말하는 '태극'이란 단어는 정전의 대명사로 볼 수 있다고 보았다. 왜냐하면 장형의 「서경부」에서 전한 장안성의 미앙궁과 그 궁문을 지칭하면서 '자궁'(紫宮: 紫微宮=太極)과 '창합'이라 하였기 때문이다.[111] 그렇다면 조식의 영문에서 나오는 "주작(문)을 부수고 창합문을 지었으며, 덕양(전)을 부수고 태극(전)을 건축했다[夷朱雀而樹閶闔, 平德

호의 封邑을 받았으며, 4년(224)에 雍丘王으로 봉해졌다.(『三國志』 卷19 曹植傳, pp.561-565, "黃初二年 … 其年改封鄄城侯. 三年, 立爲鄄城王, 邑二千五百戶. … 四年, 徙封雍丘王. 其年, 朝京都. … 六年, 帝東征, 還過雍丘, 幸植宮, 增戶五百. 太和元年, 徙封浚儀. 二年, 復還雍丘. 植常自憤怨, 抱利器而無所施, …"; 曹植의 당시 거취에 대해 『文選』 卷24 曹子建 「贈白馬王彪」, p.1123, "謁帝承明廬, 逝將歸舊疆"의 李善 注: "… 舊疆, 鄄城也. 時植雖封雍丘, 仍居鄄城."라 되어 있다.

109 安田二郎, 「曹魏明帝の宮室修治をめぐつて」, 『東方學』 111, 2006, p.7, 그리고 p.19 주14.

110 佐川英治, 「曹魏明帝太極殿的所在」, 『中國魏晋南北朝史學會第十屆年會暨國際學術硏討會論文集』(太原: 北岳文藝出版社), 2012.

111 太極과 閶闔은 固有名詞인 동시에 宮殿과 宮門에 대한 代名詞이기도 하다.[『史記』 卷27 天官書, p.1289, "中宮天極星, 其一明者, 太一常居也(『索隱』案: 春秋合誠圖云 '紫微, 大帝室, 太一之精也'.) 旁三星三公, 或曰子屬. 後句四星, 末大星正妃, 餘三星後宮之屬也. 環之匡衞十二星, 藩臣. 皆曰紫宮."; 張衡, 「西京賦」(『文選』 卷2) p.52, "正紫宮於未央, 表嶢闕於閶闔"의 薛綜 注: "天有紫微宮, 王者象之, 紫微宮門名曰閶闔. 宮門立闕以爲表. … (李)善曰: 辛氏『三秦記』曰: 未央宮一名紫微宮. 然未央爲總稱, 紫宮其中別名."]

陽而建泰極]"는 문장에 대해 사가와는 '태극'이란 명제시기 건설한 태극전이 아니라 문제시기에 건설했던 '건시전'을 가리키는 것이며, 주작(문)을 부수고 건설한 창합(문)은 '승명문'으로 보아야 한다는 것이다.[112]

사실 조조시기에 건축된 건시전은 문제시기에 정전으로 사용되었다.[113] 그리고 조식 자신이 이전 승명문이 있는 승명려, 즉 건시전에서 문제를 배알하던 상황을 시로 읊었으며[謁帝承明廬, 逝將歸舊疆],[114] 배송지도 당시 문제가 북궁 건시전에서 군신을 맞고 있는[帝居北宮] 정경을 기술하고 있는 것이라 볼 수 있다.[115] 결론적으로 조식의 「훼견성고전령」은 문제시기의 건시전에서 일어난 상황을 설명한 것이었지, 명제가 축조한 태극전과는 무관한 사료로 볼 수 있다는 것이다.

필자는 이런 주장이 합리성이 있다고 본다. 왜냐하면 조조에 의해 건축된 건시전의 위치문제를 검토하면 그 합리성이 드러나기 때문이다. 건시전의 위치는 '탁룡원(濯龍園)' 혹은 '탁룡사(濯龍祠)' 그리고 탁룡지(濯龍池)와 관련이 있다. 탁룡원은 후한 낙양성에서 북궁에 가깝다고만 기록되어 있다.[116] 연구자에 따라 탁룡원을 북궁 내에다 그리거나, 혹은 북궁 밖 서쪽

112 佐川英治, 「曹魏明帝太極殿的所在」, p.460.

113 『三國志』 卷13 魏書13 王朗傳, pp.412-413, "明帝即位, … 是時方營修宮室, 朗上疏曰: "陛下即位已來, … 今當建始之前足用列朝會, 崇華之後足用序內官, 華林 · 天淵足用展游宴, 若且先成閶闔之象魏, 使足用列遠人之朝貢者. …"

114 『三國志』 卷19 魏書19 陳思王植傳, p.564, "帝嘉其辭義, 優詔答勉之"의 裴松之 注: "… 『魏氏春秋』曰: 是時待遇諸國法峻. 任城王暴薨. 諸王既懷友于之痛. 植及白馬王彪還國, 欲同路東歸, 以敍隔闊之思, 而監國使者不聽. 植發憤告離而作詩曰: '謁帝承明廬, 逝將歸舊疆. 淸晨發皇邑, 日夕過首陽. 伊 · 洛曠且深, 欲濟川無梁. …'"

115 『三國志』 卷2 魏書2 文帝紀 黃初 元年(220)條, p.76, "十二月, 初營洛陽宮, 戊午幸洛陽."의 裴松之 注: "臣松之案: 諸書記是時帝居北宮, 以建始殿朝羣臣, 門曰承明, 陳思王植詩曰「謁帝承明廬」是也. 至明帝時, 始於漢南宮崇德殿處起太極 · 昭陽諸殿. …"

116 『後漢書』 志26 百官3 少府, p.?596, "濯龍監 · 直里監各一人, 四百石. 本注曰濯龍亦園名, 近北宮. 直里亦園名也, 在雒陽城西南角."; 『三國志』 卷1 魏書1 武帝紀, p.53, "(建安)二十五年(220)春正月, 至洛陽. … 庚子, 王崩于洛陽, 年六十六."의 裴松之 注

에 그리고 있어[117] 정확한 위치는 현재로선 알 수가 없다. 다만 덕양전의 북쪽에 탁룡이 있다는 기술에서[118] 두 곳은 그리 멀지 않는 곳을 가리킬 가능성이 있다. 이런 기록들을 감안해서 판단하면 조위의 건시전은 후한의 북궁 덕양전 북쪽 탁룡원 부지, 즉 후한 북궁 가운데 서북쪽으로 기울어진[偏西北] 지점에 건설되었던 것이다. 건시전 터에 북위의 태극전이 건축되었다면 여러 가지 의문점들이 해결된다. 건시전에 건축된 터는 기존에 대형 건축물이 존재하지 않았기 때문이다.

위진의 태극전은 후한 남궁 숭덕전 터에 건설되었고, 북위의 태극전이 위진의 건시전 구기에다 건설되었다고 한다면 이처럼 여러 가지가 해결된다. 즉 북위의 축선이 위진 낙양성의 축선보다 서쪽으로 이동한 이유가 밝혀지게 되는 것이다. 축선이 서쪽으로 이동한 것은 북위가 위진의 건시전 구기에다 태극전을 건설하는 과정에서 생긴 것으로 해석될 수 있다. 남궁 지역에 건립된 위진 태극전을 중심으로 하는 축선이 북위의 그것과 다를 수밖에 없게 된다. 이렇게 되면 건시전 자리에 건립된 북위 태극전을 기점으로 하는 축선도 달라지는 것이다. 즉 북위시대는 후한의 평성문이 아니라 선양문으로 그 축선이 서쪽으로 이동했던 것이다. 이처럼 북위의 궁성 포국은 태극전이 남쪽에서 북쪽으로 이동이 있었을 뿐만이 아니라 남북 축선(태극전－창합문－선양문) 자체도 위진보다 더 서쪽으로 이동한 것이다.

또한 고고 발굴결과, 북위 태극전과 창합문 터에 위진시기의 지층과 유지가 나올 뿐, 후한의 지층이 나오지 않는 이유가 설명될 수 있게 된다. 즉 북위의 태극전은 바로 서진의 태극전 고처에 건립된 것이 아니라 위진의

引『世語』曰: “太祖自漢中至洛陽, 起建始殿, 伐濯龍祠而樹血出. …”

117 王仲殊는 북궁 밖 서쪽에 그려 놓고 있고(p.18), 錢國祥은 (p.55, 「東漢洛陽城南北宮平面布局復原示意圖」)는 북궁 내에 그려 넣고 있다.

118 (唐)歐陽詢 撰, 『藝文類聚』(上海: 上海古籍出版社, 1985) 卷62 居處部2 「殿」條, p.1122, “後漢李尤德陽殿賦曰: … 德陽之北, 斯曰濯龍, 蒲萄安石, 蔓延蒙籠, 橘柚含桃, 甘果成叢. …”

건시전 고처에 건립된 것이라고 보는 것이 합리적인 것이 되기 때문이다. 그런데다 후한의 남궁지역, 즉 위진의 태극전이 소재한 곳으로 추정하고 있는 지역에 대한 발굴이 현재 진행되고 있다. 그런데 아직 4호 궁전의 하층에 후한의 판축 유구가 보이지 않고 있는 것은 4호 궁전 하층이 위진의 건시전이었다는 것에 대한 신뢰감을 느끼게 한다. 후한 북궁이나 남궁터를 이용했다면 후한의 유구가 당연히 있어야 한다. 북위의 창합문이 위진의 궁문을 계승하였다고 해도 그것이 곧바로 명제의 창합문으로 단정할 수는 없다. 이런 면들을 종합해 볼 때 발굴된 북위의 궁성이 조위 초에 건립된 건시전일 가능성도 크다고 본다.

VI. 위진 낙양성 태극전의 위치와 선양문

그러면 위진 태극전의 위치를 문헌적으로 재증명해 보자. 그에 대한 근거로 제시될 수 있는 다음과 같은 사료가 있다.

1) 『진서』 유총재기(劉聰載記)에서 서진 말 311년 흉노 전조의 전군대장군(前軍大將軍) 호연안(呼延晏)이 이끄는 군대가 낙양성을 공략할 때 평창문을 함락하고 동양 · 선양 등 여러 문과 여러 관서를 불살랐고[遂寇洛陽, 攻陷平昌門, 焚東陽 · 宣陽諸門及諸府寺], 다시 왕미(王彌) · 유요(劉曜)가 도착하니 호연안은 그들과 더불어 낙양성을 포위한 후 선양문을 함락하고 '남궁'에 들어가 태극전전에 올랐다[宣陽門陷, 彌 · 晏入于南宮, 升太極前殿]는 기사가 있다.[119]

119 『晉書』 卷102 劉聰載記, pp.2658-2659, "署其衛尉呼延晏爲使侍節 · 前鋒大都督 · 前軍大將軍, 配禁兵二萬七千, 自宜陽入洛川, 命王彌 · 劉曜及鎭軍石勒進師會之. 晏比及河南, 王師前後十二敗, 死者三萬餘人. 彌等未至, 晏留輜重于張方故壘, 遂寇洛陽, 攻陷平昌門, 焚東陽 · 宣陽諸門及諸府寺. 懷帝遣河南尹劉默距之, 王師敗于社門(稅門=淸明門). 晏以外繼不至, 出自東陽門, 掠王公已下子女二百人而去. 時帝將濟河東遁, 具

2) 『자치통감』도 서진 말 311년 흉노 전조의 왕미 · 호연안 등이 낙양성 침략 경로를 선양문에서 이기고 남궁에 들어가 태극궁 전전에 올랐다[王彌 · 呼延晏克宣陽門, 入南宮, 升太極前殿]고 적고 있다.[120]

3) 『하남지(河南志)』에서는 영가 2년(5년의 잘못인 듯) 왕미의 군대가 낙양성 남면의 진양문에 주둔했다[王彌至洛陽, 屯於津陽門]고 하였다.[121]

위 사료는 위진시대에 들어 후한 남궁이 폐기되었다거나 혹은 북궁의 확장부분이 남궁이라 불렸을 뿐이라고 주장하는 자들이 드는 문헌적 근거이다. 먼저 곽호생이 드는 이유이다. 위에서 제시한 1)과 2)의 기사인데, 곽호생의 주장 중 가장 중요한 근거를 요약하면 다음과 같다. "흉노 전조 호연안이 서진 낙양성을 공격할 때 먼저 평창문(平昌門)을 공격 · 함락한 후, 동양 · 선양 등 여러 문과 여러 관서를 불살랐지만, 그 문(즉 平昌門)을 통해 남궁으로 들어갔다는 기록은 없다. 평창문은 후한의 평성문(남문인 동시에 궁문)인데, 이를 통과하여 남궁으로 들어갔다는 기술이 없는 것이 이상하다. 그런데 후에 호연안이 왕미 · 유요 등과 함께 낙양성을 공격할 때에는 선양문을 함락하고 남궁으로 들어가 태극전전에 올랐다고 한다. 이는 서진의 남궁은 선양문을 통과한 후 바로 들어가는 위치에 있다는 것을 말하는 것이다. 따라서 서진의 남궁과 후한의 남궁이 같은 것인가가 의문이다."[122] 이상이 곽호생이 후한과 서진의 낙양성 남궁이 다른 위치에 있었

船于洛水, 晏盡焚之, 還于張方故壘. 王彌 · 劉曜至, 復與晏會圍洛陽. 時城內饑甚, 人皆相食, 百官分散, 莫有固志. 宣陽門陷, 彌 · 晏入于南宮, 升太極前殿, 縱兵大掠, 悉收宮人 · 珍寶. 曜於是害諸王公及百官已下三萬餘人, 於洛水北築爲京觀. 遷帝及惠帝羊后 · 傳國六璽于平陽."

120 『資治通鑑』 卷87 晉紀9 懷帝 永嘉 5年(311) 6月條, p.2763, "辛卯, 王彌至宣陽門, … 丁酉, 王彌 · 呼延晏克宣陽門, 入南宮, 升太極前殿, 縱兵大掠, 悉收宮人 · 珍寶. … 遂發掘諸陵, 焚宮廟 · 官府皆盡."

121 『河南志』(北京: 中華書局, 1994) 「晉城闕古蹟」, p.68, "建陽門(漢之津門. 按, 永嘉二年. 王彌至洛陽, 屯於津陽門. 彌兵敗, 燒建春門而東. 疑此用漢名爲津陽門)."

122 郭湖生, 「魏晋南北朝至隋唐宮室制度沿革兼論日本平城宮的宮室制度」, pp.753-805.

다는 주장의 가장 중요한 근거였다. 즉 곽호생에 의하면 서진시대의 태극전의 궁문이 선양문인데, 후한과 서진의 남궁이 같은 위치에 있었다고 하면, 서진의 평창문은 후한의 평성문 위치에 해당되는 것이다. 그런데 후한의 평성문은 다른 문과는 달리 궁문인 동시에 성문이었기 때문에 남궁과 맞붙어 있는데도[密接] 불구하고 호연안이 평창문을 부수고 남궁으로 들어갔다는 기술이 없는 것은 이해하기 힘들다고 본 것이다.

그런데 곽호생의 이해대로 서진시대 평창문이 아니라 선양문 내에 남궁 태극전이 있다는 것이 문제일 수 있다. 후한 남궁지역에 위진의 태극전이 건축되었다면 당연히 평창문에서 태극전으로 들어가야 하기 때문이다.

그러면 조위-서진의 선양문은 과연 어느 위치에 있었던 것이며, 태극전과 어떤 관계에 있었던 것인가? 그리고 서진의 평창문은 당시 어떤 역할을 하고 있었던 것인가? 이 점을 명확하게 하기 위하여 후한, 위진, 그리고 북위 낙양성의 성문 변화를 면밀하게 살펴야 할 것이다. 태극전이 (후한의) 북궁지역에 건설되었다고 주장하는 학자들은 특히 위진-북위의 낙양성 성문에는 별다른 변화가 없다고 본다. 그러나 그렇게 볼 수 있을까!

위진의 선양문에 대해 알아보자. 『진서』 지리지에 의하면 "남쪽에 동에서 서로 개양 · 평창 · 선양 · 건양[津陽의 잘못인 듯] 사문이 있다"[123]라 하였다. 『수경주』도 북위 낙양성의 남문을 개양문－평창문－선양문－진양문 등 사문을 열거하고 있다.[124] 선양문에 대한 『수경주』의 기술을 보면 곡수가 북위 선양문 남쪽을 지나가는데 북위의 선양문은 북위가 낙양으로 천도한

123 『晉書』 卷14 地理志上, 司州 河南郡, p.415, "洛陽置尉(五部 · 三市. 東西七里, 南北九里. 東有建春 · 東陽 · 淸明三門, 南有開陽 · 平昌 · 宣陽 · 建陽四門, 西有廣陽 · 西明 · 閶闔三門, 北有大夏 · 廣莫二門, 司隸校尉 · 河南尹及百官列城內也."

124 『水經注』 卷16 「穀水」條, pp.217-218, "穀水又南東屈逕津陽門(案南城西頭曰'津陽門'), 故津門也. … 穀水又東逕宣陽門南(案南城西頭次門曰'宣陽門'), 故苑門也. 皇都遷洛 移置於此, 對'閶闔門'. … 穀水又東逕平昌門南(案正南門曰'平昌門'), 故平門也. … 穀水又東逕開陽門南(案南城東頭曰'開陽門'), 『晉宮閣名』曰故建陽門也."

후에 건설하니, 북쪽으로 창합문과 정면으로 마주 대하고 남쪽으로 낙수의 부교와 곧바로 연결되었다[皇都遷洛, 移置於此, 對閶闔門, 南直洛水浮橋]는 것이다.[125] 그런데 위진의 선양문은 메워지고,[126] 다시 북위 선양문이 건설되었고, 그 왼쪽에는 낙양지가 있고, 지의 동쪽에는 옛(후한의) 평성문이 있던 곳[池東, 舊平城門所在矣]이라 하였다. 그런데 『태평환우기』의 기사에 의하면 후한의 소원문이 (위)진시대에 선양문으로 개칭되었으며, 빙정(氷井: 얼음 창고)이 있는 곳이며, 후한의 이문이었는데, 이것은 후한의 궁문이었다는 것이다.[127] 이들 사료를 정리하면 곧 소원문=이문=궁문[후한]이 선양문[위진]이라는 공식이 성립되는 것이다. 그런데 잘 알다시피 각종 「후한낙양성도」에 의하면 소원문은 남면의 성문이지 남궁의 궁문은 아니었다. 또 위진시대 선양문이 후한의 성문인 소원문의 자리였다면 위진 낙양성의 대성이 후한시기보다 서쪽으로 이동한 것이 된다. 이러한 기술들은 후에 많은 오해를 불러일으킨 것 같다. 사실 이 소원문의 위치가 어디냐에 대해 의문을 느끼게 하는 기술이 있다. 즉 『하남지』에 의하면 "12문 가운데 소원문이라는 문명만 있지 홀로 명(銘)이 없어 그 장소를 모르며, 단지 평성문의 서쪽이다."라고 기록되어 있다.[128] 주지하듯이 소원문을 제외한 동서남북 후한 낙양성의 각

125 『水經注』 卷16 穀水, 「又東過河南縣北, 東南入於洛」條, p.217, "穀水又東逕宣陽門南(案南城西頭次曰宣陽門), 故苑門也. 皇都遷洛, 移置於此, 對閶闔門, 南直洛水浮橋. 門左卽洛陽池處也, 池東, 舊平城門所在矣. 今塞, 北對洛陽南宮. …"

126 楊守敬은 『水經注』의 注釋에서 "守敬按, 據上文, 在後魏太和中"이라 하여 宣陽門이 메워진 것은 北魏 孝文帝 太和연간, 즉 洛陽遷都와 더불은 것이라 하였다.(『楊守敬集』 제3책, 『水經注疏(上)』, p.1053)

127 『太平寰宇記』(臺北: 文海出版社, 1980) 卷3 河南道3 西京1 p.40-下에서는 "南面有門曰: 開陽, 在巳上 … 次西, 漢有小苑門, 在午上, 晉改曰宣陽門, 內有氷井, 故『述征記』曰: 氷井在陵雲臺北: 古藏氷處也. 又云謻門卽宣陽也. 按薛綜注『東京賦』曰: 謻門氷室門也 … 華誕雋『洛陽記』云: 卽漢之宮門, 次西曰津門, 在未上, 洛陽水浮橋下."이라 하였으니 後漢의 小苑門이 魏晉의 宣陽門이고, 후한의 謻門이 魏晉의 宣陽門이라고 본다.

128 『河南志』 「後漢城闕古蹟」條, p.40, "按, 『漢志』十二門名有小苑門, 而獨無銘, 莫之其方所. 而『十道志』列在平城之西 … 注曰: "『洛陽記』: '南面有四門, 從東第三門也. 是

성문에는 이우(李尤)의[129] 명이[130] 있었던 것이다.[131] 왜 소원문만이 유독 '명'이 없었을까? 그것은 그 존재의 불확실성을 말해 주는 것이라 생각된다.

그런 면에서 후한 낙양성의 남궁지역, 특히 성문의 사정을 좀 더 면밀하게 살펴볼 필요가 있다. 『수경주』는 다음과 같이 설명하고 있다. 먼저 평성문에 대하여 후한시대에는 북쪽으로 낙양의 남궁과 마주하는 문으로 당시 채옹은 정양문으로 성문 가운데 가장 존귀한 문이었는데 이 문은 이미 폐쇄되었다고 설명하고 있다. 그런데 『수경주』는 「낙양궁명」을 인용하면서 "남궁에 이대 · 임조대가 있다[南宮有誃臺 · 臨照臺]"라고 하였다. 또 「동경부」를 인용하면서 "이문을 선양문이라 하였다[誃門, 卽宣陽門也]"라고 하였다. 즉 이대라는 건축물과 관련된 문인 이문이 곧 위진의 선양문이라는 것이다. 이 선양문은 문 안에 빙실이 있어 이름하여 '선양빙실(宣陽氷室)'이라 하였다. 또 후한-위진의 "이문을 빙실문[誃門氷室門也]"이라 하였으니[132] 이는 후한-위진시대의 상황임은 분명하다. 따라서 소원문=이문=선양문=궁문이라는 등식이 성립한다면 이 후한시대의 소원문은 당연히 남궁과 대성의 남면이 만나는 지점에 위치한 이대의 정문이요, 소원의 문이어야 한다. 이

• • • • • • • • • • • • •

則小苑, 亦名宣陽."

129 『後漢書』 卷文80上 文苑列傳 第70上 李尤傳, p.2616, "… 少以文章顯, 和帝時, 侍中賈逵薦尤有相如 · 揚雄之風, 召詣東觀, 受詔作賦, … 俱撰『漢記』 … 年八十三卒. 所著詩 · 賦 · 銘 · 誄 · 頌 · 『七歎』 · 『哀典』凡二十八篇."

130 (唐)歐陽詢 撰, 『藝文類聚』 卷63 居處部3 「門」條, p.1129, "[銘] 後漢李尤銘曰: '門之設張, 爲宅表會…' … 又中東門銘曰: '中東處仲, 月値當昴, …' … 又穀城門銘曰: '穀門北中, 位當于子. …'"

131 『河南志』 「後漢城闕古蹟」條, pp.40-42, "東曰開陽門(… 李尤銘曰: '開陽在孟, 位月惟巳. 淸明冠節, 太陽進起'), … 次西曰津門(… 李尤銘曰: '名自定位, 惟月在未 …') … 北面二門 … 西曰夏門(… 李尤銘曰: '夏門値孟, 位月在亥…')"

132 『水經注』 卷16 穀水, 「又東過河南縣北, 東南入於洛」條, pp.217-218, "『洛陽宮名』曰: 南宮有誃臺 · 臨照臺. 『東京賦』曰: 其南則有誃門曲榭. 依阻城洫, 注云: 誃門氷室門也阻依也, 洫城下池也, … 誃門, 卽宣陽門也. 門內有宣陽氷室. 『周禮』有氷人, 日在北陸而藏之, 西陸朝覿而出之. 氷室舊在宣陽門內, 故得是名, 門旣擁塞, 氷室又罷."

것이 위-서진시대에는 선양문이 되어 궁문이요 성문이 된 것이다.

『자치통감』의 음주자인 호삼성에 의하면 서진의 선양문은 남면의 동쪽에서 4번째 문이라고 하였다.[133] 그런데 『영락대전(永樂大典)』에 기재된 「서진낙양성도」에는 남면의 성문을 동쪽에서 서쪽으로 개양문－평창문－선양문－건양문의 순으로 그리고 있기 때문에 세 번째 문으로 표기되어 있다. 서진시대의 선양문 위치를 호삼성이 잘못 오기한 것 같다.

장형의 「동경부」 해당부분을 살펴보면 "남쪽에는 전전영대(前殿靈臺)와 화환(龢驩)·안복전(安福殿)과 이문(謻門) … 구순(鉤盾) … 등이 있다"고 되어 있다. 이 부분에 대한 설종의 주를 보면 "구순이 소원을 관장하며 소원에는 기수진과[鉤盾, 今官主小苑, 奇樹珍果]가 있다."라고 되어 있다.[134] 「동경부」의 이 부분은 후한 명제시대 북궁의 건설 사실을 먼저 서술한 연후에, 이어서 북궁 이남 부분(즉 남궁지역)의 정경을 묘사한 부분인 것이 분명하다. 화환·안복전 등이 남궁에 있었던 것이 분명한 궁전이기 때문이다. 따라서 남궁의 구순이 관장하는 소원이 존재하고 있었다고 보는 것이 합리적이다.[135] 후한시대에 이미 소원문, 즉 이문의 역할이 나름 있었다는

133 『資治通鑑』 卷87 晉紀9 懷帝 永嘉 5年(311) 6月條, p.2763, "辛卯, 王彌至宣陽門"의 胡三省 注曰: "宣陽門, 洛城南面東來第四門."

134 『東京賦』(『文選』 第1冊) p.104, 「於南則前殿靈臺, 龢驩安福(薛綜 注曰: '龢驩·安福, 二殿名, 並在德陽殿之南.'), "謻門曲榭, 依阻城洫, 奇樹珍果 鉤盾所職"(薛綜 注曰: … '鉤盾, 今官主小苑'); 여기서 南宮前殿은 光武帝 建武 14년 春正月에 「起南宮前殿」(『後漢書』 光武帝紀1下, p.63)을 가리키며, 靈臺는 雲臺의 誤記이며, 이것 모두 南宮의 건축물이다. 龢驩·鉤盾도 南宮에 건축된 것들이다.[『後漢書』 卷7 桓帝紀, 喜平 8年(177)條, p.315, "閏月甲午, 南宮長秋和歡殿後鉤楯·掖庭·朔平署火."; 『後漢書』 志14 五行2, p.3296, "閏月, 南宮長秋·和歡殿後鉤盾·掖庭朔平署各火."] 薛綜은 "龢驩·安福, 二殿名, 並在德陽殿之南"이라고 注를 달고 있으나 이것은 모호한 표현이다. 다만 "鉤盾, 今官主小苑"이라는 注로 볼 때 '奇樹珍果'는 '小苑'의 상황, 즉 문내에 小苑이 있었으므로 붙여졌을 것이다.

135 佐川英治는 謻門이 宣陽門으로 개명되기 전에 小苑門이라 지칭되었던 것으로 보았다.(「曹魏明帝太極殿的所在」, 『中國魏晋南北朝史學會第十屆年會暨國際學術研討會論

것을 알 수가 있다.

그러면 위진시대 낙양성의 선양문은 어느 위치에 있었던가 하는 점이다. 위진의 선양문에 대해 "(후한)평성문의 서쪽"이라고 되어 있다.[136] 위진의 선양문이 후한의 이문(誃臺의 門)의 자리라면 이문은 안복전(安福殿)과 구순(鉤盾) 등과 같이 후한 남궁 앞에 위치한 것이 틀림이 없다. 즉 위진의 선양문은 후한 남궁과 남면이 닿은 어느 부분에 자리하고 있었다는 결론에 이르게 된다. 사가와 씨는 위진의 선양문은 '(대성 남면 가운데) 동쪽으로 치우친 지점[位于偏東處]'이라 하였다.[137] 즉 위진과 북위의 선양문은 다른 곳이었으며 위진의 선양문이 더 동쪽, 즉 후한의 평성문에 가깝게 접근한 곳에 위치해 있었다고 보았다. 그러니 북위의 선양문은 서쪽으로 많이 옮아갔던 것이다. 그런데 후한의 소원문이 그 시기 다른 12개 성문과는 달리 이름이 없었던 이유도 당시 그 문의 비중이 낮았기 때문으로 생긴 현상으로 보인다. 그러나 위진시대에는 이문의 비중이 커지게 되었으며 선양문이라 이름을 붙이게 되었던 것이다. 위진시대 선양문은 이문 자리에 위치하였는데 이는 후한의 남궁의 궁문이었으며 숭덕전 터와도 직접 연결되는 문이었다. 따라서 선양문을 함락하고 남궁으로 들어간 것은 아무런 무리가 없는 것이다.

북위시대에 들어 옛(즉 후한-위진의) 선양문도 봉해졌고, 빙실 역시 선양문이 봉해지면서 폐기되었다는 것이다. 여러 기록에서 볼 때 북위의 선양

文集』, 太原: 北岳文藝出版社, 2012, p.464). 그리고 小苑門은 佐川英治는 "눈을 끌지 않는 하나의 문(一扇不太起眼的門)"이라 하여 사료에 기록되지 않는 새로운 하나의 문을 상정하였다.(同上, p.464)

136 『河南志』「後漢城闕古蹟」條, p.40, 「西曰宣陽門」(案『漢志』十二門名有小苑門, 而獨無銘, 莫知其所. 而『十道志』列在平城之西. … 注曰: '『洛陽記』南面有四門, 從東第三門也. 是則小苑, 亦名宣陽.')

137 佐川英治는 "魏晉的宣陽門和北魏的宣陽門不在同一個地方, 魏晉宣陽門位于偏東處, 是用來連接漢南宮的門."(「曹魏明帝太極殿的所在」, p.484)

문은 상당히 서쪽으로 이동하였다는 것은 분명하다. 하나의 성문이 이동하였다면 다른 성문들은 모두 그대로 원래 자리를 준수하는 것이 아니라 동시에 이동하였을 것이 당연한 것이다.

왜 이런 식의 서쪽 이동이 계획되었을까? 우선 중축선이 설정과 관련이 있는 것처럼 보인다. 사가와 에이치의 주장에 의하면 중국 역대 도성 가운데 가장 분명하게 중축선이 설정되기 시작한 것은 북위 낙양성이라 본다.[138] 중축선이란 도성의 주궁(태극전)과 원구를 연결하는 국가의례를 행하는 황제의 동선이다. 즉 후한시대 남·북궁은 남북으로 똑바로 대칭된 형태는 아니었다. 북위시대에 들어 궁전지구가 단일화되고 태극전이 위치함과 동시에 그 전면 중앙에 동타가가 설치된 사정 등이 후한 혹은 위진시대의 선양문보다 북위시대의 그것이 서쪽으로 이동하게 만든 것임을 알 수 있다.

그도 그럴 것이 북위 낙양성의 중축선이 태극전－창합문－선양문－원구로 연결되는 남북 직선이기 때문이다. 북위의 원구는 선무제 경명(景明) 2년(501) 11월 이수지양(伊水之陽)에 개축되었다.[139] 북위가 낙양으로 천도한 후에는 선양문이 태극전의 정문인 창합문과 정면으로 마주보게 되는 자리로 이동하게 됨으로써 원래(위진시대)의 선양문은 봉해지게 된 것이다. 선양문이 봉해진 후에는 문 안에 빙실(氷室) 또한 황폐하게 되었다고 기록되어 있다. 따라서 위진의 선양문과 북위 선양문은 위치가 다르다. 즉 위진의 선양문은 북위시대의 그것보다 동쪽으로 치우친 곳에 위치했던 것이었다. 즉 선양문 후면에 궁성, 즉 태극정전이 있는 것이다. 선양문은 궁문이었기 때문이다.

북위시대 낙양성의 성문은 선양문이 이처럼 이동했을 뿐만 아니라 대

138 佐川英治, 「北魏洛陽の形成と空間配置」, 『大阪市立大學東洋史學論叢特集號(中國都市の時空世界)』, 2005.

139 『魏書』 卷8 世宗紀 景明 2年 11月 壬寅條, p.194, "改築圜丘於伊水之陽."

성 서문의 하나인 또 다른 창합문도 남쪽으로 이동하였다.[140] 전술한 바와 같이 위진시대의 평창문(후한의 평성문=남면 정문)도 봉해졌다. 따라서 북위시대와 위진시대의 낙양성은 같은 위치가 아니라 서쪽으로 상당한 이동·변화를 거친 것으로 이해할 수 있다.

이상에서 정리한 위진시기의 낙양성 남면의 성문을 가지고 1)과 2) 사료를 이해해 보자. 당시 흉노의 낙양성 공략 경로를 보면, 선양문－남궁－태극전전의 순서였다. 이 공략 경로를 보면 태극전은 당연히 낙양성 남방(남궁)에 있어야 한다. 단지 서진의 선양문은 북위의 선양문과 달리 동쪽으로 치우쳐 있고 후한의 남궁과 접속하는 문이었다. 즉 서진의 선양문은 후한의 이문, 소원문으로 남궁의 문이었기 때문이다. 그러니 호연안의 연합군이 선양문을 통과하여 남궁으로 들었다는 것도 크게 문제될 것이 없는 당연한 순서이다. 그리고 서진의 태극전은 남궁에 있었기 때문에 흉노의 군대는 도성의 남쪽부터 공략한 것이다. 3) 사료의 『하남지(河南志)』 기록에서 영가 2년(5년의 잘못인 듯)이라 한 것은 잘못이지만 왕미의 군대가 진양문에 주둔했다고 하니 이곳도 낙양성 남면의 성문이다. 만약 위진의 태극전이 후한 북궁의 덕양전 터에 건설되었다면 그 주둔 위치는 서진 낙양성의 중·북부에 해당되어야 한다. 후한의 낙양성에서 북위의 낙양성까지 '구육성'이라는 명칭에서 알 수 있듯이 그 숫자와 같은 규모였다고 전제한다면 당연히 낙양성의 상징인 태극전은 적어도 중·북방에 위치하고 있어야 하기 때문이다. 그런데 호연안 등이 왜 남면의 평창문이나 선양문을 공격하였을까? 북쪽에 있는 태극전이 공성(攻城)의 최종 목표지점이라면 당연히 북면 혹은 동·서면의 성문을 통해서 침공했어야 할 것이다.

또한 『진서』 유총재기에서 호연안 등이 낙양성을 공략할 때에 먼저 "평창문을 공략하여 함락시킨 후 동양·선양 여러 문 및 여러 부서를 불태

140 『水經注』 卷16 穀水, 「又東過河南縣北, 東南入於洛」條, p.215, "陽渠水南暨閶闔門(案西城之北頭曰閶闔門), 漢之上西門也, … 太和遷都, 徙門南側."

웠다[攻陷平昌門, 焚東陽·宣陽諸門及諸府寺]”고 하였다. 당시 호연안은 왕미 등과 함께 여러 부서와 함께 여러 문도 같이 불사르며 남궁을 공략하려고 하였으나 왕미·유요 등의 후속부대가 도착하지 않아 호연안의 군대가 하는 수 없이 남쪽의 평창문을 함락하고 북동쪽으로 올라가면서 남·북궁 사이의 동서 횡가까지 진출했다가 동면의 동양문[社門=税門]으로 나간 것이다. 이때 ‘제부시’란 당연히 평창문 내의 것들이다. 아울러 그 부시 북쪽에 있던 왕공의 자녀들을 포로로 데리고 간 것으로 이해된다. 그러나 평창문을 들어섰으나 남궁을 공략하지 못하였다. 여기서 호연안이 선양문을 불살랐다는 것은 오기이다. 『자치통감』에는 선양문을 빼서 바로잡고 있다.[141]

이런 이해에 서면 흉노 한조의 증원군이 도착한 후에 태극전을 목표로 “남쪽의 중요한 궁문인 선양문을 함락한 후 왕미와 호연안이 남궁에 들어서 태극전전에 올랐다[宣陽門陷, <王>彌·<呼延>晏入于南宮, 升太極前殿]”의 정경이 상상될 수 있는 것이다. 왕미 호연안의 군대가 낙양성 중북부를 공략 목표로 삼은 것이 아니기 때문에 남부부터 공략해 간 것이다. 만약 태극전이 낙양성의 중북부에 자리했다면 진격지점이 당연히 성의 중북부일 것이다. 따라서 위진 낙양성의 태극전은 남궁지역에 선양문 후편에 위치하고 있었다고 할 수가 있다.

Ⅶ. 위진·북위 낙양성 궁성의 변동과 그 의미

그런 문헌적인 증빙에도 불구하고 최근의 고고발굴결과는 북위 낙양성의 정전인 태극전과 그 정문인 창합문은 위진의 태극전과 창합문을 기초로

141 『資治通鑑』 卷87 晉紀9 懷帝 永嘉 5年(311) 5-6月條, p.2763, “癸未, 先至洛陽, 甲申, 攻平昌門(平昌門 洛城南面東頭第一門), 丙戌, 克之, 遂焚東陽門及諸府寺, 六月, 丁亥朔. 晏以外繼不至, 俘掠而去.”

해서 건설되었다고 본다. 그러면 이런 결과에 따라 북위 낙양성은 위진 낙양성을 그대로 계승한 것인가? 반드시 그렇게만 볼 수 없다는 것이 필자의 생각이다. 그러면 북위 낙양성의 건설이 갖는 의미를 찾아보자.

북위 낙양성의 건조과정을 살펴보자. 효문제는 태화 17년 낙양에 가서 고궁의 기초적 흔적을 둘러보고 서리(黍離)의 시를 읊으면서 눈물을 흘렸다고 한다. 그리고 천도를 결정하고 사공(司空) 목량(穆亮)과 상서 이충(李沖), 장작대장(將作大匠) 동작(董爵)을 데리고 낙경을 경시(經始)하도록 하였다.[142] 그리고 청주자사(青州刺史) 유방(柳芳), 중서사인 상경(常景)에게 명하여 조영된 낙양궁의 궁 · 전 · 문 · 궐의 이름을 짓도록 하였다. 태화 19년에 신 도읍이 건립되자 이에 육관문무(六官文武)를 낙양에 옮겼다고 한다. 그리고 선무제는 영평(永平) 2년(509)에 조칙을 내려 여러 문궐의 이름을 조칙으로 확정하였다고 한다.[143] 그러나 천도 후 신 궁궐이 건설된 신도의 정확한 위치는 구체적으로 기록되어 있지 않다.

위진 낙양궁과 북위 낙양궁의 차이를 확실하게 파악하기 하기 위해서는 먼저 살펴보아야 할 것은 위진-북위 낙양성 사이에 동 · 서 · 남 · 북면의 개조상황이다. 북위 효문제는 북위 수도를 만들 때 궁실을 영조하였고, 성문은 위 · 진의 옛 이름을 그대로 사용하였다는 기술이 『낙양가람기』 등에서 나오고 있다.[144] 특히 『낙양가람기』 원서에서는 성문에 대해 서술하

142 『魏書』 卷7下 太和 17年, p.173, "九月 … 庚午, 幸洛陽, 周巡故宮基趾. 帝顧謂侍臣曰: '晉德不修, 早傾宗祀, 荒毀至此, 用傷朕懷.' 遂詠黍離之詩, 爲之流涕. … 冬十月戊寅朔, 幸金墉城. 詔徵司空穆亮與尙書李沖 · 將作大匠董爵經始洛京."

143 『河南志』 「後魏城闕古蹟」條, p.80, "又命青州刺史劉芳 · 中書舍人常景造洛陽宮 · 殿 · 門 · 闕之名, 經途正其號. 十九年九月, 新都始立. 於是六官文武盡遷洛陽. 宣武永平二年, 又詔定諸門闕名."

144 (北齊)楊衒之 撰, 『洛陽伽藍記』(上海: 上海古籍出版社, 1958/1978, 范祥雍 校注) 原序, p.2, "太和十七年, 後魏高祖遷都洛陽, 詔司空穆亮, 營造宮室. 洛陽城門, 依魏 · 晉舊名."; 『河南志』 「後魏城闕古蹟」條, p.81, "宮室(按, 宮殿多仍舊名. 或云依『洛陽圖』修繕某所某居, 疑總名閶闔宮. 然又與上門名相犯.)"

는 중 여러 곳에서 고조, 즉 효문제가 "이어서 쓰고 고치지 않았다[高祖因而不改]"라고 적고 있다. 그러나 고조 효문제의 이런 행위가 성문의 이름과 지점을 고치지 않고 위진시대의 것 그대로를 따랐던 것인지, 아니면 '이름' 만을 따랐던 것인지는 명확하지 않다.

그럼 서면의 성문부터 살펴보자. 서진시대의 또 다른 창합문은 도성[낙양성] 서면의 북쪽의 문이지만, 서면의 최북단에 위치했던 것이 아니었다. 북위시대에 이 창합문과 도성의 서북각과 사이에 승명문이 하나 더 신설될 수 있을 정도로 상당히 남으로 쳐져 있었기 때문에, 도성 서면의 중앙에서 조금 북쪽에 위치하는 문이었다.

서진대의 것과 명확하게 차이가 나는 것은 신설한 도성 서면의 제일 북쪽 문인 승명문(承明門)이었다.[145] 이것은 새롭게 설립된 문이기 때문이다. 잘 알다시피 위진시대는 동-서면의 성문은 각각 3개씩, 남면에 4개, 북면에 2개로서 12개이었다.[146] 그런데 북위시대에는 서면에 4개의 성문이 있었으니, 그 명칭이 남에서 북으로 서명문－서양문－창합문－승명문이었다.[147] 그런데 이것을 위진시대의 성문 이름으로 보면, 광양문－서명문－창합문－(0)이었다. 여기서 주의할 점은 위진시대에는 최남쪽의 문(위진의 광양문)의 터에 북위의 서명문이 건설되었다는 점이다. 그리고 북위 낙양

145 (北齊)楊衒之 撰, 『洛陽伽藍記』 原序, p.4, "次北曰承明門, 承明者, 高祖所立, (當)金墉城前東西大道, 遷京之始, 宮闕未就, 高祖住在金墉城. 城西有王南寺, 高祖數詣寺, 沙門論議, 故通此門, 而未有名, 世人謂之新門, …"; (北齊)楊衒之 撰, 『洛陽伽藍記』, 上海: 上海古籍出版社, 1958/1978, 原序, p.3, "高祖因而不改"에 대한 范祥雍 注: "按元魏遷都洛陽, 除西北隅新闢承明一門外, 餘門悉仍其舊. 漢·晉洛陽城爲十二門, 後魏時則爲十三門."

146 『河南志』 「魏城闕古蹟」條, p.59, "魏城門十二(皆循漢名)"; 『河南志』 「晉城闕古蹟」條, pp.67-68, "晉都城亦在成周, 門十二. 南面四門 … 東面三門 … 西面三門 … 北面二門."

147 그런데 承明門이 정식의 문이었는가는 의문이다. 왜냐하면 『水經注』에서 承明門 남측에 있는 閶闔門을 서면 제일 북쪽(西城北頭)의 문으로 서술하고 있기 때문이다.(『水經注』 卷16 穀水條, p.214, "陽渠水南暨閶闔門(案西城北頭曰閶闔門)")

성 서면의 성문 변화는 단순히 제일 북쪽의 승명문이 새로 생긴 것만이 아니었다. 이에 대해 『하남지』에서는 위진시대 서명문을 효문제가 서양문으로 고쳐 불렀다고 하는데, 구문, 즉 위진 서명문의 위치가 북위의 서양문보다 동남쪽에 있었는데, 그곳은 비스듬하게 기울어져 있으니 그 자리를 (북서쪽으로) 옮겨서 동면의 동양문과 (일직선으로) 마주 보게 하였다는 것이다.[148] 『수경주』에서도 같은 기술이 있다.[149] 따라서 서면의 성문에 있어서도 변화가 있다는 것이 확실하다.

그뿐만 아니라 서면 북쪽의 창합문도 남쪽으로 이동하였다고 한다.[150] 이동의 시기는 효문제 낙양천도 이후인데,[151] 그 이동의 원인은 정확히 서술되고 있지 않지만. 창합문이 동쪽의 건춘문(建春門)과 평형을 이루기 위해 남으로 이동한 것이라 보아야 한다. 이런 성문의 이동은 오히려 성내를 보다 방방정정하게 규격화하기 위한 조처로 보아야 할 것이다. 즉 북위 낙양성 서면의 문이 3개에서 4개로 되면서 문의 위치가 달라졌음을 의미하는 것이다. 즉 서면 최북단에 승명문이 열린 것은 금용성에 잠시 우거한 효문제의 편의를 위한 것이기도 하지만, 전체적으로 특히 동면의 문과 대칭되게 만들기 위해 서진시대의 성문들을 남쪽으로 이동시켰던 것이라고 보는 것이 더 합리적이다. 즉 위진시대의 '서명문'이 북위시대에는 '서양문'으로 바뀌고, 위진시대의 '광양문'이 '서명문'으로 바뀌어진 것이다. 이렇게 됨에 따라 위진에서 북위시대로 바뀜에 따라, 서명문이 서양문으로 그 명칭이 변함과 동시에 동면의 동양문과 마주하게 되었다는 것은 그 서양문

148 『河南志』「後魏城闕古蹟」條, p.81, "次北西陽門(晉之西明門, 孝文改. 舊門在東南, 邪出, 孝文徙對東陽門.)"

149 『水經注』 卷16 「穀水」條, p.217, "(穀水)南出, 西陽門(案正西曰西陽門). 舊漢氏之西明門也. 亦曰雍門矣. 舊門在南, 太和中以故門邪出, 故徙是門. 東對東陽門."

150 『河南志』「後魏城闕古蹟」條, p.81, "次北閶闔門(北舊徙門稍南)."

151 『水經注』 卷16 「穀水」條, pp.214-215, "陽渠水南暨閶闔門(案西城北頭曰閶闔門), 漢之上西門, … 太和遷都, 徙門南側."

자체가 북쪽으로 옮겨지게 되었음을 의미한다.

그러면 북위왕조는 왜 낙양성을 남쪽으로 이동시키고 서쪽으로 이동시킨 것일까? 필자는 세 가지 목적이 있었다고 본다. 첫째, 남쪽으로의 이동은 성북지역의 확대를 위한 것이다. 북방은 망산을 깎아내리지 않는 이상 넓히기가 불가능하다. 북위 낙양성의 소위 성북지역 지형을 살펴보면 북쪽에 망산이 동서로 길게 가로놓여 있다. 이를 '망부(芒阜)'라고 하듯이 망산은 산이라기보다 구릉, 즉 언덕이다. 조위시대 명제가 망산을 평평하게 하려 한 시도가 앞서 있었다. 그런데 망산을 낮추어 도성 북방을 넓힐 경우 황하의 물이 범람해 올 위험이 있다는 신비(辛毗)의 간언이 있었기 때문에 포기했던 것이다.[152] 위진시대, 특히 서진시대에는 성북지역이 선무장(宣武場)이 있었던 곳이다.[153] 그곳은 특히 서진 무제시대 습무(習武)의 장소였다.[154] 그리고 후조의 석호(石虎)시대에도 이 지역이 습무의 장소로 쓰였다.[155] 북위시대에도 같은 지역에 열무장(閱武場)이 있어 서진의 모습과 비

152 『水經注』 卷16 「穀水」條, pp.213-214, "穀水又東逕廣莫門北, 漢之穀門也, 北對芒阜, 連嶺修亘, 苞總衆山. 始自洛口西踰平陰, 悉芒壟也. 魏志曰: '明帝欲平北芒, 令登臺見孟津.' 侍中辛毗諫曰: '若九河溢涌, 洪水爲害, 丘陵皆夷, 何以禦之.' 帝乃止."

153 (北齊)楊衒之 撰, 『洛陽伽藍記』<(上海: 上海古籍出版社, 1958/1978> 卷5 城北, p.247, "中朝時宣武場在大夏門東北, 今光風園, 苜蓿生焉."

154 『世說新語』(劉宋 劉義慶 撰, 徐震堮 著, 『世說新語校箋』, 香港: 中華書局, 1987) 識鑒篇, "晉武帝講武於宣武場, 帝欲偃文修文, 親自臨幸, 悉召羣臣."; 『晉書』 卷3 武帝紀 泰始 10年條, p.63, "十一月丁酉, 臨宣武觀大閱諸軍, 甲辰乃罷."; 『晉書』 卷3 武帝紀 泰始 10年條, p.64, "冬十一月, 立城東七里澗石橋. 庚午, 帝臨宣武觀, 大閱諸軍."; 『晉書』 卷3 武帝紀 咸寧 元年條, p.65, "十一月癸亥, 大閱於宣武觀, 至于己巳."; 『晉書』 卷3 武帝紀 咸寧 3年條, p.68, "冬十一月丙戌, 帝臨宣武觀大閱, 至于壬辰."; 『晉書』 卷3 武帝紀 太康 4年條, p.75, "十二月庚午, 大閱于宣武觀."; 『晉書』 卷3 武帝紀 太康 6年條, p.76, "十二月甲申, 大閱于宣武觀, 旬日而罷."; 『晉書』 卷21 禮志下, p.662, "武帝泰始四年九月, 咸寧元年, 太康四年, 六年冬, 皆自臨宣武觀, 大閱衆軍, 然不自令進退也. 自惠帝以後, 其禮遂廢."

155 『晉書』 卷106 石季龍載記上, p.2774, "建元初, 季龍饗羣臣于太武前殿, 有白雁百餘集于馬道南, 季龍命射之, 無所獲, 旣將討三方, 諸州兵至者百餘萬, 太史令趙攬私於季龍

슷하다.[156] 북위가 등장하면서 궁성 북쪽의 넓은 평지는 더욱더 요긴한 문제였을 것이다. 특히 북위시대에 주궁인 태극전이 북쪽으로 더 밀리게 되었고 그 후면 특히 북쪽의 두 문 사이에 새로운 건축물이 들어섰다.

『낙양가람기』의 찬자 양현지의 서문에 의하면 "북면에 두 문이 있는데, 서쪽 것은 대하문(大夏門) … 동쪽 것은 광막문(廣莫門)이다. 광막문 이서에서 대하문에 이르기까지 궁관(宮觀)이 서로 이어 여러 성 위를 뒤덮고 있다."[157]라고 하였다. 즉 북위 낙양에서의 궁궐구역은 도성의 중앙 북쪽에 위치하여 도성의 북벽까지도 궁관이 서로 이어져 여러 성 위를 덥고 있었던 것이다. 여기에 궁궐구역이 대성의 북벽까지 늘어난 것이다. 그뿐만 아니다. 소위 '성북'지역의 변화이다. 이는 궁성 북방에 있어야 할 군사기지로서의 공간문제와 관련이 있을 것이다.

북위의 낙양성이 서진 낙양성과 달라진 부분은 『낙양가람기』에서도 밝힌 바 있듯이 궁성 북쪽이 궁관으로 덮여 있어 이 지역을 북위의 궁성지역으로 파악한 학자도 있었다.[158] 그러나 이 지역에 구체적으로 어떤 건물이 들었는지는 확실하지 않다. 다만 『남제서』 위로전(魏虜傳)에 북위 도성 평성을 설명하면서 "그 곽성이 궁성의 남쪽을 둘러싸고 있다.[其郭城繞宮城南]"[159]라고 하였던 것이다. 이런 구조는 위진시대와는 다른 형태이다. 궁

曰: '白雁集殿庭, 宮室將空, 不宜行也.' 季龍納之, 臨宣武觀, 大閱而解嚴."

156 (北齊)楊衒之 撰, 『洛陽伽藍記』(上海: 上海古籍出版社, 1958/1978, 范祥雍 校注), 卷5 城北, p.247, "禪虛寺在大夏門御道西, 寺前有閱武場, 歲終農隙, 甲士習戰, 千乘萬騎, 常在於此. 有羽林馬僧相, … 虎賁張車. …"

157 (北齊)楊衒之 撰, 『洛陽伽藍記』 原序, p.4. "北面有二門, 西頭曰大夏門 … 東頭曰廣莫門 … 廣莫門以西, 至於大夏門, 宮觀相連, 被諸城上也."

158 那波利貞, 「支那首都計畫史上より考察したる唐の長安城」, 『桑原鷺藏還曆記念東洋史論叢』, 東京: 弘文堂, 1930, pp.1249-1250.

159 『南齊書』 卷57 魏虜傳, pp.984-985, "什翼珪始都平城, 猶逐水草, 無城郭, 木末始土著居處. 佛狸 破梁(凉)州 · 黃龍, 徙其居民, 大築郭邑. 截平城西(北?)爲宮城, 四角起樓, 女墻, 門不施屋, 城又無壍. 南門外立二土門, 內立廟, … 其郭城繞宮城南, 悉築爲坊. …"

성이 북쪽으로 돌출하고 인민이 전혀 내왕할 수 없는 궁성구역으로 바뀐 것이다.

이런 도성구조를 설정하는 주목적은 적대적인 피정복민과의 접촉을 줄이기 위한 것임은 분명하다. 북위가 처음 평성을 축조할 때 북부에 궁성이 있고, 그 남쪽에 보다 큰 외곽이 둘러싸고 있는 형식이었다. 이 외곽성 안에는 선비출신의 군인도 있었겠지만 피정복지로부터 강제 이주된 한인이나 그 밖의 이민족도 생활하고 있었을 것이다. 궁성의 남방에는 인민구역이 접속되어 있지만 북방에는 공지와 면하도록 하는 것이 안전을 확보할 수 있는 최적의 방법이다. 비슷한 지위에 두어졌던 후조(後趙) 석씨(石氏)의 도성 업성(鄴城)이 북위 평성과 같은 도성형태를 취하고 있었다.[160]

다음은 북위 낙양성의 성북구역 경관이다. 평성의 궁성 북쪽에 광대한 녹원(鹿苑)과 같은 공지를 둔 이유에 대하여 혹자는 정복왕조인 북위가 피지배자인 한족주민에 포위되는 것을 꺼려한 것이라고 보았다.[161] 녹원의 역할이 그것만이 아니라 여러 가지 용도가 있는 것은 부정할 수 없지만[162] 그런 역할 역시 부정할 수 없을 것이다. 여기서 북위 초 도성 축성 시에 '원유를 넓혔다[廣苑囿]'고 하였음도[163] 유의해야 한다. 북위 낙양성은 이전 왕조시기 선무장 혹은 습무장으로 쓰였던 곳을 넓혀 광풍원(光風園)으로

160 宮崎市定은 당시 鄴은 郛와 中城으로 나눠져 있었는데 中城은 郛의 중앙에 위치한 것이 아니라 北部에 돌출하고 있다. 즉 人民이 사는 '城下町' 북에 石氏의 宮城이 있고 宮城의 南門 鳳陽門 대로가 城下町을 양분하는 형식이다. '中城'과 같은 이런 땅은 北齊시대의 北城 혹은 後部 成安縣이라 칭해지는 지역이라 설명하고 있다.(「六朝時代華北の都市」, 『宮崎市定アジア史論考』, 東京: 朝日新聞社, 1977, p.119)

161 宮崎市定, 「六朝時代華北の都市」, p.122.

162 佐川英治, 「北魏平城の鹿苑の機能とその變遷」, 『中國古代都城の設計と思想』 所收.

163 『魏書』 卷2 太祖紀, (天賜) 3年(406) 6月條, pp.42-43, "發八部五百里內男丁築灅南宮, 門闕高十餘丈; 引溝穿池, 廣苑囿; 規立外城, 方二十里, 分置市里, 經塗洞達, 三十日罷."

만들었다.

『낙양가람기』 권5에는 광막문 어도 동서와 대하문 어도의 서측에 대하여 사찰이나 이(里)의 존재를 기술하였지만 두 어도의 중간에 대해서는 진대의 선무장이었는데 당시는 광풍원이 있었다고만 기록하고 있다. 그리고 광풍원은 목숙(苜蓿)이 자라는 곳이라 기록하고 있기 때문에 원(園)이라 하나 오히려 목장(牧場)에 가까운 것이라 할 수 있다. 즉 어도와 어도 중간이 궁관의 땅이었다고 말하고 있다. 궁관이란 '많은 궁전'의 의미로 쓰이기 때문에 이 지역은 일반주민이 사는 곳이 아니고 궁실에 부속된 후원(後苑)이라 할 수 있는 땅이었다고 생각된다. 이처럼 북위의 궁정이 내성 북으로 뻗쳐 곽성에 의해 곽외의 공지로 접속하고 있다고 한다면 그것은 종래의 평성의 규획과 자못 변하지 않았다고 말할 수 있다.

그에 비해 서진 낙양성 북부에는 시장이 있었던 것으로 보인다. 낙양성에는 삼시(三市)가 있었지만 이 가운데 대시(大市)는 금시(金市)라 하였는데, 이는 궁내에 있는 임상관(臨商觀) 서쪽 혹은 능운관(淩雲觀)의 서북에 있고 다른 마시(馬市)는 대성의 동쪽에 있고, 낙양현시는 대성의 남쪽에 있었다고 한다.[164] 대시는 궁내에 있는 임상관과 능운관 서북이라 하니 궁성에서 멀리 떨어져 있지 않는 곳에 시장이 있었던 것이고 대시라는 이름에서 가장 큰 시장이었을 짐작할 수 있다. 그런 점에서 시장이 모두 남쪽에 있는 북위 낙양성과는 다르다. 즉 낙수 남쪽 성남에 따로 설치된 사통시(四通市)가 있고,[165] 성서 서양문(西陽門) 밖 4리 어도남에 낙양대시(洛陽大市)가 있었던 북위 낙양과는[166] 그 경관이 사뭇 다르다. 서진 낙양성에는

164 『河南志』「晉城闕古蹟」條, pp.75-76, "三市(… 陸機洛陽記曰 洛陽凡三市, 大市名曰金市, 在臨商觀之西, 馬市在大城之東, 洛陽縣市在大城南. … 一說三市謂平樂市・金市・馬市也, 金市在淩雲觀西北. …"

165 『河南志』「後魏城闕古蹟」條, p.92, "四夷慕化之民萬餘家, 別立市於洛水南, 號四通市, 民間謂爲永橋市. …"

166 『河南志』「後魏城闕古蹟」條, p.96, "(西陽)門外四里, 御道南, 洛陽大市."

대시, 즉 금시가 특히 궁성의 서북에 있었으니 그 지역은 상인 등 사람의 왕래가 빈번한 곳이었을 것이다. 서진 낙양성의 성 서북이 사람의 왕래가 많은 지역이었음은 북위 낙양성의 그 지역과 특히 다른 점이었다.

수의 대흥성, 그리고 당 장안성의 규모도 이런 도성 형태의 발전선상에서 나온 결과라고 할 수 있는 것이다. 『자치통감』 권245 호삼성 주의 설명에 의하면 "육전에 말한다. 당의 도성은 삼중으로 되어 있다. 밖의 1중을 경성(京城)이라 이름 하고 내의 1중을 황성(皇城)이라 이름 하며 다시 내의 1중을 궁성(宮城)이라 이름 하고 역시 자성(子城)이라 이름 한다."[167]라고 하였다.

이 설명에 의하면 당 도성은 3중의 성이 겹쳐져 있는 것 같이 느껴지지만 실제로 그런 것이 아니고 외곽의 내부, 북벽에 접하는 작은 궁성이 있는데, 이것이 천자의 내정(內廷)이고, 그 남쪽에 그것과 비슷한 황성이 있어서 그것이 외조(外朝)의 형태를 띠는 것이다. 따라서 이것이 실질적으로 북위의 낙양성과 조금도 변하지 않는 형태라 할 수 있다.[168] 다시 말하면 북위 낙양성의 도성 구조를 그대로 완성시킨 것이 수당 도성 장안성인 것이다.

혹자는 이와 같은 소위 삼투성(三套城)의 출현을 유목민족의 중원진입과 연관시켜 설명하고 있다는 점은 필자의 논리를 뒷받침하는 주요한 주장이다. 즉 업도 남성(南城)도 궁성-내성-외곽으로 구분된 삼투성의 형태를 보이고 있는데, 이는 유목출신군주가 건설한 도성과 연관이 있다고 한다.[169] 즉 삼투성은 북위 평성에서 명확하게 보이기 시작하여 수당 장안성에서 완성된 모습(宮城－皇城<官廳街>－外郭城<里坊>)을 보인다는 것인데,[170]

167 『資治通鑑』 卷245 唐紀61 文宗 太和 9年(835) 12月條, p.7921, "敕使相繼傳呼, '閉皇城諸司門!'"의 胡三省 注: "六典, 唐都城三重, 外一重名京城, 內一重名皇城, 又內一重名宮城, 亦名子城."

168 宮崎市定, 「六朝時代華北の都市」, p.123.

169 郭濟橋, 「北朝時期鄴南城布局初探」, 『文物春秋』 2002-2(總64期), p.20.

북위 평성의 경우, 기본적으로 궁성－외성[171]－외곽성[172]으로 되어 있었다. 이처럼 삼투성은 북위 평성→낙양→동위 · 북제 업도→수당 장안성으로 연결되는 호족계열 도성의 특징이다. 북위 낙양성의 궁전이 북쪽 중앙으로 밀린 것은 인주가 직접 인민에 둘러싸이지 않기 위한 구도라는 것이 확인되었다.

다음으로 북위 낙양성은 성문이 이동함에 따라 대성(내성) 내의 규격화가 되었다. 먼저 중축선의 등장이다. 더 중요한 것은 북위시대에 들어 외곽성에 방장(坊墻)을 가진 이방(里坊)이 등장함에 따라 내성(대성) 내와 외곽성의 방을 구분하는 종횡 대가의 출현과 관련이 있는 것으로 보아야 한다. 서진시대까지만 해도 대성 외에는 외곽성이 없었다. 그런데 북위시대에 와서 경사 동서 20리 남북 15리를 방 300보를 1리로 하는 이방을 220개를 만들었다.[173] 이 이방구조가 낙양성의 중요한 구성요소로 들어옴에 따라 궁궐이 있는 내성만이 아니라 이방이 있는 외성까지를 포함하는 북위 도성 낙양성이 된 것이다. 이방이 도성의 구성요소로 들어오게 된 것은 북위의 초기도성 평성에서부터이지만,[174] 후기 도성 낙양성도 그 전통을

170 『長安志圖』(『宋元方志叢刊』, 北京: 中華書局, 1990) 卷上, 「唐城市制度圖」, pp.207-下左, "(隋開皇三年六月詔, 規建制度, 先築宮城, 次築皇城, 次築外郭城.)"; 『玉海』(臺北: 大化書局, 1977) 卷174 唐京城, pp.3288-上右, "唐都城三重, 京城 · 皇城 · 宮城. 三都上都 · 東都 · 北都"; (唐)李林甫 等 撰, 陳仲夫 點校, 『唐六典』(北京: 中華書局, 1992) 卷7 工部郎中條, pp.216-217, "皇城在京城之中, … 宮城在皇城之北."

171 『魏書』 卷2 太祖道武帝珪紀, pp.42-43, "(天賜三年: 406)六月, 發八部五百里內男丁築灅南宮, 門闕高十餘丈; 引溝穿池, 廣苑囿; 規立外城, 方二十里, 分置市里, 經塗洞達. 三十日罷." 여기서 '規立外城, 方二十里'라고 했으니 邊長이 5里가 된다.

172 『魏書』 卷3 太宗明元帝嗣紀, p.62, "(泰常七年: 422)秋九月, … 辛亥, 築平城外郭, 周回三十二里." 여기서 '築平城外郭, 周回三十二里'라고 했으니 邊長이 8里가 된다.

173 (北齊)楊衒之 撰, 『洛陽伽藍記』 卷5 城北, p.349, "京師東西二十里, 南北十五里, 戶十萬九千餘, 廟社宮室府曹以外, 方三百步爲一里 … 合有二百二十里."

174 『魏書』 卷2 太祖紀, pp.42-43, "(天賜三年: 406)六月, 發八部五百里內男丁築灅南宮, 門闕高十餘丈; 引溝穿池, 廣苑囿; 規立外城, 方二十里, 分置市里, 經塗洞達. 三十日

이어가게 되었던 것이다. 전한 장안성에서 보이던 후한 낙양성 위진 낙양성으로 이어지던 무곽체제가 북위 평성, 그리고 낙양성에서 유곽체제로 변하게 된 것이다. 평성은 방이 큰 것이 500가, 적은 것은 60-70를 하나의 단위로 한 것이었다.[175] 낙양성의 경우는 700-800가[176], "1,000호 · 500호"[177]로 표시되고 있다. 각각 방의 숫자는 기록에 따라 다르다. 평성의 경우 방이 몇 개나 되었는지 기록이 없고, 낙양성의 경우 '323개설'[178] 320개설[179], 220개설 등 이설이 많지만 대개 320개설에 대개 동의한다.[180] 한대 이후 대건축군 가운데의 소원(小院)을 방이라 칭하던 것은 이후 이방의 방과는 같은 개념의 것이 아니게 되었다.[181] 이런 이방의 출현은 성곽 자체

罷."

175 『南齊書』 卷58 魏虜傳, p.985, "其郭城繞宮城南, 悉築爲坊, 坊開巷. 坊大者容四五百家, 小者六七十家. 每南(當作閉)坊搜檢, 以備奸巧."

176 『魏書』 卷18 太武五王/孝友傳, pp.422-423, "令制: 百家爲黨族, 二十家爲閭, 五家爲比隣. 百家之內, 有帥二十五, 徵發皆免, 苦樂不均. 羊少狼多, 復有蠶食. 此之爲弊久矣. 京邑諸坊, 或七八百家, 唯一里正 · 二史, 庶事無闕, 而況外州乎? 請依舊置, 三正之名不改, 而百家爲四閭, … 此富國安人之道也."

177 『魏書』 卷68 甄琛傳, pp.1514-1515, "遷河南尹, … 琛表曰: '… 京邑諸坊, 大者或千戶 · 五百戶, …' 詔曰: '里正可進至勳品, 經途從九品, 六部尉正九品諸職中簡取, 何必須武人也?' 琛又奏以羽林爲遊軍, 於諸坊巷司察盜賊. 於是京邑淸靜, 至今踵焉."

178 『魏書』 卷8 世宗宣武帝恪紀, p.194, "(景明二年: 501)九月丁酉, 發畿內夫五萬人築京師三百二十三坊, 四旬而罷."

179 『魏書』 卷18 太武五王/廣陽王嘉傳, pp.428-429, "及將大漸, 遺詔以嘉爲尙書左僕射, 與咸陽王禧等輔政. 遷司州牧, 嘉表請於京四面, 築坊三百二十, 各周一千二百步, 乞發三正復丁, 以充玆役, 雖有暫勞, 姦盜永止. 詔從之."; 『魏書』 卷8 世宗宣武帝恪紀, p.216, "校勘記(四)發畿內夫五萬人築京師三百二十三坊 南 · 北 · 殿三本和北史卷四'五萬'下有'五千'二字. 又北史作'三百二十坊'. 按卷一八廣陽王嘉傳也作'三百二十坊', '坊'上'三'字當衍."

180 (北齊)楊衒之 撰, 『洛陽伽藍記』 卷5 城北條, p.351 注, "按『魏書』卷八世宗紀: '景明二年(501)九月丁酉, 發畿內夫五萬人, 築京師三百二十三坊, 四旬而罷.' 又十八廣陽王嘉傳: '表請於京四面築坊三百二十, 各周一千二百步, 乞發三正復丁以充玆役, 雖有暫勞, 姦盜永止. 詔從之.' 坊與里相同. …"

181 傅熹年 主編, 『中國古代建築史』 第二卷, p.23; 그리고 張劍은 北魏시대에는 城內의

의 모습을 다르게 만들었던 것이다.

효문제가 평성에서 낙양으로 천도하여 조영공사를 시작하지만 북위의 낙양성은 위진의 낙양성을 중심으로 하면서도 그 주위를 곽성으로 둘러쌓았다. 중심이 되는 낙양성은 남북구리일백보(南北九里一百步), 동서육리십일보(東西 六里十一步)이어서 '구육성(九六城)'이라 불리고 있지만,[182] 도성이 되자 이 구육성은 주위에 남북 15리, 동서 20리 외곽이 설치되어 내성은 외곽에 포함되었다. 그 형태는 역시 평성의 형체와 흡사한 것이었다.

즉 내성인 구육성은 정확하게 외곽의 중심부에 두어진 것이 아니고 북방에 편중되어 있었다. 내성의 동벽부터 동곽까지 약 8리, 내성의 서벽부터 서곽까지 약 7리로, 동서는 차이는 없지만, 남북을 보면 내성의 남벽에서 남곽까지는 4리이고 내성의 북벽에서 북곽까지는 겨우 1리에 불과하였기 때문이다. 그것도 이 내성의 북곽 밖에는 어떤 민가도 배치하지 않았던 것이다.

이상에서 북위 낙양성은 두 가지 측면에서 수당 장안성의 선구가 되었다고 할 수 있다. 첫째, 궁성이 완전히 대성의 북벽까지 밀어서 축조한 것이다. 그리고 그 후면 후대의 금원에 해당하는 녹지를 확보하였다. 둘째, 방장제의 전면적인 실시이다. 무곽의 도성에서 유곽의 도성으로 변화한 것이다. 이 두 가지 형식이 호족의 중원지배과정에서 출현한 것임을 상기할 필요가 있다.

坊里와 城外의 鄕里의 구별은 명확하며, 坊里의 경우 圍墻이 있어 엄격한 管理制度가 있고, 인구가 조밀하였다고 하였다.(「關于北魏洛陽城里坊的幾個問題」, 『漢魏洛陽故城研究」, 北京: 科學出版社, 2000, p.537)

182 『續漢書』 郡國志 劉昭 注에 "帝王世紀曰, 城東西六里十一步. 南北九里一百步. 晉元康地圖記曰, 城內南北九里七十步, 東西六里十步."라는 표현이 있다.

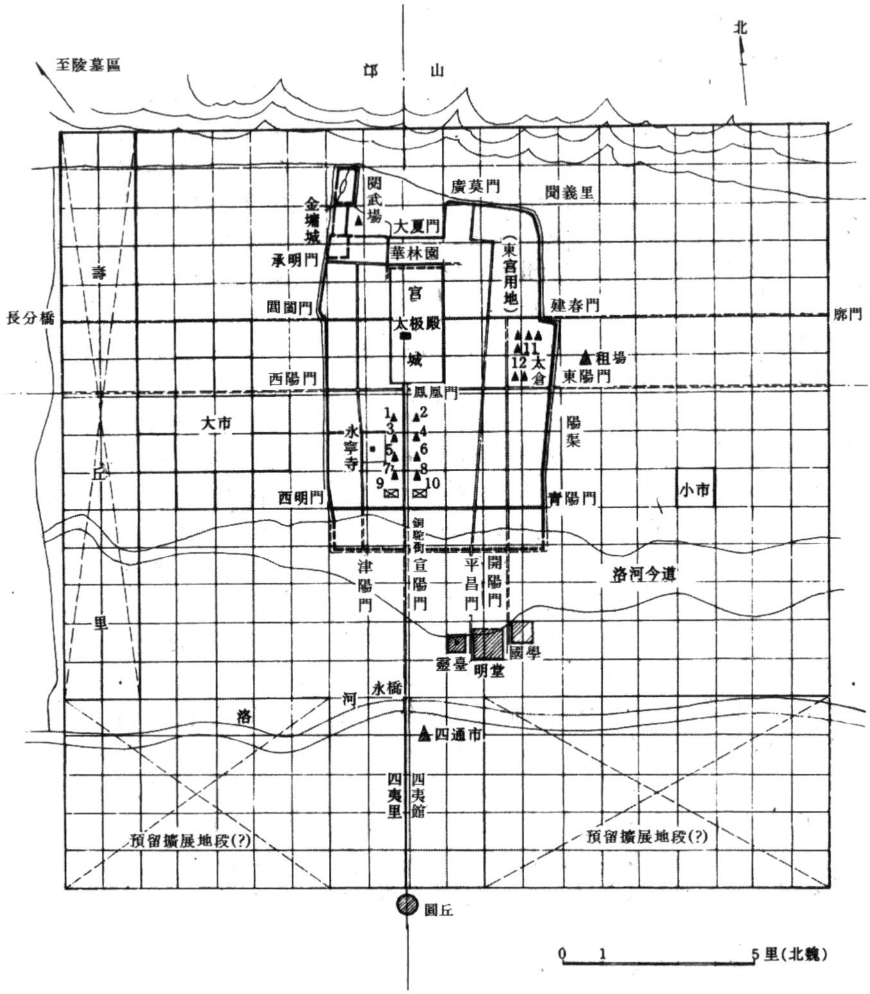

1. 右衛府, 2. 左衛府, 3. 太衛府, 4. 司徒府, 5. 將作曹, 6. 國子學, 7. 九級府, 8. 宗正寺, 9. 太社, 10. 太廟, 11. 籍田署 典農署 句盾署 司農寺, 12. 太倉署 導官署

출처: 賀業鉅, 『中國古代城市規劃史』, 北京: 中國建築工業出版社, 1996, p.473, 圖5-23 北魏洛都城市規劃概貌圖.

〈그림 1〉 북위 낙양구획개략도

결론

이상에서 위진 낙양성, 조위시대 건설된 태극전과 북위 낙양성의 궁성 위치를 중심으로 기왕의 여러 기록과 학설, 그리고 최근 고고발굴성과를 합쳐서 살펴보았다. 이 문제와 관련하여 특히 최근 중국 고고학계를 중심으로 위진 태극전이 후한 북궁지역에 건설되었으며 북위의 태극전도 그 구기를 이어받아 건설되었다는 주장이 제기되었다. 먼저 위진 태극전의 건설 위치이다. 필자는 기왕 사료의 기술대로 조위시대 태극전이 후한 남궁지역에 건설되었다는 사실에 대해 여전히 강한 신뢰를 가지고 있다. 무엇보다 위진시대에 들어 후한의 남궁이 폐기되지 않고 유지되고 있었다는 사실을 여러 사료를 들어 상기시켰다.

최근 위진의 태극전이 후한 북궁 덕양전 터에 건축되었다는 설의 유력한 근거가 되는 조식(曹植)의 시에 나오는 '덕양(德陽)'과 '주작(朱雀)'이라는 단어가 고유명사가 아니라 일반명사이고, 조식이 그 시를 지을 때는 당시 태극전의 건축이 이루어지기 한참 전이기 때문에 아직 건축 계획을 알 까닭이 없다는 점에서 그 주장은 문제가 있다고 보았다.

후한 낙양성과 위진의 낙양성은 남면의 성문이 약간 변화가 있었다. 후한의 남방 가장 중요한 궁문과 성문이었던 평창문이 위진에 이르러 선양문으로 그 위치를 양보하였다. 서진 말 왕미 · 호연안이 이끄는 전조 유총의 군대가 낙양성을 공략할 때의 진격 노선을 가지고 태극전의 위치가 도성의 남부, 즉 남궁지역에 있었음을 고증하였다.

최근 고고학적인 발굴에 의해 북위의 태극전과 그 정문인 창합문이 위진의 그것과 동일한 터에 있었다고 주장되고 있다. 그러나 위진 태극전 위에 북위의 태극전이 축조되었다는 것이 완전히 보증되지 않는다는 점이 아직 남아 있다. 즉 발굴결과로 북위 태극전이 위진의 태극전이라고 한다면 후한 남궁 숭덕전이든 북궁의 덕양전이든 그 유지 아래에 그 시대(즉 후한)의 지층이 발견되어야 한다는 점에서 그 유지에 그 흔적이 보이지 않다는 점이 문제라고 보았다. 따라서 북위 궁성은 위진시대에 처음으로 후한의 공지에 건축된 건시전(建始殿)의 터일 가능성도 있다고 보았다.

위진 낙양성과 북위 낙양성의 태극전은 같은 터에 건축된 것이라는 고고발굴 결과를 수용하여 북위 낙양성의 태극전의 위치를 확정하더라도 북위 낙양성의 규획이 후대의 수당 장안성의 선구가 되는 요소를 채용하고 있음을 제시하였다. 우선 북면 광막문과 대하문이 연결되는 지역의 성벽 바로 앞에까지 궁관이 건축된 것으로 이는 궁성이 도성의 최북단으로 밀렸다는 것이고, 이런 형태는 이미 북위 초기 도성인 평성에서 나타났던 것이라 보았다. 이런 도성구조는 경성(京城: 外郭)－황성(皇城)－궁성(宮城: 子城)이라는 삼투성(三套城)의 형태였다. 즉 외곽 북벽에 접하는 궁성(內廷), 그 남쪽에 황성(外朝)이 궁성을 둘러싸고, 외곽이 다시 궁성과 황성을 둘러싸는 형태가 북위 낙양성의 구조인 것이다. 이 형태를 보다 정밀하게 완성시킨 것이 수당 도성 장안성이었다.

이와 같은 소위 삼투성의 출현이 유목민족의 중원진입과 연관시켜 설명되고 있다는 점이다. 북위 낙양성 이후 동위-북제 업도 남성도 궁성－내성－외곽으로 구분된 삼투성의 형태를 보이고 있다. 즉 삼투성은 북위 평성에서 명확하게 보이기 시작하여 수당 장안성에서 완성된 모습을 보이게 된 것이다. 이처럼 삼투성은 북위 평성→낙양→동위 · 북제 업도→수당 장안성으로 연결되는 호족계열 도성의 특징적 형태였다. 이처럼 궁전이 북쪽 중앙으로 밀린 것은 인주가 직접 인민에 둘러싸여 포위되지 않기 위한 구도라는 것이 확인되었다. 그리고 궁성과 황성을 거쳐 외곽성을 양분하는 중축선이 설정되고 인민의 주거지역에 방장제가 실시되어 온 도성이 질서정연한 규격을 갖게 된 것이 북위 평성에서 시작하여 북위 낙양성에서 어느 정도 확실해졌고 이런 형식이 수당 장안성으로 연결되었다고 할 수 있다. 북위 낙양성에서 도성의 무곽체제에서 유곽체제로 변화한 점은 특기할 만한 일이다.

| 제7장 |

동진·남조 건강성의 도성구조

오호십육국·북조·수당계열왕조의 도성과 비교하여

문제제기

Ⅰ 건강성의 입지와 경영방식

Ⅱ 건강성의 내부구조와 그 특징

Ⅲ 북위 낙양성과 건강성의 관련성: 장소유(蔣少游)가 그려 온 도화의 내용

결론

문제제기

필자는 오호십육국 · 북조, 그리고 수당대까지 호족계열 왕조의 도성구조에 대해 주로 연구해 왔다. 중국 대표적인 도성구조의 하나라고 할 수 있는 수당 장안성의 구조에는 한족적인 전통 도성구성 요소 외에 호족적인 사고와 기능성이 짙게 반영되었음을 논증하려는 노력의 일환이었다. 수당 장안성의 구조에는 당연히 호족적인 사고와 기능성만이 반영된 것은 아니다. 주지하듯이 도성의 주요 요소라고 할 수 있는 성곽도 본래 농경민족의 산물이기 때문이다. 그러나 유목민족의 중원진입 이후 축조된 도성들도 오로지 농경민족의 논리와 필요성에 의해 축조되었다는 기왕의 주장에는 동의할 수 없다. 필자는 오호십육국 이후 당시 처한 정치적 · 경제적 · 군사적 상황과 얽혀 원래 농경민족의 도성 형식이 상당히 변질되었다고 생각한다. 이 과정에서 호족의 영향을 받은 부분도 상당히 있다고 보는 것이다. 다시 말하면 도성구조도 호한합작품인 '호한체제'의 하나라고 보는 것이다. 필자의 연구가 설득력을 얻으려면 그 계열의 도성이 순수 한족계열의 동진-남조 건강성[1]의 구조와 어떤 점이 같으며, 어떤 점이 다른가, 서로 영향을 주고받은 것이 있다면 어떤 것이었는가를 분명히 밝히는 것이 중요하다고 생각한다. 특히 북위 낙양성의 축조과정에서 장소유(蔣少游)를 남제 도성 건강성에 사신으로 파견하여 그 제도를 베껴 그려 오도록 했다는 기술을 어떻게 해석할 것인가 하는 점이 매우 중요하다고 본다. 본고는 동진-남조의 건강성이 오호십육국-북조의 도성과 어떤 차이가 나는가를 세밀하게 따져 보는 데 그 목적을 두고 있다. 그럼으로써 오호십육국-북조계열의 도성에 반영된 호족적인 요소를 부각시키고자 한다.

1 (唐)許崇 撰 · 孟昭庚 等 點校, 『建康實錄』(上海: 上海古籍出版社, 1987) 卷1 吳上, p.1, "建康者, 本楚金陵邑, 秦改爲秣陵, 吳改爲建業. 晉愍帝諱業, 改爲建康. 元帝卽位, 稱建康宮, 五代仍之不改. 故其書擧南朝之事."

Ⅰ. 건강성의 입지와 경영방식

1. 건강성의 입지조건

오(吳) 대제(大帝) 손권(孫權)이 처음 도읍으로 정한 곳은 무창(武昌: 현재 湖北省 鄂州)이었다.[2] 그 후 황룡 원년(黃龍 元年: 229) 추9월 무창에서 건업(建業-建康)으로 천도한 후,[3] 건업은 오가 멸망하기까지(孫皓가 무창으로 천도한 1년을 제외하고) 50년 동안의 도읍이었다. 서진의 도강 이후 도성으로서 여러 후보지가 거론되었지만 왕도(王導)의 주장에 따라 '근본지지(根本之地)'로 건강이 정해졌다.[4] 이리하여 동진 원제 건무 원년(建武 元年: 317)부터 수가 통일할 때(589)까지(양 원제의 강릉(江陵) 도읍 3년을 제외하고) 동진-남조정권 모두가 건업을 도성으로 정하였다. 오-동진-송-제-양-진 육조가 건강(이하 '건강'으로 통일함)에 도성을 정한 연수는 총 321년간이었다. 이렇게 장기간 도성으로 군림한 데는 건강이 갖는 유리한 조건이 분명히 있었던 것이다.

중국 역대도성을 보면 그 정도(定都)의 조건은 대개 세 가지였다. 경제·형세(지리)·군사(국방)상의 이유가 그것이다.[5] 즉 경제조건이란 도성 부근의 물자가 풍부하여 통치집단 혹은 도성에 거주하는 대량인구를 먹여 살리기 위해 타 지역으로의 의존이 불필요하거나, 얼마나 적게 받을 수 있

2 孫權은 黃初 2년(221) 통치의 중심을 鄂縣에 두고 武昌으로 개명하여 수도로 하고, 黃龍 원년(229) 칭제하였다.(郭黎安, 『六朝建康』, 香港: 天馬圖書, 2002, p.11)

3 『三國志』 卷47 吳書2 吳主 權 黃龍 元年條, p.1135, "秋九月, 權遷都建業. 因故府不改館. …"

4 (宋)張敦頤 撰, 『六朝事迹編類』(臺北: 廣文書局, 1970) 卷上, 「六朝建都」, pp.43-44, "南朝之建都也, 不過建康·京口·豫章·江陵·武昌數處. 其强弱利害, 前世論之, 詳矣. … 王導斷然折會稽·豫章之論, 而以建業爲根本, 自晉以下, 三百年之基業, 導之力也."

5 薩孟武, 「中國歷史上的國都」, 『大陸雜誌』 5-7, 1952.

느냐의 여부이다. 군사조건이란 내부를 통제하고 외래 침략의 방어에 편리한가 여부이며, 형세, 즉 지리조건이란 왕조의 전 국토의 중심에 위치하거나 가장 빠른 교통로선상에 위치하느냐의 문제이다.[6] 이하에서 건강의 경제 · 군사 · 교통 3방면을 중심으로 살펴보자.

먼저 건강은 경제적인 면에서 우수하다. 삼오(三吳: 吳 · 吳興 · 會稽)는 당시 최고의 부서(富庶)지역이었다. 삼오지구는 육조시기 종종 관중 · 하동과 비견되었고, 심지어 관중보다 생산력의 우위를 차지한다고까지 하였다. 즉 "당시의 회계를 이전의 관중의 그것처럼 식량과 군량 공급이 풍족하다"[7]라거나 "오 · 회계의 조건이 전 · 후한시대의 관 · 하를 오히려 능가한다"[8]라거나 "회계지역의 토지가 관중지역과 비교할 수 없을 정도로 비옥하다"[9]라는 지적 등이 바로 그것이다. 그래서 남조 각 왕조에서 삼오와 그 인근지역은 소위 '근본(根本)'의 소재지로서 위치를 굳건히 지켰다.[10]

다음으로 군사적인 면이다. 위진남북조시대는 혹자의 표현대로 '새로운 형태의 전국시대'였다.[11] 도성으로서 우선 주적인 북방의 오호십육국-북조 여러 왕조의 진공을 저지하여 정국을 안정시켜야 한다. 사실 동진-남조 영내에서 도성으로서 건강만한 곳이 없었다. 건강은 영진산맥(寧鎭山脈) 서단의 구릉지대에 위치하여 북고남저의 지세를 보이고 있다. 서변의 진회하(秦淮河)가 장강으로 들어가는 강구를 제외하고 주위가 모두 산령으로 둘러싸여져 있다.[12] 특히 석두(石頭)의 서쪽 장강에는 사주(沙洲)로 형성된

6 譚其驤, 「中國歷史上的七大首都」, 『長水集續編』(北京: 人民出版社, 1994), p.30; 史念海, 「中國古代都城建立的地理因素」, 『中國古都與文化』(北京: 中華書局, 1998), pp.213-240.

7 『晉書』 卷77 諸葛恢傳, p.2042, "今之會稽, 昔之關中, 足食足兵, 在于良守."

8 『宋書』 卷60 范泰傳, p.1619, "今之吳 · 會稽, 寧過二漢關 · 河."

9 『宋書』 卷54 孔季恭等傳論, p.1540, "會土帶海傍湖, 良疇亦數十萬頃, 膏腴上地, 畝直一金, 鄠(今陝西省戶縣) · 杜(今陝西省西安西南)之間, 不能比也."

10 周一良, 「東晉南朝地理形勢與政治」, 『魏晋南北朝札記』, 北京: 中華書局, 1985, p.78.

11 黃仁宇, 『中國大歷史』, 北京: 三聯書店, 1997, p.73.

협강(夾江)이 있어 수군의 기지로서 적지였다.[13]

건강이 '너비가 40리에 달하는[寬達四十里]' 장강이라는 '천참(天塹)'을[14] 배후에 두고 있지만, 그렇다고 사방이 관(關)과 하(河)로 둘러싸인 관중지역의 장안에 비교될 수는 없었다. 그래서 먼저 건강에게는 회남(淮南)과 장강 상류지역을 먼저 확보해 두고 있어야 한다는 점이 전제되어야 한다.[15] 만약 적이 회남과 장강 상류지역을 선점하면 건강정권은 안전할 수가 없게 되기 때문이었다.[16] 따라서 강동(강남)정권은 건강을 '중심'으로 하고 양주를 '근본'으로 삼은 후에, 군사중진을 여러 군데 건립할 수밖에 없었다. 가까이는 도성 건강의 동서 '자물쇠[鎖鑰]' 역할을 하는 '이부(二府)'인[17] 경구(京口)[18]와 역양(歷陽: 采石)[19], 경사의 북변 '문호'로서의 역할을

12 서남에서 동북으로 三山-石頭山-馬鞍山-四望山-盧龍山-幕府山-攝山 등의 山嶺이 이어져 있어 천연적인 屛障을 이루고 있다. 그리고 동북에 寧鎮山脈의 최고봉 鍾山과 그 서쪽으로 餘脈인 富貴山-覆舟山-鷄龍山-鼓樓崗-五臺山-石頭山이 제2의 高崗을 이루고 있다.(郭黎安, 「試論六朝時期的建業」, 『中國古都硏究』 1, 杭州: 浙江人民出版社, 1985, pp.263-264)

13 長命洲, 張公洲, 白鷺洲, 蔡洲, 加子洲, 烈洲 등 沙洲가 그것인데 이를 '小江'이라 지칭했으며 孫權이 劉備에게 "秣陵有小江百餘里, 可以安大船, 吾方理水軍, 當移據之…"이라 하였다.(『三國志』 卷53 吳書8 張紘傳 注引 獻帝春秋, p.1245)

14 『南史』 卷77 孔範傳, pp.1941-1942, "隋師將濟江, 羣官請爲備防, 文慶沮壞之, 後主未決. 範奏曰: '長江天塹, 古來限隔, 虜軍豈能飛度? 邊將欲作功勞, 妄言事急.' … 後主笑以爲然, 故不深備."

15 (清)顧祖禹 撰, 賀次君·施和金 點校, 『讀史方輿紀要』(北京: 中華書局, 2005) 卷19 南直1 大海, p.918, "王氏彦恢曰: 建康自古用武之地, 然必內以大江爲控扼, 外以淮甸爲藩籬."

16 『讀史方輿紀要』 卷19 「南直方輿紀要序」, p.869, "敵在淮南, 而長江之險吾與敵共, 敵在上游, 而長江之險乃制之於敵矣. 雖然, 淮南亦不可輕也. 人有亦言, 欲固東南者必爭江·漢. 欲規中原者必得淮·泗. 有江·漢而無淮·泗國必弱, 有淮·泗而無江漢之上游國必危."

17 『讀史方輿紀要』 卷25 南直7 鎮江府, p.1248, "又六朝都建康, 每謂姑孰爲南州, 歷陽爲西府, 而京口謂之北府."

18 『讀史方輿紀要』 卷25 南直7 鎮江府, pp.1248-1249, "杜佑曰: '京口因山爲壘, 緣江爲

수행하는 수춘(壽春)·회양(淮陽)·우이(盱眙)가 중시되었으며, 멀리로는 건강과 양주의 '서번(西藩)'으로서의 역할로 기대되는 강릉·양양에 중병이 두어졌다. 특히 강릉·양양의 중시로 인해 도성 건강에 대립하는 소위 '분섬(分陝)'[20] 혹은 '형양지쟁(荊揚之爭)'의 형국이 연출되었고, 형양지쟁의 산물로서 심양(尋陽)이 군사적으로 굴기했던 것이다.[21] 이는 북방의 장안처럼 '산하로서 험고[以山河爲固]'를 삼을 수 없었기 때문이었다. 위진남북조라는 분열시대 여러 왕조의 도성들이 그러했던 것처럼 건강은 육조 영내에서 도성의 입지로서 가장 유리했지만 그렇다고 통일왕조시대의 장안과 비견될 만한 것은 결코 아니었다는 점이다. 장안은 그 지점 자체의 지정학적인 중요성보다는 관중이라는 지역단위가 갖는 소위 '근거지'로서의 압도적인 역할이 더 중요한 작용을 했기 때문이었다.[22]

다음은 교통상의 조건이다. 육조시대 최대 인구밀집지역은 장강 연변이었다. 자연히 육상교통보다 장강을 통한 수상교통이 중요한 것은 당연했다. 장강 상류지역의 형주군사구(荊州軍事區)와 삼오의 경제구의 연결점으로서[23] 건강이 강남지구 내에서 건도의 가장 이상적인 지점이었기 때문이다.[24]

境, 建業之有京口, 猶洛陽之有孟津' 自孫吳以來, 東南有事, 必以京口爲襟要, 京口之防或疏, 建業之危立至. 六朝以京口爲臺城門戶, 鎖鑰不可不重也.";『宋書』卷78 劉延孫傳, p.2019, "先是高祖遺詔, 京口要地, 去都邑密邇, 自非宗室近戚, 不得居之."

19 『讀史方輿紀要』卷19 南直1 采石, p.883, "陸氏游曰: '古來江南有事, 從采石渡者十之九, 從京口渡者十之一, 蓋以江面狹於瓜洲也.'"

20 『晉書』卷37 宗室 閔王承傳, p.1105, "府長史虞悝慷慨有志節, 謂承曰: '王敦居分陝之任, 而一旦作逆, 天地所不容, 人神所痛疾. 大王宗室藩屛, 寧可從其僞邪! 便宜電奮, 存亡以之.'"

21 郭黎安,『六朝建康』, pp.192-206.

22 閔斗基,「前漢의 京畿統治策」,『東洋史學硏究』3, 1969.

23 『讀史方輿紀要』卷20, 南直二, 應天府, p.921. "蓋舟車便利則無艱阻之虞, 田野沃饒, 則有轉輸之藉. 金陵在東南, 言地利者自不能舍此而他及也."

24 盧海鳴,『六朝都城』, 南京: 南京出版社, 2002, p.15.

여기다가 외형적인 지리환경에서도 건강은 북방의 낙양과 유사하다는 지적을 종래 많이 받았다. 동진 초년 북방에서 남도한 인사들은 건강과 낙양은 장강과 황하의 차이만 있을 뿐 그 풍경이 비슷하다고 느꼈다.[25] 육조의 시문 중에는 건강의 산수를 낙양의 그것과 비교하는 것들이 많다. 즉 낙양은 북쪽에 망산이 있고, 남쪽에 낙수(洛水)가 서쪽에는 이수(伊水)가 동쪽으로는 곡수(穀水)가 둘러싸고 있다. 그런데 건강성은 북쪽에 복주산(覆舟山: 현재의 九華山)과 계롱산(鷄籠山: 현재의 鷄鳴山)이, 남쪽에는 진회하가, 서쪽에는 멀리 장강이, 동쪽에는 청계(淸溪)가 있기 때문이다. 임방(任昉)은 경릉왕(竟陵王) 소자량(蕭子良)의 저택을 두고,[26] 그리고 주이(朱异)도 건강성 남방에 있는 그의 주택을 두고[27] 낙양의 특정지점과 비유하였던 것이다. 남제 산겸지(山謙之)의 『단양기(丹陽記)』에서는 건강의 종산(鍾山)과 복주산을 낙양의 수양산과 망산을 비유하기도 하였다.[28] 또 당인 허혼(許渾)도 그의 시에서,[29] 그리고 송인 마광조(馬光祖)도 건강과 낙양을 비교하기도 하였으니[30] 말이다. 따라서 건강이 관중 장안과는 비교할 수 없

25 『晉書』 卷65 王導傳, p.1747, "過江人士, 每至暇日, 相要出新亭飮宴. 周顗中坐而歎曰: '風景不殊, 擧目有江河之異.' 皆相視流涕."; 『世說新語』(徐震堮, 『世說新語校箋』, 香港: 中華書局, 1987) 卷上 言語二, 31, p.50, "過江諸人, 每至美日, 輒相邀新亭 … 周侯(顗), 中坐而歎曰: '風景不殊, 擧目有山河之異!' 皆相視流淚."

26 任昉, 「齊竟陵文宣王行狀」[『全上古三代秦漢三國六朝文』(石家莊: 河北教育出版社, 1997) 卷44 「全梁文」], p.470, "良田廣宅, 符仲長之言, 邙山洛水, 協應叟之志."

27 朱异, 「田飮引」(『全上古三代秦漢三國六朝文』 卷62 「全梁文」), p.686, "卜田宅兮京之陽, 面淸洛兮背水邙."

28 『太平御覽』(臺北: 臺灣商務印書館, 1975) 卷41 地部6 蔣山, p.326下合, "出建陽門, 望鍾山之與覆舟, 似上東門首陽之與北邙也."

29 許渾, 「金陵懷古」[『全唐詩』(北京: 中華書局, 1960)] 卷533, p.6084, "英雄一去豪華盡, 惟有靑山似洛中."

30 馬光祖, 「進建康志表」[(南宋)周應合, 『景定建康志』, 北京: 中華書局, 1990, 『宋元方志叢刊』本] 進表1, p.1318-下, "竊以紫蓋東南, 勢雄建業, 靑山表裏, 景似洛陽, 吳晉以來, 皆號京畿."

어도 낙양 정도의 도성의 입지적 조건은 확보하고 있었다고 보아도 무방할 것이다.

2. 건강성의 성곽구조

1) 건강성의 영건

건강성은 어떤 과정을 거쳐 그 독특한 경관을 취하게 되었는가? 기록에 의하면 오의 도성 건업은 춘추시대 합려 · 부차가 경영한 오국의 도성 오(현재 江蘇省 蘇州)를 계승했다고 하나[31] 그 규모나 성문 등을 살펴볼 때 같지 않는 점이 많다.[32] 황룡(黃龍) 원년(229) 손권이 건업으로 천도하였을 때 손책의 고부(故府)를 '태초궁(太初宮)'이라 명명하고 거주하였다. 그 후 적오(赤烏) 10년(247) 태초궁을 개축하여 주위 300장의 신태초궁을 건설하였고,[33] 손호 보정(寶鼎) 2년(267)에는 방500장의 서명궁(昭明宮)을 그 동쪽에 건설하였다.[34] 이 궁전은 서진 말 석빙(石冰)의 난으로 소실되었지만, 그 난을 평정한 진민(陳敏)이 태초궁 고지에 부사(府舍)를 재건하였는데, 서진 말 도강한 동진 원제는 사정상 여기에 임시 거주하게 되었다.

한편 오나라는 태초궁과 북쪽의 후호(後湖: 玄武湖) 사이에 후원을 만들어 이를 '원성(苑城)'이라 했다. 그 원성 가운데에 창고가 있어, '원창(苑倉)'

31 (西晉)左思, 「吳都賦」[(梁)蕭統 編, (唐)李善 注, 『文選』(上海: 上海古籍出版社, 1986) 卷5], 京都下 p.216, "闔閭閭之所營, 采夫差之遺法"(李善 注曰: '闔閭造吳城郭宮室, 其子夫差嗣, 增崇侈靡. 孫權移都建業, 皆學之. 故曰闔閭閭之所營, 采夫差之遺法, 而施榮楯也.')

32 盧海鳴, 『六朝都城』, p.35.

33 『三國志』 卷48 吳書2 吳主孫權傳 赤烏 10年條, p.1146, "二月, 權適南宮. 三月, 改作太初宮."

34 『三國志』 卷48 吳書3 三嗣主傳 孫皓, 寶鼎 2年條, p.1167, "夏六月 起顯明宮(裴松之注曰: 太康三年地記曰: 吳有太初宮, 方三百丈, 權所起也. 昭明宮方五百丈, 皓所作也. 避晉諱, 故曰顯明."

이라 했다. 이 원창과 진회하와의 통운(通運)을 위해 '운독(運瀆)'을 개착했다. 이 원창은 동진시대 '태창'으로 개명되어 그래도 유지되었지만,[35] 원성 터에 '둘레 8리'(약 3,458m)의 건강궁(建康宮: 顯陽宮), 즉 '대성(臺城)'이 조영되었다.[36] 동진 성제 함화(咸和) 원년(327)에 시작된 소준(蘇峻)의 난으로 함화 2년(327) 임시 전사(殿舍: 궁실)마저 분소되었다. 건강궁의 제1차 조영은 함화 5년(330)에 단행되었다. 당시 중신원로인 왕도(王導)가 총설계사로, 왕빈(王彬)의 주지(主持)로[37] 건강성이 중건되었다.[38] 이때 '방지한위(方之漢魏)'하였다 하니[39] 한-위의 도성체제를 대체로 계승한 것으로 보인다. 그러나 당시 궁전체제가 완비된 것은 아니었다. 당시 궁문에다 석궐

35 (唐)許崇 撰, 孟昭庚 等 點校,『建康實錄』卷2 吳中 太祖下, p.33, "(赤烏)三年 … 十二月, 使左臺侍御史郗儉監鑿城西南自秦淮, 北抵倉城, 名運瀆(案: 建康宮城卽吳苑城, 城內有倉, 名曰苑倉, 故開此瀆(運瀆)通轉運於倉所, 時人亦呼爲倉城. 晉咸和中, 修苑城爲宮, 惟倉不毁, 故名太倉, 在西華門內道北.)"

36 (唐)許崇 撰, 孟昭庚 等 點校,『建康實錄』卷7 晉中, 顯宗成皇帝 咸和 7年條, "冬十一月, … 是月, 新宮成, 署曰建康宮, 亦名顯陽宮, 開五門, 南面二門, 東西各一門.(案『圖經』, 卽今之所謂臺城也. … 周八里, 有兩重墻.)"

37 『晉書』卷76 王彬傳, p.2006, "蘇峻平後, 改築新宮, 彬爲大匠.";『景定建康志』卷20 城闕志1, 「臺城」'考證'條, pp.1623下左-1624上右, "(『輿地志』云) … 晉書成帝時 蘇峻作亂, 焚燒宮室, 溫嶠以下咸議遷都, 惟王導固爭不許, 咸和五年, 作新宮, 始繕苑城, 六年遷于新宮, 卽此城也";『太平寰宇記』(臺北: 文海出版社, 1980) 卷90 江南東道2 · 昇州, p.674-下左, "又『輿地志』云: 晉故臺城, 卽成帝時, 蘇峻作亂, 焚燒宮室都盡, 溫嶠以下咸議遷都, 惟王導固爭不許, 咸和六年(當作五年), 使卞彬(當作王彬)營治. 七年遷於新宮."

38 『晉書』卷7 顯宗成帝紀 咸和 5年條, p.175, "九月, 造新宮, 始繕苑城."; (唐)許崇 撰, 孟昭庚 等 點校,『建康實錄』卷7 晉中, 顯宗成皇帝 咸和 5年(330), p.133, "九月, 作新宮, 始繕苑城, 修六門.(案苑城卽建康宮城. 六門: 案『輿地志』, 都城周二十里一十九步, 本吳舊址. … 正北面用宮城, 無別門. 苑城卽吳之後苑也, … 都城雖經五代, 而門檣互有修改. …"

39 『晉書』卷76 王彪之傳, pp.2011-2012, "(謝)安欲更營宮室, 彪之曰: '中興初, 卽位東府, 殊爲儉陋, 元 · 明二帝亦不改制. 蘇峻之亂, 成帝止蘭臺都坐, 殆不蔽寒暑, 是以更營修築. 方之漢魏, 誠爲儉狹, 復不至陋. …'"

(石闕)을 세우는 등 제대로 체제를 갖추어야 한다는 논의가 있었으나 도강 초라 국력이 빈약하여 그럴 만한 여력이 없었다. 이 궁색한 국면에 처하여 왕도는 남쪽의 선양문 밖 우두봉(牛頭峯)을 '천궐(天闕)'이라 지칭하여 이런 논의를 잠재웠다는 기록도 있다.[40] 이렇게 축조된 궁성은 토축(토장)이었는데, 함강(咸康) 5년(339)에 가서야 비로소 전루(磚壘: 磚砌)로 바꾸었으며,[41] 주위 8리, 매변 2리의 규모를 갖추었다.

건강궁은 이후 송-제-양 3왕조에서 모두 증축되었으나 동진시기에 축조된 신궁의 포국을 크게 변경하지는 않았다. 동진-남조시대 건강성의 도성의 규모는 이렇게 동진 초에 거의 확정되었으므로 건강 건도사상 가장 중요한 시기라 할 수 있다.[42] 건강궁의 위치는 종래 현재의 동남대학(구 중앙대학) 교정으로 비정된 바 있지만,[43] 최근 고고발굴 결과 육조 도시건축 유적이 나온 명(明) 대행궁(大行宮) 주위 및 그 북쪽의 민국총통부 일대가 그 핵심지구라는 설이 제기되었다.[44]

규모는 동진 초에 확정되었으나 궁전의 건축은 여러 차례 증축과정을 거쳤다. 규모가 큰 것을 보면 다음과 같다. 동진 효무제 태원(太元) 3년(378) 정월, 당시 상서복야 사안(謝安)이 함화(咸和)시기에 수축한 건강궁이 굉려하지 않다고 하여 다시 신궁을 만들 것을 의논하여 사안과 대장(大匠) 모안인(毛安人)의 책임하에 '내외 전우 대소 3,500간[內外殿宇大小三千五百間]'의 신궁이 완성되었으며 주작문의 문루도 중루로 만들었다고 한

40 (唐)許崇 撰, 孟昭庚 等 點校, 『建康實錄』 卷7 晉中 顯宗成皇帝 咸康 5年(339) 7月條, p.142, "時議欲立石闕于宮門, 未定. 後(王)導隨駕出宣陽門, 乃遙指牛頭峯爲天闕. 中宗從之."

41 (唐)許崇 撰, 孟昭庚 等 點校, 『建康實錄』 卷7 晉中 顯宗成皇帝 咸康 5年(339)條, p.144, "是時, 始用磚壘宮城, 而創構樓觀."

42 劉淑芬, 『六朝的城市與社會』, 臺北: 學生書局, 1992, p.56.

43 朱偰, 『金陵古迹圖考』(北京: 中華書局, 2006<上海: 商務印書館, 1936>), pp.107-108; 郭黎安, 『六朝建康』, p.29.

44 楊國慶 · 王志高, 『南京城墻志』, 南京: 鳳凰出版社, 2008, pp.67-69.

다.[45] 이때 신축된 태극전은 장(長) 27장, 광(廣) 10장, 고(高) 8장이었다.[46] 또 유송시기 건강궁의 중요한 영건은 무제와 명제시기에 이루어졌는데, 정광(正光) · 옥촉(玉燭)과 자극전(紫極殿) 등 호화로운 궁전이 축조되었다고 한다.[47] 남제 무제시기에 봉화(鳳華) · 수창(壽昌) · 요령(耀靈) 3개의 내전(內殿)을 축조하였고,[48] 동혼후시기 선화(仙華) · 신선(神仙) · 옥수(玉壽) 등 궁정이 축조되기도 했다.[49]

그러면 건강성은 구조적으로 어떤 특징적인 형태의 도성이었는가? 먼저 전체적인 규획부터 보자. 중국 역대도성은 궁성－황성(혹은 內城, 中城, 小城, 子城, 金城)－외곽(혹은 郭城, 羅城, 大城)으로 된 것으로 이해되고 있다. 그러나 이런 이해는 약간의 문제가 있다. 이런 '삼투성' 형태는 북위 초기 도성 평성에서 그 단초가 보이다가 수당 장안성에서 완성된다. 따라서 위

45 (唐)許崇 撰, 孟昭庚 等 點校, 『建康實錄』 卷9 晉中下 烈宗孝武皇帝 太元 3年(378)條, p.200, "尙書僕射謝安石以宮室朽壞, 啓作新宮. … 二月, 始工, 內外日役六千人. 安與大匠毛安人決意修定, 皆仰模玄象, 體合辰極. 幷新制置省閣堂宇, 名署時政. 構太極殿. … 又起朱雀門重樓. … 門開三道, … (案『地圖』, 朱雀門北對宣陽門, 相去六里, 名爲御道, 夾開御溝, 植柳. 朱雀門南渡淮, 出國門, 去園門五里, 吳時名爲大航門, 亦名朱雀門. …) 上重名朱雀觀. … 秋七月, 新宮成, 內外殿宇大小三千五百間."

46 『景定建康志』 卷21 城闕志2 古宮殿, p.1638下, "太極殿, 建康宮內正殿也, 晉初造, 以十二間象十二月. 至梁武帝改製十三間象閏焉. 高八丈, 長二十七丈, 廣十丈, 內外幷以錦石爲砌. 次東有太極東堂七間, 次西有太極西堂七間, 亦以錦石爲砌"; 즉 梁 武帝 天監 12년(513) 2월에 太極殿의 東西二堂을 다시 만들면서 13間으로 하였는데 이는 閏月을 나타낸 것이다.

47 『宋書』 卷93 良吏傳, p.2262, "晉世諸帝, 多處內房, 朝宴所臨, 東西二堂而已. 孝武末年, 淸暑方構, 高祖受命, 無所改作, 所居唯稱西殿, 不制嘉名, 太祖因之, 亦有合殿之稱. 及世祖承統, 制度奢廣, 犬馬餘菽粟, 土木衣綈繡, 追陋前規, 更造正光 · 玉燭 · 紫極諸殿, 雕欒綺節, 珠窗網戶. …"

48 『南齊書』 卷3 武帝紀, 永明 11年(493)條, pp.61-62, "秋七月 戊寅 … 又詔曰: '… 內殿鳳華 · 壽昌 · 耀靈三處, 是吾所治製. 夫貴有天下, 富兼四海, 宴處寢息, 不容乃陋, 謂此爲奢儉之中, 愼勿壞去. …'"

49 『南齊書』 卷7 東昏侯紀 永元 3年(501)條, p.104, "後宮遭火之後, 更起仙華 · 神仙 · 玉壽諸殿, 刻畫雕綵, 靑靑疑金口帶, 麝香塗壁, 錦幔珠簾, 窮極綺麗."

진남북조 이전의 경우 내성(大城이라 한다)-외곽(성)의 체제였다고 하지만 궁성-내성-외곽(성)의 3중성 형태는 아니었다. 즉 궁성과 내성이 합일되어 있는 형태인 것이다. 실제로 전한 장안성 이후 여러 도성에서 외곽이 존재하지 않았다. 그런데 손오의 도성 건업은 도성과 궁성 양중으로 구성되어 있게 되고 당연히 외곽이 없었다.[50] 그런데 동진시대에 들어 증축된 건강성은 궁성과 '도성'이라 습칭(習稱)되는 존재인 도성, 그리고 외곽이라는 3중의 형태를 취하고 있는 것으로 이해하기도 한다.

이 문제와 관련하여 먼저 궁문과 도성문에 관해서 검토할 필요가 있는 것 같다. 먼저 궁문이다. 전술한 대로 왕도의 주도하에 신궁이 건설되면서 궁·도성문을 수건하고 어도를 열었다. 그런데 혹자의 의하면 문(궁성문과 내성문) 이름을 가지고 보면 먼저 손오(건업)는 후한(낙양)을 계승하고 있는 반면 후한과 조위 사이에는 단절이 인정되고 있다고 한다. 이후 조위-서진-동진 간에는 계승관계가 명확하고 남조 송-제(건강)와 북위(낙양) 간에도 일부의 예외는 있지만 명확한 계승관계가 보인다는 것이다.[51] 따라서 북위 낙양성은 남조 도성의 영향을 직접적으로 받았다는 것이다. 그렇게 볼 수가 있을까?

동진-남조의 건강성과 북위의 낙양성을 비교할 때, 분명히 해 두어야 할 점은 궁성의 문(건강성)은 궁성의 문(낙양성)으로, '도성의 문(건강성)'은 내성의 문(낙양성)과 각각 비교해야 한다는 점이다. '도성'은 북위 낙양성의 내성, 당 장안성·낙양성의 황성(궁성 포함)에 해당되기 때문이다.[52]

오-동진-남조시대 건강성의 궁성은 후에 상술할 터이지만 단장에서 다중의 궁(성)장으로 변화해 간다는 점이다. 그러면 양중·삼중장은 언제 나타났는가? 『건강실록』, 『태평어람』, 『지정금릉신지(至正金陵新志)』(元末 張

50 劉淑芬, 『六朝的城市與社會』, p.37.

51 中村圭爾, 『六朝江南地域史研究』, 東京: 汲古書院, 2006, pp.517-525.

52 中村圭爾, 『六朝江南地域史研究』, p.459.

鉉 撰) 등의 전적에 근거하여 주설(朱偰: 1907-1968)이 그린 육조의 「건강도」를 보면 오도는 단성이지만, 동진-송-제도는 양중, 양-진도는 삼중장으로 되어 있다.[53] 특히 양 무제 천감 10년에 궁성 사주에 위장을 다시 만들어 기존의 2중에서 3중으로 하였다고 보기도 한다.[54] 성장에는 당연히 성문이 있기 마련이다. 동진 초 왕도에 의해 원성의 터에 신축한 신궁을 '건강궁' 혹은 '현양궁(顯陽宮)'이라 칭하기도 하였으며, 속칭 '대성'은 양중의 성장으로 '둘레가 8리(약 3,458m)'였음은 전술한 바 있다. 이때 궁성은 바깥으로 궁문 5개를 열었다. 남면에 2문[정중앙문인 대사마문(大司馬門=章門)과 동쪽의 합려문(闔閭門=南掖門=天門)], 동면[동액문(東掖門)] · 서면[서액문(西掖門)] · 북면[평창문(平昌門=俗稱 冠爵門)]에 각각 1문씩 있었다. 이 가운데 남면의 정중앙의 문인 대사마문은 안쪽(북쪽)으로 주전인 태극전과 바로 마주하게 하고 남쪽으로 2리 사이를 두고 '도성'의 정문인 선양문(宣陽門)과 마주하고 있다.[55] 그러나 동 · 서 양면의 문 이름은 알 수가 없다는 기록도 있다.[56] 궁장 안에 다시 성장을 쌓고 총 6문을 열었는데, 남면에 2문[서쪽이 아문(衙門), 동쪽이 응문(應門: 止車門; 직대단문(直對端門=南掖門)], 동면에 1문[정중에 운룡문(雲龍門)], 북면에 2문[정중에 봉장문(鳳粧門), 서쪽에 난액문(鸞掖門)], 서면에 1문[정중에 신호문(神虎門)]이 그것이다. 다시 안쪽에 성장을 쌓으니 삼중궁장

53 朱偰, 『金陵古迹圖考』, pp.94-98.

54 楊寬, 『中國古代都城制度史研究』, 上海: 上海古籍出版社, 1993, p.164 및 p.166 圖44 「南朝梁都建康平面圖」 참조.

55 (唐)許崇 撰, 孟昭庚 等 點校, 『建康實錄』 卷7 晉中 顯宗成皇帝 咸和 7年(332)條, p.134, "是月(冬十一月), 新宮成, 署曰顯陽宮, 開五門, 南面二門, 東西北各一門.(案『圖經』, 卽今之所謂臺城也. … 周八里, 有兩重墻. 按『修宮苑記』, 建康宮五門, 南面正中大司馬門, … 南對宣陽門, 相去二里. 夾道開御溝, 植槐柳, … 南面近東闔閭門, 後改爲南掖門, … 世謂之天門, …正東面東掖門, 正南(當作'北')平昌門. …"

56 『景定建康志』 卷20 城闕志1 「古建康宮門」, p.1631, "晉成帝咸和七年, 新宮成, 名曰建康宮, 開五門, 南面二門, 東 · 西 · 北各一門. 又宋文帝元嘉二年, 於臺城東西開萬春 · 千秋二門, … 案『建康實錄』注, 南面二門, 正中曰大司馬門, … 近東曰閶闔門. … 其北面 平昌門, … 東西二門, 考之『實錄』 已不可見者, 唯南面二門與北面一門而已."

시대가 열리게 되었다. 이 성장에는 3문이 열렸는데, 남면에 1문[정문이 태양문(太陽門: 端門, 南中華門)], 동면에 1문[정중에 만춘문(萬春門: 直東對雲龍門, 西對千秋門)], 서면에 1문[정중에 천추문(千秋門: 西對神武門, 東對萬春門)]이다.[57] 즉 다중장으로 변화되면서 점차 내부로 향해 성장을 건축해 간 것이다. 즉 외장→중장→내장의 순서로 건설되었으며, 이를 '궁장'→'제이중궁장'→'제삼중궁장'식으로 부른다.[58]

제일 바깥 궁장, 외장에 8문이 있었다는 기록도 있다. 즉 남면에 4문[제일 서쪽에 서액문(西掖門), 정중에 대사마문(大司馬門: 章門=闕門), 동쪽에 남액문(南掖門: 閶闔門=端門), 제일 동쪽에 동액문(東掖門)]이 있었으며. 동면에 1문[<정중> 동화문(東華門: 東掖門, 萬春門, 東華門), 북면에 2문[동쪽을 승명문(承明門: 平昌門), 서쪽을 대통문(大通門)], 서면에 1문[정중을 사화문(西華門: 西掖門, 千秋門)]이 그것인데,[59] 동진 초의 5문체제에서 어느 시점에서 3문이 더 뚫린 것으로 보인다.

궁문 외에 양대에 들어 약간의 변화가 있었는데, 천감 7년(508) 궁성 정문 단문 대사마문 밖에다 신룡(神龍)·인호(仁虎) 2(문)궐을 지은 것이다. 북위 평성과 낙양성에는 궁성문전에 궐이 있었다. 건강성은 동진 이래 무궐의 상태였는데, 북방의 거대한 토궐과는 달리 정미한 조각을 한 석궐을 세운 것이 다른 특징이다.[60] 또 천감 10년(511) 궁전의 문을 3중으로

57 『景定建康志』 卷20 城闕志1 「古建康宮門」, pp.1631-1632, "又案『宮苑記』, 建康宮城內有兩重宮牆, 南面, 開二門, 西曰徇門, 隱不見南西掖門, 東曰應門, … 東面, 正中曰雲龍門, 北面, 正中曰鳳粧門, 近西曰鸞掖門, 西面, 正中曰神武門 凡六門. 第三重宮牆 … 南面, 正門曰太陽, … 東面, 正中曰萬春門, … 西南正中曰千秋門, … 凡三門."

58 『景定建康志』 卷21 城闕志1 「古建康宮門」, p.1633, 「古雲龍門」條에 "第二重宮墻東面對第三重宮墻萬春門. …"이라 하고 있다.

59 『景定建康志』 卷20 城闕志1 「古建康宮門」, p.1631, "又案『宮苑記』, 晉成帝修新宮, 南面開四門, 最西曰西掖門, … 正中曰大司馬門, … 次東曰南掖門, … 最東曰東掖門, … 東面, 正中曰東華門, … 北面, 最東曰承明門, …. 最西曰大通門, … 西面, 正中曰西華門, … 凡八門. 此『建康實錄』所載多五門."

하고 2도를 열었다.[61] 이상이 궁장과 궁문의 변화이다. 궁문은 시대에 흐름에 따라 많아지고 (문)궐도 정비되어 감을 알 수가 있다.

다음은 도성문을 살펴보자. 새로 만든 '도성'의 성문은 6문이었다. 이전 손오시대에는 선양문 하나뿐이었는데 동진 성제 함화 5년(330) 신궁을 축조할 때 능양문(陵陽門) 등 5문을 증축하여 6문이 되었다.[62] 이를 세부적으로 보면 당시 남면에 3문[서에서 동으로 능양문(陵陽門: 廣陽門=尙方門)-<정남>선양문(宣陽門: 白門)-개양문(開陽門: 津陽門)], 동면에 2문[남에서 북으로 청명문(淸明門)-<정동>건춘문(建春門): 建陽門], 서면에 1문[<정서>서명문(西明門)]이 있었고, 북면은 '정북면은 궁성으로 쓰고 별문을 두지 않았다'로 기재되었으므로 문이 없었다. 특히 서면의 서명문과 동면의 건춘문과 마주 보게 하여 양문을 연결시켜 전성을 동서로 관통하는 대도를 만들었다. 이 대도가 궁성의 정중앙문인 대사문 앞을 가로질러 가게 하였다.[63]

그러던 것이 12문이 되었는데[64] 이전의 6문에다 남면에 1문[청명문(淸明

60 『玉海』(臺北: 大化書局, 1977) 卷169, 宮室 門闕上 梁石闕, pp.3208下左-3209上右, "『梁典』鐫石爲闕, 窮極壯麗, 奇禽異羽, 莫不華備."; 『南史』 卷6 梁本紀 武帝本紀上, p.190, "(天監)七年春正月, … 戊戌, 詔作神龍·仁獸闕於端門·大司馬門外."

61 (唐)許崇 撰, 孟昭庚 等 點校, 『建康實錄』 卷17 梁帝紀上 (天監)10年, 是歲條, p.474, "初作宮城門三重及開二道."

62 (唐)許崇 撰, 孟昭庚 等 點校, 『建康實錄』 卷7 晉中 顯宗成皇帝 咸和 5年條, p.133, "九月, 作新宮, 始繕苑城, 修六門."

63 (唐)許崇 撰, 孟昭庚 等 點校, 『建康實錄』 卷7 晉中 顯宗成皇帝 咸和 5年 9月條, "作新宮, 始繕苑城, 修六門"(… 六門 按『輿地志』, p.133, "… 南面三門, 最西曰陵陽門, 後改名爲廣陽門 … 次正中宣陽門, 本吳所開, 對苑城門, 世謂之白門, 晉爲宣陽門 … 南對朱雀門 … 次最東開陽門. 東面, 最南淸明門 … 正東面建春門, 後改爲建陽門 … 正西, 南西明門 … 東對建春門. 卽宮城大司馬門前橫街也. 正北面用宮城, 無別門)"

64 『景定建康志』 卷20 城闕志1 「古都城」 引『宮苑記』, p.1623上右, "宋世宮門外六門, … 至齊高帝建元元年, …. 改立都墻, … 其後增立爲十二門云."; 朱偰은 (東)晉에서 宋을 거쳐 齊까지 6문이었다고 보고, 12문 가운데 延熹門, 大夏門, 東陽門은 正史에 나타나지 않기 때문에 訛傳의 가능성도 있다고 보았다.(『金陵古迹圖考』, p.92 및 p.100)

門)], 서면에 1문[서명문(西明門)], 북면에 4문[연희(延熹)·광막(廣莫)·현무(玄武)·대하문(大夏門)] 등 6문이 유송 원가연간에 증설되었다.[65] 『경정건강지』에서는 『궁원기(宮苑記)』를 인용하여 '12문'이라 하였는데,[66] 원가 25년(448) 4월에 2개의 문이 '새로 만들어졌다[新作]'고 하니[67] 이때 12문의 제도가 완비되었던 것으로 본다. 이들 12문을 남북으로 직대하는 것을 열거하면 능양문(陵陽門)↔대하문(大夏門), 선양문(宣陽門)↔현무문(玄武門), 개양문(開陽門)↔광막문(廣莫門), 청명문(淸明門)↔연희문(延熹門)이며, 동서로 직대하는 것은 건춘문(建春門)↔서명문(西明門), 동양문(東陽門)↔창합문(閶闔門)이다. 그러니 12문으로 연결된 도로에 의해 도성은 12등분 된다.

이상과 같은 궁·도성문의 구조를 가지고 전후 계승관계를 살펴보자. 북위 낙양성의 궁문에 대해서는 상세한 기재가 없지만, 다만 남면 중앙에 창합문, 동면 북쪽에 동화문(東華門), 중앙에 운룡문(雲龍門), 남우(南隅)에 액문, 북면 중앙에 건명문(乾明門), 서면은 북에 천추문(千秋門), 중앙에 신호문, 남은 통문(通門), 남우(南隅)에 액문이 있었다고 추측한다.[68] 북위 낙

65 『景定建康志』 卷20 城闕志1 「古都城門」, p.1630, "又案『宮苑記』, 凡十有二門, 南面最西曰陵陽門 … 正門曰宣陽門, 次東曰開陽門, 最東曰淸明門, … 東面, 最南曰東陽門, … 最北曰建春門, … 北面, 最東曰延熹門. … 次西曰廣莫門, 次西曰元武門, … 最西曰大夏門, … 西面, 最北曰西(明)門, … 最南曰閶闔門, … 蓋『實錄』都城止六門, 而『宮苑記』之門乃十有二, 宋紀獨載元嘉二十五年, 新作閶闔·廣莫二門, 其餘延熹·元武·大夏·東陽四門, 不見建立之始. 『建康實錄』 元嘉二十五年四月新作閶闔·廣莫等門, … 然則此六門皆同時作."

66 『景定建康志』 卷20 門闕 「古都城門」, p.1630下左, "蓋實錄都城之六門, 而『宮苑記』之門, 乃十有二, 宋紀獨載元嘉二十五年, 新作閶闔·廣莫二門."

67 『宋書』 卷5 文帝紀 元嘉 25年(448)條, p.96, "夏四月乙巳, 新作閶闔·廣莫二門, 改先廣莫門曰承明, 開陽曰津陽."; (唐)許崇 撰, 孟昭庚 等 點校, 『建康實錄』 卷12 宋中太祖文皇帝 元嘉 25年(448) 夏4月條, p.333, "新作閶闔·廣莫等門, 改先廣莫門曰承明, 開陽曰津陽."

68 中村圭爾, 『六朝江南地域史研究』, p.522; 『洛陽伽藍記』, 『水經注』, 『魏書』, 『元河南志』 등에 산견되고 있다.

양성의 궁장은 당연히 단장이었기 때문에 동진-남조 궁성의 다중장에 의한 궁문과 직접 비교할 수는 없다.

북위 낙양성 내성 문의 경우, 남면에 4문[서에서 동으로 진양문(津陽門)－선양문(宣陽門)－평창문(平昌門)－개양문(開陽門)], 동면에 3문[남에서 북으로 청양문(靑陽門)－동양문(東陽門)－건춘문(建春門)], 북면에 2문[동에서 서로 광막문(廣莫門)－대하문(大夏門)], 서면에 4문[북에서 남으로 승명문(承明門)－창합문(閶闔門)－서양문(西陽門)－서명문(西明門)]이 있었다.[69] 일부 내성의 문 명칭이 건강성의 그것과 일치하는 경우는 있어도 대부분 맞지 않는다. 가장 중요한 것은 (건강성의) 도성 내와 (낙양성의) 내성 내의 배치가 같으려면 우선 직대방의 문의 수가 같아야 한다. 그런데 건강성의 경우 12개의 블록이 만들어진 반면, 북위 낙양성의 경우 남면에 4문이 있으나 북면은 2문밖에 없어 블록이 몇 개로 나눠지게 되는지 알 수가 없다.

이상에서 동진-남조의 건강성과 북위 낙양성의 궁문과 도성(내성)문의 명칭을 알아보았지만, 도성(내성)문의 경우 몇 가지 동일한 명칭이 있기는 하지만 다른 것도 상당수 있다. 그런데다 문제는 궁문인데 건강성의 경우 양중궁장, 삼중궁장이 있어 낙양성과는 전혀 다른 형태를 취하고 있다. 그리고 건강성의 '도성' 안은 북위 낙양성 내성의 문과 문으로 연결된 간선도로와는 전혀 같은 형태가 아니다. 따라서 궁문과 도성(내성)문을 갖고 북위 낙양성 구조의 원류를 건강성에서 찾는 것은 무리이다.

오히려 동진-남조의 문의 수에서는 중국고전에 의거하려는 노력이 있어 보이지만 그것마저 정확한 것은 아니다. 주지하듯이 중국 전통적인 성문의 수는 『주례』 고공기에 "왕성은 방 9리로 한 쪽마다 3개의 문이 있으

69 (北齊)楊衒之 撰, 『洛陽伽藍記』(上海: 上海古籍出版社, 1958/1978) 原序, pp.2-4, "東面有三門, 北頭第一門曰建春門, … 次南曰東陽門, … 次南曰靑陽門. … 南面有三門, 東頭第一門曰開陽門, … 次西曰平昌門, … 次西曰宣陽門. … (當脫'次西曰津陽門'). … 西面有四門, 南頭第一門曰西明門, … 次北曰西陽門, … 次北曰閶闔門, … 次北曰承明門. … 北面有二門, 西頭曰大夏門, … 東頭曰廣莫門."

니 12문이 열렸다[王城方九里, 旁三門, 開十二門]"라고 기록된 대로 동서남북 각 3개문씩 총 12개의 문이다. 이 건강성의 12문은 남과 북은 4문씩이고 동과 서는 2문씩이니 「고공기」 체제와는 맞지 않을 뿐만 아니라, 문제는 남=4, 북=2, 동=3 서=4의 낙양성의 그것과도 맞지 않는다. 사실 문만 가지고 본다면 건강성은 남북 4개, 동서 2개의 간선도로가 규격화되었을 가능성 있지만, 낙양성은 그와는 다를 수밖에 없다.

다만 문의 건축방법에 있어서는 모방의 가능성은 있다. 남제시대에 북위 평성의 궁문을 꼬집어 비하한 발언이 있었고,[70] 『낙양가람기』에 의하면 북위 낙양성에는 "성문의 누는 모두 양중이고 땅에서 100척의 높이다[城門樓皆兩重, 去地百尺]"[71]라고 했으니 이는 남제의 것을 모방했을 가능성이 크다.

2) 다중의 궁장과 죽리(竹籬)의 '도성(都城)'장

먼저 궁성을 살펴보자. 전술했듯이 손오시대에는 태초궁과 소명궁이 있었는데, 이들은 동진-남조의 궁전에서 보면 서남쪽에 위치하고 있었으며, 태초궁의 남문에서 주작문까지는 7리의 어도로서 각종 관서가 열치되어 있는 구조적 특징을 가졌다.[72] 전술했듯이 건강성은 동진시대부터 다중장의 궁성 형태를 취하였다. 송 · 제 · 양 · 진 4왕조의 궁성은 그 규모와 형제는 동진의 그것을 대부분 연습하였다.

문제는 태극전이 중심이 된 궁전지구를 둘러싸고 있는 외장과 중장 사

70 『南齊書』 卷57 魏虜傳, p.986, "自佛狸至萬民, 世增雕飾. 正殿西築土臺, 謂之白樓. 萬民禪位後, 常遊觀其上. 臺南又有伺星樓. 正殿西又有祠屋, 琉璃爲瓦. 宮門稍覆以屋, 猶不知爲重樓. 竝設削泥采, 畫金剛力士. 胡俗尙水, 又規畫黑龍相盤繞, 以爲厭勝."

71 (北齊)楊衒之 撰, 『洛陽伽藍記』(上海: 上海古籍出版社, 1958/1978) 序, p.4, "洛陽城門樓皆兩重, 去地百尺, 惟大夏門甍棟干雲."

72 「吳都賦」, p.217, "列寺七里, 俠棟陽路, 屯營櫛比, 解署棋布."(李善 注云: "吳自宮門南出苑路, 府寺相屬, 俠道七里也. 解, 猶署也, 吳有司徒 · 大監, 諸署, 非一也.")

이, 그리고 중장과 내장 사이의 지역은 무슨 용도로 쓰였을까 하는 점이다. 이것을 황제의 비밀 전용통로인 '협성(夾城)'[73]으로 볼 수도 있지만, 이런 형식은 수당 장안성과 낙양성에 처음으로 나타나는데 육조의 궁성에서 그런 용도의 구조물이 출현했다는 것은 이해하기 힘들다. 그리고 궁문이 2중에서 3중으로 강화되었거나 혹은 궁문이 3루(층)로 된 것은 양대라고 본다.[74] 즉 궁문은 양대에 들어 2중에서 3중으로 증설되었으며,[75] 3중루(3층)의 궁문이 등장하게 되었다는 것이다.[76] 그런데 천추문(千秋門)－신호문(神虎門)－서화문(西華門)(궁전 서쪽), 만춘문(萬春門)－운룡문(雲龍門)－동화문(東華門)(궁전 동쪽) 등 문들의 이름이 나열되고 있다는 점에서 좁고 긴 형태의 협성이었다는 주장은 납득하기 곤란하다.[77] 따라서 이 공간은 2중, 3중의 방어벽으로 보아야 하고 그 사이의 공간은 수당시대와 같은 협성이 아니라 황제가 산책하는 휴식공간으로 보기도 하지만,[78] 금위 · 숙위병 등의 주둔 · 활동지구, 혹은 위위부(衛尉府)의 소재지로,[79] 혹은 관서지구 등으로 이용된 것으로 보는 것이 합당한 것 같다. 3중의 궁장이 완성되었을

73 『舊唐書』 卷38 地理志1/十道郡國/關內道/京師, p.1394, "高宗已後, 天子常居東內, … 南內曰興慶宮, … 自東內達南內, 有夾城複道, 經通化門達南內. 人主往來兩宮, 人莫知之."

74 郭黎安, 『六朝建康』, pp.29-30.

75 (唐)許崇 撰, 孟昭庚 等 點校, 『建康實錄』 卷17 梁帝紀上 高祖武皇帝 天監 10年條, p.474, "是歲, 初作宮城門三重及開二道."

76 『梁書』 卷2 武帝紀中 天監 10年(511)條, p.51, "是歲, 初作宮城門三重樓及開二道."

77 그런데 郭黎安은 建康宮에는 三重 口字形의 宮牆이 없었으며, 雲龍, 神虎 2문은 建康宮內 皇帝가 所居하는 正殿의 東 · 西門(內殿의 外門)이라 주장한다.(『六朝建康』, pp.44-45)

78 『宋書』 卷3 武帝紀 永初 3年(422)條, p.60, "(武帝)性尤簡易, 常著連齒木屐, 好出神虎門逍遙, 左右從者不過十餘人."

79 『梁書』 卷11 張弘策傳, p.207, "時東昏餘黨初逢赦令, 多未自安, 數百人因運荻炬束仗, 得入南北掖作亂, 燒神虎門 · 總章觀. 前軍司馬呂僧珍直殿內, 以宿衛兵拒破之, 盜分入衛尉府, 弘策方救火, 盜潛後害之. …"; 『景定建康志』 卷20 城闕志1 古建康宮門, p.1633下右, "陽公則自越石移屯, 領軍府壘北樓, 與南掖門相對."

때의 구조에서 본다면 제3중 궁장 내는 궁전지구(正殿인 太極殿과 後宮부분으로 양분됨)이고, 제3중 궁장 외와 제2중 궁장 내는 동서 양면에 궁내 사무기구(東·西省)인 조당(朝堂), 상서(尚書), 중서(中書), 문하성(門下省)과 비각(秘閣)이 배치되었다. 제2중 궁장 외는 주군(駐軍) 창고(倉庫), 궁중 복역지구와 삼성관원의 궁내숙사구('下省' 혹은 '下舍'라 함)가 배치되고 있다.[80] 특히 위진시대에는 궁내의 삼성관원들은 궁내에서 치숙(值宿)할 수 있어 전용 숙사가 없었지만, 동진시대는 궁성 내 제2중(중장) 궁장 밖에 설치된 삼성의 하성(下省)에 거주하도록 배치하였는데 그것은 북조-수당의 상황과는 다른 것이었다. 또한 삼성 등 중요관부가 어도 양방에 배치된 것이 아니라 이렇게 궁성 내에 배치된 점도[81] 유의해야 한다.

이상에서 보았듯이 건강성의 특징 중의 첫째가 궁성 자체가 방어시설로서의 기능을 갖춘 점이라 여겨진다.[82] 이런 2중, 3중의 궁성구조는 중국 역대 왕조 어디에도 찾아볼 수 없는 특징이다. 그러면 왜 이런 다중의 궁장이 등장하게 되었을까? 그 점은 이 시대의 건강성 공방전을 보면 쉽게 이해가 간다. 예컨대 남제 말 소연(蕭衍)의 동혼후(東昏侯) 토벌전에서나[83] 후경(侯景)의 난 등에서[84] 전투의 거점이 된 것은 바로 궁성의 성벽이었다. 이 궁성벽은 이중 혹은 삼중에 따라[85] 방어시설을 겹겹으로 설치한 것이었다.

80 傅熹年, 『中國古代建築史: 兩晉·南北朝·隋唐·五代建築』 2, 北京: 中國建築工業出版社, 2001, pp.105-107.

81 傅熹年, 『中國古代建築史: 兩晉·南北朝·隋唐·五代建築』, p.105 圖 2-2-1 東晉·南朝建康宮城平面復原示意圖 참조.

82 中村圭爾, 『六朝江南地域史研究』, p.454.

83 (唐)許崇 撰, 孟昭庚 等 點校, 『建康實錄』 卷17 梁帝紀上 高祖武皇帝 中興 元年 11月條, p.468, "東昏悉燒門內, 驅逼營署, 官府並入城, 有衆二十萬. 高祖築長圍逼之."

84 『梁書』 卷56 侯景傳, p.842, "景於是百道攻城, 持火炬燒大司馬·東西華諸門. 城中倉卒, 未有其備, 乃鑿門樓, 下水沃火, 久之方滅. 賊又斫東掖門將開, 羊侃鑿門扇, 刺殺數人, 賊乃退."

85 『景定建康志』 卷20 城闕志1 古建康宮門, pp.1631下左-1632上右, "又案『宮苑記』, 建康宮城內有二重宮牆. 南面開二門. 西曰衙門…凡六門. 第三重宮牆, … 南面正門曰太

그러면 내성 혹은 외곽성이 아니라 왜 궁성 자체가 최강의 방어시설을 갖추고 있는 구조를 가지고 있었던가? 이것은 여타의 도성에서 최강의 방어선을 구축하는 외곽성이 건강성에서는 제대로 구축되지 않았던 것과 연관되는 것으로 보인다. 이 점에 대해서는 곧 상론하도록 하겠다.

여기서 잠시 궁전지구에 대해 살펴보자. 궁전지구의 대표적인 건물은 당연히 건강궁(궁성=대성)의 정전인 태극전이다. 태극전은 당초 모두 12간으로 영건되었다. 이 숫자는 12개월을 나타낸 것이었다. 태극전 양쪽에 동서 2당이 있었는데, 황제에게 소견(召見)된 대신들이 일상정무를 처리하는 장소였다. 여기서 태극전을 중심으로 하는 궁전의 배열형식은 의미가 있다. 후세 정전의 명칭으로 고정된 태극전의 출현이다.[86] 그리고 동서당도 역시 그러했다.[87] 양한에서는 전전(前殿)을 대조(大朝)라 하고, 동서당을 상조(常朝)-일조(日朝)라 하였다. 조위 명제는 낙양의 한궁고지에 태극전은 영건하고 이를 대조라 하고, 다시 동-서당을 건축하여 조알 강학용으로 했다. 양 무제 천감 12년(513)에는 태극전을 12간에서 13간으로 늘렸는데[88] 윤월을 나타낸 것이다.[89] 또 전의 양측에 동 · 서당 각 7간을 두었으며 전

陽, … 凡三門.”; (唐)許崇 撰, 孟昭庚 等 點校, 『建康實錄』 卷20 陳下 高宗孝宣皇帝 太建 7년(575) 6月條, pp.554-555, “乙酉, 改作雲龍 · 神虎二門(按『宮殿簿』, 雲龍是第二重宮墻東面門, … 梁改之, 西對第三重墻萬春門. 神虎門是第二重宮墻西面門, … 東入對第二重宮墻千秋門.)”

86 (唐)徐堅 撰, 『初學記』(北京: 京華出版社, 2000, 下卷) 卷24 居處部 殿4, p.286, “歷代殿名, 或沿或革, 唯魏之太極, 自晉以降, 正殿皆名之.”

87 『太平御覽』 卷175 居處部3 ‘殿’條, 引山謙之『丹陽記』曰, pp.984上右-988下左, “太極殿, 周制, 路寢也. 秦漢曰前殿, 今稱太極曰前殿, 洛宮之號, 始自魏. … 東西堂, 亦魏制, 于周, 小寢也.”

88 (唐)許崇 撰, 孟昭庚 等 點校, 『建康實錄』 卷17 梁帝紀上 (天監)12年, p.475, “正月 … 辛巳, 新作太極殿, 改爲十三間.”

89 東晉-南朝의 이런 正殿의 間數는 후대 宮殿制度에 적지 않은 영향을 끼쳤다고 본다. 즉 隋 東都 正殿인 乾陽殿이 13間(『大業雜記』)이었으며 西京의 正殿인 大興殿(唐의 太極殿)도 그랬을 것이라고 상상하고 있다.(楊寬, 『中國古代都城制度史研究』,

과 당은 모두 금석(錦石: 아름다운 꽃모양의 돌)으로 쌓았고, 둘 사이에는 동서 상합(上閤)을 두었다.[90] 이런 조처는 북위 낙양성과의 '쟁승(爭勝)'을 위한 조처였다.

그리고 태극전 이북은 황후의 침궁이었다. 위대에는 소양전(昭陽殿)인데 서진시대 사마소의 피휘로 현양전(顯陽殿)이라 하였다.[91] 현양전의 동쪽에 함장전(含章殿), 서쪽에 휘음전(徽音殿)이 있었다.[92] 건강궁도 역시 이 제도를 따랐다. 남조시대는 현양 · 소양 2전이 있었다.[93] 이처럼 궁내 삼조가 앞에 있고 액정이 뒤에 있고, 전당이 남향하고 횡식(橫式)으로 배열되는 것은 조위로부터 시작되었던 것으로 동진에서도 계승된 것이다. 또 유송대에 다시 궁전을 증건을 하였으니, 효무제 대명(大明)연간에 무제의 거실을 부수고 옥촉전(玉燭殿)을 지었고, 명제는 자극전(紫極殿)을 지었는데 "주렴과 기주는 금옥으로 장식하였는데 강좌에서는 없던 일이었다[珠簾綺柱, 飾以金玉, 江左所未有]"[94]라는 평가이다. 그 후 동혼후는 토목공사를 크게 일으켜 "다

p.164). 그러나 사실 乾陽殿 외에는 사례를 찾기 힘드니 北宋 · 金 · 元의 正殿은 11間, 明 9間, 淸 11間이기 때문이다.

90 『景定建康志』 卷21 城闕志2 古宮殿, 太極殿, p.1638下, "建康宮內正殿也. 晉初造, 以十二間, 象十二月. 梁武帝改製十三間象閏焉. 高八丈, 長二十七丈, 廣十丈, 內外並以錦石爲砌. 次東有太極東堂七間, 次西有太極西堂七間, 亦以錦石爲砌 更有東西二上閤, 在堂殿之間, 方庭闊六十畝."

91 『太平御覽』 卷175 引 又(『輿地至』)云, p.985上右, "洛陽昭陽殿, 魏明帝所治, 在太極殿之北."

92 『太平御覽』 卷175 引 『丹陽記』曰, p.984上右, "皇后正殿曰顯陽, 東曰含章, 西曰徽音, 又洛京之舊也."

93 『南史』 卷11 后妃傳上, p.330, "舊顯陽 · 昭陽二殿, 太后皇后所居也. 永明中無太后皇后, 羊貴嬪居昭陽殿西, 范貴妃居昭陽殿東, 寵姬荀昭華居鳳華栢殿. 宮內御所居壽昌畫殿南閣, 置白鷺鼓吹二部, 乾光殿東西頭, 置鍾磬兩廂, 皆宴樂處也."

94 『南史』 卷22 王曇首傳, p.593, "初, 宋明帝紫極殿珠簾綺柱, 飾以金玉, 江左所未有, 高帝欲以其材起宣陽門, 儉與褚彥回及叔父僧虔連名表諫, 上手詔酬納. 宋世, 宮門外六門城設竹籬, 是年初, 有發白虎樽言'白門三重門, 竹籬穿不完' 上感其言, 改立都牆. 儉又諫, 上答曰: '吾欲後世無以加也.'"

시 선화와 신선 · 옥수 등 여러 궁전을 지었다[更起仙華 · 神仙 · 玉壽諸殿]" 고 하였고,[95] 열무당(閱武堂)에 방락원(芳樂苑)을 만들었다.[96] 전제적으로 볼 때 동진-남조의 궁전구조는 한위의 궁전구조 그것을 기본적으로 승습했다고 할 수 있다. 그런데 문헌기재에 근거하여 본다면 대성 안의 주요건축물은 상서조당(尚書朝堂), 태극전 및 동서당, 후궁내전(後宮內殿), 화림원(華林園) 등이었다.[97] 대성(궁성) 내의 상서조당의 존재는 어울리지 않는다.[98] 궁성 밖 도성 내 어도 우편에 있는 중당(中堂), 위위부(衛尉府), 종정시(宗正寺), 태복시(太僕寺), 태사서(太史署), 태부시(太府寺) 등과 같이 있는 것이 옳다.[99] 그리고 건강성의 배치 가운데 태사와 태묘는 전통적인 '좌조우사'의 형식을 따랐지만 도성 밖에 있는 것은 화북 도성 북위 낙양성과는 다르다.

동진-남조의 건강궁은 위진의 낙양궁의 모식과 같은 점도 있고, 다른 점도 있지만 대체로 한위의 전통을 이어 갔음을 확인할 수 있다. 특히 궁전지구의 건물배치나 문의 명칭 등에서 계승의 측면이 분명히 있다. 그러나 동진-남조의 도성이 이전의 그것과 그리고 특히 북조계열의 도성과 다른 점은 무엇보다 궁장이 이중 혹은 삼중으로 명확하게 구분되어 있는 것이고, 궁장에 의해 구분된 지역에 따라 건물의 배치가 달랐다는 점이다.

다음은 '도성'이다. '도성'은 왕조의 정치중심으로 궁성을 둘러싸고 있

95 『南齊書』 卷7 東昏侯紀 永元 3年(501)條, p.104, "後宮遭火之後, 更起仙華 · 神仙 · 玉壽諸殿, 刻畫雕綵, 青青疑金口帶, 麝香塗壁, 錦幔珠簾, 窮極綺麗."

96 『南齊書』 卷7 東昏侯紀 永元 3年(501)條, p.104, "三年夏, 於閱武堂起芳樂苑, 山石皆塗以五采, 跨池水立紫閣諸樓觀, 壁上畫男女私之像."

97 郭湖生, 「臺城辯」, 『文物』 1995-5, pp.61-62.

98 尚書省이 決策기구에서 執行기구(外司)로 변모하는 과정과 연관이 있을 것이다. 그리고 宮內도 '宮中'과 '禁中'(太極殿內)의 차이가 있는데 尚書가 宮外로 나가 '外朝'化되어 가는 반면 中書 · 門下는 宮中 그 가운데 禁中에 있는 것에서 이해가 간다.

99 北魏 洛陽城의 경우 각종 관서가 내성 내 銅駝街 좌우에 배치되었지만, 宮內에는 배치되지 않았다.(傅熹年, 『中國古代建築史: 兩晉 · 南北朝 · 隋唐 · 五代建築』 2, p.85, 圖2-1-4 「北魏洛陽平面復原圖」 참조)

는 것으로 이미 손오시기에 만들어졌다. '둘레가 20리 19보[周二十里一十九步]'[100] 규모로 '회수북오리',[101] 곧 복주산(覆舟山)의 앞에 위치하고 있었다.[102] 그러나 도성의 형태를 논자에 따라 다르게 본다. 즉 변장 5리여의 정방형이라 추측하기도 하고,[103] 혹자는 건강성의 수계 등을 종합적으로 검토하여 도성의 형체를 '기울어지고 굽어진 장방형'이며 한위 낙양성의 내성, 즉 구육성(남북 약 9리, 동서 약 6리)으로 보아 그 계승성을 주장하기도 한다.[104]

전술했듯이 '도성'은 북위 낙양성의 내성, 당 장안성 · 낙양성의 황성(궁성 포함)에 해당되기 때문에 그 안에 중요한 국가시설물이 있는 곳이다. 그래서 수당대 장안성의 경우 황성과 궁성의 높이는 3장 5척(10.5m)으로 외곽성의 높이인 1장 8척(5.2m)보다 약 배에 해당될 정도로 훨씬 높았다.[105] 화북 북조계열 도성의 결산이라 할 수 있는 장안성의 고대견고한 성벽과

100 (唐)許崇 撰, 孟昭庚 等 點校, 『建康實錄』 卷2 吳中 太祖下, p.27, "初, 吳以建康宮地爲苑. 其建業都周二十里一十九步." 郭黎安에 의하면 晉尺 1尺=24.15cm, 6尺=1步 300步=1里로 계산하면 城周는 약 8,667m라고 하였다.(『六朝建康』, p.13); 『太平御覽』 卷193 居處部21 城下, p.1061下左, 引『郡國志』 "又曰: 陳官城, 周二十里 東晉所築, 號曰六門城."이라 되어 있다.

101 (南宋)王象之 撰, 『輿地紀勝』(揚州: 江蘇廣陵古籍刻印社, 1991) 卷17 江南東路 建康府, 景物上, p.207下左, "(建康)舊城<『建康志』云 舊城在北, 去秦淮五里>"

102 (明)王士性, 『廣志繹』(呂景林 點校, 北京: 中華書局, 1997) 卷2 兩都, p.22, "吳苑城據覆舟山之前, 對宮門之後, 而晉臺城卽修吳苑爲之"; (淸)陳文述, 『秣陵集』, "建業城據覆舟山下, 東環平岡以爲安, 西城石頭以爲重, 後帶元武湖以爲險, 前擁秦淮以爲阻"

103 朱偰, 『金陵古迹圖考』, p.100.

104 中村圭爾은 원래 九六城은 九里와 六里로서 全周가 30里餘이어야 하나, 建康城의 都城'은 全周 20里餘이기 때문에 딱 맞지는 않지만 南北이 細長한 면은 비슷하다는 점에서 의미를 찾고 있다. 그리고 洛陽城의 銅駝街가 洛水의 永橋로 연결된 것은 建康城의 御街-朱雀橋의 배치와 유사하며 그 배후에 邙山과 幕府山이 있는 것도 특별한 의미가 느껴진다고 하였다.(『六朝江南地域史研究』, pp.466-467)

105 室永芳三, 「唐都長安城の坊制と治安機構(上)」, 『九州大學東洋史論集』 2, 1974, pp.2-3.

비교하면 건강성의 경우 도성이라 하나 그 성장은 죽리(竹籬)로써 축조되었고, 처음에는 단지 정남문 하나만 있었을 뿐이다. 이것을 '백문(白門)'이라 칭하였는데, 동진 이후에는 '선양문(宣陽門)'이라 칭하였다.[106] 동진 성제 함화 5년(330)에 선양문 외에 5문을 더 증설하여, 합계 6문이 되었는데[107] 이후 '육문'이 건강성의 대칭(代稱)이 되었다. 즉 '도성'의 별명이 곧 '육문성(六門城)'이었다. 동진-남조인들이 건강성을 '육문지내(六門之內)'라 상칭하는 것은 이에 연유한다. 즉 이 명칭에서 보듯이 건강성을 대표하는 성장이라 할 수 있다. 그런데도 죽리였다는 것이다. 이런 구조적인 형태야말로 바로 건강성의 특수성이다. 물론 육문 외에 유송 문제 영가연간에 다시 6문이 증설되어 12문이 되었음은 전술한 대로다.

이 도성의 죽리로 된 성장은 적어도 남제 고제 건원 2년(480) 5월 '도장(都墻)'이라는 것이 건축될 때까지 유지되었다.[108] 그런데 죽리의 '도장을 다시 고쳐 세우게[改立都墻]' 된 경위는 어느 직언자의 '죽리는 잘 뚫려 온전하지 않다[竹籬穿不全]'라는 상언에 따른 것이었다.[109] 그런데 죽리가 갖고 있는 위험성을 보완하기 위해 처음으로 시도한 것이 도성문의 보완이었다. 자고로 성문 주위의 방어력을 확보하기 위해 적교(吊橋)를 두고, 옹

106 (唐)許崇 撰, 孟昭庚 等 點校, 『建康實錄』 卷7 晉中 顯宗成皇帝 咸和 5年 9月注, p.133, "『輿地志』云: '都城二十里一十九步, 本吳舊址, 晉江左所築但有宣陽門, … 宣陽門, 本吳所開, 對苑城門, 世謂之白門, 晉爲宣陽門.'"

107 (唐)許崇 撰, 孟昭庚 等 點校, 『建康實錄』 卷7 晉中 顯宗成皇帝 咸和 5年 9月注, p.133, "六門: … 至成帝作新宮, 始修城, 開陵陽等五門, 與宣陽爲六, 今謂六門也."

108 『南齊書』 卷2 高帝紀下 建元 2年(480)條, p.36, "五月, 立六門都牆"; 『南齊書』 卷23 王儉傳, pp.434-435, "宋世外六門設竹籬, 是年初, 有發白虎樽者, 言'白門三重門, 竹籬穿不完'. 上感其言, 改立都墻. 儉又諫, 上答曰: '吾欲令後世無以加也.'"

109 『景定建康志』 卷20 城闕志1 「古都城」條, p.1623-上左, "案『宮苑記』, 吳大帝所築, 周廻二十里一十九步, 在淮水北五里. 黃龍元年, 自武昌徙都. 晉元帝初過江, 不改其舊. 宋齊梁陳皆都之. 宋世宮門外六門, 城設竹籬. 至齊高帝建元元年, 有發白武樽言, 白門三重門, 竹籬穿不全, 上感其言, 改立都墻. 本紀建元二年, 立六門都檣是也. 其後增立爲十二門云."

성(甕城)을 쌓기도 하고 성벽을 높게 두껍게 만드는 것은 상식에 속한다.[110] 동진-남조도 삼중관(三重關)[111] 혹은 삼중문(三重門)을[112] 만드는 조처를 취하였다. 대체로 다중의 문을 만들 때 관에 상응하는 옹벽을 쌓았다. 그러나 이런 조처는 성원(성장)이 죽리이기 때문에 성내의 안전을 제대로 확보할 수 없는 임시방편적인 것이었다. 여하튼 상언을 받아들여 남제 고제가 '도장'의 개립을 명한 것은 나름 획기적인 일이었다.[113] 개립된 도장의 내용에 대해서 혹자는 토축이 아니라 '전루성장(磚壘城牆)'이었다는 주장을 하고 있는데, 그 이유를 당시 왕검(王儉)의 간언에 대해서 고제가 "나는 후세에 더 고칠 것이 없기를 바란다[吾欲令後世無以加也.]"[114]라고 답하였기 때문이라고 보았다.[115] 이로써 죽리와 달리 보다 영구적인 토축 내지 전축의 도장이 출현한 것은 사실이다.

그러면 왜 동진-남조 여러 정권에서는 다른 왕조의 내성처럼 견고한 성장을 축조하지 않고 임시방편적인 죽리로써 대용했던가? 이것은 건강성

110 예컨대 隋唐 長安城의 外郭城이나 皇城을 보면 그 基底를 보면 城門 쪽은 幅이 20m에 가까우나 대부분은 9-12m이고, 3-5m도 적지 않다고 한다.(室永芳三, 「唐都長安城の坊制と治安機構(上)」, pp.2-3) 基底는 城牆의 높이와 두께의 척도를 좌우한다.

111 『資治通鑑』 卷135 齊紀1 高帝 建元 2年(480) 5月條, p.4238, "自晉以來, 建康宮之外城唯設竹籬, 而有六門. 會有發白虎樽者, 言'白門三重關, 竹籬穿不完' 上感其言, 命改立都牆."

112 『南齊書』 卷23 王儉傳, p443, 校勘記, "白門三重門竹籬穿不完, '三重門' 通鑑齊高帝建元二年作'三重關'. 按關與完古韵同部, 作'關'是." 즉 『南齊書』의 기사는 三重關 대신 三重門으로 되어 있는데, 校勘記에는 關이 옳다고 되어 있다.

113 혹자는 南齊시기 建康城에서의 최대 건축활동은 480년에 建康城을 竹籬에서 土築으로 한 것이라 본다.(傅熹年, 『中國古代建築史: 兩晉・南北朝・隋唐・五代建築』 2, p.62)

114 『南齊書』 卷23 王儉傳, pp.434-435, "宋世外六門設竹籬, 是年初, 有發白虎樽者. 言'白門三重門, 竹籬穿不完.' 上感其言, 改立都墻. 儉又諫, 上答曰'吾欲令後世無以加也.'"

115 劉淑芬, 『六朝的城市與社會』, p.63.

의 방어전략이 다른 왕조와는 다른 것이었음을 시사하는 것이다. 그리고 궁성이 다중의 성장을 갖게 된 것도 그 때문일 것이라는 생각이다.

그것은 첫째, 건강성 자체가 궁성 위주로 건설된 때문이 아닌가 한다. 둘째, 도성 자체의 용도문제이다. 셋째, 황제의 거주와 활동공간인 궁성만 그 안전이 확보하면 된다는 전제가 깔려 있었다는 점이다. 손오에서부터 궁성 외의 건축에는 크게 관심이 없었던 것은 이를 말한다. 또한 북위 낙양성이나 동위-북제의 업도의 내성처럼 내성 안이 관서와 상급관료(귀족)의 거주지역으로 이용되지 않았기 때문이다. 특히 남도한 교성귀족들이 자리 잡은 오의항[116] 등은 도성 안에 위치하지 않았던 것이다.

궁성의 보위가 나름으로 기능했던 것은 '도성'보다 진회하와 청계(淸溪)였다. 왕돈(王敦)의 난 시기 온교(溫嶠)가 진회하의 주작항을 불태움으로써 그 예봉을 꺾었고,[117] 양무제 소연이 건강성을 공격하였을 때 남제측이 진회하 이남의 가옥을 불태우고 전장으로 했던 것은[118] 진회하가 궁성 방위의 남쪽 거점이 된 증거이다. 소준(蘇峻)의 난 시기에 건강성을 방어하기 위해 청계에 책(柵)을 쌓았던 것처럼,[119] 이후 청계도 수차례 방어선이 된 예가 있다.[120] 이처럼 장강 북호(현무호) (진회)하, (청)계 등에다 책(이를 '柵塘'이라

116 『輿地紀勝』 卷17 江南東路 建康府, 景物下, p.210下右, "烏衣巷(在秦淮南, 去朱雀橋不遠)."

117 『晉書』 卷6 肅宗明帝紀 太寧 2年(324)條, pp.161-162, "秋七月壬申朔, (王)敦遣其兄含及錢鳳 · 周撫 · 鄧岳等水陸五萬, 至于南岸. 溫嶠移屯水北, 燒朱雀桁, 以挫其鋒."; 『晉書』 卷67 溫嶠傳, p.1788, "及(王)敦構逆, 加嶠中壘將軍 · 持節 · 都督東安北部諸軍事. … 及王含 · 錢鳳奄至都下, 嶠燒朱雀桁以挫其鋒, 帝怒之."

118 (唐)許崇 撰, 孟昭庚 等 點校, 『建康實錄』 卷17 梁帝紀上 中興 元年 9月條, p.468, "李居士收散軍, 猶據新亭壘, 請東昏燒南岸邑屋以開戰場, 自大航以西, 新亭以北, 蕩然矣."

119 (唐)許崇 撰, 孟昭庚 等 點校, 『建康實錄』 卷7 晉中 顯宗成皇帝 咸和 3年 2月條, p.126, "庚戌, 峻軍至鍾山, 領軍卞壺帥六軍與峻戰于山南, 王師敗績. 峻因放火, 進燒淸溪柵, 再破官軍."

120 朱偰, 『金陵古迹圖考』, p.89, "秦淮而外, 尤以淸溪爲六朝要隘: … 王敦將沈充犯建康,

칭함)을 쌓아 방어용으로 이용하게 됨으로써 건강성 사면이 흡사 환수(環水)하는 도서(섬)와 같은 형태를 띠게 되었다. 따라서 북조인들은 『상서』의 '섬 오랑캐는 초복(草服)을 입는다[島夷卉服]'[121]란 말에 근거해서 동진-남조정권을 '도이'라고 폄하하여 불렀던 이유도 거기에 있는 것이다.

<그림 1>에서 보듯이 건강성의 지정학적인 특수성은 외위로 장강-석두산-현무호-종산으로 형성된 천연적 방어 병장과 그 안에 군사방위선을 형성한 것이다. 즉 건강성의 '도성' 외부에 배치된 일종의 군사방어 요새라 할 수 있는 성남의 석자강(石子崗: 今 雨花臺) 서북원에 위치한 월성(越城) 외에, 성서 석두산 남쪽에 있는 석두성(石頭城),[122] 성서 장강 가까이 있는 서주성(西州城), 성동남 진회하 북안에 위치한 동부성(東府城) 등 3성(城)의 존재이다. 건강 제일의 요충인 석두성은 손권이 이미 건축했던 것이고,[123] 왕돈에 의해 양주치(揚州治)로서 건설되었다가 후에 단양윤(丹陽尹)의 치소가 되었던 운독(運瀆) 이서의 요충 서주성(西州城),[124] 동진 안제 의희 10년(414)에 건축된 동부성(東府城)이[125] 그것이다. 그 외에 건강 북쪽에 백하성(白下城: 白石壘)은 도간(陶侃)이 소준을 방어하기 위해 쌓은 것

劉遐敗之于淸溪. … 蕭嗣等將兵渡淮, 討侯景軍于淸溪之東是也."

121 『尙書正義』 卷6 禹貢 第1 "<注>海曲曰島, 卉草也, 木棉之屬, 以卉服來貢也"; 『詩經』 小雅 四月.

122 원래 土築이었는데 東晉 安帝 義熙 6년(410) 磚城으로 개축하면서 烽火臺와 糧倉 등을 건설함으로써 요새화하였다.

123 『太平寰宇記』(臺北: 文海出版社, 1980) 卷90 江南東道2 昇州上元縣條, p.681上, "石頭城 楚威王滅 起置金陵邑, 卽城也. 後漢建安十七年, 吳大帝乃加修理, 改名石頭城, 用貯軍糧器械, 諸葛亮曾使建業, 謂大帝曰:鍾山盤龍, 石城虎踞, 卽此也."

124 郭黎安, 『六朝建康』, p.56.

125 414년 實權자인 劉裕가 會稽王 司馬道子의 宅을 小城으로 만들어 권력의 중심부로 삼았는데 建康城 동쪽에 있다 하여 '東府'라고 하였다.((唐)許嵩 撰, 孟昭庚 等 點校, 『建康實錄』 卷10 晉下 安皇帝 義熙 10年 冬, p.259, "城東府(案『圖經』 … 淸溪橋東, 南臨淮水. … 後爲會稽文孝王道子宅. … 道子領揚州刺史, 於此理事, 時人呼爲東府. 至是, 築城以東府爲名. …)" 梁末 侯景이 성중에 들어 磚城으로 개축하였다.

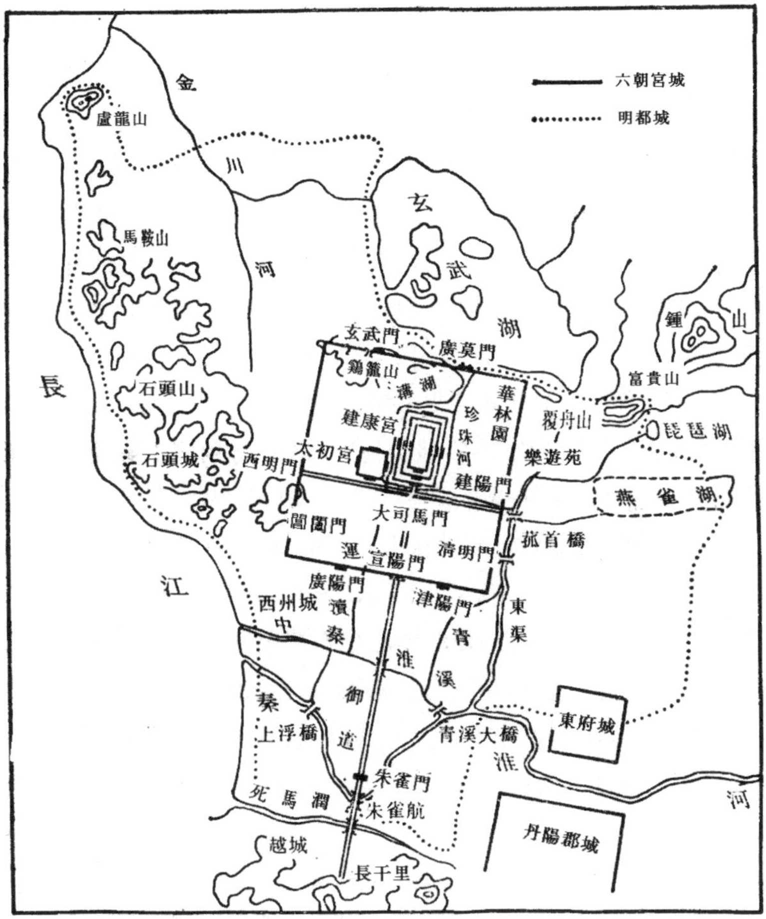

출처: 葉驍軍, 『中國都城發展史』, 西安: 陝西人民出版社, 1988, p.141, 「南京歷代城址變遷圖」.

〈그림 1〉 육조시대 건강도

이고, 남면 진회하를 따라 손오시대 건축한 책당(柵塘) 등 여러 수로가 대성 방위의 시설이었다. 이런 도성 형태는 화북의 장안성과 낙양성과 비교할 때 극히 이색적인 것이라 할 수 있다.[126]

3) 경읍(京邑)의 경계선으로서의 외곽

다음은 외곽(성)에 대한 것이다. 육조시대 건강의 범위는 '둘레 20리 19보[周廻二十里一十九步]'로서 건강성 '도성'뿐만 아니라 그 주위지구 및 진회하 남안도 포괄하는 지역이다. 행정구역으로 보면 손오시대에는 건업현은 진회하 남북을 걸치고 있었지만, 서진 이후에는 진회하 이북만이었고, 진회하남안은 말릉현(秣陵縣)이었다.[127] 그런데 '경읍이현'[128] 혹은 '경읍이안' 그리고 '북안(건강현)' '남안(말릉현)'이라는 말이[129] 상용되고 있다는 점에서 동진 이후의 경읍, 즉 통상적인 의미의 도성은 진회하 남북을 포괄하는 지역이다. 그러면 경읍과 건강성은 일치하는 것인가?

수당 장안성의 경우 만년현과 장안현으로 양분되어 있었다. 그런 면에서 건강성의 경우 장안형의 행정구조라 할 수 있다. 그런데 장안성의 경우 만년현 일부와 장안현 일부를 외곽성이 단절시키고 있다. 건강성은 어떠하였는가?

먼저 외곽성의 성장의 존재 여부에 대한 검토이다. '(남)곽외'[130] 혹은 '출곽'[131]이라는 용어가 보이므로 어떤 형태로든 외곽이 인지되고 있었다고 보아야 한다. 이 점과 관련하여 경읍의 '교문(郊門)'으로 상정되는 '건강이문(建康籬門)'에 대해서 살펴볼 필요가 있다. 이 문제와 관련하여 『태평어

126 中村圭爾, 『六朝江南地域史研究』, pp.491-492.

127 『晉書』 卷15 地理志下, 揚州 丹楊郡, p.460, "建鄴, 本秣陵. 孫氏改爲建業. 武帝平吳, 以爲秣陵. 太康三年, 分秣陵北爲建鄴. …"

128 『宋書』 卷5 文帝紀, 元嘉 25年(448)條, p.95; 『宋書』 卷9 廢帝紀, 元徽 2年條, p.182 및 4年條, p.186; 『宋書』 卷100 自序, p.2462.

129 『宋書』 卷74 沈攸之傳, p.1927, "晉世京邑二岸, 揚州舊置都部從事, 分掌二縣非違, 永初以後罷省, 孝建三年, 復置其職. 攸之掌北岸, 會稽孔璪掌南岸."

130 『宋書』 卷66 何尙之傳, p1734, "劉斌爲丹陽尹, 上不許. 乃以尙之爲尹, 立宅南郭外, 置玄學, 聚生徒."

131 『宋書』 卷67 謝靈運傳, p.1772, "出郭游行, 或一日百六七十里, 經旬不歸, 既無表聞, 又不請急, 上不欲傷大臣, 諷旨令自解."

람』의 기술이 참조가 된다.

『남조궁원기(南朝宮苑記)』에 이르기를 '건강의 이문으로 옛 (진회하의) 남북안에 이문 56소가 있었다. 이것은 모두 경읍의 교문이어서 (수당시대의) 장안 · 동도의 (외곽)문과 같으며, 또한 (후)주의 교문과 같은 것이다. 동진이 처음 건립되면서 번리(藩籬)를 써서 둘러쌓았으므로 이문이라 했다. 남리문은 국문(國門)의 서측에 있고, 삼교이문(三橋籬門)은 지금의 광택사(光宅寺) 동측에 있었다. 동리문의 본명은 조건이문(肇建籬門)으로, 옛 조건시(肇建市) 동쪽에 있었으며, 북리문은 지금의 복주(覆舟<山>) 동두와, 현무호 동남각에 위치했는데 지금도 정자가 보이는데 이문정(籬門亭)이라 한다. 서리문은 석두성 동쪽인데, 호군부(護軍府)는 서리문외로의 북쪽에 있다. 백양리(문)(白楊籬)(門) 밖에 석정이문(石井籬門)이 있었다."[132]

위의 기록에 의하면 건강의 이문은 경읍의 교문으로, 곧 당대의 장안이나 동도의 외곽성의 문에 해당한다고 하였으니, 경읍이 곧 건강(성)이라는 논리가 성립한다. 건강성의 내외를 구분하는 기능을 가진 이문이 56개소나 있었다고 하지만 그 이름이 사서에 보이는 것은 7개문이 전부다. 여하튼 이들 문들이 교에서 곽내로 진입하는 표지역할을 한다.[133] 그 가운데 가장 기본이 되는 문은 강좌초립, 즉 동진시기부터 건강성 외곽의 '사지(四至)'로서의 역할을 한 동 · 서 · 남 · 북 이문이었다. 그 위치는 동리문은 동부성(東府城) 동, 서리문은 석두성, 즉 청계산 동이며, 남리문은 월성의 남면, 북리문은 복주산 동으로 보이며 이것들은 남제시기까지 이어졌다고 한다.[134] 『남조궁원기(南朝宮苑記)』는 어느 시대에 찬술된 책인지 확실하지는

132 『太平御覽』 卷197 居處部25 藩籬, pp.1079-下左~1080上右, "『南朝宮苑記』云: 建康籬門, 舊南北岸籬門五十六所, 皆京邑之郊門也, 如長安 · 東都門, 亦周之郊門. 江左初立, 並用籬圍之, 故曰籬門. 南籬門在國門西, 三橋籬門在今光宅寺東側; 東籬門本名肇建籬門, 在古肇建市之東, 北籬門在今覆舟東頭, 玄武湖東南角, 今見有亭, 名籬門亭; 西籬門在石頭城東, 護軍府在西籬門外路北; 白楊籬外有石井籬門."

133 賀云翺, 『六朝瓦當與六朝都城』, 北京: 文物出版社, 2005, p.84.

않지만 『문헌통고』와 『송사』에도[135] 재록되어 있으니 늦어도 원대에 이미 출간된 책일 가능성이 크다.

그런데 이문이 수당대 장안성과 낙양성의 외곽성문에 해당한다면 건강성은 북조계열 왕조의 도성 특징처럼 초대형의 도성은 아니었다. '둘레가 20리 19보'라고 했으니 북위 초기 도성 평성의 "둘레가 32리[周回三十二里]"[136]보다도 작고, 당 장안성의 "외곽성 동서 18리 115보(外郭城, 東西一十八里一百一十五步, 약 9,694.65m), 남북 15리 275보(南北一十五里二百七十五步, 약 8,195.25m), 둘레 67리[周六十七里]"[137]과 비교해 보면 1/3도 되지 않기 때문이다. 북조계열 도성에서는 사민을 위해 미리 여지를 만들어 두었지만 건강성은 그렇지를 않았고, 인구가 늘어남에 따라 도성의 전체 범위도 달라졌다.

즉 양대에 이르러 "50년이나 강남에 아무 일이 없었다[五十年中 江表無事]"[138] 혹은 "30여 년 강남에 아무 일이 없었다[三十餘年, 江表無事]"[139]로 칭송될 정도로 성세를 이뤄 인구가 28만여 호로 폭주함에 따라 건강성의 범위는 서와 남계는 그대로이나 동쪽과 북쪽으로는 '동쪽으로 예당에 이르고 … 북쪽으론 장산(종산)을 넘었다[東至倪塘 … 北過蔣山(鍾山)]"[140]라는 기

134 盧海鳴, 『六朝都城』, p.87.

135 (元)馬端臨 撰, 『文獻通考』(北京: 中華書局, 1986) 卷205 經籍考32에 "『六朝事迹』一卷, 『南朝宮苑記』二卷 陳氏曰: 不知何人所作. 記六朝故都事迹頗爲詳."이라 되어 있고, 『宋史』 卷204 志157에 『南朝宮苑記』 一卷이 나와 있다. 따라서 元代 이전에 찬술된 서적임을 알 수 있다. 여기서 長安과 東都는 唐代의 그것으로 주는 五代 後周로 보인다.

136 『魏書』 卷3 太宗紀 太常 7年(422)條, p.62, "秋九月. … 辛亥, 築平城外郭, 周回三十二里."

137 『長安志』(『宋元方志叢刊』제1책 소수) 卷7 唐京城, p.109上.

138 庾信, 「哀江南賦」(『周書』 卷41 庾信傳, p.736).

139 『隋書』卷22 五行志上, 詩妖, p.636, "梁自天監至于大同, 三十餘年, 江表無事."

140 『資治通鑑』 卷162 梁紀18 武帝 太清 3年(549) 5月條, p.5018, "胡注: 『金陵記』曰: 梁都之時, 戶二十八萬. 西石頭城, 東至倪塘, 南至石子岡, 北過蔣山, 南北各四十里.";

록에서 알 수 있듯이 그 면적이 크게 늘어났다.[141] 이로 볼 때 건강성의 외곽은 점차 크게 늘어나는 등 변화가 컸다는 것을 알 수 있기 때문에 도성 초건 시에 초대형을 짓고 그 안에 늘어나는 인구를 채우는 방식의 화북 도성과는 그 성격이 다르다.

외곽을 모두 백양(白楊) 등 목리로 둘러쌌다는 것은 군사적인 방어나 치안과 주민통제를 위한 장치로서는 별다른 의미가 없는 것이다. 따라서 도성으로 통하는 도로가 있는 특정 지단 등에 이문을[142] 세우고 그 주위 일정 부분에 번리를 건설하는 정도로서 외곽을 표시하는 용도로서 사용했을 가능성이 크다고 보아야 한다. 그래야 건강성의 외위에 '이문 56소(籬門五十六所)'라는 기록이 이해될 수 있는 것이다. 즉 건강성의 외곽은 동진 성제연간에 처음으로 설정된 것인데 북조의 외곽성처럼 토축도 아니었고, 후대처럼 전체(磚砌)는 더욱 아니었다. 단지 나무로써 번리의 형식으로 둘러싼 경읍의 상징적인 경계를 표시하는 정도에 불과한 것이다. 즉 '도성'의 외주에 성벽 대신 방어시설 역할을 수행한 것은 진회하 · 청계 등의 수로였다.[143]

즉 건강성은 자연 그 자체를 험요로 삼았다는 것이다.[144] 남송 진량(陳亮)이 효종황제에게 올린 만언서에서 지적하듯이 건강성은 높은 곳에서 아래로 내려다보면서 동쪽에 평강(平岡), 서쪽에 석두(石頭), 북쪽에 현무

『太平寰宇記』 卷90 江南道2 昇州, p.675上右, "按金陵記云, '梁都之時, 城中二十八萬餘戶. 西石頭城, 東至倪塘, 南至石子岡, 北過蔣山, 東西南北, 各四十里."

141 서는 石頭를 지나면 長江이고, 남도 石子岡(今 雨花臺) 이남은 丘陵지대로서 民居확대가 제한되었다고 본다.(中村圭爾, 『六朝江南地域史研究』, p.529)

142 『隋書』 卷7 禮儀志2, p.131, "天監三年, (尙書左丞何)佟之等奏: '案禮國門在皐門外, 今之籬門 是也. 今古殊制, 若禁凶服不得入籬門爲太遠, 宜以六門爲斷.'"

143 中村圭爾, 「建康水運」, 中國水利史研究會 編, 『佐藤博士退官記念中國水利史論叢』, 東京: 國書刊行會, 1984, p.101.

144 金龍澯, 「六朝 建康의 郭 不在 현상: 都城 구조의 이상과 현상」, 『서울大 東洋史學科論集』 31, 2007, pp.17-22.

호가 험요를 이루며 진회 · 청계가 막아 주는 형상을 이루고 있었다.[145] 특히 수향 건강은 각종 수로를 이용한 측면이 보이는데, 여러 학자들에 의해 그려진 건강도를 보면 그 점이 쉽게 이해된다. 즉 '도성'을 둘러싸고 마치 호성하가 설치되어 있는 것처럼 보이니, 북쪽에 북호(후호)라 칭하던 현무호에 둑을 쌓고[146] 현무호에서 발원하여 서쪽으로 향하는 조구(潮溝)가 중간에서 운독(運瀆)을 만나서 도성을 서쪽을 보호하고 있고, 남쪽에는 진회하가, 동쪽에는 북쪽을 흐르는 조구(潮溝)가 청계와 만나 동쪽을 보호하고 있다.

따라서 중국도시사상 건강성이 갖는 가장 특이한 경관은 견고한 성벽의 결여라고 보아야 한다. 중국의 고대 도시에 성벽의 도시 외부에 교외 전원 및 원야(原野)가 명확히 구분 · 단절되는 형태와는 달리 건강성에 그런 구분이 없는 것은[147] 가장 두드러진 특징 중의 하나이다. 이 점에서 낙양과 장안이라는 고전적인 성벽도시와는 구별되는 것이다.[148] 그리고 삼중성이라 하나 북조-수당의 도성과 같은 토벽이나 전체(磚砌)로 축조되어 방어용으로 확실한 형태도 아니었다.

145 『景定建康志』 卷5 建康圖 · 辨建鄴, p.1388下右, "其地據高臨下, 東環平岡以爲固, 西城石頭以爲重, 帶(元)玄武湖以爲險, 擁秦淮 · 淸溪以爲阻."

146 (唐)許崇 撰, 孟昭庚 等 點校, 『建康實錄』 卷12 宋中 太祖文皇帝 元嘉 23年 '是歲'條, p.331, "堰玄武湖於樂遊苑北, 興景陽山於華林園, 役及居民, 民有怨者."

147 大室幹雄, 『園林都市』, 東京: 三省堂, 1985, pp.115-120.

148 大室幹雄은 동시대 洛陽과 長安이 '動物的인 都市'라면 建康城은 '植物的인 都市'라고 하였다.(『園林都市』, p.117)

II. 건강성의 내부구조와 그 특징

1. '궁북시남(宮北市南)'의 구조문제

건강 궁성은 서쪽의 계롱산에서 동쪽의 복주산으로 이어지는 고지 아래에 위치하였으며 진회하로부터 5리 떨어진 곳에 위치했다. 이 가운데 건강의 궁성(손오시의 苑城, 속칭 대성)은 '둘레 6리 100보[周六里一百步]'[149]라고 되어 있다. 그리고 남으로 선양문(宣陽門)까지 2리이고 주작문까지는 7리의 거리에 위치했다.

건강성의 모범이 된 도성이 어느 것이냐 그리고 건강성이 영향을 주었던 도성이 어느 것이냐, 즉 그 계승문제와 관련되어 종래 많은 주장이 제기되었다. 그 가운데 건강성이 동오의 구제를 유지한 면도 있지만 조위의 업성, 위진의 낙양성의 제도의 영향을 받아, 중국 도성 특유의 '중축선'을 기준으로 주요건물을 좌우대칭시키고, 전성을 남북 두 부분으로 나누는 포국을 형성함으로써 훗날 북위 낙양성의 모범이 되었다는 주장이[150] 눈길을 끈다.

그런 주장은 정확한 것인가? 먼저 중축선의 문제이다. 문자 그대로 중축선이란 주궁이 전성의 북쪽 중심에 위치하고 그 앞은 'T'자형으로 양분되어 종묘 · 사직 및 관서 등 중요 건축물들이 대칭되어 건설된 형식을 의미한다. 그런 점에서 중국 도성 가운데 북위 낙양성에서 중축선의 개시점을 찾는 연구도 있지만,[151] 사실 수당 장안성을 제외하고는 중축선이 정확

149 『讀史方輿紀要』 卷20 南直二, p.924, "其城近覆舟山, 去秦淮五里. 內爲宮城(『建康宮闕簿』: '吳大帝所築苑城也. 東晉以後, 亦曰宮城, 亦曰臺城, 亦曰苑城.') 周六里一百十步, 有門六. … 外爲都城, 周二十里十九步. 有門十二."

150 郭黎安, 「試論六朝時期的建業」, p.276; 郭黎安, 『六朝建康』, p.28; 秋山日出雄, 「南朝都城'建康'復原序說」, 『橿原考古學硏究所論集』 7, 1984, p.25.

151 佐川英治, 『中國古代都城の設計と思想: 圓丘祭祀の歷史的展開』, 東京: 勉誠出版,

하게 적용된 것은 없다. 심지어 수당 낙양성마저도 중축선이라 부를 수 있는 것이 없다. 다만 '축선' 혹은 '주축선'[152]이란 용어를 쓸 수 있는 것은 있다. 둘째, 도성의 일부분이 비슷한 점을 가지고 후세의 모범이 되어 계승되었다고 보는 것은 올바른 해석이라고 보지 않는다. 도성의 구성요소 전체를 감안한 후 결론을 내려야 하기 때문이다.

그럼 화북 도성의 특징의 하나이며 수당 장안성에서 전형적으로 보이는 '궁북시남'의 구조와[153] 건강성은 과연 유사한 것인가? 역대 건강성도를 보면 도성의 중앙에 궁성이 위치한 것으로 그린 학자도 있고, 편북으로 그린 학자도 있다.[154] 그런데 궁성의 편북을 주장한 학자는 『건강실록』 권7 현종성황제 함화 5년 9월조 소인의 『여지지』의 기사 가운데 "정북면은 궁성으로 썼고 별문이 없었다[正北面用宮城, 無別門]"[155]라는 구절에 근거하여 (동진)도성북벽과 대성(궁성)북벽이 일체화되었다고 주장한 적이 있다. 그러다가 그 후 자신의 학설을 철회한 바 있다.[156] 그런데 『경정건강지』의 「대성」조의 "도성 내의 북쪽에 가까운 것은 명확하다[在都城內近北明矣]"[157]라

2016, p.189.

152 傅熹年은 洛陽城의 閶闔門－宣陽門으로 연결되는 銅駝街를 全城의 '主軸線'이라 명명하고 있다.(『中國古代建築史: 兩晉 · 南北朝 · 隋唐 · 五代建築』, p.82)

153 北朝-隋唐시대의 都城에서의 宮城은 전체 성곽구조에서 볼 때 偏北中央에 위치했다. 그리고 市場은 宮城의 양쪽 전면에서 위치하여 '宮北市南'의 형태를 보이고 있다. 이는 중국 고래 도성구조의 지침을 제시한 『周禮』 考工記의 '面朝後市'와 어긋난다.

154 都城의 中央에 宮城을 위치시킨 학자는 朱偰, 賀業鉅, 盧海鳴, 外村中, 郭湖生 등이고, 偏北에 위치시킨 학자는 中村圭爾이다.(『六朝江南地域史研究』, pp.540-549)

155 (唐)許嵩 撰, 孟昭庚 等 點校, 『建康實錄』 卷7 晉中 顯宗成皇帝 咸和 5年 9月條, p.133, "六門: 按輿地志, 都城周二十里一十九步, 本吳舊址, 晉江左所築, 但有宣陽門. 至成帝, 作新宮, 始修城, 開陵陽等五門, 與宣陽爲六, 今謂六門也, 南面三門, 最西曰陵陽門. … 次正中宣陽門, … 次最東開陽門, 東面, 最南淸明門, … 正東面建春門, … 正西南西明門, … 正北面用宮城, 無別門."

156 中村圭爾, 『六朝江南地域史研究』, p.533.

157 『景定建康志』 卷20 城闕志1, 「臺城」條, p.1623下左, "一曰苑城. 本吳後苑城, 晉成帝咸和中, 新宮成, 名建康宮, 卽今所謂臺城也. 在上元縣東北五里, 周八里, 濠闊五丈, 深

는 기사를 보면 도성의 북벽 가까운 지점에 궁성이 위치하고 있는 것은 사실인 것 같다.[158] 중요한 것은 '도성', 즉 내성 내에서의 궁성 위치가 아니라 외곽성 내, 즉 건강성 전체에서 궁성이 어떤 위치에 있느냐일 것이다. 사실 동진-남조 건강성의 외곽성은 화북지역의 도성과는 달리 유동적이었고, 성 내외를 구분하는 명확한 구조물이 있었던 것도 아니었다. 그런 측면에서 궁성의 위치가 어디냐에 크게 의미를 둘 필요는 없다고 본다.

또 하나의 문제는 궁성의 편북현상의 원인을 어도 양편에 관부, 즉 중앙기구가 대성 앞에 모이게 된 것에서 찾고 있다는 점이다. 예컨대 선양문 대로의 서쪽에는 북에서 남으로 의현당(義賢堂: 又名 中堂), 청송당(聽訟堂), 홍려시(鴻臚寺), 위위부(衛尉府), 정종시(正宗寺), 태복시(太僕寺), 대노서(大弩署), 지택고(脂澤庫), 태사서(太史署), 태부시(太府寺) 등이 있었고, 동쪽에는 객성(客省) 좌상방(左尚方)이 있었다.[159] 그러나 이들의 배치는 좌우 대칭이 아니었고, 서쪽에 편중되어 있음을 알 수 있다.

이런 포국은 조위 업도와 서진 낙양성에서 이어받고 다시 이것을 북위 낙양성으로 이어 준 것으로 이해하고 있다. 혹자는 오궁 남문에서 건업성(도성) 남문(선양문)을 거쳐 진회하 북안으로 곧바로 달리는 남북 어도를 전성의 '중축선'이라 하고 이 7리 중축선 양측에 중앙관서가 연속적으로 분포된 것은 흡사 북위 낙양성의 궁성이 성내 중부편서북에 위치하여 궁성 정중의 창합문에서 남면 편서의 선양문에 이르는 중축선인 동타가 및 그

七尺, 今烟脂井南至高陽樓基二里, 卽古臺城之地, 盡爲軍營及居民蔬圃.(考證: 實錄注苑城卽建康宮城, 吳之後苑地, 一名建平園, 又云臺城, 南正中大司馬門南對宣陽門相去二里, 宣陽門卽苑城, 則臺城在城內明矣. …『輿地志』云 都城南正中宣陽門對苑城門, 其南直朱雀門, 正北面宮城無別門, 乃知苑城卽宮城, 在都城內近北明矣. …)"

158 郭湖生은 臺城 北垣과 都城 北垣이 합치되는 것은 (曹魏) 鄴城에서 시작되며 이런 것을 '鄴城體系'라고 부르고 六朝 이후 隋唐 長安城 洛陽城도 이 체제를 따랐다고 하였다.(「臺城辯」, p.71) 그러나 합치되었다고 보는 자도 드물지만, 무슨 이유로 합치되었느냐에 대한 설명은 없다.

159 郭黎安, 『六朝建康』, p.27.

양측의 관서가 성의 서부에 편재되어 있게 되어 있다고 주장하면서 수당대 장안의 정제대칭의 중축선 포국은 북방 조위-북위의 영향뿐만 아니라 남방 손오-동진 · 남조의 영향도 받았다고 본다.[160] 전술했듯이 '중축선'이라는 용어부터가 문제일 뿐 아니라 '편서'이므로 축선은 될 수 있어도 전성의 중축선은 될 수 없다. 그런데다 오도 건강성의 경우 주궁인 태초궁-공거문(정중문)-선양문-대항문(大航門)으로 연결되는 선이 일직선이 아니라 곡선이었다.

이 문제와 관련하여 화북 북조계열의 도성을 살펴보자. 후세 당의 장안성에서 특징적으로 보이는 황성의 출현문제를 거론할 때 그 기원을 북위 낙양성의 창합문 어도 양방에 부시(府寺)가 나열되어 있는 점에서 찾고 있고, 이것은 한위의 구규가 아니고 동진-남조의 신제로 보고 있다.[161] 과연 그러한가? 주지하듯이 '황성'은 수당대의 신창(新創)의 명칭이다.[162] 이 점에 대해서 『장안지』에서는 수 문제의 '신의(新義: 新意)'라 하였다.[163] 또 "바둑돌이 판에 나란히 줄지어 있는 것처럼, 거리가 새끼줄로 곧게 꺾여 있는 것 같은 것은 예부터 제경에는 있어 본 적이 없다[碁布櫛比, 街衢繩直, 自古帝京未之有(比)也]"라고도 하였다.[164] 즉 수대에 나타난 창신(신창)이라

....

160 楊寬, 『中國古代都城制度史硏究』, pp.158-161.

161 史念海는 府寺 주위를 墻垣을 둘러싸는 일은 隋唐代의 增置를 기다려야 한다고 하였다.(『中國古都和文化』, p.164)

162 皇城이라는 용어는 『後漢書』 卷40下 班固列傳, 兩都賦, p.1363에 초출하지만, 후세의 의미와는 다르다.("然後增周舊, 修洛邑, 翩翩巍巍, 顯顯翼翼, 翩翩巍巍顯顯翼翼, 光漢京于諸夏, 總八方而爲之極. 是以皇城之內, 宮室光明, 闕庭神麗, 奢不可踰, 儉不能侈.")

163 『長安志』 卷7 唐皇城 原注, p.107-上, "自兩漢以後, 至于晉齊梁陳, 幷有人家在宮闕之間, 隋文帝以爲不便于民(『唐兩京城坊考』 卷1, 民 →事), 于是皇城之內, 惟列府寺, 不使雜居止. 公私有便, 風俗齊肅, 實隋文帝新意也."; 『長安志圖』 卷上, p.208-上, "自兩漢以後, 都城並有人家在宮闕之間, 隋文帝以爲不便於事, 於是皇城之內, 惟列府寺, 不使雜居, 公私有辨, 風俗齊整, 實隋文之新義也."

164 『長安志』 卷7 唐京城, p.109-下 原注, "碁布櫛比, 街衢繩直, 自古帝京未之有也."; 『長

는 것이다. 여기서 주목할 것은 단순히 부시(府寺)만의 나열이 아니라는 점이다. 중축선은 전성에 대한 방장제의 실시를 전제하지 않으면 안 되는 객관적인 상황의 전환 결과라는 것이다. 또 최근 연구에 의하여 오호십육국 도성에서도 궁북형태는 보이고 최근 발굴에 의해서 알려진 바와 같이 북위 평성도 '궁북'의 형태를 취하고 있기 때문에 이상과 같은 동진-남조 계보론을 그대로 따르기는 어렵다.

사실 동진-남조 건강성의 궁성 위치에 영향을 미친 것은 첫째, '배산임수'라는 자연적인 구도라 해야 할 것이다. 화북 북조계열의 도성처럼 외곽성 후면에 금원이 있는 것도 아니고 오히려 호소(현무호)가 있으니 그 입지 조건은 너무 다르다. 특히 양대에 들어 인구가 증가함에 따라 외곽성이 크게 확장되었는데 그 방향은 북방과 동방이었다.[165] 그렇다면 궁성 후면에도 민거지역으로 용인했음을 말하는 것이다. 이런 상황은 화북의 도성과는 그 경관 면에서 크게 차이가 나는 것이다.

둘째, 궁성의 위치와 관련하여 흔히 거론되는 것이 바로 시장의 위치이다. 『주례』가 말하는 '전조후시'와 관련이 있는가 하는 점이다. 이런 원칙은 손오가 건축할 당시부터 지켜지지 않았다. 건강의 시장은 인구가 조밀하고 교통이 편리한 진회하 양안에 주로 밀집하고 있었다. 이런 이유에 대해서는 혹자는 건강의 지형적인 한제와 민거와의 연관성을 들고 있다.[166] 건강의 시장에 대해서는 '4시'가 운위된다. 즉 건강대시와 동시, 북시, 말릉두장시(秣陵斗場市)[167]가 있었다. 그러나 "회수 북쪽에 대시가 100여, 소시가 10여 소가 있었다[淮水北有大市百餘, 小市十餘所]"[168]라는 기록이 있는데, 특히 '대

安志圖』 卷上, p.208-上, "碁布櫛北, 街衢繩直, 自古帝京未之比也."

165 盧海鳴, 『六朝都城』, p.87.

166 劉淑芬, 『六朝的城市與社會』, p.142.

167 『太平御覽』 卷827 資産部7 市, p.3819-上右, "山謙之『丹陽記』曰: 京師四市, 建康大市, 孫權時立; 建康東市, 同時立; 建康北市, 永安中立; 秣陵鬪場市, 隆安中發樂營人交易, 因成市也."

시백여'[169]라는 기록은 신빙성이 떨어지지만, 적어도 그 수가 매우 많았다고 이해할 수는 있을 것이다. 또 건강성에는 그 기능과 성질에 따라 대시 · 소시 · 전업집시 · 초시 · 원림집시 · 군시 등 6종류가 있었다고 한다.[170] 대시는 이름에서 알 수 있듯이 교역이 빈번한 종합적인 시장이라 할 수 있으며 이것은 북조계열 도성의 시장에 해당한다. 문제는 소시 이하의 것들이다. 소시에 관한 사료는 그리 많지 않아 그 세세한 내용은 불명이지만 그 이름으로 볼 때, 규모가 작은 시장이 아닐까 한다. 이런 것들이 10여 소나 있었다고 하니 이런 시장 형태는 화북 도성의 그것과는 다르다. 이런 형태는 오히려 전한 장안의 구시가 여기에 해당할 것이다. 여기에 우마 · 곡식 · 사(紗) · 염(鹽) 등 특별한 물품의 거래를 목적을 위해 만들어진 전업시장이 있었다. 아울러 중국사상 최초의 초시(草市)[171]가 나타난 것도 이 시대였으며,[172] 건강성 남쪽에 초시가 있었다고 한다.[173] 아울러 이 시대 특수한 시장인 '원시(苑市)' 혹은 '궁시(宮市)'로 지칭되는 원림집시가 있었다. 주지하듯이 황가원림이나 사가원림에 개설되는 이 시장은 당시 통치계급의 엽기심리와 황음의 한 표현이기도 하였다.[174] 진조 시기 등에 보이는[175] 군시

168 (唐)杜佑 撰, 『通典』(北京: 中華書局, 1988) 卷11 食貨11 雜稅, p.250; 『隋書』 卷24 食貨志, p.689, "晉自過江, … 淮水北有大市百餘, 小市十餘所. 大市備置官司, 稅斂既重, 時甚苦之. …"

169 '百餘'를 '自餘'로 보기도 하고, 또 衍字로도 본다.(郭黎安, 「試論六朝的時期的建康」, p.283)

170 盧海鳴, 『六朝都城』, p.174.

171 草市의 의미에 대해서는 '城外(田舍)', '粗末', '非公認' 등 다양한 의미로 해석하는데 佐藤佑治는 '전문시장이 아닌 複數의 商品을 취급하는 시장'으로 보는 것이 좋다는 의견이다.(『魏晋南北朝社會の研究』, 東京: 八千代出版, 1998, pp.141-146)

172 加藤繁에 의하면 草市가 나타난 것은 東晉시기라고 한다.(「唐宋時代草市及其發展」, 『支那經濟史考證』上, 東京: 東洋文庫, 1952, pp.393-395)

173 『太平寰宇記』 卷90 江南東道2 昇州上元縣條, p.681上, "古建康縣, 初置在宣陽門內. 晉咸和三年, 蘇峻作亂, 燒盡, 遂移入苑城. 咸和六年, 以苑城爲宮, 乃徙出宣陽門外御街西. … 是時有七部尉 … 江尉 … 西尉…東尉 … 南尉在草市北, 左尉 … 右尉在沙市."

는 주군(駐軍)의 수요를 위해 설치한 것인데 이것도 진한[176]과 삼국[177]시기에도 있었던 것이다. 심지어 궁성 내에도 시장이 있었다.[178] 혹자는 건강성의 시장의 특징으로 사원 앞의 문전시가 많은 것을 들기도 한다.[179]

따라서 소시 등 행업시장은 대부분 회하변이나 운독(運瀆) 양안에 열사(列肆)했을 것으로 짐작되며 이들은 화북 도성에서처럼 봉폐적 시장이 아닐 것은 거의 확실하다. 회하 양안을 제외하고 주작문 서쪽에 염시(鹽市)가, 성 서북에는 사시(紗市)가 위치했으니 이런 많은 시장이 분산적으로 위치한 것은 북방에서는 있을 수 없는 일이었다.

또 시장 내의 경관도 다르다. 자사(左思)의 「오도부(吳都賦)」에 "가벼운 수레가 재갈을 하고 시장 안 가도를 지나고 누선이 돛대를 올리고 점포 앞을 지난다[輕輿按轡以經隧, 樓船擧飄(帆)而過肆]"라는 구절에서 보듯 수(隧: 시장 내의 가도)에 마차가 지나다니고 돛을 단 누선이 시장 안의 사(肆: 시장 안에 배열된 商鋪)를 지나가는 풍경이 묘사되고 있다.

174 대표적인 예로 東晉시기 司馬道子의 경우 酒肆(『晉書』 卷64 簡文三子傳, p.1734, "道子使宮人爲酒肆, 沽賣於水側, 與親昵乘船就之飮宴, 以爲笑樂.")와 南齊 東昏侯는 苑中立店肆하였다.(『南史』 卷5 齊本紀下, 廢帝東昏侯紀, p.155, "又於苑中立店肆, 模大市, 日游市中, 雜所貨物, 與宮人閹豎共爲裨販. 以潘妃爲市令, 自爲市吏錄事, 將鬭者就潘妃罰之.")

175 『陳書』 卷8 周文育傳, p.141, "又軍市中忽聞小兒啼, 一市竝驚, 聽之在土下, 軍人掘得棺長三尺, 文育惡之."

176 『漢書』 卷70 馮當傳, p.2314, "今臣竊聞魏尙爲雲中守, 軍市租盡以給士卒."

177 『三國志』 卷16 魏書16 倉慈傳, p.513, "至靑龍中, 司馬宣王在長安立軍市, 而軍中吏士多侵侮縣民, 斐以白宣王."

178 『南齊書』 卷7 東昏侯紀 永元 3年(501)條, p.106, "城中閣道西掖門內, 相聚爲市, 販死牛馬肉."

179 劉淑芬은 建初寺 前에 大市가 있고, 歸善寺 前에 北市가 있고 鬪場寺 前에 鬪場市가 있고, 耆闍寺 前에 紗市가 있듯이 寺院의 門前市가 많은 것이 建康城 시장의 특징으로 보았다.(『六朝的城市與社會』, pp.145-146) 이것은 사람들이 많이 모이는 장소에 시장이 들어서는 현상으로 국가가 먼저 特定한 場所인 市區를 설정한 것이 아니라는 점에서 의미 있는 현상이라 할 것이다.

동진 · 남조의 도성 건강은 "조공사신과 상인이 타고 온 배의 수가 만을 헤아렸고[貢使商旅, 萬舟萬計]"[180] 혹은 "시장의 가게가 풍부하여 진기한 보물이 가득 쌓여 있고[市廛豊富, 充積珍寶]"[181] "시장에 문 연 점포가 이경과 견줄 정도였다[市廛列肆, 埒於二京]"[182]라 할 정도로 번성하였다. 특히 양대에 들어 인구가 폭발하고, 남해제국과의 교역이 크게 증가하였다.[183] 흡사 북송대 개봉성의 시장풍경을 묘사한 『청명상하도』를 연상시키고 있지만 화북의 통제된 상업지역으로서의 시제와는 근본적으로 다르다.

아울러 '좌조우사'의 원칙을 보자. 당의 장안성을 보면 '궁북시남'이라는 형제를 취하였더라도 『주례』가 제시한 전통적인 원칙은 대체로 지켜졌다. 그러면 건강성은 어떠하였는가? 먼저 종묘를 보면 손오 손권 집권 30년 동안 종묘를 만들지 않았다.[184] 손량 즉위 후 태초궁 동면에 태묘를 건립하여 '태조묘'라 칭하였다.[185] 그런데 손오시기에는 '좌종묘, 우사직'이라는 중국 고래의 원칙을 따르지 않고 궁성의 동쪽에 종묘와 사직이 같이 있었던 것으로 보인다. 동진-유송시기에 와서도 고쳐지지 않았다.[186] 궁전과

180 『宋書』 卷33 五行志5, p.956.

181 『梁書』 卷54 諸夷傳, p.797, "晉代通中國者蓋尠, 故不載史官. 及宋 · 齊, 至者有十餘國, 始爲之傳. 自梁革運, 其奉正朔, 脩貢職, 航海歲至, 踰於前代矣."

182 『隋書』 卷31 地理志下 揚州 秣邑郡條, p.887, "丹陽舊京所在, 人物本盛, 小人率多商販, 君子資於官祿, 市廛 列肆, 埒於二京, 人雜五方, 故俗頗相類. 京口東通吳 · 會, 南接江 · 湖, 西連都邑, 亦一都會也."

183 『梁書』 卷54 諸夷 海南諸國傳, p.783, "自梁革運, 其奉正朔, 脩貢職, 航海歲至, 踰於前代矣."

184 이를 두고 田餘慶은 孫氏가 출신이 寒微하여 顯赫한 家史를 드러낼 것이 없기 때문이라는 해석을 내렸다.(「孫吳建國之道路」, 『歷史硏究』 1992-1)

185 『宋書』 卷16 禮志3, p.445, "權卒, 子亮代立, 明年正月, 於宮東立權廟曰太祖廟."

186 『宋書』 卷17 禮志4, p.481, "至元帝建武元年, 又依洛京立二社一稷. 其太社之祝曰: '地德普施, 惠存無疆. 乃建太社, 保佑萬邦. 悠悠四海, 咸賴嘉祥.' 其帝社之祝曰: '坤德厚載, 王畿是保.' 乃建帝社, 以神地道. 明祀惟辰, 禮, 左宗廟, 右社稷. 歷代遵之, 故洛京社稷在廟之右, 而江左又然也. 吳時宮東門雩門, 疑吳社亦在宮東, 與其廟同所也. 宋仍舊, 無所改作."

함께 도성의 포국에서 중요한 역할을 하는 종묘 · 사직도 이러하였다.

2. 금원의 기능문제

육조의 원림은 '황가원림'과 '사가원림'으로 크게 두 가지로 나눌 수 있다. 본고에서 관심을 갖는 것은 황가원림이다. 사료에 보이는 건강성의 황가원림은 서원(西苑), 계림원(桂林苑), 내원(內苑: 建平園), 화림원(華林園: 華林圃), 서원(西園: 別苑), 낙유원(樂遊苑: 北苑), 상림원(上林苑: 西苑), 방림원(芳林苑: 芳林園 · 桃花園), 현포원(玄圃園: 玄圃 · 元圃), 누호원(婁湖苑), 방산원(方山苑), 신림원(新林苑), 영구원(靈丘苑), 박망원(博望苑), 방락원(芳樂苑), 건흥원(建興苑), 강담원(江潭苑: 王游苑), 남원(南苑), 난정원(蘭亭苑), 청림원(青林苑), 백수원(白水苑) 등 20여 처이다. 이들 원림은 종산, 청계, 현무호 주위 및 진회하반, 장강지빈에 주로 분포하고 있었다.[187] 혹자는 육조의 경관을 '원림도시'[188]라고 표현하고 있듯이 오호십육국-북조의 경관과는 차이가 많이 났다.[189]

건강성의 가장 대표적인 원림으로는 화림원과 유송 문제시기인 434년에 만들어진 황가원유인 낙유원을 들 수 있다.[190] 먼저 화림원은 동진시기에 이전 손오시기의 원성(苑城)지역에 건립한 것이다. 이것은 주지하듯이 동한시기 방림원에 그 기원을 두고 있는 것인데, 조위 제왕방의 피휘에 의

187 盧海鳴, 『六朝都城』, pp.209-211.

188 大室幹雄, 『園林都市: 中世中國の世界像』(東京: 三省堂, 1985)

189 大室幹雄은 北朝에서 隋까지의 都城을 反園林都市(『干潟幻想: 中世中國の反園林都市』, 東京: 三省堂, 1992)으로, 당 도성 長安을 檻獄都市(『檻獄都市: 中世中國の世界芝居と革命』, 東京: 三省堂, 1994)라 표현했다.

190 (唐)許崇 撰, 孟昭庚 等 點校, 『建康實錄』 卷12 宋中 太祖文皇帝 元嘉 21년(434) 「七月, 甘露降樂遊苑」條, p.327, "按『輿地志』 … 晉時爲藥圃, 盧循之築圍壘卽此處也. 其地舊時晉北郊, 宋元嘉中移郊壇出外. 以其地爲北苑. … 後改曰樂遊苑."

해서 '화림'으로 개칭된 것이지만 중국 고대 황가원림의 대표적인 존재이다. 동진-남조시대 화림원은 궁성 북쪽 계롱산을 중심으로 한 원림이었다.[191] 이것은 '음연(飮宴) · 유락(遊樂) · 아집(雅集) · 의정(議政) · 청송(聽訟)의 장소였다.[192] 북위 낙양성의 화림원도 그 위치나 기능적인 면에서 동진-남조의 그것과 유사했다. 관상용을 위주로 하고,[193] 간혹 '청송' 혹은 '친록수도(親錄囚徒)'의 장소로 쓰였다.[194]

원(苑)과 원(園)은 크기와 그 용도에 있어서 상당한 차이가 있음은 다른 논문에서 이미 논술하였다.[195] 화림원을 간혹은 '내원(內苑)'이라 부른다. 이들 원림 가운데 수당 장안성의 금원에 해당하는 원림을 찾으라면 북원이라고도 불리는 낙유원이 해당될 것이다. 그런데 이 낙유원은 '궁북삼리'에 있었다고 하니[196] 우선 궁성과 맞닿아 있지 않다는 점이 화북 도성에서의 그것과 다르고, 군사작전이나 황제의 안위를 확보하기 위한 용병의 전용공간으로서의 용도가 아닌 것이 확실하다. 물론 동진시기에 그곳에서 약간의 군사작전이 벌어진 적이 있다. 예컨대 노순(盧循)과 서도복(徐道覆)

191 郭黎安, 『六朝建康』, p.46.

192 盧海鳴, 『六朝都城』, pp.221-222.

193 『魏書』 卷93 恩倖 茹皓傳, p.2001, "遷驃騎將軍, 領華林諸作. 皓性微工巧, 多所興立. 爲山於天淵池西, 採掘北邙及南山佳石. 徙竹汝潁, 羅蒔其間; 經構樓館, 列於上下. 樹草栽木, 頗有野致. 世宗心悅之, 以時臨幸."

194 『魏書』 卷7下 高祖 孝文帝紀, p.179, "二十年春正月丁卯, 詔改姓爲元氏 … (二月)庚戌, 幸華林, 聽訟於都亭. … 三月丙寅, 宴羣臣及國老 · 庶老於華林園."; 『魏書』 卷7下 高祖 孝文帝紀, p.180, "八月壬辰朔, 幸華林園, 親錄囚徒, 咸降本罪二等決遣之. … 丁巳, 南安王楨薨. 幸華林園聽訟."; 『魏書』 卷7下 高祖 孝文帝紀, p.182, "八月丙辰, 詔中外戒嚴. … 甲戌, 講武於華林園. 庚辰, 車駕南討."; 『魏書』 卷8 世宗宣武帝紀, p.208, "(五月)甲辰, 幸華林都亭, 親錄囚徒, 犯死罪已下降一等."

195 朴漢濟, 「唐 長安城 三苑考: 前漢 上林苑의 機能과 비교하여」, 『歷史學報』 188, 2005, pp.165-167.

196 『文選』 卷20 詩甲 公讌, p.956, "范蔚宗, 「樂遊應詔詩 五言」注引 『丹陽郡圖經』曰, '樂遊苑, 宮城北三里, 晉時藥園也.'"

이 군사를 이끌고 건강성을 협박할 때, 유유(劉裕)가 그곳에 약원대(藥園臺)를 만들어 이들을 막았던 일이 있으며,[197] 명제가 태자 때에 만든 서지(西池)는,[198] 환현(桓玄)이 기병했을 때 안제가 사마원현(司馬元顯)의 정벌군을 그곳에서 전송하기도 했다.[199] 이처럼 군사용도로 쓰인 적은 있지만 북조 도성의 금원처럼 궁성의 비위를 위한 공간은 아니었다. 그리고 유송 효무제 시기인 459년 현무호 북쪽에 상림원을 축조하였다는 기사가 있지만,[200] 이것 역시 북조-수당의 금원류 원림은 아니었다.

3. '방장제'의 실시여부문제

건강성의 도성 규획에 대하여는 사실 상세한 자료가 없기 때문에,[201] 논자마다 그 서술이 많이 다르다. 도성의 가장 기본적인 공간구성은 궁성 · 황성 등 공적인 공간, 그리고 민거지역일 것이다. 이것은 대체로 가로에 의해 구획된다. 그럼 먼저 가로의 문제를 살펴보자. 동진 초 소준(蘇峻)의 난

197 『晉書』 卷10 安帝紀 義熙 6年(410)條, pp.261-262, "五月 … 戊子, 衛將軍劉毅及盧循戰于桑落洲, 王師敗績. … 大司馬 · 琅邪王德文都督宮城諸軍事, 次中皇堂, 太尉劉裕次石頭, 梁王珍之屯南掖門, 冠軍將軍劉敬宣屯北郊, 輔國將軍孟懷玉屯南岸, 建武將軍王仲德屯越城, 廣武將軍劉懷默屯建陽門, 淮口築柤浦 · 藥園 · 廷尉三壘以距之."

198 『晉書』 卷29 五行志下 「雷震」條, p.879, "西池是明帝爲太子時所造次, 故號太子池."

199 『資治通鑑』 卷112 晉紀34 安帝 元興 元年(402) 2月條, p.3535, "丙午, 帝餞元顯於西池. …": 『晉書』 卷64 司馬元顯傳, p.1739, "俄而(桓)玄至西陽, 帝戎服餞元顯于西池, 始登舟而(桓)玄至新亭."

200 (唐)許嵩 撰, 孟昭庚 等 點校, 『建康實錄』 卷13 宋下上 中宗孝武皇帝 大明 3年 9月條, "壬辰, 初築上林苑於玄武湖北."

201 宋代의 3대 方志인 『乾道建康志』, 『慶元建康志』, 그리고 『景定建康志』 가운데 『慶元建康志』에 鄕里에 대한 기재가 있을 뿐이었다. 그런데 『景定建康志』가 나오자 『乾道建康志』와 『慶元建康志』는 모두 폐해졌기 때문에 元代에 『金陵志』를 편찬할 때 근거할 만한 것이 없었다.((元)張鉉 撰, 『至正建康新志』<臺北: 大化書局, 1980> 卷4, pp.35-36, 總1742)

으로 건강성이 파괴되어 예장(豫章)이나 회계(會稽)로의 천도론이 부상하자,[202] 승상 왕도가 그런 논의를 물리치고 건강성을 재건을 결정하였다. 그때 만들어진 가로의 형태가 이후 건강성의 구조를 결정하였다. 당시 나타난 가로의 형태가 바로 가로를 직선으로 하지 않고 일부러 우곡(紆曲: 屈曲)으로 만들었던 것이 특징이다. 물론 가로를 직선으로 건설하는 것은 상식이며, 건설 직전의 환온이 만든 고숙성(姑孰城)의 선례도 있었기 때문에 당연한 논리였다. 그러나 그러지를 않았던 것은 건강성의 협애(狹隘)를 은폐하려는 의도였다고 한다.[203] 심지어 '도성' 정문인 선양문에서 주작항까지 5리의 어도('御街' '都街' '南馳道'라 칭한다.)도 직선이 아니었던 것이다.[204] 최근 건강성 복원도의 경우 곧은 길[直街]로 그린 것은 가로 간의 상호관계를 표시하기 위한 것이지 실제상은 구부러지고 꺾어지는[紆回轉折] 것이었다.[205] 가로의 굴곡은 성장의 굴곡으로 연결될 가능성이 극히 농후하고 성내의 구역 구분의 형체도 굴곡된 형태일 가능성이 크다.

다만 선양문에서 주작문까지 5리여의 어도[206]와 대사마문 앞을 지나 건양문과 서명문을 연결하는 (동서)횡가[207]가 교차하면서 T자형을 이루고 있음은 전술했다. 그 주변에 관부가 배치된 형태를 취하고 있다.[208] 전술했

202 『世說新語』 卷2 言語篇, 102, p.87, "注引『晉陽秋曰: '… 溫嶠議徙都豫章以卽豊全, 朝士及三吳豪傑謂可遷都會稽. 王導獨謂: 不宜遷都. …'"

203 『世說新語』 卷2 言語篇, 102, p.87, "宣武(桓溫)移鎭南州, 制街衢平直. 人謂王東亭(王珣)曰: '丞相(王導)初營建康, 無所因承, 而制置紆曲, 方此爲劣.' 東亭曰: '此丞相乃所以爲巧. 江左地促, 不如中國. 若使阡陌條暢, 則一覽而盡, 故紆餘委曲, 若不可測'"

204 『景定建康志』 卷16 疆域志2 街巷, 考證, pp.1521下左-1523上右, "世說曰 … '今臺城在府城東北, 而御街迤邐向南, 屬之朱雀門, 則其勢誠紆迴, 深遠不可測矣.'"

205 傅熹年, 『中國古代建築史: 兩晉 · 南北朝 · 隋唐 · 五代建築』 2, p.60.

206 (唐)許崇 撰, 孟昭庚 等 點校, 『建康實錄』 卷7 晉中 顯宗成皇帝 咸和五年九月注, p.133, "『與地志』云: '… 宣陽門, 本吳所開, 對苑城門, 世謂之白門, 晉爲宣陽門, 門三道. … 南對朱雀門, 相去五里餘, 開御溝, 植槐柳.'"

207 『景定建康志』 卷20 城闕志1, 「古都城門」條, pp.1630上左-下右, "又案『宮苑記』, 凡十有二門, … 西面最北曰西(明)門, 門直對建陽門, 卽大司馬門前橫街是."

듯이 이런 형태는 바로 북위 낙양성 동타가의 양측에 관부가 배치된 것에 영향을 주었을 뿐만 아니라 후세 수당대 '황성'의 형성에 영향을 주었으며, 이는 조위 업성에서부터 시작되었다는 주장이 제기되어 왔다.[209] 그러나 이런 현상은 조위와 계승관계에서 다른 계통인 오나라 도읍지 건업의 어도 양측에서도 보이고[210] 심지어 후한 낙양성의 남궁 동면에 사도(司徒)·사공(司空)·태위(太尉)의 삼부가 모여 두어졌다는 점에서[211] 새삼스런 사실이 아니다. 그런 면에서 단순히 하나의 T자형 거리를 그리 강조할 사항은 아니라고 본다.

건강성은 '도성'을 제외하고 그 명칭상으로 가항과 방리(坊里)로 구분되어 있었다. 가항은 고어가(古御街), 주작가(朱雀街), 분의가(焚衣街) 3가가 있었고, 항으로는 공자항(孔子巷), 국자감항(國子監巷), 오의항(烏衣巷), 운항(運巷), 주부항(主簿巷) 등 5개가 사료에 보인다.[212] 즉 '이' 내에 (소)항이 있음을 나타내는 사료도 있다.[213] 그런데 문제는 화북 도성에서와 같은 '방', 방벽을 가진, 즉 방장제를 채용한 방이 있었느냐이다. 명칭만 본다면 『경정건강지』에는 남조 건강성의 방리를 기록하면서 종산방(鍾山坊) 등 32개의 방을 들고 장간리(長干里), 봉황리(鳳凰里), 표효리(表孝里) 등 3리를 들고 있다.[214] 그런 면에서 화북도성처럼 방장제가 실시된 것처럼 보인다.

208 郭黎安, 「魏晋南北朝都城形制試探」, 『中國古都硏究』(杭州: 浙江人民出版社, 1986) 2, p.48.

209 楊寬, 『中國古代都城制度史硏究』, pp.159-161; 中村圭爾, 『六朝江南地域史硏究』, pp.530-533.

210 『文選』 卷5 左思 吳都賦, "列寺七里 俠棟陽路, 屯營櫛比, 解署棋布" 그 주에 "吳自宮門南出苑路, 府寺相屬, 俠道七里也."라고 하고 있다.

211 『永樂大典』本 『元河南志』 後漢京城圖.

212 『景定建康志』 卷16 疆域志2, 「街巷」條, pp.1531-1533.

213 『梁書』 卷8 昭明太子傳, p.168, "普通中, 大軍北討, 京師穀貴, 太子因命菲衣減膳, 改常饌爲小食. 每霖雨積雪, 遣腹心左右, 周行閭巷, 視貧困家, 有流離道路, 密加振賜."; 『梁書』 卷21 王志傳, p.320, "(王)志世居建康禁中里馬蕃巷, 父僧虔以來, 門風多寬恕, 志尤惇厚."

그리고 이미 망실된 남송의 『경원건강지(慶元建康志)』에는 육조 및 당조의 이의 이름이 16개가 나오고 있다. 즉 화의리(化義里), 건흥리(建興里), 정음리(定陰里), 건강리(建康里), 제평리(齊平里), 남당리(南塘里), 상음리(翔陰里), 동하리(桐下里), 누후리(婁侯里), 숭효리(崇孝里), 상란리(翔鸞里), 빈강리(濱江里), 순택리(舜澤里), 가서리(嘉瑞里), 투장리(鬪場里), 연현리(延賢里) 등이다.[215] 또 혹자가 수행한 정사 및 『건강실록』, 『고승전』, 『경정건강지』의 조사에 의하면 토산리(土山里: 秣陵縣), 중흥리(中興里: 秣陵縣), 봉황리(鳳凰里: 秣陵縣), 숭효리(崇孝里: 建康縣), 화의리(化義里: 建康縣), 초당리(椒唐里: 丹陽-秣陵縣境), 건흥리(建興里: 江寧縣-秣陵縣境), 도정리(都亭里: 建康縣), 정음리(定陰里: 建康縣), 투장리(鬪場里: 建康縣), 건강리(建康里: 建康縣), 남당리(南塘里: 建康縣), 동하리(桐下里: 建康縣), 동하리(同夏里: 建康縣), 삭음리(朔陰里: 建康縣), 금중리(禁中里: 建康縣), 귀인리(歸仁里: 不詳), 우둔리(牛屯里: 同夏縣-秣陵縣境), 백석리(白石里: 建康縣), 불타리(佛陀里: 秣陵縣), 장간리(長干里: 秣陵縣), 태청리(太淸里: 建康縣), 장릉리(蔣陵里: 建康縣), 장산리(蔣山里: 建康縣), 청계리(淸溪里: 建康縣) 등 25개리가 있다.[216] 이 가운데 위치가 분명하지 않는 1리를 제외하고 14리가 진회하 북에, 10개리가 진회하 남에 위치하고 있다. 따라서 상상할 수 있는 것은 방장에 관계없이 외곽성 내에 존재하는 거주구역단위가 방으로, 외곽 밖의 거주구를 이(里)라고 칭했을 가능성이 있지 않았나 하는 점이다. 사료에는 '유전방(劉悛坊)',[217] '대

214 『景定建康志』 卷16 疆域志2 坊里條 pp.1523下左-1534下左.

215 (元)張鉉 撰, 『至正金陵縣志』 卷4 疆域卷 · 坊里 轉引.

216 盧海鳴, 『六朝都城』, pp.199-201; 劉淑芬은 秦淮河 北岸의 建康縣에 소속된 것으로 南塘里, 都亭里, 桐下里, 禁中里, 蔣陵里, 定陰里, 太淸里, 蔣山里, 子游里, 土山里, 建康里를 들고, 秦淮河 南岸 즉 秣陵縣 소속으로 鬪場里, 同夏里, 佛陀里, 建興里, 長干里, 中興里, 鳳凰里, 石泉里, 小郊里, 婁侯里, 延賢里를 들고 있고, 建康縣인지 秣陵縣인지 구역이 不明한 것으로 歸仁里, 化義里, 齊平里, 朔陰里, 崇孝里, 翔鸞里, 濱江里, 舜澤里, 嘉瑞里를 들고 있다.(『六朝的城市與社會』, pp.147-148)

217 『南齊書』 卷37 劉悛傳, p.651, "遷太子中庶子, 領越騎校尉. 時世祖(南齊 武帝)在東

방(臺坊)'[218] 등의 명칭도 보이지만 이것들은 거주구역이 아니다.

중국은 고래부터 현-향 아래에 있는 이가 가장 낮은 기층 취락단위임은 주지의 사실이다.[219] 그리고 현은 물론 향도 성으로 둘러싸여 있었다.[220] 그러면 이는 어떠하였는가? 이도 장원도 있고 이문(閭門)이 있었다.[221] 그러나 이런 이문이나 장원은 '신성불가침'인 일종의 종교적 관념이 작동하는 거의 형식인 것에 불과하였다는 것은 잘 알려진 사실이다.[222]

육조의 경우 중국 전통적인 현-향-이제도를 채용하였기 때문에 그와 같은 이문과 장원을 구비하고 있었을 것으로 짐작이 가긴 한다. 그런데 장원이라 할 때에 북조 여러 왕조의 도성이나 이후 수당대 장안성 등에 보이는 것처럼 사주에 위장, 즉 방장을 가지고 있었을까는 의문이 가지 않을 수 없다. 왜냐하면 전술한 대로 외곽성은 물론 소위 '도성'도 죽리로 둘러져 있다는 사실을 감안한다면 그런 상황은 상상하기 힘든 일이다. 혹자는 네 가지 사료를 가지고[223] 건강성에 이장과 이문이 있었다고 설명하고 있

宮, [每]幸悛坊, 閑言至夕, 賜屛風帷帳. 世祖即位, 改領前軍將軍, 中庶子如故."

218 『宋書』 卷9 後廢帝紀 元徽 4年(476)條, p.185, "天府虛散, 垂三十年. 江・荊諸州, 稅調本少, 自頃以來, 軍募多乏. 其穀帛所入, 折供文武. 豫・兗・司・徐, 開口待哺, 西北戎將, 裸身求衣. 委輸京都, 蓋爲寡薄. 天府所資, 唯有淮・海. 民荒財單, 不及曩日. 而國度弘費, 四倍元嘉. 二衞臺坊人力, 五不餘一; 都水材官朽散, 十不兩存."; 『南齊書』 卷34 虞玩之傳, p.651, "建元二年, 詔朝臣曰: '黃籍, 民之大紀, 國之治端. … 又臺坊訪募, 此制不近, 優刻素定, 閑劇有常. 宋元嘉以前, 茲役恆滿, 大明以後, 樂補稍絶. 或緣寇難頻起, 軍蔭易多, 民庶從利, 投坊者寡.'"

219 (淸)顧炎武 撰, 『日知錄』(臺北: 臺灣中華書局, 1966 臺3版) 卷22, 「鄕里」條, p.14-b, "以縣統鄕, 以鄕統里, 備書之者."

220 (淸)顧炎武 撰, 『日知錄』 卷22, 「鄕里」條, p.14-b, "古時 鄕亦有城, 漢書朱邑傳, 其子葬之桐鄕西郭外."

221 宮崎市定은 "漢代 및 그 이전의 里는 대개 正方形으로 역시 주위에 牆垣을 둘러싸여 있으며 1개의 閭門을 통해서 外部와 交通하는 하나의 블록이라 생각한다."라고 하였다.(「漢代の里制と唐代の坊制」, 『東洋史硏究』 21-3, 1962, p.27)

222 宮崎市定, 「漢代の里制と唐代の坊制」, p.32.

223 ① 『宋書』 卷77 沈慶之傳, p.2003, "居淸明門外, 有宅四所, 室宇甚麗. 又有園舍在婁湖,

다.[224] 그러나 당연하게 중국 고래로부터 상징적인 의미의 '이문' 혹은 '이장'이 있었던 것은 사실이지만, 북위의 평성 · 낙양, 동위-북제의 업성처럼 봉쇄식 성방규획, 즉 물리적으로 일반 백성이 월장할 수 없을 정도의 이장의 존재에 대해서는 문헌자료상 그 근거를 찾을 수가 없다.[225] 그런 점에서 후대에 편찬 각종의 『건강지』에 방의 명칭이 나온다고 해서 이것은 북조-수당대에 보이는 방장제를 채용하였다고 보기는 어렵다.

건강성의 이방 형태는 북방과는 자못 달랐다. 건강성은 ① 시와 방이 혼잡하고[市坊混雜], ② 거주민이 동일하지 않고[內涵不一: 吏民雜處], ③ 분포가 산만[分布散漫]하며, 그 형성의 요인은 ㉠ 먼저 산구(山丘)가 종횡으로 교착하고 수도와 호박 등의 자연지리조건이 총체적인 규획 특히 이방규획에 불리하게 작용하는 자연인소와 ㉡ 건강의 거민은 귀족과 평민이라는 양대 종류만이 있었고, 특히 귀족의 원택이 규획원칙의 제한을 받지 않는 사회인소가 작용하였다는 것이다. 즉 북방 중원의 도성은 그 포국이 정제되어 있으며, 시와 방이 분립되어 있고, 이방지간에 가도나 방장으로 분리되어 있는 곳과는 다르다는 차이가 있다고 본다.[226]

따라서 건강성 내의 이방을 관리하는 관직은 사료상 발견할 수 있는 것으로는 '방리(坊吏)'[227]와 '이사(里司)'[228] 정도이다. 잘 알다시피 건강(건

慶之一夜攜子孫徙居之, 以宅還官. 悉移親戚中表於婁湖, 列門同閈焉." ②『南齊書』卷22 豫章文獻王蕭嶷傳, p.419, "沈約書曰: '… 約閭閈鄙人, 名不入第. …'" ③『梁書』卷13 范雲傳, p.230, "初, 雲與高祖遇於齊竟陵王子良邸, 又嘗接里閈, 高祖深器之. 及義兵至京邑, 雲時在城內." ④ 江總, 『大莊嚴寺碑』(「全隋文」, 『全上古三代秦漢三國六朝文』, p.120, "百堵咸作, 千坊洞啓. 前望則紅塵四合, 見三市之盈虛, 後睇則紫閣九重, 連雙闕之聳峙."

224 盧海鳴, 『六朝都城』, p.203.

225 劉淑芬, 『六朝的城市與社會』, p.148.

226 盧海鳴, 『六朝都城』, pp.204-205.

227 『南齊書』 卷34 虞玩之傳, pp.608-609, "玩之上表曰: '宋元嘉二十七年八條取人, … 又四鎭戍將, 有名寡實, 隨才部曲, 無辨勇懦, 署位借給, 巫媼比肩, 彌山滿海, 皆是私役. 行貨求位, 其塗甚易, 募役卑劇, 何爲投補? 坊吏之所以盡, 百里之所以單也. 今但使

업)은 고래로 양주 단양군 경역에 속하였다. 양주자사-단양태수(동진시기에는 단양윤-건강령)라는 상하구조를 가지고 있었다. 건강도성은 주현의 범위에 속하지 않고 군사적으로는 좌우위(左右衛)와 영군(領軍)이 관리하고 경읍의 2현인 건강과 말릉현은 건강령과 말릉령이 맡고 그 아래 도관종사(都官從事)와 건강삼관(建康三官)이 보조하는 형식을 취하였다.[229]

건강성은 치안이 혼란한 도시였다. 왕공귀족의 자제들이 경부(輕浮)한 여리소년(閭里少年)과 결탁하여 소위 '타계(打稽)'라는 조직을 만들어 살인을 일삼아도 그것을 취체하지 못하고 있었다.[230] 그러니 '경읍이현은 다스리기 힘들다고들 하는[京邑二縣, 號爲難治]'[231] 치안상태였다. 간사한 도적을 막기 위해 부오(符伍)제도를 세워 '집과 집이 서로 검괄하는[家家以相檢括]' 시도를 하였지만 별다른 효력을 발휘할 수가 없었다.[232] 이런 현상은 이미 강좌초창기부터 일어난 현상으로 '병사와 하인들이 도망가서[兵厮逋亡]' 남

募制明信, 滿復有期, 民無逕路, 則坊可立表而盈矣."

228 『梁書』 卷22 太祖五王/安成王秀傳, p.343, "及至州, 聞前刺史取徵士陶潛曾孫爲里司. 秀歎曰: '陶潛之德, 豈可不及後世!' 即日辟爲西曹."

229 六朝시대 揚州刺史는 대체로 宰輔가 겸하는 경우가 대부분이었고, 丹陽郡의 영역도 매우 광범하여 建康·秣陵은 그 管區의 일부분에 불과하였다. 따라서 揚州刺史와 丹陽尹은 建康에 居하였지만 建康의 行政에 관여하지 않고 建康令(秩千石, 七品)과 都官從事, 그리고 建康三官(建康正-建康平-建康監=7品)이었다. 그리고 궁성 방위는 衛尉(中二千石, 3品)가 맡았다.(劉淑芬, 『六朝的城市與社會』, pp.149-152)

230 『南史』 卷51 梁宗室上, 臨川靖惠王 正德傳, p.1280, "時東府有正德及樂山侯正則; 潮溝有董當門子暹, 世謂之董世子者也; 南岸有夏侯夔世子洪. 此四凶者, 爲百姓巨蠹, 多聚亡命, 黃昏多殺人於道, 謂之'打稽'. 時勳豪子弟多縱恣, 以淫盜屠殺爲業, 父祖不能制, 尉邏莫能禦."

231 『宋書』 卷100 沈約自序, p.2462, "尋除秣陵令. … 時天下殷實, 四方輻輳, 京邑二縣, 號爲難治. (沈)璞以淸嚴制下, 端平待物, 姦吏斂手, 猾民知懼. 其閭里少年, 博徒酒客, 或財利爭鬭, 妄相誣引, 前後不能判者. …"

232 『南史』 卷22 王儉傳, p.593, "建元元年, 改封南昌縣公. 時都下舛雜, 且多姦盜, 上欲立符伍, 家家以相檢括. 儉諫曰: '京師翼翼, 四方是湊, 必也持符, 於事既煩, 理成不曠, 謝安所謂『不爾何以爲京師』.' 乃止."

당(南塘: 秦淮河 南岸) 선박 속에 숨어 있는데도 방임할 수밖에 없는 사정이 었다.[233] 즉 이들을 이용하지 않으면 경사 자체가 움직이지 않는 사정이 있었던 것이다. 결국 진대(陳代)까지 '건강에 도둑이 많다[建康多盜]'[234]는 현상은 극복되지 않았다. 이것은 단순히 북방에서 끊임없이 내려오는 교민이나 상업 발달의 탓으로만 돌릴 수는[235] 없는 측면이 있었다. 그런 현상보다 육조 건강성이 이들을 통제하고 구사할 수 있는 장치를 만들 생각을 갖지 못한 것이 그 주원인이었다고 할 수 있다.

북위 도성 낙양성의 경우 "경사는 동서 20리이고 남북 15리로서 호수는 10만 9천여이다. 종묘·사직 궁실 부조(府曹)를 제외하고 모두 사방 300보로 1리로 했다. 이에는 4개의 문이 있고 문에는 이정 2인, 이 4인, 문사 8인을 두었다."[236] 북위 종실 임성왕(任城王) 징(澄)은 일찍이 낙양의 불사가 격증하여 방장이 훼손되는 것을 염려하여 그것을 제지할 것을 상소하고 있다.[237] 그런데 육조 건강성의 경우 이방 내에 황가의 원유가 있고(建興里에 建興苑이 두어진 것), 이방 내에 각종 사묘가 산재하고 있었다.[238]

233 『世說新語』 卷上 政事三 23, p.102, "謝公(謝安)時, 兵厮逋亡, 多近竄南塘下諸舫中, 或欲求一時搜索, 謝公不許, 云: '若不容置此輩, 何以爲京師?'"

234 『陳書』 卷21 蕭引傳, p.290, "後主卽位. … 明年, 京師多盜, 乃復起爲貞威將軍·建康令."

235 劉淑芬, 『六朝的城市與社會』, pp.152-154.

236 (北齊)楊衒之 撰, 『洛陽伽藍記』(上海: 上海古籍出版社, 1958/1978) 卷5 「城北」條, p.349.

237 『魏書』 卷114 釋老志, pp.3044-3046 "神龜元年冬, 司空公·尙書令·任城王澄奏曰: '… 如臣愚意, 都城之中, 雖有標榜, 營造粗功, 事可改立者, 請依先制. 在於郭外, 任擇所便. 其地若買得, 劵證分明者, 聽其轉之. 若官地盜作, 即令還官. 若靈像既成, 不可移撤, 請依今敕, 如舊不禁, 悉令坊內行止, 不聽毀坊開門, 以妨里內通巷. 若被旨者, 不在斷限. 郭內準此商量. …"

238 佛陀里에 建初寺, 蔣陵里에 竹園寺·定林寺가, 長干里에 長干寺가, 蔣山里에 蔣山寺·本業寺가, 中興里에 南林寺가, 定陰里에 惠日寺가, 太淸里에 解脫寺가, 鬪場里에 鬪場寺가 있는 등이다.

III. 북위 낙양성과 건강성의 관련성: 장소유(蔣少游)가 그려 온 도화의 내용

북위 낙양성의 건조에는 동진 · 남조의 도성 건강성의 규획이 영향을 끼쳤다는 것이 그간의 학계의 유력한 견해였다. 일찍이 유지기(劉知幾)는 "또 궁궐의 제도와 조정의 의식법도는 앞의 왕이 제정하고 후대의 왕이 본받아 따르게 된다.[且宮闕制度, 朝廷軌儀, 前王所爲, 後王取則]"라는 원론적인 지적 후에 특히 궁궐제도 가운데 구체적으로 동위-북제의 업도는 조위의 것을 계승하였고, 북위가 낙양성을 건설할 때는 남조의 건강성을 참고로 했다는 입장을 견지하였다. 그에 의하면 "대국은 처음 천도할 때 오의 도읍을 그대로 그려 와 궁전을 지었다. 때문에 건립을 위해 측량할 때의 뜻과 점을 쳐 도읍지를 고르던 때의 일은 백대의 제왕을 거치면서 바꾸지 않았으며 하루라도 없앨 수가 없었다.[代國<元魏初國號代>初遷, 寫吳京而樹闕, 故知經始之義, 卜揆之功, 經百王而不易, 無一日而可廢也]"라고 하여 효문제 태화 17년(493) 낙양 천도를 확정한 후 동작(董爵) 등에게 궁궐의 건축을 명하고 장소유 등을 건업에 파견하여 '오경(건강성)'을 모사하여 오도록 하여 그것을 참고함으로써 경시(經始: 건설측량)와 점복길흉과 설계 등의 공정을 비로소 알게 되었다고 서술하고 있다.[239] 과연 그러했단 말인가?

유지기의 주장을 그대로 수용하기 어려운 것은 앞서 서술했듯이 건강성의 구조가 화북에 근거를 둔 여러 왕조의 도성과는 다른 점이 너무 많기 때문이다. 오히려 일치하는 점을 찾는 것이 더 어렵기 때문이다.

239 전통시대 대표적인 것이 (唐)劉知幾의 견해였다.(『史通』<臺北: 世界書局, 1969> 卷3 書志篇 第8, p.34, "京邑翼翼, 四方是則(長安), 千門萬戶, 兆庶仰其威神, 虎踞龍蟠(建鄴), 帝王表其尊極, … 且宮闕制度, 朝廷軌儀, 前王所爲, 後王取則, 故齊府(高齊)肇建, 誦魏都以立宮, 代國(元魏初國號代)初遷, 寫吳京而樹闕, 故知經始之義, 卜揆之功, 經百王而不易, 無一日而可廢也. 至如(一作於)兩漢之都咸洛(咸陽洛陽), 晉宋之宅金陵, 魏徙伊瀍, 齊居漳滏(鄴都), 隋氏二世, 分置兩都, 此並規模宏遠, 名號不一.")

그럼 북위 낙양성은 새외 출신 유목민족이 건설한 오호십육국의 여러 도성의 영향은 없으며, 북위의 초기 도성이었던 평성과는 어떤 연관성도 없다는 것인가? 아니면 평성도 동진-남조 도성의 영향하에 건설되었던 것인가? 이 점을 명확하게 하기 위해서는 평성의 도성의 건설과 과정과 그 특징을 살펴야 한다. 그런데 『위서』에 보이는 여러 기록을 살펴보아도[240] 평성이 갖는 별다른 특징을 찾기가 힘들다. 그런데 『위서』보다 『남제서』 위로전의 기사가 오히려 상세하고, 평성만이 갖는 특징을 조목조목 잘 열거하고 있다. 그것은 이 기사의 기초가 되었던 것은 남조 사신들이 평성을 직접 보고 느낀 — 그들의 것(즉 건강성)과 다른 것을 느끼고 기록하였기 때문이다. 그럼 「위로전」의 기사를 보자.

> 십익규(什翼圭: 道武帝)가 처음으로 평성(平城)에 수도를 정했지만, 여전히 수초(水草)를 좇아다녔기 때문에 성곽이 없다가 목말(木末: 明元帝)에 이르러서야 처음으로 고정된 거처에 가지게 되었다. 불리(佛狸: 太武帝)는 양주(梁州: 涼州=北涼)와 황룡(黃龍: 北燕)을 격파하고 그 주민들을 천사(遷徙)하여 대규모로 곽읍(郭邑)을 축조하였다. 평성 서쪽[북쪽]을 잘라서 궁성을 짓고, [궁성의] 네 모퉁이에는 누(樓)를 세웠다. [성벽은] 여장(女墻)을 하였지만, 문에는 지붕을 이지 않았고, 또 성[벽 주위]에는 참(塹: 해자)도 없었다. 남문 밖에 2개의 토문(土門)을 세웠다. 안에는 묘(廟)를 세웠는데, 4개의 문을 만들고 각각의 문에는 각각의 방위에 해당하는 색깔을 칠했다. 모두 5개의 묘[五廟]가 있었는데, 일대(一代) 일간(一間)

240 『魏書』에 나오는 平城 축조관계 사료를 열거하면 다음과 같다. ① "(天興元年: 398) 秋七月, 遷都平城, 始營宮室, 建宗廟, 立社稷. … 八月, 詔有司正封畿, 制郊甸, 端徑術, 標道里, 平五權, 較五量."(『魏書』 卷2 太祖紀, p.33); ② "(天賜三年: 406) 六月, 發八部五百里內男丁築灅南宮, 門闕高五十丈, 引溝穿池, 廣苑囿, 規立外城, 方二十里, 分置市里, 經塗洞達. 三十日罷."(『魏書』 卷2 太祖紀 天賜 三年條 pp.42-43); ③ "明年(天賜三年: 406) 六月, 發八部人, 自五百里內繕修都城, 魏於是始有邑居制度."(『魏書』 卷105-3 天象志 3, p.2392.); ④ "(太常六年: 421)三月 … 乙亥 … 發京師六千人築苑, 起自舊苑, 東包白登, 周回三十餘里."(『魏書』 卷3 太宗紀, p.61); ⑤ "(太常七年: 422)秋九月 … 辛亥, 築平城外郭, 周回三十二里."(『魏書』 卷3 太宗紀, p.62)

을 이루고 있었으며, 기와지붕을 덮었다. 그 서쪽에는 태사(太社)를 세웠다. 불리가 거처하는 운모(雲母)(殿) 등 3개의 전에는 또 중층으로 된 궁전을 세우고 그 위에 거주하였다. … 전 서쪽에 갑옷과 무기를 저장하는 창고 40여 간이 있었고, 전의 북쪽에는 사(絲)·면(綿)·포(布)·견(絹)을 보관하는 창고인 토옥(土屋) 10여 간이 있었다. [(위로(魏虜)의] 태자궁은 성의 동쪽에 있었는데, 역시 4개의 문이 설치되었으며, 와옥(瓦屋)이었고 네 모퉁이에 누각을 세웠다. [태재비와 첩들은 모두 토옥에 거주하였다. 비(婢) 1천여 인을 부려 능(綾)과 금(錦)을 짜서 판매하였고, 술을 만들어 팔았으며, 돼지와 양을 길렀고, 소와 말을 목축하였고 채소를 심어 이득을 챙겼다. 태관(太官)에는 80여 움집[窖]이 있었는데, 한 개의 움집마다 곡(穀)과 미(米)가 반씩 모두 4천 곡(斛)이 저장되었다. 먹을 것을 걸어 두는 와옥(瓦屋) 수십 간이 있었다. 상방(尙方)을 두어 철(鐵)과 나무로 각종 기물을 만들었다. 포의(袍衣)는 궁내의 비를 부려 만들었다. [魏虜의] 태자는 별도로 창고를 가지고 있었다. 그 곽성(郭城)은 궁성(宮城)의 남쪽을 둘러싸는데, 곽성 내의 모든 지역을 방(坊)으로 구획하는 형태로 건축하였고, 방(坊)은 길로 통하게 하였다. 규모가 큰 방에는 400 혹은 500가를, 작은 곳은 60 혹은 70가가 들어설 면적이었다. 매번 방을 수색·단속하여 간교한 자들에 대비하였다.[241]

『위서』의 기록과 『남제서』 위로전을 합쳐서 보면 평성의 경관이 더욱 분명해진다. 「위로전」과 유관한 기록들을 종합해서 정리하면 다음과 같다. 곽과 읍을 건설하는 과정을 설명하면서 ① 궁성이 평성 서쪽(당연히 北이라 써야 한다.)을 잘라서 궁성지역으로 했다. ② (궁성의) 사각에 누를 만들었

241 『南齊書』 卷57 魏虜傳, pp.984-985, "什翼珪始都平城, 猶逐水草, 無城郭, 木末始土著居處. 佛狸破梁州·黃龍, 徙其居民, 大築郭邑. 截平城西爲宮城, 四角起樓, 女墻, 門不施屋, 城又無壍. 南門外立二土門, 內立廟, 開四門, 各隨方色, 凡五廟, 一世一間, 瓦屋. 其西立太社. 佛狸所居雲母等三殿, 又立重屋, 居其上. … 殿西鎧仗庫屋四十餘間, 殿北絲綿布絹庫土屋一十餘間. 僞太子宮在城東, 亦開四門, 瓦屋, 四角起樓. 妃妾住皆土屋. 婢使千餘人, 織綾錦販賣, 酤酒, 養豬羊, 牧牛馬, 種菜逐利. 太官八十餘窖, 窖四千斛, 半穀半米. 又有懸食瓦屋數十間, 置尙方作鐵及木. 其袍衣, 使宮內婢爲[之]. 僞太子別有倉庫. 其郭城繞宮城南, 悉築爲坊, 坊開巷. 坊大者容四五百家, 小者六七十家. 每南(當衍字)坊搜檢, 以備奸巧."

으며, (궁성의) 성벽은 여장을 했고, (궁성)문에는 지붕이 없었으며 곽성 밖에는 참, 즉 호성하(해자)가 없었다. ③ 곽성 내에 각종 창고가 정비되어 있었는데 여기서 생산활동을 하였다. 다음 ④ 곽성은 (궁)성의 남쪽으로 둘러싸고 있다. ⑤곽성 내를 모두 방으로 구분하여 만들었다. 큰 것은 400-500가를, 작은 것은 60-70가를 수용한다.

이상이 평성의 특징적인 구조였다. ①의 궁성의 위치문제이다. ④의 서술과 합쳐 볼 때, 궁성은 이미 전성의 북방에 돌출하여 위치해 있다. ② 여장, 즉 마면은 화북 유목정권 도성에 나타난 특징인데, 같은 시대 혁련하의 도성 통만성에도 보이고 있다.[242] 남조의 사신들이 주목한 것은 평성의 경관에서 궁성이 북쪽으로 치우쳐 있었고, 곽에서 돌출되어 있었다는 사실이다. 그것이 그들 왕조의 도성(궁성) 위치와 다름을 인식하고 정확하게 밝힌 것이다.

③ 유목민족과 창고와의 관련성은 주목해서 고찰할 점이라고 본다. 동진-남조 건강성에도 태창 등이 있지만, 평성의 경우 유독 많은 창고와 이 창고를 이용한 경제행위가 눈에 띈다. ⑤ 평성에서 방제 실시문제이고 필자가 화북 유목계열 왕조의 도성 구조 가운데 가장 중요하다고 여기는 특징의 하나이다. 이것은 남조의 사신이 평성을 직접 보고 느낀 것을 기초로 서술된 것이다. 즉 남-북조 도성의 다른 경관임을 알 수가 있다.

특히 평성의 방제 실시 사실에 대해서는 『위서』에는 전혀 나오지 않고 있고, 다만 낙양의 방에 대한 기록만 있다. 그런데 「위로전」의 서술을 통해 방제가 평성에 이미 실시되었음을 확인할 수 있다. 낙양의 방제에 대해 『위서』의 기록을 정리하면 세종 경명 2년 9월에 기내부 5만(혹은 5만 5천) 인을 징발하여 경사(혹은 京四面)에다 323(혹은 320, 혹은 220)방을 4순 만에 만들었으며, '비록 잠시의 노고가 들지만 간사한 도적을 영원히 그칠 수 있게

242 朴漢濟, 「五胡 赫連夏國의 都城 統萬城의 選址와 그 構造: 一 胡族國家의 都城經營方式」, 『東洋史學研究』 69, 2000, pp.112-114.

하였다[雖有暫勞, 姦(奸)盜永止]' 혹은 '우림군을 거리의 순라를 하는 유군으로 하고 여러 방항에 있는 도적을 사찰하니 이에 경읍이 청정해졌다[以羽林爲遊軍, 於諸坊巷司察盜賊. 於是京邑淸靜]'는 효과를 거두었다는 것이다.[243] 여기서 '방장'의 용어는 출현하지 않고 있다. 다만 『위서』 석노지에는 임성왕 징의 상주서가 실려 있는데 여기에서 '방(장)을 훼손하거나 (방)문을 여는 것을 허락하지 않는다[不聽毁坊開門]'라는 구절이 나와 있기[244] 때문에 방장의 존재를 확인할 수 있다. 평성에 방장이 출현했다는 것을 부정하는 학자는 없게 되었다. 기존의 도시규획보다 그 건설에 '노고[勞]'가 분명 많이 들어가지만, 이런 방의 출현으로 '간사한 도적을 영원히 그칠 수 있게 한다'라는 효과와 우림군(羽林軍)을 거리의 유군(遊軍)으로 사용하여 방항(坊巷)에 도적(盜賊)을 사찰하게 하니 '경읍이 청정'하게 되는 치안의 경제성을 이룰 수가 있었다고 설명하고 있기 때문이다. 그리고 323(혹은 320, 혹은 220)개의 방을 만들었으니 이는 단순히 기존처럼 선을 그어 구역을 정하는 것은 아니었고 방장을 높이 쌓아 폐쇄적인 거주공간을 만들었다. 이처럼 북위 도성 평성과 낙양성은 동진-남조의 건강성과는 다른 독특한 구조를 가지고 있었음을 알 수 있다. 이런 특징을 빼놓고 도성의 계통을 운위한다는 것은 의미 있는 것이라 생각되지 않는다.

그런데 낙양성의 축조 전인 491년 북위의 장작대장(將作大匠)으로 남제 도성 건강성을 살피려 부사로 파견된 장소유가 그려 온 도화의 내용이

243 이상의 사실은 『魏書』 卷8 世宗紀 景明 2年 9月條, p.194와 『北史』 卷4 魏本紀 4 世宗 景明 2年條, p.133, 그리고 (北齊)楊衒之 撰, 『洛陽伽藍記』 卷5 「城北」條, p.349; 『魏書』 卷18 太武五王/廣陽王嘉傳, pp.428-429; 『北史』卷 16 魏宗室 太武五王 廣陽王嘉傳, p.616; 『魏書』 卷68 甄琛傳, pp.1514-1515을 종합한 것이다.

244 『魏書』 卷114 釋老志, pp.3044-3046, "神龜元年冬, 司空公 · 尙書令 · 任城王澄奏曰: '仰惟高祖, 定鼎嵩瀍, 卜世悠遠. … 如臣愚意, 都城之中, 雖有標榜, 營造粗功, 事可改立者, 請依先制. 在於郭外, 任擇所便. 其地若買得, 券證分明者, 聽其轉之. 若官地盜作, 即令還官. 若靈像旣成, 不可移撤, 請依今敕, 如舊不禁, 悉令坊內行止, 不聽毁坊開門, 以妨里內通巷. 若被旨者, 不在斷限. 郭內準此商量. …'"

과연 어떤 것이었던가 하는 문제가 관건이 된다. 그 사실을 증명하는 데 가장 핵심이 되는 사료도 『남제서』 권57 위로전의 해당기사이다. 이하에서 그 기사를 중심으로 여타 유관 사료들을 상호 대조·검토하여 그 진실에 접근해 보도록 하자.

> 탁발(拓跋)굉(宏)은 기사년(489), 남제 무제의 영명 7년(북위 효문제 태화 13년)에 원구와 방택을 세웠으며 …. 평성의 남쪽에는 간수(干水)가 있었는데, 정양(定襄)의 경계에서 발원하여 바다로 흘러 들어갔다. (평)성과 50리 떨어졌는데, 세상에서는 색간도(索干都: 桑乾河)[245]라고 부른다. 땅의 기운이 차고 바람과 모래가 항상 일어나며 6월에 우설이 내렸다. (탁발굉은) 낙경 천도를 논의하였다. (영명) 9년(491)에 (위)로는 이도고(李道固)와 장소유를 답사로 파견하였다. 장소유는 재지가 뛰어나고 영묘한 기교가 있어 몰래 (남제의) 경사에 있는 궁전의 전범을 살펴보라는 명령을 받았다. 청하(清河) 사람인 최원조(崔元祖)는 세조에게 "장소유는 신의 생질인데, 특히 [목장(木匠)의 조사(祖師)인] 공수(公輸) 반(班)의 뜻을 가지고 있습니다. 유송시기에 (고향이) (위)로에 함락된 후 (장작)대장의 관직에 (임명되어) 살고 있습니다. 지금 부사로 파견되었지만, 반드시 우리의 궁궐을 본보기로 삼고자 할 것입니다. 어찌 전향(氈鄕)의 변방 지역이 (남제의) 천궁을 본받도록 허용하겠습니까? 신은 장소유를 이곳에 머무르게 하고 사주(정사)로 하여금 돌아가 사실 그대로를 보고하도록 할 것을 주청합니다."라고 상주하였다. 세조는 (최원조의 주장이) 화친과 통호의 뜻이 아니라고 여기고 허락하지 않았다. 장소유는 안락(군)(安樂)(郡) 사람이다. (위)로의 궁실제도는 모두 이것에서부터 나왔다.[246]

245 『南齊書』 卷57 魏虜傳 해당 校注에 "世號爲索干都, 錢大昕『廿二史考異』云: '索干即桑乾之轉'"(p.1002, 注15)라 하였다. Boodberg는 索干(saqan)은 'watch' 혹은 'guarded place'이라는 뜻으로 桑乾을 가리킨다고 보았다.(Peter A. Boodberg, "The Language of the T'o-Pa Wei," *Selected Works of Peter A. Boodberg*, University of California Press, Berkeley, 1979, p.228).

246 『南齊書』 卷57 魏虜傳, p.990, "(拓跋)宏以己巳歲(489: 太和13)立圓丘·方澤, … 平城南有干水, 出定襄界, 流入海, 去城五十里, 世世號爲索干都, 土氣寒凝, 風砂恒起, 六月雨雪. 議遷都洛京. (永明)九年(491), 遣使李道固·蔣少游報使. 少游有機巧, 密令觀京師宮殿楷式. 淸河崔元祖啟世祖曰: '少游, 臣之外甥, 特有公輸之思. 宋世陷虜, 處以大匠之官, 今爲副使, 必欲模範宮闕. 豈可令氈鄕之鄙, 取象天宮? 臣謂且留少游, 令使

위 사료에 의하면 북위 효문제는 낙양성의 축조에 앞선 시기에 당시 도성이었던 평성을 중원문화의 도성으로 개조하려 했던 것이다. 그에 따라 기사세 즉 태화 13년(489)에 '입원구(立圓丘)[247] · 방택(方澤)[248]'했다. 그런데 『위서』 고조기에서 기록된 유관 기사를 정리하면[249] 태화 12년부터 태화 16년 사이 효문제는 평성에서 대규모 공사를 벌이고 있었던 것이다. 그런 시기에 장소유 등이 남제에 파견되었다. 천도를 감행하고 낙양성을 영건한[250] 태화 17년의 2년 전 일이다. 그런 면에서 확증은 없지만 낙양성의

主反命.' 世祖以非和通意, 不許. 少游, 安樂人. 虜宮室制度, 皆從其出."

247 孝文帝 太和 12년(488)에 平城의 南郊에서 圓丘를 축조하는 것을 시찰했다는 기록(『魏書』 卷7下 「高祖紀」下 太和 20年 11月條, p.164, "閏月甲子, 帝觀築圓丘於南郊.")과 친히 圓丘를 쌓았다는 「禮志」의 기록(『魏書』 卷108 禮志1, p.2741, "[太和]十二年閏九月, 帝親築圓丘於南郊.")이 있으나 확실한 연대가 없다. 그러나 「魏虜傳」을 보면 太和 13년에 平城에 圓丘가 만들어졌음을 알 수 있다.

248 方澤은 夏至에 地祇에 제사를 지내던 祭壇으로 네모 모양이므로 方丘라고 하고, 또 壇을 澤 가운데에 만들었기 때문에 '方澤'이라 한다. 北魏에서는 孝文帝 太和 20년(496) 5月 丁戌日에 河陰에 方澤을 축조하고 丁亥日에 方澤에서 제사를 지냈다.(『魏書』 卷7下 高祖紀下 太和 20年(496) 5月條, p.179, "丙戌, 初營方澤於河陰. 遣使者以太牢祭漢光武及明 · 章三帝陵. 又詔漢 · 魏 · 晉諸帝陵, 各禁方百步不得樵蘇踐蹋. 丁亥, 車駕有事於方澤."; 『魏書』 卷108 禮志1, p.2753, "[太和]二十年, 立方澤於河陰, 仍遣使者以太牢祭漢光武及明 · 章三帝陵.")

249 『魏書』 卷7下 高祖紀下, pp.164-171, "① (太和)十有二年(488) … 八月 … 丁酉, 起文宣堂 · 經武殿; ② 閏(十)月甲子, 帝觀築圓丘於南郊; ③ (太和)十有三年(489) … 秋七月 … 丙寅 … 立孔子廟於京師.; ④ (太和)十有五年(491) … 四月 … 己卯, 經始明堂, 改營太廟. … 是月(10月), 明堂 · 太廟成; ⑤ (太和)十五年(491) … 十有一月 … 戊寅 … 詔假通直散騎常侍李彪 · 假散騎侍郎蔣少游使蕭賾; ⑥ (太和)十有六年(492) … 二月戊子, 帝移於永樂宮. 庚寅, 壞太華殿, 經始太極. … 冬十月 … 庚戌, 太極殿成, 大饗羣臣; ⑦ (太和)十有七年(493) 春正月壬子朔, 帝饗百僚於太極殿."

250 『魏書』 卷7下 高祖紀下 太和 17年(493)條, pp.172-173, "六月丙戌, 帝將南伐, … 九月丁丑 … 仍定遷都之計. 冬十月戊寅朔, 幸金墉城. 詔徵司空穆亮與尙書李沖 · 將作大匠董爵經始洛京."; 『資治通鑑』 卷139 齊紀 永明 11年(493)條, "冬十月, 戊寅朔, 魏主如金墉城, 徵穆亮(徵穆亮於關右), 使與尙書李沖 · 將作大匠董爾經營洛都(董爾『北史』作董爵)"

영건에 모종의 작용을 했을 것이라는 짐작도 가능하다. 그러나 장소유가 돌아온 후인 태화 16년 2월 평성에서는 '경시태극<전>(經始太極<殿>)'하였고, 10월에 '태극전성(太極殿成)'한 것도 사실이다.[251] 낙양성 천도와 그 영건을 위해서만 장소유를 파견하였다는 것은 곧바로 납득하기 힘들다. 그래서 이 당시 효문제는 평성을 중원예(의) 제(사)의 문화도성으로 꾸미기 위해 노력했을 뿐, 적극적인 천도의 의사를 가지고 있지 않았다는 지적도 나온 것이다.[252]

그러면 장소유가 파견된 목적은 무엇이며, 그가 과연 낙양성의 영건에 어느 정도 참여하였던 것일까? 우선 장소유의 열전을 보자.

> 후에 평성에다 태묘와 태극전을 장차 영건하려 (장)소유를 파견하니 수레를 타고 낙양에 이르러 위진의 기지를 계량하여 준거로 삼았다. 후에 산기시랑이 되어 이표(李彪)의 부사로서 강남에 사행하였다. … 화림전(華林殿) · 소(沼)의 수리와 증설, 그리고 금용문루(金墉門樓)의 개작(改作)에 이르러 모두 그의 뜻이 반영되었다. … 소유는 또한 태극(전)을 만드는 데 모범을 세웠으며 동이(董爾) · 왕우(王遇) 등과 더불어 참건하였는데 모두 완성시키지 못하고 죽었다.[253]

장소유가 남제로의 사행 전에 "후에 평성에다 태묘와 태극전을 장차 영건하려 (장)소유를 파견하니 수레를 타고 낙양에 이르러 위진의 기지를 계량하여 준거로 삼았다"고 하였는데 이는 평성의 태묘와 태극전을 영건하

251 『魏書』 卷7下 高祖紀下 太和 16年(492)條, pp.169-171, "二月戊子, 帝移御永樂宮. 庚寅, 壞太華殿, 經始太極. … 冬十月 … 庚戌, 太極殿成, 大饗羣臣."

252 逯耀東, 「從平城到洛陽: 拓跋魏文化轉變的歷程』, 臺北: 聯經出版, 1979, p.151.

253 『魏書』 卷91 術藝/蔣少游傳, pp.1970-1971, "蔣少游, 樂安博昌人也. … 後於平城將營太廟 · 太極殿, 遣少游乘傳詣洛, 量準魏晉基趾. 後爲散騎侍郎, 副李彪使江南. 高祖修船乘, 以其多有思力, 除都水使者, 遷前將軍 · 兼將作大匠, 仍領水池湖泛戲舟楫之具. 及華林殿 · 沼修舊增新, 改作金墉門樓, 皆所措意, 號爲姸美. … 景明二年(501)卒, … 有文集十卷餘. 少游又爲太極立模範, 與董爾 · 王遇等參建之, 皆未成而卒."

기 위한 목적이었다. 그리고 사행 후에 "화림전 · 소의 수리와 증설, 그리고 금용문루(金墉門樓)의 개작에 이르러 모두 그의 뜻이 반영되었다."라고 하였으니 이는 장소유의 낙양성 영건에 기여한 바이다. 즉 장소유가 남조 사행 후 북위에서의 활동을 보면 "태극(전)을 만드는 데 모범을 세웠으며 동이 · 왕우 등과 더불어 참건하였는데 모두 완성시키지 못하고 죽었다"고 하였으니 낙양의 전체 도성 규획과는 거리가 있는 활동을 한다. 그러면 다음으로 『남사』의 유관기사를 보자.

> [남제 무제] 영명 9년 북위 사신 이도고(李道固)[254]와 장소유가 다다랐다. 최원조가 "신의 외생인 장소유는 (요임금시대의 장인) 노반(魯班)과 공수(工倕)의 공부(功夫)가 있어 이번에 온 것은 반드시 그로 하여금 궁액을 모사하도록 한 것이니 장소유를 돌아가지 못하도록 해야 합니다."라고 말하였다. 황상은 그의 말을 따르지 않았다. 장소유는 과연 도화를 그리고는 돌아갔다.[255]

위에 인용한 사료들은 여러 가지 점에서 불분명한 점이 있다. 먼저 장소유가 강남으로의 사행 후 그려 간 도화가 궁전이냐 궁실제도를 포함한 도성제도 전반이냐의 문제이다. 둘째, 그려 간 도화가 후에 실제 어디에 그것이 반영되었는가 하는 문제이다. 평성이냐 아니면 낙양성이냐의 문제이다.

『위서』 등 북방의 기록은 그 사행 목적을 명확하게 밝히지 않고 있고, 남방의 사서에는 분명하게 기술되어 있다. 여러 정황으로 볼 때 북위 효문제가 장소유를 강좌(강남: 남제)에 사신으로 파견한 것은 건강의 뭔가를 알아보려는 의도는 분명하다. 그런 면에서 북방 사서의 (의도된) 결락부분을

254 『魏書』 蔣少游傳에서는 李彪라고 하였지만, 『南齊書』 魏虜傳과 『南史』에서는 李道固라고 하였다. 그 진위는 확인되지 않는다.

255 『南史』 卷47 崔元祖傳, p.1173, "永明九年(491), 魏使李道固及蔣少游至. 元祖言臣甥少游有班 · 倕之功, 今來必令模寫宮掖, 未可令反. 上不從. 少游果圖畫而歸."

남방의 사서가 보충한 측면은 분명히 있다. 그런데 남방 사료의 경우 '반드시 우리의 궁궐을 본보기로 삼고자 할 것[必欲模範宮闕]'이라 하고 '(위)로의 궁실제도는 모두 이것에서부터 나왔다[虜宮室制度皆從此出]'라고 결론지었다. 그런데 혹자는 장소유가 모방하고 비교하려는 것은 궁전 그 본신에만 한정되었던 것이고 도성 전체는 아니었을 뿐만 아니라, 북위 낙양 신도 건설의 전체계획을 주재한 사람도 장소유가 아니고 이충(李沖)이었기 때문에 『남제서』 위로전에서 말하는 '(위)로의 궁실제도는 모두 이것에서부터 나왔다'라는 말은 지나치다고 보았다.[256]

또한 『위서』에서는 장소유가 강남에 사행한 목적과 강남 사행이 북위의 궁전 건축에 영향을 주었던 사실을 기록하지 않았던 결락부분을 보충하여 나름으로 남방 사료의 신빙이 있지만 장소유의 사행 후 활동은 『위서』 장소유전의 기록처럼 장작대장에 임명되어 화림전과 금용문루를 만들었다고 보아야 한다는 주장도 있다.[257]

즉 최근 학자들의 주장은 "(위)로의 궁실제도는 모두 이것에서부터 나왔다'라는 말은 지나치다."라고 보는 것이 대세인 듯하다. 사실 사료를 세밀하게 읽으면 다음과 같이 정리할 수 있다. 태화 12년(488) 7월 효문제가 평성의 개건을 개시한 후[258] 4년여 후인 16년(492) 10월 태극전이 완성된다.[259] 이충은 북경(평성)의 명당 · 원구 · 태묘 건설에도 참여한 바 있었지만,[260] 당시 주된 감제자는 장소유였고 이충이 아니었다.[261] 태극전의 영건

256 陳寅恪은 "魏孝文帝之遣(蔣)少游使江左, 自有摹擬建康宮闕之意. … 但恐少游所摹擬或比較者, 僅限於宮殿本身, 如其量準洛陽魏晉廟殿之例, 而非都城全部之計劃. 史(『南齊書』 魏虜傳)言'虜宮室制度皆從此出'卽言過其實, 蓋北魏洛陽新都之全體計劃. … 且規劃大計亦非少游主之. 然卽不得依南齊書魏虜傳之文, 遽推斷北魏洛都新制悉仿江左之建康名矣."라 하였다.(『隋唐制度淵源略論稿』, 上海: 上海古籍出版社, 1982, p.64)

257 高敏, 「『南齊書 · 魏虜傳』書後」, 『魏晉南北朝史發微』, 北京: 中華書局, 2005, pp.285-286.

258 『魏書』 卷7下 高祖紀 太和 20年(488) 秋7月 … 丁酉, p.164, "起文宣堂 · 經武殿."

259 『魏書』 卷7下 高祖紀 太和 16年(492) 冬10月 … 庚戌, p.171, "太極殿成."

개시 얼마 전 장소유가 특수 임무를 띠고 강남에 사행한다. 그 임무는 남제의 궁전, 특히 태극전의 건축형식을 그려 왔을 것이다. 즉 장소유가 남제에 사신으로 파견된 주된 목적은 낙양이 아니라 평성의 개건공정, 특히 태극전 건축과 관련된 것이라고 할 수 있다. 그리고 낙양성 건설에 관여했다면 태극전이라는 정전의 건축에 한정되었을 것이다. 도성 전체의 규획은 아니었을 것이다.

그러면 장소유는 신도 낙양성 영건에 어떤 작용을 한 것인가? 낙양성의 건설에는 당초 사공 목량(穆亮), 상서 이충(李沖), 장작대장 동작(董爵) 3인이 참여했는데[262] 이 가운데 이충이 중심인물이었다. 그런데 장소유전에 "화림전 · 소의 수리와 증설, 그리고 금용문루의 개작에 이르러 모두 그의 뜻이 반영되었다. … 소유는 또한 태극(전)을 만드는 데 모범을 세웠으며 동이 · 왕우 등과 더불어 참여하였는데 모두 완성시키지 못하고 죽었다."라고 했는데 '화림전 · 소'는 몰라도 '금용문루'는 낙양성의 것이 분명하다. 낙양성 조영의 총책임자였던 이충이 죽은 것은 태화 22년(498) 8월이었는데, 이는 효문제의 낙양성 조영의 1차 공정이 끝나기 3년 전의 일이다. 장소유가 동이, 왕우 등과 같이 태극전의 조영에 참여한 것은[263] 이충 사후의 일이 아닌가 한다. 낙양성이 완성된 것이 경명 3년(502)의 일이었고,[264] 장소유도 '경명 2년 졸'이라 하였지만, 장소유 등이 "모두 아직 완성

260 『魏書』 卷53 李沖傳, p.1187, "沖機敏, 有巧思, 北京明堂 · 圓丘 · 太廟, 及洛都初基, 安處郊兆, 新起堂寢, 皆資於沖."

261 逯耀東, 『從平城到洛陽: 拓跋魏文化轉變的歷程』, pp.154-155.

262 『魏書』 卷7下 高祖紀下, p.173, "(太和十七年: 493) … 仍定遷都之計. 冬十月戊寅朔, 幸金墉城. 詔徵司空穆亮與尚書李沖 · 將作大匠董爵經始洛京."

263 『魏書』 卷91 術藝/蔣少游傳, p.1971, "少游又爲太極立模範, 與董爾 · 王遇等參建之, 皆未成而卒."

264 『魏書』 卷8 世宗紀 景明 3年(502)條, p.195, "十有一月己卯, 詔,: '京洛兵蕪, 歲踰十紀. 先皇定鼎舊都, 惟新魏曆 … 今廟社乃建, 宮極斯崇, …' 十有二月 戊子 詔曰: '… 比京邑初基. … 今寢殿顯成, 移御維始. …', … 壬寅, 饗羣臣于太極前殿. …"

되기 전에 죽었다."라고 하였으니 낙양성이 완공되는 것을 보지 못하고 죽은 것이다.

이상에서 보면 장소유의 도성 조영과 관련된 활동은 평성과 낙양성 조영 두 시기로 나눌 수 있다. 당초 평성에서도 나름으로 도성제도가 확립되어 있었고, 궁전도 문성제시기 곽선명(郭善明)의 주도로 만들어진 바 있다.[265] 그러나 효문제가 그의 '한화정책'의 일환으로 도성을 변모시키기 위해 가장 힘썼던 부분은 역시 태묘 · 명당 등 예제 관련 건축물과 궁전이었다. 그 가운데에서도 위의 인용문에서 보듯이 거의 대부분이 화림전 · 태극전 등 궁전에 집중되어 있다. 그런 점에서 장소유가 사행한 목적은 사료 그대로 '반드시 궁궐을 모범으로 삼으려는 것[必欲模範宮闕]'이며, 그가 그려 왔던 도화는 남제 도성 건강성 전체의 규획도가 아니라 태극전도이었던 것으로 생각된다. 그가 만년에 낙양성 건설에 기여했다면 낙양성 전체 규획이 아니라 태극전 건축에 국한되었을 것이다.

결론

필자는 본고에서 오-동진-남조시대 여러 왕조의 도성이었던 건강성의 도성 구조에 대해서 오호십육국-북조-수당 등 화북지역에 근거를 둔 왕조들의 도성의 그것과 비교하여 그 계승관계, 즉 계통성을 살펴보았다. 당초 건강성의 구조와 경영방식에 가장 큰 영향을 미쳤던 부분은 한위의 구전통보다 그 입지의 문제였다고 본다. 건강성은 경제적 · 군사적인 면에서 도성이 가져야 할 장점들이 분명히 있었지만 그중 가장 중요한 것은 장강이라는 '천험'이 갖는 방위상의 조건이었다. 따라서 도성을 축조할 때 궁성을 제외

265 『北史』 卷90 藝術下 蔣少游傳, pp.2984-2985, "蔣少游, 樂安博昌人也. … 初, 文成時, 郭善明甚機巧, 北京宮殿, 多其製作."

하고 인주의 안위와 직접 상관이 있는 장치를 특별히 갖추지 않았다. 다만 궁성의 구조는 화북지역 여러 왕조 도성의 궁성 형식과는 다른 특징을 갖추게 되었다. 궁성은 다중의 궁장을 갖고 그 밖을 둘러싼 죽리의 도성벽과 형식적인 외곽으로 구성된 것이 건강성이 갖는 도성구조상 가장 큰 특징이라 생각된다. 그리고 강남의 자연적인 풍광과 조화되어 '원림도시'로 명명되는 도성으로 발전했다. 아울러 내성에 해당되는 성벽 내를 '도성'이라 명명한 것도 외곽이 경읍의 경계선 이상의 의미를 갖지 않기 때문에 생겨난 것이 아닌가 한다.

건강성의 내부구조를 보면 '궁북시남'의 형태를 보이는 것 같지만 그것은 계획적인 구도에서 비롯된 것이 아니었다. 시장의 수는 화북왕조의 그것에 비해 훨씬 많았고, 거기다 진회하 연변에 무질서하게 산재했다. 화북왕조에서처럼 금원과 궁성의 연결 형식도 보이지 않았다. 원림도시답게 많은 원림이 산재했지만 그 기능과 용도도 북방의 금원과는 달랐다. 아울러 화북왕조 도성의 가장 큰 특징이라 할 수 있는 방장제는 전혀 실시되지 않았다.

종래 장소유의 강남 사행 목적과 관련하여 화북왕조의 도성, 그 가운데 북위의 낙양성의 조영과정에 건강성의 영향을 받았다는 주장이 유력한 학설로 인정되었다. 그 문제와 관련하여 궁전에 국한된 것이냐, 아니면 궁전을 포함한 도성전체의 구조에 대한 영향이냐의 두 가지 학설로 나뉘어 있었다. 본고에서는 장소유의 사행 이전과 이후의 활동을 면밀하게 검토한 결과 태묘 등 예제관련 건축물과 화림전 · 태극전 등 궁전의 건축에 참조하기 위해 파견된 것을 논증하였다. 그리고 사환 후 북위에서의 활동은 태극전 건설에 한정된 것으로 정리하였다. 즉 장소유가 사행한 목적은 '반드시 궁궐을 모범으로 삼으려는 것[必欲模範宮闕]'이며, 그가 그려 왔던 도화는 남제 도성 건강성 전체의 규획도가 아니라 태극전도이었던 것으로 생각된다. 그가 만년에 낙양성 건설에 기여했다면 낙양성 전체 규획이 아니라 태극전 건축에 국한되었을 것이다. 따라서 건강성의 구조가 화북왕조의 도성 건설에 영향을 준 것은 궁전 건축이라는 국부적인 것에 한정되었던 것이다. 아울러 화북왕조의 도성 건축은 독자적인 계통성을 갖고 건설된 것으로 정리하였다.

참고문헌

제1장

『史記』, 『漢書』, 『後漢書』, 『晉書』, 『隋書』, 『舊唐書』, 『新唐書』 『舊五代史』, 『宋史』(이하 中國正史는 北京 中華書局 간행의 標點校勘本을 이용하였다.)

『全後漢文』(『全上古三代秦漢六朝文』(石家莊: 河北教育出版社, 1997)

『皇宋通鑑長編紀事本末』(南京: 江蘇古籍出版社, 1988, 宛委別藏本)

(唐)杜牧, 『樊川文集』(上海: 上海古籍出版社, 1978)

(唐)杜佑 撰, 『通典』(北京: 中華書局 1988, 點校本)

(唐)陸贄, 劉澤民 校點, 『陸宣公集』(杭州: 浙江古籍出版社, 1988)

(唐)李林甫 等 撰, 陳仲夫 點校, 『唐六典』(北京: 中華書局, 1992)

(唐)韓愈, 「論今年權停擧選狀」, 『韓昌黎文集校注』(上海: 上海古籍出版社, 1986)

(宋)孟元老, 『東京夢華錄』(北京: 中華書局, 1982, 中國古代都城資料選刊本)

(宋)司馬光 撰, 宋遺民 胡三省 注, 『資治通鑑』(臺北: 世界書局, 『新校資治通鑑注』本, 1977, 第7版)

(宋)宋庠, 『元憲集』(北京: 中華書局, 1985年刊, 『叢書集成初編』本, 1871)

(宋)王溥 撰, 『唐會要』(上海: 上海古籍出版社, 1991)

(宋)王存 等 撰, 『元豊九域志』(北京: 中華書局, 1984)

(宋)程大昌, 『雍錄』(北京: 中華書局, 1990, 『宋元方志叢刊』 1冊 所收)

(宋)秦觀, 『淮海集』(臺北: 臺灣商務印書館, 1968年刊 『國學基本叢書』本 294)

(宋)蔡絛, 『鐵圍山叢談』(北京: 中華書局, 1983年刊 『唐宋史料筆記叢刊』本)
(南宋)王稱 撰, 『東都史略』(臺北: 臺灣國立中央圖書館 善本叢刊本, 1990)
(南宋)李燾, 『續資治通鑑長編』(北京: 中華書局, 1979)
(元)馬端臨 撰, 『文獻通考』(北京: 中華書局, 1986)
(明)丘濬, 『大學衍義補』(臺北: 臺灣商務印書館, 1983年刊 『景印文淵閣四庫全書』 第712冊)
(淸)顧祖禹 撰, 賀次君 · 施和金 點校, 『讀史方輿紀要』(北京: 中華書局, 2005)
朱國禎, 『湧幢小品』(揚州: 江蘇廣陵古籍出版社, 1995, 『筆記小說大觀』 第六冊)
陳奇猷 校釋, 『呂氏春秋校釋』(上海: 學林出版社, 1984)

閔斗基, 「前漢의 京畿統治策」, 『東洋史學硏究』 3, 1969
閔斗基, 「前漢의 陵邑徙民策」, 『歷史學報』 9, 1957
朴漢濟, 「北魏 洛陽社會와 胡漢體制: 都城區劃과 住民分布를 중심으로」, 『泰東古典硏究』 6(서울: 泰東古典硏究所, 1990)
朴漢濟, 「北魏對外政策과 胡漢體制」, 『中國中世胡漢體制硏究』(서울: 一潮閣, 1988)
辛聖坤, 「唐宋變革期論」, 『講座中國史』 Ⅱ(서울: 지식산업사, 1989)
全海宗, 「中國人의 傳統的 歷史意識과 歷史敍述」, 『韓國과 中國: 東亞史論集』(서울: 知識産業社, 1979)
崔宰榮, 「唐前期 三府의 政策과 그 性格」, 서울대학교 동양사학과 석사학위논문, 1998
崔宰榮, 「唐前期 三府의 政策과 그 性格: 唐朝의 京畿强化策과 關聯하여」, 『東洋史學硏究』 77, 2002
崔在容, 「西漢 京畿制度的特徵」, 『歷史硏究』 1996-4
崔在容, 「西漢 三輔의 成立과 그 機能」, 『慶北史學』 8, 1985
崔振烈, 「隋唐 長安城과 坊名」, 『中國古代史硏究』 13, 2005

"長江下游3-9世紀社會經濟硏討會" 論文集, 『古代長江下游的經濟開發』(西安: 三秦出版社, 1989
高敏, 「關于隋煬帝遷都洛陽的原因」, 『魏晋隋唐史論集』 2(北京: 中國社會科學出版社, 1983)
譚其驤, 「中國歷史上的七大首都」, 『長水集 續編』(北京: 人民出版社, 1994)
童超, 「東晉南朝時期的移民浪潮與土地開發」, 『歷史硏究』 1987-4
羅宗眞, 「六朝時期全國經濟重心的南移」, 『江海學刊』 1984-3

馬强, 『論北宋定都汴京」, 『中國史硏究』 1988-2
傅熹年, 「隋唐長安洛陽城規劃手法的探討」, 『文物』 1995-3
史念海, 「我國古代都城建立的地理因素」, 『中國古都硏究』 2(杭州: 浙江人民出版社, 1986)
沙學浚, 「西安時代與北平時代」, 『重慶大公報』, 2月 6-7日, 1944(『中國歷史地理』, 臺北: 臺灣世界書局)
薩孟武, 「中國歷史上的國都」, 『大陸雜誌史學叢書』 1-1(史學通論)(臺北: 大陸雜誌社, 1960)
吳晗, 「明代靖難之役與國都北遷」, 『吳晗文集 1. 歷史』(北京: 北京出版社, 1988)
王國維, 「殷周制度論」, 『觀堂集林』(北京: 中華書局, 1959)
李之勤, 「西安古代戶口數目平議」, 『西北大學學報』 1984-2
李曉路, 「唐代中央集權之變化與方鎭的産生」, 『歷史硏究』 1989-3
張創新, 「唐朝地方政府行政編制論要」, 『史學集刊』 1994-2
全漢昇, 『唐宋帝國與運河』, 『中國經濟史硏究(上)』(香港: 新亞書店, 1976)
程民生, 「宋代北方經濟及其地位新探」, 『中國經濟史硏究』 1987-3
趙寶俊, 「試論開封之盛衰」, 『中國古都硏究』 1(杭州: 浙江人民出版社, 1985)
周寶珠, 「宋代東京城市經濟的發展及其在中外經濟文化交流中的地位」, 『中國史硏究』 1981-2
周一良, 「讀『鄴中記』」, 『魏晋南北朝史論集續編』(北京: 北京大學出版社, 1991)
崔在容, 「西漢京畿制度的特徵」, 『歷史硏究』 1996-4
賀昌群, 「漢唐間封建土地所有制和均田制」, 『賀昌群史學論著選』(北京: 中國社會科學出版社, 1985)
黃煌, 「唐代的城市居民生活與城市經濟」, 『華東師範大學學報』 1992-3
侯甬堅, 「中國古都選址的基本原則」, 『中國古都硏究』 4(杭州: 浙江人民出版社, 1989)

逯耀東, 『從平城到洛陽: 拓跋魏文化轉變的歷程』(臺北: 聯經出版事業公司, 1979)
傅筑夫, 『中國經濟史論叢』 上(北京: 三聯書店, 1980)
吳濤, 『北宋都城東京』(鄭州: 河南人民出版社, 1984)
王玲, 『北京與周圍城市關係史』(北京: 燕山出版社, 1988)
王育民, 『中國歷史地理概論(下)』(北京: 人民教育出版社, 1990)
王仲殊, 『漢代考古學概說』(北京: 中華書局, 1984)
劉淑芬, 『六朝的城市與社會』(臺北: 臺灣學生書局, 1992)
李春棠, 『坊墻倒塌以後: 宋代城市生活卷』(長沙: 湖南人民出版社, 1993)
李治安 主編, 『唐宋元明清中央與地方關係硏究』(南京: 南京大學出版社, 1996)

張家駒, 『兩宋經濟重心的南移』(武漢: 湖北人民出版社, 1956)
鄭壽彭, 『宋代開封府研究』(臺北: 國立編譯館中華叢書編輯委員會, 1980)
程子良 等 主編, 『開封城市史』(北京: 社會科學文獻出版社, 1993)
鄭學檬, 『中國古代經濟重心南移和唐宋江南經濟研究』(長沙: 岳麓書社, 1996)
周寶珠, 『宋代東京研究』(開封: 河南大學出版社, 1992)
陳寅恪, 『唐代政治史述論稿』(上海: 上海古籍出版社, 1982)
賀業鉅, 『中國古代城市規劃史』(北京: 中國建築工業出版社, 1996)
何汝泉, 『唐代轉運使初探』(重慶: 西南師範大學出版社, 1987)
黃宗羲, 『明夷待訪錄』

加藤繁, 「唐宋時代の商業組合'行'を論じて清代の會館に及び」, 『支那經濟史考證(上)』(東京: 東洋文庫, 1952)
加藤繁, 「宋代に於ける都市の發達に就いて」, 『支那經濟史考證(上)』(東京: 東洋文庫, 1952)
久保田和男, 「宋都開封の治安制度と都市構造」, 『史學雜誌』 104-7, 1995
久保田和男, 「宋都開封府と禁軍軍營の變遷」, 『東洋學報』 74-3・4, 1993
久保田和男, 「五代國都新考」, 『史觀』 119, 1988
菊池英夫, 「唐折衝府分布問題一解釋」, 『東洋史研究』 27-2, 1968
宮崎市定, 「漢代の里制と唐代の坊制」, 『東洋史研究』 21-3, 1962
金文京, 「Ⅶ. 宋元文化 2. 民間文藝の發達」, 竺沙雅章 編, 『アジアの歷史と文化』 3(京都: 同朋舍, 1994)
內藤虎次郎, 「概括的唐宋時代觀」, 『東洋文化史研究』(東京: 弘文堂, 1936)
大櫛敦弘, 「前漢'畿輔'制度の展開」, 『出土文物による中國古代社會の地域的研究』, 平成2・3年度科學研究費補助金 一般研究(B)研究結果報告書<代表: 日本 愛媛大學 牧野修二教授>, 1993
妹尾達彥, 「構造と展開: 中華の分裂と再生」, 『岩波講座世界歷史 9: 中華の分裂と再生』(東京: 岩波書店, 1999)
妹尾達彥, 「唐長安城の官人居住地」, 『東洋史研究』 55-2, 1996
妹尾達彥, 「唐長安人口論」, 『堀敏一先生古稀記念中國古代國家と民衆』(東京: 汲古書院, 1995)
妹尾達彥, 「都市の生活と文化」, 『魏晋南北朝隋唐史の基本問題』(東京: 汲古書院, 1997)
梅原郁, 「宋代の開封と都市制度」, 『鷹陵史學』 3・4, 1977

木下鐵矢, 「'治'より'理'へ: 陸贄・王安石・朱熹」, 『東洋史研究』 55-3, 1996
白鳥庫吉, 「東洋史に於ける南北の對立」, 『白鳥庫吉全集』(東京: 岩波書店, 1970)
本田知生, 「宋代の都市研究をめぐる諸問題: 國都開封を中心として」, 『東洋史研究』 37-2, 1978
濱口重國, 「兩漢の中央諸軍に就いて」, 『秦漢隋唐史の研究』 上(東京: 東京大學出版會, 1966)
濱口重國, 「前漢の南北軍に就いて」, 『秦漢隋唐史の研究』 上(東京: 東京大學出版會, 1966)
寺地 遵, 「宋代政治史研究方法試論: 治亂興亡史論克服のために」, 『宋元時代史の基本問題』(東京: 汲古書院, 1996)
西本昌弘, 「畿內制の基本的考察: 日本における禮制の受容」, 『史學雜誌』 93-1, 1984
愛宕元, 『中國の城郭都市: 殷周から明清まで』(東京: 中公新書, 1991)
礪波護, 「隋の貌閱と唐初の食實封」, 『唐代政治社會史研究』(京都: 同朋舍, 1986)
礪波護, 「太倉と含嘉倉」, 『中國聚落史の研究』(東京: 日本唐代史研究會, 1989)
日比野丈夫, 「宋代都市生活の一面」, 『中國歷史地理研究』(京都: 同朋舍, 1977)
日野開三郎, 「唐代大城邑の戶數規模について: 特に首都長安を中心とする」, 『日野開三郎東洋史學論集』 13(農村と都市)(東京: 三一書房, 1993)
曾我部靜雄, 「宋代の巡檢・縣尉と招安政策」, 『宋代財政史の研究』(東京: 吉川弘文館, 1974)
曾我部靜雄, 「支那の政治形態の變遷と首都との關係」, 『支那政治習俗論攷』(東京: 筑摩書房, 1943)

宮崎市定, 『大唐帝國: 中國の中世』(東京: 中公新書, 1988)
內藤虎次郎, 『支那近世史』(東京: 弘文堂, 1947)
藤田弘夫, 『都市と權力』(東京: 創文社, 1991)
伊原弘, 『中國開封の生活と歲時』(東京: 山川出版社, 1996)
仁井田陞・野原四郎・增井經夫 編, 『世界の歷史Ⅲ 東洋』(東京: 每日新聞社, 1949)
河上光一, 『宋代の經濟生活』(東京: 吉川弘文館, 1966)

Elvin, Mark, *The Pattern of Chinese the Past*, Stanford U.P., 1979
Kracke, E.A. Jr., "Sung K'ai-Feng: Pragmatic Metropolis and Metropolis and Formalistic Capital," J.W. Haeger ed., *Crisis and Prosperity in Sung China*, Tucson, Ariona, 1975
Nancy, Steinhardt, "Why Were Chang'an and Beijing So Different?," *Journal of the*

Society of Architectural Historians, 1986-12
Skinner, G.W., "Presidential Address; The Structure of Chinese History," *Journal of Asian Studies* V.44-2, 1985

제2장

『史記』, 『隋書』, 『晉書』, 『三國志』, 『魏書』, 『北史』, 『漢書』, 『後漢書』
『管子』(南寧: 廣西人民出版社, 1987, 趙守正 撰, 『管子注釋』本)
『呂氏春秋』(上海: 學林出版社, 1984, 陳奇猶 校釋 『呂氏春秋校釋』本)
(北魏)酈道元 撰, 『水經注』(臺北: 世界書局, 1970)
(北齊)楊衒之 撰, 『洛陽伽藍記』(上海: 上海古籍出版社, 1958/1978, 范祥雍 校注, 『洛陽伽藍記校注』本)
(梁)蕭統 編, (唐)李善 注, 『文選』(上海: 上海古籍出版社, 1986)
(唐)杜佑 撰, 『通典』(北京: 中華書局, 1988, 點校本)
(宋)李昉 等 撰, 『太平御覽』(臺北: 臺灣商務印書館, 1975)
(淸)顧炎武 撰, 『歷代宅京記』(北京: 中華書局, 1984)
(淸)顧祖禹 撰, 賀次君 · 施和金 點校, 『讀史方輿紀要』(北京: 中華書局, 2005)
黃惠賢 輯校, 『鄴中記』(『鄴城暨北朝史硏究』, 石家莊: 河北人民出版社, 1991)

金聖熙, 「北魏의 河北支配와 그 志向」, 이화여자대학교 박사학위논문, 2005
金浩東, 「古代遊牧國家의 構造」, 『講座中國史』Ⅱ(서울대학교 東洋史學科硏究室 編, 서울: 지식산업사, 1989)
文美貞, 「北魏 行臺의 運用과 그 의미」, 서울대학교 東洋史學科 석사학위논문, 2012
閔斗基, 「前漢의 京畿政策」, 『東洋史學硏究』 3, 1969
閔斗基, 「前漢의 陵邑徙民策」, 『歷史學報』 9, 1957
朴漢濟, 「南北朝時代의 南北關係: 交易과 交聘을 中心으로」, 『韓國學論叢』 4, 1982
朴漢濟, 「東魏-北齊時代의 胡漢體制의 전개: 胡漢 葛藤과 二重構造」, 『分裂과 統合: 中國中世의 諸相』(서울: 지식산업사, 1998)
朴漢濟, 「苻堅政權의 性格」, 『中國中世胡漢體制硏究』(서울: 一潮閣, 1988)
李成珪, 「北朝前期門閥貴族의 性格: 淸河崔浩와 그 一門을 中心으로」, 『東洋史學硏究』

11, 1977

勞榦, 「北魏後期的重要都邑與北魏政治的關係」, 『勞榦學術論文集』(甲編-下冊)(臺北: 藝文印書館, 1976)
勞榦, 「漢代地理與戶籍的關係」, 『勞榦學術論文集』(甲編-上冊)(臺北: 藝文印書館, 1976)
逯耀東, 「北魏孝文帝遷都與家庭悲劇」, 『從平城到洛陽: 跖跋魏文化轉變的歷程』(臺北: 聯經出版事業公司, 1979)
馬俊民, 「唐與回紇的絹馬貿易: 唐代馬價絹新探」 『中國史硏究』 1984-1
史念海, 「隋唐時期農牧地區的變遷及其對王朝盛衰的影響」, 『河山集』 7(西安: 陝西師範大學出版社, 1999)
史念海, 「我國古代都城建立的地理因素」, 『中國古都硏究』 2(杭州: 浙江人民出版社, 1986)
尙志邁・趙淑珍, 「也談魏孝文帝拓跋宏的遷都: 兼評王仲犖先生的遷都原因說」, 『內蒙古大學學報(哲社版)』 1994-4
田余慶, 「田余慶同志討論涵」, 周一良, 「讀『鄴都記』」, 『魏晋南北朝史論集 續編』(北京: 北京大學出版社, 1991)
曹文柱, 「論北魏初年都址的選擇」, 『北京師範大學學報』 1987-1
曹文柱, 「論北魏初年都址的選擇」, 『北京師範大學學報』 1987-1
周一良, 「讀『鄴都記』」, 『魏晋南北朝史論集 續編』(北京: 北京大學出版社, 1991)
何玆全, 「府兵制前的北朝兵制」, 『讀史集』(上海: 上海人民出版社, 1982)

馬植杰, 『三國史』(北京: 人民出版社, 1993)
馬俊民・王世平, 『唐代馬政』(西安: 西北大學出版社, 1995)
謝成俠, 『中國養馬史』(北京: 科學出版社, 1959)
楊純淵, 『山西歷史經濟地理』(太原: 山西人民出版社, 1993)
李憑, 『北魏平城時代』(北京: 社會科學文獻出版社, 2000)

宮崎市定, 「東洋における素朴主義の民族と文明主義の社會」, 『宮崎市定アジア史論考(上卷・概論編』(東京: 朝日新聞社, 1976)
村田治郎, 「鄴都攷略」, 『中國の帝都』(京都: 綜藝舍, 1981)

Jenner, W.J.F., “Northern Wei Loyang: An Unnecessary Capital,” *Papers on Far*

Eastern History 23, 1981
Wright, Arthur F., "Symbolism and Function: Reflections on Changan and Other Great Cities," *J.A.S.* 24-4, 1965

제3장

『漢書』, 『南齊書』
『論語』(臺北; 臺灣藝文印書館, 1976, 『十三經註疏』本)
『三輔黃圖』(何淸谷 校注, 『三輔黃圖校注』. 西安: 三秦出版社, 1995)
『詩經』(臺北; 臺灣藝文印書館, 1976, 『十三經註疏』本)
『禮記』(臺北: 臺灣藝文印書館, 1976, 『十三經註疏』本)
『元河南志』(<藕香零卷拾叢書>本, 道光二十年 揚州阮氏摹刻)
『逸周書』(臺北: 臺灣中華書局, 1966)
『戰國策』(臺北: 臺灣中華書局, 1972)
『左傳』(臺北: 臺灣藝文印書館, 1976, 『十三經註疏』本)
『周禮』(臺北: 藝文印書館, 1976, 『十三經註疏』本)
『韓非子』(臺北: 商務印書館, 1982年刊 今註今譯本)
(北齊)楊衒之 撰, 『洛陽伽藍記』(上海: 上海古籍出版社, 1958/1978, 范祥雍 校注, 『洛陽伽藍記校注』本)
(唐)歐陽詢 撰, 『藝文類聚』(汪紹楹 校, 上海: 上海古籍出版社, 1985)
(唐)徐堅 等 輯, 『初學記』(韓放主 校點, 北京: 京華出版社, 2000)
(唐)徐堅 撰, 『初學記』(臺北: 新興書局, 1972)
(唐)長孫無忌 等 撰, 劉俊文 點校, 『唐律疏議』(北京: 中華書局, 1983)
(宋)王溥 撰, 『唐會要』(上海: 上海古籍出版社, 1991)
(宋)李昉 等 撰, 『太平御覽』(臺北: 臺灣商務印書館, 1975)
(宋)程大昌, 『雍錄』(北京: 中華書局, 1990年刊 『宋元方志叢刊』 1冊)
張衡, 「西京賦」(梁)蕭統 編, (唐)李善 注, 『文選』(上海: 上海古籍出版社, 1986) 卷2 賦甲 京都上)

考古研究所洛陽發掘隊, 「洛陽澗濱東周城址發掘報告」, 『考古學報』 1959-2

孟凡人, 「漢長安城形制布局中的幾個問題」, 『漢唐與邊疆考古研究』 1(北京: 科學出版社, 1994)
聞人軍, 「『考工記』成書年代新考」, 『文史』 23, 1984
史念海, 「『周禮 · 考工記 · 匠人營國』的撰著淵源」, 『傳統文化與現代化』 1998-3
宣兆琦, 「『考工記』的國別和成書年代」, 『自然科學史研究』 12-4, 1993
楊寬, 「西漢長安布局結構的再探討」, 『考古』 1989-4
王仲殊, 「中國古代都城概說」, 『考古』 1982-5
王仲殊, 「漢長安城考古工作的收穫續記」, 『考古通訊』 1957-5
劉慶柱, 「再論漢長安城布局結構及其相關問題: 答楊寬先生」, 『考古』 1992-7
劉慶柱, 「漢長安城布局結構辨析: 與楊寬先生商榷」, 『考古』 1987-10
劉志遠, 「漢代市井考: 說東漢市井畵像磚」, 『文物』 1973-3
劉洪濤, 「『考工記』不是齊國官書」, 『自然科學研究』 1984-4
李遇春, 「漢長安城的發掘與研究」, 『漢唐與邊疆考古研究』 1(北京: 科學出版社, 1994)
鄭衛 · 丁康樂, 「"坊内三絶"考辨」, 『城市與設計學報』 19-3, 2008
許倬雲, 「周代城市的發展與商業發達」, 『歷史語言研究所集刊』 48-2

戴吾三, 『考工記圖說』(濟南: 山東畵報出版社, 2003)
聞人軍 譯注, 『考工記譯注』(上海: 上海古籍出版社, 1993)
山東省文物考古研究所, 『曲阜魯國故城』(濟南: 齊魯書社, 1982)
徐復觀, 『周官成立之時代及其思想性格』(臺北: 臺灣學生書局, 1980)
楊寬, 『中國古代都城制度史研究』(上海: 上海古籍出版社, 1993)
梁方仲, 『中國歷代戶口 · 田地 · 田賦統計』(上海: 上海人民出版社, 1980)
王社教, 『漢長安城』(西安: 西安出版社, 2009)
王仲殊, 『漢代考古學概說』(北京: 中華書局, 1984)
劉慶柱 · 李毓芳, 『漢長安城』(北京: 文物出版社, 2003)
劉敦禎, 『中國古代建築史』(北京; 中國建築工業出版社, 1996)
周長山, 『漢代城市研究』(北京: 人民出版社, 2001)
中國社會科學院考古研究所, 『新中國考古發現和研究』(北京: 文物出版社, 1984)
陳寅恪, 『隋唐制度淵源略論稿』(上海: 上海古籍出版社, 1982)
賀業鉅, 『考工記營國制度研究』(北京: 中國建築工業出版社, 1985)
賀業鉅, 『中國古代城市規劃史』(北京: 中國建築工業出版社, 1996)

侯家駒,『周禮硏究』(臺北: 聯經出版事業公司, 1987)

宮崎市定,「漢代の里制と唐代の坊制」,『東洋史硏究』 21-3, 1962
那波利貞,「支那首都計劃史により考察したる唐の長安城」,『桑原鷺藏還曆記念東洋史論叢』(東京: 弘文堂書房, 1930)

古賀登,『漢長安城と阡陌・縣鄕里制度』(東京: 雄山閣, 1980)
中野美代子,「北斗の城」,『仙界とポルノグラフィ-』(東京: 靑土社, 1989)

Needam, Joseph, *Sience and Civilisation in China*, Vol.4, Part Ⅱ, Cambridge University Press, 1965
Wheatley, P., *The Pivot of the Four Quarters: A Preliminary Enquiry into the Origins and Character of the Ancient Chinese City*, Chicago: Aldine Pub. Co., 1971

제4장

『史記』,『漢書』,『後漢書』,『三國志』,『宋書』,『魏書』
『禮記』(臺北: 臺灣藝文印書館, 1976,『十三經註疏』本)
(北魏)酈道元 撰,『水經注』(臺北: 世界書局, 1970)
(北齊)楊衒之 撰,『洛陽伽藍記』(上海: 上海古籍出版社, 1958/1978, 范祥雍 校注,『洛陽伽藍記校注』本)
(梁)蕭統 編, (唐)李善 注,『文選』(上海: 上海古籍出版社, 1986)
(唐)歐陽詢 撰,『藝文類聚』(上海: 上海古籍出版社, 1985)
(唐)王維,『王右丞集箋注』(上海: 上海古籍出版社, 1992)
(宋)王溥 撰,『唐會要』(上海: 上海古籍出版社 1991)
(宋)王應麟 撰,『玉海』(臺北: 大化書局, 1977)
(宋)李昉 等 撰,『太平御覽』(臺北: 臺灣商務印書館, 1975)
(淸)顧炎武,『歷代宅京記』(北京: 中華書局, 1984)
(淸)徐松 輯, 高敏 點校,『河南志』(北京: 中華書局, 1994)

高步瀛, 『文選李注義疏』(北京: 中華書局, 1985)
洛陽市文物管理局 編, 『古都洛陽』(北京: 朝華出版社, 1999)

朴漢濟, 「北魏 洛陽社會와 胡漢體制: 都城區劃과 住民分布를 중심으로」, 『泰東古典研究』 6, 1990

段鵬琦, 「漢魏洛陽城的幾個問題」, 『中國考古學研究: 夏鼐先生考古五十年紀念論文集』(北京: 文物出版社, 1986)
段鵬琦, 「漢魏洛陽城的幾個問題」, 『漢魏洛陽故城研究』(洛陽市文物局 · 洛陽白馬寺漢魏故城文物保管所 編, 北京: 科學出版社, 2000)
馬先醒, 「後漢京師南北宮之位置與其門闕」, 『中國古代城市論集』, 簡牘學會編輯部, 1980.
張鳴華, 「東漢南宮考」, 『中國史研究』 2004-2
錢國祥, 「由閶闔門談漢魏洛陽城宮城形制」, 『考古』 2003-7
中國科學院考古研究所洛陽工作隊, 「漢魏洛陽城初步勘查」, 『考古』 1973-4
中國社會科學院考古研究所漢魏洛陽故城隊, 「河南洛陽漢魏故城北魏宮城閶闔門遺址」, 『考古』 2003-7

姜波, 『漢唐都城禮制建築研究』(北京: 文物出版社, 2003)
杜金鵬 · 錢國祥, 『漢魏洛陽城遺址研究』(北京: 科學出版社, 2007)
楊寬, 『中國古代都城制度史研究』(上海: 上海古籍出版社, 1993)
王仲殊, 『漢代考古學概說』(北京: 中華書局, 1984)
李久昌, 『國家 · 空間與社會: 古代洛陽都城空間演變研究』(西安: 三秦出版社, 2007)
傅熹年, 『中國古代建築史』 第二卷(兩晉 · 南北朝 · 隋唐 · 五代建築)(北京: 中國建築工業出版社, 2001)
賀業鉅, 『中國古代城市規劃史』(北京: 中國建築工業出版社, 1996)

佐川英治, 「北魏洛陽の形成と空間配置」, 『大阪市立大學東洋史學論叢特集號(中國都市の時空世界)』, 2005
佐川英治, 「漢六朝的郊祀與城市規劃」, 『中古時代的禮儀 · 宗教與制度』(余欣 主編, 中古中國知識 · 信仰 · 制度研究書系)(上海: 上海世紀出版社股份有限公司 · 上海古籍出版社, 2012)

村元健一, 「後漢洛陽城の南宮と北宮の役割について」, 『大阪歷史博物館硏究紀要』 8, 2010
駒井和愛, 『中國都城・渤海硏究』(東京: 雄山閣, 1972)

金子修一, 『中國古代皇帝祭祀の硏究』(東京: 岩波書店, 2006)
應地利明, 『都城の系譜』(京都: 京都大學學術出版會, 2011)

Bielenstein, Hans, "Lo-yang in Later Han Times," *The Museum of Far Eastern Antiquities Stockholm Bulletin*, No. 48, 1976

제5장

『史記』, 『漢書』, 『後漢書』, 『三國志』, 『晉書』, 『宋書』, 『梁書』, 『魏書』, 『舊五代史』
『(輯校)鄴中記』(晉 陸翽, 黃惠賢 輯校, 『鄴城暨北朝史硏究』(石家莊: 河北人民出版社, 1991)
『禮記』(臺北; 臺灣藝文印書館, 1976, 『十三經註疏』本)
『周禮』(臺北: 藝文印書館, 1976, 『十三經註疏』本)
『春秋穀梁傳』(臺北: 臺灣藝文印書館, 1976, 『十三經註疏』本)
(北魏)酈道元 撰, 『水經注』(臺北: 世界書局, 1970)
(梁)蕭統 編, (唐)李善 注, 『文選』(上海: 上海古籍出版社, 1986)
(宋)司馬光 撰, 宋遺民 胡三省 注, 『資治通鑑』(臺北: 世界書局, 『新校資治通鑑注』本 1977, 第7版)
(宋)李昉 等 撰, 『太平御覽』(臺北: 臺灣商務印書館, 1975)
(淸)顧炎武 撰, 『歷代宅京記』(北京: 中華書局, 1984)
王士點, 『禁扁』(楝亭十二種本)

毛漢光, 「北魏東魏北齊之核心集團與核心區」, 『中國中古政治史論』(臺北: 聯經出版公司, 1990)
史念海, 「十六國時期各割據霸主的人口遷徙」, 『河山集』 7(西安: 陝西師範大學出版社, 1999)
徐光冀, 「曹魏鄴城的平面復原硏究」, 『中國考古學論叢』(北京: 科學出版社, 1993)
兪偉超, 「中國古代都城規劃的發展階段性」, 『文物』 1985-2

中國社會科學院考古硏究所・河北省文物硏究所鄴城考古工作隊, 「河北臨漳鄴北城遺址勘探發掘簡報」, 『考古』 1990-7
何玆全, 「魏晉的中軍」, 『讀史集』(上海: 上海人民出版社, 1982)

高敏, 『魏晋南北朝兵制硏究』(鄭州: 大象出版社, 1998)
傅熹年 主編, 『中國古代建築史』(北京: 中國建築工業出版社, 2001)
劉尙峰・黃浩 整理・點校, 『臨漳縣漳水圖經・臨漳縣志略備考』(河北省臨漳縣地方志編纂委員會, 2003)
劉心長・馬忠理 主編, 『鄴城暨北朝史硏究』(石家莊: 河北人民出版社, 1991)
李久昌, 『國家・空間與社會: 古代洛陽都城空間演變硏究』(西安: 三秦出版社, 2007)
林立平, 『封閉結構的終結』(南寧: 廣西人民出版社, 1989)
賀業鉅, 『考工記營國制度硏究』(北京: 中國建築工業出版社, 1985)
許作民 校注, 『鄴都佚志輯校注』(鄭州: 中州古籍出版社, 1996)
黃建軍, 『中國古都選址與規劃布局的本土思想硏究』(厦門: 厦門大學出版社, 2005)

宮崎市定, 「漢代の里制と唐代の坊制」, 『東洋史硏究』 21-3, 1962
濱口重國, 「前漢の南北軍について」, 『秦漢隋唐史の硏究』 上(東京: 東京大學出版會, 1966)
濱口重國, 後漢末・曹操時代に於ける兵民の分離に就いて」, 『秦漢隋唐史の硏究』 上(東京: 東京大學出版會, 1966)
市來弘之, 「魏晉南北朝時代における鄴城周邊の牧畜と民族分布」, 鶴間和幸 編, 『黃河下流域の歷史と環境: 東アジア海文明への道』(<學習院大學東洋文化硏究叢書>, 東京: 東方書店, 2007)
陳力, 「漢唐時代の都市計劃における「中樞線」について」(『阪南論集 人文・自然科學篇』 34-1, 1998)

鹽澤裕仁, 『後漢魏晋南北朝都城境域硏究』(東京: 雄山閣, 2013)
佐川英治, 『中國古代都城の設計と思想: 圓丘祭祀の歷史的展開』(東京: 勉誠出版, 2016)
村田治郎, 『中國の帝都』(京都: 綜藝舍, 1981)

제6장

『後漢書』, 『三國志』, 『晉書』, 『南齊書』, 『魏書』

『世說新語』(劉宋 劉義慶 撰, 徐震堮 著, 『世說新語校箋』, 香港: 中華書局, 1987)

『長安志圖』(『宋元方志叢刊』, 北京: 中華書局, 1990)

『全三國文』(『全上古三代秦漢三國六朝文』, 石家莊: 河北教育出版社, 1997, 第3冊)

『全晉文』(『全上古三代秦漢三國六朝文』, 石家莊: 河北教育出版社, 1997, 第4冊)

『河南志』(北京: 中華書局, 1994)

(北魏)酈道元 撰, 『水經注』(臺北: 世界書局, 1970)

(北齊)楊衒之 撰, 『洛陽伽藍記』(上海: 上海古籍出版社, 1958/1978, 范祥雍 校注, 『洛陽伽藍記校注』本)

(唐)歐陽詢 撰, 『藝文類聚』(上海: 上海古籍出版社, 1985)

(唐)李林甫 等 撰, 陳仲夫 點校, 『唐六典』(北京: 中華書局, 1992)

(唐)許敬宗 撰, 『文館詞林』(北京: 中華書局, 2001, 『文館詞林考證』本)

(宋)樂史 撰, 『太平寰宇記』(臺北: 文海出版社, 1980)

(宋)王應麟 撰, 『玉海』(臺北: 大化書局, 1977)

(宋)李昉 等 撰, 『太平御覽』(臺北: 臺灣商務印書館, 1975)

(宋)洪適 撰, 『隸釋』(中華書局, 1985)

(淸)徐松 輯, 高敏 點校, 『河南志』(北京: 中華書局, 1994)

(淸)顧炎武, 『歷代宅京記』(北京: 中華書局, 1984)

楊守敬, 『水經注疏』(武漢: 湖北人民出版社, 1988, 『楊守敬集』 3)

朴漢濟, 「後漢洛陽城의 構造와 都城 布局: 正殿 崇德殿의 위치를 중심으로」, 『東洋史學硏究』 129, 2014

郭濟橋, 「北朝時期鄴南城布局初探」, 『文物春秋』 2002-2(總64期)

郭湖生, 「魏晋南北朝至隋唐宮室制度沿革兼論日本平城宮的宮室制度」, 山田慶兒 編, 『中國古代科學史論-續篇』(京都: 京都大學人文科學硏究所, 1981)

段鵬琦, 「漢魏洛陽城的幾個問題」, 『漢魏洛陽故城硏究』(原載: 『中國考古學硏究: 夏鼐先生考古五十年紀念論文集』, 1986), 洛陽市文物局 · 洛陽白馬寺漢魏故城文物保管所 編, 北京: 科學出版社, 2000)

張劍, 「關于北魏洛陽城里坊的幾個問題」, 『漢魏洛陽故城硏究』(北京: 科學出版社, 2000)
錢國祥, 「由閶闔門談漢魏洛陽城宮城形制」(『考古』 2003-7)
錢國祥, 「漢魏洛陽故城沿革與形制演變初探」, 『21世紀中國考古學與世界考古學論文集』(北京: 文物出版社, 2002)
錢國祥, 「漢魏洛陽城沿革與形制演變初探」, 『漢魏洛陽城遺址硏究』(原載 2002, 『21世紀中國考古學與世界考古學』)
中國科學院考古硏究所洛陽工作隊, 「漢魏洛陽城初步勘查」, 杜金鵬 · 錢國祥 主編, 『漢魏洛陽城遺址硏究』(北京: 科學出版社, 2007)
中國社會科學院考古硏究所 · 日本獨立行政法人國立文化財機構奈良文化財硏究所聯合考古隊, 「河南洛陽市漢魏故城發現北魏宮城三號建築遺址」(『考古』 2010-6)
中國社會科學院考古硏究所 · 日本獨立行政法人國立文化財機構奈良文化財硏究所聯合考古隊, 「河南洛陽市漢魏故城發現北魏宮城五號建築遺址」(『考古』 2012-1)
中國社會科學院考古硏究所 · 日本獨立行政法人國立文化財機構奈良文化財硏究所聯合考古隊, 「河南洛陽市漢魏故城新發現北魏宮城二號建築遺址」(『考古』 2009-5)
中國社會科學院考古硏究所洛陽漢魏故城隊, 「河南洛陽市漢魏故城發現北魏宮城四號建築遺址」(『考古』 2014-8)
中國社會科學院考古硏究所洛陽漢魏故城隊, 「河南洛陽漢魏故城北魏宮城閶闔門遺址」(『考古』 2003-7)

洛陽市漢魏故城保護工作委員會 編, 『漢魏洛陽故城』(出版年代未詳)
段鵬琦, 『漢魏洛陽故城』(北京: 文物出版社, 2009)
傅熹年 主編, 『中國古代建築史』 第二卷(兩晉 · 南北朝 · 隋唐 · 五代建築)(北京: 中國建築工業出版社, 2001)
楊寬, 『中國古代都城制度史硏究』(上海: 上海古籍出版社, 1993)
伍野春, 『裴松之評傳』(南京: 南京大學出版社, 1998)
王仲殊, 『漢代考古學概說』(北京: 中華書局, 1984)
劉敦楨 主編, 『中國古代建築史(第二版)』(北京: 中國建築工業出版社, 1984)
李久昌, 『國家 · 空間與社會: 古代洛陽都城空間演變硏究』(西安: 三秦出版社, 2007)
趙幼文, 『曹植集校注』(北京: 人民文學出版社, 1984)
陳橋驛, 『酈道元評傳』(南京: 南京大學出版社, 1994)
賀業鉅, 『中國古代城市規劃史』(北京: 中國建築工業出版社, 1996)

宮崎市定, 「六朝時代華北の都市」, 『宮崎市定アジア史論考』(東京: 朝日新聞社, 1977)
那波利貞, 「支那首都計畫史上より考察したる唐の長安城」, 『桑原鷺藏還曆記念東洋史論叢』(東京: 弘文堂, 1930)
安田二郎, 「曹魏明帝の宮室修治をめぐつて」, 『東方學』 111, 2006
佐川英治, 「北魏洛陽の形成と空間配置」, 『大阪市立大學東洋史學論叢特集號(中國都市の時空世界)』, 2005
佐川英治, 「曹魏明帝太極殿的所在」, 『中國魏晋南北朝史學會第十屆年會暨國際學術研討會論文集』(太原: 北岳文藝出版社, 2012)
佐川英治, 「曹魏太極殿の所在について」, 『岡山大學文學部プロジェクト研究報告書』 15, 2010

渡邊信一郎, 『中國古代王權天下秩序: 日中比較史視點』(東京: 校房書房, 2003)
佐川英治, 『中國古代都城の設計と思想: 圓丘祭祀の歷史的展開』(東京: 勉誠出版, 2016)

제7장

『漢書』, 『後漢書』, 『三國志』, 『晉書』, 『宋書』, 『南齊書』, 『梁書』, 『陳書』, 『南史』, 『魏書』, 『隋書』, 『舊唐書』
「全梁文」, 『全上古三代秦漢三國六朝文』(石家莊: 河北教育出版社, 1997, 제7책)
(西晉)左思, 「吳都賦」[(梁)蕭統 編, (唐)李善 注, 『文選』, 上海: 上海古籍出版社, 1986]
(北齊)楊衒之 撰, 『洛陽伽藍記』(上海:上海古籍出版社, 1958, 范祥雍 校注)
(劉宋) 劉義慶 撰, 『世說新語』(徐震堮 著, 『世說新語校箋』, 香港: 中華書局, 1987)
(唐)杜佑 撰, 『通典』(北京: 中華書局, 1988)
(唐)徐堅 撰, 『初學記』(北京: 京華出版社, 2000)
(唐)劉知幾 撰, 『史通』(臺北: 世界書局, 1969)
(唐)許嵩 撰, 孟昭庚 等 點校, 『建康實錄』(上海: 上海古籍出版社, 1987)
(宋)樂史 撰, 『太平寰宇記』(臺北: 文海出版社, 1980)
(宋)王應麟 撰, 『玉海』(臺北: 大化書局, 1977)
(宋)李昉 等 撰, 『太平御覽』(臺北: 臺灣商務印書館, 1975)
(宋)張敦頤 撰, 『六朝事迹編類』(臺北: 廣文書局, 1970)

(宋)周應合 撰,『景定建康志』(北京: 中華書局, 1990,『宋元方志叢刊』本)
(南宋)王象之 撰,『輿地紀勝』(揚州: 江蘇廣陵古籍刻印社, 1991)
(元)馬端臨 撰,『文獻通考』(北京: 中華書局, 1986)
(元)張鉉 撰,『至正建康新志』(臺北: 大化書局, 1980)
(明)王士性,『廣志繹』(呂景林 點校, 北京: 中華書局, 1997)
(清)顧炎武 撰,『日知錄』(臺北: 臺灣中華書局, 1966 臺3版)
(清)顧祖禹 撰, 賀次君 · 施和金 點校,『讀史方輿紀要』(北京: 中華書局, 2005)
馬光祖,「進建康志表」[(南宋)周應合,『景定建康志』(北京: 中華書局, 1990,『宋元方志叢刊』本), 進表1]
朱异,「田飮引」(『全上古三代秦漢三國六朝文』 卷62「全梁文」)
許渾,「金陵懷古」(『全唐詩』, 北京: 中華書局, 1960)

金龍澯,「六朝 建康의 郭 不在 현상: 都城 구조의 이상과 현상」,『서울大 東洋史學科論集』, 31, 2007
閔斗基,「前漢의 京畿統治策」,『東洋史學研究』 3, 1969
朴漢濟,「唐 長安城 三苑考: 前漢 上林苑의 機能과 비교하여」,『歷史學報』 188, 2005
朴漢濟,「五胡 赫連夏國의 都城 統萬城의 選址와 그 構造: 一 胡族國家의 都城經營方式」,『東洋史學研究』 69, 2000

高敏,「『南齊書·魏虜傳』書後」,『魏晉南北朝史發微』(北京: 中華書局, 2005)
郭黎安,「魏晋南北朝都城形制試探」,『中國古都研究』 2(杭州: 浙江人民出版社, 1986)
郭黎安,「試論六朝時期的建業」,『中國古都研究』1(杭州: 浙江人民出版社, 1985)
譚其驤,「中國歷史上的七大首都」,『長水集續編』(北京: 人民出版社, 1994)
逯耀東,「從平城到洛陽: 拓跋魏文化轉變的歷程」(臺北: 聯經出版, 1979)
史念海,「中國古代都城建立的地理因素」,『中國古都與文化』(北京: 中華書局, 1998)
薩孟武,「中國歷史上的國都」,『大陸雜誌』 5-7, 1952
田餘慶,「孫吳建國之道路」,『歷史研究』 1992-1
周一良,「東晉南朝地理形勢與政治」,『魏晉南北朝札記』(北京: 中華書局, 1985)

郭黎安,『六朝建康』(香港: 天馬圖書, 2002)
盧海鳴,『六朝都城』(南京: 南京出版社, 2002)

傅熹年, 『中國古代建築史』 第二卷(兩晉 · 南北朝 · 隋唐 · 五代建築)(北京: 中國建築工業出版社, 2001)
楊寬, 『中國古代都城制度史研究』(上海: 上海古籍出版社, 1993)
楊國慶 · 王志高, 『南京城墻志』(南京: 鳳凰出版社, 2008)
劉淑芬, 『六朝的城市與社會』(臺北: 學生書局, 1992)
朱偰, 『金陵古迹圖考』(北京: 中華書局, 2006<上海: 商務印書館, 1936>)
陳寅恪, 『隋唐制度淵源略論稿』(上海: 上海古籍出版社, 1982)
賀云翺, 『六朝瓦當與六朝都城』(北京: 文物出版社, 2005)
黃仁宇, 『中國大歷史』(北京: 三聯書店, 1997)

加藤繁, 「唐宋時代草市及其發展」, 『支那經濟史考證』 上(東京: 東洋文庫, 1952)
宮崎市定, 「漢代の里制と唐代の坊制」, 『東洋史硏究』 21-3, 1962
室永芳三, 「唐都長安城の坊制と治安機構(上)」, 『九州大學東洋史論集』 2, 1974
中村圭爾, 「建康水運」, 中國水利史研究會 編, 『佐藤博士退官記念中國水利史論叢』, 東京: 國書刊行會, 1984
秋山日出雄, 「南朝都城'建康'復原序說」, 『橿原考古學研究所論集』 7, 1984

大室幹雄, 『園林都市: 中世中國の世界像』(東京: 三省堂, 1985)
大室幹雄, 『檻獄都市: 中世中國の世界芝居と革命』(東京: 三省堂, 1994)
佐藤佑治, 『魏晋南北朝社會の研究』(東京: 八千代出版, 1998)
佐川英治, 『中國古代都城の設計と思想: 圓丘祭祀の歷史的展開』(東京: 勉誠出版, 2016)
中村圭爾, 『六朝江南地域史研究』(東京: 汲古書院, 2006)

Boodberg, Peter A., "The Language of the T'o-Pa Wei," *Selected Works of Peter a Boodberg*, University of California Press, Berkeley, 1979

中文摘要

中国都城的修建及其立地 — 隋唐长安城的出现前夜

本书主要论述了中国中世纪即从从北魏至隋唐间都城如何修建，同时在其修建过程中受到何种理论影响。修建都城，首先要选择合适的地方，而后确定其都城所指向的理念和理想。

笔者认为，在中国都城史上隋唐长安城具有颇为重要的意义。在长安城内的宫城既是皇帝的居所又是统治机关，被设立于中央偏北之地，前面有作为行政机构的皇城，背后有较为辽阔的禁苑。除此之外，长安外郭城由所谓方方正正的住所即"坊"来组成。这种独特的景观被评为中国都城建筑史上的"完成品"。据悉，隋唐长安城是东亚各国修建都城时一个典型的参考样本。

那么，这种都城形状是通过何种途径出现的？本书正是出于以寻找隋唐长安城的出现过程为目的而整理完成的。

修建都城，首先要选择最为合适的地方。这种立地的选择和都城内的构造都受到重视。我们发现中国历代王朝都很重视都城应修建在何地的问题。可参考笔者曾在《中国历代首都的类型与社会变化-以"唐宋变革期"为中心》一文中分析的中国统一王朝如何选择都城的立地等问题。由该文可知按都城所修建的地形位置可分为三种类型：一为修建在盆地的"长安型"；二为修建在平原的"开封型"；三为修建在半盆地半平原的"北京型"。其中，隋唐长安城属于第一个类型，“开封型”都城的出现是在中国都城史上的大变革。这种变革从社会经济的角度来看是“唐宋变革”的表现，那么，都城在立地的选择上同样有着大变革。

“长安型”的都城与其说只是以政治为中心的单一城市，不如说是作为“根据地”来治理整个国家的综合性城市。其“根据地”意味着即使当一部分或相当部分疆域被叛乱分子所吞食，都城均有能力镇压叛乱，以恢复原来的疆域，是力量的“源泉”。笔者认为，这一类型的都城布局最合适的地方莫过于关中之地，长安即位于中心之地。这种类型可形成一个以都城为中心的京畿之地。京畿之地作为一个行政区域始终和都城一同面对着全国。

另外，“开封型”都城位于在全国各地经济活动最为活跃、交通便利的要道或经济中心地。然而，“开封型”都城在军事上的防御不是依靠天然险要，而是军事力量却起来决定性的作用。

“北京型”都城有“长安型”都城和“开封型”都城的双重特点，不仅能够发挥天然险要的作用，还能凭借地理优势来控制异民族或全国各地。

如上可见，都城在选择立地上随着国家统治理念或统治形态的变化而变化。这种理念或形态的变化，都城的内部构造也有了相应的改变。“长安型”都城具有“统制都市”的特点，“开封型”都城则属于开放性的“流通都市”。那么，“北京型”都城应是既封闭又开放的。

《分裂时代各王朝都城的选定及其意义-魏晋南北朝时期洛阳与邺都相对比》一文，笔者通过对洛阳和邺都的比较来论述关于所谓中国历史上大分裂时期即在魏晋南北朝各个王朝选择都城立地中受到何种因素和影响问题。据悉，自古以来洛阳是很重要的都城候选地，但邺都到了魏晋南北朝时期才具备这个条件。邺都不同于统一时期都城候选地的洛阳，为什么在魏晋南北朝将近400年间能与洛阳相互竞争？相比之下，洛阳有什么原因一直逊色于邺都？据悉，在魏晋南北朝时期只有曹魏、西晋、北魏王朝定都于洛阳。在这里，我们发现那些王朝有一个明显的相同之处，即它们已统一北方，或者已具有统一北方的能力。洛阳不仅象征着“天下之中”，而且拥有一定的天险要隘。邺都能逐渐成为都城候选地，是因为它处于先进的经济地带，并具备天险的地形条件。而且，邺都占有地理上的优势，以便于连接游牧、农耕之地，同时有效地控制北方游牧民和华北农耕民。众所周知，魏晋南北朝是塞外游牧民族进入中原的时代。我们看到在胡族所建的王朝中邺都是多次被受到重视的。其原因主要是邺都离游牧民族的根据地较近。然而，北魏孝文帝最终放弃邺都的种种优势而决定迁都于洛阳，这是因为他对汉化政策的强烈愿望，而洛阳正适合实行汉化政策的地方。从中可见，孝文帝要把未来王朝的发展方向从北方转向南方即南朝。然而，笔者认为孝文帝以后，随着北魏分裂为东、西魏，洛阳完全失去了作为都城候选地的优势。洛阳在立地的选择上有致命弱点，这是指在关中之地出现敌对势力时正暴露出军事防御上的问题。

在《<周礼 · 考工记>的“营国”原则与西汉长安城的构造》一文中，笔者首先分析了《周礼 · 考工记 · 匠人 · 营国条》作为中国都城建筑的蓝本，其中有哪些规定和原则是根据哪个时代、哪个都城作为模范而完成的。其次，中国历史上第一个实际统一王朝的都城即西汉长安城到底受到多少《周礼》的影响而修建？笔者研究后发现，接近《周礼 · 考工记》有关修建都城的一些原则是指雒邑和齐国的临淄城。另外，西汉长安城在其内部构造除了有《周礼》四个原则中的“后市”原则外，其他构造都并不符合《周礼》的原则。然而，我们看到长安城的城门数量以及道路建设等城郭构造却完全符合了《周礼》的原则。这些情况正说明《周礼》的原则对后世修建都城时产生深刻影响。长安城在平面上呈现方形，经、纬度范围相等，同时十二个城门都分布在四面墙壁上，每面墙壁上有三个城门，每个城门内设置三组门道，其门道间的距离用车轨来计算。这些构造都是受到《周礼》的影响。可以说，西汉长安城在一定程度上是按照《周礼》的原则修建的。然而，我们在分析长安城的内部构造时，首先要考虑到它并不属于“计划都市”，而是属于“自然都城”，所以即使在建设方面有相关原则，但实际上其原则最终难以实行下去。另外，西汉长安城与隋唐长安城相互进行比较后发现，前者具有“复城结构”的特点，后者具有“单城结构”的特点，这正是两者间最大的区别。

《东汉洛阳城的构造与都城布局-以正殿崇德殿的位置为中心》一文是围绕最近一种看法即东汉洛阳城的布局给以后的都城建筑起到极大影响而进行研究的。近来洛阳城受到诸多学者的关注，其原因在于把它看成中国古代都城在其形状、结构上有所转变的起点。然而，我们发现《三辅黄图》或《洛阳伽蓝记》等著作是在洛阳城修建之前、之后完成的，所以东汉洛阳城的内部构造难以确定。因此，我们对其内部形状、构造的认识自然而然会产生不少混乱。各种洛阳城图与其他时期都城图作比较，可以看到相互间有很大的差距。甚至东汉王朝的正殿即崇德殿究竟是建立在南宫还是北宫，我们对此无法作出准确判断。

正是因为这样，东汉以后定都于洛阳的王朝把正殿建立在哪个地区，给我们带来不少混乱。比如，有学者认为曹魏洛阳城的正殿即太极殿建立在东汉崇德殿的地基之上。笔者认为，崇德殿建立在南宫还是建立在北宫的问题得以解决后，这种说法自然得到证实。由此，笔者在本论文中首先分析了东汉洛阳城在建筑上的经、纬度以及构造上的特点。东汉洛阳城的布局是南、北宫的两宫体制。正殿是该王朝最重要的宫殿，而它建立在南宫还是北宫直接决定南宫、北宫的轻重、优劣。笔者在考察之后发现南宫始终比北宫更受到重视。除此之外，笔者发现大多史书记载着崇德殿，因此证实它是建立在"南宫"内的正殿。学术界则认为，西汉长安城在内部构造中以东-西线作为轴线，而在东汉洛阳城内却以南-北线作为轴线。这种构造从东汉洛阳城开始出现，直接影响以后各个王朝以南、北轴线作为都城内部的基本结构。笔者对这种看法提出了不同意见。笔者的主张在以后如果有更为周密的研究才能被修改或否定，而从目前的考古发现和文献资料来看，可认为笔者的看法最为合理。

《试论魏王国的邺城及其城市构造-探析以"宫北（北阙型）都城"构造的开始论为主》一文论述了当今以来魏王国的政治中心即邺城在中国都城规划史上既占重要的地位又有两个特点。首先，邺城的"闾里"从外在形状看和隋唐长安城内的"里坊"相似，是棋盘式街道布局的雏形；其次，严格地把宫殿区和居民区区别开来，宫殿位于邺城之北，经宫门朝南呈现长街，其长街两侧有衙署。这种布局非常类似于隋唐长安城。那么，我们可推测邺城对这种布局的出现应起到一定作用。然而，笔者研究后发现中国上古以来从城市的継承或影响关系而言，都城、王城、诸侯城相互间存在着一定的差异。因此，处于相同等级的城市间具备継承或影响关系才能使二者间确有紧密的联系。然而，曹操不想修建以“都城”的邺城，邺城最终未能呈现“都城”的面貌。邺城就曹操而言只是一个军事根据地。由此可见，“三台”在内的军事设施以及近年发掘出的“转军洞”，这些建筑物完全不符合都城一般所具备的景观。

曹操被封魏王，始终未能超越诸侯之位。在这里，特别要注意的是，作为一个“宫”即泮宫修建在邺城内。泮宫按《周礼·王制篇》得知诸侯之制度。到后期它仍属于诸侯之制度。

就地理上的局限性而言，邺城不可称为统一帝国的都城，却始终保持着军事优势地位。曹操只是継续把邺城发展成一个军事基地。东汉末年曹操在邺城实行了一种兵户制度即“士家制度”。职业兵户不仅世袭兵役，同时和家人一起居住。邺城接受无数的士兵家人，但和其他都城不同的是却没有固定的空间容纳一般百姓。邺城虽由曹操经营发展，但到了曹丕定都于洛阳时，仍未成为魏王国的“都城”。总之，邺城在原则上没有对后世都城的规划产生一定的影响。

《魏晋-北魏洛阳城的宫城位置与都城布局》一文论述了从前学术界主张魏晋洛阳城的宫城修建在曹魏时太极殿的地基之上的原因，同时叙述了最近发掘出和洛阳城的宫城位置的相关考古成果。最近中国考古界认为魏晋太极殿修建在东汉北宫的地基之上。然而，笔者根据各种史料坚信曹魏太极殿修建在东汉南宫的地基之上。特别是，笔者列举各种史料可以证实直到魏晋时东汉南宫尚未废置。

东汉洛阳城和魏晋洛阳城在南面墙壁上的几个城门间有一定的变化。在东汉时，几个南门中最重要的城门为平昌门，但到了魏晋时转变为宣阳门。另外，笔者通过西晋时洛阳城的城门、南宫的位置来证实了匈奴前赵军进攻洛阳城的路线。换言之，通过王弥、呼延安率领的前赵军攻打洛阳城的路线来证实了太极殿的位置是修建在南宫地区。

考古界根据最近的考古发现，认为魏晋、北魏的太极殿及其正门即阊阖门都修建在同一个地基之上，却仍未能证实北魏的太极殿修建在魏晋的太极殿地基之上。笔者认为假如发现魏晋太极殿的遗址，那么，无论在东汉南宫内的崇德殿还是北宫内的德阳殿都可能发现其地层遗址，但仍未能看到相关建筑基地。由此，北魏的太极殿很可能修建在魏晋时首次建立的建始殿的地基之上。

最近有一种主张认为，魏晋的太极殿修建在东汉北宫内德阳殿的地基之上。其主张的根据主要来自于曹植在《毁鄄城故殿令》中提到的"德阳"和"朱雀"。然而，我们发现"德阳"和"朱雀"都不是专有名称，而是普通名称。由此可见，曹植完成诗歌时太极殿未完成。曹植怎能得知太极殿的修建计划？

即使接受考古界最近的主张，认可魏晋、北魏洛阳城的太极殿都修建在同一个地基之上，却发现魏晋洛阳城与北魏洛阳城在其宫城北边的景观有很大的不同。魏晋洛阳城在其北边有市场，但北魏洛阳城却与此不同，就在几个北门中的广莫门、大夏门周围建立各种宫宇，同时宫城的各种附属建筑物都建立在都城的最北端。这种忽视太极殿位置的北魏洛阳城的形状早在北魏早期的都城即平城内就已出现，同时提前采用于都城内部规划方面，成为以后隋唐修建长安城的典例。这种都城具有以京城（外郭）－皇城－宫城（子城）为一组的"三套城"形状。换言之，我们看到宫城（内廷）连接外郭的北边墙壁，其南边的皇城（外朝）直接包围宫城，最后由外郭包围着整个宫城和皇城。这种形状开始出现在北魏平城内，并直接影响到洛阳城。这种更为精致地体现隋唐时都城即在长安城中，且形制更加完备。

这种所谓"三套城"在何种环境下出现？学术界普遍以游牧民族进入中原来说明相关问题。北魏洛阳城以后，东魏－北齐的邺都在南城内呈现以宫城－内城－外郭为一组的"三套城"形状。笔者认为，这种"三套城"形状最初得以充分的体现在北魏平城，之后直到隋唐时的长安城形制有所完善。而且，这种形状在北魏平城®洛阳®东魏－北齐邺都®隋唐长安城之间相互连接，呈现出胡族系列王朝在都城构造上的特点。这种都城构造可发现宫殿建立在宫城北边正中央，这意味着人主即皇帝没有直接为百姓所包围。除此之外，中轴线把宫城、皇城以及外郭城分为两段，同时在百姓的居住区设置“坊墙制”，因此形成棋盘式街道布局。这种形状从北魏平城开始出现，直到北魏洛阳城后更为明显，最终在隋唐长安城内得以完善。最后，笔者认为在中国都城史上以北魏洛阳城为界从“无郭体制”开始变为“有郭体制”。

笔者在《东晋—南朝建康城的都城构造—以与五胡十六国—北朝—隋唐系列王朝的都城相对比为中心》一文中论述了东吴—东晋—南朝的都城即建康城在都城构造方面的特点，同时分析了与五胡十六国—北朝—隋唐等王朝的都城不同，建康城在都城构造的継承或影响等方面的特色。之前学术界认为，建康城的构造及其经营方式与其说受到汉魏时的旧传统影响，不如说关系到立地选择的问题。建康城在经济、军事上看确实具有都城具备的多种优势，其中最重要的是在防御上有“长江天险”。因此，在都城建筑的过程中，除了宫城外，尚未修建特别的建筑来保证皇帝的人身安全。由此可见，宫城在其构造方式上存在与北方各个王朝的不同之处。宫城四面由多重宫墙围住，同时其外部被所谓“竹篱”的都城壁包围，即为形状上的外郭城。这正是建康城在都城构造上的最大特点。建康城甚至与江南的自然风光融合在一起，逐步转变为以“园林都市”命名的都城。与此同时，内城之内被命名为“都城”，这种说法很可能由于外郭城只充当“京邑”的分界线而出现的。

建康城在内部构造中呈现出“宫北市南”的形状，但其形状不是由计划而来的。市场的数量比北方王朝的更多，并散布在秦淮河沿边。除此之外，建康城内看不到类似在北方王朝以禁苑和宫城作为“一体化”形状。建康城确实像园林都市一样拥有众多园林，但它们在功能用途上完全不同于北方王朝的禁苑。另外，北方王朝在都城构造中最大的特点之一即“坊墙制”绝无出现在建康城内。

关于蒋少游使行于南齐的目的，大多学者向来主张在北方王朝的几座都城中北魏洛阳城是受到建康城的影响体现在其修建过程中的种种特点，并成为主流学说。目前在学术界关于建康城对洛阳城影响形成两种看法：一是其影响只限制于宫殿；二是包括宫殿在内的整个都城都受到影响。笔者在本文中详细分析蒋少游使行前后的活动，得出了他因为要修建太庙等与礼制有关的建筑物以及华林殿、太极殿等宫殿，而使行于南齐，并参照建康城的有关建筑物。他使行结束回到北魏后，他的活动只表现在修建太极殿的工程中。换言之，蒋少游的使行目的在于“必欲模范宫阙”。他所画出的图画不是显示着对建康城整体上的规划，而只是查找太极殿的信息。他在晚年参与洛阳城的营建，不是对整个洛阳城的规划设计，而是只限制于太极殿的修建。可见，建康城对营建北方王朝的都城仅仅在修建宫殿中起到一定作用。总之，北方王朝是按其独自的方式而营建都城的。

찾아보기

저자소개

박한제(朴漢濟)

서울대학교 동양사학과를 졸업하고 같은 대학원에서 석사 및 박사학위를 받았다. 1985~2012년 서울대학교 동양사학과 교수로 재직하였으며, 현재 명예교수로 있다. 2000~2002년에는 한국중국학회 회장, 2005~2007년에는 한국동양사학회 회장을 지냈다. 저서로는 『중국중세호한체제연구』(1988), 『유라시아 천년을 가다』(공저, 2002), 『아틀라스 중국사』(주편, 2007), 『대당제국과 그 유산: 호한통합과 다민족국가의 형성』(2015)이 있으며, 역서로는 『진인각, 최후의 20년』(공역, 2008)이 있으며 역주서로는 『이십이사차기』(전5책: 2009)가 있으며, 답사기행기로는 『박한제 교수의 중국 역사기행』(전3책, 2003)이 있다. 제49회 한국출판문화상(번역부분: 2008)과 제3회 서울대학교 학술연구상(2010)을 받았다. 그리고 우호동양사학저작상(于湖東洋史學著作賞, 2017)을 수상하였다. 중국 중세 민족 관계 논문을 주로 쓰고 있다.